Stephan Schlensog

Der Hinduismus

Stephan Schlensog

DER HINDUISMUS

Glaube
Geschichte
Ethos

Mit einem Vorwort
von Hans Küng

Piper
München Zürich

Für
Jutta, Katja und Jael

ISBN-13: 978-3-492-04850-7
ISBN-10: 3-492-04850-1

Die Umschlagabbildung zeigt die heilige Silbe »Om«,
deren vier geometrische Elemente nach hinduistischem Verständnis
das Körperliche, das Geistige, das Unbewußte
und das Höchste Bewußtsein symbolisieren.
Layout und Satz: Dr. Stephan Schlensog, Tübingen
Druck und Bindung: GGP Media GmbH, Pößneck
Printed in Germany

www.piper.de

Inhalt

C. Der Weg zur klassischen Zeit 142

Vorwort

Es dürfte keine Frage sein: Indien wird im 21. Jahrhundert, zusammen mit China, eine neue große Weltmacht sein, die in Weltpolitik und Weltwirtschaft mit den USA, der EU und Rußland durchaus konkurrieren kann. Gewiß ist Indien in vieler Hinsicht noch wirtschaftlich rückständig und sozial gespalten; die Massenarmut, verursacht vor allem vom rasanten Bevölkerungszuwachs, und damit verbunden Analphabetismus und Fatalismus, ist weiterhin ein zentrales Problem.

Doch Indien ist demokratisch-rechtsstaatlich ein Vorbild. Ist es doch gelungen, den höchst heterogenen Subkontinent mit seinen 15 Hauptsprachen und all den verschiedenen Religionen und Konfessionen nach dem Zweiten Weltkrieg zum ersten Mal politisch zu einigen und aus Indien die größte Demokratie der Welt zu machen. Zumindest politisch und kulturell ist die indische Demokratie mit parlamentarischen Wahlen, Menschenrechten, Rede- und Pressefreiheit erfolgreicher als die chinesische Diktatur. Und es wird deutlich, daß gerade indische Geistigkeit, die von Logik und Mathematik bis zur Metaphysik und Mystik reicht, eine gute Voraussetzung darstellt für alle die vielen jungen Menschen, die in der heutigen nach-industriellen Gesellschaft in den verschiedensten Wissenschaften und Berufen von der Computerwissenschaft über internationale Kommunikation bis hin zur Konzernleitung tätig sind.

Aber was hat dies alles mit dem Hinduismus zu tun? Seit der Zeit Alexanders des Großen waren »Hindus« und »Inder« dasselbe. Erst seit dem 19. Jahrhundert bezeichnet Hinduismus nur noch die indische Religion, die freilich von indischer Kultur, Lebensart und Vorstellungswelt schwer zu unterscheiden ist: Hinduismus als ein Sammelbegriff für eine Vielzahl sehr unterschiedlicher und doch nicht völlig disparater religiöser Traditionen. 80 % der rund eine Milliarde Inder sind Hindus, die übrigen sind Muslime, Buddhisten, Jains, Sikhs, Christen und Juden.

Doch wer nun aus dem nahöstlichen religiösen Stromsystem der prophetischen Religionen Judentum, Christentum und Islam in das indische religiöse Stromsystem hinüberwechselt, befindet sich zunächst in arger Verlegenheit: keine Gründergestalt wie Abraham, Mose, Jesus Christus, der Prophet Muhammad; kein abgegrenztes Corpus einer Heiligen Schrift wie die Tora, das Neue Testament oder der Koran; keine organisatorischen Strukturen wie Synagoge, Kirche oder Moschee; keine einheitliche Schau der ganzen Weltgeschichte, beginnend mit der Schöpfung durch den Einen Gott und linear ausgerichtet auf eine Vollendung.

Vielmehr eine zyklische Sicht von Menschenleben und Menschheitsgeschichte, eine unbeschreibliche Vielzahl von Göttern, Mythen, Riten und Festen, von Philosophien und Schriften, die oft schwer oder auch gar nicht zu datieren sind. Der »Hinduismus« – er ist eine durch die Jahrhunderte dahinfließende Religion, scheinbar unverändert und sich doch ständig wandelnd, mit immer neuen Reformschüben und Paradigmenwechseln: Übergänge in eine neue Gesamtkonstellation, oft kaum wahrnehmbar, weil Elemente der früheren Epoche in die neue übernommen werden.

Da fragt man sich schon: Wer kann dieses vielfach widersprüchliche komplexe religiöse Gebilde »Hinduismus« verstehen? Wie konnte es zu einer so folgenreichen Vorstellung wie der des Karma kommen, in der für die einen »indischer Fatalismus« und für die anderen das hinduistische Ethos gründet? Woher die Lehre von der Seelenwanderung, die auch Menschen im Westen überzeugt? Warum eine so tiefe Verwurzelung in einem komplizierten System von Kasten, die noch heute, trotz offizieller Abschaffung, mehr als 90 % der Inder innerhalb ihrer Kaste heiraten läßt? Warum verschwand in Indien der Buddhismus und warum hält sich der Jainismus? Wie kam es zum Sikhismus und wie wirkt sich in Indien nach wie vor der Islam aus? Und vor allem: Wie ist das Verhältnis des Hinduismus zur europäischen Moderne und zum Christentum zu begreifen?

Auf diese und ungezählte andere Fragen findet der Leser in diesem Buch Antworten. Und dies nicht in der Weise eines Lexikons, in dem Begriff um Begriff, Gestalt um Gestalt, System um System abgehandelt werden, sondern alle Einzelanalysen aufgenommen in eine große Synthese, eine umfassende Antwort darauf, was der Hinduismus ist. In einer Zeit, in der man auch in der Religionswissenschaft oft vor lauter Bäumen den Wald nicht sieht, bedarf es manchmal eines von außen Kommenden, der – mit allen notwendigen Einschränkungen – das Ganze in den Blick nimmt, aber dann auch in das Dickicht der Detailfragen einzudringen wagt. Selbstverständlich läßt sich der Hinduismus als Ganzes nur verstehen, wenn der Autor bei den schwer faßbaren Ursprüngen dieser Religion und ihren elementaren Vorstellungen einsetzt und feststellt, wo bestimmte Einsichten nur fortgeschrieben und bestimmte Riten nur weiterentwickelt werden. Oder wo aus einer Krise wahrhaft Neues hervorgeht in Lehre und Lebenspraxis, wo sich ein epochaler Umbruch der Überzeugungen, Werte und Verfahrensweisen abzeichnet.

Es brauchte für den Verfasser dieses Buches erheblichen intellektuellen Mut und viel Liebe zu Indien, seiner Kultur und seiner heiligen Sprache Sanskrit, es bedurfte einer jahrelangen mühseligen Erkenntnisarbeit und eine der schwierigen Materie angemessene Formulierungskraft, um dieses ebenso analytische wie synthetische Werk zu schreiben. Aber nun steht es da, dieses Buch von **Stephan Schlensog**, ganz aus einem Guß, wie es kein Team verfassen könnte. Das Werk eines Theologen, das mit seiner erstmaligen Analyse der fünf großen Paradigmenwechsel in der Geschichte des Hinduismus weit über Theologie und Religion hinausgreift.

Dieser kostbare Band schließt sich in Methodik, Gedankenführung und Darstellungsweise würdig an meine Trilogie über Judentum, Christentum und Islam an. Es wird ihm hoffentlich bald ein fünfter Band, geschrieben von einem chinesischen Gelehrten, folgen über die Paradigmenwechsel in der chinesischen Religion – dies alles im Rahmen der weiteren wissenschaftlichen Fundierung des Projekts Weltethos. Ich bin dem Verfasser dieses Buches auch persönlich dankbar für seine herausragende Leistung in gemeinsamer Sache. Ich wünsche mir, daß dieses Buch zahlreiche Leser finden und dazu beitragen möge, den Reichtum indischer Kultur und Religion tiefer zu verstehen.

Tübingen, im Juli 2006

Hans Küng

Was dieses Buch will

In einem ganz umfassenden Sinn möchte der **Hinduismus** dem gläubigen Hindu Sinn stiften und moralische Orientierung geben, dem Einzelnen seinen individuellen Ort zuweisen in Familie, Gesellschaft und Kosmos, sein Denken und Handeln im Hier und Jetzt und über dieses Leben hinaus rückbinden an eine allumfassende moralische Ordnung, an das große Ganze. Der Hinduismus ist für Hindus mehr als »nur« Religion, er versteht sich als idealtypisches Modell für menschliches Verhalten in allen Lebensbereichen mit überzeitlicher und überregionaler Geltung.

Das vorliegende Buch möchte beschreiben und analysieren, wie der Hinduismus entstanden ist und wie er sich in den verschiedenen Paradigmen seiner Religionsgeschichte entwickelt und entfaltet hat. Kultur- und Religionsgeschichten über den Hinduismus sind dabei genauso verarbeitet, wie Literaturgeschichten, Quellentexte und Kommentare, sowie politische, soziologische, ethische und theologische Arbeiten über diese Religion. Der religionswissenschaftliche Befund wird dabei stets zu verbinden versucht mit historischer Darstellung und systematisch-theologischer Analyse.

So möchte dieses Buch einen Beitrag leisten zum besseren Verständnis des Hinduismus, zu Verständigung und Dialog mit dieser nach Christentum und Islam mit ihren bald 700 Millionen Anhängern drittgrößten Religion der Welt.

Es geht also in diesem Buch, soweit möglich, um den **Hinduismus als ganzen**, um seinen **Glaube**, seine **Geschichte** und sein **Ethos**:

Glaube: Was glaubten die Menschen Indiens über die Jahrtausende, was waren und sind ihre Heilserwartungen und Gottesbilder, ihre Weltbilder und Menschenbilder, ihre Erlösungsvorstellungen und rituellen Praktiken, ihre theologischen und philosophischen Lehren? Der Hindu-Glaube, wie wir ihn heute kennen, hat sich sukzessive entwickelt. Keine Evolution in einem linearen Sinn, wohl aber immer neue Umbrüche, wo Neues, das entstand oder von außen hinzukam, eingebunden wurde, und Altes, wenn die Zeit reif war, aufgegeben und verworfen wurde. Lehrer und Denker kamen auf mit neuen Glaubenslehren und Erlösungspraktiken, gründeten Schulen und Bewegungen, die den Hinduismus bereicherten, veränderten, reformierten. Der Hinduismus erscheint wie ein träge dahinfließender Strom, der immer neue Flüsse in sich aufgenommen, der aber auch immer wieder Seitenarme hervorgebracht hat, von denen sich manche, wie etwa Buddhismus und Jainismus, schließlich lösten, um als eigenständige Religion Geschichte zu machen.

Geschichte: Eine Religion macht Geschichte und wird geformt durch ihre Geschichte, durch historische Erfahrungen und Ereignisse, durch Personen und Strukturen. Religion ist gelebter und reflektierter Glaube in der Geschichte. Indien und der Hinduismus haben dramatische geschichtliche Entwicklungen durchlaufen: Herrscher und Reiche stiegen auf und gingen unter, und immer wieder kamen Mächte von außen, die das Land, seine Menschen und ihren Glauben verändert haben. Insgesamt lassen sich **sechs Paradigmen des Hinduismus** unterscheiden: Nach der vorvedischen Zeit die gut 1200jährige **vedische Periode** (1), dann die rund 300 Jahre der **asketischen Reformer** (2), die den Übergang bilden zur bald 1300jährigen **Klassischen Zeit** (3), gefolgt von dramatischen 700 Jahren des **Übergangs** (4), wo besonders der Islam und die europäischen Kolonialmächte Indien und den Hinduismus veränderten, bis im 19. Jahrhundert das Paradigma des **modernen Hinduismus** (5) begann, das mit der Unabhängigkeit Indiens seinen Höhepunkt erreichte und abgelöst wurde durch ein **postmodernes Paradigma** (6), dessen Konturen freilich erst vage erkennbar sind – zu groß sind die ungelösten Probleme Indiens und der indischen Gesellschaft, als daß absehbar ist, wohin sich Indien und der Hinduismus in der Postmoderne entwickeln werden.

Ethos: Religion möchte nicht nur Erlösungswege weisen oder Welterklärung bieten, Religion möchte auch und vor allem Sinn stiften und Orientierung geben, **moralische Orientierung**: Wie soll sich der Mensch verhalten, und warum soll er dies tun? Von Anfang an werden im Hinduismus Normen gesetzt, bestimmte Werte propagiert und ethische Grundhaltungen gefordert. Auch im hinduistischen Ethos gibt es Entwicklung, gibt es materiale und argumentative Konstanten und Variablen. Es wird zu zeigen sein: Ethos ist für den Hindu nie nur Teil seiner Religion, moralisches Handeln hat in Indien immer mit dem großen Ganzen zu tun. Mit der abschließenden Frage nach dem **Beitrag des Hinduismus zu einem Menschheitsethos** wird diese Studie schließlich eingespeist in eine breit gefächerte interdisziplinäre Diskussion: Nicht nur in der theologischen und philosophischen Ethik, sondern auch in Ökonomie, Politik, Erziehungswissenschaft und in den Religionsgemeinschaften spricht man mittlerweile von der Notwendigkeit universaler Werte angesichts der drängenden Herausforderungen der Globalisierung. Welches der spezifische Beitrag des Hinduismus dazu sein könnte, wird am Ende dieses Buches vor dem Horizont der gebotenen Analysen knapp skizziert.

Der **Paradigmenbegriff**, wie in dieser Studie verwendet, geht zurück auf den Physiker und Wissenschaftshistoriker **Thomas S. Kuhn**. Nach Kuhn ist ein Paradigma »eine ganze Konstellation von Überzeugungen, Werten, Verfahrensweisen usw., die von den Mitgliedern einer gegebenen Gemeinschaft geteilt werden«[1]. Der Paradigmenbegriff ist ein **Verstehensmodell**, mit dem, wie im Falle Kuhns, zunächst die Entwicklungen in der Naturwissenschaft analysiert wurden. Kuhn zeigte auf, wie sich in der Naturwissenschaft die verschiedenen Paradigmen auseinander heraus entwickelt haben, inwiefern Zusammenhänge bestehen, inwiefern es zu Umbrüchen kam. Schon vor Jahren hat der Theologe Hans Küng Kuhns Paradigmen-Begriff in den Raum von Theologie und Religionswissenschaft übertragen und gezeigt, wie Religionsgeschichte als Abfolge von Paradigmenwechseln zu erklären und zu verstehen ist.[2] Dominante Strukturelemente gilt des dabei ebenso herauszuarbeiten, wie die wechselnden Gesamtkonstellationen, die – teils erstarrt, teils abgestorben, teils verändert – die dramatische und komplexe Entwicklung des Hinduismus bis heute ausmachen.

Aber was heißt »**der Hinduismus**«? Viele Arbeiten über den Hinduismus beginnen mit der ernüchternden Feststellung, daß Indien und der Hinduismus für den Außenstehenden faktisch nicht zu durchschauen sind: Millionen von Göttern, Tausende Kasten, Hunderte Sprachen und Dialekte, ein Dickicht von Lebensanschauungen, religiösen Vorstellungen und philosophischen Konzepten, kaum zu durchschauende ethische Normen und gesellschaftliche Konventionen. Und fragt man Hindus selber nach der Mitte ihres Glaubens, fragt man nach zentralen Göttern, Kulten und heiligen Schriften, so antworten sie nicht selten auf die verschiedensten Dinge immer gleichermaßen freundlich lächelnd und bestätigend mit jenem leicht zur Seite geneigten Kopfschütteln: Sehr vieles, so scheint es, hat im Glauben dieser Menschen Platz. Gibt es »den Hinduismus« überhaupt, oder ist der Hinduismus nicht doch, wie mitunter behauptet wird, nur ein Konstrukt westlicher Forschung, in Wirklichkeit ein unübersehbares Geflecht einzelner Kulte, spiritueller Traditionen und Sekten, die bei genauem Hinsehen weniger gemeinsam haben als etwa Christentum und Islam?

Zunächst gibt es **den** Hinduismus genau so wenig, wie es **den** Islam oder **das** Christentum gibt. Nordeuropäisches Luthertum und bayerischer Barock-Katholizismus etwa sind für Außenstehende mitunter auch nur schwer als dieselbe Religion zu identifizieren. Aber beim Hinduismus liegen die Dinge, wie wir sehen werden, komplizierter, und die Frage, ob und inwiefern überhaupt von »Hinduismus« die Rede sein kann, wird gegen Ende des Buches wieder aufgegriffen und vor dem Hintergrund des Dargelegten – weil dann nämlich besser zu verstehen – beantwortet. Zunächst halte ich es mit dem Heidelberger Indologen Axel Michaels und behalte den Begriff »Hinduismus« ganz pragmatisch »der Einfachheit halber«[3] bei.

Natürlich muß eine solche Studie, will sie überschaubar bleiben, von vornherein auswählen. Wie viele Abhandlungen über den Hinduismus wird sie sich vornehmlich auf den vom Veda herkommenden **brahmanischen Sanskrit-Hinduismus** konzentrieren und nur vereinzelt hinduistische **Volks- und Stammestraditionen** oder spätere **gestiftete** Hindu-Religionen in den Blick nehmen. Abgesehen von den Grenzen, die ein Theologe gegenüber Spezialisten der Indologie naturgemäß hat, ist eine Gesamtdarstellung all dessen, was heute unter Hinduismus subsumiert wird, kaum zu leisten: Man bräuchte dafür nicht nur immense Sprachkentnisse und Zugang zu kaum erforschten oralen Traditionen, sondern vor allem ein geradezu enzyklopädisches Wissen.

Ganz abgesehen davon muß sich ein Buch, will es denn gelesen werden, vom Umfang her in gewissen Grenzen halten. Und welcher Autor – zumal, wie im vorliegenden Fall, Theologe und nicht Spezialist der Indologie – wollte schon beanspruchen, eine Religion wie den Hinduismus umfassend und erschöpfend darstellen und erklären zu können, sowohl in ihrer historischen Entwicklung wie in der Vielfalt ihrer heutigen Erscheinungen.

Unvermeidlich muß den Lesern schließlich ein Minimum an (lateinisch transkribierten) **Sanskrit-Begriffen** zugemutet werden. Die **diakritischen Zeichen** sollen nicht abschrecken, sondern eine korrekte Aussprache ermöglichen. Die Transkription erfolgt nach dem in der deutschen Indologie üblichen Transkriptionssystem. Autoren mit anderer Transkription werden in der ihnen eigenen Transkription zitiert, was dann bei Kombination von eigenem Text und Zitaten zu nicht einheitlichen Schreibweisen führt. Folgende Aussprachen sind zu beachten:
– Ein Strich über den Vokal bedeutet dessen Länge: »ū« wird also gedehnt ausgesprochen wie im Deutschen das Wort »M**u**t«;
– ein »**s**« mit diakritischen Zeichen wird immer »**sch**« gesprochen: »mokṣa« spricht man »mokscha«, »śāstra« spricht man »schāstra«;
– »**c**« wird wie englisch »**ch**« (wie »church«) gesprochen: »cakra« spricht man »chakra«;
– »**j**« wird wie deutsch »**dsch**« (wie »Dschungel«) gesprochen: »jāti« spricht man »dschāti«;
– »**y**« wird wie deutsch »**j**« (wie »Joghurt«) gesprochen: »yogin« spricht man »jogin«;
– »**v**« wird wie deutsch »**w**« (wie »Wetter«) gesprochen: »viṣṇu« spricht man »Wischnu«;
– ein Punkt unter einem Konsonanten (außer m) bezeichnet die Aussprache mit zurückgebogener, an den Gaumen angelegter Zunge;
– ein Punkt unter dem »r« (»ṛ«) wird ein gerolltes »ri« gesprochen.

Nach Kräften habe ich mich um eine **Vereinheitlichung der Transkription** bemüht, sie ist aber, wie jeder Kenner der Materie weiß, nicht immer möglich. Viele Arbeiten, selbst sogenannte Standardwerke, verzichten oft ganz auf diakritische Zeichen oder reduzieren diese auf jene, die ohne zusätzlichen satztechnischen Aufwand möglich sind. Zudem gibt es Autoren, die in der Handhabung diakritischer Zeichen leider sehr inkonsequent sind, und fremdsprachige Autoren verwenden in der Regel sowieso ein ganz anderes Transkriptionssystem. Mit Hilfe der im Dankeswort genannten Fachleute wurde versucht, auf Grundlage von Wörterbüchern und anderen Nachschlagewerken eine weitgehende Vereinheitlichung der Transkription zu bewerkstelligen, was aber – zumal mit vertretbarem Aufwand – leider nicht in allen Fällen möglich war.

Tübingen, im Juli 2006

Stephan Schlensog

A. Indische Frühzeit

I. Die ersten Kulturen

1. Frühe Spuren im Panjāb

Soan – ein kleiner Fluß im heutigen Panjāb: An seinen Ufern fand man die bisher ältesten Spuren menschlichen Lebens auf dem indischen Subkontinent, die »**Soan**-Kultur«: **Jäger und Sammlerinnen**, oft wegen Art und Form ihrer Werkzeuge mit dem europäischen »Homo sapiens« verglichen, die in der zweiten Zwischeneiszeit (noch vor 100 000 v. Chr.) die Nahtstellen zwischen Wald und Steppe und die offenen Flußtäler Indiens durchstreiften: »Die Gegend zwischen Udaipur und Jaipur, das Tal der Narmada, die Ostseite der Gebirge an der Westküste, das Land zwischen Krishna und Tungabhadra (Raichur Doab), der Teil der Ostküste, in dem das Hochland dem Meer am nächsten ist, und schließlich die Ränder des Chota Nagpur Plateaus im Nordosten Indiens«[1]. Über die Kultur dieser Menschen wissen wir wenig; die meisten Lebensspuren – Zeugnisse ihrer Kunst oder gar ihrer Religion – sind für immer verwischt.

Es scheinen wohl **klimatische Veränderungen** gewesen zu sein, die mit einer spürbaren **Zunahme der Regenfälle** um ca. 7000 v. Chr. in Südasien den allmählichen Übergang **von Jagd und Nomadismus zu seßhafter Tierhaltung und Ackerbau** bewirkten und so nach und nach zur Entstehung eines weitgespannten **Handelsnetzes** (bis in die heutige Türkei!) beitrugen. Trotz aller wechselseitigen Beziehungen zum Vorderen Orient war es ein weitgehend eigenständiger, Jahrtausende umfassender Prozeß, der jetzt in den Randzonen des Industales, im östlichen Belutschistan und später auch im Industal selbst einsetzte: die Entwicklung von der Seßhaftwerdung und dem Beginn organisierten dörflichen Lebens über größere Dorfverbände bis hin zu planmäßig erweiterten urbanen Zentren.

Schon Mitte des 20. Jahrhunderts fand man Hinweise darauf, daß Ausläufer mesopotamischer Kulturen des 6. und 5. Jahrtausends bis ins iranische Hochland vorgedrungen seien und eine »im 6. Jahrtausend von Westasien ausgehende Kolonisationsbewegung langsam über das iranische Hochland oder über das südliche Turkmenien vordrang und im 4. Jahrtausend die Ufer des Indus erreichte«[2]. Ausgrabungen im pakistanischen **Mergarh** brachten schließlich 1974 den Nachweis, daß die spätere **Induszivilisation** »aus einer langen Kulturentwicklung hervorgegangen ist, die – was man vorher in diesem Teil Asiens nicht vermutete – bis ins Altneolithicum zurückreicht«; die Befunde bestätigten die kulturellen Kontakte zu Belutshistan und zum Iran, aber sie zeigten auch, daß sich im Industal »eine Kulturentwicklung von eigenständigem Charakter und innerer Dynamik vollzogen hat«[3].

In Mergarh stieß man auf mehrere Siedlungsschichten, die den **Übergang vom Nomadentum zur Seßhaftwerdung** gut dokumentieren. Man fand Steinwaffen und Werkzeuge, auch für Tierverarbeitung und Feldarbeit geeignet, Reste von Tierkadavern, die auf beginnende Herdenhaltung schließen lassen, Mauerreste befestiger Häuser aus gebrannten Ziegeln und, ab dem 6. Jahrtausend, erste bemalte und unbemalte ockerfarbene Gebrauchskeramik mit Kupfer- und Bronzeornamenten. Schon die ältesten Ausgrabungsschichten lassen auf **Bestattungsriten** schließen: Gräber von Erwachsenen und Kindern wurden gefunden, in denen die Toten mit dem Gesicht nach Süden bestattet wurden, oft mit rotem Ocker bestreut und mit Grabbeigaben versehen: Tiere, Keramik, Schmuck.[4]

2. Die Harappakultur im Industal

Die ersten **indischen Hochkulturen**, so dachte man noch Anfang des 19. Jahrhunderts, stammten von den ab 1800 v. Chr. in den Nordwesten Indiens einwandernden **Ariern**. Dieser Meinung waren wohl auch die Brüder John und William Brunton beim Bau der »East Indian Railway« von Karachi nach Lahore im Jahre 1856: Ihre »geniale« Idee, scheinbar unbrauchbare Ruinen als Steinbruch für das Fundament der Bahnlinie und für Ballast zu verwenden, sollte sich rund siebzig Jahre später als archäologische Tragödie erweisen. In unmittelbarer Nähe ihrer »Steinbrüche« entdeckte der britische Forscher **Sir John Marshall** im Jahre 1924 **zwei große Städte** von mehreren Kilometern Umfang: **Harappā** und **Mohenjo Dāro**, an der Bahnlinie von Karachi nach Lahore gelegen, die seither auf über 100 km »auf einem sicheren Fundament von Ziegeln aus dem dritten Jahrtausend«[5] vor Christus ruht. Die Städte sind Zeugen der **Induskultur** – von vergleichbarem Rang mit jenen drei anderen frühen Hochkulturen, die im Übergang vom 4. zum 3. Jahrtausend v. Chr. in den großen Flußtälern von Euphrat und Tigris, am Nil und im chinesischen Huanghotal (im Tal des Gelben Flusses) entstanden.

Eine hochentwickelte Stadtkultur

Heute weiß man, daß die Induskultur an eine lange neolithische und chalkolithische Kulturtradition anknüpft und sich in mehreren Phasen entwickelt haben muß.[6] Allerdings ist ungeklärt, »warum immer mehr Menschen sich in Städten niederließen, deren Größe und städtebauliche Qualität alles Vorhergegangene weit übertraf«[7]. Beide Städte weisen nämlich trotz ihrer beträchtlichen Entfernung von 640 km eine erstaunlich einheitliche und in der damaligen Welt (neben Ägypten) mit am höchsten entwickelte **Stadtkultur** auf: Eine Akropolis, die sich auf einem künstlichen Hügel hoch über der Stadt erhebt mit Versammlungshalle, kultischen Bauten und, wie in Mohenjo Dāro, einem »großen Bad«; ringsum großzügige Wohnanlagen, mit ausgiebigen Getreidespeichern, einer »Unterstadt« mit regelmäßigen, rechteckigen Wohnblocks, breiten Hauptstraßen und regelmäßig angelegten Gassen – alles aus streng normierten gebrannten Ziegeln erbaut und mit ausgeklügelter Kanalisation ausgestattet.

Rätselhafte Relikte

Insgesamt hatte die wohl streng zentralistisch organisierte **Induskultur**, in ihrer Blütezeit zwischen 3000 und 2000 v. Chr auf einem Gebiet so groß wie Ägypten und das Zweistromland zusammen, ein außergewöhnlich **hohes kulturelles Niveau**. Davon zeugen Reste verschiedenster Tier- und Pflanzenarten – bemerkenswert die schon so frühe Kultivierung von Baumwolle –, davon zeugen auch die Spuren hochentwickelten Töpfer-, Textil- und Bronzehandwerks.

Spektakulär sind die Funde mehrerer tausend filigran gearbeiteter **Steatitsiegel**, deren Inschriften bis heute nicht vollständig entziffert werden konnten, mit vielfältigen **religiösen Darstellungen** und Symbolen. Ungeklärt ist vor allem die Bedeutung einer **gehörnten Gottheit**: Manche Siegel zeigen sie in Bäumen sitzend, die sehr stark an Pīpalbäume erinnern – bis heute sind sie in Indien heilig, und unter einem solchen fand auch Buddha seine Erleuchtung; andere Siegel zeigen ihn in der Haltung eines Yogins auf einem Thron sitzend, umgeben von vier wilden Tieren (Tiger, Elefant, Nashorn, Büffel), womöglich mit aufgerichtetem Phallus. Die Deutungen sind vielfältig: Manche Forscher sehen darin die Abbildung eines vermeintlichen »Proto-Śiva«, andere das Bild einer weiblichen Gottheit[8]; kleinere konische Objekte könnten Stilisierungen eines Phallus sein, wie er in der späteren Śiva-Verehrung begegnet, es könnten aber genausogut nur die Figuren eines Brettspiels sein.[9]

Die Erklärung des »**großen Bades**« dagegen scheint leichter: Es könnte das **kultische Zentrum** dieser Städte gewesen sein – ein »Tempelteich«, »der zur Reinigung des Gläubigen vor dem Gebet diente, und da kein Tempel und kein Gott erkennbar ist, könnte das Gebet der über dem Wasser aufgehenden Sonne gegolten haben. Die Verehrung der aufgehenden Sonne nach vorheriger Reinigung im Wasser kennen wir in detaillierter Beschreibung aus dem vedischen Ritual, und dies ist eines der wenigen Elemente der vedischen Religion – und vielleicht eben schon der Religion der Induskultur –, die sich bis heute erhalten haben. Erhalten blieb jedenfalls auch der rechteckige Tempelteich, den man bei allen wichtigen Tempeln der indischen Götter antrifft, sofern sie nicht direkt am Ufer eines Flusses, Sees oder Meeres stehen.«[10] Und so bestreitet denn heute auch niemand mehr, daß es doch einige Verbindungslinien gibt von dieser frühen Hochkultur am Indus zu den späteren Hindutraditionen Indiens.[11]

Das rätselhafte Ende

Seit der Entdeckung der beiden Städte Harappā und Mohenjo Dāro wurden noch weitere Zeugen jener Hochkultur ans Licht unserer Zeit gebracht: große Metropolen, Handels- und Kulturzentren, die untereinander in regem Austausch standen und so, je nach Konjunktur, wechselseitig wirtschaftlichen Aufschwung, Stagnation oder gar Rezession bedingten.[12] Doch wie ihr systematischer Aufstieg, so ist ihnen auch ihr **rätselhafter Niedergang** gemeinsam: Scheinbar eilig verlassen oder vor ihrem Ende oft für kurze Zeit nochmals kümmerlich und planlos besiedelt, tragen ihre Ruinen deutliche Spuren eines **plötzlichen Verfalls**. Wurden ihre letzten Bewohner, deren Skelettreste häufig von Gewaltanwendung zeugen, etwa Opfer eines letzten großen Gemetzels ...? Wohl kaum. Offensichtlich kam es vor dem Ende der Städte auch zu Raubzügen und gewaltsamen Plünderungen, für ihren definitiven Untergang aber müssen andere Faktoren entscheidend gewesen sein.

Daß die Besiedlung einer Landschaft von ihrem **Klima** abhängt, leuchtet ein. Und daß zwischen den **Besiedlungswellen** des Industals und der dortigen **Niederschlagsentwicklung** ein **unmittelbarer Zusammenhang** besteht, darauf deuten neuere, auf Pollenuntersuchungen basierende Klimaforschungen.[13] Sieht man von der eher unwahrscheinlichen Theorie einer »hausgemachten Öko-Katastrophe« ab, so scheint die Ursache für den rapiden Verfall der Harappāgroßstädte wohl auch beim »Wetter« zu finden sein.

Nach C_{14}-Datierungen wird die Spätphase der Industalkultur heute allgemein zwischen 2000 und 1900 v. Chr. angesetzt. In dieser Zeit »scheint es zu dramatischen Veränderungen der Umwelt gekommen zu sein, die für den Zusammenbruch dieser ›Kultur‹ verantwortlich waren«[14]. Denn die großen Metropolen waren offensichtlich von der Lebensmittelversorgung und vom Handel mit den kleinen Städten und Dörfern des Hinterlandes abhängig – dafür sprechen jene großen Getreidespeicher, die man bei Ausgrabungen gefunden hat. Eine Verschlechterung der landwirtschaftlichen Ertragslage etwa durch den rapiden Rückgang der Niederschläge ab 2500 v. Chr., gepaart womöglich mit Überschwemmungen bei plötzlichen seltenen Regenfällen, könnte deshalb für die Städte durchaus ökonomisch katastrophale Folgen gehabt haben. Zwangsabgaben zur Sicherung des Lebensstandards hätten wohl mehr Probleme geschaffen als gelöst, denn ohne entsprechendes Militäraufgebot, das für diese Zeit nicht anzunehmen ist, wären Zwangseintreibungen vermutlich kaum durchsetzbar gewesen, sondern hätten im Gegenteil eher Konflikte provoziert. Deshalb vermutet man, daß der Stadtbevölkerung mittelfristig nichts anderes übrigblieb, als sich sukzessive in die kleineren, besser versorgten Städte des Umlandes zurückzuziehen. Diese verlagerten möglicherweise ihre Handelsschwerpunkte zunehmend ins eigene Hinterland, so daß in den Großstädten die Lebensmittel- und die Rohstoffversorgung über kurz oder lang zusammenbrechen mußte und deren unaufhaltsames Ende somit vorprogrammiert war.

Von wenigen Ausnahmen abgesehen, erlosch jedenfalls das städtische Leben, und »die Entwicklung (kehrte) für über tausend Jahre wieder in das Dorf, die eigentliche Grundlage der indischen Kultur zurück«[15]. Ob und wie es mit der Harappakultur ohne ihre großen kulturellen Zentren weiterging, darüber läßt sich weitgehend nur spekulieren. Daß sie nicht ganz erlosch, sondern in den Dörfern weiterlebte, um später in ganz neuen Konstellationen wieder von der Hindutradition adaptiert zu werden – man führt etwa die Verehrung des Rindes, die Figur des Gottes Indra und die Idee der Seelenwanderung auf präindoarische Traditionen zurück –, ist anzunehmen. In den großen Metropolen an den Ufern des Indus jedenfalls sollte es für Jahrhunderte still werden.

II. Die Indoeuropäer auf dem indischen Subkontinent

Es war im 3. Jahrtausend vor unserer Zeitrechnung, als ein kultureller Expansionsprozeß einsetzte, der in Ausmaß und Wirkung seinesgleichen in der Geschichte sucht: die **Wanderung der indoeuropäischen Völker**[1]: Weidewirtschaft treibende **Hirtennomaden**, patriarchalisch organisiert, mit hoher gesellschaftlicher Differenzierung. Vergleichende sprachwissenschaftliche Untersuchungen lokalisieren ihr **Stammgebiet nördlich des Schwarzen Meeres**, zwischen den Karpaten und dem Kaukasus. Ihre Kultur verbreitet sich im 4. Jahrtausend nach Westen und ab dem 3. Jahrtausend in das Gebiet der Ägäis und in den östlichen Mittelmeerraum, wo sie von den Hochkulturen des Vorderen Orients beeinflußt wurde.

Der **indoiranische** Zweig dieser Völker, die späteren **Iranier** und **Inder**, nennt sich selbst als **Awairya** (skr. *ārya*), die »**Edlen**«. Dies war aber »weder der Name einer Ethnie noch der eines Klans; es war vielmehr das Bekenntnis zu bestimmten moralischen Werten, vor allem zur Vertragstreue, zur Gastfreundschaft (auch gegenüber Feinden), zur Wahrhaftigkeit und zur von den Göttern etablierten Ordnung«[2]. Auf ihrer Wanderung besetzten die Arier zunächst ab der Mitte des 2. Jahrtausends **Iran** (das »Land der Arier«), von wo dann die **Indoarier** über **Afghanistan** ab frühestens 1800 v. Chr. in den **Nordwesten Indiens** zogen – ungefähr gleichzeitig mit dem Abschluß der Indoeuropäisierung des gesamten europäischen Raumes. Das Gros der indoarischen Stämme, so vermutet man heute, wird zwischen 1700 und 1400 v. Chr. in Indien eingewandert sein.

Wer genau diese indoarischen Stämme waren, wird allerdings in Archäologie und Vedaforschung nach wie vor kontrovers diskutiert.[3] Als Vorläuferin der Indoiraner wird oft die »Andronovokultur« (ab ca. 2500 v. Chr.) genannt, eine Sammelbezeichnung aufgrund bestimmter Bestattungsformen für eine Vielzahl bronzezeitlicher Steppenkulturen Zentralasiens und Südsibiriens. Beim heutigen Stand ihrer Datierung scheint diese Kultur dafür aber zu jung. Es wäre deshalb denkbar, daß sie die Vorläuferin der ostiranischen Bevölkerung sein könnte, »deren Wanderwege sich von denen der westiranischen Populationen und denen der Indo-Arier bereits westlich des Kaspischen Meeres (um 3000 v. Chr.) getrennt haben«; »die Vorläufer der indo-arischen (und westiranischen) Stämme (seien) jedoch in den **Völkern entlang des Südgürtels der asiatischen Steppe** des späten 3. und frühen 2. Jahrtausends v. Chr. zu suchen«[4]. Und die könnten dann auf ihrer Wanderung Richtung Indien mit kulturell höher entwickelten, teils seßhaften Stämmen Zentralasiens und Nordafghanistans in Berührung gekommen sein, womöglich auch mit Vorposten der im Niedergang begriffenen

Harappakultur. Dabei hat sich »die materielle Kultur dieser Steppen-Viehzüchter grundlegend, besonders in den Bereichen der Keramik, Architektur und Metallverarbeitung«[5] entwickelt, so daß sich die ehemaligen Nomaden schon vor ihrer Einwanderung nach Indien »zu halb-seßhaften Viehzüchtern« entwickelt hatten, »deren endgültige Niederlassung lediglich die dauernd nachdrängenden Stämme verhinderten«[6].

1. Grundzüge der indoeuropäischen Religion

Bedenkt man das breite Spektrum damaliger indoeuropäischer Kultur – von den Indoariern über die Indoiranier, die Griechen, die Römer, die Balten bis hin zu den Kelten und Goten – und berücksichtigt man den schon sehr früh einsetzenden Prozeß der Veränderung und Ausdifferenzierung ihrer religiösen Traditionen, dann ist es sicher unmöglich, ein umfassendes oder gar vollständiges Bild dieser Religion(en) zu zeichnen. Vergleicht man jedoch das gemeinsame religiöse Vokabular und die verschiedenen Mythologien, so lassen sich zumindest **summarisch** einige **gemeinsame Strukturen** rekonstruieren, die auch bei der religiösen Entwicklung auf dem indischen Subkontinent eine prägende Rolle spielen sollten.[7]

Götter und Opfer

Im Mittelpunkt der indoeuropäischen Mythologie stehen die **Götter**. Man nennt sie **Devas**, Himmlische (lat. *deus*, skr. *deva*, iran. *div*, lit. *diewas*, altgerm. *tivar*), und sie gelten als Kinder von **Mutter Erde** (*aditi*, die »Unbegrenzte«) und dem als heilig geglaubten **Himmel** (*deiwos*), dem **Vater** schlechthin (skr. *dyaus pitṛ*, griech. *Zeus pater*, lat. *dies piter / jupiter*). Dessen Funktion als Schöpfer, Herr und Weltenrichter übernehmen schon früh auch andere Himmels- und Lufthierophanien: die **Wettergötter** (besonders der Donner), das auf himmlischen Ursprung zurückgeführte **Feuer** (skr. *agni*), der **Sonnengott** (skr. *sūrya*) und der **Wind** (skr. *vāyu*).

Im späteren **vedischen Pantheon** des alten Indiens finden sich freilich noch zahlreiche **andere Götter**, die nicht unmittelbar auf den indoeuropäischen Kulturkreis zurückzuführen sind. So gibt es Gottheiten, »die zwar der indoiranischen Sprache und Kulturgemeinschaft angehören, jedoch dem übrigen indoeuropäischen Sprachraum fremd blieben«: »der vedische Gott Mitra (avestisch: *mithra*), der im kaiserzeitlichen Rom als Mithras nochmals Bedeutung gewann, der Göttertrank Soma (avestisch: *hoama*), der Werkmeister Tvaṣṭṛ (avestisch: *thvaštar*), eine Gottheit Vṛtraghna (avestisch: *verethragna*), die in Indien mit Indra verschmolz, und schließlich Indra selber, der in Indien höchste

Bedeutung erlangte, während er im Iran nur als unbedeutender Dämon in Erscheinung tritt.«[8] Zudem gibt es eine Gruppe sehr wichtiger Gottheiten, »die selbst den iranischen Nachbarn in der sprachlichen Form ihrer Namen fremd« sind: sogenannte »Ādityas«, lichthafte Gestalten, die immerhin so große Bedeutung hatten, daß mit der Zeit Indra selbst »Züge der Ādityas annimmt und schließlich sogar in ihren Kreis Aufnahme findet«[9].

Es ist Aufgabe der **Götter**, »die kosmische und moralische Ordnung zu schützen«; Aufgabe der **Menschen** ist es, »dieser Ordnung gemäß zu leben und Göttern und Ahnen mit ihren Opfern Nahrung zu geben«[10]. Deshalb werden den Göttern schon seit frühester Zeit unter freiem Himmel **Opfer** dargebracht: Mündlich tradierte Rituale für alle Belange des täglichen Lebens, aber auch komplexe Rituale, mit denen Räume und ganze Gebiete, auf denen man sich niederließ oder die man erobert hatte, **geweiht** und so die Welt, ja der gesamte Kosmos im Zusammenspiel von Menschen und Göttern **periodisch erneuert** werden konnte.

Eine funktionale Dreiteilung von Götterhimmel und Gesellschaft?

Als charakteristisch für das indoeuropäische Weltbild galt lange Zeit eine **funktionale Dreiteilung des Pantheons** in »die Funktion der **magischen und juridischen** Herrschaft, die Funktion der **kriegerischen** Kraft und schließlich die Funktion der Gottheiten der Fruchtbarkeit und des **wirtschaftlichen** Gedeihens«[11]. Entsprechend gab es später in Indien die vedischen Götter Varuṇa und Mitra (für die magische und richterliche Herrschaft), Indra (als Krieger und Beschützer) und die Zwillinge Aśvin (bzw. Nāsatyas) als Ernährer. In der gleichen Reihenfolge finden sich diese Götter übrigens in einem Friedensvertrag, den ein Hethiterkönig um 1380 v. Chr. mit einem Anführer der Mitanni in Boğazköy, der Hauptstadt der Hethiter in Kleinasien schloß. Deshalb nimmt man auch an, daß die arische Herrenschicht der Mitanni Vorfahren oder gar eine Gruppe der Indoarier gewesen sein könnten.[12]

Analog zu dieser Dreiteilung des indogermanischen Pantheons identifizierte man eine **funktionale Dreiteilung der indogermanischen Gesellschaft**, wie sie sich später auch in Indien nach der Seßhaftwerdung der Arier nach und nach entwickeln sollte: die Brāhmaṇen als **Priester** und Opferer, die Kṣatriyas als **Krieger** und Beschützer der Gemeinschaft und die Vaiśyas als **Kaufleute** und Vertreter des sogenannten Nährstandes. Heute weiß man, daß sich diese gesellschaftliche Ausdifferenzierung und Segmentierung in Indien in einem komplexen, lang andauernden Prozeß vollzogen hat, für den wohl ganz wesentlich innergesellschaftliche und auch religionspolitische Faktoren verantwortlich gewesen zu sein scheinen.[13] Erklärungsversuche, welche die arische Gesellschaftsstruktur vor allem auf eine vermeintlich analoge Struktur des indoeuropäischen

Pantheons zurückführen wollen, konnten sich jedenfalls nicht allgemein durchsetzen.[14]

2. Die Invasion der Arier

Nach und nach, in mehreren Wellen, jedenfalls nicht in einer massenhaften Invasion[15], überqueren die Indoarier den Hindukusch und besiedeln in kriegerischen Auseinandersetzungen sukzessive die fruchtbaren Flußniederungen des oberen Indusbeckens: den östlichen Teil des heutigen Panjāb und die Region zwischen den Flüssen Satlaj und Yamunā – damals *sapta sindhava* genannt, das Land der sieben Flüsse, heute das »Fünfstromland«, denn eines der beiden damaligen Stromsysteme, die Ur-Yamunā, ist inzwischen versiegt.

Kriegerische Halbnomaden

Als **Halbnomaden** leben die Arier in kleinen Gruppen unter der Leitung **gewählter militärischer Führer** (skr. *rājan*) zunächst in **mobilen Trecks** (skr. *grāma*, dem späteren Begriff für »Dorf«). Sie betreiben Ackerbau und züchten neben Pferden, Schafen und Ziegen hauptsächlich **Rinder** (skr. *go*), als Zahlungsmittel und Nahrungsmittellieferant ihr **wertvollster Besitz**. Den Einheimischen – letzte Überlebende der Harappakultur oder vor den vedischen Ariern eingewanderte indoarische Stämme, im Ṛgveda »Dāsa« oder »Dasyu« genannt und als schwarzhäutig, stupsnasig und barbarisch sprechend beschrieben[16] – sind die Arier eigenen Berichten zufolge **militärisch** überlegen: Mit ihren hochentwickelten zweirädrigen **Pferdestreitwagen** zerstören sie auf ihren Kriegs- und Beutezügen (skr. *goṣāti*, »Rindergewinnung«) viele der **einheimischen befestigten Siedlungen** (*pur*). Ihren Kriegsgott Indra nennen sie deshalb auch »Puraṃdara«, »Zerstörer der Festungen«. Daß es sich bei diesen »Festungen« aber bestenfalls nur um spärliche Relikte der ehemals so hochentwickelten Induskultur handeln konnte, ist wahrscheinlich. Es waren wohl eher Ruinen, in denen sich Jäger und Hirten niedergelassen hatten, die weit unter dem kulturellen Niveau der einstigen Harappakultur gelebt haben müssen. Zudem konnte von den Ariern »keine der bedeutenden technischen Errungenschaften – gebrannte Ziegel, Be- und Entwässerungsanlagen, Stadtplanung, Vorratskammern, einheitliche Maße, Gewichte und die Schrift – … aufgegriffen und weiter praktiziert werden«[17]. Schon deshalb scheinen Theorien »von kultureller oder gar rassischer Überlegenheit der Āryas gegenüber der ansässigen Bevölkerung unhaltbar«[18] zu sein.

Kulturelle Kontinuitäten?

Inwieweit die Arier aber **religiöse Vorstellungen und Praktiken** von der ansässigen Bevölkerung übernahmen, darüber lassen sich kaum gesicherte Angaben machen. Man nimmt an, »daß die Arier, schon ehe sie nach Indien eindrangen, mit einer Hochkultur in Berührung waren, von der sie bestimmte Gottesvorstellungen übernahmen«[19] – möglicherweise die iranische, die babylonische oder auch die Induskultur. Letztere fanden die Arier jedenfalls, zumindest in Relikten, nach ihrer Invasion auf dem indischen Subkontinent vor, so daß sie von dort her wohl gewisse religiöse Vorstellungen übernommen haben könnten – denken wir etwa an den Tempelteich und die damit vermutete Verehrung der Sonne oder an die sitzende Darstellung der Gottheit und den heiligen Pīpalbaum.

Von den anderen großen **Hochkulturen** jener Zeit scheinen die Arier dagegen auf indischem Boden kaum nennenswert beeinflußt worden zu sein. Anders dagegen die vielfältigen **Lokaltraditionen** mit ihren zahlreichen mythisch-magischen Vorstellungen und Praktiken: Anfangs ignoriert, scheinen diese im Laufe der Jahrhunderte in die allmählich sich entwickelnde »**Hindu**«**kultur** integriert worden zu sein.

B. Der Veda: das heilige Wissen

Mit der Einwanderung der Arier auf den indischen Subkontinent beginnt – bei allen Kontinuitäten mit früheren hier ansässigen Kulturen – faktisch eine neue, eigenständige kulturelle Periode.[1] Die archäologischen Zeugnisse der Arier selber sind sehr spärlich – bis auf einige Tonscherben hat man aus dieser Zeit bis heute praktisch nichts gefunden. Gut dokumentiert dagegen ist diese Zeit mit einem umfangreichen Korpus religiöser Texte, verfaßt in Sanskrit und von den Ariern selber **Veda** genannt, das **heilige »Wissen«**[2]. Nach Inhalt und literarischer Form ist der Veda unterteilt in:

- Die **vier Sammlungen** (*saṃhitā*) ritueller Texte:
  Ṛgveda (das »Wissen der Verse«): Hymnen, mit denen der Opferherr oder Opferpriester (*hotṛ*) die Götter preist und zum Opfer einlädt;
  Sāmaveda (das »Wissen der Gesänge«): Sammlungen überwiegend ṛgvedischer Hymnen, mit denen der Sänger (*udgātṛ*) die verschiedenen rituellen Gesänge erlernt;
  Yajurveda (das »Wissen der Opfersprüche«): Gebete und Formeln, die der Opferpriester (*adhvaryu*) während des Opfers murmelt;
  Atharvaveda (das »Wissen des Feuerpriesters«): nachträglich hinzugefügtes, mitunter altes und volkstümliches Material, spekulative Schriften und magische Texte für allerlei Zwecke.
- Die **Brāhmaṇas**: Priesterliche Erklärungstexte der Opferrituale – ausführliche Kommentare, Anweisungen zum Ritual, theologische Reflexionen und philosophische Spekulationen –, zu jedem Veda aus jeder Schule je ein Textkorpus.
- Die **Āraṇyakas**: philosophisch-esoterische »Nachträge« der Brāhmaṇas – mystische Beschreibungen und allegorische Deutungen der Opfer –, wohl gedacht für Einsiedler in der Einsamkeit der Wälder (*āraṇye*, »in der Einöde«), welche die großen Opfer nicht durchführen konnten.
- Die **Upaniṣads**: vielfältige und umfangreiche spekulativ-philosophische Textsammlungen, ebenfalls den einzelnen vedischen Schulen zugeordnet.

Bis heute schreiben viele Hindus dem Veda nichtmenschlichen (*apauruṣa*), das heißt **ewig-göttlichen Ursprung** und **höchste Autorität** zu. Nach traditionellem Verständnis soll dieses heilige Wissen einst von den Göttern formuliert und dank ihrer Vermittlung von inspirierten **Weisen** (*ṛṣi*) in der Urzeit »geschaut« worden sein. Diese »Seher« waren »tief überzeugt von der Existenz eines Wechselspiels von Faktoren, der Wechselseitigkeit oder gar eines zyklischen Prozesses bezüglich der Inspiration und der übermenschlichen Kraft, die der inspirierten Dichtung innewohnt«[3], und sie glaubten, daß sie diese Inspiration nicht nur von den Göttern empfangen haben, sondern daß sie auch über die eigentliche Vision hinaus mit den göttlichen Kräften in Kontakt bleiben und weiterhin von ihnen inspiriert werden.[4]

Über Jahrhunderte hat man diese »geoffenbarten« Texte zunächst mit Hilfe einer ausgeklügelten Mnemotechnik von Lehrer zu Schüler **mündlich** tradiert (die alten Arier kannten noch keine Schrift), bis man schließlich um das 1. vorchristliche Jahrtausend begann, erste Texte zusammenzutragen, um sie dann einige Jahrhunderte später, als man offensichtlich manche alte Begriffe schon nicht mehr verstand[5], nach und nach schriftlich zu fixieren und zu kodifizieren. Jedenfalls müssen die Saṃhitās, Brāhmaṇas, Āraṇyakas und die frühen Upaniṣads in ihrer jetztigen Form zum großen Teil **zur Zeit Buddhas** in der zweiten Hälfte des 6. vorchristlichen Jahrhunderts **vorgelegen** haben.

I. Vedische Frühzeit: Götter, Mythen, Opfer und Gesänge

Über mehrere Jahrhunderte – wohl zwischen 1800 und 1200 v. Chr. – durchstreifen die Arier zunächst den äußersten Nordwesten Indiens. Die Arier sind ein Volk mit Geschichte. Ihre Geschichte wird Legende, und Legende wird zum Mythos: In kunstvollen Hymnen preisen sie die mythischen Taten ihrer Götter und bitten durch Erinnerung an jene Taten um Fortsetzung ihres segensreichen Wirkens. Dafür laden sie die Götter zum stärkenden Opfer ein. Daß die Götter aber zum Opfer kommen, ist nicht selbstverständlich. Es gibt ja viele, die opfern, und die Götter haben freie Wahl. So werden die Gesänge immer kunstvoller und raffinierter und die Opfer schon bald zu komplizierten Handlungen, an denen mehrere Experten beteiligt sind: »Da gilt es den Opferplatz richtig zu wählen, ihn zu glätten und den Göttern Sitze zu bereiten auf einer Spreu von Kuśa-Gras. Drei Feuerstätten sind zu errichten; es gilt den Soma-Trank zu pressen, zu filtern und mit Milch und Honig zu mischen, das Opfertier zu weihen, zu schlachten und zu zerlegen; Gerste oder Reis und Schmelzbutter als Opfergaben bereitzuhalten; dann mit Preisliedern einen oder mehrere Götter zu rufen, unter Gesängen und Opferformeln die Opfer zu vollziehen und stets darauf zu achten, daß keinerlei Fehler in Wort und Tat die Perfektion des Ritus zerstört. Denn leicht vermag schon ein kleiner Fehler die erhoffte Hilfe in Unheil zu verwandeln.«[6] Deshalb werden die Götterhymnen und Opfertexte gesammelt und von den Priestern sorgsam gehütet: als ihr **heiliges** Wissen – das »**Wissen der Verse**«.

1. Der Ṛgveda: das »Wissen der Verse«

Der Ṛgveda – das in **Versen** (*ṛc*) niedergelegte **Wissen** (*veda*) – ist »das zweifelsohne älteste Korpus der ganzen indischen Literatur«[7]. Mögen vielleicht auch älteste Schichten noch außerhalb Indiens entstanden sein[8], so ist der Ṛgveda nicht zuletzt wegen seiner geographischen Hinweise im ganzen doch ein **Zeugnis jener frühen Zeit im Nordwesten Indiens** und größtenteils wohl auch dort entstanden.[9]

Entstehung und Aufbau

Sozial betrachtet ist der gesamte Veda, besonders aber der Ṛgveda »eine Standesliteratur«: Im Umfeld einzelner, vom Adel und den Viehbesitzern wirtschaftlich abhängiger **Priesterfamilien** entstanden, ist er gewissermaßen ein Sammelsurium mitunter allgemein verbreiteter Vorstellungen und Praktiken, die zunächst in den Familien separat überliefert und erst mit der Zeit in priesterlichen Kreisen »approbiert«, gesammelt, mehr oder weniger harmonisiert, zum Teil systematisiert und durch eigene Anschauungen ergänzt wurden.[10] Inwieweit diese Überlieferung auch den altindischen »Volksglauben« – besonders der sozial niederen Schichten – widerspiegelt, läßt sich freilich nicht beantworten.

Was die **Datierung** der Texte betrifft, so gingen die Theorien zu allen Zeiten weit auseinander. Frühe Datierungsversuche, gegründet vor allem auf astronomische Angaben des Ṛgveda, wollen die vedische Kultur ins 4. Jahrtausend oder noch weiter davor verlegen. Auch wenn ein Großteil der Spezialisten dies wegen der vagen und widersprüchlichen astronomischen Angaben mittlerweile ablehnt, so finden diese Theorien besonders unter indischen Gelehrten nach wie vor Sympathie, ja werden mitunter sogar noch überboten.[11] Ebensowenig konnten sich Versuche durchsetzen, den Beginn des Ṛgveda aufgrund von Parallelisierungen mit altiranischen Texten und griechischen Erwähnungen erst in der Mitte des 1. vorchristlichen Jahrtausends anzusiedeln.[12]

Mehrheitlich geht man heute davon aus, daß die **ältesten Teile** des Ṛgveda **ab 1700 v. Chr.** entstanden sind – zum Teil auch unabhängig vom Opferritual, womöglich auf der Vorlage ehemaliger Königshymnen.[13] Die jüngste Schicht, das 10. Buch, dürfte um 1100 v. Chr. entstanden sein. Die Texte wurden innerhalb einzelner **Familien** mündlich tradiert, deren Kreis mit der Zeit wohl immer größer wurde. So entstanden verschiedene **Schulen** (*śākhā*, »Zweige« des Vedabaumes), die in der Behandlung und Überlieferung des an sich gemeinsamen Stoffes so sehr voneinander abwichen, daß daraus schließlich verschiedene Werke parallelen Inhalts wurden, als welche die Texte nebeneinander existierten. Manche Autoren sprechen deshalb von verschiedenen ṛgvedischen »Familien-Ritualen«, gar »Familien-Religionen«[14]. Relativ **spät** wurde der Ṛgveda dann **kompiliert** und **abgeschlossen**: Frühe Schätzungen vermuten dies in der Zeit der Brāhmaṇa-Texte (zwischen 1100 und 800 v. Chr.). Dazu tendieren auch neuere Forschungen, die dies dem Kuru-König Parikṣit zuschreiben, dem Nachfolger des Mahābhārata-Helden Yudhiṣṭhira: Womöglich hat er die alten Hymnen verschiedener Clans sammeln und in einer Weise ordnen lassen, die der heutigen Form des Ṛgveda schon sehr nahe kommt.[15] Jedenfalls muß die Kompilation vor dem Auftreten Buddhas im 6. Jahrhundert vor unserer Zeitrechnung abgeschlossen gewesen sein; jetzt erst wurden die Texte schriftlich fixiert und auch bald kommentiert.[16] Entsprechend unterscheidet die heutige Forschung die **frühvedische Phase** (1800-1200 v. Chr.) von der **mittelvedischen Phase** (ab 1200 v. Chr.) und der **spätvedischen Phase** (ab 850 v. Chr.).

Insgesamt besteht der Ṛgveda aus **10 417 Versen** (*mantra* oder *ṛc*), die zu **1028 Hymnen** (*sūtra*) oder Liedern komponiert und in **10 Büchern** (*maṇḍala*) gesammelt wurden. Innerhalb dieser Bücher sind die Hymnen jeweils in Gruppen zusammengefaßt entsprechend den Göttern, denen sie gelten – allen voran Agni und die Götter des Lichts, deren Lobpreis in der Poesie der ṛgvedischen Dichter eine besondere Rolle spielt. Innerhalb dieser Gruppen sind die Lieder schließlich nach ihrer Länge geordnet oder nach der Länge der verwendeten Metren. Die **relative Chronologie der Maṇḍalas** läßt sich heute wie folgt rekonstruieren:[17]

– Den Kern – und damit die wohl **älteste Schicht** – bilden die **Bücher 2-7**, auch »**Familienbücher**« genannt. Sie gehen nach traditioneller Auffassung auf sechs Brahmanenfamilien zurück, deren seherisch begabte Vorfahren (*ṛṣi*) sie empfangen haben sollen und von denen sie bewahrt und weitergegeben wurden: die Familen **Gṛtsamada, Viśvāmitra, Vāmadeva, Atri, Bharadvāja** und **Vasiṣṭha**. Zu diesem Kern gehört auch das **9. Buch**, das sich inhaltlich deutlich von den anderen abhebt: Ungeachtet der Autorenschaft sind alle Verse an den Gott Soma gerichtet und damit wohl ausschließlich für den rituellen Gebrauch gedacht.

– Einen ersten Anhang dazu bildet die Liedsammlung der **Kāṇva**-Familie aus **Buch 8** (1-66) und, daran anschließend, eine Sammlung von Liedern mehrerer kleiner Familien aus **Buch 1** (51-191).

– Dem wurden dann die **restlichen Lieder aus Buch 1 und Buch 8** angehängt.

– Das **10. Buch** schließlich ist insgesamt wohl als letztes entstanden, wenn auch einzelne Hymnen sehr alt sein mögen, und weicht stilistisch wie inhaltlich ebenfalls von den übrigen ab: Auffallend kunstvoll, mit zwei Sammlungen von Rätseln und zahlreichen Dialogen, verlieren hier die großen Götter (Mitra, Varuṇa) zusehends an Bedeutung. Sie werden durch **abstraktere Gottheiten** ersetzt und spekulative Fragen, wie die große Frage nach jenem letzten Urgrund alles Seins, rücken in den Mittelpunkt des Interesses.

Später wurde der gesamte Text des Ṛgveda zum besseren Auswendiglernen auch rein mechanisch aufgeteilt: in 8 Teile (*aṣṭaka*) zu je 8 Kapiteln (*adhyāya*), mit jeweils 33 Abschnitten (*varga*) à 5 Versen (*mantra*).

Die Texte des Ṛgveda sind sehr vielfältig. Man findet darin Anrufungen, Hymnen, Gebete, Geschichten, Legenden, Mythen, Rätsel, Esoterisches, Gedichte, Balladen, Humoriges, Moralisches, Erotisches, Preislieder und vieles mehr.[18] Die Texte handeln von Göttern, numinosen Mächten und Potenzen: Personalen und apersonalen »Wesen«, mehr oder weniger aktiv, mit je eigener »Geschichte«, schöpferisch und zerstörend zugleich, mächtig, aber auch schwach, die gedankenschnell umherschweifend den Lauf der Welt erhalten und dem Menschen dort zu Hilfe eilen, wo immer zu ihnen gesungen, gebetet und ihnen geopfert wird.[19] Sie sind für das Heil und Wohl des Menschen verantwortlich, doch braucht es umgekehrt auch die Mitwirkung des Menschen, »damit diese Potenzen richtig funktionieren können (und) das Weltgeschehen normal verläuft.«[20] **Götter**, **Mythen**, **Opfer** und **Rituale**: um diese Themen geht es, zunächst vereinfacht gesagt, in der Religion des Ṛgveda.

2. Das vedische »Pantheon«

Eigentlich gibt es im Veda gar kein »Pantheon«, keinen »Götterhimmel« im klassischen Sinn, mit einer festen Anzahl von Göttern und einer klaren Hierarchie. Denn die **Zahl** der vedischen Götter **variiert** – der Ṛgveda nennt üblicherweise 33 Götter[21], mitunter ist von 3340 Göttern die Rede[22], entsprechend wird auch in den Upaniṣads deren Anzahl verschieden angegeben[23] – und oft werden mehreren Göttern dieselben Taten und Fähigkeiten zugeschrieben. Unabhängig voneinander leben sie in Götterkreisen, meist friedlich und ohne höchsten Gott. Viele werden als »König der Götter«, »höchster Herrscher« und »Weltenherr« gepriesen, denn zu wem man gerade betet, der ist jeweils der Höchste, und seine Macht gilt es mit vielerlei Assoziationen und Symbolen zu beschreiben, zu preisen und zu steigern.[24]

Der Ṛgveda unterscheidet zwei Klassen von Göttern, die sich feindlich gegenüberstehen: »**Devas**« (fem. *devī*), »die **gegenwärtig** herrschenden und kultisch verehrten Götter«, und »**Asuras**«[25], »die **einstigen** Inhaber von Macht und

Herrschaft«[26]. Letztere herrschten über das anfängliche Chaos und verhinderten die Entstehung aller Ordnung und allen Lebens. Ihre Macht schwindet, als einzelne Asuras – Mitra, Varuṇa, Agni und Soma – zu den Devas »überlaufen«. Mit der Geburt des Deva Indra und dessen Aufstieg zum mächtigen Führer der Devas kommt es zum **Kampf der beiden Götterklassen**: »In diesem Götterkampf wird die primordiale Welt, ein riesiger, auf dem Urwasser treibender Steinfelsen (*valá*) zerstört, und die in ihm eingeschlossenen Lebensgüter – die Sonne, die Morgenröten und andere für das Leben unverzichtbare Dinge – werden freigesetzt.«[27] Es beginnt eine neue Zeit mit einer neuen kosmischen Ordnung, der alte Himmelsvater Dyaus – es wird davon noch die Rede sein – wird abgelöst, ja am Ende sogar getötet, und »nur mehr zu gewissen ›Krisenzeiten‹ des Kosmos – zum Wechsel der Jahreszeiten und vor allem zum Wechsel der Jahre« wird die Weltordnung »von den wieder an die Macht strebenden Asuras bedroht«[28].

Die herrschenden vedischen Götter agieren in **drei Sphären**: im **Himmel**, im **Luftraum** und auf der **Erde**. Als **abstrakte Prinzipien** oder als mehr oder weniger **konkrete Mächte**, die mitunter engagiert und leidenschaftlich in das Leben der Menschen eingreifen, beherrschen sie das gesamte Universum. Zugleich aber sind sie abhängig von einer alles durchwaltenden letzten Wirklichkeit oder Kraft – in späteren Büchern des Ṛgveda als Puruṣa (»urzeitliches Wesen«) Viśvakarman (»der, welcher alles hervorbringt«) oder Prajāpati (»Herr aller Lebewesen«) konkretisiert –, an der sie teilhaben, ohne aber ganz mit ihr identisch zu sein.[29]

Aber nicht nur die Götter haben daran teil, sondern alles, was überhaupt existiert, und je nach Perspektive kann deshalb im Prinzip auch alles – von Dingen und Handlungen über physische und psychische Zustände, geistige und moralische Kategorien bis hin zu Naturgewalten und kosmischen Größen – vom vedischen Menschen als eigenständige Realität aufgefaßt, entsprechend angeredet und als Macht verehrt, eben »divinisiert« werden.[30] Dies erklärt nicht nur die endlos wechselnden Beziehungen (oder gar Identifikationen) der Götter untereinander, sondern auch das breite Spektrum des vedischen Pantheons: von abstrakten, apersonalen Prinzipien und Phänomenen bis hin zu ganz konkreten, personalen Wesen. So sind schon die vedischen Dichter getragen von der Überzeugung, »mit dem Universum eins zu sein«[31], in einem großen und komplexen Lebensstrom, in den Menschen, Welt und Götter allesamt verwoben sind. Und so finden sich denn auch in den späteren Büchern des Ṛgveda, wie noch zu zeigen sein wird, explizit **monistische** Denkansätze: Etwa dort, wo vom ungeborenen, ungeschaffenenen, vor aller Zeit existierenden »**Einen**« (*tad ekam*) gesprochen wird[32], oder dann, wenn im Zuge einer offensichtlich zunehmenden Relativierung der einzelnen Götter schließlich die Frage aufgeworfen wird, »zu wem sollen wir nun beten?«, »wer (*ka*) gibt uns den Atem«, ja, »wer beherrscht eigentlich das Universum?«[33] …

Für die **Beschreibung** der vedischen Götter gibt es aus den genannten Gründen keine eindeutige Ordnung oder Klassifizierung. Der Ṛgveda deutet eine Einteilung nach ihren drei »**Lebensbereichen**« an[34], ihr folgte auch **Yāska** in seinem Kommentarwerk Nirukta im 5. Jahrhundert v. Chr. Obwohl diese Aufteilung nicht immer eindeutig ist, möge sie hier für eine erste Übersicht helfen.[35]

Die Götter des Himmels (dyusthāna)

Der wohl »älteste« vedische Gott ist **Dyaus**, die **Personifizierung des Himmels**. Er stammt wohl noch aus vorvedischer Zeit und ist vergleichbar mit dem griechischen Zeus oder dem römischen Jupiter, doch nicht vom selben Rang. Zwar wird er im Ṛgveda wegen Donner, Blitz und fruchtbarem Regen mit einem brüllenden Stier verglichen und wegen der Schönheit des sternenklaren Nachthimmels mit einer perlenbedeckten schwarzen Stute, doch hat er hier längst nicht mehr die Macht, die dem Himmelgott ursprünglich eigen war: Oberhaupt der Götterfamilie und mächtigste Gottheit des Pantheons, Vater und unumschränkter Herrscher der Götter und Menschen, Schöpfer allen Lebens – das war Dyaus früher, wohl noch in vorindorianischer Zeit. »Doch dann verlor er, sehr wahrscheinlich noch ehe sich die beiden Völker trennten, an Bedeutung, wobei bestimmte Eigenschaften (wie etwa Kraft, Weisheit und Allwissenheit) und Funktionen (wie etwa das Verleihen des Sieges im Kampf, das Wachen über gesellschaftliche Normen und über das Rechtswesen, im besonderen die Kontrolle über Eide und Verträge, und das Bestrafen von Verstößen gegen diese) auf andere, ›jüngere‹ Gottesgestalten übertragen wurden«[36]: vor allem Indra, Varuṇa, Mitra und Aryaman.

Im Ṛgveda erscheint dieser Machtverlust wie ein innerfamiliärer Generationenkonflikt: Der Himmel Dyaus und die Erde Pṛthivī, das kosmische Elternpaar[37], bringen nämlich einen Sohn, **Indra**, zur Welt. Sie lassen ihn zunächst wachsen, beginnen sich aber mit der Zeit vor ihm zu fürchten[38], verbannen Indra dann sogar von zu Hause, bis sie sich ihm schließlich beugen und ihm ihre Macht abtreten müssen[39]. Was bleibt, ist ihre Funktion »als räumliche Grenzen der Welt, die Göttern und Menschen – als Vater und Mutter – Sicherheit und Geborgenheit geben. … Auch stammen verschiedene ›Lebensgüter‹ von Himmel und Erde: aus dem Himmel der Regen und – tagsüber – das Licht, aber auch Agni und Soma[40]; die Erde gibt Mensch und Vieh Nahrung. Und schließlich wurden sie nach wie vor als Zeugen des Eids und des Vertragswortes angerufen.«[41]

Faktisch bedeutender als Dyaus sind deshalb die **Ādityas**, in der Literatur auch »souveräne Prinzipien«[42] genannt, nach vedischer Mythologie die Söhne der »Urmutter« Aditi, der Personifizierung der »Ursprünglichkeit«.[43] Lichthafte Gestalten, majestätisch und dem Menschen eher fern, wurden sie zu Wächtern des **Ṛta**, der kosmischen Ordnung, jenes schöpferischen und moralischen Prinzips, auf dem alles gründet und dem alles, auch die Götter, unterworfen ist. Wie ihre Namen, so ändert sich im Laufe der Zeit auch ihre Zahl[44]: ursprünglich sechs[45], dann acht bzw. sieben (einer wurde verworfen)[46], wurden daraus schließlich, nach den Tierkreisen, sogar zwölf[47].

Von den ursprünglich sechs Söhnen Aditis ist **Varuṇa**, die Personifikation der »wahren Rede«, der bedeutendste. Er ist der Gott »der Phase der Seßhaftigkeit der vedischen Stammesgesellschaft und, damit korrelierend, der Phase der festen Ordnung des Kosmos«[48]: Herr des urzeitlichen Chaos und Schöpfer von Himmel und Erde, Wächter über Einhaltung der Gebote und Gelübde, allwissender, aber auch unberechenbarer Richter und deshalb ein unnahbarer Gott – alles einst Attribute des Himmelsvaters Dyaus. Die Sonne ist sein Auge, die Winde sind sein Atem und Soma ist sein Sohn; auf sein Geheiß fließen Regen und Gewässer, ziehen die Gestirne ihre Bahn. Varuṇas Begleiter ist **Mitra**, der »Vertrag«: jener Gott, der für das Zustandekommen von Verträgen sorgt, der mit der Sonne als seinem Auge über deren Einhaltung wacht und der all jene mit Fruchtbarkeit und Regen belohnt, die geschlossene Verträge halten, während er die anderen grausam bestraft. Oft werden Mitra und Varuṇa gemeinsam angerufen und gepriesen, in beiden lebt der ehemalige allwissende Himmelsgott Dyaus fort.[49] Nach vedischem Verständnis sind »die gesellschaftlichen Verhältnisse untrennbar mit kosmischem Geschehen verzahnt und können nur in Übereinstimmung mit diesem Bestand haben«. Deshalb »sind Mitra und die anderen Ādityas nicht nur für die Herrschafts- und Sozialordnung des Stammes und der menschlichen Gesellschaft zuständig, sondern auch für die Ordnung der gesamten Welt, die ebenfalls auf ›Verträgen‹ und ›Geboten‹ beruht«[50].

Eine elementare Regel friedlichen Zusammenlebens, die Gastfreundschaft, wird von **Aryaman** geschützt und garantiert, der auch für die Heirat, das Knüpfen neuer Familienbande, eine wichtige Rolle spielt. Hier wird er oft gemeinsam mit **Bhaga** erwähnt, jenem Gott, der dem Menschen »Bhaga«, »Wohlstand« und »Glück« garantiert, das besonders bei der Eheschließung der neu zu gründenden Familie gewünscht wird.[51] Und da die gerechte Güterverteilung eine wichtige Voraussetzung für das friedliche Zusammenleben einer Gesellschaft ist, ist auch Bhaga ein »Sohn Aditis«, »ein Hüter der Wahrheit, dessen Wirken ›Gesellschaft‹ möglich macht«[52]. Weitere Ādityas sind **Dakṣa**, die »Ritualkunst«, die Fähigkeit, das Opferritual zu halten und damit den Bestand aller Dinge zu gewährleisten, und schließlich **Aṃśa**, jener Gott, der allgemein dafür zuständig ist, daß die Menschen den ihnen zustehenden Anteil an den Dingen erhalten.

Pūṣan ist der Gott der Pfade und Wege, die er von Räubern und Wölfen freihält.[53] Er schützt davor, vom Weg abzukommen, bringt Verlorenes zurück und hilft, Verborgenes zu finden.[54] Zugleich ist Pūṣan Bote des Sonnengottes Sūrya[55] und Schutzgott für Hirten und Vieh.[56] Ein typischer »Heldenhelfer« ist **Viṣṇu**,

»dessen Rücken auseinandersteht«[57], jener buckelige zwergenhafte Kämpfer, der dem Heldengott Indra zur Seite steht als Gefährte im Kampf gegen das Böse. Mit drei Schritten, Ausdruck seines schöpferischen Wirkens, durchschreitet er die Welt und schenkt den Menschen Raum zum Leben. Diese »drei Schritte« werden im Ṛgveda verschieden lokalisiert: innerhalb der Welt, im dreigeteilten Weltenraum oder in höchster Höhe – womöglich sind sie auch ein Symbol der drei Sonnenstände Aufgang, Höchststand und Untergang.[58] Viṣṇu wohnt im Gebirge, stützt den Himmel, schützt den Samen und bereitet Indra den Soma-Trank zu, von dem er auch selber trinkt.[59] Er ist mächtig, hat beschützende und auch schöpferische Funktionen, ist aber einer von vielen und insgesamt noch weit entfernt von jener Macht und jenem Ansehen, das diesem Gott mit neuem Profil Jahrhunderte später im klassischen Hindupantheon zuteil werden wird.

Der eigentliche **Sonnengott** des Ṛgveda ist **Sūrya**, Varuṇas »Auge« und Wächter von Wahrheit und Gerechtigkeit, der das Tun und Lassen der Menschen beobachtet.[60] Mit Indra, Agni und Soma gehört Sūrya zu den wichtigsten vedischen Göttern. Auf einem goldenen Wagen, von sieben Pferden gezogen[61], steigt Sūrya am Morgen aus der Unterwelt auf und vertreibt als Inbegriff des Lebens das Grauen der Nacht[62]. Oft für einen Sonnengott gehalten, aber in vedischer Zeit eben gerade keiner ist **Savitṛ**: Er ist der »Gott ›Erreger‹ oder ›Antreiber‹«, der »seine goldenen Arme aus(streckt), alle Bewegung anzutreiben, die im Himmel und auf Erden vor sich geht«[63]. Er treibt den Hochzeitsszug der Sonne an, und aus dieser Nähe wurde Savitṛ später immer mehr selber zum Sonnengott. In der Dämmerung wird er aktiv, in der Zeit des Übergangs vom Dunkel zum Tag, und breitet das Licht in der Dunkelheit aus.[64] »Mittels der Nächte und mittels der Tage« treibt Savitṛ die Welt an: »Mit letzteren treibt er an zur Tätigkeit, mit ersteren bringt er zur Ruhe«[65] – einer scheinbaren Ruhe, denn nachts sollen die Menschen nicht nur ruhen, sondern auch Nachkommen zeugen. In Savitṛs Wesen als Antreiber ist begründet, daß besonders Vedaschüler vor dem Studium, aber auch gläubige Hindus allgemein im Morgengebet seinen Glanz besingen in der berühmten »Sāvitrī«, die junge Hindus schon als Kind von ihrem Lehrer lernen: »Dieses vorzügliche Licht des Gottes Savitṛ wollen wir erlangen, der unsere Andacht stärken möge«.[66]

Uṣas, die »Tochter des Himmels«, ist die Göttin der Morgenröte: Voller Anmut erhebt sie sich wie eine Tänzerin im Osten, ihre Brüste entblößend.[67] Ewig jung, gilt sie als Liebhaberin der Sonne und Schwester der Nacht[68] und inspiriert die vedischen Dichter zu kunstvoller erotischer Dichtung. Uṣas Erscheinen ist das Zeichen für ihre Brüder, die **Aśvin**, auf Fahrt zu gehen: Söhne der Saraṇyū und des Himmelsgottes, von jugendlicher Schönheit, sind diese Zwillingsgötter Mittelwesen, die zwischen Göttern und Menschen stehen und die zwischen bestimmten Bereichen tätig sind: zwischen Sein und Nichtsein, Tod und Leben, Alter und Jugend, Dunkel und Licht; entsprechend sind sie in Zwischenbereichen angesiedelt: zwischen Morgen und Abend, Himmel und Erde. Womöglich hatten sie ursprünglich Pferdegestalt[69], jedenfalls sind sie »durch ihnen eigentümliche Pferde gekennzeichnet«[70]. Sie befreien von Krankheit und gelten als Retter aus Gefahren und verschiedensten Arten von Bedrängnis und Ungemach.

Die Götter des Luftraums (antarikṣasthāna)

Der beliebteste aller vedischen Götter ist **Indra**, der Gott des Kampfes, der uneingeschränkte König und Herr über die vedischen Stämme. An ihn richten sich die meisten Hymnen, um ihn gibt es die meisten Mythen. Er ist der »menschlichste« unter den Göttern, äußerlich wie im Charakter: Als einziger Gott »geboren«, nicht erschaffen[71], von gigantischer Statur, ein riesenhafter Drachentöter, rotbärtig, ein mächtiger Esser und Trinker. Ein Gott mit Schwächen und Lastern – allen voran seine übermäßige Vorliebe für den Rauschtrank **Soma**, der ihn zu immer neuen Heldentaten beflügelt, für den es aber auch so manches Abenteuer zu bestehen gilt.

Indra ist der **Prototyp des drachentötenden Heros**, den bereits die vorindogermanische/-iranische Mythologie kennt und der in mythischen Helden anderer Kulturen wie Thor oder Herakles weiterlebt. Und »wie das Leben anderer Helden ist auch das Indras keine zufällige Kombination wunderbarer Handlungen und Erlebnisse, sondern es ist nach der stereotypen Struktur der heroischen Vita aufgebaut«[72]: Von der schwierigen Geburt des Helden von einer Jungfrau und einem Gott, über die Aussetzung des Kindes, von Tieren gesäugt, von Menschen aufgefunden und mit besonderem, »magischem« Wissen ausgestattet, dann die wunderbare Jugend des Helden, dessen übernatürliche Fähigkeiten aber zunächst verkannt werden, bis hin zu seinen vielfältigen Heldentaten und schließlich seinem Tod.

Offenbar hat Indra **eine Mutter** – die **Erde** Pṛthivī, im Ṛgveda »Śavasī« genannt[73] – und **zwei »Väter«**: als »leiblichen« Vater den großen Himmelsvater **Dyaus**[74] und als »Ziehvater« den »Schmied« **Tvaṣṭṛ**, Besitzer geheimen magischen Wissens und dämonischer Kräfte, bei dem Indra auch den Soma trinkt. Zu Tvaṣṭṛ wird Indra verbannt, als sich seine Eltern vor ihm fürchten; dafür erschlägt er später seinen leiblichen Vater Dyaus[75], nachdem er diesen bereits entmachtet hat – Indras erste große »Schöpfungstat«: Er bezwingt die feindlichen Asuras und zerschlägt dann den Berg Vala, den alten »steinernen Himmel«, die Manifestation des Himmelsvaters Dyaus, Sinnbild der alten primordialen Welt. So ensteht das neue »geordnete« Weltgebäude, der Kosmos. Aus den Resten des Valaberges bzw. Dyaus' formt Indra den neuen Himmel und trennt ihn von der Erde.[76] Raum für neues Leben ist geschaffen, die Sonne, die Morgenröte, die lebenswichtigen Kühe und der Soma – alles vormals im Berg festgehalten – werden befreit, die Welt entsteht. Indras »Waffe« ist eine steinerne Keule, die ihm sein Ziehvater Tvaṣṭṛ gefertigt hat. Von ihm stammt auch der Donnerkeil, mit dem Indra mit Hilfe seines Gefährten Viṣṇu seine zweite, äquivalente schöpferische Heldentat vollbringt: die **Zerschlagung** des Rückgrats der Schlange **Vṛtra**. So befreit er die von der Schlange zurückgehaltenen Urwasser und damit auch das Licht am Himmel[77] und läßt die Leben spendenden Flüsse fließen[78]. Beide »schöpferischen« Taten Indras werden oft gemeinsam gepriesen.[79] Und schließlich besiegt Indra die »Dāsas« bzw. »Dasyus« und schleift deren Häuser und Festungen.[80] Vielfältig sind die Taten dieses kriegerischen Gottes – bis hin zu recht menschlichen Trink- und Liebesabenteuern verschiedenster Art.[81] Deshalb wetteifern die vedischen Dichter auch um Indras Hilfe und stärken ihn mit immer prächtigeren Hymnen, damit er zu ihrem Opfer komme und nicht zu dem ihrer Gegner.

Mit Indra sind auch die **Maruts** zu erwähnen, die schönen, herrlich gekleideten und schwer bewaffneten Söhne Rudras und der Himmelskuh Pṛśni. Sie sind Indras leuchtende Begleiter beim Sieg über Vṛtra. Sie tauchen mit den Monsunwolken auf und mit Stürmen und Blitzen vergießen sie den Regen.[82] Ihr Vater, **Rudra**, ist unberechenbar. Man fürchtet ihn wegen seines grenzenlosen Zorns und wegen der Krankheiten, die er im Zorn über Mensch und Tier bringt. Man ruft ihn aber auch ängstlich-hoffend »Śiva« – den »Segensreichen«[83]: Denn nur er, der auch die Heilkräuter kennt, kann von diesen Krankheiten wieder heilen – dann, wenn sein Zorn durch Lobpreis besänftigt wird.

Ein alter Windgott von hohem Rang ist **Vāyu**, der am frühen Morgen auf einem schönen Wagen die Morgenröte heraufführt und als erster – Zeichen seiner Macht – zusammen mit Indra den gepreßten Soma trinken darf. Vāyu wird fälschlicherweise oft mit **Vāta** identifiziert, dem eigentlichen Windgott des Ṛgveda, dem Beherrscher des Luftraums, durch den alles Leben erst möglich ist. Oft mit Vāta gemeinsam angerufen wird **Parjanya**, der Regengott des Ṛgveda. Mit Sturm und Gewitter leert er seinen prallgefüllten Schlauch oder Eimer über der Erde aus, läßt die Pflanzen wachsen und bringt allen Lebewesen Lebenskraft.[84]

Die Götter der Erde (pṛthivīsthāna)

Nach Indra kommt der **Feuergott Agni** im Ṛgveda am häufigsten vor: In mehr als 200 Hymnen wird er gepriesen – in den einzelnen Büchern (außer dem 8. und 9. Buch) jeweils an erster Stelle. Ob als Sonne am **Himmel** oder als Hausfeuer auf **Erden** – überall ist der Feuergott präsent. Ja, sogar »als Lebenskeim im **Wasser** und latent in allen Pflanzen: denn aus Holz wird er beim Reiben der Reibhölzer geboren«[85], um schließlich als Rauch wieder zum Himmel emporzusteigen.

Vielfältig wie seine Lebensbereiche sind auch Agnis Funktionen: als Steppenfeuer vernichtet er jegliches Leben, bei der Leichenverbrennung reinigt er den Leichnam, als Verdauungsfeuer spendet er Lebenskraft, als innere Hitze weckt er sexuelle Begierden und als nie erlöschendes Hausfeuer wird er für seine segensreichen Dienste hoch verehrt. Am bedeutendsten aber ist Agnis Rolle beim Opfer: Als **Opferfeuer** wird er zum »Mittler zwischen Mensch und Gott« und zum »göttlichen Gegenspieler der menschlichen Priester«[86]. Agni ist »Bote der Götter«, da ihn die Götter »in den menschlichen Wohnungen niedergesetzt, ihn zum Opferdienst angestellt und ihm als Lohn dafür ewige Jugend verliehen haben«[87]: Er bringt das Opfer zu den Göttern und die Götter zu den Opfern, von ihm hängt der Erfolg der Opfer ab und damit auch die Taten der Götter. Geheimnisvoll ist sein Wesen und zu allen Zeiten Gegenstand priesterlicher Spekulationen. Mit der Zeit wird der Opferplatz »zum Mikrokosmos, in dem die kosmischen Kräfte harmonisiert« werden, »und der in jedem seiner Ziegel mit Symbolik befrachtete Altar (wird zur) Keimzelle, aus der später die indischen Tempel entstanden«[88].

In diesem Zusammenhang ist auch **Bṛhaspati** zu erwähnen, dessen Name sehr früh schon als »Brahmaṇaspati«, als »Herr des Brahman«, des wirkmächtigen Gebetswortes, gedeutet wurde. Ursprünglich »die priesterliche Funktion des Königs Indra«[89], mit dem er den primordialen Berg Vala spaltete, hat er sich bald als eigenständige Gottheit verselbständigt: Bṛhaspati wird zum »Patron des heiligen oder zauberkräftigen Wortes, das der Priester spricht«[90], zum Erzeuger der Gebete, Lehrer der Götter und deren höchster Priester. Und in späten Teilen des Ṛgveda werden die Dichter sogar darüber streiten, ob nicht Brahmaṇaspati selber einst wie ein Schmied die Welt geschaffen hat: »Brāhmaṇas Pati schmiedete die Dinge hier zusammen wie ein Schmied. In einem Weltalter, das früher war als das der Himmlischen, wurde das Seiende aus dem Nichtsein geboren.«[91]

Neben Indra ist der bereits mehrfach erwähnte **Soma** mit der wichtigste Gott des Ṛgveda und wohl auch einer der ältesten. Der Sache nach ist Soma eine **alkaloidhaltige Pflanze**, deren ausgepresster halluzinogener **Saft** – gefiltert und mit Wasser und Milch gemischt[92] – wie einst der indoeuropäische Honigmet physische Kraft, visionäre Fähigkeiten und **Unsterblichkeit** (*amṛta*) verleihen soll. Im Ṛgveda wird der Göttertrank selber zum Gott mit äußerst komplexem Profil. Ihm ist das gesamte **9. Buch** gewidmet. Vorrangiges Thema der Soma-Hymnen »ist das feierliche Ritual der Pressung, Läuterung und Mischung des Soma, Orientierungszentrum ist stets der rituelle Höhepunkt der Läuterung des Soma, genauer der Moment, in dem der ›irdische‹ Preßsaft in den ›himmlischen‹ Rauschtrank Soma **transubstantialisiert** wird, was durch das Singen eben der Soma-Hymnen geschieht«[93]. Das große Soma-Opfer ist wohl der wichtigste vedische Ritus überhaupt, vollzogen am Neujahrstag, Symbol des kosmischen

Neubeginns, zu Ehren und zur Stärkung vor allem Indras, mit drei feierlichen Pressungen am Morgen, Mittag und Abend: eine heilige »Wandlung«, vom Menschen vollzogen und bewirkt von der transformativen Macht des rituellen Wortes.

Ursprünglich, so der Mythos, war Soma im Besitz der Asuras, gut bewacht auf einem Berg, bis es einem Falken bzw. Adler gelingt, die Pflanze zu rauben und den Devas zu bringen, die ihn pressen und Indra opfern.[94] Gestärkt nimmt dieser nun den Kampf mit den Asuras auf, tötet die Schlange Vṛtra, zerschlägt den Berg Vala und setzt den darin verborgenen Soma frei. Im **Ritus** wird dieses **kosmische Drama wiederholt**: Dreitägige Wettkämpfe vor dem Opfertag symbolisieren den Soma-Raub, mit der Morgenpressung wird Indra und anderen Göttern der geraubte Soma dargebracht, und die Mittagspressung steht in Verbindung mit der Vṛta-Tötung und der Spaltung des Vala-Berges.[95]

Von Bedeutung ist Soma auch – wie noch zu zeigen ist[96] – für die Verstorbenen und deren Schicksal nach dem Tod: Auf dem »Pfad Somas« gelangen sie ins Paradies, auf jenem Weg entlang den Sonnenstrahlen, auf dem auch Soma zu den Göttern gelangt. Deshalb die wiederholte Bitte im Ṛgveda, Soma selber möge die Verstorbenen in die Himmelswelt versetzen und dort unsterblich machen.[97] Von daher womöglich auch die später häufige Identifikation Somas mit dem Mond – im Ṛgveda nur einmal belegt[98] –, der in spätvedischer Zeit als Aufenthaltsort der Verstorbenen und »Nahrung« der Götter angesehen werden wird.

Soweit die prominentesten Götter, die im Ṛgveda immer wieder gepriesen, gerufen und zum Opfer geladen werden. Nur kurz erwähnt werden sollen noch die **vergöttlichten Flüsse** – allen voran Sarasvatī, die Göttin der Sprache (später die Frau Brahmas und die Göttin des Wissens), aber auch Sindhu (Indus), Vipās (Beas) und Śutudrī (Sutlej) – und die zahllosen »niederen« **dämonischen Wesen und Gottheiten**, die von den Menschen verehrt und gefürchtet werden: Wassernymphen (*apsarā*), Schlangendämonen (*nāga*) und Baumgötter (*yakṣa*), Genien (*gāndharva*), die im Luftraum umherschweifen, bis hin zu **Gespenstern** und **Geistern** unerlöster Verstorbener (*bhūta, preta*) und anderen Heil und Unheil stiftenden **Dämonen** (*rākṣasa, piśāca*) und **Kobolden**.

3. Elemente ṛgvedischer Religion

Mythologische Phantasie ist das eine und gesellschaftlich-historische Wirklichkeit das andere – könnte man meinen. Doch schon die knappen Skizzen der vedischen Götter lassen ahnen, daß diese nicht anonym fernab der Menschen schalten und walten, sondern daß ihr Wirken und Schicksal in enger Beziehung zur Lebenswirklichkeit der vedischen Arier steht. Ja, offenbar gibt es schon in ṛgvedischer Zeit direkte »Querverbindungen und Wechselwirkungen zwischen religiösem System und Gesellschaft bzw. Gesellschaftsordnung«[99], die sich in entsprechenden mythologisch-theologischen Konzeptionen des Ṛgveda niederschlagen.

Mythologisches Abbild gesellschaftlicher Wirklichkeit

Eine Analyse von theologischer Substanz des Ṛgveda einerseits und politisch-gesellschaftlichen Verhältnissen der ṛgvedischen Gesellschaft andererseits – so von Thomas Oberlies in seinem Grundlagenwerk zur ṛgvedischen Religion vorgelegt[100] – ergibt, knapp zusammengefaßt, folgenden Befund:

a.) Auf die vieldiskutierte Frage, ob die vedischen Arier Nomaden, Halbseßhafte oder gar Seßhafte waren, findet sich im Ṛgveda zunächst keine eindeutige Antwort: Es finden sich dort Hinweise für verschiedene Lebensformen und -weisen. Und gängige Theorien, die von einem allmählichen Übergang vom Nomadismus zur Seßhaftwerdung ausgehen, greifen wohl zu kurz. Denn offenbar lebten die arischen Stämme zunächst in einem Wechsel von **Phasen des festen Siedelns** – im Ṛgveda *kṣema,* »Sichniederlassen« genannt –, wo sie feste Wohnsitze hatten und Ackerbau betrieben, und **Perioden des Weiterziehens und der kriegerischen Auseinandersetzung** um Siedlungs- und Weideland – *yoga,* »Anschirren« genannt. Der Grund: Für die Vielzahl der vedischen Arier, die in den Flußtälern siedeln wollten, war der Siedlungsraum am Rande der Taldschungel schlicht zu knapp. So rückten die Arier **schubweise** in mehreren Wellen in den Nordwesten Indiens ein, wobei – sieht man einmal von den kriegerischen Beutezügen seßhafter Stämme untereinander ab – die nachrückenden Stämme jeweils die vorübergehend Seßhaften vertrieben und zum Weiterziehen zwangen.[101] Ein Prozeß, der faktisch erst dann zum Erliegen kam, als am Ende der frühvedischen Zeit keine Stämme mehr nachrückten.[102]

b.) Den verschiedenen Siedlungsphasen entsprechen **verschiedene gesellschaftliche Organisationen und Herrschaftsinstitutionen**:[103]
– In **seßhaften Zeiten** leben die arischen »Lineages« (Gruppen, die von einem gemeinsamen Vorfahren abstammen) und Clans (mehrere Lineages, die sich auf einem gemeinsamen Urahn beziehen) in **Siedlungsräumen** oder Niederlassungen (*viś*), bestehend aus verschiedenen »**Häusern**« (*gṛha*) von Großfamilien. **Machtträger** in Friedenszeiten sind die »Haushälter« oder »**Hausherren**« (*gṛhapati*), denen als *primus inter pares* ein **Friedenskönig** (*viśpati* bzw. *rājan*) übergeordnet ist mit typisch »innenpolitischen« Funktionen wie Rechtsprechung und Bestrafung.[104]
– In **Kriegszeiten der Wanderung** lösen sich die einzelnen Haushalte auf; ein-

zige Bezugsgröße bleibt das »Viś«, der Siedlungraum des Clans. Dem Friedenskönig tritt – wie auch in anderen Kulturen üblich[105] – ein **Kriegskönig** an die Seite, dem jetzt faktisch alles untergeordnet ist.

c.) Je nach Siedlungsphase muß das **politische und** das **religiöse Leben** verschieden organisiert und gestaltet werden. Entsprechend unterscheidet der Ṛgveda **verschiedene Typen von »Religionen« und Göttern**[106]:
– Die »**Indra-Marut-Religion**«: Indra ist, wie wir sahen, der Gott des **Kampfes**, seine Domäne ist der Krieg, und die Maruts helfen ihm dabei. Er ist jener Gott, der durch seine Heldentaten chaotische, ungeordnete, primordiale Zustände in geordnete Zustände überführt, ihn bittet man in Zeiten des *Yoga* um Beistand bei Eroberung und Kampf und um Schutz vor Bedrohung von außen. Wie Indra einst durch seinen Sieg über die Vṛtra-Schlange und durch seine Spaltung des Vala-Felsens die »Schöpfung« von Welt bewirkte, »so ist auch der Sieg des aktuellen Anführers eines vedischen Stammes, der die Tötung des Vṛta und die Spaltung des Vala wiederholt und sich als ›Indra‹ ausweist, eine ›Weltschöpfung‹«, da seine Eroberung »Welt« schafft, »die dem Menschen als Siedlungsland dient«[107].
– Die »**Āditya-Religion**«: Varuṇa und die Ādityas sind die Götter der **Ordnung**. In Zeiten des »**Kṣema**« ordnen sie das, was Indra zuvor geschaffen hat: im **Kosmischen** (Ordnung der Naturvorgänge), im **Politischen** (Sichern der Grenzen), im **Juristischen** (Wachen über Eide, Verpflichtungen und Verträge) und im **Sozial-Ethischen** (Wachen über Gastfreundschaft und Wahrheit). Im Zentrum dieser Religion steht **Ṛta**, die **Wahrheit**, das gesetzgebende Prinzip der gesamten Weltordnung.
– Die »**Agni-Religion**«: Sie ist im Gegensatz zu den beiden »temporären« Kulten um Indra, Maruts und Ādityas das **Kontinuum vedischer Religiosität**. Agni ist der **universale Herrscher**, der einzige Gott, der **immer präsent** ist: In jedem Haus ist er als Hausfeuer anwesend und bietet Bewohnern wie Gästen Zuflucht und Schutz. Wie Varuṇa wacht er über das Einhalten der Vorschriften. Er ist ein Gott, der auch kämpft, weil er das Haus vor Angriffen schützt. Und er ist mobil, weil er beim Weiterziehen des Stammes als »Stammesfeuer« mitgenommen wird.[108]

Je mehr sich im Laufe der Zeit die gesellschaftlichen Verhältnisse ändern, desto mehr verändern sich auf mythologischer Ebene die ursprünglichen Herrschaftsbereiche der Götter – beinahe bis zu deren Bedeutungslosigkeit. Allein Agni sollte »in der ihm eigenen Kontinuierlichkeit seine wichtige Position im Pantheon der hinduistischen Religionen«[109] behalten.

Eine Religion der Riten und Feste

Die vedische Literatur ist im wesentlichen **Ritualliteratur**: Mit Hymnen und Gebeten, mit Anleitungen zur ordnungsgemäßen Durchführung der Rituale und mit Abhandlungen zu deren Deutung. Der vedische Kult kennt weder Tempel noch Bilder, im Mittelpunkt stehen Gesang, Gebet und **Opfer**: **Opfergaben** zur lebensnotwendigen Speisung und Stärkung der Götter, **Bitt- und Dankopfer** zur und für die Erfüllung bestimmter Wünsche, **Sühne- und Reinigungsopfer** zur Beseitigung von Schuld und kultischer Verunreinigung.[110] Die Rituale finden das Jahr über zu genau festgelegten Zeitpunkten statt: an jahreszeitlichen Wendepunkten, zu Übergangszeiten und an gesellschaftlichen Bruchstellen. Dabei werden die Götter entweder vom Opferpriester herbeigerufen, um selber am Opfermahl teilzunehmen, oder das Opferfeuer bringt ihnen die rituelle Speisung. Jedenfalls treten die Menschen über das Opfer mit den Göttern in Kontakt, die ṛgvedischen Hymnen dienen der religiösen Kommunikation, dienen dazu, sich der Erhörung, ja Präsenz der Götter zu versichern: durch Anrufung, Lobpreis, Bitten.

Wichtigste Opfergabe ist der Unsterblichkeitstrank **Soma**, bedeutendster Ritus ist das bereits erwähnte große **Soma-Opfer**. Aber auch die **Opferung von Tieren** ist in ṛgvedischer Zeit durchaus üblich: die Schlachtung von Büffeln und Ziegen – zur Ehrung von Gästen, bei Hochzeiten, als Dank für gute Ernten aber auch bei Totenritualen – und die Opferung von Pferden. Diese erhalten beim »Aśvamedha«, dem »großen Pferdeopfer«, eine besondere Bedeutung: Zur Herrschaftssicherung wird ein geschmücktes Pferd ein Jahr lang auf einem eroberten oder zu erobernden Gebiet freigelassen, um dann in einem aufwendigen Ritual geopfert zu werden.[111] Womöglich finden Soma- und Pferdeopfer sogar gemeinsam am ṛgvedischen Neujahrsfest statt zur Machtsicherung des Königs oder Stammesfürsten, dessen Wahl ebenfalls zu Neujahr, dem Symbol für Schöpfung und kosmischen Neuanfang, abgehalten wird.[112]

Initiations- und Sterberiten

Für den einzelnen von großer Bedeutung sind seit jeher jene Rituale, die bestimmte Übergänge oder Bruchstellen im Leben markieren und ihm helfen, diese zu bewältigen: Übergangsrituale, vor allem **Initiations- und Sterberiten**. Auch in Indien sind schon in ṛgvedischer Zeit solche Riten und Rituale bezeugt – und zwar in ähnlicher Form, wie man sie bis heute im Hinduismus kennt.

Die **Inititiation** der **männlichen** Gesellschaftsmitglieder[113] – Frauen werden, wie in den meisten Kulturkreisen, auch im Hinduismus seit jeher systematisch religiös und sozial benachteiligt – erfolgt normalerweise zwischen dem 15. und 16. Lebensjahr. Die Einführung beim religiösen Lehrer findet für einen Brahmanen bereits mit acht Jahren statt, für einen Kṣatriya mit elf und für einen Vaiśya mit zwölf; dabei lernen die Jungen auch die bereits erwähnte »Sāvitrī«, jene berühmte Hymne an den Gott Savitar.[114] Die Initiation als solche markiert, wie auch in anderen Kulturen, den Abschluß der Pubertät (sinnfällig durch Bart- und Haarschur) und die Vorbereitung zur Aufnahme als vollwertiges politisches und religiöses Mitglied in die Gesellschaft.

Ein ṛgvedischer Initiationsritus ist der **Pravargya**, der Vorläufer der späteren »Upanayana«, jenes Initiationsritus der klassischen Zeit. Im Pravargya wird den Aśvin in einem glühenden Topf zum Sieden gebrachte Milch, der »Gharma«, geopfert. Sie soll dem Initianden bei seiner »neuen Geburt« über die Schwelle zum neuen Lebensstadium helfen, und wird wie die Bart- und Haarschur zu Beginn und zum Ende einer einjährigen Periode intensiven religiösen Studiums dargebracht.[115] Dann erst lernt der Initiand im »Männerhaus«, der »Sabhā«, wohl eine Art »Initiationscamp«[116], den Gebrauch von Waffen und Kampftechniken und macht, bis dahin keusch lebend, seine ersten sexuellen Erfahrungen. Heirat und »Feuergründung« markieren schließlich ab zwanzig das Erwachsenendasein. Heute spielt beim Initiationsritual das Lernen von Kampf- und Waffentechniken keine Rolle mehr, wohl aber markieren die beiden symbolischen Haarschuren zum achten und 16. Lebensjahr nach wie vor die Einführung beim Lehrer und das Ende der Pubertät, und noch heute gelten Hindus mit Zwanzig als erwachsen.

Der entscheidende, weil finale Einschnitt in ein Menschenleben ist der **Tod**: für Gläubige der erhoffte Übergang in eine andere, Heil versprechende Daseinsform, für Nichtgläubige das Ende allen Lebens, womöglich die Auflösung ins Nichts. Die vedischen Arier müssen den Tod insgesamt als etwas Bedrohliches empfunden haben: Man fürchtet, daß der Verstorbene als umherirrendes »Geistwesen« in der Nähe seiner Verwandten »weiterlebt«, hofft zwar, daß er am Ende in eine paradiesische »Welt der Väter« (*pitṛloka*) gelangt, ist aber davon überzeugt, daß das Schicksal der Verstorbenen letztlich auch davon abhängt, inwiefern die Nachkommen ihren rituellen Pflichten für den Toten nachkommen.[117] Eine Reihe mitunter komplexer **Toten- und Ahnenrituale** gilt es zu befolgen, die nicht nur der rituellen Versorgung des Verstorbenen dienen, sondern auch darauf abzielen, die »Kohäsion der Familie, Gruppe oder Gesellschaft auch über die Bruchstelle Tod hinaus aufrechtzuerhalten«[118]: von der gemeinsamen **Waschung** und **Aufbahrung** des Toten, seinem feierlichen **Transport** im Leichenzug zum Verbrennungsplatz (neben Erdbestattungen wohl die gängige Praxis[119]), der symbolischen, vorübergehenden **Beigabe** von geliebten Gegenständen[120], der Bedeckung des Leichnams mit Teilen einer geschlachteten Kuh bis hin zu seiner feierlichen **Verbrennung**[121].

Nach einigen Tagen werden die nicht verbrannten Gebeine – nach alter und weitverbreiteter Vorstellung konstituieren sie das Leben und bewirken die

Wiederbelebung des Verstorbenen[122] – eingesammelt und in einer Urne **beigesetzt**[123]. An den **männlichen Hinterbliebenen** ist es nun, zum Verstorbenen »einen fiktiven Sozialkontakt in geregelten Bahnen aufrechtzuerhalten« und »für den Toten die Existenzbedingungen konstant zu halten, durch Ernährung, Behausung und allgemeine Versorgung«[124]. Wird dies dem Toten verweigert oder entzogen – etwa als Strafe –, so muß er Hunger und Durst leiden, ja womöglich noch einmal sterben.[125] Die Versorgung des Toten wird vor allem sichergestellt durch **häusliche**, monatlich vom Familienvorstand zu vollziehende **Totenspeisungen für drei Generationen von »Vätern«**, aus denen sich in nachvedischer Zeit wohl das am Neumondtag zu vollziehende **»Klößeväteropfer«** (*piṇḍapitṛyajña*) entwickelt hat, und durch eine **kollektive Soma-Spende für alle Ahnen** am Ende des Jahres unmittelbar vor dem großen Soma-Opfer – eine »Art Allerseelenfest«, wie schon von Oldenberg vermutet: »das uralte winterliche Totenfest der indoeuropäischen Zeit«[126].

Die Entstehung von Welt und Mensch

Der Ṛgveda bietet keine in sich geschlossene, kohärente Schöpfungsmythologie. Ja es hat geradezu den Anschein, daß Fragen nach der Weltentstehung und dem Verhältnis der Götter zu ihr, wie Hermann Oldenberg seinerzeit bemerkte, »für die Dichter des Ṛgveda nicht gerade im Vordergrund« stehen, ginge es doch im Ṛgveda darum, »die Götter zu verherrlichen und sich ihre Gunst zu sichern, nicht aber darum, in Geheimnisse einzudringen, die jenseits der Götterwelt liegen mögen und in keinem Fall mit dem Wohl und Wehe des gegenwärtigen Augenblicks zusammenhängen«[127].

Oldenberg hat sicher insofern recht, als daß die Frage nach dem »Wann« oder »Wie« der Weltentstehung nur vereinzelt gestellt und sehr verschieden beantwortet wird. Ja, es scheint den vedischen Dichtern in ihren immer neuen mythologischen Erzählungen und Anspielungen gar nicht so sehr um die Erklärung dieses »Wann« oder »Wie« zu gehen, sondern um die **Gegenwart**, um das Hier und Jetzt, und um deren **Sicherung und Erhaltung**: In der Gegenwart wird »die in (den Mythen) berichtete Urzeit wiederholt, ›reproduziert‹«[128], und die vedischen Dichter möchten mit diesen Mythen offenbar vor allem nachweisen und bekräftigen, »daß es seine Richtigkeit hat, daß die Welt in der Weise entstanden ist, wie sie aktuell vom Menschen erfahren wird, und daß sie nur bei Wahrung dieser Ordnung weiterhin Bestand haben kann«[129].

Wichtige Elemente dieser kosmogonischen Mythologie – fügt man die weitverstreuten ṛgvedischen Anspielungen und Vorstellungen zu einem Bild zusammen – sind bei der Präsentation der ṛgvedischen Götter, vor allem der Indras, und in den obigen Ausführungen zur ṛgvedischen Religion bereits zur Sprache gekommen. Der Schlüssel zum Gesamtverständnis ṛgvedischer Kosmologie liegt in der Figur des Gottes **Indra: Schöpfung** und damit **Ordnung**, wie sie vom vedischen Menschen erfahren wird, wurde erst dadurch möglich, daß mit der Geburt Indras der urzeitliche Kampf gegen die »Asuras«, die einstigen Herrscher der Finsternis und des unentfalteten Chaos, zugunsten der »Devas« entschieden werden konnte. »**Nichtsein**«, Herrschaft der »Asuras«, wird zum »**Sein**«, zur Zeit des Kosmos, der Ordnung.[130] Der vom Soma gestärkte Indra schafft Lebensraum, indem er den urzeitlichen Berg Vala zerschlägt bzw. die Urschlange Vṛta tötet und damit lebenswichtige Güter freisetzt. Er bricht die lebensverhindernde Ureinheit auf und schafft Raum für das Licht. Die Reste der urzeitlichen Welt, »eine ungeheure Steinmasse und das Urwasser, werden in das neu entstehende Weltgebäude eingebaut. Dort bilden die Steine das Randgebirge und die Unterwelt [Anm.: die man in den späten Büchern des Ṛgveda hinter diesem Randgebirge, nicht mehr unter der Erde vermutete[131]], das Urwasser den himmlischen Ozean und das unterirdische Meer«[132]. Es ist diese kosmische Ordnung, die man in den ṛgvedischen Hymnen preist, der man gedenkt, die es zu wahren gilt und die man deshalb in den großen Soma-Ritualen feierlich re-konstruiert. Und es ist diese Ordnung, deren »Kreation« sich auf Erden immer dann wiederholt, wenn die vedischen Arier siegreich auf neues Territorium vorstoßen.

Dennoch ist Indra nicht der große »Schöpfergott« par excellence: »Ein Gott dessen Majestät beanspruchen könnte, daß ihm und keinem anderen die Würde eines Weltschöpfers beigelegt werde, ist für die vedischen Sänger nicht da.«[133] Geradezu spielerisch werden verschiedenste Möglichkeiten und Modelle der Weltentstehung vorgestellt, ohne dabei diesem oder jenem den Vorzug zu geben – eine Vielfalt, die sich in der indischen Tradition durchhalten sollte:[134]

– Von einem **Handwerker** oder **Künstler** ist die Rede, der den Weltenraum ausmißt und die Welt durch Schnitzen, Schmieden, Zimmern, Weben, Töpfern etc. aus der Urmaterie gestaltet[135].

– Von einer **Zeugung** und einem **Gebären der Welt** durch die erstgeborenen »Welteneltern« Himmel und Erde[136] berichten die Schriften; von einem **Weltenei**, dem »**Goldembryo**« (*hiraṇyagarbha*)[137] ist die Rede, aus den Urwassern und dem Feuer erzeugt, woraus schließlich die Welt entstand, sowie von menschenähnlichen Urwesen, welche die Welt entweder selber geschaffen haben oder aus denen die Welt einst geschaffen worden sein soll[138].

– Und insgesamt wird das gesamte Weltgeschehen als großes »**soziales Rollenspiel**«[139] gedeutet, bei welchem den verschiedenen Göttern ganz bestimmte Funktionen, Rollen, Zuständigkeiten und Charaktere zugedacht werden.

Freilich: All diese Modelle waren nur so lange tragfähig, wie man die Welt und ihre Ordnung als gegeben annahm und sich ihre Entstehung in immer neuen Motiven und Variationen bildhaft ausmalte. Sobald man dies aber alles hinterfragte, nach den Ursachen und nach deren Voraussetzungen suchte, von der rein mythologischen Betrachtung und Beschreibung der Welt hin zu ihrer ersten tastenden philosophischen Durchdringung gelangte, da reichten diese Bilder nicht mehr aus. Rätselhafte Formulierungen und Paradoxien zeugen von den offenkundigen Grenzen der alten Mythen, ja womöglich von einer umfassenden Krise des gesamten frühvedischen Weltbildes. Darüber wird im Zusammenhang der nächsten, mittelvedischen Epoche zu reden sein.

Bleibt bei den frühvedischen Kosmologien noch die Frage nach der **Entstehung des Menschen**. Auch sie spielt im Ṛgveda nur eine Nebenrolle, keine seiner Hymnen beschäftigt sich im Detail damit. Weltentwicklung zielt im vedischen Indien nicht, wie etwa in der hebräischen Genesis, auf die Erschaffung eines ersten Menschen oder Menschenpaares hin. Nach vedischer Auffassung – so jedenfalls in spätvedischer Zeit dokumentiert[140] – hebt sich der Mensch nicht wesentlich von den übrigen Geschöpfen ab. Er ist »prinzipiell ein Tier«, jedoch »das erste unter den Tieren«: Von allen Geschöpfen ist er »am meisten mit Erkenntnisfähigkeit begabt, er hat Zeitbewußtsein und strebt nach Unsterblichem«; vor allem ist er »das einzige Tier, das opfert«[141], und so das einzige Geschöpf, das – wie die Götter – über eine Ritualwissenschaft verfügt!

Entstanden ist der Mensch – wie auch in anderen Kulturen gängige Vorstellung – aus der Sonne: Der sonnenhafte, sterbliche **Vivasvant**[142] brachte die **Zwillinge Manu und Yama** hervor. **Manu** ist menschenhaft und sterblich, er gilt als erster Opfernder, der das Opferfeuer Agni einsetzte[143], und wird als Stammvater der Menschen, als **erster Mensch** bezeichnet. **Yama** ist göttlich, deshalb eigentlich unsterblich, doch wählt er freiwillig den Tod, entdeckt als erster den Weg ins Totenreich[144], auf dem ihm alle Sterblichen folgen müssen[145], und wird dort zum **Herrscher über die Toten** – der spätere indische **Totengott**. Daß Yama auch eine Zwillingsschwester **Yamī** hatte, mit der er Inzest beging und mit der Yama gemeinsam als Stammeltern der Menschen angesehen wurde, scheint ein Konstrukt späterer Zeit.[146]

4. Vedischer Ritualismus: Sāma- und Yajurveda

Im Prinzip waren die arischen Opfer zunächst so etwas wie »feierliche Einladungen« an die Götter, denen durch das Opferfeuer Agni Speisen und Geschenke dargebracht wurden: zur Stärkung und Freude der Götter, damit Natur und Kosmos auch weiterhin zum Wohle der Menschen und der Götter funktionieren.[147] Mitunter waren dies durchaus komplexe und komplizierte Zeremonien – etwa das Soma-Opfer –, und schon bald brauchte man dazu »professionelle Liturgen« mit genau geregelten Funktionen[148]:

– den »**Rufer**« (*hotṛ*) der die Hymnen des Ṛgveda zitiert und die Götter zum Opfer ruft;

– mit der Zeit den **Vorsänger**[149] (*udgātṛ*), der die Bereitung des Opfers mit Gesängen (*sāman*) begleitet;
– den eigentlichen **Opferpriester** (*adhvaryu*), der die heilige Opferhandlung vollzieht und dabei entsprechende Opfersprüche (*yajus*) rezitiert;
– und ferner – je nach Opfer – eine mehr oder weniger große Zahl **assistierender Zelebranten**. Dazu gehört auch der »**Brahman**« (womöglich der spätere Sammelbegriff für »Priester«[150]), der ursprünglich wohl nur bestimmte Hymnen an Indra rezitierte, der sich aber in späterer Zeit zu einer Art Oberpriester entwickelt, der schließlich dem Opfer vorsteht und die ganze Opferhandlung überwacht: »Er soll alle drei Veden kennen; sein Werk wiegt das aller anderen Priester auf; er waltet des Opfers mit dem Gedanken, sie mit dem Wort. Auf dem Brahmansitz neben dem vornehmsten der drei Feuer sitzend, diesem zugewandt, die feierlich zusammengelegten Hände vorstreckend, inmitten allen Geräusches selbst schweigend, ist er der ›Arzt des Opfers‹: alle im unübersehbaren Gewirr der heiligen Handlungen und Rezitationen vorgefallenen Versehen werden ihm gemeldet, und er hat sie gut zu machen.«[151]

So entstehen mit der Zeit neben dem Ṛgveda (und zu großen Teilen auf seiner Grundlage) zwei weitere umfassende Textsammlungen, die zur sachgemäßen Durchführung der großen Rituale unentbehrlich und fortan für vedische Religiosität von zentraler Bedeutung werden sollten: der **Sāma-** und der **Yajurveda.**

Sāmaveda – das »Wissen der Gesänge«

Als das »Wissen der Gesänge« ist der **Sāmaveda** faktisch das »Handbuch«, mit dem ein Schüler, der sich zum Vorsänger (*udgātṛ*) ausbilden lassen wollte, die verschiedenen Singweisen der rituellen Gesänge lernte. Literarisch hat der Sāmaveda keine eigenständige Bedeutung, da er weitgehend aus Texten des Ṛgveda besteht. Schon Hermann Oldenberg hatte gezeigt, daß sowohl die Metrik des 9. Maṇḍala des Ṛgveda wie auch die Kürze der Lieder »auf die im Sāmaveda verkörperte Tradition **gesungener** Liedvorträge« hinweist – im Gegensatz zu den **rezitierten** Hymnen des Hotṛ oder den **gemurmelten** Opfersprüchen des Adhvaryu. Dies führte schließlich zur Aufnahme des Großteils der Soma-Hymnen, aus denen das 9. Buch des Ṛgveda besteht, in den Sāmaveda: Deshalb ist »der Sāmaveda selbst und die ganze Sāmaveda-Tradition aufs allerengste mit dem 9. Liederkreis und dem Soma-Ritual verbunden«[152].

Heute gibt es den Sāmaveda in drei Versionen, deren bedeutendste, die Kauthuma-Rezension, in ihren insgesamt 1810 Versen (davon bis auf 75 alle aus dem 8. und 9. Buch des Ṛgveda) aus zwei Elementen besteht: einer älteren **zweiteiligen Sammlung von Strophen** (*ārcika* und *uttarārcika*) und einer wohl späteren **vierteiligen Sammlung von Gesängen** (*gāna*).

Mit dem ersten Teil der Strophensammlung (*ārcika*) lernt der Schüler zunächst die verschiedenen Melodien, die er sich dann mit Hilfe der je ersten Strophe der einzelnen Opfergesänge einprägt. Der zweite Teil (*uttarārcika*) setzt die Melodien als bekannt voraus und bietet die restlichen Strophen der Hymnen. Die vier jüngeren »Gānas« beinhalten die Notationen der einzelnen Melodien samt den entsprechenden Texten, aber in der Form, wie sie schließlich gesungen werden: mit Dehnungen, Wiederholungen und Einschüben.

Yajurveda – das »Wissen der Opfersprüche«

Im **Yajurveda**, dem »Wissen der Opfersprüche«, sind schließlich – zusammen mit Gebeten und Hymnen aus dem Ṛgveda – die eigentlichen vedischen **Opfersprüche** (*yajus*) gesammelt, die vom Opferpriester (*adhvaryu*) während des Opfers gemurmelt werden. Einzelne parallele Sammlungen wurden mit der Zeit zu einem vielschichtigen Literaturkomplex zusammengefügt. Entsprechend den unterschiedlichen vedischen Schulen unterscheiden wir heute **zwei** formal wie inhaltlich verschiedene Komplexe in je mehreren Rezensionen:

– Der **ältere schwarze** (*kṛṣṇa*) **Yajurveda** wurde ab ca. 1000 v. Chr. in den (teilweise voneinander abhängigen) Schulen Katha, Kapiṣṭhala, Maitrāyaṇīya und Taittirīya kompiliert. Er enthält neben den nach Opfern geordneten **Sprüchen und Formeln** zugleich auch **Prosakommentare** zu den einzelnen liturgischen Handlungen, sogenannte »**Brāhmaṇas**«, die wohl **früheste Prosaliteratur Indiens**[153].

– Der **jüngere** und einheitlichere **weiße** (*śukla*) **Yajurveda** dagegen besteht nur aus **Opfersprüchen**. Er soll auf den Meister Yājñavalkya zurückgehen (deshalb auch Vājasaneyisaṃhitā genannt) und wurde in den Schulen Kāṇva und Mādhyaṃdina überliefert.

Diese **Opfersprüche** oder **Mantras**[154] – kurze esoterisch-magische Formeln, im Vergleich zu den hymnischen Gesängen relativ nüchtern und schmucklos – sind für den Yajurveda charakteristisch. Dabei handelt es sich um **Widmungen von Opfergaben** für bestimmte Götter (»Dich für Indra«), um schlichte Feststellungen bestimmter **Überzeugungen** (»Agni ist Licht, Licht ist Agni, Heil!), um **Zweckangaben** sakraler Handlungen (»Dich zum Saft, dich zur Kraft«), um Formeln, mit denen man Gegenstände »**sakralisierte**« (»Du [hier: das Horn einer Antilope] bist Indras Mutterschoß«), oder einfach nur um **Aufzählungen** von Götternamen. Ihr **Ziel**: Nicht nur die Götter zu beschwören und den Menschen gewogen zu stimmen, sondern über diese rituellen Formeln die **göttlichen Kräfte** unmittelbar **freizusetzen** und so mehr oder weniger direkt in das komplexe Gefüge der kosmischen Mächte und Kräfte einzugreifen und es zum Wohle des Menschen zu manipulieren.[155]

Brahman – die kreative Macht des Wortes

Schon seit alters war man davon überzeugt, daß »dem feierlich ausgesprochenen **Wort** eine große **Macht** innewohne und daß … in Formeln und bestimmten Metren ausgedrückte **Gedanken** eine **eigene Potenz** darstellten, die nicht nur an sich zu großen Leistungen imstande, sondern auch zum Gelingen der rituellen Handlungen notwendig war.«[156] Ja, man nahm an, daß die vedischen Seher und Dichter die vedischen Hymnen und Gebete einst aufgrund **göttlicher Inspiration** (*dhi*) komponiert bzw. »empfangen« hatten, und diese nun ihrerseits – gewissermaßen als »materialisierte göttliche Inspiration« – die **Kraft** besaßen, die **Götter zu beeinflussen** und damit die **kosmische Ordnung aufrechtzuerhalten**. Deshalb sagte man auch, die Veden seien »ewig«, nämlich realer Ausdruck ewiger Prinzipien, Essenz und Offenbarung des zeitlos Göttlichen in Sprache, Metrik und Klang.[157]

Besonders den **geheimen Opferformeln** schrieb man ein großes Maß an derartiger Kraft zu – vorausgesetzt, sie werden exakt rezitiert. Denn jedes **Detail** – nicht nur der Wortlaut, sondern auch das Versmaß und die klangliche Artikulation – ist von Bedeutung. Deshalb wird nicht nur deren genauer Wortlaut, sondern auch deren Singweisen (mit genauem Versmaß, exakter Klangfolge, sämtlichen Lautwiederholungen, Dehnungen etc.) minutiös festgehalten, überliefert und, wenn nötig, kommentiert.

Welche **Macht** aber kommt in den Mantras zur Wirkung? Wie wir sahen, war ja für den vedischen Menschen die Welt voll von allerlei Wesen und Mächten, die sich ihm auf je verschiedene Weise offenbarten und erschlossen. Eine der prominentesten – schon sehr früh erwähnt und für die Folgezeit von eminenter Bedeutung – ist **Brahman**: Was dieser Name ursprünglich bedeutet, ist ungewiß. Daß er etymologisch auf die Wurzel *bṛh* (»fest«, »massiv«, »stützend«) zurückgehen soll, wie verschiedentlich vermutet, wird mittlerweile bezweifelt.[158] Im Ṛgveda jedenfalls bezeichnet Brahman vor allem jene **den Mantras innewohnende Kraft** – in späterer Zeit wird es zum Synonym für das Vedawort als solches –, die sich »auch im Ritus konzentriert und die, mittels desselben in Wirkung gesetzt, die Götter zu stärken bestimmt war«[159]. Und später, als die Götter als kosmische Akteure immer mehr an Bedeutung verloren, glaubte man, mit dieser Macht der Mantras unmittelbar in das kosmische Gefüge der Mächte und Gewalten eingreifen zu können. Aber nicht jedermann, sondern in erster Linie die »**Brahmanen**«, die »Besitzer des Brahman«, die mehr als alle anderen fähig waren, »diese in Riten und Formeln gegenwärtige Kraft anzuwenden«, da in ihnen »das Brahman in besonderem Maße konzentriert« war.[160]

Paul Hacker vermutet, daß dieser Glaube an die magische Kraft des Vedawortes letztlich mit dem altindischen **Wahrheitsbegriff und -verständnis** zusammenhängt: »Man glaubte, daß die Wahrheit eine leuchtende Substanz sei, die im höchsten Himmel lokalisiert wurde. Und diese Substanz, so glaubte man, war auch in jeder wahren Aussage gegenwärtig.«[161] Sie galt als die mächtigste aller magischen Kräfte, denn sie verleiht dem richtig rezitierten Vedawort jene Macht, die letztlich für das Gelingen des Ritus entscheidend ist, die kosmische Abläufe in Gang setzt und erhält und aus der sich – wie wir noch sehen werden – in einer komplexen ideengeschichtlichen Entwicklung die Vorstellung von *Brahman* als jener apersonalen, allumfassenden, alldurchdringenden geheimnisvollen Wesenheit, dem Urprinzip alles Seins, entwickeln sollte.

Woher auch immer im einzelnen diese Vorstellungen kamen: Für den vedischen Menschen jedenfalls (und für viele Hindus noch heute!) waren die vedischen Mythen, Hymnen und Gebete nicht – wie oft unterstellt – nur simple Paraphrase von Naturphänomenen, primitive Kontemplation oder rudimentäre Spekulation. Ihre eigentliche Bedeutung liegt in dieser ihnen eigenen Macht, mit der sie in ständigen Parallelisierungen, Wiederholungen und Vergleichen »die Kräfte der Natur und der Götter steigern und ... zur periodischen Erneuerung des Lebens und der nützlichen Potenzen beitragen.«[162] Deshalb werden die Mythen immer wieder erzählt, deshalb werden die Götter immer wieder aufs neue beschworen und gepriesen, und deshalb werden die Rituale und Gebete auch ständig genauestens wiederholt.

Die zunehmende Macht der »Brahmanen«

Die Veden sind ausgesprochene »Standesliteratur« aus dem Umfeld vom Adel ökonomisch abhängiger Priester. Doch es gab sicher nicht nur **vor**, sondern vor allem auch **neben** den in den Veden überlieferten Vorstellungen und Praktiken allerlei religiöses Brauchtum, sozial und regional verschieden, das nicht oder nur zum Teil in das vedisch-priesterliche Traditionsgut integriert werden konnte, von dem wir im Veda nur wenig erfahren. Religion war aber nie nur Sache der Priester, auch wenn sie traditionell als die einzigen und eigentlich kompetenten »Verwalter des Brahman« galten. Und viele der **alltäglichen häuslichen Rituale und Zeremonien** wurden damals und werden bis heute ohne priesterliche Hilfe durchgeführt: jene relativ einfachen häuslichen **Gṛha-** (= zum »Haus« gehörenden) Riten, vom Familienvorstand zu bestimmten Tageszeiten, an festgelegten Jahreszeiten oder bei besonderen familären Anlässen zu vollziehen.

Die vedischen **Priester** hingegen werden immer mehr zu »**Opferspezialisten**« und »**Kultverwaltern**«: Immer komplexer werden die priesterlichen Rituale, die sie jeweils im Auftrag eines Opferherrn durchführen, die sie durch immer neue Details ergänzen und in ihrer Wirkung zu optimieren versuchen. Dabei greifen sie auf verschiedenstes Traditionsgut zurück, das von den Brahmanen rezipiert, harmonisiert, schließlich kanonisiert und damit faktisch der Kompetenz der »Laien« entzogen wird. Der priesterliche Einfluß auf sämtliche Bereiche des täglichen Lebens nimmt zu. Es entsteht ein quasi »orthodoxes« System sogenannter **Śrauta-** (= sich auf die vedische »Tradition« beziehender) Riten[163] eines zunehmend professionalisierten brahmanischen Establishments, das die altindische Religion für lange Zeit prägen sollte.

5. Ethos und Sünde in frühvedischer Zeit

Ethische Normen fallen nicht vom Himmel – auch wenn sie in den verschiedenen Religionen zu allen Zeiten den Menschen mit göttlicher Autorität in Erinnerung gerufen wurden und werden. Ethische Normen und Werte wurden vom Menschen selber entwickelt – herausgebildet im Zusammenleben der Menschen in einem höchst komplizierten sozialdynamischen Prozeß im Laufe der Evolution. Dort, wo sich Bedürfnisse des Lebens und menschliche Dringlichkeiten und Notwendigkeiten zeigten, da drängten sich **Handlungsregulative** für das Verhalten auf: Prioritäten, Konventionen, Gesetze, Gebote, Weisungen und Sitten – kurz, **Spielregeln**, bestimmte **ethische Normen und Maßstäbe**. Und wenn sich diese Normen bewähren, kommt es mit der Zeit zu ihrer Anerkennung: faktisch durch deren Befolgung oder explizit durch deren »offizielle« Verkündigung. Häufig werden diese Normen, wie auch in Indien, schon sehr früh **religiös** sanktioniert.[164]

Menschliche Tugenden und Pflichten

Schon vor der vedischen Zeit gab es, wie wir sahen, auf indischem Boden hochentwickelte Kulturen, und auch die einwandernden Arier selber waren gesellschaftlich auf hohem Nievau organisiert. Insofern muß es nicht verwundern, daß in vedischer Zeit ganz selbstverständlich vom einzelnen für ein gutes Leben bestimmte **Tugenden** und auch **Pflichten** gefordert werden: **Wahrhaftigkeit**, **Enthaltsamkeit**, **Großzügigkeit**, **Gastfreundschaft**, **Aufrichtigkeit** und **Gewaltlosigkeit**. Umgekehrt werden Lüge, Glücksspiel und Arroganz ausdrücklich als schädlich und verwerflich verurteilt.[165]

Schon in vedischer Zeit scheint das **Ethos** also besonders auf **gute zwischenmenschliche Beziehungen** abzuzielen, die für die Gesellschaft und für ein gutes Zusammenleben unverzichtbar gewesen zu sein scheinen: »Wenn wir gegen jemanden, der uns liebt, gesündigt haben, jemals Falsches getan einem Bruder, Freund oder Kamerad, dem Nachbar immer mit uns, oder einem Fremden, o Varuṇa, nimm von uns diese Übertretung.«[166] Deshalb soll ja auch die Selbstbezeichnung »Arier«, die »Edlen«, nicht in erster Linie Ausdruck elitärer Überheblichkeit anderen Gruppen oder Völkern gegenüber gewesen sein, sondern Ausdruck eines hohen ethischen Selbstverständnisses: eines Bekenntnisses zu ganz bestimmten moralischen Werten wie Vertragstreue, Gastfreundschaft (auch gegenüber Feinden) oder Wahrhaftigkeit.[167]

Sünde – gegen Götter und kosmische Ordnung

An vielen Stellen ist im Ṛgveda von **Unheil** oder **Schuld** (*pāpman*) oder von **Sünde** (*enas, pāpman*) die Rede. Das Sanskritwort *enas* bedeutet aber nicht nur »Sünde«, sondern auch »Unglück«, denn unrichtiges Verhalten aller Art belud »den Täter oder den Beteiligten mit ›Sünde‹, die sich in Leiden, Armut oder Unglück auswirkte«; entsprechend wurde dieser Sündenmakel »verbrannt, weggewischt oder mittels Reinigungsriten vernichtet«, wobei es gleichgültig war, ob ihm »ein moralisches Vergehen, ein Unglück, eine versäumte Observanz oder ein ritueller Fehler oder sogar ein vom menschlichen Willen unabhängiger ungünstiger Vorfall zugrunde lag«[168].

Sünde galt also weniger als innere, moralische Verfehlung des einzelnen, denn als eine Art **»äußere« Substanz**, die dem Menschen anhaftet, wie Krankheiten oder schadenbringende Potenzen, die »als bald festere, bald luftig flüchtige Stoffe gedacht werden, die man mit Wasser abwaschen, durch Feuer verbrennen, duch zauberkräftige Amulette wegbannen, auf mancherlei andere Art entfernen kann«[169]. Und weil Schuld dem Schuldigen anhaftet, kann sie auch auf andere übertragen werden, und wem sie anhaftet, bei dem ruft sie Krankheit, womöglich Tod hervor.

Häufig ist deshalb von »**Sündenfesseln**« die Rede, die der Mensch sich selber anlegt oder die die Götter dem Sünder angelegt haben und um deren **Befreiung** gebetet wird: »Löse (Varuṇa) von uns die Sünde, die wir begangen haben.«[170] Die Götter, besonders Varuṇa, wachen über das Verhalten der Menschen und gut ist letztlich, »was die Götter billigen, und schlecht ist, was sie nicht billigen« – insofern ist Sünde immer auch ein »Vergehen gegen die Götter«[171]. Wichtigstes Mittel der Sühne und Reinigung sind entsprechende **Rituale**, **Gebete** und **Opfer**, die im frommen Glauben (*śraddhā*)[172] an die Macht der Götter und an die Kraft der Rituale durchzuführen sind: »Was wir durch Besprechung, durch Wegsprechung, durch Zusprechung gefehlt haben, schlafend oder wachend: alle bösen Taten, die verhassten, soll Agni weit von uns wegschaffen.«[173] Es scheint fast wie ein gegenseitiges Geben und Nehmen, bei dem es weniger um die Tilgung einer »moralischen Schuld« geht, als darum, eine **durch das menschliche Fehlverhalten gestörte** kosmische **Ordnung wiederherzustellen**.

Diese **moralisch-kosmische Ordnung** ist personifiziert in der Gottheit **Ṛta**, und ihr unterstehen Menschen wie Götter gleichermaßen. Ṛta bedeutet so viel wie »Wahrheit«, und zwar »im Sinne von dem, was richtig, was einer vorgegebenen Ordnung oder Bestimmung gemäß ist … eine Richtigkeit, die von den Bewegungen der Gestirne über die sogenannten Naturgesetze bis zum Verhalten der Menschen, Tiere und Pflanzen alles kosmische Geschehen sinnvoll aufeinander abstimmt und für das Weltganze heilsam macht«, die aber auch ständig gefährdet ist und »durch Unwahrheit (*anṛta*) ins Unheilvolle pervertiert werden kann«[174]. Diese Ordnung existiert, seit Indra den Kosmos geschaffen hat, und sie ist, wie wir sahen, durch ein breites Spektrum an Riten ständig zu erneuern und zu erhalten. Göttliche Beschützer und Wahrer dieser Ordnung sind die Ādityas, vor allem **Varuṇa**: die Personifikation der »wahren Rede«, Wächter über Einhaltung der Gebote und Gelübde, und Mitra, der Gott des Vertrags. Von Varuṇas Geboten und Ordnung ist deshalb auch die Rede[175], die identisch seien mit dem unpersönlichen moralischen Weltgesetz Ṛta.

Ob man freilich beim vedischen Sündenverständnis – bei aller Äußerlichkeit im Umgang damit – so weit gehen kann, zu sagen, daß »das subjektive Moment des sündigen Willens« für den vedischen Menschen nicht entscheidend sei, wie es eben charakteristisch sei »für alle niederen Stufen ethischer Betrachtung«[176]? Oder ob der vedische Sünder wirklich »nicht beschämt oder zerknirscht vor einen persönlich und als ethische Macht gedachten Gott (tritt), zu dem er in einem persönlichen Verhältnis steht«[177]?

Wenn man im Ṛgveda liest, wie sich ein Sünder vor Varuṇas Zorn fürchtet, dann spürt man, daß es hier nicht nur um ein nüchtern-kalkulierendes gegenseitiges Geben und Nehmen geht, daß hier kein »Vergebungshandel« getrieben wird – der Sünder opfert, und die Welt ist dann wieder in Ordnung. Hier geht ein Mensch im besten Sinn des Wortes in sich, erkennt nicht nur seine Schuld, sondern auch seine grundsätzliche Sündhaftigkeit. Hier kommt **moralische Qualität** ins Spiel, die bei der Betrachtung des frühvedischen Ethos nicht übersehen werden darf: Der Betende hat Angst, daß die ehemals freundschaftliche Beziehung zu diesem Gott durch sein Verhalten und seine Veranlagung für immer zerbrechen könne, und er hofft, um seine Fehlbarkeit wissend, daß diese Freundschaft durch Varuṇas Gnade wieder gefestigt wird:

> »1. Weise ist wahrlich sein Wesen in seiner Größe, der die beiden Welten, die weiten, auseinandergestützt hat, der das erhabene, mächtige Firmament emportrieb und fest Sterne und Erde ausbreitete.
>
> 2. Und mit mir selbst rede ich also: Wann werde ich Varuṇa wieder nahe sein? Welches Opfer mag er ohne Zorn von mir annehmen? Wann werde ich guten Mutes sein Erbarmen schauen?
>
> 3. Ich suche nach meiner Sünde, Varuṇa; ich begehre sie zu schauen. Zu den Verständigen gehe ich, sie zu befragen. Einmütig sagen mir die Weisen: Varuṇa ist's, der dir zürnt.
>
> 4. Was war die große Sünde, Varuṇa, daß du deinen Sänger

töten willst, deinen Freund? Das sage mir, untrüglicher Selbstherr! Durch meine Andacht will ich schuldbefreit dich eilends versöhnen.

5. Mache von uns los alle Sünde des Trugs, die wir von den Vätern ererbt, die wir selbst getan haben mit unserem Leibe. Mache Vasiṣtha los, o König, wie einen Viehdieb, wie ein Kalb vom Bande.

6. Es war nicht eigener Wille, Varuṇa; Betörung war es, Trunk und Leidenschaft, Spiel und Unbedacht. In des Geringen Verfehlung ist ein Größerer wirksam. Selbst der Schlaf hält von Unrecht nicht fern.

7. Wie ein Knecht will ich dem Gnädigen genug tun. Dem eifrigen Gott, daß ich schuldlos sei. Den Unbedachten hat Bedacht gegeben der arische Gott; den Klugen fördert der Weisere zum Reichtum.

8. Dies Preislied soll, Varuṇa, du Selbstherr, dir zum Herzen dringen. Heil sei uns, wenn wir in Ruhe weilen, Heil, wenn wir auf Gewinn ausgehen. Schützt uns stets, ihr Götter, und gebt uns Wohlsein.«[178]

II. Mittelvedische Zeit: Opferwissenschaft und Erlösungsstreben

Um das 1. vorchristliche Jahrtausend – in der Zeit etwa, als der **Ṛgveda** seine endgültige Gestalt annimmt – dehnen die Arier ihr Siedlungsgebiet sukzessive aus: vom äußersten Nordwesten Indiens entlang den Flußniederungen des Panjāb ins **westliche und mittlere Yamunā- und Gaṅgātal**. Denn mit stetig wachsender Bevölkerung wird der Siedlungsraum knapp, und auf der Suche nach Weideland kommt es nun – neben den ständigen Auseinandersetzungen mit der einheimischen Bevölkerung – auch unter den Ariern selber zu ernsthaften Konflikten.[1] Man braucht dringend Neuland, und der einzige Weg, dies zu gewinnen, ist – neben der aufwendigen Bewässerung wüstennaher Landstriche – die langwierige Rodung und mühsame Urbarmachung der von den Ureinwohnern gemiedenen Taldschungel, beides mit derselben Konsequenz: der **Seßhaftwerdung**.

Zwar können »mit Agnis Hilfe«, also durch großflächige Brandrodung, die dichten Dschungel schnell gelichtet werden, doch braucht man zur Beseitigung der riesigen Baumstümpfe und zum Pflügen des Bodens geeignetes Werkzeug und den entsprechenden Rohstoff: das **Eisen**.[2] Vor seiner Entdeckung und Nutzung war die systematische Urbarmachung Nordindiens und damit die Seßhaftwerdung der Arier kaum möglich, und nach den vedischen Texten wie nach neueren archäologischen Untersuchungen muß dies wohl zwischen 1200 und 850 v. Chr. gewesen sein. Hier also findet der Übergang statt von der »frühvedischen« zur **»mittelvedischen«** Zeit, der **zweiten Phase** der indoarischen Invasion, mit ihren großen Herausforderungen für die arische Gesellschaft.

1. Gesellschaftliche Ausdifferenzierung: die vier Varṇas

In der vedischen Frühzeit, als die arischen Sippen noch in kleinen mobilen Trecks den Nordwesten Indiens durchstreiften, beschränkten sich die Kontakte mit den Einheimischen in erster Linie auf kriegerische Auseinandersetzungen um Vieh und Weideland. Und auch wenn die besiegte Bevölkerung mitunter versklavt wurde, so kann doch damals von einer systematischen gesellschaftlichen Integration der Einheimischen noch keine Rede sein. Jetzt aber, mit der Seßhaftwerdung, erhält besonders die Auseinandersetzung mit der einheimischen Bevölkerung einen völlig neuen Stellenwert.

Eine Stände- und Pflichtenordnung

Nach und nach »sickern« die »Dāsa« in die arische Gesellschaft ein und bilden als **unfreie** Haussklaven, Tagelöhner und Handwerker bald eine eigenständige Schicht, die sich von der arischen Bevölkerung schon rein äußerlich durch ihre dunklere Haut**farbe** (skr. *varṇa*) unterscheidet. Was ursprünglich nur »Farbe« bedeutete, wird nun zum Synonym für »**Klasse**«, und neben den arischen Priestern (*brāhmaṇa*), Adeligen (*kṣatriya*) und Kaufleuten (*vaiśya*) bilden die Einheimischen als Śūdras die unterste der vier Varṇas. Wann diese Ausdifferenzierung einsetzt, wissen wir nicht, jedenfalls wohl frühestens mit der Seßhaftwerdung. Den berühmtesten Hinweis bietet das vielzitierte »Lied vom (Urriesen) Puruṣa« (RV X,90), ein Schöpfungshymnus aus den späten Teilen des Ṛgveda, auf den noch einzugehen sein wird.

Soziologisch gesehen bezeichnet **Varṇa** aber zunächst **keine bestimmte soziale Gruppe**, sondern der Begriff ist eher »eine klassifikatorische Einheit, die auf Menschen ebenso angewendet werden kann wie auf Götter, Tiere, Pflanzen oder anderes«[3]. Faktisch beschreibt er vier **Stände** und damit vier verschiedene gesellschaftliche **Funktionen**. Und mit diesen vier Ständen sind schon früh ganz bestimmte **Pflichten** verbunden, wie sie etwa Jahrhunderte später in Kauṭilyas Staatslehrbuch »Arthaśāstra« präzise festgehalten sind: »Der Brahmane soll studieren, lehren, Opfer für sich und andere verrichten, Gaben geben und empfangen; der Kṣatriya soll studieren, Opfer für sich verrichten (lassen), Gaben geben, das Kriegswesen ausüben und beschützen; der Vaiśya soll studieren, Opfer für sich verrichten (lassen) sowie Landwirtschaft, Viehzucht und Handel betreiben; der Śūdra soll den Zweimalgeborenen (d. h. den ersten drei Ständen) dienen sowie den Beruf des Handwerkers und Schauspielers ausüben.«[4] Völlig unzweideutig spricht sich denn auch später die Bhagavadgīta für die unbedingte Einhaltung der jeweiligen Standespflichten aus: »Besser ist es, die eigene Pflicht ohne Tüchtigkeit (unvollkommen) als die fremde Pflicht mit Erfolg zu betreiben; wer die durch seine Natur ihm auferlegte Aufgabe erfüllt, der verfällt nicht in Sünde.«[5]

Bis heute wird das **Varṇa-System** mit gutem Recht zur vereinfachten Einordnung von Gruppen oder einzelnen Mitgliedern der indischen Gesellschaft herangezogen. Insofern wird es immer wieder in einem Atemzug mit dem »Kastensystem« genannt – was immer man darunter versteht oder zu verstehen meint. »Varṇa« bezeichnet aber schon in vedischer Zeit lediglich einen bestimmten **Geburtsstatus**, der vor allem kosmologisch bzw. mythologisch begründet ist. Und bis heute gibt es weder eine eindeutige »Hierarchie des Varṇa-Systems noch gibt es überall in Indien Varṇa-Modelle: In Süd- und Teilen Nordindiens finden sich faktisch keine Kṣatriyas, in manchen Gegenden keine Brahmanen«.[6] Vor allem aber sehen sich die **Mitglieder** der verschiedenen Varṇas – ganz im

Gegensatz zu den Mitgliedern einer »Kaste« – **nicht als Verwandte**, und auch beruflich lassen sich innerhalb der Varṇas kaum Gemeinsamkeiten ausmachen: Da gibt es etwa Brahmanen, die als Gelehrte tätig sind, andere als Soldaten, Bauern oder Köche, und selbst wenn zwei Brahmanen Priester sind, dann können sie so unterschiedlichen Tätigkeiten nachgehen – im Haus, im Tempel oder auf dem unreinen Verbrennungsplatz –, daß sie kaum Kontakte untereinander pflegen.[7]

Das heutige »Kasten«system

Für viele gilt heute nach wie vor das »**Kastenwesen**« als »typisch indisch«: ein System hierarchisch geordneter, berufsbezogener Gruppen, in die man hineingeboren wird und denen man ein Leben lang zwangsläufig angehört.[8] Daß sich die Kasten aus dem ständischen Varṇa-System heraus entwickelt hätten, stimmt nach dem oben Gesagten nur bedingt: Varṇas haben nichts zu tun mit Verwandschaftsbeziehungen oder mit beruflichen Bindungen. Man könnte sie als »Kastengruppen« bezeichnen. Faktisch sagen die Varṇas aber nichts über die tatsächlichen sozialen Verhältnisse innerhalb dieser Gruppen in und zwischen den einzelnen »Kasten« aus.

Was aber sind dann »**Kasten**«? Britische Kolonialbeamte des 19. Jahrhunderts zählten in Indien noch **2378 Kasten** und **43 Rassen**[9] und stellten gar ein »Gesetz der Kastenorganisation« auf, »wonach in den südindischen, dravidischen Teilen Indiens der soziale Status in einem proportionalen Verhältnis zur Nasenbreite stehe«[10]. Heute herrscht in der Forschung dagegen »keine Einigkeit über Wesen, Umfang und Erscheinungsformen der Kasten«[11]. Den Begriff aber wegen seiner vermeintlichen Unschärfe ganz aufgeben zu wollen, wie einzelne vorschlagen[12], ist schon deshalb wenig hilfreich, weil ihn jeder verwendet, und weil es zur Beschreibung dieses Phänomens offenbar keine Alternative gibt.

Man nimmt allgemein an, daß die **Portugiesen** den Begriff *casta* (= »rein«) eingeführt haben, wobei sie allerdings damit Verschiedenes meinten: das Prädikat für eine »gute« Familie, den Oberbegriff für einzelne Religionsgemeinschaften, bestimmte Berufsgruppen oder ganze Stämme und Rassen. Mitunter wird auch die portugiesische Abstammung des Wortes »Kaste« bestritten und dieses Wort auf das gotische *kasts* zurückgeführt.[13] Jedenfalls scheint den späteren englischen Kolonialherren kein geläufiger westlicher Begriff geeignet gewesen zu sein, um die auf **Abstammung, Verwandtschaftsverhältnissen** und **beruflicher Differenzierung** beruhende gesellschaftliche Segmentation Indiens angemessen zu beschreiben, so daß sie schließlich dafür den Begriff »**Kasten**« nahmen – wo auch immer sie ihn her hatten. Ab wann sich das Kastensystem in seiner späteren rigiden Form in Indien durchgesetzt hatte, ist ungewiß: sicher nicht vor den großen Gesetzestexten im 3. nachchristlichen Jahrhundert.[14]

Man versteht vielleicht am ehesten, wie die indische Gesellschaft strukturiert und segmentiert ist, wenn man sich das Ganze aus der Perspektive eines einzelnen Inders vorstellt[15]; dabei beginnt die Verwirrung allerdings schon damit, daß im Sanskrit für verschiedene Dinge mitunter dieselben Begriffe verwendet werden:

– Ein Inder oder eine Inderin wird immer in eine **Kernfamilie** bzw. **Großfamilie** (*parivāra*) hineingeboren, deren Mitglieder zusammen leben, gemeinsam essen, Kinder aufziehen, für die Ahnen sorgen und lebenszyklische Rituale ausführen. Einzelne Familien können sich zur sogenannten **»Joint Family«** zusammenschließen, sie teilen dann Besitz und Haushalt.

– **Mehrere** solcher **Großfamilien** ergeben einen **Familienverbund** (*jāti*, auch als Begriff für »Kaste« verwendet): Man hilft sich im Quartier gegenseitig in ökonomischen und religiösen Angelegenheiten, hat dieselben **Familiengottheiten** und feiert dieselben **Feste**. »Wen der einzelne heiratet, was er lernt und arbeitet, wo er wohnt, mit wem er wohnt, das alles richtet sich nicht so sehr nach seinen individuellen Fähigkeiten und Wünschen, sondern nach den Normen seines Familienverbundes und der Familie.«[16]

– Über dem **Familienverbund** steht die blutsverwandtschaftliche **»Lineage«** und als genealogisch-fiktiver Überbau der **Clan** oder die **Sippe** (*gotra, vaṃśa, kula, sāpiṇḍa*) – oft mit einem legendären Stammvater.

– Clans, Lineages und Familienverbände mit derselben **Sprache** und mit **regionalen Gemeinsamkeiten in Beruf, Name, Tradition** können **Subkasten** (*jāti*) bilden: Ihre Mitglieder sehen sich oft als »gleich« an, aber nehmen mitunter nicht einmal gemeinsam Speisen ein. Subkasten sind nicht fest definiert, sondern mit Ortsveränderungen oder Berufswechseln entstehen neue solcher Subkasten. Innerhalb eines Clans – bis hinunter zur Kernfamilie – darf nicht geheiratet werden, manchmal auch nicht innerhalb einer Subkaste.

– Dehnt man den Subkastenbegriff **überregional** aus, dann kann man von **»Kasten«** (*jāti*) sprechen; im Gegensatz zu den Subkasten können sie auch politisch **organisiert** sein, haben aber ansonsten dieselben Merkmale wie die Subkasten.

– Ordnet man diese »Kasten« schließlich nach den **klassischen Ständen**, dann sind wir auf der Ebene der **vier Varṇas**, manchmal ebenfalls *jāti* genannt: Ihre Mitglieder betrachten sich aber nicht nur **nicht als verwandt**, sondern es gibt auch sonst in den einzelnen Varṇas **kaum gemeinsame Bräuche, Berufe oder Riten**.

Demnach kann es also recht kompliziert werden, wenn ein **Inder** heute nach seiner **Identität** gefragt wird: »Ein Upadhyāya-Brahmane aus Benares, ein Primarschullehrer mit westlicher Bildung, versteht sich als Inder, wenn er ein Hockeyspiel gegen Pakistan im Fernsehen anschaut; als Benarsī (Bewohner von Benares), wenn er nach Delhi reist; als Brahmane, wenn seine (traditionelle)

Abstammung gefragt ist; als nordindischer Upadhyāya-Brahmane, wenn er auf einen südindischen Nambudiri-Brahmanen trifft; als Upadhyāya-Brahmane mit Vāsiṣṭha-Gotra (Deszendenzgruppe), wenn er Heiratsverhandlungen für seine Tochter führt; als Familienoberhaupt, wenn es um Fragen der Besitzaufteilung geht. Niemals aber ist er nur Brahmane! Niemals ist er nur Mitglied einer Kaste!«[17]

Heute sollte Indiens Kastensystem formal **keine Relevanz** mehr haben. Die **Verfassung** des unabhängigen Indiens aus dem Jahre **1949** – übrigens ganz wesentlich aus der Feder eines kastenlosen »Unberührbaren«, dem späteren Neo-Buddhisten Bimrao Ramji **Ambedkar**, Indiens erstem Justizminister – schreibt in Artikel 14 die **Gleichheit aller Menschen vor dem Gesetz** fest, in Artikel 15 die **Nichtdiskriminierung** infolge von **Religion**, **Rasse**, **Kaste** und **Geschlecht** und in Artikel 17 die **Abschaffung der »Unberührbarkeit«** der Kastenlosen, die faktisch jeglichen sozialen Kontakt seitens der Kastenzugehörigen mit diesen Menschen untersagt. Daß selbst das heutige Indien von solchen Idealen mitunter noch weit entfernt ist, zeigt ein Blick in die »Sunday Times« vom 28. 4. und 5. 5. 1991: Von sieben Gruppen von Suchkriterien bei Heiratsanzeigen liegen »Kasten« und »Unterkasten« nach den Religionen auf Platz zwei, gefolgt von Landsmannschaften und Sprachgruppen, Berufen, Aufenthaltsrecht in den USA (!), Auslandswohnsitz und astrologischen Merkmalen ...[18]

Damals freilich, in der **mittelvedischen** Zeit, ist man noch weit von all dem entfernt. Nach und nach werden die arischen Sippen seßhaft, mit zunehmender ökonomischer Differenzierung beginnt sich die Gesellschaft nach Ständen auszudifferenzieren, die Bildung regionaler Fürstentümer zeichnet sich ab. Die Priester halten das Opfermonopol in ihren Händen, und das Opferwesen wird zunehmend ritualisiert. Aber auch skeptische Gedanken werden laut, Ansätze von religiöser »Krisenstimmung« sind zu spüren – Vorboten eines geistig-religiösen Umbruchs mit langfristig gravierenden Folgen für die indische Religion.

2. Die Frage nach dem Anfang: das Ende der vedischen Götter?

Man muß sicher nicht so weit gehen wie seinerzeit Paul Deussen, der in den späten Büchern des Ṛgveda »deutliche Spuren von Unglauben, Verspottung«, ja, von »gänzlicher Ablehnung«[19] der althergebrachten Religion auszumachen glaubte. Der von ihm etwa als Beleg angeführte »Lobpreis der Frösche«[20], deren Lärmen nach der Trockenzeit mit dem ersten Regen beginnt, von denen einer brüllt wie ein Rind und der andere meckert wie ein Bock, ist zwar in der Tat ein Vergleich mit den vedischen Priestern – aber keine Parodie oder Satire, sondern eine ernst gemeinte Parallele.[21] Und warum sollte auch in priesterlicher Standesliteratur eine Parodie auf das eigene religiöse Establishment überliefert werden.

Der sich anbahnende Umbruch des überkommenen frühvedischen Systems ist subtiler und zugleich grundlegender. Er deutet sich dort an, wo die althergebrachte mythologische Sprache an ihre Grenzen stößt, wo sie Widersprüche und Paradoxien erzeugt, wo sie in gewisser Weise sprachlos wird. Es ist die Frage nach dem **Anfang alles Seins**, die Frage nach dem, was vor aller Schöpfung war und vor all jenen Göttern, die im Ṛgveda wortreich gepriesen werden. Es ist die Frage nach **Ursache** und **Urgrund** von Mensch, Welt, Göttern und Universum, die in den späten Büchern des Ṛgveda den Weg bahnt für etwas Neuartiges und Großes: den Schritt weg von der rein **mythologischen Betrachtung** der Welt hin zu ihrer **philosophischen Durchdringung**.

Sprach man in frühvedischer Zeit noch selbstverständlich von einem Schmied oder von anderen Künstlern, die die Welt geschaffen haben, so fragt man jetzt nach der Urmaterie selber und nach deren Entstehung und Herkunft: »Was war das Holz, was der Baum, aus dem sie Himmel und Erde gezimmert haben? … Worauf stieg er, als er die Welten befestigte?«[22] Derselbe Hymnus spricht von »Viśvakarman«, dem »All-macher« – nicht irgendein personaler anthropomorpher Gott, auch kein apersonales Urprinzip, sondern eine Art Personifikation der Schöpfertätigkeit. Er habe die Welt ohne eine Stütze, ohne irgendwelche Materie, ohne Hilfsmittel aus sich hervorgebracht! Und in einem anderen Hymnus[23] streiten mehrere Sprecher offen darüber, wie man sich den Weltschöpfer vorzustellen habe: Die Welt sei von Brahmaṇaspati geschaffen worden; das Sein sei aus dem Nichtsein entstanden; die Erde und der Raum seien aus einer Gebärerin geboren; aus der Urmaterie Aditi (*aditi*, »Unendlichkeit«) sei Dakṣa, die Fähigkeit etwas zu tun, als »Erstgeborene« hervorgegangen, die wiederum, paradoxerweise, als Urprinzip die Urmaterie hervorgebracht haben soll, etc. …[24] Keine dieser Antworten schien letztlich zu überzeugen. Jedenfalls finden sich immer neue Versuche, die Grenzen der mythologischen Sprache zu durchbrechen – mit sehr verschiedenem Ergebnis.

Die Suche nach dem »unbekannten Gott«

Wer ist der Gott … ? – fragt hier der vedische Dichter –, der ganz am Anfang von allem war, der alles geschaffen hat, dessen Name aber niemand kennt:

> »1. Ein Goldembryo (goldenes Dotter) bildete sich am Anfang. Als der Herr des Entstandenen [aus dem Ei] geboren war, war er allein. Er ist's, der diese Erde und diesen Himmel festhält – Wer ist der Himmlische, dem wir mit Opferspeise huldigen sollen?
>
> 2. Der den Atem gibt, der die Kraft gibt, dessen Weisungen alle, dessen [Weisungen] die Himmlischen ehren, dessen Schatten das Leben, dessen [Schatten] der Tod ist – Wer ist der Himmlische,

dem wir mit Opferspeise huldigen sollen?

3. Der durch seine Größe der einzige König der atmenden, der mit den Wimpern zuckenden Kreatur ist, der über dies Zweifüßige, Vierfüßige herrscht – Wer ist der Himmlische, dem wir mit Opferspeise huldigen sollen?

4. Durch dessen Größe diese Schneeberge sind, [durch] dessen [Größe], wie man sagt, der Ozean mitsamt dem Wellenstrom ist, dem diese Himmelsrichtungen, dem die beiden Arme gehören – Wer ist der Himmlische, dem wir mit Opferspeise huldigen sollen?

5. Durch den der Himmel stark und die Erde fest ist, durch den die Sonne gestützt, duch den das Firmament [gestützt] ist; der im Zwischenreich den Raum ausmißt – Wer ist der Himmlische, dem wir mit Opferspeise huldigen sollen?

6. Auf den beiden Hälften (Himmel und Erde), als sie auseinandergestemmt waren, hilfesuchend schauten, in Sorge zitternd, [Himmel und Erde,] über denen die Sonne, aufgegangen, weithin leuchtet – Wer ist der Himmlische, dem wir mit Opferspeise huldigen sollen?

7. Nachdem die hohen (tiefen) Wasser kamen, die das All als Embryo trugen, und das Feuer gebaren, bildete sich der Lebenshauch des Himmlischen als der Einzige [der existierte] – Wer ist der Himmlische, dem wir mit Opferspeise huldigen sollen?

8. Der auch die Wasser durch seine Größe überblickte, die die Fähigkeit [als Embryo] trugen und das Opfer gebaren, der als Himmlischer über den Himmlischen allein war. – Wer ist der Himmlische, dem wir mit Opferspeise huldigen sollen?

9. Nicht möge er uns verletzen, der der Erzeuger der Erde ist oder der, seinem Wesen getreu, den Himmel erzeugt hat und der die glänzenden, hohen (tiefen) Wasser erzeugt hat! – Wer ist der Himmlische, dem wir mit Opferspeise huldigen sollen?

10. Herr der Zeugung! Niemand anderes als du umgibst alles dies, was geboren ist. Das möge uns sein, im Wunsch wonach wir dir opfern! Mögen wir Herren von Reichtümern sein!«[25]

Wer (*ka*) ist dieser Gott? Kein Name wird als Antwort gegeben, sondern – im letzten, wohl später angefügten Vers – ein abstrakter Titel: **Prajāpati**, »Herr der Zeugung«. Dieser Gott Prajāpati wird später, in den Brāhmaṇas, zum obersten Gott des vedischen Pantheons avancieren: Am Anfang, heißt es dann, sei nichts gewesen, außer **Prajāpati**, reiner Geist (*manas*). Allein wie er war, kam in ihm das Verlangen auf, sich zu vermehren.[26] Er übte Askese (*tapas*) und brachte durch »Ausbrütung«, »Entbehrung«[27] oder gar durch einen Ritus[28] die Schöpfung hervor: den Himmel, den Luftraum und die Erde[29]. Dann ließ er die drei vedischen Saṃhitās, die heilige Silbe OM und die verschiedenen Opferdienste[30] entstehen, aus seinem Mund den Feuergott Agni, die Brahmanen und den Frühling, aus seinen Armen den Kriegsgott Indra, die Kṣatrīyas und den Sommer, aus seinem Glied die Viśvadevas (»All-Götter«), die Vaiśyas und die Regenzeit, und schließlich aus seinen Füßen die Śudras[31] …

Mitunter wird Prajāpati auch ganz **mit dem Opfer identifiziert**. Denn bei der Erschaffung der Welt hat er sich völlig verausgabt und er muß sich erholen und erneuern, deshalb bewegt sich die Schöpfung seither unaufhörlich zwischen Werden und Vergehen, Geburt und Tod. Diesem **kosmischen Zyklus** entspricht der **Jahreszyklus der Rituale**, und es ist Zweck des Ritus, Prajāpati periodisch zu erneuern und so die verlorengegangene Ureinheit und Ganzheit der Schöpfung wiederherzustellen. Als Opfernder wird der Mensch in diesen Prozeß hineingenommen: So unterbricht er den Kreislauf von Geburt und Tod und wird schließlich »unsterblich«.[32]

Ein kosmisches Urwesen?

Wohl einen der Höhepunkte ṛgvedischer Spekulation bildet das berühmte und vielzitierte »Lied vom (Urriesen) Puruṣa«, die sogenannte Puruṣa-Sūkta. Daß dieser Hymnus zu den spätesten Teilen des Ṛgveda gehört, zeigt die Tatsache, daß er die Existenz von Ṛg-, Sāma- und Yajurveda vorausssetzt und als einziger aller ṛgvedischen Hymnen die Ausdifferenzierung der Gesellschaft in Brāhmanen, Kṣatriyas, Vaiśyas und Śudras kennt – ein Indiz dafür, daß die Arier zur Zeit seiner Entstehung bereits seßhaft gewesen sein müssen.

Puruṣa heißt »Mensch«, und es geht in diesem Hymnus um ein gigantisches **menschenartiges Urwesen** mit tausend Häuptern, tausend Augen und tausend Füßen.[33] Er ist aber weder das erste Wesen, noch ist er so etwas wie ein Schöpfergott; er ist, wenn man so will, eine lebendige »Urmaterie besonderer Art«[34]. Und weil auch hier die mythologische Sprache und Vorstellung an ihre Grenzen kommt, beantwortet man die Frage nach dem »Woher« dieses Urwesens mit einem eigenwilligen Konstrukt: Puruṣa existierte nicht von Anfang an als »Wesen«. Zunächst existierte er als eine Art »Urprinzip«, von dem sich drei Viertel in den Himmel erhoben und ein Viertel auf Erden bleibt. Daraus wird – erinnern wir uns an das paradoxe Verhältnis von Brahmaṇaspati, Dakṣa und Aditi – seine Tochter Virāj geboren, die mythologische Personifikation der Urwasser; aus ihr entsteht dann das Urwesen Puruṣa.[35] Die Weltentstehung wird nun als ein großes **Opfer** beschrieben: als Opfer der Götter, Sādhyās (gottähnliche Wesen einer Zwischenregion) und weisen Seher, die den Puruṣa jetzt auf dem Opferfeuer darbringen:

> »6. Als die Götter mit dem Puruṣa als Opferspende ihr Opfer ausspannten, war der Frühling von ihm das Opferschmalz, der Sommer das Brennholz und der Herbst die Spende.
>
> 7. Ihn, den am Anfang entstandenen Puruṣa, begossen sie als Opfer auf der Opferstreu; ihn opferten die Götter, die Sādhyas und [die], die Seher [waren].
>
> 8. Aus diesem Allopfer wurde das gesprenkelte Opferschmalz hergestellt; [d]er [Puruṣa] schuf die in der Luft, in den Wäldern und in den Dörfern lebenden Tiere.
>
> 9. Aus diesem Opfer, da es zur Gänze gespendet war, entstanden die Hymnen und die Lieder, die Versmaße und die Yajus-Sprüche entstanden daraus.
>
> 10. Aus ihm entstanden Pferde und alle [Tiere], die auf beiden Seiten [Schneide]zähne haben; aus ihm entstanden die Rinder, die Ziegen und die Schafe.
>
> 11. Als sie den Puruṣa zerlegten, in wie viele Teile zerteilten sie ihn? Was wurde sein Mund, was seine Arme? Was werden seine Schenkel und seine Füße genannt?
>
> 12. Der Brahmane ward sein Mund, die Arme zum Kṣatriya, die Schenkel sind das, was der Vaiśya ist, aus den Füßen entstand der Śūdra.
>
> 13. Aus seinem Denkvermögen entstand der Mond, aus dem Auge die Sonne, aus dem Mund Indra und Agni, aus dem Atem der Wind.
>
> 14. Aus seinem Nabel wurde der Luftraum, aus seinem Haupte bildete sich der Himmel, aus seinen Füßen die Erde, aus seinem Ohr die Weltgegenden; so fertigten sie die Räume.«[36]

»Tad ekam« – das Eine

Während diese Hymnen auf ihre je verschiedene Weise noch an einer mythologischen Schöpferfigur festzuhalten versuchen, die *causa materialis* und *causa efficiens* der Schöpfung zugleich sind – etwa Prajāpati oder Puruṣa, in gewisser Weise aber auch Viśvakarman oder Brahmaṇaspati –, wird in anderen Hymnen die mythologisch-theistische Vorstellungswelt gänzlich durchbrochen: Hinter den zahllosen Göttern und Mächten muß ein einziger »Gott«, eine alles durchwaltende Wirklichkeit, **ein** erstes schöpferisches **Prinzip** stehen, das einst die Welt ohne einen Partner in einem Emanationsprozeß aus sich heraus entließ: **tad ekam**, »**das Eine**«. Beeindruckendes Beispiel ist der gewaltige 52-strophige **Hymnus des Weisen Dīrgathamas**[37]. Er versucht, vereinfacht gesagt, von der Vielheit der Welt analytisch zu der allem zugrunde liegenden Einheit vorzudringen. Dabei stützt er sich besonders auf Parallelisierungen von Komponenten des vedischen Ritualsystems mit Bestandteilen des Universums.

Ausgehend von der Vielheit der himmlischen, atmosphärischen und irdischen Phänomene, werden dem Leser zunächst die vielfältigen Rätsel des Universums vor Augen geführt. Dabei klingt immer wieder der Gedanke einer **Einheit** an, die hinter all dieser kosmischen Vielfalt liege. Dies wird schließlich auf den Punkt gebracht im vielzitierten monistischen Diktum: »**Das eins Seiende benennen die Dichter vielfach**«.[38] Die Begründung dafür liefert ein Schema, das den gesamten Hymnus wie ein roter Faden durchzieht: die durchgängige Parallelisierung von Weltordnung und Opferordnung, die symbolische Umdeutung einzelner Bestandteile des Opfers (Priester, Versmaße, Opferraum …) zu bestimmten Teilen des Universums (himmlische Priester, Urmaße der Welt, Weltraum …) – eine Methode, wie sie später auch in den Brāhmaṇas immer wieder verwendet werden wird. Allem, Himmlischem wie Irdischem, liegt dieses eine kosmische Prinzip zugrunde, das sich in den vielen vedischen Göttern manifestiert.

Im Gegensatz dazu eher schlicht und nüchtern spekulierend, wenn auch am Ende beinahe ratlos, ist der letzte hier zu nennende Hymnus – an sich kein Schöpfungshymnus, sondern eher eine Art spekulativer »Zustandsbericht« vom Uranfang der Zeit, bei dem sich der Dichter suchend-fragend in die Zeit vor der Weltschöpfung zurückversetzt.

> »1. Nicht existierte Nichtseiendes, noch auch existierte Seiendes damals – nicht existierte der Raum noch auch der Himmel jenseits davon. Was umschloß? Wo? Im Schutz wovor? Existierte das [Süß-]Wasser? – [Nein, nur] ein tiefer Abgrund!
>
> 2. Nicht existierte der Tod, also auch nicht das Leben. Nicht existierte das Kennzeichen der Nacht (Mond und Sterne), des Tages (die Sonne). – Es atmete (begann zu atmen) windlos, durch eigene Kraft, da ein Einziges. Nicht irgend etwas anderes hat jenseits von diesem (= früher als dieses) existiert.
>
> 3. Finsternis war verborgen durch Finsternis im Anfang. Kennzeichenlose Salzflut war dieses All. Der Keim, der von Leere bedeckt war, wurde geboren (kam zum Leben) als Einziges durch die Macht einer [Brut-]Hitze.

> 4. Ein Begehren [nach Entstehung] bildete sich da im Anfang, das als Same des Denkens als erstes existierte. Die Nabelschnur (den Ursprung) des Seienden im Nichtseienden fanden die Dichter heraus, in ihrem Herzen forschend, durch Nachdenken.
>
> 5. Quer aufgespannt war ein Seil [auf] ihrem [Weg]: Existierte denn ein Unten? Existierte denn ein Oben? Existierten Besamer? Existierten Schwangerschaften? Waren Eigenkräfte (männliche Prinzipien) später, Hingabe (das weibliche Prinzip) früher [oder umgekehrt]?
>
> 6. Wer weiß es gewiß, wer wird es hier verkünden, woher geboren (zum Leben gekommen), woher diese Emanation [der Welt] ist? Diesseits sind die Himmlischen von der Emanation dieser [Welt]. Also wer weiß es, woher sie geworden (›gekeimt‹) ist?
>
> 7. Woher diese Emanation geworden (›gekeimt‹) ist, ob sie getätigt worden ist [von einem Agens] oder ob nicht – wenn ein Wächter dieser [Welt] ist im höchsten Himmel, der weiß es wohl: oder ob er es nicht weiß?«[39]

Damals, am Anfang vor aller Zeit, da gab es weder Nichtseiendes noch Seiendes[40], weder Luftraum noch Himmel, auch keinen Schöpfergott, es gab weder Tod noch Unsterblichkeit, weder Nacht noch Tag, nur Finsternis und Leere – und »**jenes Eine**« (*tad ekam*): Sich selbst setzend, windlos atmend, geboren aus der Kraft der **Bruthitze** (*tapas*)[41], bringt es schließlich ein Verlangen hervor, den »Samen des Denkens«. **Woher** aber dies gekommen, **weiß niemand**. Und ob selbst ein oberster Himmelswächter dies weiß, wenn es ihn überhaupt gibt(!), auch das bleibt am Ende ungewiß.

Dieser skeptische Hymnus »ist einer der ältesten Versuche altindischer naturphilosophischer Weltentstehungsspekulation, wie sie in den Upanischaden einen Höhepunkt erreicht«[42]. Verglichen mit dem optimistischen Vertrauen der frühvedischen Dichter in die Allmacht ihrer zahllosen Götter und Mächte – zeigt er die unübersehbaren Anzeichen eines nunmehr unaufhaltsamen **Auflösungsprozesses des frühvedischen Götterglaubens**. Zwar behalten die meisten Göttergestalten ihren anthropomorph-personalen Charakter, doch verlieren sie mehr und mehr an Profil und Bedeutung. An ihre Seite treten zunehmend abstraktere **impersonale Kräfte und Substanzen**, mit deren Zusammenwirken man sich das Weltgeschehen zu erklären versucht: der Äther (*ākāśa*) und die Zeit (*kāla*); schöpferische Potenzen wie Zauberkraft (*māyā*), asketische Willenskraft (*tapas*) und kultische Energie (*brahman*); der Atem (*prāṇa*), das Denken (*manas*) und die Rede (*vāc*). Die Götter selbst gehen mehr und mehr ineinander auf oder aber – ein Gedanke, der fortan immer größere Bedeutung erlangen sollte – sie erweisen sich als **je verschiedene Aspekte** einer einzigen transzendenten göttlichen Realität.

Damit sind wir nicht nur an einem Höhepunkt, sondern auch an einem entscheidenden **Wendepunkt** ṛgvedischen Denkens angelangt. Und wie so oft in der Religionsgeschichte immer dann, wenn religiöse Traditionen verlorenzugehen drohen, die **Festschreibung** dieser Traditionen erfolgt, beginnt man jetzt, um das 1. vorchristliche Jahrtausend, auch in Indien mit der Kompilierung und der **Kanonisierung des Ṛgveda**. »So werden zwar die Texte gerettet, nicht aber die Götter. In den kommenden Jahrhunderten werden sie im immer komplexeren Ritual zu bloßen Chiffren, durch deren Erkenntnis und geschickten rituellen Einsatz der gelehrte Experte die Kräfte des Kosmos zu beherrschen trachtet.«[43] Im **Opfer** liegt der Schlüssel zu den kosmischen Kräften und Potenzen. Wer das Opfer beherrscht, der beherrscht das gesamte Universum![44]

3. Die schöpferische Kraft des Opfers

Agni und die drei Opferfeuer

Mit wachsender Bedeutung der Rituale verlagert sich das Interesse der spätvedischen priesterlichen Dichter mehr und mehr auf jene Götter, die selbst unmittelbar am Opfer beteiligt sind – auf die Götter der Erde, besonders auf den Feuergott **Agni**. Symbolischer Ausdruck von Agnis Omnipräsens sind nun jene **drei Opferfeuer**, die man fortan bei den Śrauta-Ritualen verwendet: ein rundes (*gārhapatya*, das »Feuer des Hausherrn«) stellvertretend für die **Erde**, ein quadratisches (*āhavanīya*, das »Feuer der Darbringung«) stellvertretend für den **Himmel** und ein halbrundes (*dakṣiṇa*, das »südliche« Feuer) stellvertretend für die **Atmosphäre**.[45] Diese drei Opferfeuer verweisen nicht nur symbolisch auf die drei Dimensionen Himmel, Luftraum und Erde, sondern in dieser »dreifachen Gestalt Agnis« kommen die **drei Lebensbereiche** der Götter **real auf dem Altar zusammen** und wird die **Kraft der Götter** selber **im Opfer real präsent**. Sie gilt es freizusetzen, sie gilt es zu beherrschen! Eine Schlüsselrolle kommt dabei den **Priestern** zu: Kraft eigener **Anstrengung** und anhand immer komplexer werdender **Rituale** können sie bestimmte **Wirkungen** in Gang setzen und dadurch – innerhalb bestimmter Grenzen und Gesetzmäßigkeiten – den Lauf der Welt beeinflussen.

Asketische Hitze (tapas) und schöpferische Sprache (vāc)

Zwei »Komponenten« spielen bei den Ritualen eine immer wichtigere Rolle. Zum einen Tapas, die bereits erwähnte »innere **Hitze**«[46], die durch Askese und starke Willensanstrengung zustande kommt. Schon den Indogermanen war ja **schöpferisches Schwitzen** und magisches Hervorbringen von Hitze bekannt.[47] In vielen **indogermanischen Schöpfungsmythen** spielt die schöpferische Hitze eine zentrale Rolle, und auch in der indoarischen Tradition bringt, wie wir sahen, vor aller Zeit das »Eine« schwitzend sein Liebesverlangen und seinen Schöpfungstrieb hervor: Aus der Hitze wurden einst die kosmische Ordnung (*ṛta*) und die Wahrheit (*satya*) geboren.[48] Und wie sich schon damals Tapas bei der Schöpfung manifestierte, wird sie jetzt im Opfer – gewissermaßen dem irdischen Äquivalent zum kosmischen Schöpfungsprozeß – ebenfalls freigesetzt: im Opferfeuer und vor allem in der **konzentrierten Hingabe und Anstrengung der Priester**. Später werden die asketischen »Techniken« zum Erreichen des Tapas zusehends verfeinert und kultiviert: Durch Fasten und vor allem durch **Kontrolle der Atmung** wird daraus ein konstitutives Element der für die indische Tradition so bedeutenden **Yogapraxis.**[49]

Gewissermaßen das Medium, die zweite entscheidende »Komponente« des Opfers, ist die **Sprache** (*vāc*). Ihr wurde seit jeher eine gewisse schöpferische Kraft zugesprochen, die für das Gelingen ritueller Handlungen und für die periodische Erneuerung des Lebens notwendig war. Jetzt wird sie in einigen Hymnen sogar als kreative, alle Götter tragende Urkraft gepriesen.[50] Und dieser Charakterzug wird nun immer wichtiger, so daß zum Gelingen des Opfers und zur Freisetzung einer ganz bestimmten Wirkung schließlich **beides** nötig war: die Artikulation der gewünschten Wirkung des Opfers kraft der Sprache in geheimen wirkmächtigen Formeln und Gesängen und die Realisierung dieser Vorstellung durch die rituelle Kraft (*tapas*) der Kulthandlungen der Priester.

Alle Einzelheiten der Rituale sind deshalb von Bedeutung und müssen von den Priestern genau beachtet werden. Die Zahl der priesterlichen Akteure variiert und neben den drei wichtigsten Funktionen – dem Hotṛ, der die Hymnen des Ṛgveda rezitiert und die Götter zum Opfer ruft, dem Udgātṛ, der die Bereitung des Opfers mit Gesängen begleitet, und dem Adhvaryu, der die eigentliche Opferhandlung vollzieht – gibt es je nach Opfer eine Reihe von Spezialisten, denen ganz bestimmte Tätigkeiten zugewiesen sind. Einer von ihnen ist der »Brahmā«-Priester: Ursprünglich nur mit der Rezitation bestimmter Gebete betraut, avanciert er im Laufe der Zeit zu einer Art Oberpriester.[51] Ihm obliegt schließlich die strenge Überwachung des gesamten Opfers, die Kontrolle über den sachgemäßen Ablauf und die Korrektur etwaiger folgenschwerer Fehler. Und dazu braucht es neben der genauen Kenntnis von Ṛg-, Sama- und Yajurveda mehr und mehr auch das **Wissen um spezielle magische Formeln** und Gebete, die – einst aus den religiösen Vorstellungen des einfachen Volkes entstanden – nun auch in priesterlichen Kreisen eine immer wichtigere Rolle spielen.

4. Der Atharvaveda – das »Wissen des ›Feuerpriesters‹«

Wohl um das 8. vorchristliche Jahrhundert – so nimmt man an – war die Kompilierung und **Kanonisierung des Ṛgveda** weitgehend abgeschlossen. Zusammen mit **Sāmaveda** und **Yajurveda** bildet er nun **Trayīvidyā**, das **»dreifache Wissen«**, den für viele Inder bis heute **normativen** Korpus von heiligen Texten, die fortan auch für sachgemäße Durchführung der großen priesterlichen Rituale maßgebend und verbindlich sind.

Im einfachen Volk dagegen sind es häufig Magie und Okkultismus, die neben den traditionellen häuslichen Ritualen den religiösen Alltag weitgehend gestalten und bestimmen. Einige dieser Vorstellungen und Praktiken fanden Eingang in die priesterlichen Texte des Ṛgveda (und wurden umgekehrt von dort her auch geprägt). Doch gab es vieles, das sich entweder weitgehend dem priesterlichen Einfluß entzog (vor allem weil es vor- oder nichtarischen Ursprungs war) oder das erst später, nach Abschluß der Kanonisierung des Ṛgveda (und zum Teil auch auf dessen Grundlage), nach und nach entstand. Dieses mehr oder weniger brahmanisierte Traditionsgut spielt zunächst unter den Priestern kaum eine Rolle, wurde aber im Laufe der Zeit auch gesammelt und schließlich als **Atharvaveda**[52] (mitunter auch Artharvāṅgiras[53] oder Brahmaveda[54] genannt) als vierte unter die vedischen Saṃhitās eingereiht.

Die Texte

Von den ursprünglich wohl neun Rezensionen des Atharvaveda sind uns heute noch zwei mehr oder weniger vollständig erhalten: einige Teile der Paippalāda- (oder Kaśmīr-) Rezension und die Śaunaka-Rezension. Diese besteht aus 731 Hymnen (ca. 1/6 davon sind Prosastücke) mit insgesamt 6000 Versen, das Ganze eingeteilt in 20 Bücher (*kāṇḍa*):

- Die **Bücher 1-7** beinhalten kurze und einfache magische Gebete für verschiedenste Zwecke: Zauberformeln für Heilung und ein langes Leben (hier auch erste Abhandlungen über altindische Medizin[55]), Verwünschungen[56], Liebesgedichte, Gebete für Wohlstand, Gesänge für den König und die Priesterschaft, Buße für begangene Sünden – kurz, »magische Helfer« für alle Bereiche des täglichen Lebens.
- Literarisch zum Teil anspruchsvoller sind die **Bücher 8-12**: Sie enthalten ähnliche magische Texte wie die ersten sieben Bücher, beinhalten aber zudem ausführliche kosmologische und mythologische Spekulationen – etwa über die Bedeutung des Rituals. Verglichen mit dem Ṛgveda zeigen diese Texte geradezu ein klares und **rationalistisches** Denken[57], das die kosmologischen Konzeptionen des Ṛgveda weiterführt und zu den großen Spekulationen der Upaniṣads überleitet.

- Die **Bücher 13-18** bestehen ebenfalls vorwiegend aus rituellen Texten, darunter Hochzeitsgebete, Bestattungsformeln und Hymnen an die Götter.
- Die letzten beiden Bücher schließlich – **Buch 19**, ein Supplement zu den Büchern 1-18, und **Buch 20**, das überwiegend aus Auszügen des 8. Buches des Ṛgveda besteht – sind erst nachträglich hinzugefügt. Insgesamt ist rund 1/7 des Atharvaveda zum Teil wörtlich dem Ṛgveda entnommen – vor allem dem ersten, achten und zehnten Buch.

Anfänge vedischer Philosophie

Stil und Inhalt der Texte, die geographischen Details und die geschilderten gesellschaftlichen Verhältnisse zeigen, daß der Großteil des Atharvaveda **jünger** ist, als die übrigen drei Saṃhitās. Insgesamt bietet der Atharvaveda ein aufschlußreiches und plastisches Bild von der Alltagsreligiosität der **mittel- und spätvedischen Zeit**: »Der Ganges ist bekannt, Reis und Tiger werden erwähnt; die vier sozialen Gruppen (*varṇa*) … spielen nunmehr eine große Rolle; die Verherrlichung der Brahmanen nimmt zu; die Konturierung der Götterpersönlichkeiten ist unscharf geworden.«[58] Eine Zeit, die insgesamt geprägt ist vom **Glauben an Zauberkräfte und Dämonen** und wo man über das entsprechende Wissen verfügt, diese Dämonen für sich zu gewinnen, sich mit ihnen zu versöhnen, sie zu vertreiben oder zu überlisten.

Doch wäre es falsch, diesen Glauben vorschnell als primitiven Aberglauben abzutun. Warum? Weil man nicht mehr nur an irgendwelche überirdischen Mächte und Potenzen glaubte, die im priesterlichen Handeln auf geheimnisvolle Weise freigesetzt und wirksam werden, sondern weil man mehr und mehr zu der Überzeugung gelangte, daß es mit einem ganz bestimmten esoterischen **Wissen** (*vidyā*, im klassischen Sanskrit auch als Synonym für »Magie« verwendet*)*, also durch **Erkenntnis**, möglich sei, Personen, Dinge und Vorgänge zu beeinflussen und schließlich zu kontrollieren. Eine Person oder eine Sache zu **kennen** – atharvanisch formuliert: den »**Namen**« einer Person oder einer Sache zu kennen[59] –, heißt, ihr **Wesen**, ihre **Essenz zu erkennen** und dadurch **Einfluß** auf sie zu haben: Dieser Gedanke wird im Atharvaveda zum erstenmal explizit entfaltet, um dann, wie wir sehen werden, in den Brāhmaṇas mit ihrem Glauben an die magische Kraft des rituellen Wissens an sich weitergeführt und schließlich in den Erlösungsvorstellungen der Upaniṣads zu einem vorläufigen Höhepunkt gebracht zu werden.

Woher diese Vorstellungen im einzelnen auch stammen mögen und wie auch immer sie aus der Alltagsreligiosität in priesterliche Kreise Eingang gefunden haben: Von den Brahmanen sind sie wohl nach und nach rezipiert, »legalisiert«, systematisiert und schließlich zum »Atharvaveda« kompiliert worden. Jedenfalls haben sie die rituelle Theorie und Praxis der Brahmanen entscheidend verändert und geprägt: Die magischen Formeln und Gebete des Atharvaveda »sicherten und steigerten die Wirkung der Opfer, seine spekulativen Hymnen, die selbst weit über die Hymnen des späten Ṛgveda hinausgingen, sorgten für neues Wissen von Brahman, der wirkmächtigen Kraft und dem Opfer zugrundeliegenden Wirklichkeit. Diese Entwicklung steigerte außerdem den Status derjenigen, welche die Rituale durchführten, da alle Priester in gewisser Weise am Wissen und Nutzen von Brahman partizipierten und so Zugang zu kosmischen Kräften hatten, die für andere Menschen unerreichbar waren. Das magische Verständnis des Opfers erklärte diese Kräfte und brachte sie unter die Kontrolle derer, die ihre Geheimnisse kannten. Rituelles Wissen wurde wichtiger denn je und damit wurde es ein immer größeres Anliegen, dieses vor Mißbrauch zu schützen durch rigoroses Training und hohe Anforderungen an die Reinheit der Priester.«[60]

5. Die Brāhmaṇas: priesterliche Ritualwissenschaft

Im 1. vorchristlichen Jahrtausend entsteht so in priesterlichen Kreisen eine immer ausgefeiltere Opfertheologie mit einem komplizierten System esoterischer Rituale zur Erhaltung der kosmischen und sozialen Ordnung. Besonderen Stellenwert erhält dabei die rituelle Reinheit, welche die Priester – und bei bestimmten Opfern nach entsprechender Reinigung auch Laien[61] – zur Durchführung der Rituale legitimiert und ihnen Zugang und Kontrolle über Brahman ermöglicht.

»Handbücher« für die priesterliche Ausbildung

Legitimiert wird dieser exponierte Status der Brahmanen durch jenes **magisch-rituelle Wissen**, das zur erfolgreichen Durchführung der Opfer – zur Erlangung von Reichtum, Macht, Gesundheit und Unsterblichkeit im Reich der Götter und Väter – zunehmend unentbehrlich wird: »Das Wissen um einen Vorgang … ist magisch mit dem Vorgang selbst verbunden. Der Wissende besitzt die Macht über die erkannte Entität oder das Ereignis exakt aufgrund der Tatsache, daß er es kennt – nicht weil er aufgrund seines Wissens richtig handelt, sondern wegen der Kraft des Wissens an sich.«[62]

Falsch angewandt, konnte dieses Wissen gefährliche, gar verheerende Folgen haben, und so brauchte es ein sorgfältiges Training, das die Priester nach einem ausgeklügelten System in den Inhalt und die Handhabung der heiligen Texte einführte: Je nach priesterlicher Funktion galt es zunächst den Veda zu studieren; dann erfolgte die **Einführung** (*vidhi*) der Adepten **in die Pflichten** am Altar bei den verschiedenen Ritualen, also die praktische Umsetzung des in den Saṃhitās überlieferten Materials; dem folgten schließlich – untermalt von zahlreichen mythologischen **Erzählungen** (*itihāsa* oder *ākhyana*) – umfangreiche **Erklärungen** (*arthavadā*) zum Sinn der Hymnen, Formeln und Gesänge, zur geheimen Bedeutung der symbolhaften Opfergeräte und Handlungen und ihren wechselseitigen Beziehungen, und zur komplexen Wirkung der Rituale in der Wirklichkeit der Phänomene, immer wieder endend mit dem Satz: »Wer, **dies wissend** (*evaṃ vidvān*), den Ritus durchführt, erhält dies und das ...«, oder, noch deutlicher: »**Wer dies weiß** (*ya evaṃ veda*), enthält diese oder jene Wohltat!«

Möglicherweise waren diese Unterweisungen ursprünglich – wie etwa noch im Yajurveda überliefert – **erläuternde Zusätze** und Kommentare für die Opferpriester, die schon während der Kompilierung der Saṃhitās in den einzelnen vedischen Schulen entstanden. Jetzt, zwischen dem **10. und dem 7. Jahrhundert v. Chr.**[63] wird daraus schließlich ein eigenständiger Textkorpus: die sogenannten »**Brāhmaṇas**«[64] – »Interpretationen des ›Brahman‹«. Und weil jede der vedischen Schulen ihre eigene liturgische Überlieferung hat, entwickelt sie auch ihr eigenes Brāhmaṇa. So entstehen

– zum **Ṛigveda** das **Aitareya**- und das **KauṣītakiBrāhmaṇa**;
– zum **Yajurveda** – neben den Brāhmaṇa-Passagen des schwarzen Yajurveda – das **Taittirīya**- und das **ŚatapathaBrāhmaṇa**;
– zum **Samaveda**, neben einigen kleineren sogenannten »Upabrāhmaṇas«, das **Pañcaviṃśa**- und das **JaiminiyaBrāhmaṇa**; und relativ spät schließlich
– zum **Atharvaveda** das **GopathaBrāhmaṇa**.

Die Brāhmaṇas sind faktisch in Prosa gehaltene **Handbücher für die Ausbildung der Opferpriester**, geschrieben ganz aus der Sicht des priesterlichen Establishments – nicht zuletzt zur Rechtfertigung ihres exponierten Status. Alles dreht sich in den Texten um das Opfer: Sie erklären und rechtfertigen die einzelnen Opferhandlungen und priesterlichen Funktionen[65] – oft auch mit fragwürdigen Etymologien, sie kommentieren und diskutieren deren religiöse Bedeutung und sie untermalen und begründen all dies immer wieder mit zahlreichen und kunstvollen, oft widersprüchlichen Erzählungen, Mythen und Legenden. Vieles aus dem religiösen Leben der alten Inder findet über die Brāhmaṇas sukzessive Eingang in das priesterliche Denken: das Wissen etwa um kosmische und vitale Kräfte, die Kenntnis von Abläufen und Vorgängen in der Natur und Spekulationen über die vielschichtigen Beziehungen von Mensch, Welt, Universum – und dem Opfer.

Die große Zeit der **ṛgvedischen Götter** geht in der Brāhmaṇa-Zeit jedenfalls ihrem Ende entgegen. Auch wenn diese Götter in den Riten und Gebeten immer wieder erwähnt werden, dann doch längst nicht mehr als jene omnipotenten überirdischen Wesen, die noch in frühvedischer Zeit das religiöse Denken und Handeln der Menschen bestimmten, die man pries, umwarb und denen geopfert wurde. Andere Gestalten treten nun in den Vordergrund – auch

Mythen, die der Ṛgveda nicht kennt –, abstrakt-theoretische, unpersönliche Potenzen, wie Metren, Jahreszeiten und astronomische Größen, über die jetzt zunehmend spekuliert wird.

Die alten vedischen Götter werden immer mehr zu manipulierbaren Statisten auf der Bühne jener großen Rituale, mit denen die Brahmanen die Ordnung und den Lauf der Welt bestimmen und manipulieren zu können glauben. Und wie? Mit einem komplexen Gefüge wechselseitig wirkender **Potenzen**, mit denen man sich das Weltgeschehen erklärt, die es zu erkennen gilt und die durch jene, in den Riten freigesetzten Kräfte manipuliert werden können. Dabei steht den Brahmanen ein ganzer Kodex von Konnexionen und Korrelationen zur Verfügung, der es ihnen ermöglicht, über die Riten auf die makrokosmischen Prozesse einzuwirken.[66] Mit dem entsprechenden Wissen ausgeführt, wirken diese Rituale dann gewissermaßen selbsttätig, und selbst die Götter verdanken ihnen ihre Kraft und Unsterblichkeit.

Typisch ist dabei vor allem das endlose Forschen der Brahmanen nach Analogien, Zusammenhängen und Kausalitäten.[67] So zieht man etwa aus der Tatsache, daß der Wind (*vāyu*) den Regen herbeischafft, durch diesen die Pflanzen wachsen, die Kühe dann die Pflanzen fressen und das Wasser trinken und daraus schließlich Milch entsteht, die Folgerung, daß der Wind die Milch hervorbringt und man ihm deshalb opfern soll.[68] Was einander irgendwie ähnlich ist, gilt als verwandt, Ursachen mit denselben Folgen gelten als identisch, und dabei werden physikalische, theologische, psychologische Relationen »einander gleichgestellt und kettenweise miteinander verbunden«.[69]

Jetzt entstehen auch die ersten Wissenschaften – Geometrie, Astronomie und Astrologie, aber auch Phonetik, Metrik und Grammatik –, mit deren Hilfe die Priester ihr Weltbild begründen und systematisieren, mit denen sie Opferstätten konstruieren und den richtigen Zeitpunkt für die Opfer berechnen und die ihnen schließlich helfen, das immer komplexer werdende Wissen zu organisieren, zu verwalten und zu tradieren. Erst viel später werden diese »Hilfswissenschaften« als **Vedāṅga** (Glieder des Veda) lehrbuchartig zusammengefaßt.

Āraṇyakas: die »Bücher des Waldes«

Für jene Waldeinsiedler bestimmt, die nicht in der Lage waren, die großen Opfer zu verrichten, waren möglicherweise auch die **letzten Teile der Brāhmaṇas**, die **Āraṇyakas**, die sogenannten **Bücher »des Waldes«**[70]: Es sind vorwiegend mystisch-spekulative Beschreibungen und allegorische Deutungen der großen Rituale und es gibt sie – zumindest von der Sache her – zu sämtlichen Brāhmaṇas.

Dem Namen nach gibt es zwar nur zum **Ṛgveda** das Aitareya- und Kauśītakiāraṇyaka, zum **schwarzen Yajurveda** das Taittirīyāraṇyaka und zum **weißen**

Yajurveda, als Teil des ŚatapathaBrāhmaṇa, das Bṛhadāraṇyaka. Bei den Schulen des **Sāmaveda**, die den Name Āraṇyaka nicht explizit verwenden, haben die Anfänge der sich den Āraṇyakas anschließenden **Upaniṣads** den Charakter der esoterischen Āraṇyakas. Das heißt, in allen vedischen Schulen findet sich – wohl auch aus didaktischen Gründen – im wesentlichen dieselbe Abfolge von **rituellen** (Brāhmaṇas), **allegorischen** (Āraṇyakas) und **philosophischen** Schriften (Upaniṣads).

Zwar enthalten viele dieser Texte ausführliche Beschreibungen von Opfern und Ritualen und beschäftigen sich mit rituellen Details, wie dem Bau des Opferaltars, der Brahmanenschülerschaft oder gar dem Ahnenkult. Andere weisen bereits über das Opfer hinaus: Sie spekulieren über Metren, Silben, Melodien und deuten die Opferlitaneien. Wieder andere bieten magische Formeln und Gebete, deren alleinige Rezitation den Zugang zu und die Kontrolle über Brahman und damit über das gesamte Universum ermöglicht. Deshalb wurden die Āraṇyakas schließlich wegen ihrer vermeintlichen Gefährlichkeit für Uneingeweihte nur noch von Einsiedlern fernab der Dörfer in der Einsamkeit der Wälder (*āraṇye*) gelehrt: als geheime Lehre, wie verschiedene Vorgänge des täglichen Lebens in tieferem Sinn als Opfer aufzufassen sind und wie hoher Lohn dem zuteil wird, der sie in Kenntnis dieser geheimen Bedeutung ausführt. Dieses esoterische Wissen war womöglich eine erste kritische Reaktion außerbrahmanischer Kreise auf das traditionelle Opfermonopol der Priester. Denn seine Kenntnis und Anwendung galt für den Eingeweihten als genauso wirkungsvoll, wie die Durchführung der großen Rituale selber!

Die Brāhmaṇa-Ära: eine Übergangszeit

Nicht selten hat man den philosophischen und literarischen Stellenwert der Brāhmaṇa-Literatur geringgeschätzt, ihr Konfusion, Langeweile oder gar Dekadenz vorgeworfen.[71] Doch die Brāhmaṇa-Zeit war alles andere als eine Zeit der Dekadenz: »Vielmehr war sie eine Zeit des Umbruchs auf allen Gebieten des gesellschaftlichen Lebens, die Zeit des Aufkommens der Warenproduktion, des Geldes und des Kaufmannsstandes, der Familie und der Territorialstaaten, des Übergangs von der Barberei zur Zivilisation.«[72]

Auch geistes- und kulturgeschichtlich ist die Brāhmaṇa-Ära eine **Übergangszeit** in vielerlei Hinsicht: Landgewinnung und florierender Ackerbau mehrten den allgemeinen Wohlstand. Daran wollten sich auch die Priester ihren Anteil sichern mit immer größeren, teureren und verschwenderischen Opfern, wofür sie im Gegenzug den Opferlohn und die durchaus beträchtlichen Opferreste erhielten. Doch diese »bis ins Exzessive gesteigerte Opferritualistik trägt bereits den Keim ihres Verfalls in sich«[73]. Auch die vedische Suche nach jenem »unbekannten Gott«, den man Prajāpati, Viśvakarman, Brahmaṇaspati oder auch

Puruṣa nannte, führte schließlich am Ende der Brāhmaṇa-Zeit zu einer Reihe verschiedener Konzeptionen aus ganz verschiedenen Vorstellungskreisen. Auf der einen Seite gab es die noch stark **mythologisch** geprägte Vorstellung eines allumfassenden vorzeitlichen **Schöpfergottes** Prajāpati, die Jahrhunderte später wieder in den großen monotheistischen Traditionen des Viṣṇuismus und Śivaismus zum Tragen kommen wird. Auf der anderen Seite begann man schon relativ früh dieses Urprinzip nicht mehr als anthropomorphe Göttergestalt, sondern, ganz und gar **vergeistigt**, als **reines Bewußtsein** zu denken.

Daraus sollten schließlich zwei weitgehend konvergente Konzeptionen entstehen: zum einen – aus der einstigen Gottheit Brahmaṇaspati – die Vorstellung einer allumfassenden und alles durchdringenden »Weltseele« **Brahman**; und zum anderen die (in mehreren analogen Begriffen gedanklich vorbereitete) Vorstellung von **Ātman**, jenem zeitlosen, ewigen »Selbst«, dem innersten Wesen des Menschen und der Welt, das es zu suchen, zu erkennen, und in das es schließlich einzugehen gilt – es wird darauf noch einzugehen sein. Und mit der Frage nach dem menschlichen »Selbst« spekuliert man über des Menschen **Schicksal nach dem Tod** und sucht zu ergründen, ob und wie man dieses Schicksal beeinflussen, ja, ihm womöglich ganz entrinnen kann.

6. Was geschieht nach dem Tod?

Offenbar hatte man in frühvedischer Zeit zunächst kein allzu großes spekulatives Interesse am »Jenseits«, daran also, was genau mit dem Menschen nach dem Tod geschieht.[74] Jedenfalls finden sich in den ältesten Büchern des Ṛgveda, den Büchern 2-7, den »Familienbüchern«, kaum Aussagen über ein Leben nach dem Tod. Ja, im Grunde fürchtete man den Tod und strebte nach einem langen Leben in Fülle. So gab es bei den vedischen Ariern zunächst auch nur die in vielen Kulturen verbreitete einfache Vorstellung, der Tote »lebe« im Grab oder als »Geistwesen« (*preta*) in der Nähe seiner Verwandten weiter und könne ihnen womöglich Schaden und Unheil zufügen. Andere frühe Vorstellungen gingen davon aus, die Toten würden entweder gänzlich zerstört oder existierten, wie im homerischen Hades, in einer düsteren Unterwelt im Schoß der Mutter Erde weiter.[75]

Altindischer Jenseitsglaube

In den späten Teilen des Ṛgveda, den Büchern 1, 8 und 10, konkretisieren sich die Vorstellungen von einem Jenseits. Womöglich durch die Praxis der Totenverbrennung, die jetzt die Erdbestattung ablöst, »entfernt sich die Welt der Toten von der der Lebenden«[76]: Man spricht von der »**Welt der Väter**[77]« (*pitṛloka*), einem Bereich, der jetzt nicht mehr in der bedrohlichen Unterwelt, sondern im positiv besetzten und mit paradiesischen Erwartungen verknüpften **Himmel** lokalisiert wird.[78] Es ist von der »Mitte des Himmels«[79] die Rede, von einem »dreifach gewölbten, dreifachen Himmel des Himmels«. Und jenen, die reichlich geopfert haben, die besondere Opfer dargebracht oder die asketisch gelebt haben, wird gar ein Verweilen in lichthaften Sphären, etwa der Sonne, in Aussicht gestellt.[80]

Herrscher dieser paradiesischen Himmelswelt (*svarṇara*, »Lichtwelt«, »Äther«) ist **Yama**[81], göttlicher Sohn des sonnenhaften Vivasvant, Zwillingsbruder Manus, des ersten Menschen. Auf dem »Weg der Götter« (*devayāna*), jenem Weg, auf dem Agni die Opfergaben zu den Göttern bringt und die Götter zu den Opfern kommen, jenem Weg zwischen Himmel und Erde, auf dem die Sonne ihren Lauf nimmt, gelangen alle Verstorbenen an das Tor zum Jenseits, wo sich der Weg zum Himmel und zur Unterwelt gabelt.[82] **Wächter** des Himmelstores sind Yamas Hunde: furchterregende, bunte, breitnasige, vieräugige Hunde, die den Eingang zur Himmelswelt bewachen[83], ja die schon auf Erden umhergehen und die zum Sterben Bestimmten abholen.[84] Wer in den **Himmel** gelassen wird kommt dort dank der Opferspenden der Hinterbliebenen in den Genuß nie versiegenden Somas und anderer paradiesischer Freuden.[85] Wird der Zutritt zur Himmelswelt allerdings verwehrt – sei es aufgrund schlechter Lebensführung oder mangels der Durchführung entsprechender Riten –, so bleibt den Verstorbenen der Gang in die qualvolle **Unterwelt**: an jenen »miserablen Ort«[86] in der »Tiefe« und in »auswegloser Finsternis«, wohin sie verstoßen werden, »damit keiner von ihnen jemals wiederkomme«[87].

Doch – **was** »lebt« eigentlich nach dem Tod im Jenseits weiter: der Körper des Toten, sein Geist oder etwa seine »**Seele**«?

Eine unsterbliche »Seele«?

Nicht von ungefähr beginnt der Artikel »**Seele**« im Lexikon der Religionen mit der nüchternen Feststellung: »Seele … ist einer der **zentralsten** und **unschärfsten** Begriffe des menschlichen Denkens«! Und warum? Weil »mit dem Begriff Seele **völlig verschiedene Eigenschaften des Menschen**, nämlich Begehren, Empfinden, Fühlen, Denken, Wollen und Weisheit zusammengefaßt werden. Aus diesem Grunde mußten alle Versuche scheitern, Seele als selbständige Einheit zu begreifen. So bedeutet Seele ursprünglich Lebenshauch, Atem, die den Gliedmaßen innewohnende Lebenskraft, die im letzten Atemzug den Sterbenden zu verlassen scheint, das Prinzip des Lebens, Empfindens und Denkens, das … zumindest in einzelnen Teilen den Tod überdauert.«[88]

Nach ṛgvedischer Vorstellung war die **Personalität** eines Menschen, also das, was sein »Ich« ausmacht, offenbar ganz wesentlich an dessen **Körper** gebunden.

Deshalb wurde auch der Leichnam vor seiner Verbrennung zum Schutz vor Verletzung mit Innereien einer Kuh bedeckt, deshalb wird das Verbrennungsfeuer gebeten, den Körper nicht zu versengen oder gar zu verbrennen[89], ja sogar eventuelle Verletzungen am Leichnam zu heilen[90]. Und da aber ein Zerfall des Körpers sowohl bei seiner Verwesung wie bei seiner Verbrennung offensichtlich ist, ging man davon aus, daß der Körper im Jenseits – wohl aus den bestatteten Knochen – wieder neu entsteht.

Eine **Seele**, ein »Selbst« im Sinne eines den Tod überdauernden »Ichs« kennt man in ṛgvedischer Zeit nicht. Wohl aber unterscheidet man den grobstofflichen, **materiellen** Körper (*śarīra, kāya, deha*) und dessen **immaterielle** Dimension: bestimmte körperliche und mentale Funktionen, die den Körper beleben und die den Tod überdauern:[91]

– **Manas** (»Denken«): allgemein die mentalen Kräfte eines Menschen, sein Denkvermögen;
– **Prāṇa**: die Atemkraft des Menschen;
– **Ātman**: Im Ṛgveda eine feinstoffliche Lebenskraft, ähnlich dem Prāṇa, die nach dem Tod in den Wind eingeht[92]. Im Atharvaveda wird der Ātman zum individuellen, geistigen Kern des Individuums, in den Upaniṣads schließlich zum feinstofflichen individuellen »Selbst«;
– **Sinnesorgane** wie Rede (*vāc*), Auge (*cakṣu*) und Empfindung (*manyu*);
– **Asu**: die **Lebenskraft** eines Menschen; seine vorübergehende Abwesenheit führt zur Bewußtlosigkeit, längere Abwesenheit führt zum Tod; da der Asu im Tod den Körper verläßt und ins Jenseits geht, ist seine Funktion am ehesten mit einer »Seele« im späteren Sinn zu vergleichen.

Schon im Ṛgveda finden sich also **je verschiedene Bezeichnungen für je verschiedene geistige Bereiche** des Menschen, und keiner dieser Begriffe bezeichnet von Anfang an eindeutig »eine unvergängliche, immaterielle geistige Substanz, welche den innersten unveränderlichen Kern einer Persönlichkeit darstellt«[93] – eben das, was heute allgemein als »Seele« bezeichnet wird. Entsprechend vage sind auch die Vorstellungen darüber, was mit dem Menschen beim Sterben geschieht und was nach dem Tode weiterexistiert.

Selbst die spätvedischen Brāhmaṇas nehmen noch an, »der Tote selbst« lebe im Jenseits weiter, und zwar »wie er leibte und lebte«[94], indem nämlich bei der Verbrennung (oder auch durch Verwesung) die Bestandteile des Toten dorthin (d. h. zu den Gottheiten) zurückkehren, woher sie stammen: »Das Fleisch geht zur Erde, das Blut zum Wasser, die Rede zum Feuer, der Odem zum Winde, die Fähigkeit zu hören, zu den Himmelsrichtungen, die Sehkraft zur Sonne, das Denken (*manas*) zum Monde«[95]. Übrig bleibt, wie schon in ṛgvedischer Zeit, jenes schemenhafte Wesen (*preta*, vergleichbar etwa mit der Homerischen »*psyche*«), das in einer »Art von **Auferstehung der Toten**«[96] im Jenseits nach seinem ganzen Leib mit allen Gliedern und Gelenken[97] in verklärter Form aufersteht, sofern der Verstorbene auf Erden entsprechend gelebt hat oder – dieser Gedanke tritt in den Brāhmaṇas immer mehr in den Vordergrund – über das entsprechende Wissen verfügt: in ewiger Gemeinschaft mit den Vätern und den Göttern[98].

Die Anfänge der Seelenwanderungslehre

Wenn es eine Lehre gibt, die immer wieder für **das** klassische Zentraldogma indischen Denkens gehalten wird, dann ist das wohl die sogenannte (karmische) **Wiedergeburtslehre**, genauer, die Vorstellung, daß sich der geistig-seelische Personenkern eines Menschen in einem **Kreislauf** (*saṃsāra*) von **Leben**, **Tod** und **Inkarnation** befindet (insofern ist es angemessener, von Wieder**verkörperung** statt von Wieder**geburt** zu reden). Dieser Kreislauf besteht so lange, bis die durch Gedanken und Taten (*karman*) verursachte psychisch-seelische Prägung des Menschen es erlaubt, daß dieser aus dem Kreislauf erlöst wird (d. h. *mokṣa* erlangt) und in Brahman, das Absolute, die erste-letzte Wirklichkeit, eingeht.

So in etwa ließe sich diese Vorstellung in ihren Grundzügen – allerdings stark schematisiert und vereinfacht – zusammenfassen. Und warum schematisiert? Weil es **die** Wiedergeburtslehre und **die** Karmantheorie eben nicht gibt! Sie begegnen uns zwar in den zahlreichen Hindutraditionen – dem Veda, den Purāṇas, dem Mahābhārata, den Dharmaśāstras, den theistischen Lehren und den großen philosophischen Systemen, auch in den buddhistischen und jainistischen Traditionen und ebenfalls in den tamilischen, dravidischen und den anderen urindischen Volkstraditionen. Beide Lehren haben aber zu je verschiedenen Zeiten und an je verschiedenen Orten immer je verschiedene Ausprägungen und Interpretationen erfahren! Dies liegt nicht nur an den verschiedenen theologisch-philosophischen, anthropologischen und sozialen Rahmenbedingungen, unter denen diese Lehren jeweils zur Entfaltung gelangten, sondern es liegt vor allem daran, daß sie nie als solche »isoliert« bestanden, sondern zu allen Zeiten zusammen mit anderen Theorien und Konzeptionen gedacht wurden. Ja, selbst in frühe Schriften, welche die Vorstellung von Karman und Wiedergeburt noch nicht kannten, projiziert man diese hinein, und auch Theorien, die ursprünglich nichts mit Karman zu tun hatten, sondern eher als Alternativen dazu hätten gelten können, werden später im Lichte der Karmantheorie reinterpretiert und mit ihr zusammengedacht, ja sogar identifiziert.[99]

So gibt es die Lehre von Karman und Reinkarnation in einem breiten Spektrum von Ausgestaltungen und Interpretationen, mehr oder weniger leicht voneinander abzugrenzen, teils ähnlich, teils verschieden, mitunter auch widersprüchlich, und es wäre unangemessen, **einen** hermeneutischen Schlüssel finden zu wollen, mit der dieses Spektrum erklärt und verstanden werden kann.[100] Der Indologe Wilhelm Halbfass faßt dies wie folgt zusammen: »In seiner konkreten

Totalität ist die Lehre von *karma* und *saṃsāra* ein sehr komplexes Phänomen, sowohl historisch wie systematisch. Sie funktioniert auf verschiedenen Verstehens- und Interpretationsebenen, als unbestrittene Voraussetzung ebenso wie als explizite Theorie, in der volkstümlichen Mythologie ebenso wie im philosophischen Denken.« Allein in bezug auf **Karman** unterscheidet Halbfass »drei grundsätzlich verschiedene Funktionen und Dimensionen«: Karman ist »(1) ein Prinzip ursächlicher Erklärung (faktischer Ereignisse); (2) eine Leitlinie ethischer Orientierung; (3) das Gegenteil von und zugleich das Sprungbrett zu endgültiger Befreiung. Diese drei Funktionen … bilden keine … Einheit.«[101]

Dennoch werden die Theorie und Mythologie von Transmigration und Karman gemeinsam zu einer der »bedeutendsten und am meisten allgemein akzeptierten Prämissen«[102] indischer Tradition – obwohl sich in deren ältesten und grundlegendsten Zeugnissen praktisch nichts davon findet: In den Hymnen der Veden gibt es so gut wie »keine Spur« von karmisch bedingter Transmigration, auch in den Brāhmaṇas sind nur »einige wenige Spuren jener gedanklichen Linien zu finden, aus denen diese Lehre enstand«[103], und erst in den Upaniṣads scheint sie allmählich Gegenstand vereinzelter Spekulationen zu werden: eher tastend und zaghaft, weder systematisiert noch universalisiert, jedenfalls weit davon entfernt, eine umfassende Eschatologie zu bieten, dennoch in zentralen Punkten schon so weit vorangetrieben, wie wir es aus späterer Zeit kennen.

Woher die Vorstellung von Wiederverkörperung und Karman?

Die Wiedergeburtslehre als solche ist keine indische Erfindung. Denn der Glaube an eine Seelenwanderung und eine möglicherweise zyklisch wiederkehrende Wiederverkörperung Verstorbener – nahegelegt durch die Vielfalt periodisch wiederkehrender Zyklen von Werden, Vergehen und Wiedererstehen im Naturgeschehen –, dieser Glaube gehört seit alters zum Traditionsgut vieler Kulturen: Nicht nur in Indien kennt man ihn, auch in der europäischen Antike begegnet er uns und in vielen Stammes- und Naturreligionen, etwa in Afrika oder Papua-Neuguinea, ist dieser Glaube geläufig. Vielen ethnischen Kulturen sind in ihren Weltbildern bestimmte Elemente gemeinsam, die sich stark schematisiert wie folgt skizzieren lassen:

– Man geht aus von der Existenz zweier Welten, einer diesseitigen und einer jenseitigen, erstere erlebt man als leidvoll, letztere stellt man sich leidfrei vor;

– ins Diesseits gelangt man durch Geburt (die, wie zum Teil angenommen wird, aus dem Jenseits erfolgt), und durch religiöse, magische und andere Praktiken lernt man das Leid in der Welt zu meistern;

– soziale Einschnitte im Leben (Pubertät, Hochzeit, sozialer Aufstieg) werden als symbolischer Tod und Wiedergeburt verstanden und von entsprechenden Initiationsriten begleitet;

– durch den biologischen Tod gelangt man wieder ins Jenseits, wo sich zum Teil auch die sozialen Strukturen dieser Welt wiederfinden, insgesamt aber, im Sinne eines idealtypischen Spiegelbildes dieser Welt, paradiesische Zustände herrschen;
– dort bleibt man nur unter ganz bestimmten Voraussetzungen für immer, ansonsten kehrt man nach geraumer Zeit wieder zur Erde zurück.[104]

Allerdings: In den genannten Kulturen hat das postmortale Schicksal der Verstorbenen und deren mögliche Wiederverkörperung so gut wie **nichts** mit deren **Lebenswandel** zu tun. Es tritt quasi automatisch ein, mitunter spielen höchstens gewisse Riten eine bestimmte Rolle. Das heißt, genau das Element, welches im Laufe der Zeit zum Charakteristikum werden wird für die Reinkarnationslehren »hinduistischer« Provenienz – die **Abhängigkeit** der Wiederverkörperung zunächst von **Ritualen**, dann vom **Lebenswandel** der Verstorbenen, beides, wie wir sehen werden, **Karman** genannt –, dieses Charakteristikum **fehlt**! Und dies gilt wohl auch für all jene indischen Stammestraditionen, die entweder vor der arischen »Hinduisierung« Indiens existierten – teils in der westlichen Indus-, teils in der östlichen Gaṅgāregion[105] – oder die bis heute nur bedingt vom Hauptstrom der Hindukulturen beeinflußt worden sind.

So spricht insgesamt vieles dafür, daß, wie es G. Obeyesekere zusammenfaßt, den indischen Philosophen (seit der Zeit der Veden) zwar nicht »die Erfindung der Wiedergeburts-Theorie zugeschrieben werden kann«, wohl aber die ganz allmähliche und sukzessive »Transformation« einer bereits vorhandenen »Wiedergeburts-Eschatologie« in eine ethisierte »**karmische** Eschatologie«[106]. Ein Prozeß, der in den frühen Schriften nur sehr leise anklingt, der dann in den Upaniṣads aber seinen ersten Höhepunkt erreichen wird.

Wie jedoch diese Entwicklung im einzelnen vor sich gegangen ist, wissen wir nicht. Der Begriff **Karman** (von skr. »**kṛ**«, »**tun**«) als solcher ist jedenfalls nichts Neues, diente er doch schon sehr früh als allgemeine Bezeichnung für die **vedischen Rituale**: Man »**tut**« etwas – nämlich eine bestimmte **Opferhandlung** – und erzeugt damit ganz bestimmte physische und metaphysische **Wirkungen**.[107] Für die Wiederverkörperungslehre scheinen besonders die genannten Totenrituale relevant zu sein, mit denen die Hinterbliebenen das Schicksal der Verstorbenen beeinflussen zu können glaubten: die komplexen Sterbe- und Beisetzungsrituale, das Einjahresritual (*sapiṇḍīkaraṇa*), durch das der Verstorbene endgültig in die Gemeinschaft der Ahnen aufgenommen wird und fortan in den Genuß jener für seinen schadlosen Verbleib im Jenseits so wichtigen regelmäßigen Ahnenopfer (*piṇḍa*) kommt, und schließlich jene großen Ahnenspeisungen (*śrāddha*), teils regelmäßig, teils zu ganz bestimmten Anlässen durchgeführt, durch die sich die Hinterbliebenen ganz konkreten geistig-moralischen, aber auch aktiven Beistand der Verstorbenen bis hin zur Sicherung der Nachkommenschaft erhoffen.[108]

Wendy Doniger O'Flaherty zeigt auf, daß diese Sterbe- und Totenrituale das spätere Karmanverständnis maßgeblich geprägt haben müssen.[109] Verstorbenen wie Hinterbliebenen nützen diese Rituale auf ihre Weise: den Verstorbenen durch Stärkung und Sicherung ihrer Existenz im Jenseits und den Hinterbliebenen durch Beistand der Verstorbenen. Und dies ist im Grunde nichts anderes als das, was später unter dem Begriff »Verdienst-Übertragung« die Karmanlehre ganz wesentlich ausmacht: »ein Prozeß, durch den ein Lebewesen absichtlich oder beiläufig einem anderen eine ihm eigene nicht-physische Eigenschaft überträgt, wie etwa Tugend, Anerkennung für eine religiöse Leistung, ein Talent oder eine Kraft – oft im Tausch für eine negative Eigenschaft des Empfangenden«[110].

Thomas Oberlies geht noch einen großen Schritt weiter.[111] Er sieht bereits in **frühvedischer** Zeit einen richtiggehenden **Geburtenkreislauf** in der Weise konzipiert, »daß die Verstorbenen nach einem Aufenthalt im (himmlischen) Jenseits wiederum auf die Erde zurückkehren und in ihrer eigenen Familie wiedergeboren werden«[112]. Dabei handelt es sich aber nicht um »verschiedene Geburten je eines Menschen«, sondern um einen Kreislauf, der »von den Geburten verschiedener Generationen je einer Familie gebildet« wird: »Der Verstorbene wird bevorzugt als sein eigener (entfernter) Enkel ›wiedergeboren‹: ›Im Leibe der Mutter als der Vater seines Vaters (= als sein Großvater) aufleuchtend‹.«[113] So wird durch die Ahnen die Geschlechterfolge ständig selbst erneuert. Deshalb gehört es zu den wichtigsten Pflichten eines Mannes, einen männlichen Nachkommen zu zeugen, damit diese Geschlechterfolge nicht abreißt. Und deshalb ist es auch so wichtig, daß die Ahnenopfer von den männlichen Hinterbliebenen vier Generationen lang, aber nicht länger, akkurat vollzogen werden. Und weil die Verstorbenen auf diese Weise fest in die Familie eingebunden waren, hielt man es in ṛgvedischer Zeit womöglich auch lange Zeit nicht für dringend notwendig, differenzierte Vorstellungen über ein Jenseits zu entwickeln.

Wie auch immer die Entwicklung im einzelnen stattgefunden haben mag: In spätvedischer Zeit jedenfalls – die Brāhmaṇas zeugen vereinzelt davon – muß immer mehr die Befürchtung um sich gegriffen haben, daß die jenseitige Unsterblichkeit (*amṛtatva*, »nicht-mehr-sterben-können«) womöglich nur von begrenzter Dauer sei – manche Texte sprechen von hundert Jahren[114] – und den Verstorbenen im Jenseits ein **abermaliges Sterben** (*punarmṛtyu*, »Wiedertod«) bevorstehe[115], da die Zeit jeglichen Vorrat an guten Werken aufzehre.[116] Und ebendiese »Werke« – hier wird der Begriff *karman* bis in die Upaniṣads hinein durchweg mehrdeutig verwendet – gilt es anzuhäufen, sei es in Form von Ritualen, guten Taten oder anderen Verdiensten, sei es in Eigenleistung oder sei es eben durch Übertragung (auch nach dem Tod) von anderen.

Ja der Mensch, so meinte man, müsse **endlos wandern** – wie das Wasser, ja mit dem Wasser, denn man ging unter anderem davon aus, daß das Wasser der eigentliche Träger allen Lebens sei[117]: vom Himmel (genauer gesagt: vom Mond) zur Erde, um sich dort zum Leben zu entfalten und um dann – und damit schließt sich der Kreis – bei der Verbrennung des Menschen nach seinem Tod wieder zum Mond emporzusteigen. Entsprechend, so die schlichte Erklärung des seit jeher geheimnisvollen Wechsels der Mondphasen, ist der Mond »gefüllt« oder »entleert«[118]. Hinter dem Mond – diese Vorstellung war schon sehr alt – befinde sich die »Himmelswelt«, der Ort ewiger paradiesischer Seligkeit. Dieses Paradies ist aber je nach Mondphase mehr oder weniger verriegelt[119], und die Verstorbenen, die im Kreislauf des Wassers zum Mond gelangen, kommen nur dann in dieses Paradies hinein, wenn sie in der Lage sind, auf die Frage »Wer bist Du?«, die ihnen der Mond – zugleich Tor und Wächter zur Himmelswelt – stellt, die richtige Antwort zu geben. Wenn nicht, dann kehren sie nach einem kürzeren oder längeren Aufenthalt im Mond mit dem Regen wieder auf die Erde zurück, um schließlich über die Nahrung in den Leib desjenigen männlichen Wesens zu gelangen, das ihnen in der nächsten irdischen Existenz als Vater bestimmt ist, zu einer weiteren Verkörperung und zu einem weiteren Tod …[120]

So gelangte man schließlich zu der Überzeugung »daß die Kontinuität des Lebendigen auf einem Kreislauf des Lebens beruht, in dem sich Tod immer wieder zu neuem Leben verwandelt. Die Lebenskraft ist nicht sterblich. Sterblich sind nur die Körper, die sie aufbaut und dann wieder verläßt.«[121] Damit schien quasi auf einen Schlag eine Antwort gefunden auf die uralten Fragen nach den Ursachen von Leid, Elend und den offenkundig so verschiedenen Schicksalen der Menschen. Die **»Karman-Lehre«** – zum erstenmal in ihren Grundzügen wohl am Ende der Brāhmaṇa-Zeit (um das 7. Jahrhundert v. Chr.) aufgetreten – hatte, langfristig gesehen, durchschlagenden Erfolg. Wie keine andere Doktrin prägte sie die eschatologischen und anthropologischen Konzeptionen indischen Denkens und wurde so zum Grundaxiom indischer Erlösungslehren.

Jedenfalls warfen die spätvedischen Spekulationen über das Schicksal der Verstorbenen eine Reihe neuer Fragen auf: Fragen etwa nach dem eigentlichen Selbst des Menschen und dessen Verhältnis zum Urgrund des gesamten Universums, und vor allem die Frage, ob und wie es dem Menschen gelingt, jenem scheinbar immer neu einsetzenden Lebenskreislauf zu entrinnen, sich dem Zwang zu entziehen, in jeder neuen Existenz unweigerlich immer neues »Karman« anzuhäufen, um nicht nur – wie etwa durch die Opfer – vorübergehendes paradiesisches Glück, sondern letztendlich wahre Befreiung, eben »Erlösung«, zu erlangen.

Man begann lebhaft zu spekulieren und zu diskutieren, und zwar nicht nur unter den Brahmanen, sondern jetzt auch unter **philosophierenden Fürsten und Königen.**[122] Viele dieser philosophischen Texte fanden, mehr oder weniger angepaßt, Eingang in die Brāhmaṇas und Āraṇyakas, und es entstanden ganze

Abschnitte »überwiegend philosophischen Inhalts, die immer größeres Ansehen und Bedeutung gewannen, je mehr sich das in seiner Entwicklung rasch fortschreitende philosophische Denken Bahn brach«. Die »bedeutendsten dieser Abschnitte« wurden schließlich – der abgeschlossene Kanon der vedischen Saṃhitās muß zu diesem Zeitpunkt im wesentlichen bereits vorgelegen haben – »aus ihrem ursprünglichen Zusammenhang gelöst«, mitunter recht willkürlich zu »selbständigen Texten« kompiliert und im Laufe der Zeit durch weitere Texte ergänzt[123]: zum **Schlußteil des geoffenbarten Teils der Veden** (*śruti*), den sogenannten **Upaniṣads** – gewissermaßen den »dogmatischen Textbüchern«[124] der einzelnen vedischen Schulen.

Diesen Texten – ihrem geschichtlichen Horizont, ihrer Entstehung und ihrem Denken – müssen wir uns im folgenden Kapitel zuwenden.

III. Das »Ende des Veda«: die Upaniṣads

1. Die »dritte« arische Expansionswelle

Der Übergang von der **frühvedischen** zur **spätvedischen** Zeit, gewissermaßen die »**zweite** Phase« der indoarischen Invasion, wurde, wie wir sahen, markiert durch die **Seßhaftwerdung** der halbnomadischen arischen Stämme, als diese ihre Siedlungsgebiete weiter nach Osten ins Yamunā- und Gaṅgātal auszudehnen begannen – ungefähr zu Beginn des 1. vorchristlichen Jahrtausends. Mit der Seßhaftwerdung traten die **Stämme** (*jana*) als bisher maßgebende politische Organisationsform immer mehr **in den Hintergrund**. Sie vermischten sich zunehmend sowohl untereinander wie auch mit den sukzessive einsickernden einheimischen Clans, und man sprach immer weniger von »Stämmen«, sondern von »Stammes**volk**« (*janatā*) im Sinne von »Bevölkerung«, ja sogar von »Stammes**gebiet**« (*janapada*; *pada*, »Schritt«, »Ort«) – »bis zur Entstehung der späteren Großreiche ... die eigentliche Bezeichnung für ein territorial definiertes Stammesfürstentum und Stammeskönigtum«[1]. Erste **Machtzentren** entstanden: die kulturellen und politischen Metropolen von Kuru und Pañcāla – die Gegend um Delhi, das heutige Uttar Pradesh, und weiter östlich, zwischen Gaṅgā und Himālaya, die Fürstentümer Kośala und Kāśī – die Gegend also um das heutige Benares.

Das Vordringen nach Osten: Städtegründungen und erste Großreiche

Über das weitere Vordringen der Arier nach Osten gibt es wenig zeitgenössische Informationen. Die spätvedische Brāhmaṇa- und Upaniṣad-Literatur ist primär philosophisch-religiöser Natur und hat von daher kaum Interesse an historischen Fakten, und auch die späteren **Epen** und Purāṇas sind wegen ihrer zahlreichen nachträglichen Interpolationen und Projektionen nur begrenzt als verläßliche historische Quellen zu gebrauchen. So schildert etwa das gewaltige Epos »Mahābhārata« in seinen rund 106 000 Versen mit der großen **Schlacht von** Kurukṣetra einen Krieg, der durch Streitigkeiten im oben erwähnten »Land der Kuru« (*kuru-kṣetra*) entstand und in den angeblich sämtliche Stämme des damaligen Indiens verwickelt waren. Der historische Kern dieser Schilderungen ist die Existenz zweier rivalisierender Clans – die **Kauravas** (bzw. »Kurus«) und die **Pāṇḍavas**, wahrscheinlich Vettern, die einen in Hastināpura (57 Meilen nördlich von Delhi), die anderen in Indraprastha (dem Gebiet um Delhi) seßhaft – und deren Streit um die **Vorherrschaft über das westliche Yamunā-Gaṅgātal**. Dieser Streit soll zunächst in einem Würfelspiel ausgetragen worden sein, dessen Verlierer – in diesem Fall die Pāṇḍavas – zunächst für zwölf Jahre ins Exil ziehen mußten. Nach Ablauf dieses Exils kam es dann zur großen 18tägigen Schlacht und zum legendären Sieg der Pāṇḍavas – dank der Hilfe eines gewissen Kṛṣṇa (skr. *kṛṣṇa*, »schwarz«), einem dunkelhäutigen, später vergöttlichten Krieger aus Mathurā, südlich von Delhi …

Daß sich diese Ereignisse wirklich um das 8. Jahrhundert im Gaṅgātal abgespielt haben könnten, dafür sprechen auch neuere archäologische Funde[2]. Interessant ist dabei vor allem zweierlei: Zum einen, daß die Figur des dunkelhäutigen Kṛṣṇa und mit ihm die erfolgreichen Pāṇḍavas auf eine zunehmende **Erstarkung nichtarischer Elemente** in dieser Zeit deuten, und zum anderen – so der weitere Fortgang der Erzählung[3] – daß sich in diesem Epos wohl die Anfänge einer neuen historischen Epoche in der indischen Geschichte widerspiegeln: die **Besiedlung des mittleren und östlichen Gaṅgātales**, die **Gründung erster Städte** und die **Entstehung der ersten territorialen Großreiche**. Genauer Verlauf und vor allem Ursache dieser nach Invasion und Seßhaftwerdung **dritten indoarischen Expansionswelle zwischen 800 und 550 v. Chr.** liegen weitgehend im Dunkel. Erst spätere buddhistische Überlieferungen enthalten verläßliche Informationen über die neuen Siedlungsgebiete. Daß eine offensichtliche »Monarchisierung« der westlichen Stämme und eine zunehmende brahmanische Dominanz die Gründung neuer »freier« Republiken im Osten beschleunigten, ist denkbar. Wahrscheinlich aber waren es auch hier in erster Linie **klimatische Veränderungen**, in deren Folge **Dürrekatastrophen** die Bewohner zum raschen Verlassen der ehemals fruchtbaren Flußniederungen des nördlichen Westens zwangen.[4]

Vereinzelt kam es nun zu ersten Vorstößen der Arier nach Süden – die Gründung des Fürstentums Avanti mit der 700 km (!) südlich von Kurukṣetra gelegenen Hauptstadt Ujjain – und nach Norden in die Täler des Himalāya. In der Hauptsache aber breiteten sich die arischen Stämme wohl nördlich der dichten Taldschungel entlang den Vorgebirgen weiter **nach Osten** aus, in jenes Gebiet, das bisher wegen der starken autochthonen Elemente als »unrein« galt und faktisch gemieden wurde[5]. Hier entstanden die Fürstentümer Puṇḍra, Suhma und Vaṅga – große Teile des heutigen Bengalens –, und entlang der Küste Kaliṅga, das heutge Orissa. Im Gegensatz zum Nordwesten wurden die neuen Siedlungsräume relativ **schnell** und damit wesentlich **dünner besiedelt**. Der nichtarische Bevölkerungsanteil muß erheblich gewesen sein, zumal nach späteren Berichten des BaudhayānaDharmaśāstra die Fürstentümer Avanti, Aṅga, Magadha, Surāṣṭra, Dakṣiṇapatha, Upavṛt, Sindhu und Sauvīra bereits eine **Mischbevölkerung** aufwiesen, d. h., viele der ansässigen Stämme trotz arischer Vormachtstellung ihre ethnische und kulturelle Identität behielten.

Gegen Ende des 7. vorchristlichen Jahrhunderts begannen sich dann einige kleinere, ursprünglich wohl unabhängige Stammeskönigtümer (*janapada*) zu verbünden, und zwar jeweils unter dem Namen eines mächtigen Stammes, zu

16 **territorialen Großstammestümern** (*mahājanapada*)[6], die »bereits manche Strukturmerkmale der späteren, insbesondere der mittelalterlichen, hinduistischen Königreiche aufwiesen: Die Ausübung der königlichen Macht war im wesentlichen auf das eigene Stammesgebiet beschränkt. Die Gefolgschaft der im Inneren autonomen äußeren Fürstenstaaten beschränkte sich auf gemeinsame Kriegs- und Beutezüge und auf Teilnahme an der königlichen Hofhaltung. Feste Grenzen wiesen die Stammesstaaten bestenfalls dort auf, wo natürliche Grenzen wie Flüsse gegeben waren.«[7]

Erste größere Städte und kulturelle Blüte

Ungefähr ab 600 v. Chr. kam es schließlich im **mittleren Gaṅgātal** auch zur Entstehung erster großzügig **befestigter Städte** – zum Teil die Hauptstädte bedeutender »Mahājanapadas«. Sehr früh existierten dort bereits größere öffentliche Bauten und später buddhistische Klosteranlagen, ab dem 4. vorchristlichen Jahrhundert dann die ersten planmäßig angelegten Straßen. Kunsthandwerk und Handel begannen zu florieren, und ab 500 v. Chr. gab es vermutlich die ersten **normierten Münzen**; begehrtes Handelsobjekt war eine neue, hochwertige Keramik, die nun vom zentralen Gaṅgātal auch in weite Teile Nord- und Zentralindiens gelangte.[8] Auch die **Schrift** entstand in dieser Zeit, aber nicht etwa in diesen großen Städten und Metropolen, sondern weitab davon, im äußersten Nordwesten Indiens, als ein frühes Erbe einer bereits hoch entwickelten persischen Kultur.

Soweit die Geschichte. Je weiter die Arier also nach Osten vordrangen, desto mehr änderte sich ihr soziales, politisches und kulturelles Profil: Aus den einst **homogenen, militärisch geführten** arischen **Clans** wurde eine **sozial ausdifferenzierte Gesellschaft verschiedenster Stämme und Kulturen**. Aus den kriegerischen **halbnomadischen** losen **Stammesverbänden** wurden mächtige **territoriale Großreiche** mit politischen und kulturellen Zentren. Von diesen kulturellen Zentren gingen wohl auch die maßgeblichen Impulse aus zu einer kritischen Auseinandersetzung mit den Spekulationen der spätvedischen Brāhmaṇa-Zeit, vor allem der Frage nach dem Selbst des Menschen, seinem Schicksal nach dem Tode und seiner Erlösung aus dem Kreislauf von Geburt, Tod und Wiederverkörperung. Und dies nicht mehr nur unter den Brahmanen, sondern auch und besonders unter philosophierenden Königen, Fürsten und Kriegern, ja selbst unter Kaufleuten, bis hin zum einfachen Volk. Diskussionen, die, wie wir hörten, mit der Zeit Eingang in die Brāhmaṇas fanden und die dann zusammengefaßt und schließlich als selbständige Texte, die sogenannten »Upaniṣads«, überliefert wurden.

2. Eine erste Annäherung: Was sind die »Upaniṣads«?

»Upa-ni-ṣad« heißt, wörtlich übersetzt, »sich nahe bei (*upa*) [jemandem oder etwas] nieder (*ni*) setzen (*ṣad*)« – nämlich als Schüler zu Füßen eines Lehrers zum Zeichen der Verehrung und mit dem Ziel, in eine in der Regel geheime Lehre eingeführt zu werden. Was zunächst nur den Akt einer vertraulichen Belehrung bezeichnete – von den verschiedenen in der Literatur diskutierten Übersetzungsmöglichkeiten[9] scheint diese wohl die plausibelste zu sein –, wurde bald zum Begriff für die vermittelte Lehre an sich, zur Selbstbezeichnung einer ganzen Gruppe von heiligen Texten, den sogenannten »Upaniṣads«.

Die Texte

Die ältesten uns heute bekannten schriftlich überlieferten Texte sind relativ »jung«: Sie stammen aus dem Jahre 1657, und es handelt sich dabei um eine von Dārā Shikoh, Sohn des Akbar-Enkels Shājahān, mit Hilfe von Hindugelehrten verfaßte neupersische Übersetzung von fünfzig Upaniṣads mit dem Titel »Oupnekʿhat« (= *upaniṣad*). Diese wurden ihrerseits 1801/02 vom Orientalisten und ersten Avesta-Forscher **Abraham H. Anquetil-Duperron**[10] ins Lateinische übersetzt, dadurch im Westen bekannt und dort bald zu den berühmtesten indischen Texten überhaupt.

Insgesamt kennen wir heute nahezu **250**(!) **Texte**, die entweder als Upaniṣads bezeichnet werden oder sich selbst so nennen[11] – darunter auch Kuriositäten wie die sogenannte »Allopaniṣad« (eine »Geheimlehre über Allah«) aus der Zeit Akbars, und die »Christopaniṣad« aus der Blütezeit des indischen Christentums. Allerdings wird nur ein kleiner früher Teil dieser Texte von den großen klassischen und mittelalterlichen Theologen und Philosophen Indiens dem **vedischen Offenbarungsgut** (*śruti*, das »Gehörte«, im Gegensatz zu dem als *smṛti*, »Erinnerung«, bezeichneten späteren »traditionellen« religiösen Schriftgut) zugerechnet. Diese »vedischen« oder auch »**frühen**« Upaniṣads lassen sich nach Inhalt, Stil und Entstehungszeit in **drei Gruppen** einteilen (jeweils aufgelistet in der vermuteten Reihenfolge ihrer Entstehung):

- jene zwischen dem **8. und 6. Jahrhundert v. Chr.** (also in vorbuddhistischer Zeit) entstandenen **Prosatexte**, zum Großteil die philosophische Grundlage der »späteren« Upaniṣads: die Bṛhadāraṇyaka-, Chāndogya-, Taittirīya-, Aitareya-, Kauṣītaki- und Prosateile der KenaUpaniṣad;
- die zwischen dem **6. und 5. Jahrhundert v. Chr.** entstandenen, in **Versform** komponierten und stark von den neu entstehenden philosophischen Schulen beeinflußten Texte: die Kaṭha-, Īśa-, Śvetāśvatara-, Muṇḍaka-, Mahānārāyaṇa- und die metrischen Teile der KenaUpaniṣad;
- und schließlich jene im **späten 5. und frühen 4. vorchristlichen Jahrhundert**

(womöglich auch später) entstandenen, im Gegensatz zum vedischen Sanskrit der früheren Upaniṣads meist in klassischem Sanskrit verfaßten **Prosatexte**: die Praśna-, Maitri- (Maitrāyaṇīya), Jābāla-, Paiṅgala- und die MāṇḍūkyaUpaniṣad.

Wie schon die Brāhmaṇas werden auch diese Upaniṣads – zumindest formal, wohl aber inhaltlich nicht immer eindeutig – je einer der vedischen Saṃhitās zugeordnet:
- dem Ṛgveda die Aitareya- und KauṣītakīUpaniṣad;
- dem schwarzen Yajurveda die Taittirīya-, Kaṭha-, Svetāśvatara- und Maitri-Upaniṣad;
- dem weißen Yajurveda die Bṛhadāranyaka-, Iśa- und PaingalaUpaniṣad;
- dem Sāmaveda die Chāndogya- und KenaUpaniṣad;
- und schließlich dem Atharvaveda die Muṇḍaka-, Praśna-, Jābāla- und MāṇḍūkyaUpaniṣad.

Sie bilden gewissermaßen den **Abschluß** der verschiedenen vedischen Schulen – man nennt sie deshalb auch Vedānta[12], das »**Ende des Veda**« – und sie sind die Vorlage für jene über 200 weiteren Texte, die je nach Entstehungszeit als »mittlere« und »späte« Upaniṣads bezeichnet werden. Die Mehrzahl dieser Texte entstand in den verschiedenen späteren philosophischen Schulen – vor allem im Sāṃkhya, Yoga und im klassischen Vedānta – und in den nach und nach entstehenden großen theistischen Traditionen Śivaismus und Viṣṇuismus. Uns soll es im folgenden aber um jene **frühen** Upaniṣads gehen, um ihr immer neues Ringen um die ersten-letzten Fragen ihrer Zeit und um ihren Durchbruch schließlich zu jenen kühnen Gedanken, die – so einer ihrer großen abendländischen Bewunderer – »zum Bedeutendsten und Großartigsten (gehören), was indische Philosophie und menschliches Denken überhaupt geschaffen hat«[13].

Die Upaniṣads – unterschiedlich beurteilt

Inwieweit Erich Frauwallners enthusiastische Beurteilung der Upaniṣads angemessen ist, sei dahingestellt. Doch allein das Spektrum der in ihnen diskutierten, meditierten und spekulativ durchdrungenen Fragen ist faszinierend – wie auch immer man die bisweilen nur schwer zu harmonisierenden, ja mitunter widersprüchlichen Antworten beurteilen mag, die den mehr als hundert teils bekannten, teils anonymen, teils mythischen Autoren zugeschrieben werden.[14] Und blickt man auf die rund 200jährige Wirkungs- und Rezeptionsgeschichte der Upaniṣads im Westen zurück, dann zeigt sich, wie unterschiedlich eine solche Beurteilung ausfallen kann:[15]

Sind für **Arthur Schopenhauer** die Upaniṣads noch »Trost seines Lebens und Sterbens«[16], so bezeichnet **Otto Böhtlingk** diese Einschätzung lapidar als eine »an's Lächerliche grenzende Überschätzung«[17]. Für **Paul Deussen** sind die Upaniṣads höchste Philosophie, in der er »dort, wo manche nur ein Durcheinanderfluten widerspruchsvoller Konzeptionen erblickten, Ordnung, Zusammenhang und, wenn nicht ein einheitliches System, so doch eine einheitliche historische Entwicklung zu erkennen« vermag.[18] Für andere sind die Upaniṣads dagegen lediglich mit jenen »a-philosophischen systemlosen, sich teilweise untereinander widersprechenden primitiv-magischen Einzelvorstellungen« gleichzusetzen, »wie wir sie heute noch bei primitiven Naturvölkern beobachten können«, bestenfalls böten sie eine »mehr oder minder irrationale, hochentwickelte Mystik«[19]. Ähnlich urteilt **Hermann Oldenberg**, der den Upaniṣads zwar gegenüber den mystischen Opferspekulationen der Brahmanen einen relativen Niveauunterschied zuerkennt, ihren Autoren aber kaum »zielbewußte Gedankenarbeit«[20] zutraut, sondern ihre Stärke lediglich in ihrer »instinktiven inneren Gewißheit« sieht, »die im Hintergrund steht, mächtig aber dumpf, zu Tiefem und Flachstem gleich bereitwillig Ja sagend«[21]. Ja »eine planvolle Vereinigung der einzelnen, meist kurzen Abschnitte, der prosaischen und poetischen Partien zu einem Ganzen« liege »ausserhalb des Wollens und Könnens der Verfasser«. Alles sei »durcheinander gehäuft, voll von Wiederholungen, von Widersprüchen, von äussersten Ungleichmässigkeiten«, sei »eine grandiose und wirre Phantasie«, bei der bald »die höchsten Abstraktionen ins Allerkleinste und Platteste, in leeres Wortgeklingel«[22] umschlagen. Kurz, »ein eigenartiges Gemisch von Kunstlosigkeit und Kunst, hilflosem Gestammel und Inspiration des Genius«[23] – doch, so fügt Oldenberg an anderer Stelle relativierend hinzu, »die Upanishaden wären nicht indisch, wären sie solchem Verfallen ins Läppische entgangen«[24]!

Wie immer man diese Urteile über den philosophisch-religiösen Gehalt der Upaniṣads im einzelnen bewerten mag, eines scheint ihnen jedenfalls gemeinsam: die Einsicht, daß es sich bei den Upaniṣads um ein Korpus sehr unterschiedlicher Texte handelt. Und in der Tat: Ganz abgesehen von ihren **vielfältigen literarischen Stilen** – bei den einen handelt es sich um Dialoge, bei anderen um Monologe, manche verwenden Gleichnisse, Parabeln und Rätsel, andere sind hochspekulative Diskurse, manche sind in Prosa, manche in Versform verfaßt –, bieten die einzelnen Upaniṣads **sehr verschiedene Aussagen und »Lehren«** mit **sehr unterschiedlichen Argumentationen und Beweisführungen**: Manche dieser Texte bieten durchweg kohärente Argumentationen, veranschaulicht durch Analogien und gestützt auf rudimentäre Experimente, andere Texte berufen sich dagegen fast ausschließlich auf mystische Erkenntnisse. Selbst Texte wie etwa die beiden ältesten, für die sogenannte Brahman-Ātman-Lehre zentralen Upaniṣads, die Chāndogya- und die BṛhadāraṇyakaUpaniṣad, sind, wie Paul Thieme betont, »in sich selbst keineswegs einheitlich«, sondern sie setzen sich vielmehr »aus nachträglich in einen gemeinsamen Rahmen gespannten, verschiedenartigen Lehrstücken zusammen ..., von denen jedes einzelne für sich genommen und verstanden werden muß«[25].

Probleme der Upaniṣad-Betrachtung

Geprägt von den großen mittelalterlichen Schulen des Vedānta, die allesamt die Upaniṣads als ein großes, vor allem systematisches Ganzes sahen, und von denen jede dieses »Ganze« nach ihren eigenen Grundbegriffen auslegte, gab es in der Forschung aber immer wieder Versuche, so etwas wie eine »**Grundlehre**« oder ein zusammenhängendes »**System von Lehren**« in den Upaniṣads zu finden. Ersteres gilt für die meisten westlichen »Klassiker« der indischen Philosophie- und Literaturgeschichte, angefangen bei Paul Deussen[26] über Moriz Winternitz[27] bis hin zu Helmuth von Glasenapp[28], um nur die wichtigsten zu nennen, letzteres besonders für Walter Ruben[29] und Erich Frauwallner. Dessen vielzitierte und gleichermaßen beeindruckende wie umstrittene Konzeption[30] soll kurz in einigen wenigen groben Linien skizziert werden:

Nach **Frauwallners** systematischer Analyse sind die Fragen, die den Ausgangspunkt jenes »neuen Denkens« bilden, das mit den Upaniṣads seinen Anfang nimmt, »die Fragen nach Leben und Tod, nach dem Träger des Lebens und nach dem Schicksal nach dem Tode« und verschiedene Versuche, »die Vorgänge im Schlafe zu deuten.«[31] Die **Kernfrage** der Upaniṣads sei allerdings die **Frage nach dem Träger allen Lebens**, und der wurde zunächst im **Wasser**, dann im **Atem** und schließlich im **Feuer** gesehen, entsprechend ließen sich in den Upaniṣads **drei verschiedene »Lehren«** rekonstruieren:

- Die **Lehre vom Kreislauf des Wassers**: Sie ist in dieser Form wohl am schwierigsten in den Upaniṣads zu erkennen und geht aus von der lebenspendenden Kraft des Wassers: Vom Mond fällt es auf die Erde, dort bringt es Nahrung hervor, als solche wird es vom Menschen aufgenommen, und steigt schließlich – womit sich der Kreislauf schließt – nach dessen Tod bei der Verbrennung als Feuchtigkeit (mit der Seele) wieder zum Mond auf, wo sich für den Verstorbenen die Möglichkeit der Erlösung bietet.
- Die **Atemlehre**: Sie geht aus von der simplen Grundbeobachtung, daß der Mensch nur lebt, solange er atmet. In einer Reihe von Erzählungen wird die besondere Bedeutung und die Vorrangstellung des Atems vor allen anderen Lebenskräften aufgezeigt. Diese physiologischen mikrokosmischen Erkenntnisse werden schließlich auf den Makrokosmos übertragen, und zwar in der These, daß alle Naturkräfte – zeitweilig oder letztendlich – in den Wind eingehen und von ihm abhängig sind: das Feuer, das erlischt, die Sonne, die untergeht, der Mond der ebenfalls versinkt, und die Wasser, die vertrocknen.
- Die **Feuerlehre**: Auch sie geht zunächst aus von einer ganz alltäglichen Beobachtung: Solange der Körper lebt, ist er warm, stirbt er, dann wird er kalt.

Und dieses Feuer, das im Menschen wohnt, gelangt von der Sonne über bunte »Strahlen« zum Menschen und wird dort von ebenfalls bunten, feinen »Adern«, die dem Herzen entspringen, aufgenommen, bis es schließlich nach dem Tod über diese Adern wieder zur Sonne zurückkehrt. Dort bietet sich dem, der das erlösende Wissen besitzt, die Möglichkeit, von der Qual des ständigen Wiedertodes und der ständigen Wiedergeburt befreit zu werden. Entscheidend für die weitere Entwicklung ist die Überwindung dieser allzu begrenzten naturhaft-materialistischen, mythologischen Vorstellungen: statt von einem »Feuer« aus der Lichtwelt des Jenseits spricht man immer mehr von einem geistigen Prinzip, von einer erkenntnisfähigen, unsterblichen »Lichtseele«, und die an sich selbständigen Lebenskräfte beschreibt man als deren »Organe«, die durch sie zu Bewußtsein und Wirksamkeit gelangen. Im Schlaf zieht sich die Lichtseele dann nach und nach aus diesen Organen zurück: entweder in den »Raum« des Herzens, dem mikrokosmischen Äquivalent zum Weltraum, wo sie umherstreifen und allerlei erleben kann – das Stadium des Traumschlafs –, oder aber in jene feinen »Adern« des Herzens, die Verbindungslinien zum Jenseits – der traumlose Tiefschlaf, wo der Mensch vorübergehend sein Bewußtsein verliert. Nach dem Tod verläßt diese geistige Seele dann den Körper, um entsprechend den Taten, die an einem die Seele umgebenden feinstofflichen Organismus »haften«, im Kreislauf von Tod und Geburt wiedergeboren zu werden. Der Übergang zur Ātman-Brahman-Lehre (nach Frauwallner die endgültige Form der Feuerlehre) geschieht dadurch, daß an die Stelle des jenseitigen Feuers schließlich Brahman, der alles durchwaltende Weltengeist tritt, als dessen Teil die Seele erkannt und verstanden wird.

Wie gesagt, auch Frauwallners Versuch einer systematischen Darstellung der Entwicklung der upaniṣadischen Lehren, so beeindruckend (und überaus spannend zu lesen) sie ist, war und ist umstritten. Zwar ist Frauwallner der erste, der darauf hingewiesen hat, »daß in den Upaniṣaden durchaus verschiedene philosophische Entwicklungsstufen und Lehren aufzuzeigen sind«, doch ist auch er, so die Kritik etwa von Erhard Hanefeld, »gerade bei dem entscheidensten Punkt auf der Stufe seiner Vorgänger stehengeblieben«. Versucht man nämlich, »sein systematisches Bild der Ātman-Brahman-Lehre an den angegebenen Texten zu verifizieren, wird man sehr bald feststellen, daß zwar durchaus die einzelnen Elemente dort auftauchen, daß aber der systematische Zusammenhang ein durch die Kenntnis des vedāntischen Systems mitbedingtes Artefakt ist«[32].

So ist es bis heute nicht gelungen, eine überzeugende Gesamtschau der frühen Upaniṣads und ihrer Lehren zu entwickeln. Zu lückenhaft ist die Kenntnis der einzelnen Texte, zu unvollständig das Wissen um ihre jeweilige Entstehungsgeschichte und ihren Gesamtzusammenhang, ganz abgesehen davon, daß auch diese Texte nur in späteren redaktionell überarbeiteten Formen erhalten sind und in ihrer ursprünglichen Form wohl auch nie schriftlich existiert haben! Was wir heute davon kennen, ist wohl nur ein fragmentarischer Abglanz jenes ursprünglichen Denkens, wobei »in ein paar günstig gelagerten Fällen wenigstens eine Ahnung des in der geistesgeschichtlichen Spitze der damaligen Zeit einmal vorhanden Gewesenen gewonnen werden kann«[33].

Jedenfalls bieten die Upaniṣads (zumindest das, was wir heute davon kennen) **weder ein einheitliches philosophisches System** – das entwickelten wohl erst spätere Vedānta-Gelehrte wie Śaṅkara, Rāmānuja oder Madhva – noch beinhalten sie – was leider in vielen religionsgeschichtlichen Abhandlungen immer noch mit ermüdender Eintönigkeit ständig wiederholt wird – so etwas wie **eine allen gemeinsame Grundlehre**, der gegenüber alle anderen Lehren womöglich nur Entfaltungen oder Explikationen wären (häufig wird die sogenannte »All-Einheits-Lehre« als solche ausgegeben)! Ja, es ist wohl dem indischen Philosophen (und späteren Staatspräsidenten) Sarvepalli Radhakrishnan beizupflichten, wenn er nüchtern feststellt: »Die Anspielungen der Upaniṣads auf die Wahrheit sind so zahlreich, die Mutmaßungen über Gott sind so unterschiedlich, daß fast jeder in ihnen suchen kann, was er sich wünscht, und auch finden mag, was er sucht«[34], ein »Gefäß verschiedener geistiger Strömungen«, so ein anderer großer Kenner indischen Denkens, ein »Schmelztiegel, in dem alle späteren philosophischen Ideen sich noch im Stadium der Fusion« befinden[35]. In der Tat, ein »Schmelztiegel«, in dem aber – so möchte ich mit Paul Thieme hinzufügen – unter all den Verschiedenheiten immer wieder »etwas Gemeinsames« hindurchschimmert: das in allen Texten zu Wort kommende »Streben, hinter der bunten Vielfalt der Erscheinungsformen die Einheit ihres Wesens zu fassen und damit zugleich eine Antwort auf die Fragen nach der Entstehung der Welt und dem Sinn von Leben und Sterben zu erhalten«[36].

Im folgenden soll deshalb auch keine geschlossen-systematische Darstellung der Upaniṣads geboten werden; dies wäre aus den genannten Gründen weder angemessen noch sinnvoll und im übrigen, wie die bisherigen Versuche in dieser Richtung zeigen, wegen der Fülle allzu verschiedenartiger Texte auch nur schwer machbar. Wohl aber soll eine **Hinführung** zu ihren wichtigsten Themen versucht werden: vom allgemeinen **Weltbild** über die **Anthropologie**, Fragen nach dem **Selbst des Menschen**, nach dem **Urgrund des Universums**, bis hin zu den upaniṣadischen **Erlösungsvorstellungen**. Anhand ausgewählter Texte soll gezeigt werden, inwiefern man alte Vorstellungen beibehielt, weiterentwickelte, aber auch durch Neues ergänzte und so die geistigen Grundlagen schuf für jenes weite Spektrum an Theorien und Lehrsystemen, welches das religiöse Leben Indiens bis heute auszeichnet.

3. Das Weltbild der Upaniṣads

Insgesamt finden sich in den Upaniṣads wenig und vor allem wenig zusammenhängende Aussagen über die Vorstellungen jener Zeit von der Welt (d. h. der Erde und der sie ein- und umschließenden Regionen) und ihrer Stellung im Universum.[37] Wie schon die Veden gehen auch die frühen Upaniṣads zunächst ganz allgemein von **drei Weltenräumen** aus – von der Erde, dem darüberliegenden Luftraum und dem alles überspannenden Himmel –, denen wiederum die Götter Agni, Vāyu und die Ādityas als deren Regenten entsprechen.[38] Ihnen werden in späteren Texten noch eine Vielzahl von höheren Welten bzw. Unterwelten zugeordnet, wobei sich unterhalb und oberhalb der Weltenräume – also um die ganze Erde herum – die **Urwasser** befinden.

Einzelne Texte überliefern entweder die Vorstellung von der Erde und dem Himmel als den beiden Hälften des »**Welteneis**«[39] oder sie sprechen vom Weltganzen wie von einem Ei, dessen verschiedene Bestandteile konzentrisch aneinander gelagert sind: in der Mitte die bewohnte Welt, dann, um diese herum, die Erde, und um diese herum schließlich das Meer, wobei sich zwischen dem Meer und der Erde ein Spalt befindet von der Breite der »Schneide eines Schermessers oder wie der Flügel einer Fliege«, durch den die Darbringer des Roßopfers in die ewige Seligkeit gelangen.[40]

Auch die Zahl der **Himmelsgegenden** wird in den Upaniṣads verschieden angegeben – von den klassischen vier über fünf und sechs bis hin zu acht Himmelsgegenden –, und auch die astronomischen Vorstellungen sind sehr verschieden und insgesamt nur wenig entwickelt: **Sonne** und **Mond** sind im allgemeinen die Stationen der Seelen der Verstorbenen auf ihrer Reise ins Jenseits. In der Sonne, welche die Gestalt einer Scheibe (*maṇḍala*) hat, wohnt der Sonnenmann Puruṣa, der über die Sonnenstrahlen – wir werden noch an anderer Stelle darauf zu sprechen kommen – mit dem ebenfalls Puruṣa genannten »Seelenmännchen« im menschlichen Auge in Verbindung steht. Der Mond schließlich wird wie im Ṛgveda (X,85,5) entweder als Somabecher der Götter betrachtet, der je nach Mondphase von ihnen ausgetrunken bzw. wieder neu gefüllt ist[41], oder man führt sein Zu- und Abnehmen auf die schwankende Zahl der Seelen der Verstorbenen zurück, die in ihrem Kreislauf von Tod und Wiederverkörperung eine Zeitlang auf dem Mond verweilen.[42]

Ebenfalls sehr alt ist die Vorstellung, daß **alles Existierende aus drei Elementen** zusammengesetzt ist (aus einzelnen dieser Elemente oder aus einer Verbindung von ihnen) bzw. sich alles auf diese drei Elemente zurückführen läßt: auf die **Glut** (das »Rote« daran), auf das **Wasser** (das »Weiße« daran) und auf die **Nahrung** (das »Schwarze« daran).[43] Entstanden sind diese drei Elemente am Anfang der Zeit, als es nur das Sein gab, ohne ein Zweites:

> »Dies stellte die Betrachtung an: Ich möchte Vieles sein, mich fortpflanzen. Es brachte die Glut hervor ... diese brachte das Wasser hervor ... und dieses brachte die Nahrung hervor.«[44]

So besteht auch der Mensch aus Nahrung, Wasser und Glut, und zwar in drei verschiedenen »Zuständen«:
– dem Festen (daraus entstehen Kot, Harn und Knochen),
– dem Mittleren (daraus entstehen Fleisch, Blut und Mark)
– und dem Feinen (daraus entstehen schließlich das Denken, der Atem und die Rede).[45]

Damit kommen wir zu einem weiteren großen Themenkomplex der frühen Upaniṣads, auf den wegen der Vielzahl der hier anklingenden Vorstellungen und Motive gesondert und differenziert eingegangen werden muß.

4. Spekulationen über die wesentlichen Konstituenten des Menschen

Was macht den Mensch zum Menschen? Oder, genauer: Was ist das Wesentliche am Menschen, ohne das er aufhört Mensch zu sein, ja überhaupt zu existieren? Diese Frage wird – mehr oder weniger direkt – in den Upaniṣads in ganz verschiedenen Zusammenhängen aufgeworfen und auch je verschieden beantwortet.[46]

In einigen wenigen Texten wird **Manas**, das **Vorstellungs- und Denkvermögen**, wenn auch nicht als der Wesenskern, so doch – zumindest aus erkenntnistheoretischer Sicht – als ein **zentrales Element des Menschen** angesehen. Warum? Weil man zu der Einsicht gelangte, daß die bloße Anwesenheit von Dingen noch kein Erkennen hervorbringe; vielmehr müsse es so etwas wie ein **Bewußtseinszentrum** geben – gewissermaßen das psychomentale Zentrum des Menschen –, das alle Dinge wahrnimmt und durch das die Sinneseindrücke zu Erkenntnissen werden.[47] Dennoch: *manas* ist zwar etwas sehr Wesentliches für den Menschen, aber eben **nicht das Wesentliche des Menschen.** Dafür kommen in den Upaniṣads **zwei ganz andere Begriffe** in Frage: **Prāṇa**, der Atem, und der von den kosmologischen Spekulationen früherer Zeiten her bekannte, aber jetzt in den Upaniṣads eine viel weitere Bedeutung erreichende Begriff **Puruṣa**.

Prāṇa: der Streit um die Rangordnung der Lebenskräfte

Der Mensch lebt nur, solange er atmet. Diese alltägliche Beobachtung liegt wohl der Vorstellung zugrunde, daß es sich beim **Atem** (*prāṇa*, auch »Wind«,

»Hauch«) – an manchen Stellen wird auch zwischen dem Aushauch (*prāṇa*), dem Einhauch (*apāna*), dem Aufhauch (*udāna*), dem Durchhauch (*vyāna*) und dem Zusammenhauch (*samāna*) unterschieden[48] – um eine der zentralen Lebenskräfte, ja um die **Zentralkraft** des Menschen schlechthin handelt. Daß man dieser Meinung war, zeigen neben der zentralen Stellung des Begriffes *prāṇa* in vielen Upaniṣad-Texten vor allem die Versuche, in einer Reihe von Erzählungen, die Vorrangstellung des Atems vor den übrigen Lebenskräften – dem Denken, dem Hören, dem Sehen etc. – aufzuweisen.

Die bekannteste unter ihnen ist die **»Legende vom Rangstreit der Lebenskräfte«**[49]: Hier streiten die verschiedenen Lebenskräfte um den Vorrang im Körper und beschließen, um den Streit zu entscheiden, abwechselnd den Körper zu verlassen, damit sich zeige, wer von ihnen am wichtigsten, nämlich lebenserhaltend sei. So verlassen die **Rede**, das **Auge**, das **Gehör**, das **Denken** und der **Same** je für ein Jahr den Körper, der dann zwar entsprechend eingeschränkt ist – indem er eben jeweils für ein Jahr nicht reden, nicht sehen, nicht hören, nicht denken und nicht zeugen kann –, der aber dennoch weiterlebt. Als schließlich dann der **Atem** den Körper verlassen will, zeigt sich, daß auch die übrigen Lebenskräfte ohne ihn nicht leben können (mit ihm »mitgerissen« werden) und daß deshalb ihm der Vorrang unter den Lebenskräften gebühre. Zum Zeichen dafür geben diese schließlich dem Atem Anteil an ihrem Wesen und nehmen deshalb die Bezeichnung **»Atemkräfte«** (*prāṇāḥ*) an.[50]

Eine andere Gruppe von Erzählungen geht von der Beobachtung aus, daß **im Schlaf** offensichtlich **alle Lebensvorgänge bis auf den Atem eingestellt** werden. Der Schlaf wird gewissermaßen als eine **Vorstufe des Todes** betrachtet, und man folgert daraus, daß der Tod alle Lebenskräfte gefangennehmen kann – bis auf den Atem: Ihm vermag er nichts anzuhaben, nur er kann die Lebenskräfte vor dem Tod bewahren. Deshalb erkennen die Lebenskräfte die Überlegenheit des Atems an, nehmen, um sich vor dem Tod zu schützen, seine Natur an und heißen deshalb auch Atemkräfte.[51] In einer Variante dieses Motivs[52] wird das vorübergehende **Erlöschen der Lebenskräfte** im Schlaf als **Eingehen in den Atem** gedeutet: »Wenn einer schläft, so ist es der Atem, in den die Rede … das Auge … das Ohr … das Denkvermögen eingeht.«[53] Interessant ist dabei, daß in beiden Fällen dieser mikrokosmische Sachverhalt auch auf den Makrokosmos übertragen wird: Wie im **Körper** die Lebenskräfte ihre Funktionsfähigkeit dem **Atem** verdanken oder, wie es auch im Text heißt, der Atem die Lebenskräfte »an sich reißt«, ist es im **Makrokosmos** der **Wind**, das »Gesetz der Götter«, von dem alle übrigen Naturkräfte (im Text »Gottheiten« genannt) abstammen, mit dem sie erstehen und mit dem sie niedergehen.

Insgesamt wird also der Begriff *prāṇa* in den Upaniṣads in mindestens drei Bedeutungen gebraucht: in seiner Grundbedeutung, im Sinne von **Atem**, dann, im übertragenen Sinn, als **Bezeichnung für jeden einzelnen der Sinne und je-**

des einzelne der Lebensvermögen, und schließlich zur Bezeichnung der wichtigsten aller Lebenskräfte, der **Zentralkraft im Menschen**, gewissermaßen als Symbol für das geistig-vitale Zentrum des Menschen.

Dennoch: Im Gegensatz zu anderen Kulturen[54], konnte sich in Indien *prāṇa* als Begriff zur Bezeichnung der menschlichen Seele oder der Personenmitte auf Dauer offensichtlich nicht durchsetzen, auch wenn er in den Upaniṣads eine sehr wichtige Rolle spielt und vereinzelt synonym mit dem noch zu behandelnden Begriff »Ātman« verwendet wird. Erich Frauwallner, der, wie bereits gezeigt, an diesem Begriff eine der drei für ihn in den Upaniṣads nachweisbaren zentralen Lehren, die sogenannte »Atemlehre«, festmacht, vermutet dazu: »Offenbar erweist sich der Atem doch nicht als geeignet, um weiterreichende Vorstellungen an ihn zu knüpfen. Vor allem, daß er nicht zum Träger der entscheidenden Erkenntnisvorgänge gemacht werden konnte, scheint einer Weiterbildung der Atemlehre hinderlich gewesen zu sein.« Und so ist es für Frauwallner denn auch bezeichnend, »daß sich mit der Atemlehre keine eschatologischen Vorstellungen verbinden«[55]. Dafür schien ein anderer Begriff eher geeignet zu sein, ein Begriff, der uns bereits im Kontext frühvedischer Kosmologien begegnete:

Puruṣa: der »Mensch im Mensch«

Puruṣa – wir hörten es bereits im Zusammenhang der Darlegungen zum ṛgvedischen Mythos jenes vorzeitlichen Urwesens Puruṣa, aus dem der gesamte Kosmos hervorgegangen sein soll –, *puruṣa* heißt zunächst nichts anders als »**Mann**« oder »**Mensch**«. Nun aber, in den anthropologisch-eschatologischen Spekulationen der Upaniṣads, wird mit diesem Begriff nicht nur der Mensch als solcher, sondern auch **das »Wesentliche«** an ihm, sein **geistiges Selbst**, bezeichnet.

Ausgangspunkt dafür war, wie so oft im indischen Denken, eine simple alltägliche Beobachtung: die **Spiegelung des Menschen** – ganz allgemein im Wasser und besonders **in der Pupille** des Gegenübers. Und diesen Puruṣa, dieses **»Männchen« im Auge** – häufig ist auch von zweien die Rede: von Indra im rechten und von seiner Frau Indrāṇī im linken Auge –, hielt man seit den Brāhmaṇas für das **menschenähnliche Abbild der Seele**. In der Parallelisierung von Mensch und Kosmos übertrug man diese Vorstellung auf die Natur außerhalb des Menschen[56] und man glaubte, daß sich in allen Dingen der Natur ein solches kleines **»Seelenmännchen«** befindet, das, wie etwa im Falle des »goldenen Mannes« in der Sonne, mitunter auch direkt wahrgenommen werden kann. Diese Vorstellung vom daumengroßen »Männchen im Menschen« bildete nun den Ausgangspunkt sehr bedeutender philosophischer Reflexionen, bei denen das Seelenmännchen zum Symbol für das Eigentliche, das Wesentliche im Menschen wurde, und dieses Symbol wurde selbst dann noch beibehalten, »als man nicht mehr über ein Männchen im Menschen spekulierte«, weil man nicht nur die »Wirklichkeit von einer Spiegelung unterscheiden« gelernt, sondern auch »die geistige Natur des menschlichen Selbst sehr deutlich erkannt hatte«[57]. Ein für die Purușa-Spekulationen zentraler Text ist BĀU 2,3:

»1. Fürwahr, es gibt **zwei Formen des Brahman**, nämlich das **Gestaltete** und das **Ungestaltete**, das **Sterbliche** und das **Unsterbliche**, das **Stehende** [unbewegliche] und das **Gehende** [bewegliche], das **Seiende** und das **Jenseitige**.

2. Dies ist das **Gestaltete**, was **vom Winde und vom Luftraume verschieden** ist [Erde, Wasser, Feuer]; dieses ist das **Sterbliche**, dieses das **Stehende**, dieses das **Seiende**; von diesem Gestalteten, diesem Sterblichen, diesem Stehenden, diesem Seienden ist **jener die Essenz, der dort glüht** [die Sonne]; denn er ist die Essenz des Seienden.

3. Hingegen das **Ungestaltete** ist der **Wind und der Luftraum**; dieses ist das **Unsterbliche**, dieses das **Gehende**, dieses das **Jenseitige**; von diesem Ungestalteten, von diesem Unsterblichen, von diesem Gehenden, von diesem Jenseitigen ist die **Essenz der Purusha** (Mann, Geist), der dort **in jener [Sonnen-]Scheibe** ist; denn er ist die Essenz des Jenseitigen. – Soviel in bezug auf die Gottheit.

4. In bezug auf das **Selbst**: – Dieses ist das **Gestaltete**, was **vom Odem** (*prāṇa*) und **von dem Raume im inneren des Leibes** (*ātman*) **verschieden** ist [Erde, Wasser und Feuer als Stoffe des Leibes]; dieses ist das **Sterbliche**, dieses das **Stehende**, dieses das **Seiende**; von diesem Gestalteten, diesem Sterblichen, diesem Stehenden, diesem Seienden ist jenes die **Essenz**, was **das Auge** ist; denn es ist die Essenz des Seienden.

5. Hingegen das **Ungestaltete** ist der **Odem und der Raum im Innern des Leibes**; dieses ist das **Unsterbliche**, dieses das **Gehende**, dieses das **Jenseitige**; von diesem Ungestalteten, diesem Unsterblichen, diesem Gehenden, diesem Jenseitigen ist die **Essenz jener Purusha**, der hier **in dem rechten Auge** ist; denn er ist die Essenz des Jenseitigen.

6. Und die Gestalt dieses Purusha ist wie ein [gelbes] Safrangewand, wie ein weißes Schaffell, wie ein [roter] Indragopa-Käfer, wie Feuers Flamme, wie eine [weiße] Lotosblüte, **wie wenn es plötzlich blitzet**. – Fürwahr, wie wenn es plötzlich blitzet, so wird dem Glück zuteil, der solches weiß. – Aber die Bezeichnung für ihn [den Purusha] ist: ›**es ist nicht so! es ist nicht so**‹

> (*neti, neti*); denn nicht gibt es außer dieser [Bezeichnung], daß es nicht so ist, eine andre … Sein Name aber ist: ›**die Realität der Realität**‹, nämlich die Lebensgeister sind die Realität, und er ist ihre Realität.«[58]

Aufschlußreich an diesem Text ist der Übergang von mythologischen Bildern und Denkfiguren zu abstrakt-philosophischen Vorstellungen. Spätere abstrakte Begriffe wie *ātman* und *brahman* werden hier noch in ganz konkreter Bedeutung verwendet: »Brahman« meint hier noch das ganze Universum, und »Ātman« meint das ganze menschliche, körperlich-geistige »Selbst«. Beides, Mensch wie Universum, gibt es in zwei Formen: als Irdisches, Sterbliches, Gestaltetes und als Gestaltloses, Unsterbliches, Transzendentes. Und beide Formen haben ihre je eigene Essenz, ihr eigenes **Wesen**: Die Essenz des gestalteten Aspekts des Universums ist die **Sonne**, die des gestalteten Aspekts des Menschen ist das **Auge**; die Essenz des Ungestalteten Aspekts beider ist der **Seelenmann »Puruṣa«**: der »Puruṣa« in der Sonne und der »Puruṣa« im rechten Auge des Menschen. Und daß diese Essenz des »Jenseitigen« im Menschen, der »Puruṣa« im rechten Auge, sein **Wesen** ganz und gar geistiger Natur ist, wird damit ausgedrückt, daß er **von lichthafter Gestalt** ist. Er ist lichthaft, reiner Geist, und deshalb kann er auch letztlich mit keinem Wort angemessen und zutreffend beschrieben werden: Die Lehre von ihm ist *neti neti*[59], »nicht so, nicht so«: Dieser lichthaft-geistige Puruṣa »ist jenseits aller Dinge, er kann nicht verdinglicht werden, er kann nicht als Objekt vorgestellt werden und mit Worten bezeichnet werden« – »ein erster Ausdruck dessen, was der spätere Vedāntismus den **nicht-objektiven Charakter des Selbst** nennen wird«[60].

Auch für einem anderen Themenkreis der Upaniṣads ist das Bild vom Seelenmännchen im Auge von großer Bedeutung: Für die Spekulationen über die geistig-seelischen Vorgänge im Zustand des Wachens, des Traumes und des traumlosen Tiefschlafs. Hier geht man über die rein innermenschliche Betrachtung hinaus und stößt vor zu Fragen von **Tod und Erlösung**.

Die Lehre von den drei Zuständen: Wachen, Traum und traumloser Tiefschlaf

Einige Vorstellungen über die **Vorgänge im Schlaf** wurden im Kontext der Spekulationen über den Atem bereits erwähnt. Neben diesen Vorstellungen gab es aber bereits in den Brāhmaṇas auch eine ganz andere Erklärung dafür, was für den Schlaf und die damit verbundene »**Bewußtlosigkeit**« des Menschen verantwortlich ist: das Seelenmännchen Indra! Wenn sich nämlich dieses Männchen mit seiner Frau Indrāṇī zur geschlechtlichen Vereinigung in den »Hohlraum des Herzens« zurückzieht und diese beiden nach vollzogenem Beischlaf nahezu bewußtlos werden, dann wird auch der Mensch gleichsam bewußtlos und fällt in einen wonnereichen, seligen Tiefschlaf![61] Offensichtlich unterschied man in den Upaniṣads zunächst nur ganz allgemein zwischen dem Wach- und dem Schlafzustand – um welchen Schlafzustand es sich dabei handelte, den Traumschlaf oder den Tiefschlaf, ist allerdings umstritten.[62] Erst im Laufe der Zeit begann man wohl von **drei Bewußtseinszuständen** zu sprechen – dem **Wachzustand**, dem **Traumschlaf** und dem **traumlosem Tiefschlaf** –, die dann in verschiedenen Texten mit je verschiedenen Bildern und Vorstellungen erklärt wurden.

Der erste Text knüpft bei seiner Erklärung des **Traumschlafes** unmittelbar an die alte mythologische Vorstellung vom Seelenmännchen an. Ähnlich wie in der »Atemlehre«, wo sich im Schlaf die Lebenskräfte zurückziehen und mit dem Atem vereinigen, zieht sich hier die lichthafte Seele in den **Raum im Herzen** (»Herzhöhle«) – sozusagen das mikrokosmische Gegenstück zum makrokosmischen **Raum zwischen Himmel und Erde** (*ākāśa*)– zurück und findet dort alles, was sich zwischen Himmel und Erde befindet; dies bildet den Inhalt des Traumes:

> »3. … Wahrlich, dieser Raum im Inneren des Herzens ist so groß wie dieser [Welten-] Raum. Beide, Himmel und Erde, sind darin untergebracht; beide, Feuer und Wind; Sonne und Wind; Blitz und Gestirne. Was in dem Körper eines Lebewesens vorhanden und was nicht darin vorhanden ist, all das ist in diesem kleinen Raum untergebracht.
>
> 4. Wenn man nun zu einem sagen sollte: ›Wenn in dieser Brahman-Burg [dem Körper] dieses All untergebracht ist, alles Entstandene und alle Wünsche [d. h. alles Vorhandene und noch nicht Vorhandene] – wenn das Alter sie erreicht oder sie [mit dem Tode] zerfällt, was bleibt dann übrig, was den Körper überdauert?‹
>
> 5. Dann soll er sagen: ›Nicht altert dies [was sich im Inneren Raum des Herzens befindet] durch das Altern des Körpers, nicht wird es erschlagen, wenn dieser erschlagen wird. Die wahre Burg des Brahman ist [nicht der Körper, sondern] dies [was sich im Inneren des Herzens befindet]. In diesem sind die Wünsche untergebracht. Dies ist das Selbst [*ātman*], das vom Bösen befreit ist, das alterlose, todlose, kummerlose, hungerlose, durstlose, dessen Wünsche wahr werden, dessen Vorstellungen wahr sind.‹«[63]

Einige Verse weiter wird mit demselben mythischen Bild der **traumlose Tiefschlaf** erklärt: Denn im Inneren des Menschen befindet sich nicht nur die »Herzhöhle«, in die sich das Seelenmännchen nach alter Vorstellung im Schlaf zurückzieht, sondern das Herz mündet in eine Vielzahl **feiner bunter Adern**, die, mit den Sonnenstrahlen (und damit dem »Mann in der Sonne«) verbunden, die **Verbindung zur jenseitigen Welt** bilden. So wird der traumlose **Tiefschlaf** gewissermaßen zur Vorwegnahme des Zustands des Erlöstseins. Über diese feinen bunten Adern zieht sich die Seele im Tiefschlaf **vorübergehend von der diesseitigen Welt** zurück, der Schlafende gelangt an das Tor zum Jenseits:

> »1. Nunmehr, was diese Adern des Herzens sind, die sind von einer feinen Substanz, braun, weiß, blau, gelb und rot.
>
> 2. So wie nun eine lange Hauptstraße zu beiden Dörfern geht, diesem und jenem, ebenso auch gehen die Strahlen der Sonne zu den beiden Welten, dieser und jener.
>
> Von jener Sonne erstrecken sie sich und schlüpfen in diese Adern; von diesen Adern erstrecken sie sich und schlüpfen in jene Sonne.
>
> 3. Wenn nun aber einer so völlig beruhigt schlafend nicht einen Traum erkennt, dann ist er in diese Adern geschlüpft. Den berührt nicht irgendein Übel. Denn mit der Glut ist er dann vereinigt.
>
> 4. Wenn ferner nun einer in Kraftlosigkeit gefallen ist, dann sagen die Herumsitzenden: ›Kennst du mich, kennst du mich?‹
>
> Solange er aus diesem Körper nicht ausgezogen ist, erkennt er [sie]. Wenn er aber aus diesem Körper auszieht, dann zieht er auf eben diesen Adern aus [empor].
>
> 5. … So schnell der Gedanke emporschnellt, ebenso schnell gelangt er zur Sonne. Diese ist fürwahr das Tor zur (jenseitigen) Welt, der Einlaß für die Wissenden, die verschlossene Pforte für die Unwissenden.«[64]

Entsprechend werden an anderer Stelle – unter Einbeziehung des Bildes von den verschiedenen Lebenskräften und der Vorstellung, daß sich die Seele im Traum ihre Bilder gewissermaßen selbst schafft – das **Traumgeschehen** und der **Tiefschlaf** erklärt. Der Text ist eine Passage aus dem Dialog zwischen König Ajātaśatru von Benares und dem Brahmanen Gārgya Dṛptabālāki, der vergeblich versucht hat, dem König das Brahman zu erklären; nun gibt der König seinerseits dem Gelehrten eine Erklärung, und zwar am Beispiel eines schlafenden Mannes und der Frage, wo sich dessen Seele während des Schlafes befindet:

»16. Da sprach Ajātaśatru: ›Als dieser schlafend war, wo war da der [Seelen]mann (*puruṣa*), welcher aus Erkenntnis allein besteht, woher ist er nun gerade hierher gekommen?‹ Auch das wußte da Gārgya nicht.

17. Da sprach Ajātaśatru: ›Als dieser hier schlafend war, da hat der [Seelen]mann (*puruṣa*), welcher aus Erkenntnis besteht, mit [seiner] Erkenntnis die Erkenntnis der Lebensorgane an sich genommen und liegt darin, was der Raum im inneren Herzen ist. Wenn er diese [die Erkenntnissubstanz der Lebensorgane: Atem, Rede, Auge, Gehör, Denken] ergreift, dann heißt es nun so: ›Der Mensch schläft.‹ Dann ist der Atem ergriffen, ergriffen die Rede … das Auge … das Gehör … das Denken.

18. Wenn er nun im Traume wandelt, dann sind die Welten sein. Dann wird er gleichsam ein Großkönig oder gleichsam ein Großbrahmane. Er geht gleichsam in Hohes und Niederes ein, so wie ein Großkönig … nach Belieben im eigenen Reich umherziehen kann, ebenso zieht auch dieser, indem er die Lebensorgane ergreift, in seinem eigenen Körper nach Belieben umher.

19. Wenn er nun tiefschlafend ist, wenn er nicht [mehr] von irgend etwas weiß; zweiundsiebzigtausend *hitā* genannte Adern reichen vom Herzen bis zum Herzbeutel hin. Indem er durch diese hinschleicht, ruht er im Herzbeutel. So wie nun ein Jüngling oder ein Großkönig oder ein Großbrahmane, indem er den Überschlag der Wonne erreicht hat, ruhen mag, ebenso ruht er nun.

20. So wie eine Spinne vermittels des Fadens herauskommen mag, so wie von einem Feuer winzige Funken auseinanderstieben, ebenso gehen auch von diesem Selbst (*ātman*) alle Lebensorgane, alle Welten, alle Götter, alle Wesen heraus.‹«[65]

Am umfassendsten sind die diesbezüglichen Schilderungen im berühmten Lehrgespräch zwischen dem legendären Weisen Yājñavalkya und dem Fürsten Janaka von Videha beim großen Pferdeopfer.[66] Es ist wohl einer der jüngsten Texte zu diesem Thema – nach Stuhrmann der, in dem sich »alle Elemente aus Traum- und Tiefschlafpassagen in den älteren Upaniṣaden wiederfinden«[67]. Beginnend mit der Frage nach dem **»Licht«** des Menschen bietet der Text eine umfassende Beschreibung der **drei Bewußtseinszustände** des Menschen; die daran anschließenden Ausführungen über **Sterben**, **Wiedergeburt** und **Erlösung** werden später, im Kapitel über die upaniṣadischen Jenseitsvorstellungen, behandelt. Die einleitende Frage nach dem »Licht« des Menschen wird damit beantwortet, daß es das »**Selbst**« (*ātman*) des Menschen sei, bei dessen Licht dieser sitze, umhergehe und seine Tätigkeiten verrichte. Was aber ist dieses Selbst?

> »7. ›Es ist dieser [Seelen]mann (*puruṣa*), der von den Lebenskräften, der aus Erkenntnis bestehende, das Licht im Inneren des Herzens. Der, [immer] derselbe, bewegt sich zwischen beiden Welten hin und her; er scheint zu denken, sich hin und herzubewegen; denn er, zum Traum geworden, überschreitet diese Welt und [damit] die Gestalten des Todes.
>
> 8. Wenn dieser [Seelen]mann geboren wird, dann verbindet er sich beim Eintreten in den Körper mit dem Bösen; wenn er beim Tode herausgeht, läßt er das Böse zurück.
>
> 9a. Dieser [Seelen]mann nun hat zwei Standplätze: diesen Platz hier [= diese Welt] und den der jenseitigen Welt; als dritten, verbindenden, den Zustand des Traumschlafes.
>
> Wenn er sich in diesem Verbindungszustand befindet, sieht er diese beiden Standplätze – diesen hier und den der jenseitigen Welt. Je nachdem nun wie dessen Zugang gegenüber dem Standort der anderen Welt ist, sieht er – wenn er diesen [oder jenen] Zugang wählt – beides, Leiden und Freuden.«[68]

Das Selbst, das innere Licht des Menschen, ist auch hier der unsterbliche Seelenmann Puruṣa, der mit der Geburt den Körper betritt, sich dort mit dem Bösen verbindet und den Körper beim Tod ohne das Böse (!) wieder verläßt, der sich aber zugleich **frei zwischen der diesseitigen und der jenseitigen Welt hin- und herbewegen** kann.[69] Und wie? Im Schlaf – genauer: **im Traumschlaf** (*svapna*) –, denn von dort sieht er beide Welten ein und erlebt, je nachdem, in welche Welt er geht, Freuden oder Leiden:

> »9b. Und wenn er einschläft, dann schläft er mit seinem eigenen Schein, seinem eigenen Licht ein, nachdem er aus dieser – alles enthaltenden – Welt Material aufgenommen hat, es selbst zerschlagen, selbst geformt hat. Nun wird dieser [Seelen]mann (*puruṣa*) zu seinem eigenen Licht.
>
> 10. Nicht gibt es dort Wagen, Wagengespanne, Straßen, da schafft er Wagen, Gespanne und Straßen. Nicht gibt es dort Wonne, Freude, Lust, sondern Wonne, Freude und Lust schafft er. Nicht gibt es dort Teiche, Lotusteiche, Flüsse, sondern Teiche, Lotusteiche und Flüsse schafft er. Denn er ist der Schöpfer. …
>
> 14. … Den [Schlafenden] soll man nicht schnell aufwecken, so

> sagt man; ein schwer zu heilender Zustand entsteht für den, zu dem jener [*puruṣa*] nicht hinfindet.
>
> Nun aber sagt man freilich: ›Jene [Traumwelt] ist eben genau seine Welt des Wachzustandes; denn genau das, was er wachend sieht, das [sieht er] schlafend. Dabei wird dieser [Seelen]mann zu seinem eigenen Licht.‹ …
>
> 17. › … Was auch immer er dort sieht, das folgt ihm nicht nach. Denn dieser [Seelen]mann ist einer, an dem nichts haften bleibt.‹ …
>
> 18. ›Und wie ein großer Fisch sich zwischen den beiden Ufern [eines Flusses] hin- und herbewegt, zwischen dem diesseitigen und dem jenseitigen, genau so bewegt sich dieser [Seelen]mann zwischen beiden Zuständen hin und her, dem Zustand des Traumschlafes und des Wachens. …
>
> 20. Es gibt nun diese seine ›die Schön-Angeordneten‹ (*hitā*) genannten Adern, die von solcher Feinheit sind wie ein tausendfach gespaltenes Haar; sie sind gefüllt mit Weißem, Blau-Schwarzem, Gelblich-Braunem, Grünem und Rot-Braunem.
>
> Wenn man ihn nun gleichsam schlägt, überwältigt, wenn ihn ein Elefant zu jagen scheint oder er scheinbar in eine Grube fällt – welche Schrecken des Wachzustandes auch immer er sieht, das nimmt er dann wegen seiner Unwissenheit wahr.«[70]

Interessant ist die geradezu modern-psychologische Vorstellung, daß der **Träumende** – er ist das einzig Wirkliche am Traum, alles andere ist Illusion – sich **all das, was er im Traum erlebt, selbst schafft** (Vers 10): Indem er nämlich das Material seines Traumes aus der Welt des Wachzustandes hinübernimmt in die Traumwelt, dort durchlebt und verarbeitet (Vers 9), und nur Unwissende Gefahr laufen, die Traumerlebnisse für Wirklichkeit zu halten (Vers 20).

Im **traumlosen Tiefschlaf** kann von all dem keine Rede mehr sein. Wie mit einem Vogel, der sich, des Fliegens müde, zufrieden niedersetzt, ist es mit der Seele des Schlafenden im Tiefschlaf: Für sie gibt es, wie bei der leidenschaftlichen Umarmung durch einen geliebten Menschen weder innen noch außen, weder Verlangen noch Unheil, weder Begierde noch Furcht. Tiefe Bewußtlosigkeit, keine Wahrnehmung, ja nichts, das überhaupt wahrgenommen werden könnte: nur Glück, höchste Wonne, Brahma-Welt – ein **Vorgeschmack der Erlösung**:

> »19. Und wie ein Falke oder ein Adler, der in diesem Luftraum umhergeflogen ist, ermüdet die Flügel zusammenlegt und

sich [im Nest] zum Niederkauern anschickt, genauso eilt der [Seelen]mann (*puruṣa*) zu ebendiesem Zustand, wo er – eingeschlafen – keine Begierden mehr hat und keinen Traum mehr sieht.

20. ... Wenn er nun, gleichsam ein Gott oder König, denkt: ›Ich bin dies, bin alles‹, dann ist das dessen höchste Welt.

21. Das fürwahr ist dessen Zustand, in dem er frei ist von Verlangen, ein Zustand der das Unheil vertrieben hat, der frei ist von Furcht.

Denn wenn jemand, der von einer geliebten Frau umschlungen ist, nichts von außen und innen weiß, genau so weiß der [Seelen]mann, der vom erkennenden Selbst (*ātman*) umschlungen ist, nichts von außen und innen.

Das ist dessen Zustand, in dem seine Begierden gestillt sind, in dem das Selbst seine Begierde ist, in dem er keine Begierde mehr hat, ein Zustand, der entfernt ist vom Leid.

22. Dabei [in diesem Zustand] ist der Vater nicht Vater, die Mutter nicht Mutter, die Welten sind nicht Welten, die Götter nicht Götter, der Veda ist nicht Veda. Da ist der Dieb nicht Dieb, der Abtreiber nicht Abtreiber, der Cāṇḍāla [= Sohn eines Śūdra mit einer Brahmanenfrau) nicht Cāṇḍāla, der Paulkasa [= Sohn eines Śūdra mit einer Kṣatriyafrau] nicht Paulkasa, der Bettelmönch nicht Bettelmönch, der Asket nicht Asket.

Unberührt ist er von Verdienstlichem, unberührt von Üblem. Denn man wird zu einem, der allen Kummer des Herzens überschritten hat.

23. Wenn er dann nicht sieht, sieht er nicht, obwohl er zu sehen vermag; denn es gibt keinen Verlust der Sehfähigkeit des Sehers aufgrund der Unzerstörbarkeit. Nicht aber gibt es ein Zweites, ein anderes als das, ein Getrenntes, das er sehen könnte.

24.-30. [Dasselbe mit »riechen«, »schmecken«, »sprechen«, »hören«, »denken«, »tasten«, »erkennen«]

31. Denn wo gleichsam etwas anderes ist, da sieht der eine den anderen, riecht, schmeckt, spricht an, hört, denkt, tastet, erkennt einer den anderen.

32. Er wird Wasser [»wogend«], einer, der Seher, ohne Zweiheit, das ist die Brahma-Welt, König,‹ so belehrte ihn Yājñavalkya.

›Das ist dessen höchster Gang, das ist dessen höchstes Glück, dessen höchste Welt, dessen höchste Wonne; durch [nur] einen Teil eben dieser Wonne bestehen die anderen Wesen.

33. Wer nun unter den Menschen Erfolg hat, wohlhabend ist, ein Gebieter über andere, im Übermaß versehen mit allen menschlichen Genüssen, der ist jemand, dem die höchste Wonne zuteil ist.

Hundert menschliche Wonnen aber sind eine Wonne der Väter, die eine Welt erworben haben. Davon hundert aber sind eine Wonne der Gandharva-Welt. Davon hundert aber sind eine Wonne der Werk-Götter, die durch Werk das Gottsein erlangt haben. Davon hundert aber sind eine Wonne der Götter von Geburt [und dessen, der gelehrt ist, nicht falsch und nicht von Begierden geschlagen]. Davon hundert aber sind eine Wonne der Prajāpati-Welt [und dessen ...]. Davon hundert aber sind eine Wonne der Brahma-Welt [und dessen ...]. Das ist nun die höchste Wonne, das ist die Brahma-Welt, o König,‹ sprach Yājñavalkya ... «[71]

Auf sehr unterschiedliche Weisen wird also in den Upaniṣads über den Menschen und das, was man für das Wesentliche an ihm hält, spekuliert und meditiert. Und all diese verschiedenen Bilder und Konzepte – die Spekulationen über das **Denken** und dessen Funktion als »Bewußtseinszentrum« des Menschen, über den **Atem** und dessen Rolle im komplexen Gefüge der verschiedenen Lebenskräfte, das alte Bild vom »**Seelenmännchen**«, oder die Beschreibungen der verschiedenen Bewußtseinszustände des Menschen bis hin an die Schwelle des Todes – dies alles läßt sich nicht unter ein übergreifendes System subsumieren.

So unterschiedlich diese Annäherungen auch sind: Sie zeugen vom Bestreben der Upaniṣads, sich mit denkerischer Klarheit und Schärfe Rechenschaft abzugeben über das Wesen des Menschen und seine Stellung im Universum, um schließlich – wie es Paul Thieme ausdrückte – »hinter der bunten Vielfalt der Erscheinungsformen die Einheit ihres Wesens zu fassen und damit zugleich eine Antwort auf die Fragen nach der Entstehung der Welt und dem Sinn von Leben und Sterben zu erhalten«[72]. Ein Begriff half ganz wesentlich, dies zu bewerkstelligen, und er wurde so zum Schlüsselbegriff der upaniṣadischen Spekulationen: Ātman.

5. Ātman: Urgrund und Mitte von Mensch und Welt

Im allgemeinen übersetzt man »Ātman« mit »Atem«, »Hauch«, »Seele« oder »Selbst« des Menschen.[73] Die ursprüngliche Bedeutung ist wohl »Atem«[74], daraus muß sich dann »die allgemeinere Bedeutung ›das Wesentliche‹ des Menschen« entwickelt haben; dieses »Wesentliche« wurde »verschiedentlich als Körper, häufiger als in den Körper als Knochen, Hauch oder Blut eingebundene ›Seele‹«[75] bestimmt, die als Indentitätsträger des Menschen seinen Tod überdauert. Eine interessante ideengeschichtliche Entwicklung, die schon in den frühvedischen Texten angelegt ist und die in den Upaniṣads nachgezeichnet werden kann.

Über die wichtigsten Merkmale und Attribute des Ātman gibt einer der frühesten Texte, in dem über den Ātman meditiert wird, wie folgt Auskunft:

> »Er soll ehrfürchtig über das Selbst nachsinnen: daß es aus Geist [*manas*] besteht, daß sein Körper der Atem [*prāṇa*] ist, daß seine Gestalt der Glanz ist, daß sein Wesen der leere Raum [*ākāśa*, der »Äther«] ist; daß es nach Wunsch Gestalten annehmen kann, daß es schnell ist wie der Geist [*manas*], daß seine Entschlüsse sich verwirklichen … daß es alle Gerüche und Geschmäcke in sich hat, daß es alle Richtungen beherrscht, daß es die ganze Welt durchdringt, daß es ohne Rede ist und nichts [anderes] beachtet. Wie ein Reiskorn oder ein Gerstenkorn oder ein Hirsekorn oder der Kern eines Hirsekorns, so ist dieser Puruṣa im Inneren des Selbst golden wie eine Flamme ohne Rauch. Er ist größer als der Himmel, größer als der leere Raum, größer als diese Erde, größer als alle Wesen. Er ist das Selbst des Atems, er ist mein Selbst. In dieses Selbst werde ich, wenn ich von hier scheide, eingehen. Wer dies [realisiert] hat, für den gibt es keine Unsicherheit.«[76]

Faktisch sind es vier Merkmale oder Funktionen, die das Wesen des »Ātman« charakterisieren:
– Das Selbst ist **geistiger Natur**: Es »besteht aus Geist« und es ist »schnell wie der Geist«;
– es ist **weder an irgendeine Form noch an den Raum gebunden**: Sein »Körper« ist der Atem, sein »Wesen der leere Raum«, es kann »nach Wunsch Gestalten annehmen«, es hat »alle Gerüche und Geschmäcke in sich«, es »beherrscht alle Richtungen« und »durchdringt die ganze Welt«, es ist »klein wie der Kern eines Hirsekorns« und »größer als der Himmel … und der leere Raum«;
– es ist das **Zentrum des menschlichen Willens**, da es seine Entschlüsse sind, die sich im Handeln des Menschen verwirklichen;

– und der »Ātman« ist schließlich das **Ziel menschlicher Existenz**, in das man nach dem Tode eingeht.

Der »innere Lenker«: die Menschenseele

In den frühen Upaniṣads wird der Ātman denn auch als geheimer »innerer Lenker« (*antaryāmin*) verstanden, der nicht nur »die Welt und alle Wesen innerlich lenkt«, sondern der die Welt auch in ihrem Innersten zusammenhält:[77] So berichtet Uddālaka Āruṇī dem Gelehrten Yājñavalkya, wie er einst bei einem Priester weilte, um mit anderen das Opfer zu studieren. Die Frau des Priesters war von einem Geist besessen, der die Anwesenden lehrte, wer jener geheime »innere Lenker« sei; Uddālaka stellt Yājñavalkya nun auf die Probe: Er, der es ja wissen müsse, solle ihm diesen inneren Lenker beschreiben. Daraufhin nennt Yājñavalkya 22 verschiedene »Orte« – von der Erde, den Gewässern, den Elementen, über die Gestirne, die Himmelsgegenden, die Veden und die Opfer bis hin zu allen Wesen, den Sinnesorganen, dem Licht, dem Dunkel und schließlich dem Samen – wo dieser innere Lenker zwar überall wohne, mit denen dieser aber nicht identisch sei. Denn, so das Ende seiner Belehrung:

> »Es ist dein Ātman, der heimliche Lenker, der unsterbliche. Er ist der Seher, den man nicht sieht, der Hörer, den man nicht hört, der Denker, den man nicht denkt, der Erkenner, den man nicht erkennt; es gibt keinen anderen Seher, es gibt keinen anderen Hörer, es gibt keinen anderen Denker, es gibt keinen anderen Erkenner, das ist dein Ātman, der heimliche Lenker, der unsterbliche. Leidvoll ist alles andere.«[78]

Ähnlich wird auch an anderer Stelle vom »Ātman« gesprochen: Er ist der »Seher des Sehens«, der »Hörer des Hörens«, der »Denker des Denkens« und der »Erkenner des Erkennens«[79]. Er ist der »aus Erkenntnis bestehende im Herzen innerlich leuchtende Geist«[80], das »Licht der Lichter«[81], »welches inwendig hier im Menschen ist« und zugleich jenseits des Himmels, in den höchsten, allerhöchsten Welten leuchtet.[82] Er ist das eigentliche Subjekt unseres Erkennens, das **nicht** zum **Objekt der Erkenntnis** werden kann, das letztlich – intellektuell – **unerkennbar** bleibt.

Welche Vorstellung wir auch immer uns von ihm machen, er entzieht sich letztlich unserer Begrifflichkeit, und es können am Ende nur **negative Aussagen** über den Ātman gemacht werden: *neti neti* – er ist »weder so noch so«![83] Er ist, wie an anderer Stelle gesagt wird, »nicht grob und nicht fein, nicht kurz und nicht lang, nicht rot und nicht anhaftend, nicht schattig und nicht finster, nicht Wind und nicht Äther, nicht anklebend, ohne Geschmack, ohne Geruch, ohne Auge, ohne Ohr, ohne Rede, ohne Verstand, ohne Lebenskraft und ohne Odem, ohne Mündung und ohne Maß, ohne Inneres und ohne Äußeres.«[84] Der Ātman, das Selbst, der Seinsgrund des Menschen, ist keine sensitiv oder intellektuell erfaßbare Entität, sondern er ist die **tiefste Tiefe menschlicher Existenz**, über die zwar spekuliert werden kann, die aber im Grunde eben nur **erfahrbar** ist: Sei es in der mystischen Schau meditativer Versenkung oder etwa – zumindest ansatzweise – im traumlosen Tiefschlaf, wo das Selbst in Gestalt des Seelenmännchens zeitweise hinübergeht und eins wird mit der »Brahma-Welt«, jenem Zustand absoluter Wonne und Seligkeit.

Ātman – die Weltseele

Schon im Ṛgveda finden sich ja sehr verschiedene Antworten auf die Frage nach **Urgrund** von Mensch, Welt und Universum: *Tad ekam*, das Eine, das von den vedischen Dichtern sehr verschieden verstanden und konkretisiert wird – als »Goldkeim« Hiraṇyagarbha, als »All-Macher« Viśvakarman, als Brahmaṇaspati, »Herr des Brahman«, oder als kosmisches Urwesen Puruṣa, aus dessen Selbstopfer einst das Universum entstanden sein soll. Die Brāhmaṇa-Texte greifen denn auch ganz selbstverständlich auf diese Vorstellungen zurück, und selbst die Autoren einzelner Upaniṣads bedienen sich solcher anthropomorph-mythologischer Bilder: Etwa wenn von einem **personhaften** (*puruṣa*-haften) **Ātman** die Rede ist, den Angst, Einsamkeit und Traurigkeit überkommen und der sich deshalb – wie schon der Schöpfergott Prajāpati in den Brāhmaṇas – wünscht: »Ach, hätte ich doch eine Frau, dann würde ich mich fortpflanzen!«[85]; darauf teilt er sich in zwei Teile, diese werden zunächst zu Mann und Frau, zeugen die Menschen, verwandeln sich dann in die verschiedenen Lebewesen, um sich jeweils als diese fortzupflanzen, und bringen schließlich die gesamte Schöpfung hervor.

Andere Upaniṣad-Denker nehmen an, daß der Kosmos aus dem **Wasser** hervorgangen sei und daraus das Brahman, Prajāpati und die Götter enstanden[86]; andere glauben, das Universum sei aus dem leeren **Raum** entstanden, aus dem alles hervorgeht und in den am Ende alles wieder zurückkehrt[87]; wieder andere sind der Meinung, am Anfang exsitierte allein das **Nichtsein**, aus dem dann alles Seiende entstanden ist[88], wogegen allerdings eingewendet wird, nichts könne aus dem Nichts entstanden sein und nur das **Sein** könne die Welt und das Universum einst, am Anfang der Zeit, aus sich hervorgebracht haben[89]. Insgesamt scheint sich aber in den Upaniṣads immer mehr die Überzeugung durchzusetzen, daß nicht nur die menschliche »Seele«, lichthaft-geistiger Natur sein müsse, sondern daß auch der **Uranfang und Urgrund des Universums** selber nichts anderes sei als **reines Bewußtsein**, **»Seele«**, **Ātman**. Und aus diesem Ātman sei dann zunächst der Äther (= der leere Raum) hervorgegangen, daraus der Wind, aus diesem dann das Feuer, dieses habe wiederum das Wasser hervorgebracht, und daraus sei schließlich die Erde entstanden.[90]

Nachdem der Ātman-Begriff einmal eine solche Ausweitung von der Menschenseele zur Bezeichnung des schöpferischen Urprinzips erfahren hat, ist es nur noch ein kleiner Schritt zu jenen Gedanken, die wir im fünften Kapitel der ChāndogyaUpaniṣad finden[91]: Fünf Hausherren treten hier an den Lehrer Gautama heran mit der Frage: »Was ist unser Ātman, was ist das Brahman?« Darauf legt jeder von ihnen seine Ansicht über den Ātman dar und jeder sieht ihn in einer ganz bestimmten Erscheinung (im Himmel, in der Sonne, im Wind, im Raum etc.). Gautama dagegen lehrt sie, daß sie den universalen Ātman nicht nur in einzelnen, von ihnen selbst verschiedenen Objekten oder Erscheinungen sehen dürften, sondern daß diese Erscheinungen immer nur Teile oder einzelne Aspekte des Ātman sind: der Himmel ist sein Kopf, die Sonne sein Auge, der Wind sein Atem und der Raum sein Körper, etc. …; der Ātman selbst aber ist anders: Er ist klein wie eine Spanne und zugleich unendlich groß! Das heißt, mit keiner noch so umfassenden kosmischen Erscheinung läßt sich der Ātman angemessen und erschöpfend beschreiben, denn er ist mehr: Er ist die Seele, der »innere Lenker« des Menschen, Träger von Bewußtsein und menschlicher Erkenntnis, und er ist zugleich jener **schöpferische Urgrund**, welcher der gesamten Welt der Erscheinungen zugrunde liegt und diese durchdringt.

Eine eindrucksvolle Beschreibung dieser Vorstellung findet sich im 7. Kapitel der ChāndogyaUpaniṣad, einem Gespräch zwischen dem Brahmanen Nārada und dem Kṣatriya-Weisen Sanatkumāra. Nārada meint, er habe nun alle heiligen Schriften und alle Wissenschaften studiert, dennoch wisse er nichts über die Seele, den Ātman. Alles, was er gelernt habe, sei ja auch »nur Name«, erklärt ihm Sanatkumāra und beschreibt dann zwanzig Aktivitäten, Zustände und Dinge, die »mehr als nur Name« seien und von denen jeder vom nächsten übertroffen wird. Zuletzt gelangt er schließlich zum Glück (*sukha*); dieses wird als die »Fülle« (*bhūman*), höchstes Gut bezeichnet, jener Zustand, in dem es für den Sehenden, Hörenden oder Erkennenden keine Objekte mehr des Sehens, Hörens oder Erkennens gibt, wenn der Erkennende mit den Objekten verschmilzt, wenn er den Ātman, sein Selbst, erfährt:

> »Wenn einer nichts anderes sieht, nichts anderes hört, nichts anderes erkennt, das ist Fülle. Aber wenn einer etwas anderes sieht … hört … erkennt, das ist Wenigkeit. Fülle ist Unsterbliches, Wenigkeit ist Sterbliches …
>
> Die Fülle ist unten, oben, im Westen, Osten, Süden, Norden; die Fülle ist die ganze Welt …
>
> Das Selbst ist unten, oben, im Westen, Osten, Süden, Norden; das Selbst ist die ganze Welt …

> Wer so sieht, so bedenkt, so erkennt, der vergnügt sich mit dem Selbst, spielt mit dem Selbst, begattet sich mit dem Selbst, erfreut sich an dem Selbst, ist ein Selbstbeherrscher und genießt Freiheit in diesen Welten …
>
> Aus dem Selbst dessen, der so sieht, denkt, erkennt, geht … diese ganze Welt hervor. So heißt es in einem Vers: ›Nicht sieht der Sehende Tod, Krankheit oder Leid. Der Sehende ist das All. Das All erlangt er ganz.‹«[92]

Mit anderen Worten: Der Mystiker erfährt in der Versenkung nichts als sein **Selbst**. Aber dieses Selbst, seine Seele, ist nicht nur er, sein Wesenskern, es ist zugleich die eigentliche, **allem zugrunde liegende Wirklichkeit**[93], die sich hinter der Vielheit der Erscheinungen verbirgt, **aus der alles hervorgeht** und in die am Ende **alles wieder eingehen** wird. Ja, die Menschenseele – so der epochale denkerische Schritt, der in den Upaniṣads gegangen wird – ist »im Grunde« identisch mit der Weltseele, dem Urgrund des gesamten Universums. Seit den Brāhmaṇas sollte sich dafür ein zweiter Begriff durchsetzen, mit dem die Upaniṣads – manche Texte deuteten dies bereits an – den Begriff »Ātman« zusehends gleichbedeutend verwenden:

6. Brahman – der »Weltengrund«

»Brahman« im Veda

Der Begriff »**Brahman**« begegnet uns im Veda in einem breiten Spektrum von Bedeutungen. An den gut 200 Stellen, an denen er im Ṛgveda vorkommt, könnte man, wie wir hörten[94], den Begriff mit »Vedawort« oder »Gebet« übersetzen, dem eine sakrale Kraft – womöglich die substanzialisierte Wahrheit – innewohnt, die selbst die Götter beeinflussen kann. Mit der Überzeugung, daß es sich bei den vedischen Texten insgesamt um heiliges, inspiriertes, gar geoffenbartes Traditionsgut handle und nur durch dieses eine wirksame Verehrung der Götter möglich sei, verwendete man den Begriff Brahman auch zur Bezeichnung des gesamten vedischen Kanons (Saṃhitās und Brāhmaṇas) wie vor allem auch als Name für die Priester, die »Brahmanen«, als dessen authorisierte und exklusive Verwalter.[95]

In späteren Hymnen des Ṛgveda begegnet uns die Gottheit **Brahmaṇaspati** (»Herr des Gebets«). Ihr werden nicht nur die großen Taten der Götter zugeschrieben, sondern sie soll als Urprinzip alles Seienden vor aller Zeit die gesamte Schöpfung aus sich heraus hervorgebracht haben. Diese Gottheit wird in der **Brāhmaṇa-Literatur** zunehmend mit Brahman identifiziert, und das Brahman wird nach und nach identisch mit dem obersten göttlichen Prinzip:[96] Bald erscheint Brahman ebenbürtig mit den wichtigsten vedischen Göttern[97] und wird gleichgesetzt mit dem Wind[98], der Sonne[99] und mit Ṛta, der ewigen Ordnung, die selbst über den Göttern steht[100]. Und in den verschiedenen Schöpfungsberichten zeichnet sich ab, wie sich Brahman gegenüber dem Schöpfergott Prajāpati immer mehr zum Absoluten entwickelt, zum höchsten schöpferischen Prinzip: zum Urstoff, aus dem die Welt besteht, und Urgrund, auf dem alles ruht[101], durch den alle Wesen Bestand haben und in den sie schließlich nach dem Tod eingehen werden![102]

Wer oder was ist eigentlich Brahman?

In den **Upaniṣads** ist denn auch ganz selbstverständlich von Brahman als dem ersten-letzten Urgrund des Universums die Rede: »Am Anfang dieser Welt war Brahman«[103], der »urzeitliche Äther«[104]; dann wünschte es »sich fortzupflanzen, übte Anstrengung und erschuf dann die ganze Welt«[105]; in der Person Rudras »erschafft Brahman alles, zerstört es am Ende der Zeit, um es anschließend wieder neu zu erschaffen«[106]. Allerdings scheint es unklar, **wer** oder **was** dieses Brahman eigentlich sei – an einer Stelle wird sogar behauptet, daß selbst die vedischen Götter das Brahman nicht erkennen: So berichtet die KenaUpaniṣad[107], daß einst das Brahman für die Götter einen Sieg über die Dämonen errungen hatte. Diese aber dachten, es sei ihr Sieg, und sie freuten sich darüber. Dann erschien ihnen das Brahman, und sie fragten sich, wer dieses wunderbare Wesen denn sei. Um dies herauszufinden, schickten die Götter zunächst Agni, Vāyu und Indra los – allerdings vergebens. Diesen dreien erscheint dann die wunderschöne Umā – allegorisiert als die Weisheit – und sagt ihnen, daß es das Brahman sei, durch den die Götter den Sieg errungen haben und der ihnen die Kraft dazu verliehen hat. Und weil sie dies nun wußten, wurden diese drei über alle übrigen Götter erhöht, so wie jeder, der das Brahman-Wissen hat, die ewige Seligkeit erreicht.

Immer wieder handeln die Upaniṣads deshalb von der Frage, wie am angemessensten über das Brahman zu reden, wie sein Wesen am besten zu charakterisieren sei. So schildert der legendäre Weise Yājñavalkya dem König Janaka in einem Gespräch an dessen Hof sechs gängige Ansichten über das **Wesen des Brahman**[108]: die einen sagten, Brahman sei Sprache, andere sagten, es sei der Lebenshauch, wieder andere meinten, es sei das Sehen, das Gehör, das Denken oder das Herz. Yājñavalkya stimmt diesen Meinungen zunächst zu, hält sie am Ende aber doch für unzureichend, nur für die halbe Wahrheit (»einfüßig«). Denn Brahman habe zwar seinen Sitz in der menschlichen Sprache, dem Lebenshauch, dem Gehör etc., er gehe aber letztlich darüber hinaus und sei mit keinem dieser menschlichen Bestandteile zu identifizieren.

Ähnlich das bereits erwähnte Gespräch zwischen dem Gelehrten Gārgya Dṛptabālāki und dem König Ajātaśatru von Benares: [109] Gārgya möchte dem König das Brahman erklären und schlägt zwölf Dinge vor, die er für das Brahman hält: den Puruṣa in der Sonne, im Mond, im Blitz, im Raum, im Wind, im Feuer, im Wasser, in den Weltgegenden, den Schall, den Puruṣa, der als Schatten erscheint, und den Puruṣa im Menschen. Alle zwölf Vorschläge werden vom König verworfen und schließlich erklärt dieser dem Gelehrten, was das Brahman ist: Jener Zustand, den der Mensch erreicht, wenn er sich im Tiefschlaf ganz in sich zurückzieht, eine »**Seele**« (*ātman*), aus der »alle Lebensgeister (*prāṇa*), alle Welten, alle Götter, alle Lebewesen« hervorgehen; »ihr Geheimname« (*upaniṣad*), so der König schließlich, »ist: ›die Realität der Realität‹; nämlich die Lebensgeister sind die Realität, und er ist ihre Realität.«[110]

Die Identität von Ātman und Brahman

Es dürfte deutlich geworden sein, wie verschieden und vielfältig die upaniṣadischen Seelen- und Weltvorstellungen sind. Es gibt nicht eine kohärente systematische denkerische Entwicklung, sondern seit den Brāhmaṇas steht **ein breites Spektrum von Vorstellungen, Kategorien und Begriffen** zur Verfügung, mit denen die **Frage nach Urprinzip und Urgrund von Mensch und Universum** beantwortet wird und von denen sich in den frühen Upaniṣads zwei Begriffe (mit je verschiedener Geschichte und Bedeutungsspektrum) als besonders inspirierend und aussagekräftig herauskristallisiert haben, die mit der Zeit nicht nur als konvergent betrachtet, sondern auch ganz und gar synonym gebraucht wurden, ohne dabei freilich die anderen Vorstellungen und Bilder ganz zu ersetzen oder zu verdrängen:

– Auf der einen Seite **Brahman**, jene den Gebeten und Ritualen innewohnende mysteriöse Kraft, die sich in den Brāhmaṇas über die vedische Gottheit Brahmaṇaspati sukzessive zum höchsten schöpferischen Prinzip entwickelt hat, das dann in den Upaniṣads wie sein Pendant Ātman zusehends seelenhaft-geistig gedacht wird.

– Auf der anderen Seite **Ātman**, jener frühe Ausdruck für das Selbst, die Seele des Menschen, der parallel mit anderen Begriffen und Bildern gebraucht wird. Mit der Zeit gibt man freilich »den Gedanken auf, den Träger des Lebens im stofflichen Bereich zu suchen«, beginnt immer mehr zu abstrahieren und versteht unter Ātman nur mehr reines »Ich-Bewußtsein«: »das Einzige, Letzte, Unveräußerliche ..., dessen man sich als Individuum gewiß sein kann. Da jedoch dieser Ātman individuell geschieden ist, die Einheit der Lebewelt aber nicht angezweifelt wird, unterstellt man, daß es letztlich nur einen einzigen, somit über-individuellen, Ātman geben kann, dieser aber gerade eben nicht, wie die vielen vermeintlich individuellen ›Ātmans‹, der Erscheinungswelt angehört, sondern sie transzendiert.«[111] Insofern wird der Begriff Ātman sukzessive auf Brahman hin ausgeweitet, bis er schließlich seiner Bedeutung nach ganz mit Brahman identisch erscheint.[112]

So gelangte man schließlich zu jener Einsicht, die im indischen Denken Geschichte machen sollte: **Ātman**, der individuelle, personale Urgrund, ist transzendent und **identisch mit** jenem alles umgreifenden seelenhaft-geistigen kosmischen Urgrund **Brahman**. Ein Gedanke, der an manchen Stellen zunächst nur sehr zurückhaltend anklingt – etwa in der Frage Uṣastas an Yājñavalkya: »Erkläre mir das Brahman … die Seele (*ātman*) in allen Dingen«[113], oder bei jenen fünf Hausherren, die sich fragen: »Wer ist unser Ātman, was ist Brahman?«[114] –, der aber anderswo um so deutlicher und unüberhörbar zum Ausdruck kommt: »Wahrlich, diese große ungeborenen Seele, unvergänglich, unsterblich, furchtlos, ist Brahman«[115], »die Seele (*ātman*), die alles durchdringt, … ist Brahman«![116]

Ja, man unterscheidet sogar, was später vom Advaita-Vedānta aufgegriffen wird, zwischen »höherem« (*para*) und »niederem« (*apara*) Wissen[117], beide direkt von Brahma stammend: Letzteres ist das althergebrachte vedische Ritualwissen – die vier Veden und die sechs unter dem Oberbegriff »Glieder des Veda« (*vedāṅga*)[118] zusammengefaßten vedischen Hilfswissenschaften: Phonetik (*śikṣā*), Metrik (*chandas*), Grammatik (*vyākaraṇa*), Etymologie (*nirukta*), Astronomie (*jyotiṣa*), Opferritual (*kalpa*)[119]. Dieses Wissen führt zwar in die »Welt der guten Taten«[120], in jene lichthafte Himmelswelt, in die man nach einem verdienstvollen Leben gelangt, es ist aber ein »unsicheres Boot«, da es den Menschen letztlich blind und unwissend läßt und ihn nicht vor dem Wiedertod im Jenseits und einer neuen Verkörperung auf Erden bewahrt.[121] Dies vermag nur das höchste Brahma-Wissen zu leisten, jenes Wissen von der großen Weltseele Brahman: unsterblich, ewig, allumfassend, Urgund der Welt und zugleich innerster Kern eines jeden Menschen; ein Wissen, das kultiviert werden muß – autoritativ erlernt und in strenger Askese meditiert –, das von allen Bedürfnissen befreit und schließlich den, »der das höchste Brahma kennt«, »ganz dieses Brahma« werden läßt – frei von Sorgen, frei von Sünde, unsterblich![122]

Damit ist die Frage nach der ersten-letzten Wirklichkeit und Einheit hinter der Vielheit der Erscheinungen beantwortet. Jene Einsicht, die Nārada nicht hatte, obwohl er so viele Bücher und Wissenschaften studiert hatte[123], jene Erkenntnis, für die Indra 101 Jahre bei Prajāpati im Schülerstand verharrte: »Aller Welten und aller Wünsche wird der teilhaftig, der das Selbst findet und erkennt.«[124] Ja, damit ist das Eine gefunden, in dem alle Götter, Elemente, Lebewesen und Erscheinungen letztlich gründen, jenes Eine, das Śvetaketu nicht kannte, obwohl er zwölf Jahre die Veden studiert hatte, und worüber er schließlich mit jenem berühmten Dictum ***tat tvam asi* – »das bist du!«** von seinem Vater Uddālaka belehrt wurde anhand von neun Beispielen, deren letztes lautet:

»›Bring dort eine Nyagrodha-Frucht [Feige] herbei!‹

›Hier ist sie, Ehrwürdiger.‹

›Spalte sie!‹

›Sie ist gespalten, Ehrwürdiger.‹

›Was siehst du darin?‹

›Diese fein erscheinenden Kerne, Ehrwürdiger.‹

›Spalte nun einen von ihnen!‹

›Er ist gespalten, Ehrwürdiger.‹

›Was siehst du darin?‹

›Gar nichts, Ehrwürdiger.‹ …

›Dieses Feine, mein Lieber, das du nicht erblickst, aus diesem Feinen ist so der große Nyagrodha-Baum entstanden. Glaube es, mein Lieber. Und was jenes Feine ist, **das ist das Wesen von allem** hier [der ganzen Welt], das ist die Wahrheit, **das ist das Selbst** (*ātman*), **das bist du**, Śvetaketu!‹«[125]

7. Tod und Erlösung in den Upaniṣads

Tat tvam asi – »das bist du!« In dieser ebenso schlichten wie bedeutungsschweren Formel liegt für viele der eigentliche Schlüssel zum Verständnis der Upaniṣads. Und in der Tat: Es ist darin ein Gedanke formuliert, der für das indische Denken von paradigmatischer Bedeutung werden sollte, eine Erkenntnis, die es nicht nur intellektuell zu verstehen gilt, sondern die intuitiv-mystisch erfahren und so existentiell bewußt und fruchtbar gemacht werden muß. Und so bahnbrechend dieser Gedanke auch ist und so wichtig er für die folgenden Jahrhunderte sein wird, er hatte in den Upaniṣads zunächst wohl nur bedingt mit den **religiösen** Grundfragen menschlicher Existenz zu tun, besonders damit, welches Schicksal den Menschen nach seinem Tod erwartet und wovon letztlich sein Heil und seine Erlösung abhängen. Vielmehr sind es auch hier häufig die alten, oft mythologischen Vorstellungen der Veden und der Brāhmaṇas, auf die in den Upaniṣads zur Beantwortung dieser Fragen zurückgegriffen wird.

Insgesamt kann wohl davon ausgegangen werden, daß bereits in vorupaniṣadischer Zeit die allgemeine Vorstellung verbreitet war, daß ein Verstorbener – welcher Teil von ihm aus welchen Gründen und unter welchen Voraussetzungen auch immer – nach einem vorübergehenden Aufenthalt im Jenseits zu einer neuen irdischen Existenz gelangen kann. Auch in Indien hat man sich schon sehr früh die in vielen Kulturen verbreitete Vorstellung einer möglichen Wiederverkörperung Verstorbener zu eigen gemacht.[126] Sie gehört denn auch zum geistigen Bestand der frühen Upaniṣads. Allerdings gibt es kaum Indizien dafür, »daß eine **ethisierte**«, das heißt, mit moralischen und nicht etwa mit ritualistischen Kategorien oder gar mit irgendwelchen Automatismen argumentierende, »**systematisch** alle Lebewesen einbeziehende Wiedergeburtslehre bereits in vor-upaniṣadischer Zeit in Indien existierte«[127]. Eine solche Lehre kann zweifelsfrei weder für die Upaniṣads generell **vorausgesetzt** werden, noch kann sie, wie wir sehen werden, für die Upaniṣads als **repräsentativ** ausgegeben werden. Vielmehr werden in den Upaniṣads die verschiedenen früheren Vorstellungen aufgegriffen, an verschiedenen Stellen je verschieden interpretiert, entsprechend variiert und schließlich auch weiterentwickelt zu jener **ethisierten karmischen Wiedergeburtslehre**, wie sie uns heute für das indische Denken geläufig ist.

Führt man sich die wichtigsten Passagen der frühen Upaniṣads vor Augen, in denen über das postmortale Schicksal des Menschen spekuliert wird – andere Lebewesen, auch Tiere, werden in der Regel nur am Rande oder als mögliche »Durchgangsstadien« erwähnt –, so lassen sich faktisch **zwei Stränge von Jenseitsvorstellungen** unterscheiden:
– diejenigen, die davon ausgehen, daß sich die Verstorbenen relativ frei und mehr oder weniger nach eigenem Wunsch oder entsprechend ihrem Lebenswandel **zwischen den verschieden Welten** (Erde, Äther, Himmel) **bewegen**,
– und diejenigen, für die »das Ziel nicht in einer freien, selbstbestimmten Bewegung in den Räumen besteht, sondern im **endgültigen Eingehen in die höchste Himmelswelt oder Seinsebene**, während befristete Jenseitsaufenthalte als grundsätzlich mit ›Wiedertod‹ bzw. **zwangsweiser Rückkehr ins Diesseits** verbunden und letztlich **unbefriedigend** gedacht werden«[128].

Freies Bewegen zwischen den Welten

Im JaiminīyaUpaniṣadBrāhmaṇa[129] wird in Kapitel 3,28 der Aufstieg des Verstorbenen durch eine Reihe von Räumen bis zur Sonne und zum Mond geschildert. Wer über das entsprechende »**Wissen**« verfügt (was dies genau heißt, ist aus diesem Text allerdings nicht ersichtlich), kann sich nach dem Tode frei und nach Belieben (*kāmacara*) in all diesen Räumen bewegen. Ja, wer **will**, kann sogar auf der Erde wiedergeboren werden, und zwar in einer Familie seiner Wahl: in einer Krieger-, einer Brahmanen- oder einer Königsfamilie. Eine Wiederverkörperung in der eigenen Familie, wie etwa in älteren, auch außerindischen Vorstellungen bezeugt, ist weder zwingend, noch wird sie als erwünscht dargestellt. Generell scheint eine Wiederverkörperung auf Erden für jemanden, der einmal die Himmelswelt erreicht hat, angesichts des vielen Leids und Elends wohl kaum wünschenswert. So besteht auch **kein Zwang zur Rückkehr auf die Erde**, sondern wenn sich der Verstorbene wiederverkörpert, dann nur aufgrund seines **freien Entschlusses**. Wie und wann jedoch ein solcher Entschluß gefaßt wird – ob noch im Leben, im Prozeß des Sterbens oder erst nach dem Tod –, dazu sagt der Text nichts, genausowenig, wie er sich zum Nachtod-Schicksal der »Nichtwissenden« äußert.

Anschaulicher und vor allem konkreter beschreibt der Gelehrte Yājñavalkya dem König Janaka das postmortale Schicksal des Verstorbenen im bereits erwähnten Dialog beim großen Pferdeopfer. Die Schilderungen und Interpretationen des Sterbegeschehens folgen unmittelbar nach den oben beschriebenen Spekulationen über die Vorgänge im Schlaf:

> »3,36 Wenn er [der Körper-Ātman] in Schwäche verfällt ... dann – genau so wie eine Mangofrucht oder eine Udambara- oder Pippala-Feige sich vom Stiel löst – macht sich der [Seelen]mann (*puruṣa*) von diesen Gliedern frei, eilt wieder in umgekehrter Ordnung, entsprechend dem Ausgangsort, eben zum Atem herbei ...
>
> 38. ... so versammeln sich zur Zeit des Endes alle Lebenskräfte um dieses Selbst (*ātman*), wenn jener seinen letzten Atemzug tut.
>
> 4.1. Wenn nun dieses Selbst (*ātman*) in Kraftlosigkeit verfällt, die Besinnung zu verlieren scheint, da versammeln sich jene Lebenskräfte um es.
>
> Nachdem es [oder er] diese, die aus Glutpartikeln bestehen, zusammen an sich genommen hat, steigt es [bzw. er] herab zum Herzen.
>
> Wenn dieser mit dem Gesichtssinn versehene [Seelen]mann (*puruṣa*) sich abwendet, dann wird man einer, der keine Formen mehr erkennt.
>
> 2. Er wird eins, er sieht nicht, so sagt man. Er wird eins, er riecht nicht, schmeckt nicht, redet nicht, hört nicht, denkt nicht, fühlt nicht, erkennt nicht, so sagt man.
>
> Die Spitze ebendieses Herzens beginnt zu leuchten; bei deren Glanz geht dieses Selbst (*ātman*) heraus mittels des Gesichtssinnes oder aus dem Schädel oder aus einem anderen Körperteil.
>
> Dem Herausgehenden geht der Atem nach, dem herausgehenden Atem folgen alle Lebenskräfte mit heraus. Er wird zu jemandem, der mit Erkennen versehen ist, er steigt entsprechend herab zu jemandem, der mit Erkennen versehen ist. Den fassen Wissen und Werk zusammen an und Erinnerung an Früheres.
>
> 3. Und wie eine Raupe, nachdem sie zum Ende eines Grashal-

> mes gekommen ist, sich auf einen anderen begibt und sich selbst zusammenzieht, genau so zieht sich das Selbst (*ātman*), nachdem es den Körper hat fallenlassen, ins Nichtwissen hat eintreten lassen und sich in einen anderen [Körper] begeben hat, selbst zusammen.
>
> 4. Wie eine Weberin, nachdem sie ein Gewebe wieder aufgetrennt hat, eine andere, neuere, schönere Form ausarbeitet, genau so gestaltet das Selbst eine andere, neuere, schönere Gestalt, nachdem es den Körper hat fallenlassen, ins Nichtwissen hat eintreten lassen, eine Väter-Gestalt oder eine Gandharven-, Götter-, Prajāpati- oder Brahma-Gestalt oder eine Gestalt von einem anderen Wesen.« [130]

Schon im Schlaf konnte ja das »Seelenmännchen« Puruṣa zwischen beiden Welten hin- und herwandeln; nun, nach dem Tod, verläßt es den Körper definitiv. Dabei folgen ihm alle Lebenskräfte, und der Körper verfällt in tiefe Bewußtlosigkeit (»Nichtwissen«). Das Seelenmännchen (oder das Selbst; beide Begriffe werden hier synonym verwendet) kann dann eine neue Gestalt annehmen: »eine Väter-Gestalt oder eine Gandharven-, Götter-, Prajāpati- oder Brahmā-Gestalt oder eine Gestalt von einem anderen Wesen« – von einem Menschen ist interessanterweise hier nicht explizit die Rede! Wie eine Raupe, die sich zusammenzieht, um sich von einem Grashalm auf den anderen zu bewegen, oder wie eine Weberin, die ein Gewebe auflöst, um daraus ein neues zu knüpfen.

Doch wovon hängt diese neue Gestalt ab? Jedenfalls nicht vom Wunsch oder vom freien Entschluß des Verstorbenen. Nein, der **Ātman**, das Selbst des Verstorbenen **werde** zu jemandem, »der mit Erkennen versehen ist«, und er »steige« entsprechend zu jemandem »herab«, »der mit Erkennen versehen ist«, und dabei »fassen ihn Wissen und Werk zusammen an und Erinnerungen an Früheres«. Auch wenn der Text offenläßt, was mit »herabsteigen« genau gemeint ist – eine Wiederverkörperung als Mensch offensichtlich nicht, da in der zuvor erwähnten Reihe ja nicht von einer Menschengestalt die Rede war –, so führt der Text in den folgenden Versen um so genauer aus, was es mit jenem Wissen, Werk und Erinnerungen auf sich hat, die den Ātman des Verstorbenen »zusammen anfassen«:

> »4.5. Nun sagt man, … was er [der Ātman] tut, wie er sich verhält, entsprechend wird er; wer Gutes tut, wird gut, wer Böses tut, wird böse; gut wird er durch verdienstliches Werk (*karman*), schlecht durch böses.
>
> Nun aber sagt man freilich: der [Seelen]mann (*puruṣa*) besteht ausschließlich aus Begierde (*kāma*); so wie seine Begierde ist, von

> solcher Absicht (*kratu*) wird er; entsprechend seiner Absicht handelt er; entsprechend seinem Werk ergeht es ihm.
>
> 6. ... Indem das so ist, ist einer begierdehaft. Nun aber derjenige, der nicht begierdehaft ist, der keine Begierde hat, der frei ist von Begierden, dessen Begierden gestillt sind, dessen Begierde das Selbst (*ātman*) ist: nicht gehen dessen Lebenskräfte heraus, ganz Brahman seiend geht er ins Brahman ein.
>
> 7. ... Und wie eine Schlangenhaut auf einem Ameisenhügel abgestorben, abgestreift liegt, genauso liegt dieser Körper da. Dann ist man körperlos, unsterblich, Atem, ganz Brahman, ganz Glut.«

Der Ātman »wird«, **wie** er sich verhält: Er wird gut, wenn er Gutes bzw. Verdienstvolles (etwa Opfer) tut, er wird schlecht, wenn er Böses tut. Ob sich dieses »werden« allerdings auf eine Wieder**verkörperung** des Toten bezieht, bleibt unklar: Es wird nämlich im gesamten Dialog nichts darüber gesagt, was eine »gute« bzw. »schlechte« Wiederverkörperung sein soll![131] Aber der Text geht noch weiter: Denn wie der Ātman wird, hänge nicht nur von seinen vergangenen **Taten** (*karman*) ab, sondern bereits von seiner **Absicht** (*kratu*, auch »Werk«, »Macht«, »Tüchtigkeit«), und diese hänge wiederum von seinen **Begierden** (*kāma*)[132] ab, ja nur der gehe ins Brahman ein, »dessen Begierden gestillt sind«, der keinerlei Wünsche mehr hat und »dessen Begierde das Selbst (*ātman*) ist«.

Offensichtlich scheint es sich bei solchen Gedanken um etwas für die brahmanische Tradition **Neuartiges** zu handeln, eine neue »Lehre«, die möglicherweise erst nachträglich in dieser Form in den Text integriert worden ist.[133] Als etwas Neuartiges, im geheimen zu Besprechendes, wird diese »Karmanlehre« jedenfalls an einer anderen oft zitierten Stelle eingeführt, im Gespräch zwischen Yājñavalkya und Jaratkārava Ārtabhāga:

> »13. ›Yājñavalkya‹, sagte er, ›wenn nach dem Tod des Menschen seine Sprache in das Feuer eingeht, sein Atem in den Wind, sein Auge in die Sonne, sein Geist in den Mond, sein Gehör in die Himmelsrichtungen, sein Körper in die Erde, sein Selbst in den leeren Raum, seine Körperhaare in die Pflanzen, seine Haupthaare in die Bäume – wenn sein Blut und Same ins Wasser gelegt werden –, wo kommt dann der Mensch zur Entstehung?‹
>
> 14 ›Nimm meine Hand, Ārtabhāga, mein Lieber!‹ so sagte er. ›Wir beide allein werden dies in Erfahrung bringen. Nicht finde unser Gespräch in der Öffentlichkeit statt!‹
>
> Sie gingen hinaus und berieten sich.
>
> Wovon sie sprachen, das war vom Handeln (*karman*); was sie

hervorhoben [priesen], das war das Handeln: ›Als ein Reiner kommt er durch reines Handlen zur Entstehung, als ein Schlechter durch schlechtes.‹

Daraufhin verstummte Ārtabhāga.«[134]

Diese Passage wird häufig als Beleg für die schon frühe Existenz einer karmisch bedingten Wiedergeburtsvorstellung in den Upaniṣads angeführt. Und in der Tat: Mit »gutem« bzw. »schlechtem Handeln« scheinen hier durchaus moralische bzw. unmoralische Verhaltensweisen gemeint zu sein. Insofern haben wir es hier wohl bereits durchaus, ganz im späteren Sinn, mit einer **»ethisierten« Karmanlehre** zu tun. Und da eine solche Betonung der moralischen Qualität von Handlungen (und damit indirekt die Relativierung ritueller Verdienste) zweifelsohne etwas Neues darstellt, das in brahmanischen Kreisen als Gefahr empfunden werden konnte, ist es ja durchaus auch sinnvoll, daß eine solche Lehre, wie der Text sagt, besser nicht öffentlich diskutiert wird.

Allerdings bleibt dieser Text bei genauem Hinsehen in manchen Punkten vage und unklar: Ist mit der Formulierung »zur Entstehung kommen« wirklich an eine Wiederverkörperung auf Erden gedacht, oder steht hinter diesen Aussagen nicht nur ganz allgemein die frühe Vorstellung einer alternierenden Existenz zwischen Diesseits und Jenseits, ohne diese näher zu konkretisieren? Und was hat man sich genau unter einer »unreinen« bzw. »schlechten« Nachtod-Existenz vorzustellen? Vor allem ist fraglich, ob hier schon – wie bei späteren Formen der Karmanlehre – an einen »**Automatismus**« gedacht wird derart, daß vom Verstorbenen womöglich mehrere irdische Existenzen durchlaufen werden müssen als Strafe für einen entsprechenden Lebenswandel und zur Läuterung auf dem Weg zur endgültigen Befreiung.

Wiederverkörperung durch Karman

Was bisher nur vorsichtig und kaum systematisiert angedeutet wurde, kommt in einer zweiten Kategorie von Texten um so deutlicher zum Ausdruck. Für sie, so Lambert Schmithausen, besteht »das Ziel … im endgültigen Eingehen in die höchste Himmelswelt oder Seinsebene, während befristete Jenseitsaufenthalte als grundsätzlich mit ›Wiedertod‹ bzw. zwangsweiser Rückkehr ins Diesseits verbunden und letztlich unbefriedigend gedacht werden«[135] – ganz in dem Sinn also, wie die Karman- und Reinkarnationslehre im allgemeinen verstanden wird. Allerdings gibt es auch hier interessante Nuancierungen und unterschiedliche Gewichtungen, die für das Verständnis der frühindischen Erlösungsvorstellungen von Bedeutung sind.

Von der Sache her geht es um eine der bekanntesten upaniṣadischen »Lehren« (*vidyā*): um die sogenannte »**Fünffeuerlehre**« (*pañcāgnividyā)* mit ihrer Vorstellung von den **zwei Wegen der Verstorbenen** – dem **Weg der Götter** (*devayāna*) und dem **Weg der Väter** (*pitṛyāṇa*). Sie ist schon in den **Brāhmaṇas** überliefert[136], und in den Upaniṣads wird mit je verschiedener Akzentuierung an drei Stellen darauf Bezug genommen.[137]

Worum geht es? Vereinfacht gesagt, um den Versuch einer kohärenten Antwort auf die beiden uralten Fragen: **woher** der Mensch im Grunde stammt und **wohin** er nach dem Tod geht.[138] Erstere Frage beantwortet unsere Lehre mit der Entstehung des Menschen aus einem immer neuen **fünffachen Opferguß der Götter**: Zunächst entsteht im Himmel der heilige Trank Soma, daraus entsteht im Luftraum der Regen, daraus wird dann auf der Erde die Nahrung, diese wird im Mann zum Samen und daraus entsteht schließlich in der Frau ein neuer Mensch[139].

Zur zweiten Frage nach dem »**Wohin**« des Menschen sagen die **Brāhmaṇas**, daß der Tote – das heißt: der **Körper**[140] desjenigen Menschen, der zu Lebzeiten geopfert hat und nach dem vedischen Totenritual bestattet worden ist – mit dem Rauch des Leichenfeuers zum Mond gelangt. Der Mond galt als Wächter der Himmelswelt, als »Herr und Hüter jahreszeitlicher Regelmäßigkeiten«[141]. Er fragt den Verstorbenen, wer er sei bzw. woher er komme. Darauf soll dieser antworten: »Ich bin Wer, du bist Wer: ich bin Du.«[142] Weiß er diese Antwort, dann gelangt der Verstorbene auf dem »Weg der Götter« über die Sonne in die ewige Lichtwelt zu ewiger Unsterblichkeit. Andernfalls wird er auf dem »Weg der Väter« wieder in den Bereich der Vergänglichkeit zurückgestoßen, aber nicht auf die Erde, sondern nur in Richtung dieser Welt, und er macht in dem Bereich halt, den er sich durch seine **Opferspenden** verdient hat. Dort bleibt er eine bestimmte Zeit, »stirbt« dann erneut den »Wiedertod« (*punarmṛtyu*), um sich dann aufs neue auf den Weg zur ewigen Unsterblichkeit zu machen. Von einer Wiedergeburt bzw. einer **Wiederverkörperung auf Erden** ist in den **Brāhmaṇas** also noch **nicht** die Rede, sondern man geht noch davon aus, daß der Mensch **nur einmal auf dieser Welt geboren** wird.

In den **Upaniṣads** greift man nun diese alte Vorstellung auf, modifiziert aber die Aussagen über das weitere Schicksal des Verstorbenen deutlich:

> »1.2: Alle die je aus dieser Welt scheiden, gehen zum Mond. Durch ihre Hauche schwillt er [wie eine Schwangere] in der ersten Monatshälfte an. In der zweiten läßt er sie geboren werden.
>
> Der Mond – das ist das Tor der himmlischen Welt. Wer ihm antwortet, den läßt er an sich vorbei.
>
> Aber wer ihm nicht antwortet, den regnet er, indem er sich in Regen verwandelt, auf die Erde herab. Darauf wird er hier als Wurm oder Schmetterling oder Vogel oder Tiger oder Löwe oder Fisch oder Nashorn oder Mensch oder ein anderes Lebewesen in

den entsprechenden Stätten [des Lebens] wiedergeboren, je nach seinem Handeln, je nach seinem Wissen.«[143]

Unabhängig vom Lebenswandel gelangen zunächst alle Verstorbenen[144] zum Mond – nicht deren Körper, sondern deren Atemkräfte (*prāna*, »Hauch«). Wer die Frage des Mondes richtig beantworten kann, gelangt auf dem Götterweg zur Brahmawelt.[145] Alle anderen gelangen auf dem Väterweg entsprechend dem Kreislauf des Wassers (mit dem in der Fünffeuerlehre ja die Entstehung des Menschen erklärt wird) über den Regen wieder zurück zur Erde, um sich dort als Tier, als Mensch oder als irgendein anderes Lebewesen wieder zu **verkörpern**. Wie man sich freilich diese Wiederverkörperung vorzustellen hat, dazu sagt der Text recht wenig: Nur, daß man als Regen zur Erde zurückfällt und daß man dort ganz verschiedene Körper (»Stätten«) annehmen kann – »je nach seinem Handeln, je nach seinem Wissen«. Was dies allerdings heißt – ob hier **rituelles Handeln und Wissen** gemeint sind oder ob wir es hier bereits, ganz im späteren Sinn, mit dem **ethisierten Verständnis karmischer Wirkungen** zu tun haben – dies läßt der Text offen.[146]

In der späteren standardisierten Version dieses Erlösungsmotivs klingt die alte mythologische Vorstellung vom Wächter im Jenseits nur noch vage an. Die Verstorbenen kommen nach der Leichenverbrennung zum Mond, wo sich – ohne Testfrage – die Wege entsprechend trennen:

»1. Die nun so wissen und die hier (im diesseitigen Leben) in der Wildnis lebend, im Gedanken ›Askese ist Frömmigkeit‹ diese verehren, die verwandeln sich zur Flamme [des Einäscherungsfeuers], von der Flamme zum Tag, vom Tag zur Monatshälfte des zunehmenden Mondes, von der Monatshälfte des zunehmenden Mondes zu den sechs Monaten, in denen die Sonne nach Norden geht,

2. von den Monaten zum Jahr, vom Jahr zur Sonne, von der Sonne zum Mond, vom Mond zum Blitz. Da erscheint ein nichtmenschlicher Mann, dieser bringt ihn [den Blitz] zum Brahman. Das ist, was der ›Pfad der Himmlischen‹ genannt wird.

3. Aber die, die hier in der Niederlassung lebend, im Gedanken ›Opfer und Mildtätigkeit sind Frömmigkeit‹ diese verehren, die verwandeln sich zum Rauch [des Einäscherungsfeuers], vom Rauch zur Nacht, von der Nacht zur zweiten [dunklen] Monatshälfte, von der zweiten Monatshälfte zu den sechs Monaten, in denen die Sonne nach Süden geht. Nicht erreichen diese das Jahr.

> 4. Von den Monaten erreichen sie die Welt der Manen [die Schattenwelt der Verstorbenen], von der Welt der Manen den Raum [zwischen Himmel und Erde], vom Raum den Mond. Dieser ist der König Soma. Er ist die Nahrung der Himmlischen, und so verzehren ihn die Himmlischen[147].
>
> 5. Dann, nachdem sie, solange ein Rest vorhanden [d. h. bis zum Neumond], in ihm gewohnt haben, kehren sie darauf denselben Weg, wie sie gekommen sind, zurück zum Raum; vom Raum zum Wind. Nachdem sie zum Wind geworden sind, wird er [der Wind] zum Rauch. Nachdem er zum Rauch geworden ist, wird er [der Rauch] zum Gewölk.
>
> 6. Nachdem er zum Gewölk geworden ist, beginnt es zu regnen. Dann werden sie hier [in der irdischen Welt] unter dem Namen ›Reis und Gerste‹, ›Pflanzen und Bäume‹, ›Sesam und Bohnen‹ geboren. Aus diesem [Kreislauf] ist ja sehr schwer herauszugelangen. Dann, wenn immer einer sie [die genannten Pflanzen] als Nahrung ißt und dann Samen vergießt, dann entsteht er wieder [als lebendes Wesen].«[148]

Das **Schicksal des Verstorbenen** entscheidet sich also bereits **zu Lebzeiten**: Denn wer die zuvor dargelegte **geheime Lehre** über die Entstehung des Menschen kennt (hier ist also eindeutig gesagt, welches »Wissen« gemeint ist) oder wer zumindest **Askese** (*tapas*)[149] geübt hat, der gelangt auf die beschriebene Weise über das Feuer in die Brahma-Welt. Die Unwissenden – darunter auch diejenigen, die nur die traditionellen Opfer durchgeführt haben – gelangen durch den Rauch über die Schattenwelt der Verstorbenen zum Mond und von dort schließlich als Regen zurück zur Erde. Die Wiederverkörperung erfolgt über die von den Brāhmaṇas her bekannte Kette »Regen – Pflanzen – Nahrung – Sperma – Mensch«. Und obwohl es zunächst sehr schwer scheint, aus diesem Kreislauf wieder zu entrinnen – es braucht ja eine ganze Reihe günstiger »Zufälle«, daß man gerade in eine solche Pflanze eingeht, die schließlich von einem Mann gegessen und über dessen Sperma zu einem neuen Menschen wird – so gibt der Text am Ende doch zu hoffen:

> »7. Die nun hier [in der irdischen Welt] von erfreulichem Wandel sind – es besteht die Zuversicht, daß sie in einen erfreulichen Mutterschoß geraten: den Schoß [der Frau) eines Brahmanen (*brāhmaṇa*) oder den Schoß eines Fürsten (*kṣatriya*) oder den Schoß eines Hausherrn (*vaiśya*).[150]
>
> Aber die hier von übelstinkendem Wandel sind – es besteht die

> Zuversicht, daß sie in einen übelstinkenden Mutterschoß geraten: den Schoß eines Hundes oder den Schoß eines Ebers oder den Schoß eines Unberührbaren (*cāṇḍāla*[151]).«[152]

Wer nämlich in »**erfreulichem**« Lebenswandel gelebt hat, der wird sich in einer Daseinsform verkörpern, die ihm nach einem erneuten Leben die Chance auf definitive Erlösung offenläßt; wer aber von »**übelstinkendem**« Lebenswandel war, wird – auch wenn er zeitlebens die vedischen Rituale verrichtet hat – die Gestalt eines »übelstinkenden«, unreinen Lebewesens annehmen – ein Zustand, aus dem es praktisch kein Entrinnen mehr gibt. Und es gibt auch noch einen »**dritten Weg**« – nach Schmithausen wohl für alle, die »außerhalb der arischen Religionsgemeinschaft standen bzw. beim Tode nicht des Ritus der Feuerbestattung teilhaftig geworden waren«[153]: Sie werden zu irgendwelchen Kleinstlebewesen (*kṣudrāni bhūtāni*) – Würmer, Schmetterlinge, Motten oder Insekten –, dem Gesetz »werde und stirb« unterworfen und »mehrmals wiederkehrend«.[154] Zwar warnt der Text, man solle versuchen, sich davor zu schützen; was aber letztlich aus diesen Verstorbenen wird, dazu erfahren wir nichts.

Erlösung durch die Götter

Der Großteil der Upaniṣad-Autoren geht zweifelsohne davon aus, daß – insbesondere vor dem Horizont der Ātman-Brahman-Spekulationen – die **Verehrung der Götter überholt**, jedenfalls zur Erlangung ewigen Heils, zur Befreiung aus dem Kreislauf von Tod und Wiederverkörperung wertlos und deshalb im Grunde zu verwerfen ist. Ja, man betont, daß am Anfang der Welt allein die Urseele Brahman war: Brahman wünschte sich ein zweites, teilte sich und paarte sich mit diesem Gegenüber in verschiedenen Gestalten, daraus entstanden die verschiedenen Lebewesen, dann erst schuf er drei Klassen von Göttern und die gesamte Weltordnung[155]; und wenn deshalb auch die Menschen sagen »Opfere diesem Gott! Opfere jenem Gott!«, so sind diese allesamt doch nichts anderes als einzig und allein »seine Schöpfung«: »Er selbst ist all diese Götter!«[156] Oder denken wir an jene Parabel vom Wettstreit der Götter[157], wo klar gesagt wird, daß die Götter aus sich selbst heraus nichts vermögen: Nachdem selbst Agni, Vāyu und Indra – also das Prominenteste, was das vedische Pantheon zu bieten hat! – nicht erkennen, wer den Sieg für die Götter eigentlich errungen hat, erscheint die weise Umā, die ihnen schließlich erklärt, daß es Brahman sei, dem sie ihren Sieg und all ihre Fähigkeiten verdanken; und nur aufgrund dieses Brahman-Wissens sind sie fortan allen anderen Göttern überlegen.

Doch ist dies nur die eine Seite der Medaille. Ob hier die spirituelle Praxis der sogenannten »einfachen« Gläubigen ihren Niederschlag gefunden hat, die – bei allen großartigen Spekulationen und neuartigen Konzeptionen – zum großen

Teil wohl nach wie vor auf den helfenden Beistand der Götter und die Kraft der brahmanischen Riten und Gebete vertrauten oder ob es sich gar um eine von brahmanischen Kreisen ausgehende Reaktion auf die antibrahmanisch-emanzipatorischen Erlösungskonzeptionen der Ātman-Brahman- bzw. der Karmanlehre handelte: Zwischen dem 6. und 5. Jahrhundert v. Chr. zeugen besonders die **Īśa-**, **Śvetāśvatara-** und **MahānārāyaṇaUpaniṣad** von einer wiedererstarkten und selbstbewußt vorgetragenen **theistischen Frömmigkeit**[158]: Hier werden nicht nur die Fragen nach Ursache und Urgrund des Universums mit Verweis auf die Götter beantwortet, sondern **Heil und Erlösung des einzelnen** werden von der gläubigen Hingabe an einen **personal gedachten Gott** abhängig gemacht – Grundlage für die späteren großen theistischen Traditionen Indiens![159]

Schon der Name der **ĪśaUpaniṣad** – er ist die Abkürzung für den Beginn ihrer ersten Zeile, die lautet: »Gekleidet (umhüllt/durchdrungen) vom Herrn (= *īśvāsya*) muß dies alles sein« – steht programmatisch für diesen neuen Zugang. In ihren nur 18 Versen ist hier ganz und gar selbstverständlich von einem »reinen«, »weisen« und »umfassenden« **Weltenherrscher** die Rede, der alles Seiende in dieser Welt leitet und durchdringt, der alles Wissen übersteigt und auf dessen Beistand der Sterbende am Ende flehend hofft.

Einen solchen Gott preist auch die spätere (wohl von śivaitisch beeinflußten Priesterkreisen nachträglich in die yajurvedische Tradition eingearbeitete) **ŚvetāśvataraUpaniṣad** in einem kunstvollen sechsteiligen Hymnenzyklus als den einen und wahren Schöpfer und Herrscher des gesamten Universums. Ausgangspunkt ist die alte Frage nach der Ursache der Welt und nach den Voraussetzungen für unser Dasein. Als mögliche Antworten werden sämtliche gängigen theologisch-philosophischen Vorstellungen jener Zeit aufgelistet – die Entstehung der Welt aus der Zeit, aufgrund der ihr eigenen Natur, aus irgendeiner Notwendigkeit, aus Elementen, aus einem männlichen und weiblichen Prinzip, aus einem Urwesen oder aus einer Kombination verschiedener solcher Erklärungen – alle Antworten werden aber sogleich verworfen. Denn ihren eigentlichen Ursprung und Urgrund hat diese Welt nur in **Ihm**, Gott (*deva*)[160], dem Herrn (*īśa*)[161], dem »Einen«, dem keine dieser Erklärungen gerecht wird, da er »über all diese Ursachen herrscht!«[162]

Zur Beschreibung dieses Gottes und zur Affirmation seiner Allmacht und Größe wird denn auch allerlei vedisches Textgut zitiert, paraphrasiert und mit zahllosen philosophisch-theologischen Anspielungen[163] und mythologischer Symbolik ausgemalt und veranschaulicht: Als Urgrund und **Schöpfer** brachte dieser Gott einst das gesamte Universum hervor; als dessen **Erhalter** und **Regierer** ist er in der Welt präsent – als große Seele (*mahātman*) verborgen in den Elementen und der belebten Natur – und zugleich transzendent-entrückt als Weltseele Brahman über alles Seiende erhaben[164]; und als deren **Vollender** nimmt er schließlich – in eins gesetzt mit dem mächtigen, ambivalenten **Rudra**[165], dabei aber immer wieder »**śiva**«, »freundlich«, »wohlwollend«, genannt[166] – am Ende der Zeit wieder alles in sich zurück[167]. Er ist die alleinige Ursache von Wiederverkörperung und Befreiung[168], ihn gilt es deshalb durch Meditation, Askese, gar Yoga[169] zu erkennen, denn nur durch ihn wird man von all den Fesseln dieser Welt befreit[170], nur durch ihn wird man am Ende unsterblich[171]!

Weit facettenreicher zeigt sich die ebenfalls spätere **MahānārāyaṇaUpaniṣad**[172], das umfangreichste Zeugnis spätvedischer Gottesverehrung. In 252 Versen, zusammengefaßt zu 80 Abschnitten (*anuvāka*)[173], werden zunächst die verschiedenen Ziele menschlichen Strebens dargelegt[174] und das menschliche Dasein als vielschichtiges kosmisches Opfergeschehen erklärt[175]. Schließlich wird in immer neuen Variationen eine Antwort versucht auf die Frage nach jenem höchsten Gott, der ersten-letzten Wirklichkeit, die alles Seiende hervorgebracht hat, die es durchwaltet, umgreift und trägt, die es zu erkennen und in die es, am Ende unserer Tage, schließlich einzugehen gilt: Da werden **Prajāpati**, **Puruṣa** und **Bṛhaspati** ebenso als höchste Götter verehrt wie **Ātman** und **Brahman**[176], und zu altbekannten vedischen Gottheiten wie **Indra** und **Agni** wird ebenso gebetet wie zu den in der Folgezeit so bedeutenden **Rudra**, **Śiva** und **Viṣṇu**[177], letzterer hier auch – daher der Name dieser Upaniṣad – verehrt als **Nārāyaṇa**[178].

Die hier vorgestellten Texte kennen offenbar die meisten gängigen theologisch-philosophischen Spekulationen, Kategorien und Vorstellungen ihrer Zeit. Antwort aber auf die großen Urfragen nach Urgrund, Sinn und Ziel von Mensch und Universum vermögen jene nicht zu geben. Entscheidend dafür ist der Glaube: die **gläubige Hingabe an einen höchsten, personal gedachten Gott**, den der Mensch erkennen und zu dem er in Beziehung treten kann. »Im Gegensatz zu den traditionellen Erscheinungen göttlicher Macht (*devatās*) ... ist der ... persönliche Iśvara allen anderen Wesen in jeder Hinsicht überlegen und Herr aller Wesen (ŚvU 6,7). Er ist der Inbegriff der ganzen natürlichen und sittlichen Ordnung, welche die Welt aus einer Vielheit von Einzelerscheinungen zu einem einheitlichen Ganzen macht. Er ist allmächtig und allwissend (MuU 1,1,9). Er ist überweltlich und über alle Kontingenz und Veränderlichkeit erhaben. Er hat die Welt geschaffen und geordnet, er erhält (ŚvU 1,8) und zerstört sie.«[179] Alles Vorstellungen, wie sie in den späteren großen theistischen Traditionen Indiens weiterentwickelt, theologisch reflektiert und systematisch entfaltet werden.

Die Vielfalt upaniṣadischer Erlösungsvorstellungen

Es wurde gezeigt, daß es weder eine »Grundlehre« der Upaniṣads gibt, wie immer wieder zu lesen ist, und daß die spätvedischen Texte genausowenig auf eine ganz bestimmte Lehre als ihren spekulativen Höhepunkt zulaufen. Zu vielfältig sind die denkerischen Ansätze, zu vielschichtig die Argumentationsgänge und vor allem zu verschiedenartig sind die Texte, als daß ein solcher kleinster gemeinsamer theologisch-philosophischer Nenner gefunden werden könnte.

Die wohl berühmteste upaniṣadische Erlösungsvorstellung verbirgt sich hinter dem, was landläufig als »**All-Einheits-Lehre**« bezeichnet und mitunter als eine solche Grundlehre ausgegeben wird. Gemeint sind jene vielen, teils zusammenhängenden, teils fragmentarischen philosophischen Lehrstücke und Spekulationen, die allesamt kreisen um zwei Begriffe:

– **Ātman**, dessen Ursprünge weitgehend unbekannt sind, der erst ganz allmählich zu einem philosophischen Begriff wird und sich über die Brāhmaṇas in den Upaniṣads schließlich durchsetzt als Ausdruck sowohl für das innere Prinzip aller Dinge wie für das menschliche Selbst: »als das unendlich Kleine in uns«, das identisch ist »mit dem unendlich Großen außer uns«[180];

– **Brahman**, der aus kultischem Umfeld stammt und sich nach einer komplexen Entwicklungsgeschichte schließlich am Ende der Brāhmaṇa-Zeit herauskristallisiert als Ausdruck für das höchste schöpferische Prinzip allen Seins.

Während manche Autoren diese Begriffe durchaus verschieden verwenden, rücken andere in ihrer mystischen Suche nach dem Weltengrund die beiden immer näher zusammen bis zu jener Einsicht, daß beide im Grunde identisch sind: »Die einzige, ewige, alles tragende Macht, die sich in allem manifestiert, und die letzte, durch Selbstanalyse und Introspektion gefundene psychologische Einheit sind ein und dasselbe.«[181] Diese **Einheit** ist nicht über den Intellekt zugänglich. Man erlebt sie ansatzweise womöglich im Tiefschlaf, letztlich ist sie nur auf dem Wege **mystischer Versenkung erfahrbar** und erreichbar. Oder, wie es Jan Gonda umschreibt: »Man muß die Identität erleben und mittels der intuitiven, sich dem Adepten blitzweise darbietenden Einsicht in dieselbe sich sozusagen aneignen«; dies führe zu einem beglückenden plötzlichen »Erlebnis der ›Vollheit‹, der völligen Wiedergeburt oder Transfiguration, des Bewußtseins der von jeher existierenden Einheit, der endgültigen Unabhängigkeit von jeder schöpfungsmäßigen Relativität.«[182] Und so hofft denn der Einheitssucher auch am Ende, nach dem Tod, auf »ein **Aufgehen** desjenigen, was auf Erden als Individuum erscheint, im überpersönlichen, unendlichen **Brahman**«[183], ein Aufgehen darin, was rund tausend Jahre später im mittelalterlichen Vedānta begrifflich voll entfaltet sein wird als reines **Sein** (*sat*), reines **Bewußtsein** (*cit*) und reine **Wonne** (*ānanda*).

Aber nicht alle Denker jener Zeit waren Mystiker, im Gegenteil. Indischer Glaube war zu allen Zeiten sehr **konkreter Glaube**, begründet im Wirken und Walten der alten Gottheiten und kosmischen Kräfte, die durch Gebet und Riten zu beeinflussen sind. Daß der Mensch nach dem Tod in den Himmel dieser Götter kommt, galt vielen lange Zeit als sicher, bis die Angst um sich griff, dies könnte nur von begrenzter Dauer sein. Ja, der Mensch müsse womöglich wandern zwischen den Welten, sich dabei je nach Voraussetzung wieder auf

Erden **verkörpern**, um dann erneut die Reise in die Himmelswelt anzutreten. Ein buchstäblich gnadenloser **Kreislauf**, der allein vom Menschen, von seinen **Taten** oder seiner **Erkenntnis**, durchbrochen werden kann. Andere hingegen hofften durchaus auf Gnade: Im **Glauben** an einen **Gott**, der von Anfang bis Ende über allem steht, der das Leben trägt und auf den der Mensch auch im Sterben gläubig hoffen kann.

Keine dieser Vorstellungen hat sich am Ende der vedischen Zeit allein durchgesetzt. Schon damals gab es eine Vielfalt theologisch-philosophischer Konzepte, und diese Vielfalt sollte bei allen Synthesen, Modifizierungen, Verwerfungen und Weiterentwicklungen über die Jahrhunderte und Jahrtausende erhalten bleiben. Dabei wird sich besonders die **Karmanlehre** behaupten als dominierendes Grundaxiom indischer Erlösungslehren bis heute. Erste Grundzüge dieser Lehre sind entwickelt und wichtige Grundentscheidungen gefallen – etwa die sich allmählich durchsetzende Vorstellung von Karman als eigenständig wirksamer Potenz –, zugleich bleiben zahlreiche Ungereimtheiten und Aporien.[184]

So scheinen die spätvedischen Texte »noch weit entfernt von der Idee einer strikten Vergeltungskausalität, die die Lebensbedingungen eines Menschen durchgängig am Maßstab von Verdienst und Schuld reguliert. Probleme des Zusammenhangs von Akt und Vergeltung, vor allem auch die Frage nach der Beständigkeit und Identität dessen, der durch die verschiedenen Verwandlungsprozesse vom Äther zum Samen hindurchgeht, werden nicht thematisiert. Die Frage ›Wer oder was transmigriert, wird verwandelt oder wiedergeboren?‹ wird ebensowenig erörtert und scheint nicht als Problem empfunden worden zu sein.«[185] Zudem gibt es offenbar noch »keine klare und eindeutige Antwort« auf die Frage »nach dem Verhältnis des rituell Korrekten und des sittlich Guten bzw. des rituellen und des moralischen Verdienstes«[186]. Und während man sich zumindest im weitesten Sinn um moralische Vergeltung, um eine Art ausgleichende Gerechtigkeit für die **Taten** der Verstorbenen bemüht, kommt eine ausgleichende Gerechtigkeit für die Opfer dieser Taten und für deren erlittenes Leid dabei generell nicht in den Blick. Und vor allem: »An keiner Stelle in den Veden und Upaniṣaden finden wir das für die klassische Karmalehre konstitutive Doppelaxiom, daß keine moralisch relevante Tat ohne karmische Vergeltung bleiben dürfe und daß es andererseits keine positiven oder negativen Erlebniszustände ohne karmische Ursachen geben könne. Dies finden wir innerhalb des Hinduismus erst im großen Epos Mahābhārata, dessen Anfänge etwa um 400 v. Chr. liegen.«[187]

»Yoga« in den Upaniṣads

Wenn es ein Phänomen gibt, das auch von Außenstehenden in der Regel spontan mit indischem Denken und indischem Geist in Verbindung gebracht wird, dann ist es **Yoga**. Der Begriff kommt vom Sanskritwort *yuj*, »zusammenbinden«, »anschirren«, »ins Joch spannen«. Und Yoga bezeichnet im Grunde nichts anderes als »allgemein jede **Askesetechnik**, jede **Methode der Meditation**«[188], bei der der Übende seinen Geist beruhigt, sammelt, »unter ein Joch« bringt. So schreibt auch Patañjali, der »Begründer« des klassischen Yogasystems, auf das noch einzugehen sein wird, zu Beginn seines berühmten Yogasūtra: »Yoga ist jener innere Zustand, in dem die seelisch-geistigen Vorgänge zur Ruhe kommen. Dann ruht der Sehende in seiner Wesensidentität.«[189] Europäer verstehen unter Yoga meist den »Haṭhayoga«, eine Disziplin aus Patañjalis stufenweise aufgebautem Lehrsystem.

Wann es in Indien die ersten Yogapraktiker, Yogins, gegeben hat, wissen wir nicht. Manche Autoren sehen in den rätselhaften Abbildungen eines vermeintlichen Yogin im klassischen Lotussitz auf den Steatitsiegeln der Harappakultur einen Hinweis auf sehr frühe vor- und außerarische Wurzeln des Yoga – wofür es bis heute allerdings keine überzeugenden Beweise gibt. In mittelvedischer Zeit sind in kultischer Theorie und Praxis erste Elemente bezeugt, die den Priestern **kontemplative Fertigkeiten** an die Hand gaben – man denke etwa an die Funktion von »Tapas« –, die ihnen vermeintliche Kontrolle über Opfer und Götter und damit faktisch Zugang zur Erlösung verschafften.

Diese kontemplativen Methoden wurden wohl mit der Zeit zunehmend verfeinert und zu ersten mehr oder weniger standardisierten Formen kultiviert. Man spricht von »populären, unsystematischen Yoga-Formen«[190], die in vielen späteren Upaniṣads ihre unübersehbaren Spuren hinterlassen haben als Zeugnisse »von Erlebnissen und Meditationen am Rand der brahmanischen Orthodoxie«[191]. Offenbar teilen die upaniṣadischen Weisen bestimmte Ansichten und Praktiken der Yogins ihrer Zeit: »Genau wie diese geben sie die Orthodoxie (Opfer, ziviles Leben, Familie) auf und begeben sich in aller Einfalt auf die Suche nach dem Absoluten. Freilich bleiben die Upaniṣaden auf der Linie der Metaphysik und der Kontemplation, während der Yoga sich der Askese und meditativen Technik bedient. Nichtsdestoweniger besteht zwischen upaniṣadischen und yogischen Kreisen eine ununterbrochene Osmose. Die Upaniṣaden akzeptieren sogar bestimmte yogische Methoden als einleitende Reinigungs- und Betrachtungsübungen.«[192]

In vielen frühen upaniṣadischen Denkfiguren und Bildern klingen Motive aus der Vorstellungswelt des Yoga an. Formulierungen etwa aus der ChāndogyaUpaniṣad – »dieser mein Ātma im Inneren des Herzens ist klein wie ein Reiskorn oder Gerstenkorn oder Hirsekorn oder eines Hirsekornes Kern …

größer als die Erde, größer als der Luftraum, größer als der Himmel, größer als diese Welten«[193] oder – wie sie, im Anschluß an die Spekulationen über die Vorgänge im Schlaf, in den Belehrungen Ajātaśatrus überliefert sind – »die Gestalt dieses Puruṣa ist … wie eine weiße Lotosblüte, wie wenn es plötzlich blitzt«[194], solche Formulierungen entstammen kaum der Feder eines bloß theoretischen Denkers, sondern tragen die deutliche Handschrift eines **erfahrenen Mystikers**, »der schildert, was er erlebt und geschaut hat«[195].

Allerdings ist umstritten, inwieweit Terminologie und Vorstellungswelt des späteren Yoga wirklich bereits für die frühen Upaniṣads vorausgesetzt werden können. In seinem Grundlagenwerk über den Yoga stellt J. W. Hauer zwar schon fest, daß »der Yoga als Methode und als selbständiges System … nicht innerhalb des brahmanisch-kultischen Bereiches«[196] entstanden sei, und betont die verschiedene metaphysische Grundhaltung in den ältesten Upaniṣads und dem späteren Yogasystem[197]. Dennoch schreibt er den »**Vrātya**« (Weisheitslehrer der Atharvaveda-Tradition[198] und Verehrer des Gottes Vāyu-Vāta-Rudra, später des Gottes Śiva) **Atemtechniken** und ausgesprochene **Atemschulungen** zu, aus denen sich die späteren Atemübungen des klassischen Yoga (*prāṇāyāma*) entwickelt haben sollen.[199] Entsprechend stellt Hauer schließlich fest, »daß religionsgeschichtlich verschiedene Bereiche der Yogabewegung in den Upaniṣaden deutlich erkennbar heraustreten«[200]. Auf dieser Linie argumentieren denn auch Mircea Eliade in seinem Standardwerk über den Yoga und andere Autoren.[201]

Einen frühen eindeutigen **Hinweis auf die Yogapraxis** bietet die **Śvetāśvatara-Upaniṣad**, die physisch-mentale yogaartige Techniken wie Konzentration, Körperhaltung und Atemkontrolle zur Schau und Erkenntnis Brahmans empfiehlt.[202] Zusammenhängende **Beschreibungen eindeutiger Elemente yogischer Praxis** finden sich zum erstenmal im sechsten Kapitel der Maitrāyaṇa- oder **MaitrīUpaniṣad**[203]. Der Text ist aber relativ späten Datums, er entstand wohl zwischen dem 2. Jahrhundert vor und dem 2. Jahrhundert nach Christus, also zwischen 600 und 1000 (!) Jahre nach den frühesten oben behandelten Upaniṣads, wohl auch später als die Bhagavadgītā. Von den acht Gruppen physiologischer Praktiken, die Patañjali später in seinen Yoga-Sutrās[204] als »**acht Glieder**« (*aṅga*) oder »Aspekte« des Yoga unterscheiden wird – äußere Disziplin (*yama*), innere Disziplin (*niyama*), Körperhaltungen (*āsana*), Rhythmisierung des Atems (*prāṇāyāma*), Zurückhalten der Sinne von den Objekten (*pratyāhāra*), Konzentration (*dhāraṇa*), Meditation (*dhyāna*), Versenkung (*samādhi*)[205] –, fehlen hier allerdings noch die ersten drei. Der Text bietet also noch keine umfassende Yogaeinführung, wohl aber erstaunliche **physiologische Details**, etwa über die Steigerung der Konzentration durch das Drücken der Zungenspitze gegen den Gaumen[206] oder über die Arterie »Suṣumnā«[207], die dem Atem als Kanal dient. Bemerkenswert zudem die zahlreichen Ausführungen über die heilige Silbe OM (*oṃkāra*) und die Bedeutung ihrer Meditation für den Yogaweg.[208] Womöglich gründet die gesamte Yogainterpretation dieser Upaniṣad auf irgendwelchen mystischen Gehörerscheinungen, jedenfalls deuten Stellen wie diese darauf hin: »Weil er (der Yogin) auf diese Weise den *prāṇa*, die Silbe Oṃ und das Universum mit allen seinen zahllosen Formen vereint ..., heißt dieser Prozeß Yoga. Die Einheit der Atmung, des Bewußtseins und der Sinne – gefolgt von dem Zunichtemachen aller Begriffe – ist der Yoga.«[209]

Nach der Gruppe der sogenannten »SaṃnyāsaUpaniṣads«[210] – faktisch »technische Handbücher für Asketen«[211] (*saṃnyāsin*), die sich auf den Yoga berufen – bieten mehrere Upaniṣads aus der Gruppe der »**yogischen Upaniṣads**«[212] detaillierte und weiterführende Informationen über yogische Praktiken. Diese Texte sind wohl ähnlich »jung« wie die MaitrīUpaniṣad, reichen in ihrer Entstehungszeit jedenfalls an die Yoga-Sūtras Patañjalis heran und bieten eine Reihe neuer, für das Yoga fortan konstitutive Elemente:

– Alle »**acht Glieder**« des Yoga sind jetzt bekannt[213], und es werden sogar **vier Arten des Yoga** unterschieden: Mantra-, Laya-, Haṭha- und Rājayoga[214].
– Einzelne **Āsanas** und das **Prāṇāyāma** werden detailliert beschrieben.[215]
– Minutiös werden vermeintliche **magische Fähigkeiten** und **okkulte Kräfte** (*siddhi*, pl. *siddhayaḥ*) geschildert: die Fähigkeit, sich in die Lüfte zu erheben und jedes beliebige Wesen zu beaufsichtigen, aber auch »Hellsehen, Hellhören, das Vermögen, sich in einem Augenblick über große Entfernungen weg zu versetzen, jede beliebige Gestalt anzunehmen, unsichtbar zu werden, die Fähigkeit, Eisen und andere Metalle in Gold zu verwandeln, indem man sie mit Exkrementen bestreicht.«[216]
– Wichtige Details der **mystischen Yogaphysiologie** sind entwickelt: Fünf **Körperregionen** werden den fünf Elementen zugeordnet, denen je ein mystischer Buchstabe und bestimmte, von einem Gott gelenkte Konzentrationsübungen (*dhāraṇa*) entsprechen[217]. Die sieben **Energiezentren** (*cakra*) werden beschrieben, und vom »Erwachen« der tantrischen Schlange Parameśvarī bzw. **Kuṇḍalinī** ist die Rede[218]; zudem finden sich Hinweise auf »**erotische Magie**«, wie wir sie von einzelnen tantrischen Schulen kennen[219].
– Allerlei Deutungen der **mythischen Silbe OM** werden geboten.[220]
– Verschiedene **Konzentrationsübungen** werden geschildert[221], und ausführlich wird beschrieben, welche **Hörphänomene** bei bestimmten Yogaübungen auftreten und wie der Übende damit umzugehen hat[222] – bis hin zur Beschreibung eines **todähnlichen Zustandes** höchster Versenkung, bei dem der Übende nichts mehr fühlt und nichts mehr hört[223].

Ein Paradigmenwechsel in der Erlösungsvorstellung?

Bemerkenswert an diesen – wohlgemerkt nachvedischen, bis weit in die epische Zeit hineinreichenden – Upaniṣad-Texten ist die geradezu »**experimentelle**«

Weiterentwicklung der spätvedischen Erlösungsvorstellungen. Mircea Eliade hat diese Entwicklung prägnant zusammengefaßt: »Wir haben hier nicht mehr den Primat der reinen Erkenntnis, der Dialektik des Absoluten als des einzigen Instruments der Befreiung. Die Identität *ātman-brahman* wird nicht mehr durch reine, einfache Kontemplation erreicht, sondern auf experimentelle Weise, mittels einer asketischen Technik und einer mystischen Physiologie, anders ausgedrückt, durch einen Verwandlungsprozeß des menschlichen Körpers in einen kosmischen Körper, wo die wirklichen Venen und Arterien eine deutlich sekundäre Rolle spielen gegenüber den ›Zentren‹ und ›Adern‹, in denen kosmische und göttliche Kräfte experimentell erfahren oder ›geweckt‹ werden können. Diese Tendenz zum Konkreten und Experimentellen … ist der ganzen mystischen Strömung des indischen Mittelalters eigen.«[224]

Wenn Eliades Analyse stimmt – und einiges spricht dafür –, dann haben wir es hier mit einer Art **Mikroparadigmenwechsel** zu tun in Sachen **indischer Erlösungsvorstellung**, der in den frühen yogischen Passagen der vedischen Upaniṣads grundgelegt ist, in den Upaniṣads der epischen Zeit unübersehbar wird und der das indische Erlösungsdenken weit über den klassischen Yoga hinaus fortan prägt: »Die Andacht, der persönliche Kult und die ›Subtil‹physiologie treten an die Stelle des versteinerten Ritualimus und der metaphysischen Spekulation. Der Weg zur Befreiung neigt dazu, ein asketisches Itinerarium zu werden, eine Technik, die sich leichter erlernen läßt als die vedāntische oder māhāyānische Metaphysik.«[225]

8. Ethos und Moral in den Upaniṣads

Götter, Opfer und Gesänge: Dies waren die großen Themen der **frühvedischen Religiosität**, und entsprechend ging es auch beim Ethos vor allem um die Bewahrung der durch die Götter gegebenen kosmischen Ordnung und, bei unethischem Handeln, um deren Wiederherstellung durch ensprechende Riten und Gebete.

Individuelle und soziale Tugenden

Den **spätvedischen Upaniṣads** wird immer wieder unterstellt, ihnen gehe es weniger um Moral als um die Erkenntnis grundlegender metaphysischer Geheimnisse – also weniger darum, was der Mensch **tut**, als um die Erkenntnis dessen, was der Mensch im Grunde **ist**. Oder, um es mit den klassischen Begriffen auszudrücken: Das Streben nach **Mokṣa**, Erlösung und Befreiung, sei wichtiger als die Wahrung des **Dharma**, der moralischen Ordnung. Daß man mit solcher Einschätzung diesen Texten nur zum Teil gerecht wird, zeigte sich schon bei der

Untersuchung der upaniṣadischen Jenseitsvorstellungen: Geht es den einen vor allem um die Erkenntnis der Menschenseele und deren Beziehung zur Weltseele Brahman, so entwickeln andere, zum Teil unabhängig davon, bereits die Grundlagen der später für das Hindudenken zentralen ethisierten Karmanvorstellung, und wieder andere versuchen zwischen beiden Ansätzen zu vermitteln.

Spätvedisches Ethos geht aber noch weit darüber hinaus. Nunmehr selbstverständlich ist in den Upaniṣads immer wieder von **Tugenden und Pflichten** die Rede, die vom Erlösungsuchenden zu beachten sind. Mitunter wird unterschieden zwischen **sozialen Tugenden**, die den Mitmenschen und der Gemeinschaft gegenüber zu praktizieren sind, und mehr **individuellen Tugenden**, die der eigenen Selbstvervollkommnung dienen. Als soziale Tugenden gelten allgemein Mildtätigkeit (*dāna*), Rechtschaffenheit (*ārjava*), Nichtverletzen (*ahiṃsā*), Wahrhaftigkeit (*satyavacana*), während zur Selbstvervollkommnung besonders Askese (*tapas*), Durchführen der Opfer (*yajña*) und Vedastudium (*adhyayana*) gefordert werden.[226] Einer Erzählung zufolge vernehmen wir noch heute im Grollen des Donners, *da, da, da*, die Stimme des Schöpfergottes Prajāpati, der einst seine Schüler mit diesen drei Silben moralisch belehrte – als Kurzform für die drei Grundgebote »Bezähmt euch!« (*damyata*), »Gebt Almosen!« (*datta*), »Habt Mitleid!« (*dayadhvam*).[227]

Kein allgemeines Tötungsverbot

Den Hindutraditionen wird im allgemeinen zugute gehalten, daß sie sich – verglichen etwa mit den eher kämpferischen prophetischen Religionen nahöstlicher Provenienz – durch ein hohes Maß an Friedfertigkeit, ja Gewaltlosigkeit auszeichnen. Zweifelsohne galt schon im alten Indien wie auch in anderen Kulturen Mord als eine der verwerflichsten Sünden, besonders wenn es sich um Brahmanenmord handelte, bei welchem dem Täter schlimmste Strafen in Aussicht gestellt wurden. Insgesamt ist aber in Indien »ein allgemeines Recht auf Leben so wenig zu finden wie ein allgemeines Tötungsverbot«, denn »Recht ist in Indien vielfach Gewohnheit und Brauchtum (*ācāra*) mit großen Unterschieden zwischen den Subkasten und Regionen«; zwar fordert **Ahiṃsā** einen weitreichenden **Lebensschutz** in Form der **Nichtverletzung** von Lebewesen, »man findet aber auch Tötungsgebote (im Krieg, für die Jagd, beim Opfer), Todesstrafen, Tötung aus Notwehr, rituelle Selbsttötungen sowie Vertreibung von Alten«[228].

Offenbar war man im alten Indien sogar der Überzeugung, Leben sei »nur durch Gewalt (*hiṃsā*) gegen andere möglich ..., da alles nur für das Opfer geschaffen«[229] sei. Erst in spätvedischer Zeit, am Übergang vom Halbnomadentum zur Seßhaftwerdung, kam der Ahiṃsā-Gedanke auf, allerdings nicht aus Menschenfreundlichkeit oder generellem Respekt vor der Umwelt, sondern zum **Schutz** des wertvollen **Viehbestandes**. Das damit verbundene Tötungsverbot richtete sich zunächst vor allem gegen die gängige brahmanische Opferpraxis, bei der auch größere Tieropfer durchaus an der Tagesordnung waren: Die Opferpraxis wurde zunehmend spiritualisiert, und statt der Tieropfer genügte nunmehr das geheime Wissen um magische Formeln. Das Tötungsverbot wurde schließlich auf andere Lebewesen ausgedehnt und führte so auch zum Vegetarismus, der lange Zeit aber keineswegs gängige Praxis war, sondern lediglich ein asketisches Ideal. Die noch heute in Indien verbreitete **Verehrung der Kuh** kam erst rund tausend Jahre später auf – wohl unter dem Einfluß wiedererstarkter Muttergottheitskulte –, »und erst ab dem 11. Jahrhundert wurde die Kuh als einendes Sinnbild und politisches Symbol des Hinduismus verstanden, deutlich in Abgrenzung zum Islam«[230].

Dharma – Garant der kosmischen Ordnung

Schon in den altindischen Schöpfungsmythen »stützen« die Götter Himmel, Gestirne und Firmament, damit diese nicht herunterfallen, sie »halten« die Erde mit ihren Gebirgen, Ebenen und Flüssen: Eine schöpferische und vor allem ordnende Tätigkeit, die mit dem Sanskritwort *dhṛ* (»stützen«, »halten«) ausgedrückt wird. Entsprechend heißt *dharma* »Halt«, »Stütze«, »rituelle Ordnung«, denn er »hält« den Kosmos, alles Seiende und die bestehende Ordnung, die nach vedischem Denken stets von Mächten des Chaos und der Finsternis bedroht sind.

Aber der **Dharma ist nicht die kosmische Ordnung**, er ist nicht jene universale Gesetzlichkeit, die in allen belebten und unbelebten Dingen wirkt. Dafür steht das vedische **Ṛta**. Wenn auch die meisten heutigen Autoren zwischen diesen beiden Begriffen in der Regel eine enge Beziehung herstellen, so wird, wie der Indologe **Wilhelm Halbfass**[231] herausgearbeitet hat, diese Beziehung in den vedischen Texten selber nirgendwo hergestellt. Sie ist eine späte Erfindung des **Neohinduismus**, die von dort Eingang in die Literatur gefunden hat. Halbfass: »Die Idee einer in der Natur und zumal in leblosen Dingen selbst wirksamen Ordnung, eines Naturgesetzes sozusagen, spielt … im alten und traditionellen Gebrauch von *dharma* praktisch keine Rolle.«[232]

Dharma ist im Veda zunächst ein kultischer Begriff. Im Ṛgveda meint er »Gesetz«, »rituelle Ordnung« und steht dabei durchweg in Zusammenhang mit den Opferritualen. Das Gutsein des Guten und das Gebildetsein des Gebildeten, so der Mīmāṃsā-Philosoph Kumārila später, wird im Veda vor allem zunächst an der Kennerschaft der komplizierten Opferhandlungen gemessen. Mit der Zeit wird die Verwendung des Begriffs ausgeweitet: Dharma wird zur »Totalität verbindlicher Satzungen«[233] und zwar nicht nur im **Rituellen**, sondern auch im **Ethisch-Religösen**, »im Sinne einer mythisch-magischen Korrespondenzkausalität, die rituelle und religiös-sittliche Vollzüge zu kosmischen Phänomenen in Beziehung setzt«[234]. Ethische, kultische und kosmische Dimension werden so miteinander verschränkt. Insofern wird der Dharma zur »Stütze der Welten«, zu jener »Stütze, die durch Opferzeremonien dem Kosmos ›Halt‹ und Stabilität, Regelmäßigkeit und Dauer verleiht, auch zur Grundlage von Ordnung und Gesetzmäßigkeit, zum ›Gesetz‹ allgemein, nach dem sich die Menschen zu richten haben«[235].

Für die Upaniṣads ist der Dharma »Honig aller Wesen«[236] und »Stützpunkt und Grundlage der ganzen Welt«[237]. Er ist »die Herrschermacht der Herrschermacht«, und durch den Dharma, so man sich an ihn hält, »überwindet der Schwächere den Stärkeren ... wie durch einen König«[238]. So wird der Dharma schließlich auch mit **Wahrheit**, *satya*, gleichgesetzt: Wenn man ihn befolgt, wird er »zur **Tugend**, zum **moralischen Verdienst** und, abstrakt gefaßt, zur **Lehre**«.[239]

Der Dharma ist aber kein statisches Gesetz, das alle nach denselben Maßstäben beurteilt, und nach dem alle sich in derselben Weise zu verhalten haben. Im Gegenteil: Alles, was ist, hat **seinen** Dharma, hat nach **seinen** Gesetzmäßigkeiten zu leben, wenn man die gesamte kosmische Ordnung nicht gefährden will. Es ist der Dharma des Wassers, zu fließen und den Durst zu stillen, wie es der Dharma des Feuers ist, Verunreinigungen zu verbrennen, Wärme zu spenden oder die Opfergaben zu den Göttern empor zu tragen. Alles hat **seine** Funktion und Aufgaben: »**Dharma** ist die Grundlage der Verhaltensmaßstäbe des Individuums, er stützt die Struktur der Gemeinschaft und bestimmt die Kontinuität in allen Erscheinungsformen der Wirklichkeit.«[240]

Der Dharma muß erhalten werden, und zwar durch die Āryas, denen je nach Alter und Stand verschiedene Aufgaben und Pflichten zugeschrieben werden: »Indem sie den Dharma nähren und wahren, wahren sie nicht nur die Identität und Kontinuität ihrer Tradition und Gesellschaft, sondern auch die Ordnung und Regelhaftigkeit des Kosmos, der physischen Welt, in der sie leben. Es sind die heilige Tradition und das ihr entsprechende Verhalten der Ārya, die für die Balance und Ordnung auch der physischen Welt wichtig sind: Insofern gehen Kosmos und Gesellschaft, Ethik und Physik in der Tat ineinander über; und in diesem Sinne ist der Dharma bzw. der ihn lehrende Veda eine tragende und erhaltende Macht von fundamentaler Bedeutung.«[241] Es »spiegelt« sich quasi die kosmische Ordnung des Weltalls in der moralischen Ordnung der Gesellschaft, »die durch die Wechselbeziehung zwischen dem Menschen und seiner Familie, seiner Gesellschaft, seiner Umgebung, seinen Lehrern, Manen und Göttern aufrechterhalten wird«[242].

Ein Leben in Lebensstadien (āśrama)

Der Hinduismus ist auf seine Weise eine pragmatische Religion, keine Religion der ausschließlichen Askese und Weltverneinung, wiewohl natürlich das höchste Ziel des Gläubigen die Erlangung von *mokṣa* ist, die Befreiung aus dem Kreislauf von Geburt, Tod und Wiederverkörperung, in den wir durch unser alltägliches Denken und Handeln immer neu verstrickt werden. So gilt auch für die Upaniṣads, daß ein weltensagender Asket mehr Aussicht auf Erlösung hat als ein einfacher Erdenbürger. Und welche Eltern wüßten nicht zu gut, wie schwer – unter durchschnittlichen Lebensbedingungen – das Aufziehen von Kindern, Broterwerb und geistig-spirituelle Selbstvervollkommnung miteinander zu vereinbaren sind. Insofern ist es wohl auch ein Stück weit religiöser Pragmatismus, wenn verdienstliche Werke, Spenden und Riten mit der Zeit gleichbedeutend werden wie weltentsagende Askese, wenn man ein Leben als »Hausvater« religiös gleich wertvoll erachtet wie das als Einsiedler oder als heimatloser Wanderasket.

Es ist die Rede von **Āśramas**, »**Lebensstadien**«, wörtlich: verschiedenen »Perioden oder Orten der religiösen Bemühung«[243], und nach klassischer indischer Vorstellung durchläuft ein erwachsener Hindu sein Leben womöglich in **vier Phasen**:

– Nach der Kindheit, mit Erlangung der religiösen Reife, widmet er sich zunächst in Keuschheit dem **Vedastudium** (*brahmacarya*);

– dann ergreift er einen Beruf, gründet eine Familie und sorgt als **Hausvater** (*gṛhastha*) für deren Unterhalt;

– wenn die Kinder aus dem Haus sind und er allen seinen weltlichen Verpflichtungen nachgekommen ist, soll er sich zurückziehen und – mit Unterhalt des Hausfeuers, also nicht in völliger Askese – wie ein **Einsiedler** (*vānaprastha*) weiter an seiner spirituellen Selbstvervollkommnung arbeiten;

– nur im **äußersten Fall** läßt er sämtlichen Besitz und seine Familie zurück, »wirft alles von sich« (*saṃ-ni-as*) und verbringt den Rest seines Lebens unter höchster Entsagung, ohne Hausfeuer, als bettelnder **Wanderasket** (*saṃnyāsin*; von *saṃnyāsa*, »Niederlegen«, »Aufgeben«, »Entsagung der Welt«); damit verläßt er die brahmanische Ordnung, vollzieht im Gegensatz zum Einsiedler nicht mehr die klassischen Opfer und legt demonstrativ jene äußeren Zeichen ab, die ihn mit der brahmanischen Religionsgemeinschaft verbinden: seine Opferschnur und die auf die Familienabstammung deutende Haarlocke.[244]

Interessant ist, daß der **Hausvaterschaft** und dem **Asketentum** – recht pragmatisch – auch entsprechende **Lebensziele** zugeordnet sind: Der Hausvater soll materielles Wohlergehen (*artha*) anstreben, sexuelle Befriedigung (*kāma*) suchen und seinen sozioreligiösen Pflichten (*dharma*) nachkommen; der Asket soll alles hinter sich lassen und nur noch Befreiung und Erlösung (*mokṣa*) suchen.

In den frühen vedischen Texten findet sich von einer solchen Vorstellung noch keine Spur, in spätvedischer Zeit wird diese Lehre in ersten Ansätzen vorbereitet und sie wird sich zu einem Grundaxiom entwickeln für die gesamte spätere Hindukultur. Die frühen Upaniṣads kennen entweder zunächst nur einzelne dieser Stadien oder sie nennen bestimmte Pflichten und Aufgaben, die auf diese drei Stadien hindeuten, wie Vedastudium, Opfer und Almosen geben oder Fasten.[245] Erst die **späteren Upaniṣads** deuten auf eine **Vierzahl** der Āśramas hin[246], und die älteste Stelle, welche die vier Stadien in der später klassischen Reihenfolge nennt, dürfte wohl die JābālaUpaniṣad sein: »Hat man die Brahmanschülerschaft beendet, so werde man ein Hausvater; nachdem man ein Hausvater gewesen, werde man ein Waldeinsiedler; nachdem man ein Waldeinsiedler gewesen, ziehe man pilgernd umher.«[247]

Die hier skizzierten Entwicklungen zeigen, daß es schon in den Upaniṣads nie zur »vollständigen Trennung von Ritualismus und Brahmavidyā (identifizierendes Wissen des Höchsten)« kam, jenen beiden an sich so verschiedenen religiösen Grundhaltungen, aus denen sich schließlich die »einander opponierenden Strömungen von Karmamārga (›Methode des rituellen Werkes‹) und Jñānamārga (›Methode der Einsicht‹)«[248] entwickeln sollten. Daß die asketisch-spekulativen Tendenzen in den Upaniṣads dominieren – und mitunter zu idealisierten Vorstellungen der Verhältnisse im alten Indien führten –, muß nicht wundern: Die Upaniṣads sind, wie auch das übrige vedische Traditionsgut, zu einem großen Teil ja das religiöse Zeugnis von Eliten – Priestern, Philosophen, auch Adeligen –, und nur vereinzelt kommen einfache Leute zu Wort. Aber für die Mehrzahl der Menschen, vor allem für die der unteren Stände, wird die religiöse Alltagspraxis wohl eine andere gewesen sein: Keine großen erhabenen Spekulationen und asketisch-elitäre Übungen, sondern schlichtes **gläubig-hoffendes Vertrauen** auf den helfenden Beistand der **Götter** und der althergebrachten Gebete, Riten und frommen Werke. Insofern überrascht es nicht, daß die Zeiten der Götter noch lange nicht vorbei sind. Im Gegenteil: Sie werden mit Macht in das religiöse Bewußtsein der Menschen zurückkehren und das religiöse Leben Indiens – neben anderen Strömungen und Tendenzen – auf lange Sicht prägen, ja beherrschen.

C. Der Weg zur klassischen Zeit

I. Politischer Wandel und asketischer Reformismus

Indien ist ein Land vieler Völker und Kulturen – und war es eigentlich zu allen Zeiten. Wie auch immer wir uns die Frühgeschichte Indiens vorzustellen haben, so haben doch die aus dem Nordwesten eingewanderten Arier dieses Land nachhaltig religiös und kulturell geprägt. Auch wenn diese Migrationsthese bisweilen vor allem von indischen Gelehrten in Zweifel gezogen wird[1] – in erster Linie, um den kulturellen Fremdeinfluß auf Indien möglichst gering zu halten –, so hält man bis heute insgesamt doch daran fest.

In **mehreren Wellen** stoßen die Arier vom Nordwesten ins **mittlere und östliche Gaṅgātal** vor, und ab Ende des 7. vorchristlichen Jahrhunderts formieren sich einzelne **Stammeskönigtümer** zu ersten **Verbänden**. Nach und nach entstehen 16 **Großfürstentümer** (*mahājanapada*) und regionale **Königreiche** mit städtischen Zentren, einem ausdifferenzierten Sozialsystem und einer relativ hoch entwickelten Infrastruktur.[2] Schon bald werden auch sie, wie wir sehen werden, von Fremdherrschern, wieder aus dem Westen, politisch unter Druck geraten.

Veränderte sozioökonomische Verhältnisse in den neuen städtischen Metropolen – aufkommende städtische Eliten mit verändertem religiösem Bewußtsein, zunehmend kritisch gegenüber dem althergebrachten Brahmanismus, womöglich aber auch Hungersnöte und aufkommende soziale Spannungen – sind der geistige Nährboden für das Aufkommen **neuer philosophisch-religiöser Ideen**. Viele Lehren kommen auf, die mehr sind als bloße Fortschreibung und Entwicklung der Hindutradition; unter ihnen zwei, die den großen Strom des Hinduismus in eine ganz neue Richtung lenken und damit – beabsichtigt oder nicht – eine eigene, neue Religion ins Leben rufen: **Siddhārta Gautama**, genannt »**Buddha**«, der Begründer des nach ihm benannten »**Buddhismus**«, und **Mahāvīra**, auch genannt »**Jina**«, der große Lehrer des »**Jainismus**«. Auch wenn auf diese beiden Religionen nicht im Detail eingegangen werden kann – sie entwickeln sich ja aus der Hindutradition heraus und werden zu je eigenen Weltreligionen –, so soll doch zumindest knapp das Anliegen dieser beiden großen indischen Lehrer und deren Wirkungsgeschichte skizziert werden.

1. Buddha: Erwachen aus der Illusion des Seins

So manches an Buddhas Botschaft und Geschick erinnert an den jüdischen Wanderprediger Jesus aus Nazaret, der knapp 600 Jahre später in Palästina die Grundlagen für das Christentum legen sollte: wie Jesus war Buddha durch kein Amt legitimiert, wie Jesus trat er auf in Distanz, ja Opposition zum herrschenden religiösen Establishment, wie Jesus gab Buddha keine philosophische Welterklärung und lehrte keine geheimen Offenbarungen, wie Jesus verkündete Buddha keine radikale Lehre der Extreme, sondern einen praktikablen, vernünftigen Weg der Mitte, wie Jesus appellierte er an die Vernunft und die Erkenntnisfähigkeit des Menschen und an dessen Bereitschaft zur Umkehr, und wie Jesus hat Buddha kein Wort seiner Lehre selber aufgeschrieben und der Nachwelt hinterlassen.[3]

Erfahrung von Leid und Vergänglichkeit

Es war wohl – ganz anders als beim Zimmermannssohn Jesus – eine schwerwiegende Existenzkrise, die den 29jährigen Fürstensohn **Siddhārta Gautama** erfaßte und zu tiefgreifenden Veränderungen in dessen Leben führte. Geboren 567 oder 563 v. Chr. in Kapilavastu im heutigen Nepal, stammt Siddhārta aus der nordindischen Śākya-Dynastie – **Śākyamuni**, »Weiser aus dem Geschlecht der Śākyas«, wird man ihn deshalb später nennen. Der Vater Śuddhodana verliert seine Frau Māyā sieben Tage nach Siddhārtas Geburt; die Tante Mahāprajāpatī wird fortan ihren Platz einnehmen. Verheiratet wird der junge Prinz mit seiner Cousine Yaśodharā, mit ihr hat er einen Sohn namens Rāhula, der später sein Schüler werden sollte. Der sensible Siddhārta scheint wenig von der Lebenswirklichkeit der allgemeinen Bevölkerung gekannt zu haben. Jedenfalls soll er der Legende zufolge mit knapp 29 Jahren den Palast zum erstenmal verlassen haben. Dabei soll er einem alten, einem kranken und einem toten Menschen begegnet sein – Alter, Krankheit, Tod, der Legende nach Zeichen für menschliche Vergänglichkeit und menschliches Leid. Und ihm soll aufgegangen sein: »Es ist das Grundproblem allen menschlichen Daseins: Nichts im Leben ist stabil. Alles ist von anderem abhängig. Alles ist veränderlich und vergänglich. Alles letztendlich mit Leid verbunden – **leidvoll.**«[4]

Nach der Begegnung mit einem Bettelmönch verläßt Siddhārta Eltern, Frau und Kind, um als heimatloser Wanderasket einen Weg zu suchen, wie der

Mensch seiner leidvollen existentiellen Grunddisposition entrinnen und Erlösung vom Leiden finden kann. Als ihm die zahlreichen gängigen Lehren und Lehrer seiner Zeit nicht weiterhelfen, zieht er sich mit fünf Gleichgesinnten in die Einsamkeit des indischen Dschungels zurück zu jahrelanger harter, am Ende fast tödlicher Askese – auch ohne Erfolg. Nach insgesamt sechs Jahren soll er schließlich, jetzt wieder allein, im Alter von 35 Jahren im Städtchen Uruvela (skr. *urubilvā*), südlich vom heutigen Patna, unter einem Feigenbaum zur entscheidenden Erkenntnis gelangt und die vollkommene Erleuchtung, das »Erwachen« (*bodhi*) verwirklicht haben: **Buddha**, der »Erwachte« wird er deshalb fortan genannt, und Uruvela heißt Bodh-Gayā, »Ort des Erwachens«.

Buddhas Lösung: die »vier edlen Wahrheiten«

Im Gazellenhain von Sārnāth in der Nähe von Vārāṇasī (auch »Banāras«, engl. Benares) trifft Buddha wieder seine früheren fünf Weggefährten. Auf deren Drängen erläutert er ihnen schließlich jenen Weg, der ihn zur Erleuchtungserfahrung führte – von ihm selber oft »mittlerer Weg« (*madhyamā pratipad*) zwischen Genuß und Selbstpeinigung genannt –, fortan überliefert in den **Vier Edlen Wahrheiten** als »Predigt von Benares«:

> »Und was, o Mönche, ist die **edle Wahrheit vom Leiden**? Geburt ist Leiden, Alter ist Leiden, Krankheit ist Leiden, Sterben ist Leiden, Kummer, Wehklage, Schmerz, Unmut und Unrast sind Leiden; was man wünscht, nicht zu erlangen, ist Leiden; kurz gesagt, die fünf Arten des Festhaltens am Sein sind Leiden ...
>
> Und was, o Mönche, ist die **edle Wahrheit von der Leidensentstehung**? Es ist dieser ›Durst‹, der zur Wiedergeburt führt, verbunden mit Vergnügen und Lust, an dem und jenem sich befriedigend, nämlich der Liebestrieb, der Selbsterhaltungstrieb, die Sucht nach Reichtum …
>
> Und was, o Mönche, ist die **edle Wahrheit von der Aufhebung des Leidens**? Es ist ebendieses Durstes Aufhebung durch (seine) restlose Vernichtung; (es ist) das Aufgeben (des Durstes), der Verzicht (auf ihn), die Loslösung (von ihm, seine) Beseitigung …
>
> Und was, o Mönche, ist die **edle Wahrheit von dem zur Aufhebung des Leidens führenden Pfad**? Es ist dieser edle **achtgliedrige Weg**, nämlich: rechte Einsicht, rechter Entschluß, rechte Rede, rechte Tat, rechter Wandel, rechtes Streben, rechte Wachheit, rechte Versenkung.«[5]

Damit, so die Überlieferung, setzt Buddha das »Rad der Lehre« in Bewegung (skr. *dharmacakrapravartana*). Die fünf Asketen nehmen seine Lehre an, und mit ihnen begründet Buddha die neu entstehende buddhistische Gemeinde, »Saṃgha« genannt. Für den Rest seines Lebens zieht Buddha als Lehrer durch das Land, sammelt eine rasch wachsende Jüngerschar von Mönchen, Nonnen, aber auch Laien um sich und stirbt 80jährig wohl um 480 v. Chr. im nordindischen Kuśinagarī – ganz profan an den Folgen einer Lebensmittelvergiftung. Mit seinen letzten Worten soll er die anwesenden Mönche nochmals eindringlich ermahnt haben, sich stets der eigenen Vergänglichkeit bewußt zu sein …

Eine praktische Erlösungslehre

Buddha verkündete seinen Schülern kein abstraktes philosophisches System. Er versuchte, wie seine zahlreichen überlieferten Lehrreden bezeugen, seinen Zuhörern mit rhetorischem Geschick, Einfühlungsvermögen und Überzeugungskraft einen **praktischen Erlösungsweg** zu weisen, der freilich nach traditionellem Verständnis nur von jenen mit Erfolg beschritten werden kann, die der Welt entsagen und sich ganz diesem Ziel widmen: den **Mönchen**. Frauen waren zunächst wohl nicht vorgesehen. Jedenfalls soll fünf Jahre nach Buddhas »Erwachen« dessen Tante Mahāprajāpatī Gautamī gemeinsam mit 500 Śākya-Frauen den Buddha aufgesucht und um Erlaubnis gebeten haben, als **Nonnen** das hauslose buddhistische Mönchsleben führen zu dürfen. Insgesamt sechsmal soll Buddha ihnen dies verweigert haben, dann sollen sie, hartnäckig insistierend, schließlich ordiniert worden sein.[6]

Buddha betrachtete die Erlösung »nicht als Erreichung eines seligen Zustandes in einem Jenseits …, ähnlich dem Eingehen in das Brahma, sondern einseitig als Loslösung aus den Fesseln des Wesenskreislaufes und damit als Befreiung aus dem Leid des Diesseits«. So spielten philosophische Begründungen und Distinktionen bis auf einige formelhaft überlieferte Lehrsätze in seinen Lehrreden eine untergeordnete Rolle, da »gerade die schwierigsten Fragen nach der Seele und nach dem Zustand nach dem Tode beiseite geschoben« werden konnten.[7] Ein berühmtes Zeugnis dafür ist jene Erzählung, wie sein Schüler Māluṅkyāputra zu Buddha kommt und Antworten auf eine Reihe kosmologischer und soteriologischer Grundfragen erwartet; Buddha solle klar bekennen, ob er darauf eine Antwort wisse oder nicht – worauf dieser dem Schüler erwidert:

> »Habe ich etwa, Māluṅkyāputra, so zu dir gesprochen: Komm, Māluṅkyāputra, sei mein Jünger; ich will dich lehren, ob die Welt ewig ist oder nicht ewig, ob die Welt begrenzt ist oder unendlich, ob die Seele mit dem Körper wesensgleich ist oder nicht, ob der Erlöste nach dem Tode fortlebt oder nicht?«

»Nein, o Herr.«

»Oder hast du etwa so zu mir gesprochen: Ich will, o Herr, dein Jünger sein; lehre mich, ob die Welt ewig ist ...«

»Nein, o Herr.«

»Es steht also fest, Māluṅkyāputra, daß weder ich dergleichen zu dir gesagt habe, noch du dergleichen zu mir. Wer bist du also, du törichter Mensch, und wem machst du Vorwürfe?«

Dann erzählt Buddha das Gleichnis vom Mann, der, von einem Pfeil getroffen, sich diesen nur herausziehen lassen möchte, wenn er zuvor erfährt, wer den Pfeil abgeschossen hat, mit welchem Bogen er abgeschossen wurde, wie der Pfeil beschaffen ist etc. ... Der Mann würde schließlich sterben, so Buddha, bevor er dies alles erfährt. Ebenso würde der Schüler sterben bevor er auf all seine Fragen Antwort bekommt – und hätte dabei am Ende versäumt, den Erlösungsweg zu beschreiten. Und so schließt Buddha seine Belehrung:

»Darum, Māluṅkyāputra, was ich nicht verkündet habe, laßt nicht verkündet sein, und was ich verkündet habe, laßt verkündet sein.

Was aber habe ich verkündet? ›Das ist das Leiden‹, das habe ich verkündet. ›Das ist die Entstehung des Leidens‹, das habe ich verkündet. ›Das ist die Aufhebung des Leidens‹, das habe ich verkündet. ›Das ist der Weg zur Aufhebung des Leidens‹, das habe ich verkündet.«[8]

Aber Buddha ist deswegen kein theoriefeindlicher Pragmatiker. Er vermeidet es nur geschickt, in seiner Erlösungslehre auf Vorstellungen und Themen einzugehen, die weg vom Ziel, weg vom Erlangen der Erlösung führen.

So wurde und wird viel darüber gestritten, ob Buddha etwa ein »Ich« oder die Existenz einer unsterblichen Seele im Menschen angenommen hat oder nicht. Buddha leugnet weder das eine noch das andere. Vielmehr spricht er in der Edlen Wahrheit vom Leiden und in späteren Predigten von fünf »Arten« oder »Gruppen« des Festhaltens am Sein, sogenannten vergänglichen **Skandhas** (*skandha*, »Anhäufung«), welche in ständigem Wandel die Persönlichkeit immer neu zusammensetzen und die fälschlicherweise für das wahre Ich gehalten werden: Körperlichkeit oder **Form** (*rūpa*), **Empfindung** (*vedana*), **Bewußtsein** (*saṃjña*), **Willensregungen** oder -impulse (*saṃskāra*, »Gestaltung«) und das **Erkennen** (*vijñāna*).[9] Diese falsche Vorstellung vom Ich muß der Erlösung Suchende überwinden, indem er sich von ihnen – von allem Körperlichen samt den Empfindungen, Willensregungen etc. – abwendet und damit die Begierde und den Durst (*tṛṣṇā*) nach Sinnengenüssen überwindet, der den Menschen an diese falschen Vorstellungen fesselt.

Begründet wird diese Erlösungslehre mit der Vorstellung einer **zwölfgliedrigen Ursachenkette**[10], die zur immer neuen Verstrickung in den karmischen Wesenskreislauf der Dinge führt: Ursache für die Wiedergeburt ist das **Nichtwissen** (*avidyā*); aus ihm entstehen **Willensregungen**, die sich auf die Sinnesobjekte und auf die irdische Persönlichkeit richten; von den Willensregungen getrieben, geht nach dem Tod das **Erkennen** – ein psychisches Organ und wesentlicher Träger des Wesenskreislaufes – zur nächsten Verkörperung in einen neuen Mutterschoß ein; nach dem Erkennen entstehen **Name und Form**, die körperlichen und psychischen Faktoren der Persönlichkeit, und schließlich die sechs **Sinnesorgane**, die »inneren Bereiche« (*ṣaḍāyatana*). Mit der Geburt des neuen Wesens kommt es zur verhängnisvollen **Berührung** (*sparśa*) der Sinnesorgane mit den Objekten und dem Erkennen; dies führt zu **Empfindungen**, Leidenschaften und schließlich zu jenem **Durst**, der zum **Ergreifen** (*upadāna*), Festklammern am neuen Dasein führt; dies führt schließlich zu neuem **Werden** (*bhava*) und zu einer neuen **Geburt** (*jāti*), weil man damit jene fünf Skandhas, die eine Persönlichkeit ausmachen, gleichsam an sich zieht.[11] Eine endlose Ursachenkette mit immer neuer Verstrickung in das Leid des Daseins, die sich so lange wiederholt, bis man das Nichtwissen aufhebt und alle anderen in Abhängigkeit vom Nichtwissen entstehenden Faktoren ebenfalls aufgehoben werden: Dann muß man nicht mehr wiedergeboren werden, dann ist man erlöst.

In seinen Lehrreden weist Buddha immer wieder auf diesen komplexen Kausalnexus der Wiederverkörperung hin. Er warnt vor allzu simplen und einseitigen Vorstellungen in metaphysischen und soteriologischen Fragen und führt manche davon in seinen Dialogen *ad absurdum*. Berühmt ist etwa Buddhas Gepräch mit dem Wandermönch Vatsagotra, der den Buddha zu einer Antwort bewegen möchte auf die Fragen, ob die Welt ewig sei oder vergänglich, ob ein Erlöster nach dem Tode fortbestehe oder nicht, etc. In seiner Antwort negiert Buddha die gängigen Ansichten ohne aber deren Gegenteil zu affirmieren. Für den Vollendeten, Erlösten gebe es kein »ist« oder »ist nicht« in diesen Fragen: »Frei von jeder Auffassung als Körperlichkeit, Empfindung, Bewußtsein, Willensregungen und Erkennen ist der Vollendete tief, unermeßlich und unergründlich wie das große Meer. Entstehen trifft nicht zu, Nichtentstehen trifft nicht zu, Entstehen und Nichtentstehen trifft nicht zu, weder Entstehen noch nicht Nichtentstehen trifft nicht zu«[12]. So hält der Buddha – ganz im Gegensatz zur späteren buddhistischen Tradition, wo Generationen von Lehrern und Schulen mit wechselnden Resultaten über diese Fragen philosophieren – Spekulationen über diese Fragen insgesamt für fruchtlos.

Gelebtes Ethos als Voraussetzung zur Erlösung

Buddhistische Philosophie dient nicht dem bloßen spekulativen Erkenntnisgewinn, sondern sie ist Begründung von spiritueller Praxis: der Verwirklichung wahren Menschseins und dem Streben nach Erlösung. Unabdingbare **Voraussetzung** dafür ist ein **moralisches Leben**. Wohl wissend, daß ein hohes Ethos nur begrenzt in einem weltlichen Lebensalltag konsequent zu praktizieren ist, unterscheidet Buddha selber schon zwischen **ethischen Grundgeboten für Laien**, die sich mit einem verdienstvollen und sittlichen Leben die Voraussetzungen schaffen für eine bessere Reinkarnation, und einer weitaus **größeren Zahl sittlicher Gebote und Verbote für Mönche**, die ihr Leben ganz dem Streben nach Erlösung widmen:

– **Laien** bekennen sich in der »dreifachen Zufluchtsformel«[13] zum Buddha, zu seiner Lehre (*dharma*) und zur Gemeinschaft der Gläubigen (*saṃgha*, »Menge«, »Schar«). Ihnen ist verboten, Leben zu vernichten (*prāṇātipāta*), Nichtgegebenes zu nehmen (*adattādāna*), unerlaubten Geschlechtsverkehr (*kāmamithyācāra*) zu praktizieren, zu lügen (*mṛṣāvāda*) und berauschende Getränke zu sich zu nehmen (*surāmaireyapramādasthāna*). Ansonsten mögen sie – so zumindest das traditionelle Verständnis – durch **gute Werke** und die **Wohltaten** gegenüber der Mönchsgemeinde **Verdienste** sammeln für eine bessere Wiederverkörperung, in der sie selber als hauslose Wandermönche den Erlösungsweg konsequent beschreiten können.

– **Mönche** hingegen müssen neben den allgemeinen Grundgeboten für Laien eine **große Zahl ethischer Gebote, Vorschriften und Beschränkungen** auf sich nehmen bis hin zu einem sexuell und materiell enthaltsamen Leben – die Tradition spricht später von über 220 Vorschriften, die das Leben der Mönche bis ins Detail regeln.[14] Zudem sind sie gehalten, in ständiger **Selbstbeobachtung** und -reflexion über ihre Sinnesorgane zu wachen, sich bei all ihren Aktivitäten in ständiger **Wachsamkeit** zu üben und damit die Voraussetzung zu schaffen für die erfolgreiche Praxis minutiös ausgearbeiteter **Meditationsübungen**, die in verschiedenen **Versenkungsstufen** schließlich zur reinen Schau des eigenen Wesens führen, zum Freiwerden von allen Befleckungen, zur erlösenden Erkenntnis, die befreit aus dem Kreislauf von Geburt, Tod und Wiederverkörperung.

Buddhistischer Erlösungsweg und yogische Praxis

Kein Zweifel, Buddhas Lehre war auf ihre Weise eine geistige Revolution: Er begründete eine Religion, »unabhängig von Dogma und Priesterschaft, Opfer und Sakrament, die auf die innere Umkehr des Herzens insistiert und auf ein System der Selbstkultivierung. Er machte klar, daß Erlösung nicht von der Akzeptanz zweifelhafter Dogmen abhängig ist oder von Taten der Dunkelheit zur Befriedung eines bösen Gottes. Sie hängt ab von der Perfektion des Charakters und von der Hingabe an das Gute. Das moralische Gesetz ist nicht die zufällige Erfindung eines außergewöhnlichen Geistes oder das Dogma einer zweifelhaften Offenbarung, sondern der notwendige Ausdruck der Wahrheit der Dinge. Das Nichtwissen der Wahrheit, so Buddha, ist die Ursache allen Übels.«[15]

Doch bei aller Originalität: Buddha ist natürlich auch ein **Kind seiner Zeit**. Es ist eine Zeit des geistigen Umbruchs und Aufbruchs, eine Zeit des erstarrten Ritualismus und Aberglaubens ebenso wie des um sich greifenden Skeptizismus, Materialismus und der religiösen Sinnsuche. Es ist jene Zeit, in der »die Veden bereits eine geheimnisvolle Heiligkeit erlangt« haben, in der »die Sitten und Regeln, die später in den Gesetzen des Manu kodifiziert wurden«, bereits üblich sind, aber »noch nicht jene Starre« haben, »die sie in späterer Zeit erlangten«, und in der auch »die sechs philosophischen Schulen noch nicht entwickelt« sind, »doch der Geist der Spekulation, der sie möglich machte, bereits am Werk«[16] ist.

In diesem geistigen Milieu geht Siddhārta auf spirituelle Suche, macht er seine Erleuchtungserfahrung und entwickelt er schließlich seine Erlösungslehre. Und auch wenn er den vedisch-brahmanischen Götterglauben und Ritualismus ebenso ablehnt, wie er abstrakte metaphysische Spekulationen etwa über die Entstehung der Welt oder die menschliche Seele als für die Erlösung irrelevant erachtet, so ist seine **Lehre** doch **nicht völlig neu**. In vielem liegt sein Denken ganz auf der Linie der spätvedischen Upaniṣads, deren Karmanglaube und Erlösungsvorstellung er, wenn auch modifiziert[17], ebenso teilt, wie deren ethische Implikationen. Ja, der Indologe Max Müller ging einst sogar so weit zu behaupten, daß die Upaniṣads faktisch »die Keime des Buddhismus« seien, und der Buddhismus sei »in vielerlei Hinsicht die Lehre der Upaniṣads, ausgeführt in ihren letzten Konsequenzen«[18]. Jedenfalls scheint es »Buddhas Sendung« gewesen zu sein, »den Idealismus der Upaniṣads in ihrem besten Sinn« aufzugreifen, ihn sich zu eigen zu machen und als praktische Erlösungslehre den Menschen zugänglich und »für die alltäglichen Bedürfnisse der Menschheit verfügbar zu machen«[19].

Besonders aufschlußreich ist der Blick auf Buddhas **Erlösungsweg**, minutiös dokumentiert in seinen Lehrreden, die im buddhistischen Kanon überliefert sind. Denn nicht nur der Erlösungsweg selber und dessen meditative Praxis, sondern auch seine Begründung werfen »ein helles Licht auf die Yoga-Praxis der damaligen Zeit«, und die Kenntnis dieses Weges bildet »eine wesentliche Voraussetzung für das Verständnis der späteren Systeme und ihrer Entwicklung«[20].

Zeugnisse damaliger hinduistischer Yogapraxis finden wir etwa im Mahābhārata-Epos, auf das im nächsten Kapitel ausführlich einzugehen ist. Es ist im Kern zwar wohl erst in nachbuddhistischer Zeit entstanden, doch reichen frühe

Traditionsschichten in die spätvedische Zeit zurück. Der Blick auf alte buddhistische Lehrtexte zeigt, wie komplex die frühe buddhistische Meditationspraxis ist und welche Parallelen sie zur yogischen Praxis ihrer Zeit bietet. Die folgenden beiden Schaubilder versuchen eine vereinfachte schematische Zusammenfassung eines solchen Textes[21] und des mehrstufigen Weges zur Erlösung.

Der buddhistische Erlösungsweg

Mönch
zu Beginn des Erlösungsweges → **Einübung von sittlichem Verhalten**

↓

„Behütung" der Sinnesorgane

Bei allem, was er wahrnimmt oder erkennt, beachtet er weder das Allgemeine noch die Einzelheiten. Er versucht, seine Sinnesorgane vor dem zu behüten, wodurch die üblen, unheilsamen Gegebenheiten der Gier und des Mißfallens auf ihn einströmen

⇨ Empfindung von **innerem Glück** ohne Ablenkung.

↓

Übung der Wachsamkeit und Bewußtheit *(smṛtisamprajanya)* bei allem, was er tut (gehen, stehen, sitzen, schlafen, wachen, reden, schweigen ...).

↓

Meditation:

Vorbereitung zur Meditation

Er sucht eine abgelegene Lagerstätte: Dort setzt er sich nach der Mahlzeit, vom Almosengang zurückgekehrt, mit gekreuzten Beinen nieder, den Körper gerade aufgerichtet, indem er sich Wachsamkeit vergegenwärtigt.

↓

Überwindung der 5 Hindernisse bzw. schwächenden Störungen: Gier *(abidhyā)*, Bosheit *(vyāpāda)* und Zorn *(pradoṣa)*, Starrheit *(satyāna)* und Schlaffheit *(middha)*, Erregung *(auddhatya)* und Reue *(kaukṛtya)*, Zweifel *(vicikitsā)* und Unklarheit *(akathaṃkathī)*.

↓

1. Versenkungsstufe *(dhyāna)*

Loslösung von Begierden und unheilsamen Gegebenheiten durch Nachdenken und Überlegen

⇨ **Befriedigung und Wohlbehagen**.

↓

2. Versenkungsstufe

Innere Beruhigung, Konzentration und Sammlung *(samādhi)* des Geistes

⇨ **Befriedigung und Wohlbehagen**.

↓

3. Versenkungsstufe

Abkehr von der Befriedigung: jetzt verharrt er gleichmütig *(upekṣaka)*, wachsam *(smṛtimat)* und bewußt *(samprajāna)*

⇨ **Wohlbehagen**.

↓

4. Versenkungsstufe

Überwindung von Wohlgefallen *(saumanasya)* und Mißfallen *(daurmanasya)* sowie von Wohlbehagen *(sukha)* und Mißbehagen *(duḥkha)*

⇨ **reiner Gleichmut und Wachsamkeit**.

↓

Erlangung der erlösenden Erkenntnis

Ausrichtung des so gesammelten, gereinigten, geläuterten, fleckenlosen, unerschütterlichen etc. Geistes:

– auf die **Erkenntnis früherer Geburten, Weltschöpfungs- und Weltvernichtungsperioden**,

– auf die **Erkenntnis des Dahinscheidens und Wiedererstehens der Wesen,**

– auf die **Erkenntnis des Entstehens und der Aufhebung des Leidens bzw. der Befleckungen**.

⇨ »Im Erlösten ensteht das Wissen von seiner Erlösung: ›Vernichtet ist die Wiedergeburt, vollendet der heilige Wandel, erfüllt die Pflicht, keine Rückkehr gibt es mehr in diese Welt.‹ Also erkennt er!«

— Meditation

↓

Erlöster Mönch

Auffallend ist die weitgehende Übereinstimmung dieser Beschreibung mit jenen Schilderungen der **Yogapraxis**, die wir im Mahābhārata kennenlernen werden: von der Einhaltung von **sittlichen Geboten** als Voraussetzung für die Beschreitung des Erlösungsweges (die uns in dieser Form auch im Jainismus begegnen) über die Vorschriften der einfachen **Sitzhaltung**, die Beschreibung der **Hinder-**

nisse auf dem Erlösungsweg bis hin zu den einzelnen **Versenkungsstufen**, denen allerdings im Buddhismus zum Teil andere Funktionen zugeschrieben werden als in der frühen hinduistischen Yogatradition.

Auch die **Erlösungserfahrung** führt im Buddhismus nicht wie noch in den epischen Texten »zum unmitttelbaren Erleben und Erschauen einer höchsten Wesenheit«, sondern sie liegt, wie später auch im klassischen Yogasystem, in einer bestimmten »Art des Erkennens«. Durch die vorbereitenden Übungen und das Durchlaufen der einzelnen Versenkungsstufen erlangt der Geist »eine ganz besondere Geschmeidigkeit und Wirkungsfähigkeit«. Zwar werden in der buddhistischen Meditation das diskursive Denken und die Empfindungen sukzessive ausgeschaltet, doch bleibt der Erleuchtung Suchende wachsam und bei vollem Bewußtsein: Sein Geist bleibt »vollkommen gesammelt ... auf einen Gegenstand gerichtet, den er schließlich nicht auf dem Wege des Denkens, sondern intuitiv, also durch unmittelbare Wahrnehmung erkennt«[22] – wach und bewußt, mit voller Klarheit und Evidenz.

Was hier nur knapp schematisch skizziert werden kann, wird im Buddhismus nach und nach zu immer komplexeren, einander mitunter auch widersprechenden Lehr- und Übungssystemen ausgebaut – stets mit Berufung auf Buddha und seine Lehre. Lehrstreitigkeiten sind die Folge, welche schließlich neben anderem zur Spaltung der buddhistischen Gemeinde führen.

Spaltung der Gemeinde: die »drei Fahrzeuge«

Ab Mitte des 4. vorchristlichen Jahrhunderts **spaltet** sich die buddhistische Gemeinde. Es gibt Streit um die rechte Auslegung von Buddhas Lehre (*dharma*) und um die Frage, wer zu dieser Auslegung überhaupt ermächtigt sei. Auf mehreren **Konzilien** werden Lehr- und Nachfolgestreitigkeiten diskutiert, und nach und nach wird der **Kanon der buddhistischen Überlieferung** festgelegt. So werden die heiligen Schriften schließlich in einem »**Dreikorb**« (*tripiṭaka*) überliefert: in der von allen am umfangreichsten Sammlung der **Lehrreden Buddhas** (*sūtrapiṭaka*), in der Sammlung der **Ordensregeln** für Mönche und Nonnen (*vinayapiṭaka*) und in der Sammlung der **systematischen Abhandlungen** über Buddhas Lehre (*abidharmapiṭaka*). Die heute vollständig überlieferte Version des Kanons geht wohl auf mittelindische buddhistische Gemeinden zurück und ist in **Pāli** verfaßt; andere Versionen sind nur fragmentarisch erhalten oder ganz verloren.

Nach und nach entstehen **drei große buddhistische Strömungen** (mit zahlreichen Schulen), die als verschiedene Vehikel oder **Fahrzeuge** (*yāna*) auf dem Weg zur Erleuchtung bezeichnet werden:

- **Hīnayāna** (»Kleines Fahrzeug«): Abwertende Bezeichnung (seitens der Mahāyāna-Vertreter) für jene konservativen Mönche, die behaupten, allein die ursprüngliche, reine Lehre Buddhas, die »Lehre der Ältesten« zu bewahren – deshalb auch Theravāda, »Lehre der Ordensältesten«, genannt. Faktisch handelt es sich dabei um jenen »südlichen Buddhismus«, der sich schon früh nach Śrī Laṅkā, Birma, Thailand, Malaysia, Kambodscha und Laos ausbreitet und noch heute dort beheimatet ist.

- **Mahāyāna** (»Großes Fahrzeug«): Jene, die zwischen dem 1. und 5. Jahrhundert nach Christus auf Grundlage neuer Texte Teile der buddhistischen Lehre neu interpretieren und formulieren: Sie treten u. a. für eine Öffnung des Saṃgha für Laien ein und halten – anders das »Kleine« Fahrzeug – alle Wesen, nicht nur Mönche, für fähig, die Erleuchtung zu erlangen. Dieser Mahāyāna-Buddhismus breitet sich über die Seidenstraße nach China aus und gelangt von dort in einer ganz eigenen Prägung nach Korea und Japan.
- **Vajrayāna** (»Diamant-Fahrzeug«; Diamant als Symbol des Unzerstörbaren, Absoluten): Um die Mitte des 1. Jahrtausends in Nordost- und Nordwestindien entstanden, flossen damit u. a. alte esoterisch-magische Praktiken und psychologisierender Ritualismus in die Vorstellungswelt des Mahāyāna-Buddhismus ein. Er gelangt über Nordindien nach Tibet und bildet dort in Synthese mit der alten tibetischen Bön-Religion ab dem 8. Jahrhundert den Tibetischen Buddhismus.

Die großen **Ausbreitungsgebiete** des Buddhismus liegen faktisch **außerhalb Indiens**. In Indien selber erlebt der Buddhismus schon früh unter König Aśoka und anderen regionalen Herrschern zeitweilige Blüte – die Entstehung wichtiger Klöster und Bibliotheken ist bis ins 12. Jahrhundert bezeugt. Unter hellenistischem Einfluß entwickeln sich buddhistische Kunst und Ikonographie im 1. nachchristlichen Jahrhundert in Nordwestindien, Nordpakistan und dem östlichen Afghanistan zur berühmten **Gandhāra-Kunst**. Aber »die Ausbreitung des Buddhismus erreichte schon vor etwa einem Jahrtausend im wesentlichen ihre Grenzen, als nämlich muslimische Eroberer nach Afghanistan und in den Nordwesten Indiens gelangten. Zwar konnten buddhistische Missionare auch danach noch einige größere Bekehrungserfolge verbuchen, so bei den Mongolen, doch verlor der Buddhismus gleichzeitig seinen Einfluß in großen Teilen Süd- und Mittelasiens. Aus Indien selbst war er um 1500 fast restlos verschwunden, nachdem ihn muslimische Eroberer schon im 12. Jh. in seinen bisherigen Kerngebieten vernichtet hatten. Einige übrig gebliebene kleine buddhistische Gruppen assimilierten sich mehr und mehr dem Hinduismus.«[23]

Mehr oder weniger fest etabliert hat sich der Buddhismus in den Ausbreitungsgebieten des Theravāda und Mahāyāna einschließlich Tibet. Seit Ende des 19. Jahrhunderts sorgen buddhistische Erneuerungsbewegungen für eine gewisse »Renaissance« des Buddhismus vor allem in Indien und Ceylon. Auch Europa und Amerika entdecken den Buddhismus als religiöse Alternative, und in einigen europäischen Ländern, besonders aber in den USA, erfreut sich der Buddhismus bis heute zunehmender Beliebtheit und Attraktivität.

2. Jainismus: der asketische Weg der »Sieger«

Buddhismus wie Christentum sind benannt nach den Ehrentiteln ihrer Stifter: Buddha, der »Erwachte«, und Christus, der »Gesalbte«. Der für uns historisch greifbare **Lehrer des Jainismus** – und allenthalben als dessen »Stifter« ausgegeben – ist **Mahāvīra**, der »große Held«, wie ihn seine Anhänger nannten. Mahāvīra griff in seiner Lehre auf eine **bereits vorhandene Tradition** zurück, womöglich war er der Erneuerer einer existierenden **Mönchstradition**. Dreiundzwanzig Lehrer sollen ihm vorausgegangen sein, von denen allerdings nur beim letzten, Pārśva, »Züge einer historischen Persönlichkeit greifbar« sind, »die anderen verlieren sich im Legendären«[24]. Hoch verehrt, werden diese Lehrer in der Tradition »Furtbereiter« (*tīrthaṃkāra*) genannt oder »Jina«, »Sieger«; ihre Anhänger nennen sich entsprechend »Jainas«, und ihre Religion nennt man **Jainismus**.

Mahāvīra: vom Fürstensohn zum Asketen

»Einst hatte die schöne Triśalā, die Gemahlin des Königs Siddhārta ... 14 (nach anderer Überlieferung 16) merkwürdige Träume. Weise Männer deuteten diese dahin, daß die Königin einem Sohn das Leben schenken werde, der unter den Menschen die erlösungspendende Heilswahrheit verbreiten werde. Die Träume gingen in Erfüllung: die Fürstin gebar einen Sohn, der durch Schönheit und Klugheit ausgezeichnet war und schon in früher Jugend durch Wissen und Frömmigkeit unter seinen Zeitgenossen hervorragte.«[25] Er trug den Namen **Vardhamāna** (»der Wachsende«) und war Sohn des Clanchefs der Jñāta – wie sein Zeitgenosse Gautama Buddha also von adeliger Herkunft. Um das Jahr 549 v. Chr. in Kuṇḍagrāma unweit der Stadt Vaiśālī geboren, wächst Vardhamāna als Fürstensohn auf und heiratet ein Mädchen namens Yaśodā, mit der er eine Tochter hat.

»Schon früh faßte er den Entschluß, Asket zu werden, führte ihn aber erst aus, als er nach dem Tode seiner Eltern die Zustimmung seines Bruders Nandivardhana erhalten hatte.«[26] Wie Buddha verläßt der 30jährige Vardhamāna deshalb Frau und Kind, um insgesamt zwölf Jahre als **rigider Wanderasket** der Frage nach der Erlösung des Menschen auf den Grund zu gehen. Nach zwei Jahren legt er alle Kleidung ab und zieht fortan nackt durch die Lande. Rund sechs Jahre seiner Wanderschaft begleitet ihn der Bettlerssohn und Asket **Gośāla Maskariputra**, genannt Gośāla, bis dieser nach einem Streit als erbitterter Feind

Vardhamānas seine eigenen Wege geht und die Gemeinschaft der **Ājīvikas** begründet.

Am Ufer des Flusses Ṛjupālikā, unweit des Ortes Jṛmbhikāgrāma, soll Vardhamāna in einer Sommernacht schließlich die Erleuchtung erlangt haben. »Mahāvīra«, »großer Held« wird er fortan genannt, und mit insgesamt elf Schülern lehrt er rund dreißig Jahre lang in den Königreichen der nordindischen Gaṅgāregion: »Er gründete einen Orden von Mönchen und Nonnen und gewann zahlreiche Laienanhänger. Besonders in den Adelskreisen, aus denen er selbst stammte, hatte er großen Erfolg.«[27] Im Alter von 72 Jahren fastet sich Mahāvīra 477 v. Chr. im Städtchen Pāvā zu Tode, unweit der Magadha-Hauptstadt Rājagṛha. Zu diesem Zeitpunkt sollen bereits 14 000 Mönche und 36 000 Nonnen seinem Orden angehört haben.[28]

Grundzüge der Jaina-Lehre

Der **Jaina-Lehre** zufolge ist die Welt **ewig** und **ungeschaffen** – die Jainas lehnen also die Existenz eines Schöpfergottes ab. Der Glaube an einen Schöpfergott wird als töricht verworfen, denn »wenn Gott die Welt erschuf, wo war er dann vor der Schöpfung?« Und wenn man sagt, »er war außerhalb der Schöpfung«, »wo ist er dann jetzt?« Und »wie konnte Gott die Welt ohne Rohstoff schaffen«? Und warum sollte ein vollkommener Gott überhaupt »den Wunsch haben, etwas zu schaffen«? Und »warum machte er dann die Schöpfung nicht selig glücklich, frei von Unglück?«[29]

Nein, die Welt besteht aus **Seelen**[30] und aus **fünf unbeseelten »Grundsubstanzen«**: die körperhafte, gestaltete **Materie** (dazu gehören auch Hitze, Licht und Schatten) und die körperlosen und ungestalteten Dimensionen **Zeit**, **Raum**, **Bewegung** und **Ruhe**. Dabei ist alles einem großen **kosmischen Zeitzyklus** unterworfen, bestehend aus zwölf Teilen: die ersten sechs Teile beschreiben eine evolutionäre **Aufwärtsentwicklung** der Menschen – ihre Erkenntnis, Alter, Glück, ja selbst ihre Statur nimmt (entsprechend der Reinheit der Seele) sukzessive zu –, die zweiten sechs Teile beschreiben die umgekehrte **Abwärtsentwicklung**, an deren Ende eine Drehung des Zeitrades (*kalpa*) abgeschlossen ist und alles von neuem beginnt.

Die Brahman-Lehre der Upaniṣads lehrte, wie wir sahen, eine allumfassende **Weltseele Brahman**, die letztlich **identisch** ist mit der rein geistigen **Einzelseele** (*ātman*) des Menschen[31]; darauf baut der Hauptstrom der sogenannten »epischen« Tradition, resultierend aus den beiden großen Epen Mahābhārata und Rāmāyaṇa, auf, faktisch auch der Buddhismus und das spätere Sāṃkhya-System. Eine zweite denkerische Linie deutet sich schon in Teilen der epischen Tradition[32] an, sie wird von der Jaina-Tradition aufgegriffen und später im bedeutenden Vaiśeṣika weiterentwickelt: Man geht von **unendlich vielen Einzel-**

seelen (*jīva*) aus; diese Einzelseelen sind **Träger aller geistigen Vorgänge** – also erkenntnis- und handlungsfähig –, und von Natur aus kommt ihnen »unbeschränktes Schauen, unbeschränktes Erkennen, unbeschränkte Kraft und unbeschränkte Wonne zu. Aber nur bei wenigen, welche die Erlösung erlangt haben, kommen diese Eigenschaften frei zur Geltung. Bei den meisten sind sie in ihrer Auswirkung gehemmt durch die seit Ewigkeit bestehende **Verstrickung in den Wesenskreislauf**.«[33] Diese Verstrickung kommt zustande durch das **Karman** – im Jainismus verstanden als **feinstoffliche Substanz**, die sich bei jedem Gedanken und bei jeder Handlung an die menschliche Seele anhaftet. Das Karman beeinflußt die Erkenntnis und die Gefühle des Menschen, prägt aber auch dessen Charakter und Eigenschaften und damit Art und Dauer der Wiedergeburten: »Jede Betätigung im Leben ruft Karma hervor und führt dadurch zu einer neuen Geburt. Und jede neue Geburt bringt wieder neue Betätigung mit sich. Und so geht es weiter in endloser Kette.«[34]

Ein asketisches Ethos

Befreiung aus diesem Kreislauf erfährt nur derjenige, der **vorhandenes Karman tilgt** und **die Entstehung neuen Karmans verhindert**: Durch einen **radikal sittlichen, asketischen Lebenswandel**, durch strengste Kontrolle der Gedanken und Sinne zur Abwehr jeglicher verderblicher Eindrücke. Im Zentrum jainistischer Ethik steht dabei die **Gewaltlosigkeit**, gefordert im strengen Gebot des **Nichtverletzens** (*ahiṃsā*)[35]. Wie im alten Buddhismus kann dieser Weg, später ausgearbeitet in 14 Tugendstufen, in aller Konsequenz faktisch nur von **Mönchen** gegangen werden, die sich strengsten Geboten zu unterwerfen haben.[36] **Laien** können, wie im Buddhismus, durch einen tugendhaften Lebenswandel im jetzigen Leben nur die Grundlage schaffen für ihre Erlösung in einem späteren Dasein. Das **Entstehen neuen Karmans verhindern**:

– fünf **allgemeine ethische Gebote**, die für **Mönche und Laien** gelten[37]: kein Leben vernichten, keine grobe Unwahrheit sagen, keine grobe Aneignung von fremdem Eigentum, sich mit der eigenen Frau begnügen (für Mönche: keusch leben), maßvolles Streben nach Besitz (für Mönche: Besitzlosigkeit); und ferner, **nur für Mönche**:

– **Zucht**: Überwachung des Denkens, der Rede, des Körpers;

– die »**fünffache Behutsamkeit**« beim Gehen, Sprechen, Almosensammeln, Aufheben und Niederlegen einer Sache, Entleerung des Körpers;

– **zehn moralische Pflichten**;

– eine Reihe von **zwölf spirituellen Betrachtungen** und

– das Ertragen von **22 Mühsalen**.

Bereits vorhandenes Karman kann nur durch strengste monastische **Askese** getilgt werden: **äußerlich** durch allerlei körperliche **Kasteiungen** und **innerlich**

durch **Beichte**, **Selbstzucht**, **Frömmigkeit**, **Studium** und, ähnlich wie im Buddhismus, verschiedene minutiös ausgearbeitete Stufen der **Versenkung** – bis hin zur Erlangung von positiven und negativen Wunderkräften.

Die jainistische **Meditationspraxis** ist faktisch eine gegenständliche Meditation: Es geht um das Festhalten an einem bestimmten Grundgedanken – was heilbringend, aber auch unheilvoll sein kann:

– Als **unheilvoll** gelten die »**traurige Versenkung**«, die »der Beseitigung von Unangenehmem und dem Gewinn von Angenehmem dienen soll« und die »**bösartige Versenkung**«, die »auf Lüge, Diebstahl, Raub und Mord gerichtet ist«.

– Als **heilvolle Versenkung** gelten die »**fromme Versenkung**«, gerichtet auf »die heilige Lehre, die Abirrungen, die Frucht der Werke und die sich daraus ergebende Gestalt der Wesen und des Weltalls«, und die »**reine Versenkung**«, welche sich beschäftigt »mit den Abirrungen, dem Unguten, der Unendlichkeit der Geburten und dem ewigen Wandel«. Bei letzterer werden **vier Stufen** unterschieden – von der Betrachtung dieser Gegenstände bis zu jenem Stadium, in dem es keine geistige Betätigung mehr gibt, das schließlich mündet »in den höchsten Zustand, den Gipfel-Grad, der die Erlösung bringt«[38].

Spaltung und Ausbreitung

Schon zu Lebzeiten Mahāvīras gibt es unter seinen Anhängern insgesamt sieben **Spaltungen** – die erste wohl initiiert von seinem Schwiegersohn Jamāli. Die bedeutendste Spaltung der Gemeinschaft vollzieht sich im 1. nachchristlichen Jahrhundert[39] in zwei bis heute bestehende Gruppen: die »**luft-bekleideten**«, also **nackt** umhergehenden **Digambaras** (die in ihrer radikalen Auslegung der Mönchsregeln auch die Erlösungsfähigkeit der Seele aus einem weiblichen Körper leugnen), und die »**weiß bekleideten**« **Śvetāmbaras**. Der Schriftkanon der Digambaras gilt schon seit langem als verschollen; der Kanon der Śvetāmbaras wird rund tausend Jahre nach Mahāvīras Tod auf dem letzten von vier Jaina-Konzilien in Valabhī (453 oder 456 n. Chr.) festgeschrieben. Er unterteilt sich in zwölf Glieder, von denen elf erhalten sind, mit Ordensregeln, Straftexten und allerlei anderen Texten und einzelnen Werken mit »Lehrreden des Jina, systematische(n) Darstellungen der Lehre, Ordensregeln für die Nonnen, Lebensbeschreibungen des Jina, Legenden aller Art und anderes mehr«[40].

Im frühen Mittelalter, zwischen 500 und 1100, kommt die Jaina-Gemeinschaft zu beachtlicher Blüte und Größe. Vor allem im Süden Indiens breiten sich besonders die Digambaras aus, unter dem Schutz regionaler Herrscher nimmt ihr philosophisch-religiöses Schrifttum erheblich zu. Mit der Invasion der Muslime im 12. Jahrhundert gehen Bedeutung und Einfluß der Jainas merklich zurück. Im Gegensatz zu den eher rigiden Digambaras nimmt in der

Neuzeit die Bedeutung der pragmatischeren und effektiv organisierten Śvetāmbaras deutlich zu. Insgesamt kommt der Jainismus im Laufe der Geschichte aber kaum über Indien hinaus: In Indien zählt man heute – meist unter Kaufleuten – knapp drei Millionen praktizierende Jainas; Jaina-Anhänger in Europa und Amerika zählen nur wenige hunderttausend.

3. Erste indische Großreiche

Insgesamt 16 Großfürstentümer (*mahājanapada*) und regionale Königreiche sind uns aus der Zeit Buddhas und Mahāvīras überliefert. Politsch dominant sind »das Königreich von Kosala und die Stammeskonföderation der Vrijis nördlich der Ganga, das Königreich Vatsa mit der Hauptstadt Kausambi am Zusammenfluß der Ganga und Yamuna und südlich der Ganga das Königreich von Magadha«[41]. Unter König Bimbisāra (540-490 v. Chr.) und dessen skrupellosen Sohn Ajātaśatru setzt sich schließlich **Magadha** mit der späteren Hauptstadt Pāṭaliputra (dem heutigen Patna) in einem kometenhaften Aufstieg gegen seine Konkurrenten im Kampf um die politische Vorherrschaft durch. Ein »neuer Typ skrupellos ehrgeiziger Großkönige«[42] sollte Schule machen. Einer ihrer größten, **Mahāpadma**, der Begründer der bedeutenden, militärisch starken und politisch erfolgreichen **Nanda**-Dynastie aus Magadha (ab 364 v. Chr.), trug als erster »den kaiserlichen Titel des Ekachattra, der das ganze Land unter einem einzigen (*eka*) königlichen Schirm (*chattra*) vereinigte«[43]: Herrscher über das erste indische Großreich.

Ein indischer »Machiavelli«: Candragupta

Römischen und griechischen Berichten zufolge verfügten die Nandas über ein gewaltiges Heer, das sie freilich nur über eine rigorose Steuerpolitik erhalten konnten. So ging denn auch unter den acht Söhnen Mahāpadmas die Nanda-Dynastie schließlich zugrunde, der letzte Nanda-Herrscher wurde um 320 v. Chr. von dem **Maurya**-König **Candragupta** gestürzt; seinen Name wird, wohl nicht zufällig, rund 640 Jahre später auch der Begründer der großen Gupta-Dynastie annehmen.

Die Reiche jener Zeit waren hoch entwickelt. Es gab »interregionale Handelswege, eine selbstbewußte Händlerschaft, Arbeitsteilung in (erblichen?) Berufen, einen verästelten Verwaltungsapparat und den begrenzten Übergang von Naturalwirtschaft zu Geldwirtschaft. Grundherrschaft mit Leibeigenen und Hörigen, denen Schutz gegenüber feindlichen Beutezügen gewährt wurde, war üblich, aber territoriale Abgrenzungen der Reiche gab es nur durch ein Netz von wechselseitigen Verpflichtungen und Verwandtschaftsbeziehungen.«[44] Candragupta scheint seine Macht zielstrebig ausgebaut zu haben, vor allem durch einen systematischen Ausbau einer effizienten Verwaltung, mit deren Hilfe er sein Reich straff zentralisiert und kontrolliert.

Zeuge und womöglich Architekt dieser Politik ist ein gewisser **Kauṭilya** alias Cāṇakya oder Viṣṇugupta, wohl ein Brahmane, jedenfalls ein hoher Beamter Candraguptas, mit seinem berühmt-berüchtigten **Staatslehrbuch »Arthaśāstra«**, der skrupellosen Lehre (*śāstra*) vom Nutzen (*artha*) des Königs und des Staates – das wichtigste Staatslehrbuch des alten Indiens mit einer Gültigkeit bis weit ins Mittelalter hinein.[45] Im Zentrum dieser Lehre steht die Überzeugung, daß der Erfolg eines Herrschers gleichzeitig von **außen- und innenpolitischen Faktoren** abhängt:

– **Innenpolitisch** gelte es, das Reich straff und effizient zu organisieren, seine Infrastruktur zu optimieren und politische Gegner erbarmungslos zu verfolgen; das Wirtschaftssystem ist streng zentralistisch, privatwirtschaftliche Initiativen werden bekämpft – Unterdrückung und Ausbeutung der Bevölkerung bis an die Grenzen des politisch (nicht moralisch) Zumutbaren inklusive.

– **Außenpolitisch** gelte es, die Feinde, die quasi in konzentrischen Kreisen im Wechsel mit Verbündeten das Reich umgeben, noch vor einem Kampf durch systematische Unterwanderung, Spionage und Bestechung bis hin zu Raub und anderen Verbrechen maximal zu schwächen. Vor allem seine Erkenntnisse »in die Schwächen und Käuflichkeit der Menschen brachte Kautalyas Werk in den Verruf, selbst Machiavellis ›Il Principe‹ in den Schatten zu stellen«[46].

Bei aller Kaltblütigkeit aber soll sich Candragupta, so die Legende, gegen Ende seines Lebens den **Jainas** angeschlossen haben: Während einer großen Hungersnot soll er mit 12 000 Jainas ins südindische Mysore ausgewandert sein und sich dort, wie es die Jaina-Tradition verlangt, im großen Jaina-Tempel und Kloster Śravaṇa Beḷgoḷā zu Tode gefastet haben – so berichtet es jedenfalls die Jaina-Überlieferung.[47]

Statt Machiavellismus Mitleid und Gewaltlosigkeit: Aśoka

Ein ganz anderer Ruf als der des kalten Realpolitikers Candragupta geht dessen wohl berühmtesten Nachfolger voraus: **König Aśoka**. Im Jahr 268 v. Chr. übernimmt dieser, bisher Unterkönig in Taxila, womöglich nach heftigen Machtkämpfen mit seinen Brüdern von Candraguptas Sohn Bindusāra das Reich, das sich damals bis zum heutigen Bundesstaat Karṇāṭaka im Süden Indiens ausdehnte. Rund dreißig Jahre bleibt Aśoka an der Macht. Mit ihm erhellt sich die indische Geschichte schlagartig, denn »als erster indischer Herrscher hinterließ er eine Reihe großartiger Inschriften, die zu den bedeutendsten Dokumenten der indischen Geschichte zählen«[48]. Berühmt wird Aśoka durch die entscheidende **Wende** in seinem Leben: Nach einem blutigen Sieg über Kaliṅga (im heutigen Orissa) überkommen den bis dahin als sinnenfreudig, gar grausam geltenden König Zweifel an diesem furchtbaren Krieg, in dem »einhundertfünfzigtausend Menschen verschleppt, hunderttausend getötet wurden und viele Male mehr starben«[49]: Aśoka wird **Buddhist**.

Per **Edikt** läßt der König nach dem Vorbild der persischen Achaimeniden im ganzen Land in **Felsen**, auf **Säulen** und **Steinzäunen** Inschriften mit **Grundsätzen buddhistischer Lehre** (*dharma*) und **Ethik** anbringen. Es geht ihm weniger um den Buddhismus als Religion, sondern vielmehr um »ein sittliches Prinzip, das Tugend, Barmherzigkeit, Milde und Toleranz einschließt«[50]. Aśoka gründet Klöster und läßt buddhistische Heiligtümer errichten, und von Sāñchī aus werden Reliquien in Kulthügeln (*stūpa*) über das ganze Land verteilt – buddhistische Reliquienverehrung und Wunderglaube breiten sich aus. Regelmäßig erläßt er reichsweit Anordnungen (*savana*) für einen dharmagemäßen Lebenswandel: weitgehendes Tötungsverbot auch gegenüber Tieren, Verbot von ausschweifendem Lebenswandel, umfassende Fürsorge für Menschen (auch Feinde) und Tiere – bis hin zur Einrichtung von Tierkliniken.

Unter Aśoka wird der **Buddhismus** in Indien zur **Staats-, Kult- und Volksreligion**, und hohe Beamte (*dhammamahāmatta*, »Großinspektoren der Lehre«) haben im ganzen Reich die Befolgung des Dharma zu kontrollieren. Siebzehn Jahre an der Macht, beruft Aśoka ein **buddhistisches Konzil** nach Pāṭaliputra, wo die Mission Südindiens, Ceylons, Kaśmīrs und Afghanistans beschlossen wird. **Mahinda**, Aśokas Sohn oder jüngerer Bruder, setzt das einzigartige Missionswerk des Königs fort – mit welthistorischen Konsequenzen: »Der Einfluß Südindiens und Sri Lankas auf die spätere Ausbreitung des Buddhismus nach Südostasien war ebenso bestimmend wie jener Nordwestindiens für die Vermittlung der Lehre Buddhas nach Zentralasien, von wo aus sie dann über die Seidenstraße bereits im 1. Jahrhundert n. Chr. China erreichte.«[51]

Im Jahr 233 v. Chr. stirbt Aśoka. Schon zu Lebzeiten konnte er sein Großreich nur mit vier Unterkönigen regieren. Unter seinen Söhnen beginnen Aufteilung und rapider Zerfall des Imperiums, das zwar bis weit in den Süden Indiens reichte, aber bei weitem nicht alle Regionen Indiens einschloß. Der letzte Maurya, **Bṛhadratha**, wird 185 v. Chr. bei einer Palastrevolte von seinem General **Puṣyamitra Śuṅga** umgebracht. Dieser begründet die **Śuṅga**-Dynastie[52], deren letzter König 112 Jahre später auf Geheiß eines Ministers von einer Sklavin ebenfalls ermordet worden sein soll. Den Śuṅgas folgen die **Kāṇvas**, unter denen – im Jahre 28 v. Chr. von den **Andhras** beseitigt – das einstige Großreich von Magadha schließlich vollends zerbricht und politisch auf die Bedeutung eines Fürstentums zurückgeworfen wird. Nordindiens Vormachtstellung ist gebrochen, der Sieg eines »zentralindischen Königs über Magadha markiert gleichzeitig den beginnenden Aufstieg Zentral- und Südindiens in den folgenden Jahrhunderten«[53].

4. Perser und Griechen greifen nach Indien

Indiens wechselhafte Geschichte von der Mitte des 1. vorchristlichen Jahrtausends, also dem Ende der vedischen Zeit, bis zum Beginn der »klassischen« Blütezeit des Hinduismus unter den Guptas ab 320 n. Chr. verläuft nicht isoliert. Im Gegenteil: Sie ist beeinflußt von jenen beiden außerindischen Großmächten, die das politische und kulturelle Profil Indiens nachhaltig gestalten und prägen sollten: **Perser** und **Griechen**.

Indiens Nordwesten wird persisch

Im Jahr 559 v. Chr. – 19 Jahre bevor in Indien unter Bimbisāra der Aufstieg der Magadha beginnt – wird der Achaimenide **Kyros II.**, genannt der Große, **König der Perser**. Unter ihm erlebt das persische Reich einen rasanten Aufstieg zur ersten Weltmacht der Geschichte: Neben anderen Regionen verleibt Kyros Lydien und mehrere kleinasiatische Staaten dem Perserreich ein und erobert 539 v. Chr. sogar Babylon. Nach Afghanistan soll Kyros Expeditionen entsandt haben. Indien, der Nachbar im Osten, war nur durch Bergpässe vom Perserreich getrennt, die durchaus überwindbar waren, und so war es wohl nur eine Frage der Zeit, bis die Achaimeniden auch auf den Nordosten Indiens übergriffen. **Dareios I.** (521-480 v. Chr.), der dritte Achaimenidenkaiser, nennt in einer berühmten Inschrift um 518 v. Chr. die Provinz Gandhāra, heute die Region zwischen dem afghanischen Kābul und dem pakistanischen Peshāwār, ein persisches Gouvernement (Satrapie), »andere Inschriften fügen wenige Jahre später auch Hindush, den heutigen Sind, als weitere Satrapie hinzu«[54].

Der **Indus** markiert jetzt die Ostgrenze des persischen Reiches, das Fünfstromland ist fest in persischer Hand, fest unter dem gänzlich neuen, effizienten persischen Verwaltungssystem, dessen Kenntnis bis weit nach Osten ins Gaṅgātal vorgedrungen sein muß. Herodot zufolge müssen die »Indoi«, persisch »Hindus« – die erste Erwähnung dieses Begriffs als Eigenname für die Bewohner der Indusregion – sehr wohlhabend gewesen sein und mit das höchste Steueraufkommen im ganzen Perserreich erbracht haben. Offenbar fühlte sich Persien an seiner Ostfront sicher und hatte kaum Ambitionen auf weitere Expansion. Jedenfalls scheinen »die Großreiche von Magadha und Kosala im Nordosten Indiens ... unbedroht, haben eigene Ziele und Sorgen (und) fühlen sich auch nicht als eigentliche Herren von Indus-Indien«[55]. Insgesamt ist denn auch der »direkte persische Einfluß auf das Geschehen in Indien ... nur schwer einzuschätzen«[56]. Im Osten steigt Magadha ungestört zur indischen Großmacht auf, und dem Perserreich wird schließlich in der Schlacht von Gaugamela (331 v. Chr.) unter Dareios III. nicht von den Indern, sondern vom **Griechen Alexander dem Großen** der Todesstoß versetzt.

Bis an das »Ende der Welt«: der Indienfeldzug Alexanders des Großen

Kein Ereignis jener Zeit ist uns so detailliert überliefert, kein Ereignis hat in solch großem Maß die Phantasie von Epen-, Dramen- und Romanschreibern beflügelt wie der Aufstieg des **Makedonierkönigs Alexander** und sein **Feldzug nach Indien**. Bis an das Ende der bewohnten Welt wollte Alexander vordringen, bis an das Meer jenseits des Magadha-Reiches – das er freilich nie erreichte. 336. v. Chr. wird der zwanzigjährige **Alexander III.**, Schüler des Philosophen Aristoteteles, König von Makedonien, bald Oberfeldherr der Griechen. Von Europa gelangt er über Kleinasien und Syrien nach Ägypten, zieht den Tigris und den Euphrat hinauf und und zwingt das Perserreich, Erbfeind der Griechen, im vernichtenden »panhellenischen Rachefeldzug« nach und nach in die Knie. Über den Hindukusch stößt er fast bis Buchara und Taschkent vor, zieht von dort südwärts nach Kaśmīr und macht sich **327 v. Chr.** auf nach **Indien**: Höhepunkt und Wendepunkt seiner beispiellosen Karriere!

Nordindien erlebt die letzten Jahre der Nanda-Dynastie, als Alexander vom Ostiran über das Gebirge ins Fünfstromland vordringt. Bei den Bergstämmen, auf Unabhängigkeit bedacht, stößt er auf erbitterten Widerstand, während sich König Āmbhi, Herrscher des Taxilareiches, dem Griechen kampflos ergibt und ihn reich beschenkt. In einer dramatischen Schlacht am Jhelum-Fluß (griechisch: Hydaspes) besiegt Alexander den König Poros und stößt über die Zuflüsse des Indus weiter nach Osten vor. Aber je weiter er vordringt, desto weiter und unerreichbarer scheint das Ziel, desto undurchdringlicher das Feindesland. Nach zähem Ringen gibt Alexander schließlich seinen demoralisierten Truppen nach und entschließt sich, den Flüssen entlang, zum Marsch nach Süden Richtung Meer: »325 v. Chr. macht sich der Hauptteil des Heeres unter Alexander auf den Rückmarsch nach Persien; nach entbehrungsreichen Wochen und Monaten kommt im Februar 324 v. Chr. das Heer in Karmanien an. ... Im Mai 324 v. Chr. erreicht Alexander Susa in Persien, im Juni 323 v. Chr. stirbt er in Babylon.«[57] Sein Leichnam wird später in Alexandria beigesetzt.

Auch wenn Alexander das von ihm gesteckte **militärische** Ziel nicht erreicht und die griechische Oberherrschaft über das Indus-Indien schon zehn Jahre nach seinem Abzug abgeschüttelt wird, so ist sein Indienfeldzug **kulturgeschichtlich** nicht ohne Wirkung. Über die gegenseitigen Beziehungen von antiker griechischer **Philosophie** und indischem Denken – Parallelen etwa von indischer Reinkarnationslehre und antiker Palingenesetheorie oder von Platons Staatsdenken und Kauṭilyas Arthaśāstra – wurde und wird viel spekuliert und ist wenig bewiesen. Zweifelsohne bildeten aber »die Berichte der im Gefolge Alexanders reisenden Berichterstatter und des griechischen Botschafters am Hofe des ersten Maurya-Königs ... die Grundlage der Kenntnisse des klassischen und mittelalterlichen Abendlandes über Indien«[58]. Auch hat die indische **astronomi-**

sche Fachliteratur eine Reihe von Fachausdrücken aus dem Griechischen übernommen, und die später so bedeutende Gandhāra-Kunst – die Verbindung von buddhistischer Baukunst und Ikonographie mit hellenistischer Ästhetik – wäre ohne die Wegbereitung Alexanders kaum zu denken. Und **politisch** scheint zumindest indirekt der Aufstieg des Maurya Candragupta, kurz nach Alexanders Indienfeldzug, mit diesem zusammenzuhängen: Überlieferungen deuten darauf hin, daß Candragupta »seine Karriere in einem erfolgreichen Kampf gegen die von Alexander im Industal zurückgelassenen Garnisonen begann«[59].

Alexanders Erben: Seleukiden und »Indogriechen«

Später werden **Alexanders Nachfolger** erneut nach Indien vorstoßen. Nach dessen Tod zerfällt sein Großreich unter den sich bekämpfenden Feldherren zusehends – am Ende entstehen daraus die drei hellenistischen Großreiche **Makedonien** (mit der Hauptstadt Pella), das Reich der **Ptolemäer** in Ägypten (mit der neuen Hauptstadt Alexandria) und das **Seleukidenreich** (mit der Hauptstadt Antiocheia am Orontes), das ganz Vorderasien umfaßt. **Seleukos I. Nikator**, Begründer der Seleukidendynastie, möchte das indische Erbe seines großen Vorgängers antreten, scheitert aber 304 v. Chr. an der Verhandlungstaktik und der militärischen Übermacht Candraguptas, so daß Seleukos schließlich mit diesem einen Grenzvertrag abschließt. Hundert Jahre später bleibt ein Kriegszug des Seleukiden Antiochos III. über den Hindukusch ebenfalls erfolglos – aber nicht wegen heftiger indischer Gegenwehr, sondern wegen der Veränderung der politischen Lage in Zentralasien.

Die griechischen Könige **Baktriens**, nördlich des Seleukidenreiches, erstarken nämlich immer mehr, so daß unter Euthydemos, dem dritten griechischen König Baktriens, dieses Reich schließlich um 250 v. Chr. von den Seleukiden unabhängig wird. Seine Nachfolger greifen nun ihrerseits nach dem indischen Erbe Alexanders und gehen als **Indogriechen** in die Geschichte ein: In den folgenden zwei Jahrhunderten »herrschten über vierzig griechische Könige und Fürsten in Nordwestindien und dem Grenzgebiet von Afghanistan. Ihre Geschichte, besonders im 1. Jahrhundert v. Chr., ist oft nur in Umrissen bekannt«; sie »überlebten als Herrscherelite in nahezu völliger Isolation die von den Parthern in Persien besiegten hellenistischen Staaten fast um ein Jahrhundert«[60].

Nach König Aśokas Tod im Jahr 233 v. Chr. beginnt in Indien der Zerfall des Maurya-Imperiums. Der politische Niedergang der nordindischen Herrscher setzt sich auch unter den Śuṅgas (ab 185 v. Chr.) und den folgenden Dynastien der Kāṇvas und Andhras fort. Politische Verhältnisse also, die der militärischen Expansion der indogriechischen Könige zugute kamen. So kann König **Demetrios** auf den Spuren Alexanders bis an das Indusdelta vorstoßen, von dort entlang der Küste, wo er wichtige Hafenstädte besetzt, bis nach Gujarāt, ja Zentralindien vordringen. Einem seiner Feldherren gelingt – wohl mit Unterstützung von Śuṅga-Gegnern – der Vorstoß durch den Panjāb am Gaṅgā entlang bis zur alten Reichshauptstadt Pāṭaliputra. Hier verläßt die Griechen offenbar das Kriegsglück, Bürgerkriege im eigenen Land zwingen zum Abbruch des Feldzuges, die Griechenherrschaft bröckelt und zerfällt vollends 130 v. Chr. – allerdings nicht wegen der Inder, sondern wieder unter äußerem Druck: unter dem Ansturm zentralasiatischer Nomaden.

Nur ein Griechenkönig wird in die indische Geschichte eingehen: König **Menander**. In den berühmten »Fragen an Milinda« vom Mönch Nāgasena in die buddhistische Lehre von der Seelenlosigkeit des Menschen eingeführt, findet Menander als »**Milinda**« (*milindapañho*) Eingang in die indische Literatur. Ihm werden Sympathie für den Buddhismus nachgesagt, gar Konversion, und unter seiner Herrschaft soll der Norden Indiens zeitweilig zu beachtlicher Blüte gelangt sein.

Das bekannteste Erbe freilich, das sichtbare Zeugnis indisch-griechischer Symbiose, ist – neben dem hochentwickelten **Münzwesen**, das alle Folgedynastien von den Griechen übernehmen – die berühmte **Gandhāra-Kunst**. Schon unter Aśoka entstanden auf indischem Boden großartige buddhistische Reliquienbehälter oder Erinnerungsmonumente (*stūpa*) – einer ihrer berühmtesten mit riesiger Steinkuppel, Steinzaun und prächtigem Torbogen wurde in Sānchī restauriert. Im 1. nachchristlichen Jahrhundert entwickelt sich in Nordwestindien, Nordpakistan und dem östlichen Afghanistan unter hellenistischen Einflüssen die buddhistische Kunst weiter: »An den **Stūpas** und anderen buddhistischen Bauwerken finden wir zahlreiche Bauelemente, die an den korinthischen und jonischen Stil erinnern«[61], und es entstehen – neu in der buddhistischen Tradition – die ersten **bildlichen Darstellungen des Buddha**. Denn Buddhastatuen gab es bis dahin nicht im Buddhismus. Nur symbolhaft wurde auf Buddha und seine Lehre verwiesen, etwa mit dem achtspeichigen »Rad der Lehre« oder mit jenem stark stilisierten steinernen »Fußabdruck«, der noch heute in Bodh-Gayā, dem Ort von Gautamas »Erwachen«, zu sehen ist.[62] Dies ändert sich nun unter griechischem Einfluß: »Die Formgebung der Gandhāra-Buddhas ist überwiegend griechisch. Griechisch ist die idealisierte Jugendlichkeit, die an Apollostatuen denken läßt, griechisch ist der Faltenwurf des Gewandes, und griechisch ist der Krobylos, der aufgebundene Haarschopf, den die Inder zu einem Schädelauswuchs umdeuteten.«[63]

Invasion zentralasiatischer Nomaden

Völkerwanderung: Wieder drängen Fremdherrscher aus dem Nordwesten nach Indien, wieder kommen sie aus Zentralasien – diesmal die **Śakas** (Saken). Unter dem Druck des Nomadenvolkes der Yüe-chi aus ihren Weidegebieten vertrieben, erobern diese skythischen Stämme – mit schnellen Pferden und starken Bogen den Griechen militärisch überlegen – unter ihrem König **Maues** weite Gebiete am Indus und drängen rasch bis nach Zentralindien vor. Wann Maues geherrscht hat, ist ungewiß, die Datierungen schwanken zwischen 94 vor und 22 nach Christus. Unter ihm und seinem Nachfolger **Azes I.** »begründen die Shakas ein großes Reich in Norwestindien von Mathura, Ujjain, Gandhāra bis an die Küste von Saurashtra«. Die **Śaka**-Könige waren ganz und gar griechisch geprägt: Sie trugen »den griechischen Titel ›König der Könige‹ (*basileus basileon*), benutzten die griechischen Monatsnamen und prägten ihre Münzen nach dem Vorbild der Indo-Griechen«[64].

Aber schon eine Generation später, unter Azes II., wurden die Śakas von den **Indoparthern** abgelöst. Diese wären kaum zu erwähnen, wenn nicht deren König **Gondopharnes** in die **christliche Tradition** eingegangen wäre. Denn nach dem Tod Jesu von Nazaret und nach der Zerstreuung seiner Jünger soll der **Apostel Thomas** schließlich nach Indien gelangt sein und dort missioniert haben – die südindischen »Thomaschristen« sehen sich in dieser Tradition.[65] Den apokryphen Thomasakten aus dem 3. Jahrhundert zufolge soll der Apostel in Indien auch am Hofe eines gewissen Königs **Gunduphar** tätig gewesen sein und von dort die Indienmission vorangetrieben haben, bevor er in Südindien den Märtyrertod starb. Ob Gunduphar/Gondopharnes selber Christ wurde, ist ungewiß, aber wahrscheinlich. Jedenfalls erhielt dieser König wohl nicht ohne Grund über das Armenische als **Gathaspar** einen prominenten Platz in der christlichen Überlieferung: Gondopharnes alias Gathaspar wird nämlich zu keinem Geringeren als **Kaspar**, dem ersten der drei »Magier« bzw. »Könige« aus dem Morgenland, die dem neugeborenen Jesus seinerzeit ihre Aufwartung gemacht haben sollen …[66]

Die weitere Geschichte Nordindiens um die Zeitenwende wird maßgeblich von den bereits genannten **Yüe-chi** bestimmt, welche die Saken seinerzeit nach Indien drängten. Sie machen es ihren Vorgängern nach und bringen den Nordwesten Indiens, womöglich bis zum heutigen Benares, unter ihre Herrschaft. Ihr König, Kadphises I., nennt sich nicht nur »Fürst von Kuṣān«, sondern – wie die späteren indischen Großherrscher – »Mahārāja«, Großkönig.

Der größte aller Kuṣān-Herrscher freilich ist **König Kaniṣka**. Auf dem Höhepunkt seiner Macht nennt er sich »Großkönig, König der Könige und Sohn der Götter« (*mahārāja rājātirāja devaputra*), und sein Reich dürfte sich mit Peshāwār im heutigen Westpakistan als Zentrum »von Benares über Kaschmir und – möglicherweise – Ladakh und Baktrien bis an den Oxus und im Süden über Malwa und den Sind bis an die Küste erstreckt haben«[67]. Kaniṣka ist **Buddhist**: So verdankt die Nachwelt diesem »zweiten Aśoka« die berühmte Stūpa von Peshāwār – Pilgerberichten zufolge mit bald 700 Fuß Höhe ein wahres Weltwunder der Antike – und die Einberufung eines buddhistischen Konzils nach

Kaśmīr, von dem wichtige Impulse für den Mahāyana-Buddhismus ausgegangen sind und wo sich vor allem das Sanskrit als Sprache des nördlichen Buddhismus durchsetzte.[68] Kaniṣka ist aber auch **Kosmopolit**: So fördert er nicht nur die buddhistische Gandhāra-Schule, sondern auch die Kunst der Hindus. Unter ihm kommen zudem die traditionellen Götter der Kuṣān wieder zur Geltung, und die Münzen seines Reiches tragen Inschriften und Götterbilder von Buddhisten, Hindus und Griechen ebenso wie von Persern und Sumerern.

Mit seiner Thronbesteigung verkündet Kaniṣka eine **eigene Zeitrechnung**. Wann diese Ära begann, ist freilich umstritten – die Theorien bewegen sich zwischen 58 vor, 78 nach oder 120 und 144 nach Christus.[69] Sicher ist nur sein Tod im 39. Jahr seiner Ära. Seine Nachfolger können kaum an Kaniṣkas Ruhm anknüpfen. Der letzte große Kuṣān, König Vasudeva, nimmt bereits einen indischen Namen an und soll sich wieder stärker den Hindureligionen zugewandt haben. »So setzt sich noch einmal die indische Religiosität entscheidend durch, ehe sich dieses Reich, das in seinen größten Tagen viele Götter und jeden Glauben gelten ließ, unter dem Druck der persischen Sassaniden auflöst.«[70] Denn im Jahr 226 soll es vom **Perser Ardarshir**, dem Begründer der großen **Sassanidendynastie**, zu Fall gebracht worden sein: Das Ende von Jahrhunderten wechselnder Fremdherrschaft, der Übergang zu Indiens großer klassischer Zeit.

Eine Zeit des Umbruchs und der Erneuerung

Die hier in groben Linien skizzierte historische Entwicklung seit dem Ende der vedischen Zeit wird in der Literatur mitunter als **Zeitalter des Umbruchs** oder gar einseitig negativ – wegen des Niedergangs der indischen Dynastien und der ständig wechselnden Besatzer – auch als dunkle Periode Indiens bezeichnet. Religionsgeschichtlich ist diese Zeit schwer zu beurteilen. Schon die Upaniṣads übten ja deutliche Kritik am althergebrachten vedischen Brahmanismus, an der Allmacht der alten Götter und dem priesterlichen Opfermonopol. Neue denkerische Ansätze wurden dort vorbereitet und angedacht, die weit über den alten vedischen Fragehorizont hinausgingen. Vieles scheint in Aufbruch und Umbruch begriffen gewesen zu sein, und womöglich »aufgrund von religiösen Orientierungsverlusten« kam es mitunter zu restaurativen Gegenbewegungen: Man besann sich wieder »auf das brahmanische Erbe und trug zusammen, was in diese Verklärung der alten Tradition paßte«, und es wurden zunehmend »wieder Brahmanen als Hauspriester oder Berater an die Höfe berufen, die die vedische Religion zu bewahren oder wiederzubeleben suchten«[71]. Freilich nur mit begrenztem Erfolg. Denn ein komplexer **Transformationsprozeß hin zur großen klassischen Hindukultur** war unaufhaltsam in Gang gekommen.

Der Indologe Jan Gonda hat diesen komplexen Prozeß wie folgt beschrieben: »Die Hauptströmung der indischen Kultur bildet ein Kontinuum, das sich fortwährend durch Assimilation und Integration bereichert, ein kompliziertes Spiel von Zusammenwachsen und Differenzierung, bedingt durch die verschiedenen geographischen, ethnologischen und historischen Verhältnisse und durch das Auftreten zahlloser religiöser Führer. Obwohl in den zehn Jahrhunderten zwischen 600 v. Chr. und 400 n. Chr. die äußere Erscheinung und die hervortretenden Charakterzüge der indischen Kultur sich so sehr veränderten, daß man mit Recht einen jüngeren Hinduismus vom älteren Vedismus unterscheidet, läßt sich der historische Prozeß dieser Entwicklung, und zwar nur teilweise aus Mangel an historischen Daten, nicht genau festlegen; der Übergang vom ›Brahmanismus‹ zum Hinduismus ist fast nirgends greifbar. Viele Neben- und Unterströmungen, von denen manche schon von alters her gelegentlich ihre Existenz verrieten, ja bereits der vorhistorischen Periode angehörten, gehen in diesem Zeitraum – wie auch nachher – in dem Hauptfluß auf und tragen jede das Ihrige dazu bei, daß seine Farbe und Substanz sich auf Dauer änderten, daß vieles bisher Verborgene, Unwesentliche, Abseitige an die Oberfläche kam, während andere Bestandteile der alten Oberströmung mehr oder weniger unsichtbar wurden.«[72]

Auch die Konfrontation der Hindutradition mit persischer, griechischer und römischer Kultur blieb nicht ohne Folgen. Je nach Herrscher wurden indische, griechische oder iranische Gottheiten verehrt; auf den Münzen der Kuṣān-Könige etwa finden sich Götter der wichtigsten damaligen Kulturen.

Und es kamen neue Gottheiten auf, die der Veda nicht kannte oder die dort kaum eine Rolle spielten – etwa Viṣṇu und Śiva: Vor allem ihnen, nicht den alten vedischen Göttern, sollte allen restaurativen Tendenzen zum Trotz die Zukunft gehören.

II. Der klassische Hinduismus

Wenn man heute von »Hinduismus« spricht, dann denkt man in der Regel an jene Periode der Hindukultur, die in der Literatur als »**klassische Zeit**« oder »**klassischer Hinduismus**«[1] bezeichnet wird. »Klassisch« deshalb, weil sich in dieser Zeit »die klassische Sanskrit-Literatur auf allen Gebieten entfaltet« und sich das Sanskrit »dabei mehr und mehr zu einer wissenschaftlichen, höfischen und künstlichen Sprache« entwickelt, sich jedenfalls »sehr von der Umgangssprache entfernt«[2]. Es entsteht jene geistig-religiöse Welt – Gottesbilder, Erlösungsvorstellungen, philosophische Gedanken und gesellschaftliche Konventionen –, die vom außenstehenden Betrachter üblicherweise mit »Hinduismus« in Verbindung gebracht wird. In der Tat, viel Neues entsteht in dieser Zeit: »Neue Götter, neue Riten, neue philosophische Ideen treten in den Vordergrund, verdrängen das Überlieferte oder gestalten es um.«[3] Wie freilich diese Umgestaltung und Innovation des Althergebrachten zu beurteilen ist, inwieweit von einer ganz neuen, eigenständigen Periode zu reden ist, ist umstritten.

Indische Gelehrte, an Kontinuität ihrer großen Kultur interessiert, betonen Konstanz, Unveränderbarkeit, ja »Ewigkeit« des Hinduismus: Mahātmā Gāndhī und andere nennen ihn deshalb auch »Sanātana Dharma«, »ewige Religion«. Moderne **westliche Gelehrte** hingegen betonen kritisch die Unterschiede und Diskontinuitäten der verschiedenen Hinduepochen und Strömungen: Das Erbe der alten vedischen Religion dürfe bei allem Einfluß der Mythologie nicht überschätzt werden, und im Gegensatz zum Veda habe sich die religiöse Terminologie des klassischen Hinduismus erheblich gewandelt – Schlüsselbegriffe wie Seelenwanderung und Karma und zentrale Vorstellungen wie die einer zyklischen Zerstörung der Welt oder gar der Welt als Illusion seien »nicht oder nur in einem ganz anderen Sinne vedisch«[4].

Beiden Standpunkten sollte man bei einer Beurteilung nach Möglichkeit gerecht werden. Daß Inder, gläubige Hindus zumal, Interesse an Kontinuität und Homogenität ihrer Tradition haben, ist verständlich – und berechtigt. Welcher Christ etwa würde sich von nichtchristlichen Betrachtern – bei allen berechtigten Argumenten im einzelnen – einreden lassen, nordeuropäisches Luthertum und süditalienischer Katholizismus seien unterschiedliche Religionen, da weder auf den ersten Blick noch bei näherem Hinsehen elementare Gemeinsamkeiten in Glaube, Ritus und Habitus zu erkennen sind? Indiens klassische Zeit ist aus der vedischen Zeit erwachsen, und zentrale religiös-philosophische Vorstellungen und Axiome wurden, wie wir sahen, schon in vedischer Zeit grundgelegt, und es gibt womöglich »nur wenig Bedeutsames im Hinduismus«, so der Indologe Jan Gonda, »das sich nicht schon in der vorepischen Literatur mehr oder weniger deutlich anmeldet«[5].

Daß der **Veda** für die spätere Hindutradition grundlegenden und normativen Charakter und höchste Autorität hat, kommt nicht zuletzt darin zum Ausdruck daß der Veda – also die vier Veden, die Brāhmaṇas und die Upaniṣads – als **Śruti** bezeichnet werden: als »**das Gehörte**«, das heißt ewige, göttliche und unumstößliche **Offenbarung**. Die **folgenden klassischen Werke** gelten entsprechend als **Smṛti**, »**Erinnerung**«, welche die vedische Offenbarung ergänzt, nach dem Glauben vieler Inder allerdings in Übereinstimmung mit dem Veda steht. Diese Hochschätzung des Veda gilt faktisch bis heute, auch wenn das Bekenntnis zu dessen Offenbarungscharakter für viele Hindus rein formaler Natur ist: Viele Durchschnittshindus kennen den Veda schlicht nicht, auch wenn sie sich auf ihn berufen, da sie seine Schriften kaum gelesen haben. Aber welcher Durchschnittschrist, gläubige Protestanten ausgenommen, kennt schon wirklich die Bibel? ...

Und dennoch **unterscheidet** sich Indiens klassische Zeit **grundlegend** von der Zeit des Veda. Religiöse Bewegungen machen Schule – Buddhismus und Jainismus, aber auch andere Gruppierungen und »Sekten«[6] – welche die Autorität des Veda hinterfragen oder ganz ablehnen. Kulturelle Fremdeinflüsse, soziale und politische Veränderungen schaffen insgesamt ein geistig-kulturelles Klima, das Raum gibt für Veränderungen und gänzlich Neues. Keine radikal neue Religion ensteht, auch wird nicht nur das Alte fortgeschrieben oder erscheint nur in neuem Gewand. Ein **Paradigmenwechsel** par excellence findet hier statt: Die »Gesamtkonstellation von Überzeugungen, Werten und Verfahrensweisen«[7] verändert sich so umfassend, ja grundlegend, daß mit Recht von einer ganz neuen Epoche, einem **neuen Paradigma** gesprochen werden kann und muß. Nichts ist mehr, wie es war, aber nicht alles ist gänzlich neu. Voraussetzung dafür ist wie so oft die **historische Entwicklung**: nach Jahrhunderten wechselnder Dynastien und Regenten das Aufkommen der vorletzten nordindischen Großmacht – der Beginn von Indiens »goldenem Zeitalter«.

1. Die Guptas: Indiens »goldenes Zeitalter«

Beginn einer neuen Zeit: Candragupta I.

Mit dem 26. Februar 320 n. Chr. beginnt in Indien eine neue Zeitrechnung, die auf vielen Inschriften angewandt wurde. Es ist wohl das Datum der Thronbesteigung von **Candragupta I.** (320-355), dem berühmten Sohn der **Gupta-Dynastie**, die den Norden Indiens zu großer politisch-kultureller Blüte führen sollte. Noch heute schreibt man in indischen Geschichtsbüchern über diese Zeit: »Die Gupta-Periode war ohne Zweifel das goldene Zeitalter des Hinduismus, denn der Fortschritt, den der Hinduismus während dieser Periode auf dem

Gebiet der Kultur, politischen Ökonomie, Naturwissenschaft, Philosophie, Literatur und Kunst machte, ist davor und seitdem nicht erreicht worden.«[8]

Als erste Gupta-Herrscher sind Candraguptas Großvater **Śrī Mahārāja Gupta** und Mahārāja Ghaṭotkaca überliefert – die Regenten einer von vielen kleinen, unbedeutenden indischen Dynastien, die sich nach dem Untergang des Kuṣān-Reiches im Jahre 226 nach und nach im Norden Indiens neu formierten. Candragupta trägt zwar den Namen des legendären Begründers der glanzvollen Maurya-Dynastie, doch dürfte seine einzige historisch relevante Tat die Heirat mit der Prinzessin des seit Buddhas Zeiten mächtigen Licchavi-Geschlechts gewesen sein. Jedenfalls war sie so berühmt, daß sich Candraguptas Sohn **Samudragupta** (355-380) auf frühen Münzen nicht »Guptasohn« nennt, sondern »Tochtersohn des Licchavi«.[9]

Expansion des Reiches: Samudragupta und Candragupta II.

Mit **Samudragupta** beginnt jene **aggressive Expansionspolitik**, die den historischen Ruhm der Guptas begründet. Er nennt sich »Weltenherrscher« (*cakravartin*), mit dem Ehrgeiz, »die Könige aller Himmelsrichtungen zu besiegen und zu Vasallen zu machen«[10]. Tatsächlich erobert er große Teile Nordindiens – zwischen Westbengalen im Osten, Delhi im Westen und Sāñchī im Süden – und mit Dutzenden von Fürsten außerhalb dieses Kerngebietes, die er zum Teil besiegt, dann aber wieder eingesetzt hat, hält er diplomatische Beziehungen und läßt sich von ihnen als Alleinherrscher verehren: ein Vorbild für Indiens spätere mittelalterliche Reiche. Im berühmten **Südland-Feldzug** stößt Samudragupta sogar südöstlich, im heutigen Orissa, bis nach Veṅgī vor – jenseits des Godāvarīdeltas im südlichen Teil des indischen Subkontinents gelegen – und besiegt dabei insgesamt 13 Fürsten und Könige. Hier endet die Expansion der Guptas nach Süden.

Samudragupta feiert diesen Südlandzug als **Welteneroberung** des »Weltenherrschers« mit dem **großen Pferdeopfer**[11] (*aśvamedha*), einem der ältesten und größten vedischen Rituale: Nur ein siegreicher König darf es vollziehen als Zeichen seiner Königswürde und zur Erfüllung all seiner Wünsche. Ein Jahr lang dauern die Vorbereitungen, die abschließenden Zeremonien ein weiteres Jahr. Nach zahllosen Riten wird schließlich ein geweihtes Pferd aufgezäumt nach Nordosten entlassen – der Gegend des Sieges und dem Zugang zum Himmel. Begleitet von 100 weiteren Pferden und 400 Kriegern muß es sich nun elf Monate lang unbehelligt im Reich bewegen, bis es schließlich nach einmonatigen Reinigungsriten und ungezählten Opferhandlungen ertränkt und mit ihm 609 weitere Opfertiere erstickt werden. Nun erst wird das Pferd zerlegt, begleitet von mehrtägigen Ritualen, in die zahllose Priester, der König selber, seine Frauen und seine Kinder involviert sind. Auf Goldmünzen, die er anläßlich des

Opfers prägen läßt, verewigt sich der machtbewußte Samudragupta mit den Worten: »Der Oberkönig der Könige, nachdem er die Erde erobert hatte, erobert er mit unwiderstehlicher Heldenkraft den Himmel.«[12]

Obwohl dieser Feldzug den Guptas langfristig keine Ausweitung ihres Machtbereichs brachte, gab Samudragupta dem Gupta-Reich doch »eine neue, imperiale Dimension, die Indien in den kommenden Jahrhunderten nicht politisch, wohl aber ideologisch in der Idee eines neuen hinduistischen Königtums einen sollte«. Mit dem Pferdeopfer verband sich in Samudragupta »erstmals die Idee des Cakravartin mit einem hinduistischen König, der seinen Anspruch auf Weltherrschaft auch sichtbar in die Tat umgesetzt hatte« – und später wird er in einer Inschrift dafür sogar wie ein Gott verehrt: »Er sei ›Mensch nur, um den Regeln der Welt entsprechend die Pflichten zu vollziehen, (in Wirklichkeit aber) ein auf der Erde residierender Gott (*deva*)‹«![13]

Sein Sohn, **Candragupta II.** »Vikramāditya« (»Sonne der Stärke«), setzt von 375 bis 413/15 die Expansionspolitik Samudraguptas fort und führt die Guptas auf den Höhepunkt ihrer politischen Macht. Er besiegt die Śakas, und das Gupta-Reich erstreckt sich nun von der Ost- bis zur Westküste des Subkontinents. Eine kluge Heiratspolitik dehnt Candraguptas Machtbereich schließlich über Zentralindien weit nach Süden aus: Er gibt dem Vākāṭaka-König Rudrasena II. seine Tochter Prabhavatigupta zur Frau, die nach dessen frühen Tod auf Anraten Candraguptas selber die Regentschaft übernimmt und das Vākāṭaka-Reich faktisch nach und nach dem Gupta-Imperium zuführt. Das »goldene Zeitalter« der Guptas ist erreicht: Handwerk, Wissenschaft und Handel erleben einen ungeheuren Aufschwung, allgemeiner Wohlstand breitet sich aus, Dichtung und darstellende Künste gelangen zu nie dagewesener Vielfalt und Blüte[14], Religionen – nicht nur große und kleine Hindusekten, sondern auch Jainismus und Buddhismus – erleben durch Schenkungen und andere Formen der Finanzierung großen Aufschwung. Insgesamt erreicht die Hindukultur jetzt ihre »klassische« Form.

Wendepunkt zum Niedergang: Kumāragupta

Kumāragupta, der Sohn Candraguptas II., setzt das Werk seines Vaters fort. Nach einem knappen Jahrhundert massiver Expansion folgt nun die Konsolidierung: Er gliedert das Reich in Provinzen und Distrikte und versieht es bis auf die Ebene von Städten und Dörfern mit klaren, geradezu **»modernen« Verwaltungsstrukturen**, darauf bedacht – anders als zur Zeit der Mauryas und des Arthaśāstra –, den einzelnen Verwaltungseinheiten maximale Eigenständigkeit und Selbstverantwortung zukommen zu lassen: So werden die vom Distriktgouverneur eingesetzten Verwalter größerer Städte mit ihrem Schreiber und dem städtischen Urkundenverwalter (*pustapāla*) stets von wichtigen Persönlichkeiten aus der Stadt politisch beraten: »vom Stadtvorsteher (*nagaraśreṣṭhin*), den Vorständen der Familienoberhäupter (*kulika*) und den Vorständen verschiedener Gilden«. Und die Dörfer waren sogar weitgehend selbständig: Hier »lag die Verwaltung in starkem Maße in den Händen des ›Bürgermeisters‹ (*grāmika*), eines Schreibers und der Familienvorstände der Bauern (*kuṭumbin*). Verwaltungsbeamte der Distriktebene traten im Dorf nur bei besonderen Anlässen in Erscheinung.«[15]

Doch der Höhepunkt wirtschaftlicher, kultureller und politischer Blüte birgt bereits den **Keim des Verfalls** in sich: erst ein **Aufstand des Puṣyamitra-Stammes**, von **Skandagupta**, dem Sohn und Feldherrn Kumāraguptas, schließlich niedergeschlagen, dann die »weißen« **Hunnen** (Hiung-Nu), aus Zentralasien nach Süden gedrängt und 458 über den Hindukusch ins Gupta-Reich eingefallen. Zwar werden die Hunnen von Skandagupta zunächst abgewehrt, doch schädigen sie den für die Guptas lebenswichtigen Handel auf Dauer doch merklich. Um 500 bringen sie große Teile Nordindiens unter ihre Gewalt und stoßen um 510 bis in die Gaṅgāebene vor, mit zunehmendem Erfolg: Denn die Erben Skandaguptas, in Nachfolgekämpfen zerstritten, haben ihnen kaum ernsthafte Gegenwehr entgegenzusetzen. **Budhagupta** (467-497), der Sohn von Skandaguptas Halbbruder Purugupta, ist der letzte große Gupta-Herrscher: Unter ihm zerfällt das Reich in zwei Teile – ein Zerfallsprozeß, den weder sein Bruder noch dessen Sohn und Enkel aufhalten können. Im Westen ist schließlich ein gewisser **Bhānugupta** überliefert, dessen Beziehung zur Gupta-Dynastie allerdings unklar ist: 510 unterliegt sein Heer den einfallenden Hunnen, die jetzt große Teile Nordwest- und Westindiens unter ihre Gewalt bringen.

Unter den **Hunnen** erlebt Nordindien die kürzeste ihrer zahlreichen Fremdherrschaften: Schon wenige Jahrzehnte nach ihrem Einfall geht das Hunnenreich unter – allerdings nicht wegen indischer Gegenwehr, sondern wegen einer empfindlichen Niederlage gegen die Türken in Zentralasien. Im Gefolge der Hunnen fassen **neue Stämme** in Indien Fuß, die als **Gūrjara** und **Rājputen** die spätere Geschichte Indiens wesentlich mitbestimmen sollten. Mit den Hunnen aber findet die Gupta-Herrschaft ihr definitives Ende – und mit ihr die Blütezeit des klassischen Hinduismus.

Harṣa: ein letztes nordindisches Großreich

Der Übergang zur Spätphase der klassischen Zeit und damit zum Beginn des frühen indischen Mittelalters wird mit dem **Harṣa**-Reich markiert.[16] Nach dem Niedergang der Hunnen kämpft eine Vielzahl rivalisierender kleiner Reiche und Dynastien um die Vorherrschaft. Nördlich von Delhi residieren die Vardhanas, deren Thronanwärter **Harṣa** schließlich per Heiratsallianz mit der Prinzessin von Kānyakubja (dem heutigen Kanauj) die Errichtung eines Großreiches gelingt – freilich kaum zu vergleichen mit Größe und Ruhm des Gupta-Reiches: 606 besteigt Harṣa den Thron. Wieder unter Ausrufung einer neuen Zeitrechnung macht er das im Nordwesten gelegene heilige Kanauj im Zweistromland von Gaṅgā und Yamunā zur Hauptstadt und gewinnt nach ausgedehnten Feldzügen mit einem Heer von sagenhafter Größe[17] die Oberhoheit über ganz Nordindien, von Küste zu Küste. 621 stößt er in den Südosten nach Orissa vor, scheitert aber dann beim Versuch, über Zentralindien und den Fluß Narmadā hinweg nach Süden vorzudringen, an der Gegenwehr der im Süden dominierenden Cālukyas. Bis in die Zeit des Delhi-Sultanats um 1300 sollte dies der letzte Versuch nordindischer Herrscher sein, in den Süden des Subkontinents vorzustoßen.

647 stirbt König Harṣa. Nach einer rund 30jährigen weitgehenden Friedensära »gelang es ihm noch einmal für eine Generation, einen Nachfolgestaat der Guptas in Nordindien aufzurichten«[18]. Harṣa, Autor dreier Dramen, fördert im großen Stil Bildung und Kultur. Selber **Śivait**, mit großen Sympathien allerdings für den **Mahāyāna-Buddhismus**, den er mit Klostergründungen fördert, toleriert und **unterstützt** Harṣa **alle Religionen** seines Reiches; der Beschäftigung mit ihnen soll er sogar zwei Drittel seiner Regierungszeit gewidmet haben[19]: Täglich soll er in der Hauptstadt 1000 buddhistische Mönche und 500 Brahmanen gespeist haben[20], er organisiert öffentliche interreligiöse Schaudisputationen und veranstaltet alle fünf Jahre religiöse Feiern, an denen alle Religionen des Reiches gleichberechtigt beteiligt sind. Aufs Ganze gesehen eine **kluge Religionspolitik**, die ihn schließlich »zu einem Großen der indischen Geschichte« werden läßt und wegen der es Harṣa durchaus verdient, »mit Aśoka, Kaniṣka und Akbar verglichen zu werden«[21].

2. Die klassische Spätzeit: Indiens frühes Mittelalter

Spätestens mit Harṣas Tod beginnt die **Spätzeit des klassischen Hinduismus**, die rund **450 Jahre**, bis zum **12. Jahrhundert** dauern sollte: das **indische Frühmittelalter**. Sein Reich gerät in eine Krise und zerfällt, und statt eines großen, mehr oder weniger einheitlichen Reiches kennt Indien jetzt »nur noch regional mächtige, sich bekämpfende oder lose verbundene, mit zahlreichen Vasallenstaaten umgebene Dynastien«[22]. Dennoch wäre es falsch, in der nun anbrechenden Phase nach der Gupta-Blütezeit nur eine Periode von Zerfall und Niedergang zu sehen – politisch, kulturell oder religiös. Zwar hatte die aufkommende »Segmentierung und polyzentrische Aufteilung der Macht« zu einem komplexen Gefüge aus kleinen und großen Reichen, regionalen Vasallen und fern entrückten, religiös überhöhten Großkönigen eine nicht zu übersehende »Regionalisierung und politische Uneinheit«[23] Indiens zur Folge. Doch hatte diese **Regionalisierung** gerade **im Kulturellen und Religiösen** durchaus **fruchtbare Konsequenzen:** die dauerhafte Erstarkung und Vermischung mitunter rivalisierender regionaler, auch nichtbrahmanischer, ja sogar antibrahmanischer Götter, Kulte und Traditionen, die das komplexe Profil und die faszinierende undogmatische Vielfalt der indischen Kultur bis heute prägen. Ja, »neuere Forschungen bestätigen immer mehr, daß gerade das frühe hinduistische Mittelalter als ein Höhepunkt **gesamt**indischer Geschichte betrachtet werden muß«, da jetzt, im Gegensatz zum Altertum, nicht mehr nur der indische Norden Geschichte und Kultur des Subkontinents prägt, sondern »Zentral- und Südindien als gleichberechtigte Träger«[24] der historischen und kulturellen Entwicklung Indiens zunehmend und unumkehrbar in Erscheinung treten.

Der Aufstieg Zentral- und Südindiens

Wurde der **Norden** Indiens schon früh politisch, ethnisch und kulturell von den eingewanderten vedischen **Ariern** geprägt, so gilt der **Süden** Indiens – der südlich des Narmadā-Flusses gelegene Dekkhan (von skr. *dakṣiṇa*, »Süden«) und der eigentliche »Süden« mit den heutigen Bundesstaaten Andhra Pradesh, Tamil Nāḍu, Karṇāṭaka und Keraḷa – mit seiner phasenweise eigenständigen Entwicklung als Träger der alten vorarischen **dravidischen** Kultur. Wie sich im Norden der Übergang von Halbnomadentum zu Seßhaftwerdung und allmählicher Staatenbildung vor allem entlang den fruchtbaren Flußniederungen von Indus und Gaṅgā vollzog, so ist die historisch-kulturelle Entwicklung des Südens auch mit der Verlagerung der Siedlungsschwerpunkte aus dem unwegsamen Landesinneren hin zu den **Flußniederungen**, zu deren **Mündungsdeltas** und zur **Küste** verbunden. Neben Handwerk und Eisenverarbeitung trug ganz wesentlich der florierende **Seehandel** mit Rom und Südostasien zum wirtschaftlich-politisch-kulturellen Aufstieg der Küstenregionen, küstennaher Kerngebiete und damit des gesamten Südens bei. Als frühe **Stammeskönigtümer** sind uns die **Pāṇḍyas** – berühmt für ihre Förderung der Kunst und Literatur –, die **Coḷas** – auf dessen berühmten König Karrikāl (ca. 100 n. Chr.) sich über 700 Jahre später die Könige des mittelalterlichen Cola-Reiches als ihren ersten historischen Vorfahren berufen werden – und das kleine Reich der **Cenas** überliefert, dessen effiziente Verwaltung schon in Kauṭilyas Staatslehrbuch gepriesen wird. Sie alle setzen freilich bereits eine lange Kulturentwicklung voraus.

Im 3. vorchristlichen Jahrhundert stoßen die **Mauryas** unter **Aśoka** bis weit in den Süden vor; unter nordindischem Einfluß kommt es jetzt neben den genannten Stammeskönigtümern auch hier zu ersten **überregionalen Reichsbildungen**: die **Śātavāhanas** (auch als Āndhras bekannt) aus Zentralindien und das Reich von König **Khāravela** im ostindischen Orissa. Wann diese beiden ersten großen Reiche entstanden, ist umstritten, doch ist »die heutige Forschung immer mehr davon überzeugt, daß sie erst in der Mitte des 1. Jahrhunderts v. Chr. zu bedeutenden Machtfaktoren in Zentral- und Ostindien aufstiegen«[25]. **Khāravela**, ein Abkömmling der **Cedi**-Dynastie, soll es auf seinen jährlichen Feldzügen bis weit nach Norden zu großem Reichtum gebracht haben; sein Reich aber, das zu seinen Lebzeiten weite Teile Ost- und Zentralindiens umfaßt haben muß, zerfiel wohl schon bald nach seinem Tod. Die **Śātavāhana**-Dynastie hingegen muß fast 500 Jahre Bestand gehabt haben: Nach einer wechselhaften Geschichte mit bald hundertjährigen Gebietsverlusten an die Śakas im 1. Jahrhundert n. Chr. reicht ihr gut organisiertes Imperium schließlich ab dem Jahr 125 entlang des Godāvarī-Flusses von der West- bis zur Ostküste des Kontinents. Ab dem 3. Jahrhundert zerfällt aber auch dieses Reich: Der Norden geht im Vākāṭaka-Reich auf, das schließlich von Candragupta II. dem Gupta-Imperium einverleibt wurde, der Rest zerfällt in kleinere Teile.

Im 4. **nachchristlichen Jahrhundert** beginnt der Aufstieg der zentralindischen **Cālukya**-Dynastie, der das Verhältnis von Indiens Norden und Süden nachhaltig prägen sollte. Ihr erster großer Herrscher ist Pulakeśin I.: Er gründet Vātāpi, das heutige Bādāmi im Distrikt Bījāpur, bekannt durch seine Höhlentempel, und soll durch ein großes Pferdeopfer – im alten Indien das wirkungsvollste Instrument zur Manifestation königlicher Macht – seine Unabhängigkeit demonstriert haben. Kunst und Architektur der Cālukyas im berühmten **Spätgupta-Stil** sollten Schule machen: Neben ersten filigranen **plastischen Darstellungen von Göttern** und mythologischen Szenen – berühmt der tanzende Śiva Naṭarāja, Gott Śiva als »König des Tanzes« – tragen vor allem die **prächtig ausgeschmückten** späteren **Tempel** von Elūrā, Ajaṇṭā und Elephanta bei Bombay die Handschrift der genialen Cālukya-Künstler, welche, wiederum beeinflußt durch den Pallava-Stil, die hinduistische Ikonographie und Architektur nachhaltig prägten.

Indische **Geschichte** hingegen schreibt **Pulakeśin II.** (610-642), der zweite Cālukya-König: Im Jahr 621 schlägt er den nordindischen König Harṣa bei dessen Versuch, sein Imperium über den Narmadā-Fluß nach Süden auszudehnen – bis ins 13. Jahrhundert der letzte Versuch dieser Art. Die nordindische Dominanz ist gebrochen und neben Indiens Norden sind jetzt **Zentral- und Südindien** definitiv **ebenbürtige Träger gesamtindischer Geschichte**!

Die südlichen Regionalreiche bis zum Mittelalter

Südliche Gegenspielerin der Cālukyas ist die **Pallava**-Dynastie, die im 5. Jahrhundert an die Macht kommt – berühmt auch für ihre meisterhafte bildhauerische Verarbeitung des **Granits** (im Gegensatz zu Sandstein im Norden) in **Skulpturen** und **Tempelanlagen**: Ihr berühmtester Sohn, Narasiṃhavarman I. (ca. 630-668), läßt in der Hafenstadt Mahābalipuram aus Granitfelsen das größte Felsenrelief Indiens (32m x 14m) meißeln und die berühmte Gruppe von fünf monolithischen Felsentempeln errichten; Narasiṃhavarman II. läßt zwei grandiose Śiva-Tempel erbauen – einen in Mahābalipuram und den Kailāsanātha-Tempel in der Hauptstadt Kāñcīpuram: »In ihnen fand der frühe südindische Tempelstil mit seinem Tempelturm in der Form einer steilen Stufenpyramide seine großartigste Ausformung. Von hier aus trat die südindische Architektur ihren ›Siegeszug‹ in die Länder Südostasiens, insbesondere nach Java, an, wo wenige Jahrzehnte später die ersten hinduistischen Steintempel in einer dem Pallava-Stil verwandten Bauweise errichtet wurden.«[26]

Pallavas, die dominierende Macht im **südöstlichen** Tiefland, und **Cālukyas**, Herrscher über den **westlichen** Dekkhan, kämpfen jahrzehntelang um die Vorherrschaft über Indiens Süden – mit wechselndem Erfolg. Zwar können die Pallavas als erste südliche Dynastie ihr Stammland beträchtlich ausdehnen, doch bleibt der Kampf um die südliche Vorherrschaft letztlich unentschieden. Im **Westen** folgen den Cālukyas im 8. Jahrhundert die **Rāṣṭrakūṭas** von Malkhed, die zeitweise sogar eine gesamtindische Vormachtstellung erlangen – unter ihrem König Kṛṣṇa I. entsteht der aus einem Felsen gehauene Kailāsa-Tempel von Elūrā. Der letzte **Rāṣṭrakūṭa**-König wird 973 wieder von einem Cālukya entthront, der damit die **zweite Cālukya-Dynastie** von Kalyāṇī begründet. Ihnen folgen zwei Jahrhunderte später die **Yādavas**, bevor sich im Dekkhan, bereits unter islamischem Einfluß, Mitte des 14. Jahrhunderts das **Bahmanī-Sultanat** etabliert.

Im **Süden** werden die Pallavas von ständigen Kämpfen mit den Rāṣṭrakūṭas zunehmend geschwächt. Ihnen folgen ab Ende des 9. Jahrhunderts für bald 400 Jahre die mächtigen **Coḷas** von Tanjore. Zunächst treuer Vasall der Pallavas, tötet der Coḷa-König Āditya den letzten Pallava-Herrscher im Zweikampf. Unter **Rājarāja I.** (985-1012/14) beginnt die massive **Expansion des Coḷa-Reiches** (bis nach Ceylon!) und dessen Aufstieg zur dominierenden Macht in Süd- und Zentralindien. Rājarājas Sohn (seit 1012 Mitregent) und Nachfolger **Rājendra I.** setzt diese Expansionspolitik fort: Weit im Norden schlägt er 1022/23 am Unterlauf der Gaṅgā den Pāla-König von Bengalen; nur drei Jahre später gelangt seine erfolgreiche **Flotte** sogar bis Sumatra und bis zur Halbinsel Malya: »der Höhepunkt eines jahrzehntelangen Ringens um die Vormacht im indischen Ozean«[27]. Erst im 13. Jahrhundert werden die Coḷas weit im Süden vorübergehend von den **Pāṇḍyas** abgelöst, bevor dann rund hundert Jahre später die **muslimischen** Truppen des **Delhi-Sultanats** Indiens Süden überfallen.

Indiens Norden bis zum Einfall der Muslime

Mit König Harṣas Tod im Jahre 647 zerfällt das letzte nordindische Großreich. Wie im Süden ist auch das frühe Mittelalter des Nordens geprägt vom wechselhaften Neben- und Gegeneinander **rivalisierender regionaler Königtümer**. Zudem erweisen sich die Reiche des Südens als zunehmende Bedrohung und ernstzunehmender Faktor im Ringen um die Vormacht in Indien.

In Harṣas Haupttstadt Kanauj, im Zweistromland von Gaṅgā und Yamunā, begründet knapp hundert Jahre nach ihm der Kriegerkönig und Kunstmäzen **Yaśovarman** ein mächtiges Reich über weite Teile Nordindiens; doch schon nach wenigen Jahren, im Jahr 740, wird es vom Kaśmīr-König Lalitāditya erobert. In Bengalen herrschen seit dem 8. Jahrhundert die **Pālas**, in deren Reich der **Buddhismus** seine letzte Blüte auf indischem Boden erlebt: Berühmte **buddhistischen Universitäten** werden gegründet – Nālandā (mit angeblich 10 000 Studenten!), Otantapurī und Vikramaśīlā –, die von Studenten aus Indien, Tibet, Nepal, Zentralasien, China, Korea und Indonesien besucht worden sein sollen. Unter den Pālas beginnt sich auch der **magisch-esoterische Tantrismus** als Hinduströmung zu entwickeln – es wird eigens darauf einzugehen sein –, und auch der **tibetische Buddhismus**, ebenfalls tantrisch geprägt, soll von hier aus wesentliche Impulse erhalten haben: Im Jahr 787 wird von den Pālas das **erste tibetische Kloster** in Bsam yas vollendet, im 11. Jahrhundert soll Atīśa vom Pāla-Reich aus nach Tibet gereist sein und dort dem tibetischen Buddhismus zum endgültigen Durchbruch verholfen haben.[28] Bald darauf werden die Pālas freilich von den südlichen Coḷas vernichtend geschlagen.

Schon nach dem Niedergang der Guptas im Jahre 510 faßten im Gefolge der siegreichen Hunnen **Rājputen**-Geschlechter in Indien Fuß – womöglich stammen sie direkt von den weißen Hunnen ab. Sie selber sehen sich selbstbewußt als Nachfolger der Helden der großen Sanskritepen und leiten ihre Abstammung mythologisch von der Sonne, dem Mond oder dem Feuer ab; bis zur Unabhängigkeit Indiens im Jahre 1947 regierten noch Rājputen-Mahārājas in einigen nordindischen Städten. Die bedeutendste mittelalterliche Rājputen-Dynastie sind die **Gūrjara-Pratīhāras**, die sich ab 738 über Indiens Nordwesten ausbreiten und deren Reich Anfang des 10. Jahrhunderts seine größte Ausbreitung erreicht – freilich bedroht von den Arabern im Westen, die seit 711 von Belutschistan über Sind nach Indien drängen, von den Pālas im Osten und den Rāṣṭrakūṭas im Süden. So wird ihr König Mahīpāla schon bald vom Rāṣṭrakūṭa-König Indra III. empfindlich geschlagen: Das Reich zerfällt, zahlreiche Rājputen-Fürsten erklären ihre Unabhängigkeit und gründen eigene Reiche, welche die Geschichte Nordindiens für rund 200 Jahre bestimmen werden: die Solankis, die Chauhāns, die Tomaras (die im Jahr 736 Delhi gründen) und andere. Zu einiger Berühmtheit, wenn auch politisch unbedeutend, gelangt das Rājputen-Geschlecht der **Chandellas** aus der Gegend um **Khajurāho**, nahe dem zentralindischen Bhopal: Ihnen verdankt die Welt die großartige Anlage von 88 Jaina- und Hindutempeln, entstanden zwischen 950 und 1050, einige von ihnen mit einfühlsam gearbeiteten Darstellungen mittelalterlich-tantrischer

Erotik; 22 Tempel sind noch heute in Khajuraho erhalten. Der letzte Chauhān-Herrscher, König Pṛthvīrāj III., führt schließlich jene Hindukonföderation an, die im **Schicksalsjahr 1192** an der »Pforte von Delhi« von den **Muslimen** vernichtend geschlagen wird: das definitive **Ende von Indiens klassischer Zeit** und der Beginn einer langen **mittelalterlichen Fremdherrschaft.**

3. Von der »Offenbarung« zur »Tradition«: Sūtras und Śāstras

Rund **1200 Jahre** liegen zwischen dem Ende der vedischen Zeit, markiert durch das Aufkommen asketischer Reformbewegungungen wie Buddhismus und Jainismus, und dem Übergang vom Höhepunkt der klassischen Zeit zur spätklassischen Periode des frühen Mittelalters, die noch weitere 450 Jahre dauern sollte. Insgesamt eine Zeit wechselnder Dynastien und sich verändernder Machtkonstellationen, eine Zeit epochaler Veränderungen im Geistigen, Kulturellen, Religiösen. Neue Ideen und Heilslehren kamen auf, kulturelle Fremdeinflüsse galt es zu verarbeiten, womöglich zu integrieren, lokale Gottheiten und Kulte, die der vedische Brahmanismus nicht kannte, fanden Eingang in die Hindutradition: Ein komplexer Prozeß von Tradition, Selektion, Integration und Assimilation, der je nach Herrscherhaus und Region mit verschiedener Gewichtung ausfiel, der aber innerhalb des Hinduismus insgesamt zu paradigmatischen Veränderungen führen sollte.

Kennzeichnend für diesen **Paradigmenwechsel hin zum klassischen Hinduismus**, wie er sich um die Mitte des 1. nachchristlichen Jahrtausends herauskristallisiert und wir ihn heute kennen, sind dem Indologen Jan Gonda zufolge:

– »Eine Abwertung des teils erweiterten, teils reduzierten, teilweise reinterpretierten und anders geordneten alten Pantheons«;

– dabei besonders »das Emporkommen zweier alter Gestalten, **Viṣṇu** und **Śiva**, die, mit den Prajāpati- und Brahman-Vorstellungen amalgamiert, gewaltig an Bedeutung gewannen und jeder zum Range des Höchsten Wesens aufstiegen«;

– »der Glaube an persönlich aufgefaßte verehrungswürdige Mächte, zu denen man in ein emotionelles Verhältnis tritt«;

– »die Verschmelzung der alten Ansichten über die Stellung des Menschen zu den Mächten und Potenzen mit dem Heilswege der **Bhakti**, der liebenden Hingabe, die im älteren Hinduismus jedoch von Gott kaum erwidert wird«;

– »ein nicht auf dem Veda beruhender Bilder- und Tempeldienst neben dem ernsthaften Bestreben, den vedischen Charakter des Gottesbegriffes, der Vergeltungs- und Erlösungslehre und des gesamten sozial-religiösen Verhaltens zu behaupten.«[29]

Das heißt für die konkrete religiöse Praxis: Man hält mehr oder weniger streng an der **Autorität der Veden** fest, vollzieht mitunter die zahlreichen Riten des täglichen Lebens nach den traditionellen Vorschriften bestimmter vedischer Schulen, kombiniert sie aber zugleich mit **neuen Kultformen**, Bräuchen und der Verehrung bestimmter Götter – im **Norden und Osten** Indiens vor allem Śiva, in **Zentral- und Südindien** vorwiegend Viṣṇu –, oder man verabschiedet sich von bestimmten Vorstellungen und Gebräuchen ganz.[30] Offenbar muß schon im 2. vorchristlichen Jahrhundert die althergebrachte religiöse Ordnung so sehr ins Rutschen geraten sein, daß die brahmanischen Autoren der älteren Purāṇas mißbilligend kommentieren: »Sogar die Brahmanen gaben Riten und Vedastudium auf und verehrten, außerstande, ihre Einheit mit Brahman zu verwirklichen, die Götter des Volkes mit Liedern.«[31]

Ihren literarischen Niederschlag finden diese vielschichtigen Entwicklungen der nachvedischen Zeit in **mehreren religiösen Literaturkomplexen**, die zwar nicht mehr zum eigentlichen vedischen Offenbarungsgut (*śruti*, das »Gehörte«) gerechnet werden, aber als Teil ihrer authentischen und traditionsgetreuen Weiterführung[32] (*smṛti*, »Erinnerung«) einen vergleichbaren Stellenwert und ähnlich großes Ansehen genießen: die **Sūtras**, die daraus resultierenden **Śāstras**, die beiden großen **Epen** und die **Purāṇas**.

Sūtras: religiöse, wissenschaftliche und lebenspraktische Anleitungen

Am Ende der vedischen Periode – etwa zu der Zeit, als ein großer Teil der schon länger bestehenden Brāhmaṇas, Āraṇyakas und Upaniṣads schließlich kompiliert wurde – entsteht eine Reihe aphoristischer Texte: knappe Regelwerke zur Kommentierung der vedischen Schriften und zur sachgemäßen Durchführung und Deutung der vedischen Opfer. Sie werden zu den sechs **Vedāṅgas**, den »Gliedern des Veda« gezählt und behandeln lehrbuchartig die Themen der **sechs vedischen »Hilfswissenschaften«**: Die aus den Brāhmaṇas entwickelte komplizierte **Rituallehre** (*kalpa*), die sich mit der Vedarezitation und -auslegung befassenden Disziplinen **Phonetik** (*śikṣā*), **Metrik** (*chandas*), **Grammatik** (*vyākaraṇa*)[33] und **Etymologie** (*nirukta*)[34] und die für die Bestimmung des richtigen Opferzeitpunkts notwendige **Astronomie** (*jyotiṣa*).

Das erste und bedeutendste dieser »sechs Glieder« sind die **Kalpasūtras**, die Texte der **vedisch-brahmanischen Rituallehre**, entstanden wohl ab 550 v. Chr. in den verschiedenen vedischen Schulen (*śākhā*). Ihnen wird (zumindest formal) je eine Rezension der vier Veden zugeschrieben, und sie bestehen, je nach Schule variierend[35], aus folgenden Komponenten:

– **Śrautasūtras** (*śrauta*, die »Überlieferung betreffend«): Sie sind für die Priester gedacht und legen minutiös die Regeln, Grundsätze und Deutungen der großen priesterlichen Opferhandlungen fest – vom Anlegen der drei Opferfeuer über die großen Opfer des Jahreskreises bis hin zu Soma- und Tieropfern.

– **Gṛhyasūtras** (*gṛhya*, »Haus«): Sie mußte praktisch jeder arische Hausvater kennen, da sie die alltäglichen Hausrituale lehren und damit faktisch das ganze persönliche Leben eines Hindus regulieren. Sie beinhalten Erläuterungen der verschiedenen Opfer, Anweisungen für das Anlegen des Opferfeuers und für die morgendlichen und abendlichen Opferungen, für das Neumond- und das Vollmondopfer, für Opferungen gekochten Essens und für Tieropfer, Vorschriften für die Hochzeit – von der Auswahl der Braut bis zur Durchführung der Feier und Riten zum Betreten des neuen Hauses der Braut –, Rituale für Schwangerschaft und Geburt, Anleitungen für die Initiation des Heranwachsenden und dessen Ausbildung, Vorschriften für den Umgang mit Gästen, Hinweise für Hausbau und Landwirtschaft, Riten für Krankheit, Tod und Ahnenverehrung, magische Praktiken zur Sicherung ehelichen Glücks, zur Abwehr von Gefahr und zur Linderung von Unglück in verschiedensten Lebenslagen – etwa wenn man seine Schulden nicht bezahlen kann, oder, im alten Indien ganz wichtig, wenn der König in die Schlacht zieht.[36] Im Gegensatz zu den großen *śrauta*-Riten werden diese Rituale zum Teil bis heute praktiziert.

– **Dharmasūtras** (*dharma*, »Sitte«, »Gesetz«, »Ordnung«[37]): Sie markieren den **Übergang von der religiösen zur ethisch-rechtlichen Literatur** des alten Indiens. Sie sind zwar noch keine Rechtsbücher im eigentlichen Sinn, aber sie regeln faktisch die Pflichten der Mitglieder der vier Varṇas, jener vier Hauptgruppen der »Kastenordnung«[38], die sich in unzählige Untergruppen und Subkasten aufgliedern: die Brahmanen, Krieger (*kṣatriya*) und Kaufleute (*vaiśya*), auch »Zweimalgeborene« genannt, da sie die vedische Initiation (*upanayana*) empfangen haben, und die zu dieser Initiation nicht berechtigten und deshalb untergeordneten Śūdras. Die Dharmasūtras **regeln umfassend das gesellschaftliche Zusammenleben** in allen Bereichen und beschreiben dessen **ethische**, **religiöse** und ansatzweise auch **juristische** Grundsätze. Sie formulieren **Umgangsregeln** für die verschiedenen gesellschaftlichen Gruppen und Schichten und bieten **Verhaltensregeln** für den einzelnen Gläubigen in den verschiedenen Lebensstadien[39] (*āśramas*): angefangen von allgemeinen Regeln und Ausführungen zur Initiation und zum Vedastudium über Reinheits- und Speisevorschriften und Abhandlungen über ein gesetzeskonformes Leben und entsprechende Bußen bei Verstößen bis hin zu den Pflichten von Frauen, des Hausherrn, Studenten, Asketen, Einsiedlers und sogar des Königs.

– Dazu kommen weitere spezielle Sūtras wie etwa die **Śulvasūtras** (*śulva*, »Schnur«), welche die geometrischen Berechnungen für die Konstruktion des Opferplatzes liefern, die **Pravarasūtras**, die von Genealogien handeln, oder die **Pitṛmedhasūtras**, die sich mit priesterlichen und familiären Bestattungsbräuchen beschäftigen.

Allesamt sind diese Texte **Sūtras** (*sūtra*, »Leitfaden«, »Lehrsatz«), das heißt, in Prosa gehaltene, knappe, **thesenhafte Anweisungen**, die vom Adepten auswendig zu lernen waren und die eine wichtige Änderung in der Art der mündlichen Tradition markieren: »Es hatte sich nämlich gezeigt, daß auch das geschulteste Gedächtnis seine Grenzen hat und daß es unmöglich ist, unbeschränkt ganze Literaturen gedächtnismäßig zu überliefern«[40]; deshalb begann man, nur das Wesentliche einer Lehre zu tradieren, das man schlagwortartig in äußerst knappen Merksätzen, den Sūtras, zusammenfaßte. Ergänzend erhielten die Schüler vom Lehrer **ausführliche Erläuterungen**, ohne die freilich die knappen Texte für Außenstehende kaum zu verstehen sind. Zwangsläufig entstand eine umfassende Kommentarliteratur, die bald dieselbe Bedeutung erreichte wie die Sūtras selber und die den ersten Schritt darstellt zur schriftlichen Tradition. Ein Beispiel für die kryptische Knappheit der Sūtras – die Texte in Klammern stammen nicht aus dem Originaltext, sondern sind zum besseren Verständnis aus dem Zusammenhang ergänzt:

> »1. Diese [Verse sind] Jahr für Jahr [zu gebrauchen].
>
> 2. Mit Reis- [bzw. Gersten-] Milchschleim oder mit Milch opfere er selbst am Tage des Mondwechsels.
>
> 3. Ein Priester [darf auch für sich selbst] eine andere Zeit wählen.
>
> 4. Auch ein Brahmanenschüler [darf das].
>
> 5. Nachdem er Wasser berührt und sich nach Norden gewandt hat, soll er [den Opferrest] verzehren.
>
> 6. Oder [er esse erst dann], wenn er auf den beiden anderen [Feuern] geopfert hat.
>
> 7. Beim ersten Mal [speist er mit]: ›Zum Leben verzehre ich dich‹, beim zweiten Mal [mit]: ›Zur Nahrung dich!‹.
>
> 8. Schweigend [ergreift er] ein Brennholzscheit und legt es mit ›Agni, dem Hausvater, Heil!‹ in den Gārhapatya.
>
> 9. Die zweite [Opferspende vollzieht er] grundsätzlich [schweigend].«[41]

Śāstras: religiöse, ethische und juristische Lehrbücher

Während die Sūtras knappe aphoristische Anleitungen und Regelwerke sind, abgeleitet aus den vedischen Schriften, versteht man unter **Śāstras** (*śāstra*, »Vorschrift«, »Lehrbuch«) in Versen verfaßte, oft umfangreichere, auch **systematischere Abhandlungen** aus verschiedenen gesellschaftlichen, kulturellen und wissenschaftlichen Bereichen – die eigentlichen »**Lehrbücher**« der nachvedischen Zeit. »Mit ihnen beginnt eine qualitativ neue Entwicklung: Die Wissenschaft entfernt sich mehr und mehr vom Veda, wird also unabhängiger und selbständiger; gleichzeitig bilden sich neue Wissenschaftszweige heraus«[42] – von der Staatskunst über die Philosophie bis hin zu Architektur, Erotik, Poetik, Astronomie, Medizin und anderen.

Gefördert wird diese Entwicklung wohl auch von den sozialen, politischen und kulturellen Veränderungen jener Zeit des Umbruchs seit dem 5. vorchristlichen Jahrhundert: Politische Metropolen entstehen, mit aufstrebenden städtischen Eliten, die sich nicht mit der statischen Tradierung des Althergebrachten oder dessen bloßer Fortschreibung begnügen; zudem entstehen unter den Nandas und Mauryas ab dem **4. Jahrhundert erste Großreiche**, deren erfolgreiche Regierung, Verwaltung und Gestaltung mehr und mehr **kodifizierte Grundlagen** erfordert. Aus den bedeutendsten **Dharmasūtras** – man vermutet aus denen der Gautama-, Baudhāyana- und Āpastamba-Schule – entstehen so nach und nach die mehr systematischen **Dharmaśāstras**, die als Lehrbücher für richtiges Verhalten das individuelle, soziale und religiöse Leben in allen gesellschaftlichen Bereichen und Schichten minutiös regeln und als Grundlage dienen für das **spätere indische Rechtssystem.**[43]

Das wohl berühmteste ist das **MānavaDharmaśāstra**, entstanden vermutlich aus einer späten Redaktion des Dharmasūtra der Mānava-Schule, bekannt unter dem Namen **Manusmṛti**, da ihre Entstehung der Legende nach göttlichen Ursprungs ist und auf **Manu**, den mythischen Stammvater der Menschheit und Urheber aller gesellschaftlichen Ordnung und Moral zurückgeführt wird: Der soll es von seinem Vater, dem Weltenschöpfer Brahmā erhalten und an seinen Sohn Bhṛgu weitergegeben haben, der es schließlich den Menschen überbrachte. Literarisch ist das Manusmṛti aber ein späteres Produkt mehrerer Autoren, das vermutlich im 2. Jahrhundert n. Chr. seine endgültige Redaktion erfuhr.

In seinen noch heute erhaltenen 2694 Versen[44], verteilt auf zwölf Kapitel, finden sich zunächst Abhandlungen über Manu und dessen Erschaffung der Welt, eine kurze Zusammenfassung der Inhalte der Manusmṛti und Ausführungen über den Veda als Quelle des Gesetzes, dann, ähnlich wie in den Dharmasūtras, Ausführungen über Sakramente, Initiationsriten, das Vedastudium, Pflichten des Hausvaters, tägliche Riten, Hochzeitszeremonien, Gast- und Bestattungsriten, Speise- und Reinheitsvorschriften, Vorschriften für Frauen und Pflichten des Königs; dem folgen schließlich, und dies ist eine Weiterentwicklung gegenüber den Dharmasūtras, umfassende Ausführungen zu **Zivil- und Strafrecht**: die Beschreibung von insgesamt 18 Prozeßthemen oder Rechtstiteln (deren Zahl übrigens in allen Dharmaśāstras gleich ist), Abhandlungen über Verfahrensregeln, Schuldfindung, Zeugenschaft und andere Prozeßdetails bis hin zu gängigen Delikten wie Gewaltanwendung, Diebstahl, Bettelei und anderem mehr. Wegen seines gleichermaßen elementaren wie umfassenden Charakters gilt die Manusmṛti denn auch als **ethisch-normatives Grundlagenwerk für die**

Hindugesellschaft schlechthin; einer seiner Autoren faßt dessen ethische Quintessenz wie folgt zusammen:

> »Sich des Verletzens (von Kreaturen) zu enthalten, Wahrheitsliebe, sich der ungesetzlichen Aneignung (von Gütern anderer) zu enthalten, Reinheit und Kontrolle der Organe (d. h. Sinne), dies hat Manu als Zusammenfassung des Gesetzes für die vier Kasten erklärt.«[45]

Als ethisch, religionsgesetzlich und juristisch normative Texte beschreiben die Dharmaśāstras faktisch über weite Strecken den Soll- oder Idealzustand der Gesellschaften ihrer Zeit – im Gegensatz etwa zum **Arthaśāstra** des Kauṭilya, jenes hohen Beamten des machiavellistischen Maurya-König Candragupta (320-268 v. Chr.), das mit seiner skrupellosen Lehre (*śāstra*) vom Nutzen (*artha*) des Königs und des Staates wohl eher die tatsächlichen Verhältnisse der damaligen Zeit spiegelt. Langfristig politisch wirkungsvoller als Kauṭilyas Werk, da **juristisch** und vor allem **ethisch verbindlich**, sind freilich die Dharmaśātras: Bis ins 7. nachchristliche Jahrhundert werden solche Texte verfaßt, später werden sie umfangreich kommentiert: Allein zur Manusmṛti gibt es mindestens sieben bedeutende Kommentare, ein Kommentar der Yājñavalkyasmṛti[46] aus dem 11. Jahrhundert wird sogar zum wichtigsten Gesetzestext in Britisch-Indien. Andere werden in sogenannten »Nibandhas« nach Themen geordnet und finden so in ganz Indien in Gerichtshöfen Verwendung – der jüngste von ihnen wird noch von der britischen Kolonialregierung bei elf Pandits (*paṇḍita*, wissenschaftlicher »Gelehrter« der heiligen Schriften) in Auftrag gegeben.[47]

4. Die epische Zeit: Rāmāyaṇa, Mahābhārata und Purāṇas

»Geschichtsbuch«, »religiöse Erbauungsschrift«, »ethische Lehrschrift«, »weltliche Literatur« – all diese Etiketten treffen in gewisser Weise auf **die beiden großen indischen Epen**, das **Rāmāyaṇa** und das **Mahābhārata**, zu.

Nach traditioneller Einteilung der indischen Literatur (die noch heute in indischen Buchhändlerkatalogen Anwendung findet) gehören die beiden Epen zur **Geschichtsschreibung** (*itihāsa*), berichten sie doch davon, »wie es wirklich war«[48], denn sie überliefern in ihren Geschichten, so das traditionelle Verständnis, auch die Geschichte zweier Epochen klassisch-indischer Historiographie: das Tretā- und das Dvāpara-Zeitalter, ersteres im Rāmāyaṇa beschrieben, letzteres im Mahābhārata.

Zugleich sind die beiden Epen aber auch **religiöse Schriften**, die Zeugnis abgeben vom Wirken des neuen göttlichen Dreigestirns Brahmā, Śiva und Viṣṇu und von den zahlreichen anderen Göttern, die der Veda nicht kennt – etwa von Kubera, dem Gott des Reichtums, Gaṇeśa, dem Gott der Gelehrsamkeit, der Schönheitsgöttin Śrī oder Lakṣmī und anderen. Und als religiöse Schriften sind sie eben auch **ethische Lehrschriften** über den Menschen wie Götter umgreifenden **Dharma**, die moralische Ordnung, und die daraus resultierenden **Tugenden und Pflichten**.

Und bei alledem sind die Epen natürlich kunstvolle **weltliche Literatur**, die Einblick gibt in die Höhen und Tiefen menschlicher, ja allzu menschlicher Existenz, voll von Hoffnung und Verzweiflung, Stärken und Schwächen, beispielhaften Tugenden und ungezügelten Leidenschaften.

Autoren und Entstehungszeit der großen Epen

Sowohl die **Datierung** wie die **Lokalisierung** beider Epen ist nur näherungsweise möglich. Beide sind mehr oder weniger sukzessive und über einen großen Zeitraum entstanden. Ihre literarische Grundsubstanz reicht bis weit in die vedische Zeit zurück: Anklänge finden sich in den Saṃvāda-Hymnen des Ṛgveda und den Götter- und Heldensagen der Brāhmaṇas (*itihāsa*, »Legenden«; *ākhyāna*, »Erzählungen«), als ihre direkten Vorläufer gelten die im ŚatapathaBrāhmaṇa erwähnten Heldenlieder (*gāthā nārāśaṃsī*). Ihre definitive Gestalt nehmen die beiden Epen wohl in der Zeit zwischen 400 vor und 400 nach Christus an, sie wurden aber noch bis ins Mittelalter hinein verändert und ergänzt.

Das **Rāmāyaṇa** entstand vermutlich als recht homogenes Werk im **östlichen Indien** und ist in seiner **vorliegenden Fassung** offensichtlich **älter als das Mahābhārata** (sowohl die Person des Vālmīki wie auch die Rāma-Sage sind dem Mahābhārata bekannt und werden dort literarisch verarbeitet, während umgekehrt das Rāmāyaṇa das Mahābhārata niemals erwähnt).

Dagegen ist das **Mahābhārata** ein sehr viel komplexeres Werk mit beinahe enzyklopädischem Charakter (die eigentlich epische Handlung umfaßt nur rund ein Fünftel des Werkes), das seinen Ursprung wohl im Westen bzw. Nordwesten Indiens hat. Auch wenn es in seiner heutigen Form aus genanntem Grund jünger sein mag als das Rāmāyaṇa (seine Endredaktion also nach der des Rāmāyaṇa erfolgte), so ist es in seinem Kern aber sowohl wegen der vielen vedischen Namen und Personen, auf die es sich bezieht, als auch wegen der vedischen Metrik vieler Verse älter.[49]

Beide Werke sind nicht nur einzigartige Zeugnisse der religiösen Verhältnisse ihrer Zeit – des Übergangs von der vedischen »Offenbarung« zur klassischen »Tradition«, sondern beide haben auch wie kaum andere literarische Werke das religiöse Denken und Leben der Inder bis in unsere heutige Zeit hinein beeinflußt und geprägt. Freilich – beide Werke sind Epen: legendenhafte, erzählerische Darstellungen sagenhaft-mythologischer Ereignisse und Gestalten mit mehr oder weniger historischem Kern, die von königlichen Hofsängern (*sūta*), die auch als deren Autoren in Betracht kommen, und vor allem von populären fahrenden Sängern (*kuśīlava*) im ganzen Land verbreitet wurden.

Das Rāmāyaṇa

In seinen sieben Büchern, dem legendären Heiligen Vālmīki zugeschrieben, wobei das erste und das letzte spätere Hinzufügungen sind, handelt das **Rāmāyaṇa** vom Leben und Schicksal des Prinzen **Rāmacandra** (kurz: Rāma) aus Ayodhyā. Sein Vater, König Daśaratha, hatte drei Frauen, die insgesamt vier Söhne zur Welt brachten: Kausalyā den Rāma, Kaikeyī den Bharata und eine dritte, deren Name verschieden angegeben wird, den Lakṣmaṇa, den Freund und späteren Begleiter Rāmas, und einen vierten Sohn, der Bharata zur Seite stehen sollte. Als die Thronfolge des Königs ansteht, soll Rāma – tugendhaft, fähig und im Volk überaus beliebt – erwartungsgemäß dessen Nachfolger werden. Des Königs zweite Frau Kaikeyī nimmt dies zunächst hin, wird aber dann von einer intriganten Dienerin angestachelt und daran erinnert, daß sie beim König (nachdem sie ihn von einer schweren Verwundung gesund gepflegt hatte) zwei Wünsche frei hätte und doch nun verlangen soll, daß ihr leiblicher Sohn den Thron besteige (was dieser dann allerdings nicht tun wird). Der König erfüllt ihr den Wunsch, und Rāmacandra, dessen Frau **Sītā** und sein Bruder Lakṣmaṇa werden für 14 Jahre in die Einsamkeit der Wälder verbannt. Der König hält – gemäß seinem Dharma – sein Kriegerehrenwort, Rāma beugt sich – gemäß seinem Dharma – als guter Sohn dem Willen seines Vaters, und Frau und Bruder folgen ihm – gemäß ihrem Dharma – treu in die Verbannung. Dort werden sie, neben anderen Abenteuern, vom listigen Dämonenkönig **Rāvaṇa** heimgesucht, der Sītā schließlich in sein Reich, das mysteriöse Laṅkā[50], entführt und sie zu fressen droht, falls sie ihn nicht binnen zwölf Monaten heiratet.

Glückliche Umstände führen zur Begegnung Rāmas mit dem Affenkönig **Sugrīva**, der, ebenfalls aus seinem Reich verjagt, mit seinem »Kanzler« **Hanumat** in der Verbannung lebt. Rāma und sein Bruder verhelfen Sugrīva wieder auf den Thron, als Gegenleistung macht sich Hanumat mit dem Affenheer auf die Suche nach der verschleppten Sītā. Auf der entlegenen Insel Laṅkā werden sie fündig. Die Zeit drängt, und schnell wird mit Unterstützung des Meeresgottes eine Brücke gebaut, auf der das rettende Affenheer schließlich zur Insel gelangt. In einer dramatischen Schlacht wird der Dämonenherrscher besiegt; Sītā kommt zwar frei, wird aber der Unzucht mit dem Dämonenherrscher bezichtigt und erst nach bestandener Feuerprobe kehrt sie mit Rāma nach Ayodhyā zurück, wo dieser als rechtmäßiger König den Thron besteigt, und seine Herrschaft sagenhaften Ruhm erlangt, weit über die Grenzen seines Reiches und seiner Zeit hinaus.

Ein Kriegerepos, in der Tat, doch zuerst und vor allem ein **Lehrstück über den Menschen**: über den liebend-leidenden Menschen und sein ständiges Ringen um die Erfüllbarkeit seiner ethisch-religiösen Pflichten, des Dharma, was vielen Indern bis heute die Grundproblematik religiösen Daseins *ad oculos* demonstriert. Aber wie in allen Heiligenlegenden geht es auch im Rāmāyaṇa nicht ohne idealisierende Überhöhung – Rāma als mustergültiger König, Ehemann, Bruder und Sohn –, und so wird denn unser Held schon bald als **siebte Inkarnation** (*avatāra*) **Viṣṇus**, des Hüters des Dharma, vergöttlicht und verehrt.

Denn etwa im 2. nachchristlichen Jahrhundert – in jener Zeit, als sich Kuṣān-Herrscher wie etwa **König Kaniṣka** »Großkönig, König der Könige und Sohn der Götter« nannten – ließ man auch dem königlichen Helden Rāma eine **göttliche Herkunft** angedeihen. Das Rāmāyaṇa wird um zwei Bücher ergänzt: das erste mit der Schilderung der übernatürlichen Geburt des Helden, das siebte und jetzt letzte Buch[51] mit dessen Manifestation als Inkarnation **Viṣṇus.** Das ursprüngliche **Kriegerepos** wird so zur **göttlichen Inkarnationsgeschichte**: Am Anfang heißt es nun, daß einst die Götter Viṣṇu anflehten, sie vor den bedrohlichen Plänen des Dämons Rāvaṇa zu bewahren; Viṣṇu erhört sie, inkarniert sich in Gestalt des Prinzen Rāmacanda und kehrt am Schluß als Viṣṇu wieder zurück in den Himmel. Und so bekommt selbst das Böse in dieser Geschichte einen ganz neuen, theologischen Sinn: Es lenkt den inkarnierten Gott seinem eigentlichen Ziel entgegen – der kompromißlosen Durchsetzung des Dharma und der Vernichtung aller seiner Feinde.

Das Mahābhārata

Der erzählerische (und wohl auch historische) Kern des **Mahābhārata**[52], jenes »großen« (*mahant*) Epos der legendären »Bhārata«-Dynastie, ist der Streit der Familien der beiden letzten Nachkommen des Königs **Bharata** um die Vorherrschaft über das westliche Yamunā-Gaṅgātal: Die **Pāṇḍavas**, die fünf Söhne des Königs **Pāṇḍu**, die ihm, faktisch impotent, mit Hilfe der Götter von seinen beiden Frauen geboren werden (Arjuna, Yudhiṣṭhira, Bhīṣma und die Zwillinge Nakula und Sahadeva), und die **Kauravas**, der Sage nach die Nachkommen des mythologischen Königs Kuru, wohl aber die »hundert« Söhne des blinden Pāṇḍu-Bruders König **Dhṛtarāṣṭra**.

Der Erzählung nach ist zunächst König Pāṇḍu Herrscher im Bhārata-Land, dem Gebiet um Delhi mit der Hauptstadt Hastināpura, 57 Meilen nördlich von Delhi. Legitimer Herrscher wäre eigentlich sein älterer Bruder Dhṛtarāṣṭra, dessen Blindheit ihn aber zur Ausübung des Königsamtes ungeeignet macht. Schon bald stirbt König Pāṇḍu, und zwischen seinen Söhnen und denen des blinden Dhṛtarāṣṭra entbrennt ein erbitterter Streit um die Nachfolge im Königsamt.[53] Da faßt Duryodhana, der älteste Kaurava-Sohn, den Plan, sich seiner

Vettern zu entledigen: Auf einer Reise läßt er diese in einem Zelt einquartieren, das er kurzerhand in Brand stecken läßt. Der Plan mißlingt, die Pāṇḍava-Prinzen werden gewarnt und im letzten Moment gelingt den Totgeglaubten die Flucht an den Hof des Pañcāla-Königs Drupada. Dort lernen sie unter anderem auch einen gewissen dunkelhäutigen **Kṛṣṇa** (der »Schwarze«) kennen, den Führer der Yādavas, der ihnen fortan als treuer Kampfgefährte zur Seite steht. Nach zahllosen Abenteuern verlieben sich schließlich alle fünf Brüder in die Königstochter Draupadī, heiraten diese gemeinsam und gründen die Stadt Indraprastha (in der Gegend des heutigen Delhi), von wo aus sie ein berühmtes und mächtiges Königreich aufrichten.

Die Kaurava-Prinzen hingegen – ihnen voran Duryodhana – neiden ihren Vettern diesen Erfolg und fassen erneut den Plan, sie zu vernichten. Sie nutzen deren Spielleidenschaft und laden sie nach Hastināpura ein zu einem **Würfelspiel**. In zwei manipulierten Spielen mit Śakuni, dem Mutterbruder Duryodhanas, verspielt dabei der älteste Pāṇḍava-Prinz Yudhiṣṭhira nicht nur sein gesamtes Eigentum und sein Königreich, sondern auch sich selbst, seine Brüder und die gemeinsame Ehefrau Draupadī: Für zwölf Jahre müssen die Verlierer in die Verbannung, ein 13. müssen sie anonym leben. Nach allerlei Abenteuern und Verwicklungen – dazwischen immer wieder (inkognito) kleinere Scharmützel mit den Kauravas – fordern die Pāṇḍavas nach Ablauf dieser Zeit von ihren Vettern schließlich das Königreich zurück. Vergeblich. Der gewaltsame Konflikt wird unumgänglich, und es kommt zur legendären **18tägigen Schlacht von Kurukṣetra** (auf dem »Kuru-Feld«), die das Epos in vier Büchern detailliert beschreibt.

Am Ende sind die Kauravas vernichtend geschlagen, nur der blinde Dhṛtarāṣṭra und drei seiner hundert Söhne überleben das schaurige Gemetzel. Des Kampfes müde, schließen die Familien endlich Frieden, und Yudhiṣṭhira wird neuer König. Dhṛtarāṣṭra lebt noch 15 Jahre am Hof der Pāṇḍavas, zieht sich dann nach alter Sitte mit seinen beiden Frauen zur Askese in die Einsamkeit der Wälder zurück, wo sie allerdings gemeinsam tragisch bei einem Brand zu Tode kommen. Auch Yudhiṣṭhira zieht sich im Alter mit seinen Brüdern, der gemeinsamen Ehefrau und seinem Hund (der sich als Inkarnation des Dharma entpuppt!) in die Abgeschiedenheit des Himālaja zum Götterberg Meru zurück, wo seine Familie schließlich stirbt und unser Held (samt seinem Hund) von Indra direkt in den Himmel aufgenommen wird …

In 18 Büchern und 106 000 Versen, dem mythischen Weisen Vyāsa[54] zugeschrieben, schildert dieses gewaltige Epos all die dramatischen Ereignisse des 8. vorchristlichen Jahrhunderts[55], eingewoben in zahllose kleinere, zum Teil **eigenständige** Erzählungen, Legenden, Fabeln und Parabeln: etwa **Buch XI** – die Klage der Königsgattin Gāndhārī über den Tod ihrer 97 Söhne und der verhängnisvollen Verfluchung Kṛṣṇas, den sie dafür verantwortlich macht –, oder die eingeschobenen **Lehrbücher XII und XIII** – ausgegeben als Belehrungen des Kaurava-Führers Bhīṣma über Politik, Recht, Tugend und Erlösung.

Die Bhagavadgītā: der »Gesang des Erhabenen«

Einer der Höhepunkte des Mahābhārata, inhaltlich wie stilistisch, ist **Buch VI, Kap. 25-42**: Jener **fiktive Dialog am Vorabend der großen Schlacht** zwischen **Arjuna** und seinem Wagenlenker **Kṛṣṇa**, der sich hier als Inkarnation Viṣṇus erweist; wegen seiner zentralen theologischen Aussagen wurde dieser Text später herausgelöst und als **Bhagavadgītā**, als Gesang (*gītā*) des Erhabenen (*bhagavat* = Viṣṇu), eigenständig überliefert. Arjuna ist verzweifelt, weil er in der drohenden Schlacht womöglich seine Verwandten töten muß:

> »4. Wie kann ich in der Schlacht, o Madhusūdana, den Bhīshma und den Droṇa mit meinen Pfeilen bekämpfen, da mir beide doch ehrwürdig sind, o Feindetöter.
>
> 5. Wahrlich, es wäre mir besser, die hochwürdigen Lehrer nicht zu töten und hier auf der Welt Bettelbrot zu essen, als daß ich die Lehrer, obgleich sie nach unserem Gut trachten, tötete und Freuden genösse, die mit Blut besudelt sind.
>
> 6. Fürwahr, wir wissen nicht, was wir vorziehen möchten, daß wir sie oder daß sie uns besiegen; denn solche, nach deren Tötung wir selbst nicht leben möchten, die stehen uns feindlich gegenüber, geschart um Dhṛitarāshṭra.
>
> 7. Da mein Herz in der Schwäche des Mitleids befangen ist, und mein Geist verwirrt ist über das, was meine Pflicht ist, so frage ich dich danach, was das Richtige ist; sage es mir mit Bestimmtheit; ich bin dein Schüler; belehre mich, der ich dich darum angehe.
>
> 8. Denn ich sehe nicht, was von mir den sinneausdörrenden Kummer fernzuhalten vermöchte, auch wenn ich auf Erden ein blühendes Reich ohne Nebenbuhler, auch wenn ich die Oberherrschaft über die Götter erlangen sollte.«[56]

Kṛṣṇa rechtfertigt das kriegerische Vorhaben des zweifelnden Prinzen moralisch und religiös, weshalb Gāndhārī ihn später ja auch verflucht: Es sei Arjunas königliche **Pflicht**, sein **Dharma**, die Usurpatoren zu bekämpfen, auch wenn sie seine Verwandten sind. »Tu deine Pflicht! Nach dem Erfolg des Handelns frage nicht!« – so könnte man knapp das ethische Leitmotiv der Bhagavadgītā zusammenfassen.[57] Denn es werde ja im Kampf nicht die ewige Seele der Menschen getötet, das ihnen innewohnende göttliche Prinzip, sondern nur deren vergänglicher Körper. Letztendlich, so Kṛṣṇa, gehe es um die **Erlösung** des Menschen, um seine **Befreiung** (*mokṣa*) aus der Welt der Werke und dem damit verbundenen Kreislauf immer neuer Existenzen (*saṃsāra*). Und diese Befreiung ist auf verschiedenen Wegen zu erreichen:

– Durch **Karman**, aktives aber gleichmütiges, selbstloses und uneigennütziges (*niṣkāma*) **Handeln gemäß der Pflichten** (*dharma*), die dem Menschen je nach Alter und gesellschaftlicher Stellung zukommen;

– durch **Jñāna**, **religiöses Wissen** und die **spirituelle Erkenntnis**, die in asketischer Entsagung gipfelt[58]; und schließlich

– durch **Bhakti**, **gläubige Hingabe**, liebende **Vereinigung mit Gott** (hier freilich ganz viṣṇuitisch verstanden):

> »52. Jene schwer zu schauende Gestalt, in der du mich gesehen hast, – auch die Götter sind allezeit verlangend, mich in dieser Gestalt zu schauen.
>
> 53. Nicht durch Veden, nicht durch Askese, nicht durch Gaben und nicht durch Opfer kann einer es erreichen, mich in der Gestalt zu schauen, in der du mich erblickt hast.
>
> 54. Aber durch Verehrung, die mir allein gewidmet ist, kann einer, o Arjuna, in dieser Weise mich erkennen, mich schauen, wie ich bin, und in mich eingehen, o Schreck der Feinde.
>
> 55. Wer meine Werke tut, mich als das Höchste hat und mich verehrt ohne Anhänglichkeit an die Welt, wer ohne Feindschaft ist gegen alle Wesen, der kommt zu mir, o Pāṇḍusohn!«[59]

Die **spirituelle Bedeutung**[60] der »Gītā« (»Gesang«) – so wird die Bhagavadgītā liebevoll nicht nur von den viṣṇuitischen Bhāgavatas, sondern von den meisten Hindus genannt – kann nicht hoch genug eingeschätzt werden. Ungeachtet der Konfession spendet sie der Mehrzahl der Hindus Erbauung und Trost, berühmte Hindus – von den klassischen Denkern bis zu neuzeitlichen Vertretern wie Śrī Aurobindo Ghose und Mohandās Karamcand Gāndhī – haben sie kommentiert. Von Gāndhī ist überliefert, daß die Gītā auf den jungen, allzu westlich orientierten Studenten in London einen nachhaltigen Eindruck gemacht haben soll: »Die Stelle im zweiten Kapitel: ›Wenn ein Mensch an die Sinnesobjekte denkt, entsteht Verhaftung an sie, aus der Verhaftung entspringt Begierde, aus der Begierde flammt wilde Leidenschaft. Aus der Leidenschaft entsteht Geistesverwirrung, aus dieser Vergessenheit schon erkannter Wahrheiten, aus dieser Zerstörung des Verstandes, an dieser geht der Mensch zugrunde‹ machte mir großen Eindruck und klingt mir noch heute im Ohr … dieser Eindruck hat sich seither ständig vertieft ..., daß ich es heute als das Buch par excellence für die Erkenntnis der Wahrheit halte.«[61] Vielleicht liegt ihr Charme gerade darin, daß die Gītā für alle Glaubens- und Denkrichtungen etwas zu bieten hat – mit spiritueller Tiefe, menschlich und lebensnah: »Ob es der Verfechter aktiven Handelns oder der nach Erkenntnis Strebende oder der die mystische Vereinigung mit Gott Suchende ist – ihnen allen hat die *Bhagavadgītā* etwas zu sagen. Der Pragmatiker, der vedische Ritualist, der Asket, der Dualist, der Monist – sie alle empfangen von ihr Erbauung, Trost und Stärkung. Sie empfangen es durch das Medium einer edlen, begeisternden, wahrhaft dichterischen Sprache. So nimmt es nicht wunder, wenn sich das Gedicht Seele und Sinne Hunderter von Millionen Menschen erobert hat.«[62]

Viṣṇuitische Legendensammlung: das Harivaṃśa

Mitunter wird auch das **Harivaṃśa**, eine dreiteilige Sammlung religiöser Sagen über das legendäre »Geschlecht des Hari«, als **XIX. Buch** zum Mahābhārata gerechnet. »Hari« heißt wörtlich »Vertreiber der Sünde«, und gemeint ist damit Gott in der Erscheinung des Viṣṇu und dessen Inkarnation als Kṛṣṇa:

– Teil I (*harivaṃśaparvan*) beginnt mit der **Weltschöpfung** und schildert die **Genealogien** der mythischen Sonnen- und Monddynastien.

– Teil II (*viṣṇuparvan*) beschreibt das **Leben Kṛṣṇas**, seine Heldentaten und Liebesabenteuer: Nur knapp entkommt Kṛṣṇa nach seiner Geburt dem Tod. Dem grausamen König Kaṃsa wurde nämlich prophezeit, daß er vom achten Sohn seiner Tante Devakī, der Gattin Vāsudevas, getötet werden würde – worauf er beide prophylaktisch einkerkert. Devakīs siebter Sohn Rāma (hier »Balarāma«, »starker Rāma« genannt) wird durch eine wundersame Verpflanzung in den Leib Rohiṇīs gerettet. Kṛṣṇa, ihr achter Sohn, wird gleich nach der Geburt im Kerker auf zauberhafte Weise mit der Tochter des Hirten Nanda, als Mädchen nicht gefährdet, vertauscht und wächst gemeinsam mit seinem Bruder Rāma in Gokula und Vṛndāvana in der Nanda-Familie unter den Hirtenmädchen auf: Als Querflöte spielender Rinderhirte in Tanzhaltung (im Tanz zieht er die Hirtenmädchen in seinen Bann) wird Kṛṣṇa häufig in der Kunst dargestellt. Als Erwachsener hat Kṛṣṇa zahllose Abenteuer zu bestreiten: Er tötet Dämonen, beschützt Menschen vor tödlichen Gefahren und schlägt seine Feinde und deren Heere. Die Liebe zwischen Kṛṣṇa und Rādhā wird sprichwörtlich und hat zu allen Zeiten indische Künstler inspiriert; manchen gilt sie gar als Sinnbild der hingebenden Liebe des Menschen zu Gott. In die Lebensgeschichte Kṛṣṇas werden allerlei Götterlegenden eingeflochten – etwa jene vom Streit mit dem Dämonenkönig Bāṇa, faktisch ein Streit zwischen Viṣṇu und Śiva mit drohendem apokalyptischen Endkampf, den aber Gott Brahmā verhindert, indem er erklärt, daß Viṣṇu und Śiva letztlich identisch sind.

– Teil III (*bhaviṣyaparvan*) beschäftigt sich mit der **Zukunft** (*bhaviṣya*) und prophezeit der Welt das schlechte, bis heute andauernde Zeitalter des **Kali-Yuga**.

Literarisch zählt das Harivaṃśa nicht mehr zum Epos, sondern bereits zu den späteren Purāṇas. Es ist, bei allen losen Bezügen, die hier zum Mahābhārata hergestellt werden, späteren Datums und stammt wohl aus nachchristlicher Zeit.

Kṛṣṇa: viṣṇuitische Verehrung des höchsten Gottes

Kṛṣṇa, der »Dunkelhäutige«, ist keine vedische Figur. Zwar ist ein solcher Name im Ṛgveda[63] erwähnt, allerdings ohne irgendeine Beziehung zur späteren Gottheit. Die ChāndogyaUpaniṣad kennt sogar einen »Sohn der Devakī«, allerdings als Gelehrten und Schüler von Ghora Āṅgirasa[64] und nicht als Held oder gar Inkarnation eines Gottes. Der Kṛṣṇa-Kult – und mit ihm der ganze spätere »Viṣṇuismus« – hat mehrere Wurzeln[65]:

– den Kult um einen vom Volk verehrten **Held nichtarischen Ursprungs**, verbunden mit der Verehrung eines Gottes **Vāsudeva**[66], der bereits um 400 v. Chr. belegt ist;

– die asketisch-brahmanische Viṣṇu-Verehrung im **Nārāyaṇa-Kult**[67], der seinerseits den Vāsudeva-Kult beeinflußte[68],

– vom Yajurveda herkommend, die Schulen der **Vaikhānasas** und der asketisch-priesterlichen **Pāñcarātras**: Sie knüpfen an die vedische Überlieferung vom sonnenäugigen Viṣṇu an, der in drei Schritten den Weltenraum durchmessen und ihn dadurch erschaffen hat; diese Schöpferfunktion wird mit der Vorstellung der Weltschöpfung durch das **Selbstopfer** des Urwesens **Puruṣa** verbunden und Viṣṇu-Nārāyaṇa wird zum personifizierten Selbstopfer, aus dem die Welt entstand: eine Gottheit, »die als Opferer causa efficiens und als Geopferter causa materialis ist«[69]; diese Vorstellung verbinden Vaikhānasas und Pāñcarātras[70] schließlich mit Ideen des Sāṃkhya und des Yoga und entwickeln die kosmogonische **Vyūha-Lehre** der Selbstentfaltung Gottes in die Welt zur Wahrnehmung seiner Funktionen als transzendentes Urprinzip, Weltschöpfer, in die Geschichte eingreifende Inkarnation, individuelle Kontroll- und Gewissensinstanz und Gegenstand frommer Verehrung[71];

– zu all dem kommt später noch die Verehrung des königlichen Helden **Rāma** hinzu.

All diese Strömungen fließen schließlich mit dem epischen Heroenkult der »Bhāgavatas«[72] um Kṛṣṇa und dessen Bruder Balarāma zusammen und finden zwischen dem 3. und 2. vorchristlichen Jahrhundert in der Viṣṇu-Kṛṣṇa-Verehrung der **Bhagavadgītā** ihren ersten bedeutenden religiös-literarischen Ausdruck: Der höchste Gott Viṣṇu offenbart sich im Menschen Kṛṣṇa, Kṛṣṇa ist kein anderer als Gott selbst. Alles, selbst die Götter, existiert nur durch ihn, ihm allein gebühren Verehrung und Hingabe; er und nur er ist Ursprung, Orientierung und Ziel menschlicher Existenz. Er richtet den Dharma wieder auf, die moralische und soziale Ordnung, und er weist den Weg zur Erlösung: »Wenn man selbstlos handelt, ausschließlich seiner Pflicht folgt und die Früchte des Tuns der Gottheit überläßt, die ohnehin letztlich der einzig Handelnde in allen Menschen ist.«[73]

Den Bhāgavatas ist neben der Bhagavadgītā auch das erwähnte **Harivaṃśa** zu verdanken. In nachchristlicher Zeit als Nachtrag und Schluß des Mahābhārata verfaßt, liefert es faktisch die genealogische Begründung für die Kṛṣṇa-Verehrung, in ihm tritt die Gottesliebe gegenüber der intellektuellen Gotteserkenntnis in den Vordergrund: Ein Gott, der in völliger Freiheit die Welt geradezu spielerisch, aber allemal liebevoll beherrscht und lenkt. Das etwas später abgeschlossene **ViṣṇuPurāṇa** (2.-4. Jhd.) greift dieses Thema auf, baut es aus und stellt es in den Rahmen einer umfassenden Kosmogonie und Kosmologie.

Rāma: moralisches Ideal des Königtums

Die Erhöhung des Prinzen **Rāma** zur **göttlichen Inkarnation** war erst, wie wir sahen, mit der **Erweiterung** des Rāmāyaṇa um zwei Bücher zu Beginn und am Ende des Epos gegeben – wohl in der Zeit der Kuṣāṇa-Herrscher im 2. Jahrhundert. Während im Kṛṣṇa-Kult dessen »menschliche« Fürsorge, verbunden mit einer bald erotischen Hingabe der Gläubigen auffallen, dominieren bei der Verehrung Rāmas dessen fürstliche Züge. Ja, er wird zum moralischen »Ideal des Königtums, mit Leitsätzen wie Treue, Gerechtigkeit, Unbesiegbarkeit und Vorbild für die Untertanen«[74]. Eine über weite Strecken herrscherliche **Manifestation Viṣṇus**, die aber – neben dem Weg der Erkenntnis und der guten Werke – am leichtesten und sichersten eben auch durch Bhakti, durch vertrauend-liebende Hingabe zu erreichen ist.

Einer der bedeutendsten Vertreter der Rāma-Verehrung ist der nordindische Dichter **Tulsīdās** (ca. 1532-1623), aus der Lehrtradition des Heiligen Rāmānanda, mit seinem Werk »Rāmcaritmānas« (»Der heilige See der Taten Rāmas«). Diese freie Hindi-Nachdichtung des Rāmāyaṇa aus dem Jahre 1574 – Śiva in den Mund gelegt, der die Taten Rāmas seiner Gemahlin Pārvatī erzählt – ist einer der wichtigsten spirituellen Texte der Rāma-Verehrung überhaupt.

Eine interessante Entwicklung bietet die Rāmabhakti Ende des 12. Jahrhundert mit dem sogenannten »Yogavāsiṣṭha-Rāmāyaṇa«: Es versucht eine Relativierung bzw. Transzendierung des theistischen Gotttesbegriffs hin zu einem rein **monistischen** Standpunkt: Die Welt und die personale Gottheit sind nur Schein, letztlich heilsrelevant ist die Erkenntnis der übergeordneten **All-Einheit** (*advaita*); Rāma wird zur bloßen Chiffre für das unsagbare All-Eine – eine

Vorstellung, die im 13. Jahrhundert auch die islamischen Sufis teilen werden mit ihrer Verehrung des letztlich namen- und gestaltlosen Gottes, und die später vom indischen Denker und Mystiker **Kabīr** (1440-1518), ebenfalls aus der Schule Rāmānandas und wie jener für die gegenseitige Toleranz von Hindus und Muslimen werbend, vertreten wird. Bis heute gelten Rāma und Sītā der Mehrheit der Hindus als zeitlose Vorbilder für Reinheit und Wahrhaftigkeit; zahllosen Büchern, Theaterstücken, Film- und Fernsehproduktionen Indiens diente und dient das überaus populäre Rāmāyaṇa als Vorlage.

Purāṇas: religiöse Lehrbücher und Erzählungen

In mancher Hinsicht mit dem Mahābhārata vergleichbar ist eine weitere Gruppe erzählender Werke, die in der religiös-philosophischen Unterweisung der Hindus bis heute eine wichtige Rolle spielen: die **Purāṇas**. Der Name bedeutet wörtlich »alt«, will sagen, es handelt sich um **Erzählungen** (*ākhāna*) **aus alter Zeit**. Der Name »Purāṇa« findet sich als Sammelbegriff für bestimmte Literatur bereits in den vedischen Schriften[75], auch das Mahābhārata nimmt Bezug auf so genannte Schriften, die allerdings nicht mit den heute vorliegenden identisch sind. Deshalb ist wohl davon auszugehen, daß es schon früh »eine alte Purāṇa-Literatur gegeben haben muß, die jedoch nicht aus den heute so benannten Werken bestand, sondern offenbar verlorengegangen ist«[76].

Nach orthodoxer Tradition soll das »Ur-Purāṇa« aus dem Munde desselben Weisen Vyāsa stammen, der einst auch das Mahābhārata verfaßt haben soll: Der soll es seinem Schüler, dem Barden Lomaharṣaṇa, erzählt haben, der dann seinerseits mit dreien seiner Schüler vier »ursprüngliche« Purāṇas verfaßt haben soll. In der Tat hat man sich in der Forschung darauf verständigt, daß es so etwas wie einen ältesten Kern, eine Art »Ur-Purāṇa«[77] gibt. Das ist allerdings nicht mythischen Ursprungs, sondern entstand im Umfeld des Kriegeradels, in seinen ältesten Schichten womöglich zur Zeit der Anfänge der großen Epen. Der Großteil der Purāṇas dürfte freilich »zwischen 300 und 800 entstanden sein«[78], also etwa in der Zeit von der Gupta- bis zur Pāla-Dynastie, Nachträge reichen bis in 13. Jahrhundert und weiter.

Ihrem **Inhalt** nach bieten die Purāṇas ein seher heterogenes Bild: Sie bieten große Schöpfungsmythen und handeln von den Weltenaltern, von Weltvernichtung und ihrer Neuentstehung, sie erzählen von den Göttern und deren Inkarnationen, von ihren Kämpfen mit Dämonen und anderen großen Taten, sie überliefern die Genealogien der großen mythischen Herrschergeschlechter – etwa die Abstammung Kṛṣṇas von der Monddynastie und die Rāmas von der Sonnendynastie – und deren Geschichte, sie bieten Gebete und Hymnen an die Götter und Vorschriften für Zeremonien und Feste. Aber sie beschäftigen sich auch mit ganz profanen Themen wie Politik, Medizin, Recht, Poetik und anderem. Im Mittelpunkt steht meist der jeweils verehrte und gefeierte Gott – Viṣṇu, Brahmā oder Śiva –, wobei nach traditionell viṣṇuitischer idealtypischer Vorstellung die Viṣṇu- und BrahmaPurāṇas zur Erlösung bzw. in den Himmel führen, die ŚivaPurāṇas dagegen direkt in die Hölle. Tatsächlich aber vermischen sich in den einzelnen Purāṇas die Anschauungen verschiedener Glaubensrichtungen – bei aller gegenseitigen Abgrenzungen der einzelnen Sekten.

Traditionell zählt man **18** eigentliche, **»große« Purāṇas** (*mahāpurāṇa*) mit ebensovielen Neben-Purāṇas (*upapurāṇa*); weil für ihren Charakter und ihr theologisches Profil sehr aufschlußreich, hier ein knapper Überblick über die Mahāpurāṇas mit ihren wichtigsten Themen[79]:

- Das vorwiegend viṣṇuitische **BrahmaPurāṇa**: in traditionellen Aufzählungen meist an erster Stelle genannt, deshalb auch ĀdiPurāṇa genannt, und als Belehrung des mythischen Heiligen Dakṣa durch Brahmā ausgegeben, mit vielen Kṛṣṇa-Legenden, Anweisungen für den Ahnenkult, die Lebensstufen (*āśrama*), das Kastenwesen und mit Erklärungen zur Sāṃkhya- und Yogaphilosophie;
- das umfangreiche und wohl über Jahrhunderte entstandene sechsteilige, vorwiegend viṣṇuitische **PadmaPurāṇa**: mit einer Beschreibung der Weltschöpfung durch den persönlichen Gott Brahmā, Ausführungen über die Erde und die Welt der Götter und Dämonen (hier auch, wie bereits im Harivaṁśa, die Lehre der Trimūrti, der Einheit von Brahmā, Śiva und Viṣṇu, überliefert), ferner mit Rāma-Legenden und Erörterungen über die rechte Verehrung Viṣṇus (hier von Śiva gepriesen!) nicht durch Meditation, sondern durch Wallfahrten, Riten und gute Werke;
- das bedeutende sechsteilige **ViṣṇuPurāṇa**: mit Belehrungen über Viṣṇu als Urgrund der kosmischen All-Einheit, mit Ausführungen über Schöpfung und die sieben Welten, mit Genealogien, Mythen und Legenden, Abhandlungen über heilige Schriften und rituelle Vorschriften, einer Kṛṣṇa-Biographie, Ausführungen über das Kaliyuga und Betonung der Heilsnotwendigkeit der Viṣṇu-Meditation;
- das **VāyuPurāṇa** (auch **ŚivaPurāṇa** genannt): ähnelt in vieler Hinsicht dem Harivaṃśa, bietet von allen Purāṇas die umfassendsten Informationen über Geographie und Weltbild, betont ebenfalls die Meditation, ist allerdings śivaitisch ausgerichtet;
- das **BhāgavataPurāṇa**, bis heute von allen Purāṇas mit der größten geistesgeschichtlichen Wirkung: mit Beschreibungen der zehn Inkarnationen Viṣṇus, ausführlichen Schilderungen der Liebesspiele Kṛṣṇas mit den Hirtenmädchen und mit zahlreichen Kapiteln zu Geo- und Kosmologie – für Viṣṇuiten fast gleichbedeutend mit den Upaniṣads und der Bhagavadgītā;
- das viṣṇuitische **Bṛhannāradīya-** und (dieses fast ganz enthaltende) **Nāradīya-Purāṇa**: mit brahmanisch-orthodoxen Belehrungen über den Viṣṇu-Kult;

- das **MārkaṇḍeyaPurāṇa**: mit sehr alten Teilen, die bis ins 2./3. Jahrhundert reichen, wo noch die alten vedischen Götter verehrt werden, aber auch mit Erläuterungen schwieriger Teile des Mahābhārata, ebenfalls mit Erläuterungen zur Trimūrti und mit Preisungen der Göttin Durgā;
- das relativ späte **AgniPurāṇa**: mit śivaitischen Preisungen des Liṅga (d. h. des Phallus als Symbol Śivas) und des Durgā-Kultes, zugleich aber auch mit viṣṇuitischen Ausführungen über Kṛṣṇa und Rāma, den Gaṇeśa- und den Sonnenkult, ferner mit tantrischen rituellen Anweisungen und mit beinahe enzyklopädischen Ausführungen über allerlei wissenschaftliche Themen;
- das śivaitische **BhaviṣyaPurāṇa**: mit Darlegungen über Kulthandlungen zum Sonnen- und Schlangenkult und Ausführungen zu Pilgerfahrten;
- das betont viṣṇuitische **BrahmavaivartaPurāṇa**: vor allem mit Schilderungen der Schöpfung als Umwandlung des Brahman, mit Belehrungen über die Identität Brahmans mit Kṛṣṇa und Schilderungen aus Kṛṣṇas Liebesleben, mit Ausführungen über die Urmaterie und der Präsentation Gaṇeśas als Inkarnation Kṛṣṇas;
- das junge śivaitische **LiṅgaPurāṇa**: mit allerlei kultischen Ausführungen, tantrisch beeinflußt;
- das ebenfalls junge viṣṇuitische **VarāhaPurāṇa**: mit Ausführungen über die dritte Inkarnation Viṣṇus als Eber (*varāha*), rituellen Anweisungen und Handreichungen, aber auch mit Abhandlungen über Śiva, Durgā und Gaṇeśa;
- das äußerst umfangreiche **SkandaPurāṇa**: mit Ausführungen über den Kriegsgott Skanda als Sohn Śivas, aber auch mit Abhandlungen über Kastenregeln, Lebensstufen, den Geburtenkreislauf und über Yoga;
- das späte viṣṇuitische **VāmanaPurāṇa**: mit Ausführungen über die fünfte Inkarnation Viṣṇus als Zwerg (*vāmana*), aber auch mit śivaitischen Teilen über den Liṅga-Kult, Gaṇeśas Ursprung und Śivas Leben;
- das viṣṇuitische **KūrmaPurāṇa**: mit Ausführungen über die zweite Inkarnation Viṣṇus als Schildkröte (*kūrma*), mit Abhandlungen über fromme Lebensführung, Meditation, Sühne und heilige Orte, aber auch mit Passagen über den Śakti-Kult und die Trimūrti-Lehre; von besonderer Bedeutung und prägend für das alte Indien wurden die kosmologischen Ausführungen dieses Werkes;
- das viṣṇuitische **MatsyaPurāṇa**: mit Ausführungen über die erste Inkarnation Viṣṇus als Fisch (*matsya*), als der Viṣṇu das Werk dem Manu erzählt, aber auch mit śivaitischen Zügen und Abhandlungen über heilige Orte;
- das viṣṇuitische **GaruḍaPurāṇa**: mit Anleitungen zur richtigen Verehrung Viṣṇus, mit rituellen Anweisungen, aber auch enzyklopädischen Ausführungen zu weltlichen und wissenschaftlichen Themen, ferner mit Abhandlungen über den Zustand der Seele nach dem Tod, die Karmanlehre und bis heute populären Anweisungen zu Ahnenkult und Bestattungsriten;

- das viṣṇuitische **BrahmāṇḍaPurāṇa**: hier berichtet Brahman über die Entstehung der Welt aus dem goldenen Ei, ferner bietet der Text Ausführungen über Rāma, Kṛṣṇa und Viṣṇus sechste Inkarnation als »Rāma mit der Axt« (*paraśurāma*).

Moritz Winternitz schrieb seinerzeit in seiner großen indischen Literaturgeschichte über die Purāṇas, sie seien zwar als Geschichtsquellen unschätzbar, »als litterarische Erzeugnisse« aber »keine erfreuliche Erscheinung«, denn sie seien »in jeder Beziehung formlos und maßlos«: »Die saloppe Sprache und die kunstlosen Verse … sind für diese Werke ebenso charakteristisch wie das wirre Durcheinander des Inhalts und die maßlosen Übertreibungen«; alles deute darauf hin, daß es eine »minderwertige Klasse von Litteraten, der niedrigeren, ungebildeten Priesterschaft angehörig, war, die sich mit der Überlieferung der Purāṇas befaßte«.[80] Dieses harsche Urteil des Philologen, der mit der allenthalben beklagten »Formlosigkeit« Indiens seine offensichtlichen Schwierigkeiten hat und der wuchernden Themen- und Formenvielfalt der Purāṇas nicht allzu viel abzugewinnen vermag, wird freilich der **spirituellen Bedeutung und geistesgeschichtlichen Wirkung** der Purāṇas unter Hindus kaum gerecht. Volkstümlich und in der Tat oft in schlichter Sprache geschrieben, erfreuen sie sich seit jeher großer Beliebtheit – besonders seitens der traditionell vom Vedastudium ausgeschlossenen Mehrheit der Bevölkerung: nicht nur der vierten unteren Schicht der Śudras, sondern vor allem der Millionen indischer **Frauen**! Zudem fanden die vielfältigen Themen und Stoffe der **Purāṇas** auf breiter Front Eingang in Literatur, Schauspiel und darstellender Kunst. Ja, womöglich haben die **Purāṇas** wie keine andere Hinduliteratur Gemüt, Geist und Vorstellungskraft der indischen Massen über die Jahrhunderte beeinflußt und geprägt.[81]

5. Philosophische Lehren der epischen Zeit

Schon Paul Deussen zog einst in seiner Philosophiegeschichte eine interessante Parallele zwischen der Entwicklung Indiens in der nachvedischen, epischen Zeit und jener in der griechischen Antike: »Wie in Griechenland auf das mutige Aufstreben der vorsokratischen Zeit, auf die heiße Gedankenarbeit des Sokrates, Platon, und Aristoteles die **nacharistotelische Zeit** folgt, an zeitlichem und räumlichem Umfang jenen beiden ersten Perioden weit überlegen, an Tiefe und Bedeutung aber ebenso sehr hinter ihnen zurückstehend, – so folgt in Indien auf die ersten Flügelschläge des philosophischen Genius im Ṛigveda und auf den hohen Flug, den dieser Genius in den Upanishad's, namentlich den ältern, nimmt, die **nachvedische Zeit**, in welcher ein, seinem Aufkeimen nach schon in den späteren Upanishad's bemerkbarer, unphilosophischer Realismus üppig fortwuchert und zu einer ganzen Reihe philosophischer Systeme sich entwikkelt, von denen sechs für orthodox (*āstika*), d. h. für vereinbar mit dem Vedaglauben, die übrigen für heterodox und ketzerisch (*nāstika*) gelten.«[82] So finden wir besonders im Mahābhārata eine Reihe philosophischer Konzeptionen und Traktate, die diesen Übergang dokumentieren von den ersten denkerischen Synthesen der frühen Upaniṣads zu den großen philosophischen Entwürfen und Systemen der »klassischen« Zeit.

Insgesamt tritt das alte vedische Weltbild in der epischen Zeit mehr und mehr in den Hintergrund. Die vedischen Götter verlieren an Bedeutung, manche mutieren zu Gottheiten des klassischen Pantheons, andere verschwinden ganz oder überleben bestenfalls als Figuren der Folklore. Zwar hält das Mahābhārata insgesamt an der Autorität des Veda und an dessen Offenbarungscharakter fest und knüpft an zentrale Lehren der Upaniṣads an, zugleich wird aber vor allem gegen den wuchernden Ritualismus der Brāhmaṇas und gegen vedische Opferpraktiken polemisiert und deren Erkenntnis- und Heilsrelevanz in Frage gestellt.[83] Das heißt: Auch wenn der Veda die normative Autorität bleibt, so erscheint diese Autorität in den Epen in einem zunehmend neuen Licht; bestimmte Aspekte werden neu betont oder uminterpretiert, andere Aspekte kommen ganz neu hinzu.

Für diese Entwicklung aufschlußreich sind eine Reihe philosophischer Einzeltexte und ganzer Textsammlungen des Mahābhārata mit voll entwickelten und recht klar dargestellten Lehren, die schon früh isoliert wurden und die sich ideengeschichtlich gut einordnen lassen:

- die bereits behandelte **Bhagavadgītā** (Mbh VI, 25-42);
- die beiden weniger bedeutenden Texte **Sanatsujātaparvan** (Mbh V,40-45: die Belehrungen Dhṛtarāṣṭras durch den ewig jungen Weisen Sanatsujāta) und die **Anugītā** (Mbh XIV,16-51: der »Nachgesang«, eine sekundäre Hinzufügung, die damit erklärt wird, daß Arjuna den Kṛṣṇa vor Yudhiṣṭhiras Sühneopfer nach der Schlacht bittet, die Bhagavadgītā zu wiederholen, wozu sich dieser aber außerstande sieht und statt dessen die Anugītā vorträgt);
- und vor allem das umfassende **Mokṣadharma** (Mbh XII,174-367): jene »Lehren von der Erlösung«, dem sterbenden Bhīṣma in den Mund gelegt, die zusammen mit der Bhagavadgītā die ideengeschichtlich bedeutendsten Texte des Mahābhārata ausmachen.[84]

Beim **Mokṣadharma** handelt es sich faktisch um ein umfangreiches Sammelsurium nicht nur von philosophischen Abhandlungen zu den verschiedensten Themen, sondern auch von Sagen, Legenden, allerlei Erzählungen und Belehrungen, die über einen längeren Zeitraum hinweg entstanden sind. Die ältesten Teile gehören wohl zu den frühesten Texten des gesamten Epos, die jüngsten Teile werden selbst in der heutigen Form des Epos noch als Quasi-Hinzufügungen behandelt. Der Sänger Ugraśravas, dem das Mahābhārata in seiner heutigen Form als Zitation eines Vortrages Vaiśampāyanas in den Mund gelegt ist, ergreift nämlich bei einer Reihe von jüngeren Abschnitten des Mokṣadharma selbst das Wort »und bringt sie nicht als Bestandteile des Epos selbst, sondern als Zusätze, die Vaiśampāyana auf Fragen des Königs Janamejaya macht«; offenbar hat man sich gescheut, »diese jüngsten Bestandteile ohne weiteres in den Text des alten Epos selber einzufügen«[85]. Betrachten wir nun jene Teile des Mokṣadharma, die wohl tatsächlich aus der Entstehungszeit des Epos stammen – andere setzen das spätere philosophische System des Sāṃkhya mehr oder weniger entwickelt voraus und sind deshalb späteren Datums –, dann sind es vor allem **drei Traktate**, die ideengeschichtlich herausragend wichtige denkerische Ansätze und für die weitere philosophische Entwicklung des Hinduismus grundlegende Kategorien und Begrifflichkeiten bieten:

- das **Gespräch zwischen Bharadvāja und dem Weisen Bhṛgu** (XII, 183-187),
- die **Unterredung zwischen Manu und dem Seher Bṛhaspati** (XII, 201-206) und
- die **Belehrung Śukas durch Vyāsa** (XII, 231-233).[86]

Von den Elementen, dem Körper und der Natur der Seele

Der erste hier zu nennende Text ist das **Gespräch zwischen Bharadvāja und dem Weisen Bhṛgu** (*bhṛgubharadvājasaṃvāda*: Mbh XII, 183-187). Bharadvāja fragt den Weisen, wie Gott Brahmā denn einst auf dem Weltenberg Meru die Schöpfung vollbracht habe. Darüber hatten vor ewigen Zeiten auch schon »Brahmanweise« nachgedacht: Hundert göttliche Jahre[87] in Meditation versunken, erschien schließlich die göttliche Sarasvatī und erklärte ihnen, daß am Anfang nämlich nur Finsternis und der **Äther** existierte. Aus dem Äther enstand nun – allerdings ohne erkennbaren Grund – »wie in einer Finsternis eine zweite Finsternis«[88], das **Wasser**. Aus dem wird dann der **Wind** ausgepreßt, Wind und Wasser reiben aneinander, es entsteht Wärme und dann das **Feuer**. Ein Teil des Wassers steigt mit dem Wind und dem Feuer nach oben, der Rest verdichtet sich, und als fünftes und letztes Element entsteht die **Erde**, so wie das aufsteigende Feuer schließlich zur **Sonne** und zu den anderen **Gestirnen** wird.

Äther, Wasser, Wind, Feuer, Erde – fünf »**große Elemente**« (*mahābhuta*) mit ihren charakteristischen **Eigenschaften**: der Äther gewährt Raum und trägt den Ton, der Wind bewegt sich, ist fühlbar und besitzt auch den Ton, das Feuer ist heiß, sichtbar und tönt ebenfalls, das Wasser ist flüssig, hat Geschmack und ist auch sichtbar, die Erde ist fest, hat Geruch und, wie das Wasser, ebenfalls Geschmack. Diese Eigenschaften sind aber alle nochmals mehrfach in sich aufgegliedert: So gibt es neun Gerüche[89], sechs Geschmacksrichtungen[90], 16 Erscheinungsweisen[91], zwölf Arten des Anfühlens[92] und schließlich sieben verschiedene

Töne – die sieben Töne der indischen Tonleiter[93]. Vielfach miteinander kombinierbar und mischbar ergibt sich daraus ein **breites Spektrum elementarer Grundbausteine**, aus denen die Vielfalt alles Seienden zur Entstehung gelangt, entsprechend analysiert und denn auch erklärt werden kann.

So beschreibt das Epos ausführlich, aus welchen Elementen sich der **menschliche Körper** zusammensetzt, worauf die einzelnen **Lebensfunktionen** beruhen und wie der gesamte Organismus funktioniert. Dabei greift man auf die bereits in den Upaniṣads[94] vorbereitete Lehre von den **fünf Atemkräften** zurück – man spricht von Aushauch (*prāṇa*, der eigentliche »Atem«), Weghauch (*apāna*), Aufhauch (*udāna*), Zusammenhauch (*samāna*) und Durchhauch (*vyāna*) –, die im Zusammenspiel mit verschiedenen **Körperfeuern**, die allesamt im Kopf zur Entflammung gebracht werden, den Menschen am Leben erhalten.[95] Aber nicht nur der Mensch und die Tiere sind aus den fünf Elementen zusammengesetzt, sondern auch die **Pflanzen**, und entsprechend – auch dies wird mit akribischer Genauigkeit beschrieben und begründet – haben sie denn auch **fünf Sinne**, mit denen sie auf ihre Umwelt reagieren und die sie am Leben erhalten[96]: Pflanzen haben **Gefühl**, da sie auf Wärme reagieren und verwelken; sie verfügen über **Gehör**, da sie durch jenen »Lärm«, den Wind, Feuer und Donner verursachen, zerstört werden können; sie **sehen**, da Schlingpflanzen ihren Weg finden; sie **riechen**, da Pflanzen durch Gerüche und Ausräucherungen geheilt werden können; sie haben **Geschmackssinn**, da sie auf die Art der Flüssigkeiten, die sie zu sich nehmen, verschieden reagieren. Zudem sind sie mit **Luft** versehen, da sie Wasser aus der Tiefe aufsaugen können, und sie müssen auch eine »**Seele**« haben, da sie für Lust und Schmerz empfänglich sind.

Insgesamt ein in seiner Geschlossenheit durchaus beeindruckender Entwurf, an dessen Ende Bharadvāja denn auch konsequent feststellen muß, daß es dann ja wenig Sinn habe, noch die **Existenz einer Seele** (hier wird dafür der Begriff *jīva,* »Leben«, verwendet) anzunehmen, wenn doch alle menschlichen Funktionen und Vorgänge bis hin zum Sterben schlüssig mit den Elementen erklärt werden können. Bhṛgu widerspricht ihm: Er führt den alten Vergleich der Seele mit einer Flamme an, die nach ihrem Erlöschen zwar unsichtbar, aber doch nicht vergangen sei, und spricht von der unvergänglichen Seele, dem Ātman, als denkendem Prinzip (*mānasa*), das hinter allen Empfindungen und Erkenntnisvorgängen des Menschen steht und ihn mit all seinen Lebensäußerungen in dessen Innersten antreibt:

> »19. Bei dem allen vermag der aus den fünf Elementen zusammengefügte Leib nichts, und nur der innere Ātman regiert ihn; er empfindet die Gerüche, Geschmäcke, Geräusche, die Berührung, die Gestalt und was sonst noch für Qualitäten vorhanden sein mögen.

20. Wer in dem aus den fünf Elementen bestehenden Körper die fünf Qualitäten wahrnimmt, das ist der alle Glieder durchwaltende Ātman; er empfindet Leid und Lust im Leibe, und hat er sich losgetrennt, so empfindet der Körper nicht mehr.

21. Wenn keine Sichtbarkeit, Fühlbarkeit und keine Wärme des Körperfeuers mehr vorhanden ist, dann, nach Erlöschen des Körperfeuers, verläßt der Ātman den Leib, aber er vergeht nicht.«[97]

Von Ursprung und Wahrnehmung der Welt und von der Erlösung

Die **Unterredung zwischen Manu**, dem Stammvater der Geschöpfe, **und dem weisen Seher Bṛhaspati** (*manubṛhaspatisaṃvāda*: Mbh XII, 201-206) beschäftigt sich – faktisch in Fortschreibung der eben beschriebenen Elementenlehre – mit der alten Frage, wie die Welt entstand, wie der Mensch die Erscheinungen der Welt wahrnimmt und wie er sich davon befreien und die **Erlösung** erlangen kann. Der Text ist Bhīṣma in den Mund gelegt als Antwort auf Yudhiṣṭhiras Frage, ob und wie die Seele erkennbar sei. Darauf zitiert Bhīṣma die Unterredung zwischen Manu und Bṛhaspati. Auch der wollte nämlich einst von Manu wissen, was die eigentliche **Ursache** von Mensch, Welt und Universum ist, »die Quelle, aus der der Mensch das Wissen zu gewinnen sucht«, jenes »höchste Ursprüngliche«, aus dem alles hervorgeht und auf das alles hinläuft.[98] Manu belehrt ihn zunächst, daß es die Ebene der Werke sei, der Opfer und der Pflichten, auf der man Erwünschtes und Unerwünschtes erlangt. Aber nur wer diese transzendiert, »wer von ihnen sich frei gemacht hat, erlangt das Höchste«[99], der Pfad der Werke hingegen führt zur Hölle. Und dieses Höchste, das Brahman, ist der Urgrund alles Seins:

»Das von Geschmack und von mancherlei Gerüchen Freie, das Tonlose, Unberührbare, Unsichtbare, Ungreifbare, Unoffenbare, Farblose, Eine, dieses hat die fünf Arten der Geschöpfe erschaffen.

Was nicht Weib noch Mann, noch auch ein Neutrum ist, nicht seiend noch auch nichtseiend und auch nicht seiend und nichtseiend zugleich, was die brahmanwissenden Menschen schauen, dieses Unvergängliche vergeht nicht, das sollst du merken.«[100]

Dieses Unvergängliche unterliegt nicht dem Gesetz von Ursache und Wirkung. Aus ihm entsteht der Äther, daraus der Wind, aus dem das Feuer, daraus das Wasser, aus dem die Erde, und aus der entsteht schließlich die Welt der Lebenden. Der höchste Ātman wandert (an manchen Stellen heißt es: als »verkörperter« Ātman) je nach vollbrachten Werken von einer Verkörperung zur anderen, wie auch der Mensch unsichtbar von einer Erscheinungsform in die andere übergeht.[101] Während seiner Verkörperungen wird der Ātman von einem **psychischen Organismus** begleitet, dessen Bestandteile er für die Dauer der Verkörperungen aus sich hervorgehen läßt und der bei der Erlösung wieder in ihn eingeht, bestehend aus:[102]

– dem **Erkennen** (*buddhi*): in ihm wird der Ātman erkennbar und faßbar;
– dem **Denkorgan**[103] (*manas*): es geht aus dem Erkennen hervor, und daran schließen sich die guten und bösen **Werke** (*karman*) an, welche die Beschaffenheiten der Verkörperungen bedingen;
– den **fünf Sinnesorganen** (*indriya*), die in den Upaniṣads noch sehr vage unter der Kategorie »Lebenskräfte« abgehandelt werden.

Die **fünf Sinnesorgane** werden den **fünf Elementen** zugeordnet, denen je verschiedenen **Qualitäten** (*guṇa*) zukommen und aus denen sich die ganze Welt – die Außenwelt wie auch der Körper – zusammensetzt:

– das **Gehör** wird dem **Äther** zugeordnet mit der Hörbarkeit bzw. dem **Ton** (*śabda*),
– der **Geruchssinn** der **Erde** mit dem **Geruch** (*gandha*),
– das **Sehvermögen** dem **Feuer** mit der Sichtbarkeit bzw. der **Form** (*rūpa*),
– der **Geschmackssinn** dem **Wasser** mit dem **Geschmack** (*rasa*),
– der **Tastsinn** wird dem **Wind** zugeordnet, dem die Fühlbarkeit bzw. die **Berührung** (*sparśa*) zukommt.[104]

Und wie geschieht nun **Wahrnehmung**? Indem die Seele, nachdem sie sich verkörpert hat, über die Sinnesorgane mit der Außenwelt in Verbindung tritt, genauer: indem jedes Sinnesorgan mit der ihm entsprechenden Eigenschaft (bzw. dem ihm entsprechenden Objekt) der fünf Elemente in Verbindung tritt. Dadurch nimmt die Seele die Welt wahr, wird aber zugleich auch gefühlsmäßig an sie gebunden und immer weiter in die Welt verstrickt – in Anlehnung an den großen Yājñavalkya-Dialog der Upaniṣads ist hier von »Durst« (*tarṣa*) die Rede, ein Begriff, der vor allem auch im buddhistischen Erlösungsverständnis eine zentrale Rolle spielen wird: »Eine Abscheidung von dem Durste findet hienieden nicht statt für den Menschen wegen seines Beschmutztseins. Erst dann erlischt der Durst, wenn die Sünde zu Ende gegangen ist.«[105]

Erlösung heißt **Befreiung aus dieser Verstrickung** und damit aus der Spirale immer neuer Verkörperungen. Und diese Befreiung geschieht folglich durch **Abkehr** der Sinne, durch **»Zurückziehen« der Sinnesorgane** von der Welt – ein Gedanke, der grundlegend für die Erlösungsvorstellung des Yoga werden sollte. Zunächst muß der Mensch das **böse Werk vernichten**, »dann schaut er wie in einer klaren Spiegelfläche sich selbst in sich selbst«[106]. Um zur Erkenntnis und damit zur Erlösung zu gelangen, muß er aber »den durch das Werk gewiesenen Weg« verlassen und »die aus den Werken hervorgehende Beschaffenheit«[107]

überwinden, sich **von den Sinnendingen und ihren Qualitäten lösen**. Denn, so Manu:

> »16. Die Sinnendinge kehren sich ab von der Seele, die sich nicht mehr an ihnen nährt, und indem sie nicht mehr geschmeckt werden, geht auch der Geschmack an ihnen verloren für einen, der das Höchste geschaut hat.
>
> 17. Wenn das Erkennen (*buddhi*), von den Qualitäten ihres Wirkens befreit, im Denkorgan (*manas*) weilt, dann geht dieses ein in das Brahman, indem es in eben demselben untergeht.
>
> 18. Dann geht man ein in die nicht-fühlende, nicht-hörende, nicht-schmeckende, nicht-sehende, nicht-riechende und nicht-denkende höchste Wesenheit. …
>
> 205,11: Solange dieses Erkennen mit den Qualitäten behaftet ist, beschäftigt sie sich auch nur mit den Qualitäten und gleitet von dem andern [dem Brahman] ab, wie Wasser von einem Berggipfel.
>
> 12. Aber wenn sie die qualitätslose Meditation, die schon vorher da war, im Denkorgan [weilend] erlangt, dann wird das Brahman erkannt, wie der Goldstrich auf dem Probierstein.
>
> 13. Aber wenn das Denkorgan, nachdem es vorher sich fortreißen ließ durch den Anblick der Sinnendinge, nicht mehr achtet auf die Qualitäten des vor Augen Liegenden, dann gewinnt es einen Einblick in das Qualitätslose. …
>
> 206,1: Solange die fünf [Indriya's] samt dem Denkorgan mit jenen fünfen [Qualitäten] verbunden sind, wird jenes Brahman gesehen werden, wie ein Faden, der sich durch einen Edelsteinschmuck durchzieht. …
>
> 26. Wer durch das Erkennen freigemacht und durch das Denkorgan gekräftigt worden ist, der kann zu dem Wunschlosen, Guṇalosen gelangen, aber hienieden in ihrer Verstörung bleiben die Menschen von dem Höchsten ausgeschlossen, wie der Wind von dem Feuer, welches im Brennholze schlummert. …
>
> 32. Den nicht [in den Kreislauf von Werden und Vergehen] Eingegangenen, der das höchste Ziel der Wohlgesinnten ist, den durch sich selbst Seienden, den Hort alles Entstehens, den Unvergänglichen, dieses Ewige, Unsterbliche, Unvergängliche, Beständige, wer dieses erkennt, der erlangt die höchste Unsterblichkeit.«[108]

Von der Weltentstehung, den Weltaltern und der Weltvernichtung

Ideengeschichtlich ebenfalls von großer Wirkung ist schließlich die im Mahābhārata überlieferte **Belehrung**, die einst **Vyāsa**, der legendäre Verfasser des Epos, seinem **Sohn Śuka** erteilte (*śukānupraśna*: Mbh XII, 231-233). Ausgehend von Yudhiṣṭhiras Wunsch, von Bhīṣma alles über Anfang und Ende der Welt und aller Wesen zu erfahren (worauf dieser dann die Vyāsa-Belehrung zitiert), bietet der Text eine umfassende Abhandlung über die **Entstehung der Welt**, über deren Fortdauer in mehreren aufeinanderfolgenden **Weltaltern** (*yuga*)[109] und deren in großen Abständen zyklisch wiederkehrende **Vernichtung**. Im Sinne der späteren Sāṃkhya-Lehre umgearbeitet, fand dieser Text auch Eingang in die Einleitung der »Manusmṛti«[110].

Die Idee, daß die Welt nicht nur einen Anfang und ein Ende hat, sondern daß sie sich von ihrem Anfang an in einer Reihe aufeinanderfolgender **Weltalter** ständig verschlechtert, um schließlich vernichtet und neu geschaffen zu werden, ist an sich nichts Neues. Sie widerspricht zwar dem auf endgültige Vollendung ausgerichteten heilsgeschichtlichen Denken der prophetischen Religionen nahöstlich-semitischer Provenienz – Judentum, Christentum und Islam –, ist aber den Griechen, Zoroastriern und Römern ebenso bekannt wie den alten Indern. Sie greift in ihrem Ansatz wohl auf sehr alte Vorstellungen und Berechnungen zurück, die weit über den indischen Kulturkreis hinausgehen und deren Übereinstimmungen zahlreich sind.[111]

Erinnert sei hier etwa an die Vorstellung vom »**Großen Jahr**«, einem – je nach Kulturkreis unterschiedlich berechnetem – Zyklus immer wiederkehrender Perioden: Beim **griechischen** Astrologen **Rhetorios** ist dies die Wiederkehr aller Sterne im 30. Grad des Krebses oder 1. Grad des Löwen alle 175 300 Jahre; beim **babylonischen** Bel-Priester **Berossos** ist es die Zeitspanne von 2 160 000 Jahren zwischen der Schöpfung über die Sintflut bis zu Alexander dem Großen (also genau die Hälfte eines indischen Mahāyuga, wobei interessanterweise bei Berossos die gesamte Regierungszeit aller Könige mit 432 000 Jahren exakt so lang ist, wie das indische Kaliyuga); bei **Diogenes von Babylon** sind es die 6 480 000 Jahre (also exakt das 1,5fache eines indischen Mahāyuga), bis alle Planeten gleichzeitig wieder an ihrem Ausgangspunkt ankommen; bei **Heraklit** ist dies eine Spanne von 10 800 bzw. 18 000 Jahren. Auffallend sind aber auch die Parallelen zur **iranischen Weltalterlehre**, zum erstenmal (allerdings sehr unklar) bezeugt vom griechischen Schriftsteller Theopomp im 4. Jahrhundert v. Chr., später ausführlich überliefert in fünf mittelpersischen Schriften, wo von drei bzw. vier Weltaltern die Rede ist und die in vielem an die indische Yugakonzeption erinnert.

In **Indien** selber muß diese Lehre zwischen 400 und 100 v. Chr. entstanden sein. Nach indischer Vorstellung leben die Menschen zunächst in einem

goldenen Kṛtayuga (»gemachtes/vollendetes Zeitalter oder Wurf«; auch *deva-yuga*, »**Yuga der Götter**«, oder *satyayuga*, »**Yuga der Wahrhaftigkeit**«, genannt) mit quasi-paradiesischen Zuständen: Die Menschen werden 400 Jahre alt und sterben dann auf eigenen Wunsch (wie auch die Kinder aufgrund des bloßen Wunsches entstehen), und sie kennen weder Krankheit, Leid und Zwietracht noch Leidenschaft, Unrecht und Lüge. Selbst in religiösen Fragen gibt es keinerlei Meinungsverschiedenheit, alle sind gleichermaßen fromm, und die Opfer und Rituale werden den Vorschriften entsprechend verrichtet. Höchstes Lebensziel der Menschen ist die **Askese.**[112]

All dies ändert sich im darauffolgenden **Tretāyuga** (»Zeitalter bzw. Wurf mit der (Würfel-)Nummer Drei«): Nur noch drei Viertel des Dharma, der ursprünglichen Ordnung sind erhalten, Gesetz und Recht, religiöse Eintracht und Frömmigkeit lassen allgemein nach, und die Menschen werden nur noch 300 Jahre alt. Erste gesellschaftliche Spannungen treten auf, und zugleich verschlechtern sich auch die ökologischen Verhältnisse. Höchste Aufgabe des Menschen ist nun die **Erkenntnis**.

Im darauffolgenden **Dvāparayuga** (»Zeitalter bzw. Wurf mit der (Würfel-)Nummer Zwei«) geht es immer weiter bergab. Vollkommenheit und Unvollkommenheit halten sich zwar noch die Waage, aber der Dharma – die allgemeine Moral und das Gesetz – hat auf zwei Viertel abgenommen und mit ihm ist auch die allgemeine Lebensdauer auf die Hälfte zurückgegangen. Die Menschen werden habgierig, streitsüchtig und neidisch. Als höchste Aufgabe bleibt den Menschen nunmehr nur das **Opfer**.

So kommt es schließlich zum **Kaliyuga**, dem »schlechtesten«[113] Wurf, dem schlimmsten aller Zeitalter, in dem auch wir heute leben. Nach traditioneller Vorstellung begann es mit dem Tod Kṛṣṇas, der nach bestimmten traditionellen indischen Kalendern am 18. Februar 3102 v. Chr. angenommen wird. Die Menschen werden nur noch 100 Jahre alt, Boshaftigkeit, Zwietracht und Krieg stehen auf der Tagesordnung und auch die Observanz religiöser Pflichten hat sich auf ein Minimum reduziert und ist nur noch bei den Brahmanen gegeben. Statt Tugend regiert jetzt die Macht; Arroganz, Lüge und Lust greifen um sich. Die höchste Aufgabe des Menschen reduziert sich vollends auf das wohltätige Handeln, das **Geben**.

Die **Dauer** der verschiedenen Weltalter ergibt sich nach einem ausgeklügelten System aus dem **Lebensalter**, das den verschiedenen **Wesensgruppen** zugemessen wird und aus denen die Zeiteinheiten berechnet werden: »Danach ist die kleinste Zeiteinheit der **Augenblick** (*nimeṣaḥ* = ca. 1/5 Sekunde). 15 Augenblikke bilden 1 **Sekunde** (*kāṣṭhā*, genauer 3 Sekunden). 30 Sekunden bilden 1 **Minute** (*kalā*, genauer ca. 1 1/2 Minuten). 30 1/10 Minuten bilden 1 **Stunde** (*muhūrtam* = 48 Minuten). 30 Stunden sind ein **Tag** (*ahorātram*). 30 Tage sind ein **Monat** (*māsaḥ*). 12 Monate sind ein **Jahr** (*saṃvatsaraḥ*).«[114] Ein gewöhnlicher **Tag** zu 30 Stunden (ein Tag und eine Nacht) ist der **Tag der Menschen**, ein **Monat** (30 Tage) gilt als ein **Tag der Väter** (*pitṛ*), und ein **Jahr** schließlich gilt als ein **Tag der Götter**; entsprechend errechnet sich ein **Götterjahr** aus 360 Jahren der Menschen. Aus diesen **Götterjahren** werden dann die verschiedenen Welt- oder Zeitalter berechnet – die oben beschriebenen vier **menschlichen** Weltalter und deren gesamter Zyklus, ein **göttliches** Weltalter:

> »20. Viertausend Jahre, so heißt es, bilden das Weltalter Kṛtam, ebenso viele Hunderte seine Morgendämmerung und ebensogroß ist die Abenddämmerung.
> 21. Für die drei übrigen Weltalter sowie für ihre Morgendämmerungen und Abenddämmerungen werden die Tausende und die Hunderte jedesmal um ein Viertel vermindert. …
>
> 29. Als diese zwölftausend Jahre umfassend wissen die Weisen die Zeitdauer eines [göttlichen] Weltalters, und ein solches tausendmal verlaufend wird ein Brahmantag genannt.
>
> 30. Und die Nacht [des Brahman wissen sie] als ebensogroß.«[115]

Alle **vier Weltalter** bilden zusammen ein **göttliches Weltalter** (*mahāyuga*). »Tausend solche göttliche Weltalter sind nun wiederum ein Tag des Brahma, der damit zwölf Millionen Jahre dauert. Und ebenso lange währt eine Brahma-Nacht. Der Tag ist eingeleitet durch eine Weltschöpfung, und während seiner ganzen Dauer besteht die Welt unter ständigem Wechsel der Weltalter. Die Nacht beginnt mit der Weltvernichtung, und während ihrer Dauer herrscht Weltenruhe. Ein Brahma-Tag und eine Brahma-Nacht zusammen aber bilden die Weltperiode (*kalpaḥ*) mit einer Gesamtdauer von 24 Millionen Jahren. Dies ist die höchste Zeiteinheit, über die hinaus es nichts mehr gibt.«[116] Mit dem Abschluß einer solchen Weltperiode schließt sich der Kreis ewig gleichförmig nacheinander abrollender Zeitzyklen – um wieder von neuem zu beginnen: Auf die Weltennacht folgt ein neuer Weltentag, auf die Schöpfung wieder die Vernichtung:

Weltenalter	**Dauer** (Götterjahre)	**Dämmerung** (Götterjahre)	**Gesamt** (Götterjahre)	**Gesamt** (Menschenjahre)
Kṛtayuga	4000	2 x 400	4800	1 728 000
Tretāyuga	3000	2 x 300	3600	1 296 000
Dvāparayuga	2000	2 x 200	2400	864 000
Kaliyuga	1000	2 x 100	1200	432 000
1 Mahāyuga			**12 000**	**4 320 000**
1 Kalpa (= 2 x 1000 Mahāyugas)			**24 Mio.**	**8,64 Mrd.**

Nach späterer Überlieferung ist jede Weltperiode, bestehend aus 1000 Mahāyugas, in 14 **Manvantaras** oder »Manu-Abschnitte« geteilt, von denen jeder rund 71,4 Mahāyugas enthält und mit einer Sintflut endet. Sie sind benannt nach je einer Manifestation des Stammvaters Manu, des »Heros der Flut«. Wir leben derzeit im Kaliyuga des siebten Manvantara, benannt nach »Manu Vaivasvata«, »Manu, dem Sohn des Sonnengottes Vivasvant«. Noch sieben Manvantaras wird es geben bis der heutige Brahmā-Tag endet, die Zyklen der Weltalter werden bis zur Brahmā-Nacht also noch rund 500mal(!) durchlaufen, dann ist der erste »Tag des einundfünfzigsten Lebensjahres ›unseres‹ Brahmā« beendet, »der nach weiteren sieben Sintfluten mit der nächsten Weltauflösung enden wird«[117].

Doch **wie** gehen Weltschöpfung (*pratisarga, sṛṣti*) und Weltvernichtung (*pralaya*) nun im einzelnen vor sich? Hier bietet unser Text an sich wenig genuin Neues. Er greift auf alte **vedische** und **volkstümliche Mythen** zurück – etwa den bereits behandelten Mythos vom Schöpfergott, der aus einem goldenen Ei entspringt, dessen Schalen Himmel und Erde bilden, oder den Mythos vom Lotos, der aus den Urwassern wächst und aus dem der Schöpfergott entsteht, und auf bereits bekannte Vorstellungen – etwa die Elementenlehre –, macht daraus freilich einen großen, umfassenden Entwurf: Zur Weltschöpfung bzw. nach der Weltennacht läßt das **Brahman** die Welt »vermöge des Nichtwissens«[118] aus sich hervorgehen. Aber nicht direkt, sondern indirekt über eine apersonale **große Wesenheit** (*mahābhūta*), die verkörperte unsterbliche Seele (sie wird zu dieser Zeit vom Brahman unterschieden!), aus der dann in der Sphäre des »Entfalteten« (*vyakta*) zunächst das **Denken** (*manas*)[119] und mit diesem »das in die Ferne reichende, nach vielen Seiten gehende, Verlangen und Zweifel als Wesen habende«[120]. Daraus entstehen nach und nach die **fünf Elemente** (Äther, Wind, Feuer, Wasser, Erde) auseinander heraus mit ihren jeweiligen Eigenschaften. Allerdings: Im Gegensatz zur Elementenlehre des Manu-Bṛhaspati-Dialogs tragen hier die Elemente ihre jeweiligen Eigenschaften nicht für sich allein. Mit einer Art »Akkumulationstheorie« wird erklärt, daß man die Vielheit der Eigenschaften der Dinge nicht nur durch Mischung mehrerer Elemente zu erklären braucht, sondern daß die Elemente in der Lage seien, ihre Eigenschaften aufeinander zu übertragen: »Die Qualitäten jedes vorhergehenden [Elements] gehen ein in jedes nachfolgende, und die wie vielte Stelle ein jedes einnimmt, so viele Qualitäten werden ihm zugeschrieben.«[121]

Nachdem so die **Elemente** geschaffen wurden, vereinigen sich diese, und es entstehen **Götter**, **Seher**, **Ahnen** und **Welträume**, die **Menschen**, kurz: »das Unvergängliche und das Vergängliche, das Unbewegliche und das Bewegliche«[122]. Dabei sind die geschaffenen Menschen geprägt von jenen Werken, die sie in früheren Schöpfungen vollbracht haben. Befreiung davon erreicht man nur durch Askese – mit ihrer Hilfe hat der Schöpfer die Welt geschaffen, mit ihrer

Hilfe studieren die Seher den Veda und durch sie »ist die anfang- und endlose Wissenschaft als heilige Rede geschaffen worden«[123].

Damit ist nun der **Urzustand der Welt** hergestellt, das Rad der Weltalter beginnt sich zu drehen, und alles läuft einen Welten- oder Brahmā-Tag lang – also 4,32 Milliarden Jahre – nach dem beschriebenen Schema ab. Zu Beginn der **Weltennacht** entstehen am Himmel neben der Sonne sieben lodernde Flammen, die alles verbrennen und zu Erde werden lassen, die dann im Wasser untergeht; dieses wird zu Feuer, und so gehen die Elemente in umgekehrter Reihenfolge wieder ineinander auf, bis am Ende nur noch das Denken übrigbleibt, das schließlich – hier ist unser Text im Gegensatz zur späteren dualistischen Sāṃkhya-Philosophie noch ganz monistisch – in seinen einstigen Ursprung, das Brahman, zurückkehrt.[124] Eine gewaltige Vorstellung, die sich denn in ihren Grundzügen in Glaube und Denken der Hindus weitgehend durchsetzen sollte. So wird es in späteren viṣṇuitischen Purāṇas etwa heißen, daß **Viṣṇu** in der Weltennacht ruht: Er schläft auf der Schlange Śeṣa, Symbol der endlosen Urwasser; am Morgen des neuen Weltentages wächst ein Lotos aus Viṣṇus Nabel, daraus erhebt sich Brahmā – hier als Nābhija (»aus dem Nabel Geborener«) zur Manifestation Viṣṇus herabgestuft –, und die Welt entsteht von Neuem …

Indisches Zeitgefühl

Entscheidend bei dieser Vorstellung der endlosen Abfolge von Weltaltern sind weniger die Zahlen als solche, die Zeiträume, mit denen hier spekuliert wird. Entscheidend ist das **Zeitgefühl**, das sich hinter der indischen Lehre von den Weltaltern verbirgt und das so typisch für den Hinduismus werden sollte: »Der einzelne Mensch lebt in unendlicher Wiederholung in diese Zeitdimension hinein, bis er zur höchsten Gottheit aufsteigt. Auch der ihm zur Verfügung stehende Raum ist unendlich; denn er weiß, daß der Schöpfergott nicht nur unsere Erde, Sonne, Mond und Sterne, also unsere Welt, hervorbringt, sondern unzählige parallele Welten. Wie Lotosblätter schwimmen sie auf den unendlichen Wassern, auf denen der kosmische Gott Vishnu ruht, wie Lotosblüten öffnen und schließen sie sich, entstehen und vergehen sie.«[125]

Betrachtet man einen solchen Zyklus bis zur ersten Weltzerstörung, so sieht alles zunächst nach einem ganz und gar **degenerativen** Prozeß aus mit apokalyptischem Ende: »Am Weltenende ist die Erde fast leer. 100 Jahre lang herrscht Dürre. Viṣṇu wird dann zu Rudra, um alle Lebewesen zu zerstören. … Die ganze Welt wird überschwemmt. Alles versinkt im Wasser. 100 Jahre lang regnet es. Viṣṇu bläst auch den Wind aus. Die Wolken verziehen sich, und Viṣṇu ruht sich auf der Schlange im Ozean aus. Am Ende nimmt Viṣṇu die Form Brahmās an, um die Welt neu zu schaffen.«[126] Und auch der Schöpfergott Brahmā lebt, je nach Zählung, »nur« 100 bzw. 120 Götterjahre, um am Ende mit der Welt unterzugehen – immerhin »erst« nach 311 Billionen und 40 Milliarden Menschenjahren. Doch Brahmā »stirbt« nicht, sondern er »vergeht«, um mit einer neuen Weltschöpfung nach obigem Schema wieder neu geschaffen zu werden.

So besteht das Leben aus ewiger Wiederkehr, »aus ewig neuer Entfaltung und Zusammenziehung der Welten«. Kein apokalyptisches Weltbild liegt hier vor, an dessen Ende, wie etwa im semitisch-nahöstlichen Denken, ein neues Reich, eine neue Welt, Gottes Herrlichkeit steht, sondern ein »**regeneratives Welt- und Naturkonzept**«, an dessen Ende alles schlicht von neuem beginnt – ohne Zutun von Menschen und Göttern, sondern nur durch das ständige Entfalten und Zurückziehen der **Urmaterie**, die »nur durch diese Prozeßhaftigkeit erfahrbar wird«. Mit dieser Dynamik ist freilich auch der nicht aufzuhaltende Verfall vorprogrammiert, alles **Veränderbare** ist deshalb letztlich **unheilvoll**.[127] Heilbringend hingegen »ist nur der Zustand jenseits dieses Wechsels«, eine Art »Tiefschlaf«, in dem sich alles regeneriert und in dem »ebenfalls etwas vom Zustand der Erlösung ›erfahren‹ werden kann«[128]; **heilvoll** ist nur die **Ruhe**, der in sich ruhende Geist.

Man fragt sich, inwieweit man dieses Zeitbewußtsein der Inder einem eher »linearen« Zeit- und Geschichtsbewußtsein im christlich geprägten Westen (wie auch im jüdischen und muslimischen Raum) gegenüberstellen kann, inwieweit sich Unterschiede in Verständnis und Strukturierung von Zeit und im Umgang mit ihr festmachen lassen und wie sie zu beurteilen sind. Beide Kulturkreise **relativieren** oder **transzendieren** mit ihrem heilsgeschichtlichen Denken die **Zeitlichkeit**: die christliche Tradition, indem sie Geschichte als »Übergangsstadium« zur eschatologischen Erfüllung in Gottes Herrlichkeit betrachtet, Hindus, indem sie »eine Identifikation mit der Zeitlosigkeit zu Lebzeiten«[129] suchen, durch Riten, Feste und spirituelle Vervollkommnung. Unabhängig vom Zeitbewußtsein verbinden übrigens beide Kulturkreise ihre Tagesnamen mit denselben Planeten- und Götternamen, die nach alter Vorstellung über diesen Zeitraum »regieren«: Sonntag (*sūryavāra*) – die Sonne, Montag (*somavāra*) – der Mond, Dienstag (*maṅgalavāra*) – der Mars[130], Mittwoch (*buddhavāra*) – der Merkur[131], Donnerstag (*guruvāra, bṛhaspativāra*) – der Jupiter[132], Freitag (*śukravāra*) – die Venus[133], Samstag (*śanivāra*) – der Saturn[134].

Daß man es, nebenbei bemerkt, in Indien mit der Zeit bis heute nicht so genau nimmt, hat kaum tiefere philosophisch-religiöse Gründe. Es hängt wohl in erster Linie damit zusammen, daß aufwendige Zeitmesser lange Zeit nur an Höfen oder in Verwaltungszentren vorhanden waren – auf dem Land orientierte man sich wie bei uns bis zur Moderne am Lauf der Sonne oder an anderen Vorgaben. Zudem ließ in Indien die technologische Segnung der Massen mit Chronometern aus bekannten Gründen verhältnismäßig lang auf sich warten, hat aber bis heute an der Mentalität vieler Inder und am allgemein lockeren Umgang mit der Zeit im Alltag nicht allzu viel geändert.

Typisch indisch indes und prägend für das religiöse Leben ist das Bewußtsein, daß sich **hinter der ablaufenden Zeit** eine **mythische, nichtveränderbare** Zeit verbirgt: Jenes ununterbrochene zyklisch ablaufende Kontinuum, in das alles, was existiert, eingebunden ist, und das sich in astronomischen Abläufen widerspiegelt. Damit nun ein Ritus oder ein religiöses Fest die gewünschte heilbringende Wirkung zeigt, muß es **mit dieser mythischen Zeit identifiziert** werden. Das heißt, der beste und einzig richtige Zeitpunkt dafür muß oft mit aufwendigen astrologischen Berechnungen – die alten religiösen Kalender müssen mit dem in der Regel heute geltenden westlichen Gregorianischen Kalender in Einklang gebracht werden – von Astrologen, Priestern und anderen Spezialisten errechnet werden.[135] Denn im Fest oder im Ritual »erinnert« man sich nicht nur an ein historisches oder mythologisches Ereignis, in Festen und Riten wird das mythische Geschehen nicht nur »wiederholt«, sondern es wird »wieder geholt«: Das Unveränderliche, Unmeßbare, ewig Gleiche ist im Ritus **heilbringend präsent**!

Nun ist den meisten religiösen Traditionen die Vorstellung heilbringender ewig-göttlicher Präsenz im Ritus oder an »heiligen« Orten ja durchaus auch geläufig. Im indischen Denken geht es aber um mehr als eine mehr oder weniger punktuelle Präsenz und Wirkung des Göttlichen im Ritus. Es geht um eine **Transzendierung** des gesamten Zeit- und damit **Wirklichkeitsverständnisses**, die in der zyklischen Zeitvorstellung ihren Ausdruck findet. Axel Michaels spricht von einem **»identifikatorischen« Zeitbewußtsein der Hindureligionen**: »Zwischen Gott und ewiger Zeit« ist »kein Unterschied«, »vorausgesetzt, das Jahr wird verstanden als immer das gleiche Jahr. In diesem Zeitverständnis finden Feste nicht in einer Zeit statt, sondern sind Zeugnisse von der einen, ewigen und dadurch nicht wahrnehmbaren Zeit, die kein Ende und keinen Tod kennt.«[136] Vielleicht hört man deshalb in Indien öfter als anderswo, daß alles schon immer da war, das alles von Anfang an schon immer dagewesen ist und das alles wiederkehren wird – zeitlos, ewig, unveränderlich.

Epische Philosophie und Yoga

Im Kontext der **Upaniṣads** war bereits ausführlich davon die Rede, wie vor allem in späten Upaniṣad-Texten, deren Entstehung zum Teil in die epische Zeit hineinreicht, **Elemente yogischer Theorie und Praxis** mehr oder weniger zusammenhängend beschrieben und erörtert werden. Im **Mahābhārata** ist jetzt ganz selbstverständlich und vor allem recht ausführlich von **Yogaerlebnissen** die Rede, von lichthaften Ātma-Erfahrungen, die all jenen zuteil werden, denen es gelingt, die Sinne ganz von der Außenwelt zurückzuziehen und das Denken zum Stillstand zu bringen: »Wie die Schildkröte die Glieder, welche sie ausgestreckt hatte, wieder in sich hereinzieht«, so soll man »die Sinnesorgane durch sein Denken zusammenhalten«[137]. Nicht mehr soll man »den Ton mit dem Ohr erfassen, nicht mehr die Gefühle mit der Haut empfinden oder die Gestalten mit dem Auge oder die Geschmäcke mit der Zunge erkennen«, auch »von allen Empfindungen des Geruchs soll abstehen durch die Meditation der Yogawissende; alles dies, was die Fünfschar [der Sinne] in Aufregung bringt, soll er tapfer von sich ablehnen«[138]. Ganz konzentriert und still dasitzen soll der Übende und sein Denken »auf einen Punkt konzentrieren und fesseln«[139], auch wenn es ständig »wie ein beweglicher Wassertropfen auf dem Blatte nach allen Seiten hin und her rollt«[140], denn »wenn von den fünf Sinnen nur eines einen Riß bekommt, dann fließt die Erkenntnis weg, wie das Wasser aus dem unteren Ende eines Schlauches«[141].

Und über diese sehr grundsätzlichen Beschreibungen und Anweisungen hinaus versucht man diese Ātman-Erfahrung genauer zu erklären, ihre Voraussetzungen zu ergründen und konkrete **praktische Anleitung** zu geben, wie vom Erlösung Suchenden allmählich und stufenweise eine solche Erfahrung **herbeigeführt** werden kann. Der Begriff »Yoga« kommt hierbei in verschiedenen Bedeutungen vor: als »Methode«, »Kraft«, »Aktivität«, »Meditation« oder, wie es die Bhagavadgītā formuliert, »Verzicht auf die Früchte seiner Handlungen«.[142] Diese Verschiedenheit muß nicht verwundern, da das Epos eben »der Treffpunkt zahlloser asketischer und volkstümlicher Überlieferungen (ist), jede mit einem ›Yoga‹ – das heißt einer ›mystischen‹ Technik –, die ihr eigen ist«[143].

Und deshalb gibt es auch darüber, wie der Ātman erfahren und erkannt wird, verschiedene Meinungen. So wird dem Yogin versprochen: »Du wirst durch deinen Ātman den höchsten, ewigen Ātman schauen«[144], während andernorts die Überzeugung vertreten wird, daß der Ātman durch ein spezielles **psychisches Organ** – nach gängiger Vorstellung durch das Denken (*manas*)[145], mitunter aber auch durch das Erkennen (*buddhi*)[146] – geschaut, erkannt und erfahren werden könne.

Umfangreich sind die Anweisungen zur Yoga**praxis**: von der allgemeinen und konkreten Vorbereitung des Adepten bis hin zu dessen schrittweiser Hinführung, zunächst zur vertieften Konzentration und dann zur eigentlichen Versenkung. Als allgemeine Voraussetzung gilt ein asketischer, zumindest ein **moralisch einwandfreier Lebenswandel**: »Lust, Zorn, Begierde, Furcht und Schlaf« gelten als die fünf klassischen Hemmnisse[147] auf diesem Weg, und »Meditation, Studium, Schenken, Wahrhaftigkeit, Schamhaftigkeit, Geradheit, Geduld, Reinheit, Lauterkeit des Wandels und Zügelung der Sinne« werden als Mittel gepriesen, durch welche der Yogin »die Brahmankraft fördert und das Böse von sich fernhält«[148]. Vereinzelt werden auch bestimmte Diäten[149] empfohlen, und es wird erklärt, wann und wo die Yogaübungen am ehesten zu den gewünschten Resultaten führen. Konkrete Hinweise auf die später so wichtigen und zahlreichen Atemübungen und Körperhaltungen gibt es zu dieser Zeit wohl noch nicht, um so eingehender widmet man sich der Frage, was es im einzelnen mit dem Versenkungszustand auf sich hat und wie der Schüler sukzessive und systematisch an diesen Zustand herangeführt werden kann.

Schon früh entwickelt man dafür ein ausgeklügeltes **System von Konzentrationsübungen**, mit denen der angehende Yogin, von den Elementen ausgehend, Sphäre um Sphäre der kosmischen Evolutionsreihe geistig durchwandert, bis er schließlich das Absolute, das allumfassende Brahman erreicht. Dabei erscheinen dem Meditierenden nicht nur, je nach Versenkungsstufe, allerlei wunderbare Wesen und göttliche Gestalten, sondern ihm werden auch, je nach Sphäre, in die er vordringt, die er damit beherrscht und der er sich dadurch faktisch angleicht[150], die bereits bekannten **übernatürlichen Kräfte und Fähigkeiten** (*siddhi*) zuteil: von der Fähigkeit, die Erde zu erschüttern und sie auszudörren, über das Vermögen, andere Lebewesen zu erschaffen und sich selbst zu verwandeln – bis hin zur Überwindung des eigenen Todes.[151] So belehrt der sterbende Bhīṣma den Yudhiṣṭhira im Mokṣadharma:

> »24. Und die, o König, welche im Yoga erstarkt sind, gehen nach Belieben mittels des Yoga in die Schöpferherren, Ṛishi's, Götter und großen Elemente ein.
>
> 25. Nicht Yama, nicht der grimmige Wegraffer, nicht der furchtbar schreitende Tod, sie alle haben keine Gewalt, o Fürst, über den unermesslich starken Yoga.
>
> 26. Der Yoga, welcher zu Kraft gekommen ist, kann sein Selbst tausendfältig vervielfachen, o Bharatastier, und in allen diesen Gestalten die Erde durchwandeln.
>
> 27. Als der eine kann er die Sinnendinge genießen und zugleich als ein anderer fruchtbare Askese üben, und wiederum, o Freund, [alle seine Selbste] in eins zusammenfassen, wie die Sonne ihre Lichtfülle.
>
> 28. Denn der in Vollkraft stehende Yoga ist Herr über die Bindung und besitzt auch die Herrschaft über die Erlösung, das ist gewiß, o Fürst.«[152]

6. Alles hat seinen Raum: das Weltbild der klassischen Zeit

Von Lord Thomas Babington Macaulay (1800-1859), englischer Politiker, Jurist und Historiograph, seit 1834 Präsident des britisch-indischen Erziehungskommittees, ist überliefert, er habe beklagt, daß man in Indien öffentliche Gelder dafür ausgebe, eine traditionelle Geographie zu lehren, die sich mit »Ozeanen aus Sirup und Butter« beschäftige – anstatt den Menschen eine vernünftige lebenstaugliche Wissenschaft beizubringen.[153] Lord Macaulay hat sicher recht, daß die alte indische Kosmographie und Geographie wissenschaftlich reichlich nutzlos ist – nämlich dann, wenn man aufgeklärt-modern daraus Erkenntnisse ziehen möchte, die mathematisch-physikalisch exakt und womöglich technologisch nutzbringend sind.

Aber die alten indischen Kosmologien sind – wie alle kosmologischen Entwürfe der großen Weltkulturen – nicht Naturwissenschaft im heutigen Sinn. Sie wollen nicht beschreiben, wie die Welt einst war oder wie sie heute ist. Bei aller Akribie, mit der sie Welt und Universum beschreiben, sind es allesamt **Erzählungen**, die anschaulich Kunde geben wollen von **Ursprung** und **Urgestalt** der Welt seit der **Urzeit**, das heißt **vor** aller Zeit, **jenseits** der Geschichte. Die alten Kosmologien erzählen nicht, wie die Welt beschaffen ist und wie es konkret und im einzelnen dazu gekommen ist, sondern sie erzählen, wie diese Welt »eigentlich«, wie sie »im Grunde« ist. Sie entwerfen und skizzieren **Weltbilder**, die den Platz des Menschen in Welt und Universum beschreiben, die **Orientierung** geben – über das Hier und Jetzt hinaus. Wertlos also für den rationalistischen Gelehrten, der in diesen Texten bloße Phantasieprodukte, bestenfalls hilflose und überholte Beispiele früher Welt- und Landkarten sieht; wertvoll und interessant hingegen für all diejenigen, die sie als tastende Versuche verstehen, das große Ganze von Mensch, Welt und Universum zu begreifen.

Religiöses Raumbewußtsein

Auf den ersten Blick bietet der **Veda** ein relativ einfaches Weltbild: Der Ṛgveda berichtet zunächst nur dualistisch von Erde und Himmel – repräsentiert durch die beiden Gottheiten Pṛthivī und Dyaus, die gemeinsam als kosmisches Elternpaar gepriesen werden.[154] Schon bald scheint sich aber eine **kosmische Dreiteilung** durchzusetzen: Es ist die Rede von der bewohnten **Erde** (*bhū*) mit Kontinenten, Ozeanen und Unterwelt, vom **Luftraum** (*bhuvas*, eigentlich Plural v. *bhū*) zwischen der Erde und der Sonnenbahn und vom **Himmel** (*svar*) mit den Gestirnen und Planeten. Später wird man sagen, ein Zweimalgeborener soll beim täglichen Morgenritual (*saṃdhyā*) stets die Worte »*bhū*«, »*bhuva*« und »*sva*« beten: als drei obligatorische Anrufungen (*vyāhṛti*), mit denen er sich jener **Mächte** vergewissert, die diesen drei Sphären oder Lebensräumen **innewohnen**[155] – nicht von ungefähr hat man seit jeher diesen drei Sphären die Götter des vedischen Pantheons zugeordnet.

Hinter dieser Vorstellung steht in Indien seit alters ein ganz spezifisches **religiöses Raumbewußtsein** oder -gefühl, nämlich die Überzeugung, daß alles, was existiert – Materielles wie Nichtmaterielles – **seinen eigenen Ort**, seine **spezielle Sphäre der Existenz** (*loka*)[156] hat. Es gibt nicht eine gemeinsame Welt für alle und alles: »Die Menschen haben ihren Loka, die Tiere einen anderen, ebenso die Pflanzen oder Götter, Sterne oder Geister«. Entsprechend sind auch die verschiedenen Klassen von Menschen je verschiedenen Lebensräumen zugeordnet: »Die Sphäre der Brahmanen ist – in den vedischen Texten – der Himmel (*dyaus*) mit der Sonne (*sūrya*), der Kṣatriya hat den Zwischenraum (*antarikṣa*) mit dem Wind als seinem ›Element‹, der Gemeine (*viś*) lebt auf der Erde (*pṛthivī*) mit dem Feuer als Prinzip der Nahrung, und der Asket (*saṃnyāsin*) lebt in der Welt der Sterne (*nakṣatra*) und des Mondes mit dem Prinzip der Unsterblichkeit.«[157] Denn nach indischer Vorstellung ist »Raum« kein bloßes dreidimensionales Gebilde, nach Koordinaten aufgeteilt, sondern eine Art Kraftfeld, eine sakrale Potenz, die jeweils den Eigenschaften entspricht der sich in diesem Raum manifestierenden Entitäten – und zwar nicht nur der materiellen, sondern auch der nichtmateriellen, geistigen. So stirbt der Mensch nach indischem Verständnis auch nicht wirklich, sondern er wechselt nur den Raum, die Sphäre seiner Existenz, und ändert dabei auch seine Eigenschaften.

Dieses Raumgefühl erstreckt sich auch auf die Himmelsrichtungen, die nicht nur bloße Raumkoordinaten sind, sondern denen ebenfalls je verschiedene Mächte und Potenzen zugeordnet sind, ja die mit jener Substanz, Energie oder Qualität identisch sind, die ihnen entspricht. Selbst auf die vedischen Schriften oder auf die klassischen Versmaße wird dieses Raumgefühl übertragen. Schematisch, in einer Auswahl, läßt sich dies wie folgt zusammenfassen[158]:

Himmelsrichtungen	Osten	Süden	Westen	Norden
Welten	*Erde oder Himmel*	*Luftraum*	*Himmel oder Erde*	*(Unter- oder Oberwelten)*
Varṇas	*Brahmane*	*Kṣatriya*	*Vaiśya*	*König bzw. Brahmane oder Śūdra*
Sphären und Mächte	*(ewiges) Leben Opfer, Rede, Güte*	*Tod, Gewalt Sexualität*	*Fruchtbarkeit, Ernte u. Nahrung, Reichtum, Dunkelheit*	*Dunkelheit*
Wesen	*Götter*	*Gewaltsame Götter (bes. Indra), Ahnen, Dämonen*	*Menschen, Tiere, All-Götter*	*Tiere, Dämonen, All-Götter*
Vedische Schriften	*Ṛgveda*	*Yajurveda*	*Sāmaveda*	*Atharvaveda*
Versmaße	*Gāyatrī*	*Triṣṭubh*	*Jagatī*	

Das »klassische« Weltmodell der Purāṇas

Die Erde stellte man sich zunächst als eine Scheibe vor, in deren Mittelpunkt der gigantische **Weltenberg Meru** als Weltenachse steht. In den vier Himmelrichtungen gruppieren sich um ihn herum »vier Kontinente« (*caturdvīpa*) – im südlichen, Jambudvīpa, soll sich auch Indien befinden[159]. Während die Erde im Süden von einem Salzozean begrenzt ist, wird sie im Norden von einem Milchozean abgeschlossen. Diese Vorstellung findet sich faktisch auch im Mahābhārata.[160] Die Dreiteilung der Welten hat man zunächst beibehalten, nur vereinzelt auch erweitert: So ist etwa in den Upaniṣads von einer Fünfteilung der Welt die Rede, welcher eine Fünfteilung des Menschen entspreche.[161]

Das »klassische« Weltmodell hingegen, wie es sich schließlich faktisch durchsetzen sollte, ist um einiges komplexer; in verschiedenen Varianten ist es uns in den Purāṇas überliefert. Von den 18 großen Purāṇas bieten vor allem das **ViṣṇuPurāṇa**, das **BhāgavataPurāṇa** und, am umfangreichsten, das **VāyuPurāṇa** detaillierte Ausführungen über die Beschaffenheit der Erde und die Sphären, von denen sie umgeben ist.

Mitte und »Achse des Universums« ist der **Weltenberg Meru**, Sitz des Schöpfergottes Brahmā, aus purem Gold und von gigantischer Statur: mit einer Höhe von 84 000 Yojanas (etwa 1 218 000 km)[162] und 16 000 Yojanas (etwa 232 000 km) tief in die Erde reichend, am Gipfel mit 32 000 Yojanas doppelt so breit wie an der Basis.

Der Berg Meru ist zugleich auch der Mittelpunkt von **Bhūrloka**, der **bewohnten Erde**. Die denkt man sich als Scheibe, bestehend aus **sieben** ringförmig umeinander gelagerten **Kontinenten** (*dvīpa*) verschiedener Größe, jeweils umgeben von riesigen Ozeanen verschiedener Flüssigkeiten. In der Mitte liegt **Jambudvīpa**, das Land des Rosenapfelbaumes[163]. Minutiös beschreiben die Purāṇas Gebirge, Flüsse und Regionen dieses Kontinents – im äußersten Süden, jenseits des Himalāyas liegt Bhāratvarṣa, das heutige Indien.[164] Jambudvīpa mißt im Durchmesser 100 000 Yojanas; dem schließt sich ein ringförmiger **Salzozean** an mit derselben Breite wie der Kontinent, dann folgen in konzentrischen Kreisen **weitere sechs Kontinente und Ozeane**[165], wobei sich die Breite der Ringe jeweils verdoppelt:

– **Plakṣadvīpa**, das »Feigenbaum-Land«, womöglich eines oder mehrere Länder der Mittelmeerregion[166], umgeben von einem »Ozean aus Zuckerrohrsaft«[167];

– **Śālmaladvīpa**, das »Baumwollbaum-Land«, womöglich das östliche Afrika, umgeben von einem »Ozean aus Wein«;

– **Kuśadvīpa**, das Kuśa-Land« oder das »Land des Kuśa-Grases«, womöglich Teile des Nahen Ostens, die Arabische Halbinsel und Mittel- und Westafrika, umgeben von einem »Ozean aus geklärter Butter«;

– **Krauñcadvīpa**, das »Brachvogel-Land[168]«, womöglich das östliche, mittlere und nördliche Europa, umgeben von einem »Buttermilchozean«;
– **Śakadvīpa**, das »Teakbaum-Land«, womöglich Teile Südostasiens, umgeben von einem »Ozean aus Milch«;
– **Puṣkaradvīpa**, das »Land des blauen Lotus«, womöglich das östliche China, Korea und Japan, umgeben von einem »Süßwasserozean«.

Den äußeren Rand und Abschluß von Bhūrloka bildet das »**Land von Gold**« (*kāñcanabhūmi*) mit den fernen »**Welt-Nichtwelt-Bergen**« (*lokālokaśaila*) und schließlich die **ewige Dunkelheit** (*tamas*). Sie reicht bis an die Schale des kosmischen **Welteneis** (*brahmāṇḍa*), jenes eiförmigen Gebildes, als das man sich seit alters das Universum vorstellt – mit nunmehr einem Gesamtdurchmesser von bald 750 Millionen Kilometern.

Bhūrloka ist die **Mitte**, genauer die **mittlere Ebene des kosmischen Welteneis** – insofern hatten die alten Inder ein geozentrisches Weltbild. Über der Erde wölben sich, analog zu den Kontinenten in der Horizontalen, **sechs weitere Welten und Sphären**:
– **Bhuvarloka**, der Luftraum zwischen Erde und Sonnenbahn, die Sphäre der Götter, Dämonen und Geister;
– **Svarloka** (auch Svargaloka), der Raum zwischen Sonnenbahn und Polarstern, der Bereich der Sterne und Planeten;
– **Maharloka**, die Welt der Heiligen, die dort für ein Kalpa oder einen Brahmā-Tag verweilen, 10 Millionen Yojanas über dem Polarstern gelegen;
– **Janarloka**, jene Welt, wo die reinen Söhne Brahmās wohnen;
– **Tapoloka**, die Welt der sogenannten Vairāja-Götter, denen die Hitze nichts anhaben kann; und schließlich ganz oben
– **Satyaloka**, die Brahmā-Welt, der Aufenthaltsort der Götter, die Sphäre der Wahrheit, deren Bewohner nie mehr wiedergeboren und sterben werden; manche Sekten stellen, je nach Glaube, über die Brahmā-Welt noch **Viṣṇuloka** oder **Śivaloka**[169] als Aufenthaltsort des von ihnen favorisierten Hauptgottes.

Aber nicht nur über der Erde wölben sich Schichten immer mehr vergeistigter Welten, sondern auch **unter der Erde** gibt es ein minutiös gestaffeltes System von Sphären und Aufenthaltsorten: Zunächst folgen **sieben Unterwelten**, denen je eine Farbe zugeordnet ist: **Atala** – weiß, **Vitala** – schwarz, **Nitala** – purpurrot, **Gabhastimat** – gelb, **Mahātala** – sandfarben, **Sutala** – steinern, **Pātāla** – golden. Diese Welten sind aber keine Orte des Schreckens, sondern, so das ViṣṇuPurāṇa[170], mit wunderbaren Palästen ausgeschmückt, in denen gefallene Götter, Dämonen, Schattengeister, Kobolde und andere Geistwesen wohnen; der Weise Nārada meinte sogar, nachdem er aus der Unterwelt in den Himmel aufgestiegen war, daß Pātāla weitaus herrlicher sei als Indras Himmel.

Unter diesen sieben Welten ruht die vielköpfige **Schlange** »**Endlos**« (*ananta*), Repräsentantin der kosmischen Wasser und Quelle aller Wasser überhaupt,

Königin und Ahne aller Schlangen, die auf der Erde kriechen; sie wird auch **Śeṣa** genannt, »Rest«, weil sich die Schöpfung bei der Weltauflösung in sie zurückzieht und sie »alles birgt, was von der vergangenen Welt übriggeblieben ist«[171]. Wenn sie ihre Augen rollt und Gift speiend gähnt, dann bebt die ganze Welt, denn geschmückt mit dem glücksbringenden Hakenkreuz (*svastika*), Symbol des ewigen Kreislaufs, trägt sie die ganze Welt wie ein Diadem auf ihrem Kopf. Auf der Schlange Śeṣa ruht sich Viṣṇu zwischen den Schöpfungen aus.

Unterhalb der Unterwelten und der kosmischen Urwasser liegen schließlich bis zu 28 »Höllen« im eigentlichen Sinn: Orte der Qualen, wo die Seelen der Sünder und Missetäter lang, aber nicht ewig, ihre Strafen abbüßen, um dann erneut auf Erden in einen Tier- oder Menschenleib einzugehen.

Dies alles – Erde, Himmelswelten und Unterwelten – ist umschlossen von der **Schale des Welteneis.** Diese ist umgeben von **Wasser** (*ambu*), **Feuer** (*vahni*), **Wind** (*vāyu*), **Äther** (*nabhas*), **grobstofflicher Materie** (*bhūthādi*), dem **ersten Prinzip** (*mahat*) und, schließlich, der endlosen **Urmaterie** (*pradhāna, prakṛti*), die zusammen mit dem **Urgeist** Puruṣa Zerfall und Entstehung der Welt bewirkt.[172]

7. Die klassischen Hindugötter

Wie viele **Götter** gibt es im Hinduismus?[173] Es gibt kaum eine theologische Frage, auf die man von Nichthindus aber auch von Hindus selber so verschiedene Antworten bekommt: Hunderte, Tausende, womöglich Hundertausende oder unendlich viele, oder doch nur drei, vier oder gar nur einen, nämlich jenes erste-letzte, allumfassende kosmische Urprinzip, das sich in beliebig vielen Weisen manifestiert? Für all diese Antworten gibt es in der Literatur – in der traditionell-religiösen, aber auch in der wissenschaftlichen und populären – mehr oder weniger einleuchtende Begründungen; sie alle zu referieren wäre genug Stoff für eine eigene umfassende Arbeit. Vermutlich kann man diese Frage auch nicht befriedigend beantworten, genausowenig wie man erschöpfend beantworten kann, wie viele Heilige und Fürsprecher es weltweit im Christentum gibt.

In diesem Sinn geht etwa auch Hans Küng gegen das allzu vereinfachende Klischee an, im Hinduismus praktiziere man einen wild wuchernden »Polytheismus«, während Christen – wie auch Juden und Muslime – mit ihrem »Monotheismus« dem einen und einzigen Gott huldigten: »Wenn Sie durch Indien reisen, dann finden Sie ... viele große und kleine Tempel, aber auch viele geschmückte Schreine, Götterbilder und umsorgte Götterstatuen; selbst in Autobussen kann man kleine Altärchen finden. Kein Wunder, daß da viele den Hindus Polytheismus vorwerfen, daß sie an viele Götter glauben. Aber das ist nicht ganz fair. Man darf nicht einfach die indische Volksreligion mit der christlichen Idealreligion vergleichen. Fair wäre es, Volksreligion mit Volksreligion, etwa einen Hindutempel mit einer katholischen Barockkirche zu vergleichen. Dann erkennt man vielleicht: Wenn man unter ›Gott‹ alle die göttlichen Wesen versteht, die ein Mensch verehrt durch Zurufe, durch Gebete, durch Hymnen, durch Darbringungen, dann glauben auch viele **Christen** faktisch an **mehrere** ›Götter‹. Nur nennen sie diese Wesen dann ›Heilige‹, ›Engel‹, ›Gottesmutter‹ oder wie immer. Die Inder nennen sie ›Devas‹ ... Wenn man aber unter ›Gott‹ das eine Uranfängliche, das Absolute, das allumfassend Göttliche versteht, dann glauben auch die **Hindus** an **einen** Gott, ein Absolutes, das sie aber je nach Richtung verbinden mit einer ganz bestimmten Offenbarungsgestalt, eben des Vishnu, des Shiva oder der Shakti.«[174]

Es muß deshalb nicht wundern, daß es für Hindus nicht unbedingt einzusehen ist, daß Christen strenge »Monotheisten« seien, die neben ihrem einen Gott keine anderen Götter duldeten. Die für viele durchaus mißverständliche christliche Trinitätslehre[175] – Gott gedacht als eine Natur in drei Personen (Vater, Sohn und Geist), wobei die zweite Person, der Sohn, zu verstehen ist als eine Person von zugleich menschlicher und göttlicher Natur – trägt das Ihre zur Verwirrung bei, und so scheuen sich viele Inder keineswegs, Jesus Christus etwa mit Kṛṣṇa zu parallelisieren und ihn als »Kṛṣṭa« (Christus + Kṛṣṇa) neben anderen Göttern, mitunter sogar neben Marienstatuen und Heiligenfiguren, auf dem häuslichen Altar zu plazieren.

Daß die Frage nach Gott und Göttern in der indischen Tradition komplexer ist als manche Zeitgenossen mitunter behaupten, sollte nach den Ausführungen der ersten Kapitel deutlich geworden sein. Schon die vedischen Schriften machen ja zur Anzahl der Götter ganz unterschiedliche Angaben. Und während man auf der einen Seite schon früh nach dem einen schöpferischen Urgund hinter der Vielzahl der Götter und göttlichen Wesen fragte – was in den metaphysischen Spekulationen der Folgezeit denn auch mehr oder weniger konsequent fortgesetzt wird –, verändert sich auf der anderen Seite die Zahl der Götter und Gottheiten ständig: Manche, die früher von Bedeutung waren, spielen in religiöser Theorie und kultischer Praxis bald keine Rolle mehr und verschwinden mit der Zeit, andere, bisher unbekannte, finden mit der Zeit Aufnahme in das Pantheon. Selbst lokale und regionale Heroen und Heilige können diesen Aufstieg schaffen und finden ganz allmählich ihren festen Platz im Götterhimmel: »Zunächst gibt es einen lokalen Helden, dieser wird durch seinen oft gewaltsamen Tod zu einem Halbgott und nach einiger Zeit in Tempeln als lokaler Gott verehrt; durch seine Identifizierung als Erscheinungsform eines Hochgottes rückt er in das Pantheon der übrigen Hochgötter auf.« Insofern ist es womöglich auch nur eine Frage der Zeit, daß etwa die Verehrung Mahātmā Gāndhīs eine solche Entwicklung durchmacht und »seine irdische Erscheinung zu einem Herabstieg eines Hochgottes erklärt wird«.[176]

Solche Entwicklungen werden dadurch begünstigt, daß der Hinduismus **kein** repräsentatives, institutionalisiertes **Lehramt** kennt, welches das Glaubensleben schul-, konfessions-, gar religionsübergreifend verbindlich regelt. Bei kaum einer anderen Religion wird deshalb auch in der Literatur so häufig das **Spannungsfeld** von »**Hochkultur**« und »**Lokaltradition**« thematisiert wie im Hinduismus – aber auch bei keiner anderen scheint es so schwierig zu bestimmen. Auf der einen Seite spricht man von der sogenannten »sanskritisierten« Hochkultur – also jenen Ideen und Vorstellungen, die, vom Veda herkommend, im brahmanischen Mainstream, aber auch in anderen Traditionssträngen entwickelt und überliefert wurden. Auf der anderen Seite betont man die ständige Wechselwirkung, in der diese Traditionen standen mit regionalen und lokalen Vorstellungen, Gebräuchen und Traditionen, die, weil oft älter, entweder schon immer da waren oder sich in bestimmten ethnischen Gruppen oder sozialen Schichten eigenständig entwickelt haben.[177] Wie aber diese Wechselwirkung im einzelnen zu bewerten ist, wer wen wann wie beeinflußt hat, darüber sind sich die Spezialisten nicht zuletzt wegen oft schwieriger Quellenlagen und ungelöster Datierungsfragen häufig uneins – allesamt Probleme, die auch wir hier nicht lösen müssen und sie im Hinblick auf die Genese und Entwicklung des klassischen indischen Götterhimmels getrost den Spezialisten überlassen können.

Merkmale und Eigenschaften indischer Götter

Auf das Problem von Kontinuität und Wandel im Übergang von den vorklassischen Perioden hin zur klassischen Zeit wurde eingangs des Kapitels bereits eingegangen. Bei allen Brüchen und Diskontinuitäten gibt es eben auch **Gemeinsamkeiten** – struktureller wie inhaltlicher Art –, die sich in den verschiedenen Paradigmen mehr oder weniger durchhalten. Dies zeigt sich auch beim Blick auf den Götterhimmel. So sehr sich die vedischen Götter von den Bewohnern des klassischen Pantheons unterscheiden – manche der alten Götter gibt es dort nicht mehr, andere erscheinen mit neuem Profil, neue kommen hinzu –, so gibt es doch eine Reihe dominanter **Merkmale und Eigenschaften**, die das Gottesbild von vedischer und klassischer Zeit verbinden und die zeigen, »wie sehr die frühvedische Zeit die spätere religiöse Entwicklung geprägt hat«[178]; sie helfen zudem, einige Grundlinien hinduistischen Gottesverständnisses besser zu verstehen:

– **Die Macht der Mächte**: Man glaubt an die Wirkung bestimmter himmlischer oder göttlicher Mächte, und das Wissen um die Wirkung dieser Mächte gilt seit jeher als heilsentscheidend, auch wenn sich deren Bedeutung verändert hat oder sie sogar verdrängt wurden.

– **Einheit der Vielfalt, Vielfalt der Einheit**: indische Götter können seit jeher viele Formen, Namen oder Körper haben, jeder göttliche Aspekt kann sich verschieden manifestieren – als **Eigenschaft**, in **Substanzen**, **Objekten**, **Zahlen**, **Farben**, **Klängen**, **Zeitperioden**, **Versmaßen** etc. Verehrt wird nicht der jeweilige Gott als Person oder Individuum, sondern als »**mythische Substanz**«, die sich in verschiedenen Graden und auf verschiedene Weisen zeigen kann. So finden sich schon früh Bestrebungen, das Eine hinter der Vielheit der Erscheinungen zu suchen, während es zugleich für Hindus selbstverständlich ist, daß sich dieses Eine auf verschiedene Weisen manifestiert, auf verschiedene Weisen zugänglich ist. Niemand hat Zugriff auf das Ganze, keine Glaubensrichtung und keine Gottesverehrung kann für sich in Anspruch nehmen, allumfassend, allein richtig und damit exklusiv gültig zu sein. Insofern greifen auch die von Max Müller in die Diskussion gebrachten Begriffe »Henotheismus«[179] und »Kathenotheismus«[180] für die Charakterisierung hinduistischen Gottesglaubens zu kurz; Michaels schlägt dafür die (zugegebenermaßen etwas sperrigen) Begriffe »Homotheismus« und »Äquitheismus« vor, da mit ihnen »sowohl die Gottesvorstellung als auch der grundlegende identifikatorische Prozeß benannt«[181] wird.

– **Eigenschaftslosigkeit des Göttlichen**: Ein Gott in seiner höchsten, »eigentlichen« Form ist eigenschaftslos (*nirguṇa*) und zugleich voller Eigenschaften (*saguṇa*). In dieser höchsten Form ist Gott unsichtbar, unsagbar und damit nicht darstellbar. Was Menschen von Gott wahrnehmen, ist nur ein Teil Gottes; nur Sehern und Menschen mit tiefen spirituellen Erfahrungen gelingt ein kurzer Blick auf oder in das göttliche Ganze.

– **Scheinbarkeit des Göttlichen**: Da sich »Gott« als Ganzes nicht manifestiert, ist der Teil des Göttlichen, der sich manifestiert, nur scheinbar das göttliche Ganze, eine Illusion (*māyā*). Und weil das Göttliche als Ganzes nicht darstellbar ist, ist es als Teil, nämlich »durch serielle Identifikation«[182], unendlich darstellbar.

– **Identität von Gott und Mensch**: Wie sich die Menschen Gott in seinen Manifestationen nach ihren Vorstellungen formen, so findet in manchen Situationen, etwa bei bestimmten Riten, umgekehrt auch eine Identifikation des Menschen mit Gott statt.

– **Stofflichkeit der Mächte**: Das Göttliche wird substanzhaft oder feinstofflich gedacht. Es kann deshalb wie eine Energie anhaften, zwischen Menschen und Göttern – etwa als Verdienst, aber auch als »Sünde« oder Leid – weitergegeben werden, aber auch verlorengehen.

– **Wechselseitige Abhängigkeiten zwischen Menschen und Göttern**: Spirituelle oder mythische bzw. göttliche Substanzen sind nicht unendlich. Sie können aufgebraucht werden. Und Götter, die ja selber solche mythischen Substanzen sind, müssen deshalb vom Menschen via Opfer mit solchen Substanzen am Leben erhalten werden – es sei denn, sie sind nach strenger Askese oder etwa durch den Soma-Trank unsterblich geworden.

– **Himmel und Befreiung**: Himmel und Hölle sind Orte der Sterblichkeit und der karmischen Verflochtenheit. Das Ewige, Unsterbliche, ist jenseits der Himmel; dort und nur dort ist der »Ort« der Befreiung und Erlösung.

Freilich dürfen diese Gemeinsamkeiten nicht über merkliche **Veränderungen** im Gottesverständnis in der klassischen Zeit hinwegtäuschen: »Es sind größere Spezialisierungen einzelner Götter, vermehrte Aufgabenteilung im Pantheon (etwa in der Trinität Brahmā, Viṣṇu und Śiva), deutlichere Personifikationen und örtliche Anbindungen der Götter (die Volksgötter mit ihren Lokaltraditionen) sowie eine Ikonologie und -graphie der Götter zu verzeichnen.«[183]

Neuer Götterhimmel und neuer Götterkult

Die geistesgeschichtlichen, politischen und sozialen Faktoren der Entwicklung von der spätvedischen Zeit zur Periode des asketischen Reformismus und von dort zur klassischen Zeit wurden eingehend beschrieben. **Restaurative Tendenzen** gegenüber den asketischen Reformbewegungen und den jahrhundertelangen Fremdherrschern der vorchristlichen Zeit waren wohl letztlich mit verantwortlich dafür, daß der Einfluß der altindischen Religiosität – bei aller Kritik am althergebrachten Opferglauben und am brahmanischen Establishment – vor allem bei Hofe, aber auch in der Gesellschaft überhaupt, erhalten blieb. Die feudalistischen Verhältnisse mögen das Ihre dazu beigetragen haben, daß **hierarchische Strukturen und Denkweisen** auch auf das Religiöse übertragen wurden: Analog zum immer mehr gottgleichen König im Reich setzten sich nach und nach einzelne, **immer mächtiger und einflußreicher werdende Götter** im Pantheon durch, denen gegenüber lokale oder traditionelle Gottheiten zu deren bloßen Erscheinunsgformen mutierten bzw. von den Brahmanen dazu erklärt wurden, und so ihren Platz im neu entstehenden Pantheon fanden.

Wie im einzelnen die theologische Entwicklung gegangen sein mag, läßt sich wegen der schwierigen Quellenlagen kaum verläßlich rekonstruieren. Dennoch gibt es einige Daten, die zumindest als ungefähre Koordinaten dieser komplexen Entwicklung dienen mögen:

Frühe Wurzeln des **Kṛṣṇa-Kultes** – etwa der Verehrung des Gottes Vāsudeva – sind schon, wie wir sahen[184], ab **400 v. Chr.** belegt, also noch vor der Maurya-Dynastie, sogar noch vor Alexander dem Großen, ungefähr in jener Zeit, in der die Entstehung der ältesten Schichten der großen Epen vermutet wird: Über die Jahrhunderte verschmolzen die Vorstellungswelten und Kulte der vom Yajurveda herkommenden Pāñcarātras und Vaikhānasas, die Gottesvorstellungen des Veda aufgriffen und weiterentwickelten (Viṣṇu – Nārāyaṇa – Puruṣa) und mit Vorstellungen von Sāṃkhya und Yoga verbanden und die jetzt mit dem Heroenkult der »Bhāgavatas« eine **Viṣṇu-Kṛṣṇa-Verehrung** hervorbringen, die ihren ersten Kulminationspunkt schließlich in der **Bhagavadgītā** findet; ihre

Entstehung wird zwischen **300 und 200 v. Chr.** angenommen, also gegen Ende der Maurya-Dynastie. Um diese Zeit beginnt man auch, nachdem es zuvor wohl nur Götterbilder aus Holz oder Ton gab, mit der Fertigung erster **religiöser Steinskulpturen**.

Eindeutige bildhauerische Darstellungen des Gottes Viṣṇu sind wohl erst ab dem **2. Jahrhundert n. Chr.** nachzuweisen.[185] Ab wann **Śiva** Bestandteil des klassischen Hindugötterhimmels wurde, ist unklar. Das älteste **Liṅga**, jener phallusförmige Stein, in dessen Form Śiva auch verehrt wird, stammt aus dem **2. oder 1. vorchristlichen Jahrhundert** und steht in Gudimallam, 110 km nordwestlich vom südindischen Madras.[186] Seit der Zeit der Kuṣān-Könige (1.-3. Jhd.) sind die ersten **Śiva-Darstellungen auf Münzen** überliefert, von Tempeln hingegen, in denen die neuen Götter verehrt wurden, wissen wir aus dieser Zeit noch nichts. Ein literarisch gleichwertiges śivaitisches Pendant zur Bhagavadgītā gibt es – trotz mancher Nachahmungsversuche – nicht, schon gar nicht so früh. Erst der Dichter Kālidāsa (um 400) und andere Literaten rufen am Anfang ihrer Werke Śiva an und rühmen seine Macht und die Gestalten, in denen er erscheint. Ein verbreiteter Śiva-Kult kann deshalb im Norden wohl erst für die Guptas, also zu Beginn des 4. Jahrhunderts angenommen werden. Im Süden mag Śiva wohl schon im 3. Jahrhundert als »Träger des Beils« bekannt gewesen sein, die Blütezeit der Śiva-Verehrung und -Poesie scheint dort aber erst ab dem 7. Jahrhundert nachweisbar.[187]

Mit den **Guptas**, also ab dem 4. Jahrhundert, entwickelt sich der aufkommende »klassische Hinduismus« allmählich zu seiner Blüte. Literarische Zeugnisse dafür sind vor allem die **Purāṇas** – entstanden zwischen **300 und 800 n. Chr.**: gewissermaßen die »Religionsbücher« der neu aufkommenden religiösen Strömungen und Gruppen, die in regem Wettbewerb zueinander gestanden haben müssen. Unter ihnen werden, zumindest im Norden, **ab dem 6. Jahrhundert** »hauptsächlich **vier Götter** (Viṣṇu, Śiva, Brahmā, Sūrya) von bestimmten Gruppen als die höchsten anerkannt, d. h. einer als die ›Essenz‹ der anderen betrachtet und mit dem Brahman identifiziert«; es beginnt ein langer Prozeß, als dessen Ergebnis sich »die beiden großen, innerlich differenzierten Religionsgemeinschaften (Viṣṇuismus und Śivaismus) oder Komplexe nahe verwandter Systeme und einige kleinere religiös-philosophische Systeme«[188] herausbilden.

Bei all dem spielen die **Fürsten und die Höfe** eine nicht unwesentliche Rolle: Ihre zunehmend sakrosankte Stellung verdanken sie vor allem dem blühenden Handel, gut entwickelter Infrastruktur und Verkehrswegen, befestigten Städten und einer effizienten Verwaltung, was die bereits erwähnte allgemeine Blüte von Wissenschaft, Kultur, Kunst und Handwerk in der klassischen Zeit zur Folge hat. Erste **Tempel**, in denen die neuen Hochgötter mit Götterbildern verehrt werden – etwa der Viṣṇu-Tempel in Deogarh –, entstehen in der späten Gupta-Zeit (um 500), Bauten großer Tempelanlagen folgen dann unter den Cālyukas

(7./8. Jhd.), den Pallavas (7./8. Jhd.), den Colas (9. Jhd.) und noch lange darüber hinaus[189]: Es sind faktisch »**Staatstempel**«, ausgestattet mit großen Ländereien zum Erhalt des Tempelbetriebs, Anziehungspunkte der aufkommenden **Wallfahrtpraxis** – bis heute zentraler Bestandteil hinduistischer Frömmigkeit.

In den Tempeln werden die **Gottheiten wie Könige behandelt**: »Bauten sind Paläste, Priester sind Diener, welche die Götter wecken, ankleiden, hochherrschaftlich bewirten und zur Nacht betten; Tempelmusiker oder -tänzerinnen – mitunter zugleich Tempelprostituierte – sorgen für die Unterhaltung des Gottes, unterstützt von Dichtern, die eulogische Gedichte verfassen, und Handwerkern, die das Bildwerk schufen.«[190] **Pūjā**, der hinduistische **Götterdienst** entsteht in dieser Zeit. Gefördert und unterstützt werden die Tempel von den Fürsten und Königen. Sie haben in jener Zeit »öfters die Brahmanen begünstigt, ihnen oder den Tempeln Ländereien zur Nutznießung (*agrahāras*) überlassen und sie mit anderen Schenkungen bedacht, neue Tempel gegründet, Tempelfeste organisiert, die Kompilation neuer Handbücher gefördert, im Einverständnis mit den Brahmanen den Dharma gehandhabt und zugelassen, daß die Brahmanen als Berater oder Minister der Verwirklichung ihrer Ideale nachstrebten«[191]. Dabei sind nicht selten **politische Motive und Rücksichten** ausschlaggebend dafür, welche der Glaubensrichtungen hier mehr, dort weniger begünstigt wird. Ein Ringen um die Gunst der jeweiligen Feudalherren ist die Folge, oft verbunden mit **Rivalitäten**, Intoleranz und gegenseitiger Verketzerung zwischen den verschiedenen religiösen Richtungen.

Mit dem **Zerfall der Großreiche** kommt es denn auch zu einer fortschreitenden **Regionalisierung** und **Aufsplitterung** im Kulturellen wie Religiösen – mit durchaus fruchtbaren Konsequenzen: der Erstarkung und Vermischung regionaler, auch nichtbrahmanischer, ja sogar antibrahmanischer Götter, Kulte und Traditionen, die das vielfältige Profil der indischen Kultur bis heute prägen. Einhalt geboten wird diesem Prozeß erst im 10./11. Jahrhundert: Der Islam betritt die indische Bühne, später dann das europäische Christentum – beides eine vermeintliche Bedrohung für die hinduistische Orthodoxie. Brahmanischer Konservatismus greift um sich, und die Hindutradition beschäftigt sich fortan mit immer neuer Kommentierung alter Werke weitgehend nur noch mit sich selbst. Doch dies ist Gegenstand des Kapitels über die nachklassische Zeit.

Der **Götterhimmel** der Gupta-Zeit (ab dem 4. Jhd.) muß zunächst noch relativ einfach gewesen sein: Neben einigen vedischen Göttern gab es dort wohl Viṣṇu auf seinem Tragtier, dem halbgöttlichen mythischen Adler Garuḍa sitzend, begleitet von seiner Gefährtin Lakṣmī oder auf der Weltschlange schlafend, und die beiden Heroen Rāma und Kṛṣṇa[192]; mit der Zeit kommen die Avatāras hinzu, die irdischen Herabkünfte Viṣṇus, ebenso Śiva, Brahmā und Sūrya. Je mehr sich die brahmanische Orthodoxie in den Jahrhunderten mit lokalen und regionalen Kulten und Vorstellungen amalgamiert, desto mehr

Gottheiten und göttliche Wesen finden Eingang in das wachsende Hindupantheon. So werden schließlich in den Epen und Purāṇas folgende Gottheiten am häufigsten genannt und verehrt[193]:

Hochgötter	**Brahmā** **Viṣṇu** (andere Namen bzw. Erscheinungsformen: Dattātreya, Hari, Nārāyaṇa, Śeṣa-Nārāyaṇa, Viśvarūpa) Viṣṇus Herabkünfte (*avatāra*): 1. Matsya (Fisch), 2. Kūrma (Schildkröte), 3. Varāha (Eber), 4. Narasiṃha (Mann-Löwe), 5. Vāmana (Zwerg), 6. Paraśurāma (Rāma mit der Axt), 7. Rāma, 8. Kṛṣṇa, 9. Buddha, 10. Kalkin **Śiva** (andere Namen bzw. Erscheinungsformen: Bhairava, Dakṣiṇāmūrti, Maheśa, Naṭarāja Nṛtyanātha, Rudra, Sadāśiva, Yogin; Liṅga) Söhne Śivas: Gaṇeśa und Skanda Rāma, Rāmacandra Kṛṣṇa, Kṛṣṇa-Gopāla, Bālakṛṣṇa
Hochgöttinnen	Gefährtinnen Brahmās, teilweise auch Viṣṇus: Sarasvatī, Gāyatrī, Sāvitrī Gefährtinnen Viṣṇus: Lakṣmī, Śrī Gefährtinnen Śivas: Bhagavatī, Gaurī, Pārvatī, Lalitā, Umā Sītā (Frau Rāmas) Rādhā (Gefährtin Kṛṣṇas) Devī (die »Göttin«) in den Erscheinungsformen Cāmuṇḍā, Chinnamastā, Durgā, Guhyeśvarī, Kālī, Kālikā, Mahiṣāsuramardinī, Śakti Göttinnengruppen: Aṣṭamātṛkā, Navadurgā, Saptamātṛkā, Yoginī Flußgöttinnen: Gaṅgā, Yamunā
Volksgottheiten	Volksgötter und -göttinnen, Dorfgöttinnen, Lokalgöttinnen mit zahlreichen Namen, teilweise identifiziert mit Hochgöttern, etwa Aiyanār, Khaṇḍobā, Virūpākṣa, Viṭṭhala
Wächter des Universums	Dikpāla, Kṣetrapāla; Vāyu, Kubera, Īśāna, Varuṇa, Indra, Nirṛti, Yama, Agni

Halbgötter der Epen	Arjuna, Bhīṣma, Bhīmasena, Hanumat, Lakṣmaṇa, Rāma, Yudhiṣṭhira u. a.
Gestirnsgötter	Sūrya (Sonne), Candra (Mond, auch Soma), Planetengötter (Śani u. a.)
Dämonen	Asuras, Rākṣasas, Rāvaṇa, Hiraṇyakaśipu
Göttliche Tiere und Pflanzen	Nandin (Reittier Śivas), Garuḍa (Reittier Viṣṇus), Ratte (Reittier Gaṇeśas), Kuh, Elefant (Gaṇeśa), Affe (Hanumat), Schlange (Nāga), Löwe (Siṃha), Pferd (Kalkin) Bilva-Baum, Tulasī (Basilienkraut), Lotus
Niedere Götter oder Geister	Gaṇas, Apsaras, Rākṣasas, Gandharvas, Yakṣas, Bhūtas, Pretas, Piśācas

»Sprechende« Götterbilder: die klassische Ikonographie

Bemerkenswert ist die ausgefeilte **Ikonographie**[194], die man mit der Zeit entwikkelt und bei der jedes Detail Auskunft gibt über **Erscheinungsform** und **Charakter** der jeweiligen Gottheit, darüber, was sie gerade tut, oder welcher Aspekt der Gottheit im jeweiligen Götterbild verehrt wird. Die **wichtigsten Elemente und Merkmale** seien hier knapp zusammengefaßt:

– **Die Körperhaltungen**: Götterstatuen können kraftvoll aufrecht stehen, etwa Śiva, wenn er »wie eine Säule« als größter unter den Asketen dargestellt wird, aber auch leicht geschwungen in entspannter, meditativer Pose, oder dynamisch, gar gewalttätig mit mehrfach geschwungenem Körper; mit angehobenem Bein zur Tanzbewegung ausholend, stehen die Götter in der typischen Tanzpose, während sie sich ganz ruhig und voller Anmut auf nur einem Bein ausruhen, das vom anderen Bein entspannt gekreuzt wird; zwanglos und spielerisch können sie dasitzen und ein Bein dabei lässig herunterhängen lassen, oder aber sie meditieren versunken im gekreuzten Lotussitz oder liegen gar in kontemplativem Schlaf auf der Seite.

– **Die Handgesten** (*mudrā*): Mit aufgerichteter nach vorn geöffneter rechter Hand verheißen die Götterbilder Schutz, mit der so geöffneten Linken gewähren sie die Erfüllung eines Wunsches; Zeigefinger und Daumen zu einem Ring geschlossen, zeigen die Gottheit bei der Lehrverkündigung, geschlossener Mittelfinger und Daumen symbolisieren Weisheit; der nach unten ausgestreckte Zeigefinger weist auf einen imaginären Gegenstand, ist er hingegen nach oben gestreckt, dann drückt er eine Warnung oder Belehrung aus; zusammengelegte Finger- und Daumenspitzen einer Hand symbolisieren Jungfräulichkeit, während leicht gekrümmte Finger einer Hand Verwunderung ausdrücken sollen. Beide Hände gestreckt vor der Brust zusammengelegt, drücken Anbetung der Gottheit aus, vor der Stirn meinen sie Anbetung oder einen Gruß, was auch mit nur einer erhobenen Hand vor der Brust ausgedrückt wird; flach ineinandergelegte Hände symbolisieren tiefe Meditation, und vor der Brust ineinanderverflochtene Hände stehen für geschlechtliche Vereinigung.

– **Arm- und Handhaltungen** (*hasta*): Der quer vor der Brust ausgestreckte Arm mit abgewinkelter Hand (wie ein »Elefantenrüssel«, etwa beim tanzenden Śiva) steht für Macht und Stärke einer Gottheit, ähnlich wie der seitlich wie eine Vogelschwinge ausgestreckte Arm, der die Kraft einer Gottheit zum Ausdruck bringt; die Arme vor der Brust gekreuzt, symbolisieren Hingabe und Unterordnung, andere Armhaltungen hingegen – etwa lässig seitlich an der Hüfte aufgesetzt, locker herabhängend oder zum Aufstützen verwendet – haben keine tiefere Symbolik.

– **Göttliche Attribute**: Ganz wesentlich für das richtige Verständnis eines Götterbildes sind Attribute, die über Macht und Eigenschaften der Götter Auskunft geben und mit denen die Götterbilder ausgestattet sind – manche Statuen tragen bis zu 20 solcher Attribute: Gegenstände, Symbole, Embleme, Insignien. Die gängigsten, mit einer stichwortartigen Erläuterung ihrer Bedeutung, seien hier genannt[195]:

Antilope:	Herrschaft über die Natur;
Axt:	göttliche Macht, Entmachtung der Dunkelheit;
Banner:	Waffe und **Zeichen** des Glücks, synonym mit Fahne und Säule;
Bogen:	**Waffe** bes. des Liebesgottes Kāma;
Buch:	**Weisheit**, charakteristisch für Brahmā;
Cakra (Rad/Kreis):	**Sonnenrad**, Zeichen des Weltenherrschers, Symbol des Lebenskreislaufs;
Diskus:	Waffe, Zeichen der Macht und des Schutzes (–> Cakra);
Dolch:	Opferinstrument;
Donnerkeil:	Symbol des Unzerstörbaren, Waffe zur Vertreibung von Dämonen;
Dreizack:	ähnlich magische Bedeutung wie der Donnerkeil, bei Śiva stehen die drei Zacken für dessen Eigenschaften; der Stiel gilt als Symbol der Achse des Universums;
Feder:	Unsterblichkeit, wie der Vogel;
Flöte:	Hirte (für Kṛṣṇa verwendet);
Früchte:	charakteristisch für Gaṇeśa und für kindliche Götterdarstellungen; der Holzapfel, Frucht des Bilva-Baumes, symbolisiert den Phallus von Śiva;

Gebetskette: vor allem Attribut von Brahmā und Sarasvatī, Sinnbild des ewigen Zyklus der Zeit;
Gefäße: allg. Sinnbild für Wasser und damit für Fruchtbarkeit und Reichtum; **Schale:** Opfer- oder Bettelschale; **Vase:** beinhaltet den Nektar der Unsterblichkeit (*amṛta*); **Kanne:** wird von Gottheiten in ihren Aspekten als Bettler, Heiler oder Asket getragen;
Glocke: (beinhaltet alle Klänge, Symbol der Schöpfung, Instrument zur Ankündigung eines Gottes oder auch zur Abschreckung;
Hahn: Sinnbild der aufgehenden Sonne, Symbol des Kriegsgottes Skanda;
Keule: älteste Waffe und Symbol der Macht, des universellen, unabänderbaren Gesetzes der Natur;
Knochen: Vergänglichkeit;
Kobra: Schlangen sind allg. Schutzgötter über Wasserstellen und Gewässer, Symbol des ewigen Kreislaufs der Zeit, stehen für Schläue, Potenz und Weisheit; mehrere Kobras sind oft der Schutzschirm einer Gottheit;
Löffel: zur Darbringung eines Opfers;
Lotus: Symbol der Fruchtbarkeit und des Mutterschoßes, des Glücks und der Schönheit; aufgeblühter Lotus als Symbol der Sonne, Knospe als Symbol der Jungfäulichkeit;
Meißel: Attribut des Kriegsgottes, auch als Axt dargestellt;
Mörser: charakteristisch für Kṛṣṇas älteren Bruder Balarāma; als Waffe wie eine Keule;
Muschel: Fruchtbarkeitssymbol (ähnelt weibl. Genitalien), Waffe gegen Dämonen, Trompete für die Schlacht oder für das Ritual, in ihrer gedrehten Form Symbol des sich endlos ausdehnenden Raumes), eines der »acht glückverheißenden Zeichen«[196], allg. glückverheißend;
Pfeil u. Bogen: **Pfeil:** Tod, männl. Geschlechtsorgan;
Bogen: weiblich, Herrschaft;
Pfeil und Bogen: Liebestrieb und Todestrieb, gefürchtete Waffe der Götter, fünf Pfeile des Liebesgottes als fünf Sinne des Menschen;
Pflug: Fruchtbarkeitsattribut von Balarāma, in Form des Elefantenzahnes auch von Gaṇeśa; auch als Waffe angesehen;
Rad: (–> Cakra);
Schädel: Vergänglichkeit und Tod;
Schale: (–> Gefäße);

Schild: schützender Teil der Bewaffnung;
Schirm: Zeichen von königlicher Macht und Schutz, verheißt Freude und Glück;
Schlinge: Waffe, die jede Art von Verblendung und Bösem fesselt;
Schüssel: (–> Gefäße);
Schwert: großes Opfermesser, Symbol der Weisheit, der Zerstörungskraft und des Sieges über Ignoranz; glückverheißend;
Speer: unbesiegbare Waffe, oft verwendet wie Dreizack;
Speisen: meist Attribute von Gaṇeśa;
Spiegel: typisch für Göttinen, Symbol der Weisheit, aber auch der Eitelkeit;
Stab: Attribut zur Bestrafung, ursprünglich gleichgesetzt mit dem Gott der Unterwelt und des Todes;
Stachelstock: Attribut der Aktivität einer Gottheit oder der Fähigkeit, Recht und Unrecht, Glück und Trauer zu unterscheiden, eines der »acht glückverheißenden Zeichen«;
Trommel: Attribut Śivas, beide Seiten stehen für das Männliche und das Weibliche, Trommelschlag steht für den Rhythmus bei der Entstehung des Universums;
Wedel: charakteristisch für Wächtergottheiten, Insignien des Königtums, glückverheißend;
Zither: Attribut der Göttin Sarasvatī und anderer gütiger Aspekte der großen Göttin Devī; Attribut Śivas als »Herrn der Musik«.

– **Schmuck und Ausstattung der Götter**: Während Dämonen, himmlische Wesen und Begleitfiguren der Götter oft **Turbane** aus geflochtenem **Haar** oder **Stoff** tragen, werden Götterbilder mit **Kronen** (einfache Adelskronen, mehrfach gestufte »Topfkronen«, aber auch kunstvolle Haarkronen) und mit verschiedenen **Haartrachten** (gekämmt, hochstehend, abstehend, spiralförmig) dargestellt. Zudem sind die Götterbilder oft königlich geschmückt: mit aufwendigen **Halsketten** (oft bei wohlwollenden Aspekten der Gottheit; bei schrecklichen Aspekten auch aus Totenköpfen bestehend), mit **Ohrringen** (das Privileg der »Zweimalgeborenen«, Zeichen für Wohlstand und Adel), mit festlichen **Armreifen** und **Fußschmuck**, mit **Gürteln** und **Hüftbändern** (auch ein Zeichen der Fruchtbarkeit), mit **Brustbändern**, **Leibriemen** oder mit der priesterlichen **Opferschnur**.
– **Göttliche Reit- oder Tragttiere** (*vāhana*, »Fahrzeug«, »Fortbewegungsmittel«): Tiere spielen seit jeher eine wichtige Rolle in der religiösen Vorstellungswelt der Inder: als Opfertiere, dadurch, daß sie mit ihren verschiedenen

Eigenschaften oft mit den Göttern verglichen oder identifiziert wurden, oder weil Götter oft die Gestalt von Tieren annehmen, um in den Lauf der Welt einzugreifen. Tiere sind deshalb nicht aus der hinduistischen Ikonographie wegzudenken, da jedes Tier seine eigene Symbolkraft hat. Neu im episch-purāṇischen Pantheon sind jetzt die Reit- oder Tragtiere der Götter, welche die Götter begleiten, auf denen sie reiten oder von denen göttliche Fahrzeuge und Streitwagen gezogen werden: eine Art »Sichtbarmachung von Energie und Charakter der betreffenden Gottheit«[197]. Selbst **alte vedische Gottheiten**, die ursprünglich keine solchen Reittiere hatten, werden nun im klassischen Hindupantheon mit Tragtieren ausgestattet:

Götterkönig **Indra**	–	**Elefant**
Wassergott **Varuṇa**	–	**Seeungeheuer**
Erd- und Flußgöttin **Yamunā**	–	**Schildkröte**
Feuergott **Agni**	–	**Widder**
Windgott **Vāyu**	–	**Antilope**
Todesgott **Yama**	–	**Büffel**
Sonnengott **Sūrya**	–	**Pferd**
Pūṣan, Gott der Dämmerung	–	**Ziege**
Vasanta, der »Frühling«	–	**Affe**
Unglücksgott **Nairṛta** und Erdgott **Kubera**	–	**Menschen**

Die **neuen Hindugötter** haben folgende Reit- oder Tragtiere:

Brahmā und **Sarasvatī**	–	**Gans** bzw. **Schwan**
Śiva	–	**Stier**
Viṣṇu und **Lakṣmī**	–	mythischer **Vogel** Garuḍa
Śivas Sohn **Gaṇeśa**	–	**Ratte** oder **Maus**
Śivas Sohn **Skanda** (Kārttikeya)	–	**Pfau**
furchterregende Aspekte **Śivas** (Bhairava)	–	**Hund**
Durgā, **Pārvatī** und deren Erscheinungen	–	**Tiger** oder **Löwe**
die furchterregende **Kālī**	–	**Hund**, **Wolf** oder **Schakal**
Unglücksgöttinnen: **Cāmuṇḍā** oder **Śītalā**	–	**Esel**
Liebesgott **Kāma**	–	**Papagei**
Flußgöttinnen	–	**Seeungeheuer**

Viele der hier erwähnten klassischen Götter – und dies ist nur ein Teil derer, die in der Tradition überliefert und in Tempeln dargestellt sind – spielen freilich im Kult der Gegenwart kaum mehr eine Rolle. Schon in nachepischer Zeit werden die Götter des alten Pantheons zunehmend abgewertet und die »emporgekommenen großen Gestalten des Viṣṇu und Śiva setzen, mit alten Brahman- und Prajāpati-Vorstellungen amalgamiert und von Millionen als Höchstes Wesen anerkannt, ihren Aufstieg fort«[198]. So wird denn – sieht man einmal von den zahlreichen, oft nur lokal oder regional verehrten Volks- und Familiengottheiten ab – das klassische Pantheon heute faktisch dominiert von der klassischen Trias **Brahmā, Viṣṇu, Śiva** und von einer Reihe **weiblicher Gottheiten**; auf sie und auf ihre Wirkungsgeschichte soll im folgenden kurz eingegangen werden.

Der Schöpfergott Brahmā

Aus der klassischen Göttertrias ist Brahmā in der episch-purāṇischen Zeit der unbedeutendste, abgelöst in seinem ursprünglich hohen Rang von Viṣṇu und Śiva. Der Gott **Brahmā** ist faktisch eine **Personifizierung** des alten vedischen Weltseelebegriffs »**Brahman**«. Mit Aufkommen des monistischen Denkens in der spätvedischen Zeit suchte man dann nach einer personalen Variante jenes abstrakten »Ur-Einen«, welches Bewußtsein und den Wunsch hatte, die Schöpfung hervorzubringen: einen **personenhaften Gott**. So lag es nahe, aus dem Neutrum »Bráhman« einen maskulinen »Brahmán« (hier zur Unterscheidung mit Betonungszeichen geschrieben) zu machen, den man **Brahmā**[199] nannte und, da es ihn bisher nicht gab, mit dem vedischen Schöpfergott Prajāpati identifizierte.

Nach erstem Auftreten in den Brāhmaṇas und in den Sūtras scheint dieser Brahmā bereits »in den letzten vorchristlichen und in den ersten nachchristlichen Jahrhunderten von vielen Indern als der höchste Gott verehrt worden«[200] zu sein. Älteste Textschichten der Purāṇas weisen offenbar auf einen Brahmā-Kult hin, der auch in gleichaltriger buddhistischer Literatur erwähnt wird, bei dem Viṣṇu und Śiva eine untergeordnete Rolle spielen, der aber schließlich (womöglich schon ab 300 n. Chr.) »teils durch den Viṣṇuismus, teils durch den Śivaismus verdrängt worden ist«[201].

Brahmās **Profil** wird vor allem im Mahābhārata deutlich: Er ist der aus dem uranfänglichen goldenen Weltenei (*hiraṇyagarbha*) oder aus den Urwassern entstandene **Schöpfergott**, der Erst- oder Ungeborene, »Stammvater der Wesen« (*prajāpati*) und der Götter, dem bei seiner Schöpfungstätigkeit Demiurgen, aus seinem Geist geborene »Söhne«, zur Seite stehen. Er **bewahrt** die **Ordnung** im Universum, bei Not oder Gefahr wenden sich die Götter hilfesuchend an ihn. Später gehen diese Funktionen an Viṣṇu und Śiva über, Brahmā »ist dann hauptsächlich höchster und väterlicher Berater und Demiurg, der im Auftrag Viṣṇus oder Śivas auf uneigennützige Weise zu Anfang jeder Weltperiode den Kosmos neu gestaltet«[202]. Mit vier gekrönten Häuptern wird der »viergesichtige« (*caturmukha*) Brahmā dargestellt, als bärtiger, reifer Mann; in seinen vier Händen hält er Manuskripte der vier Sammlungen der Veden – er gilt als Verkünder des Veda in den einzelnen Weltperioden –, mitunter auch einen Opferlöffel, eine Gebetskette und ein Gefäß mit heiligem Gaṅgāwasser. Sein Reittier ist der weiße Schwan (*haṃsa*), Symbol der Reinheit und Unterscheidungskraft.[203]

Brahmās Gefährtin, manchmal auch dessen Tochter, jedenfalls sein weiblicher Aspekt, ist **Sarasvatī**, eine ehemals vedische Flußgöttin (mit Gaṅgā und Yamunā der dritte heilige, heute allerdings versiegte Fluß), jetzt die Göttin der Künste, Gelehrsamkeit, Inspiration und Weisheit. Dargestellt wird Sarasvatī als Vīṇā-spielende Schönheit mit einem Buch, einem Rosenkranz und einem Wassergefäß; ihr Reittier ist der Pfau. Sarasvatīs Fest wird am Frühlingsanfang gefeiert: In Schulen und Universitäten werden Bilder der Göttin aufgestellt, Bücher, Musikinstrumente und Schreibgeräte werden an diesem Tag feierlich verehrt. Als Brahmās »Zweitfrau« wird ihr **Gāyatrī** zur Seite gestellt, Mutter der göttlichen Offenbarung (Veda) und des Brahmanenstandes: Sie ist die Verkörperung der gleichnamigen heiligsten Ṛgveda-Strophe an die aufgehende Sonne, später wegen der darin verehrten Gottheit auch **Sāvitrī** genannt.

Die Existenz Gāyatrīs liefert zudem eine mythologische Begründung für den eher eingeschränkten Brahmā-Kult: Einst wollte Brahmā ein Ritual durchführen, bei dem die Anwesenheit seiner Gemahlin notwendig war; Sarasvatī ließ allerdings auf sich warten, so daß Brahmā, offenbar unter Zeitdruck, kurzerhand die anwesende Gāyatrī zu seiner Frau nahm, um das Ritual durchführen zu können. Dies soll Sarasvatī so erzürnt haben, daß sie Brahmā dazu verwünschte, nur einmal im Jahr Mittelpunkt religiöser Verehrung zu sein.[204] Heute spielt der Brahmā-Kult in Indien kaum mehr eine Rolle, jedenfalls soll es praktisch keinen Brahmā-Tempel mehr geben, der noch in Betrieb ist.

Viṣṇu und seine »Avatāras«

Im Ṛgveda war **Viṣṇu** eigentlich nur ein Gott zweiten Ranges, eher unbedeutend, einer der »Ādityas«, ein lichthafter Gott, Indras buckliger, zwergenhafter Gefährte (»dessen Rücken auseinandersteht«) im Kampf gegen das Böse in der Welt. In vier Hymnen[205] wird er allein angerufen und verehrt, in fünf weiteren[206] zusammen mit anderen vedischen Göttern. Als sonnenäugiger Gott wird er beschrieben, der in nur drei Schritten die Welt durchmessen und in Besitz genommen hat. Womöglich wurde er ja für so mächtig erachtet, daß der Staub, den er dabei aufwirbelte, die ganze Welt einhüllte oder daraus die ganze Erde geformt wurde[207], doch als Schöpfer, gar unumschränkter Herrscher des Universums verehrt zu werden, davon war Viṣṇu in vedischer Zeit weit entfernt. Wohl aber waren Charakterzüge, wie etwa der Allgegenwärtige und Alldurchdringende, der Stützende und Schützende – Merkmale, die ihn später im klassischen Pantheon auszeichnen sollten –, in vedischer Zeit zumindest angelegt. Zudem wurden ihm, dem lichthaften All-Durchschreiter, nach und nach immer mehr Eigenschaften des Sonnengottes Sūrya übertragen: »Wie Sūrya mit seinen Strahlen den Äther durchdringt, so belebt Viṣṇu das Universum. Er ist die Weltseele (*brahman*), die in jedem Lebewesen als Individualseele (*ātman*) vorhanden ist, der zeitlos-ewige Urgott, der die kosmischen Gesetze hütet. Wenn das Universum vergeht: er bleibt bestehen und wird dereinst zum Urheber und Beseeler einer neuen Welt.«[208]

Es brauchte freilich mehrere Faktoren – theologiegeschichtliche, aber auch gesellschaftspolitische –, daß sich der Viṣṇu-Kṛṣṇa-Kult in der bekannten Form entwickelte und Viṣṇu jene Prominenz erreichte, die ihm im episch-purāṇischen Pantheon schließlich zuteil wurde. In den vorausgehenden Kapiteln war bereits ausführlich davon die Rede[209]. Viṣṇu oder auch »Hari«, was soviel heißt wie »Vertreiber der Sünde«, erscheint jetzt als strahlender Gott mit **vier Armen**, mit der Brahmanenschnur ausgestattet, ein königlich gekleideter Jüngling, oft dunkelblau, statt schwarz, der Farbe für das derzeitige schlechteste Weltalter, dargestellt: mit Königstiara und Halskette, manchmal den Juwel Kaustubha auf der Brust, mit Oberarmspangen, Armreifen und Ringen – alles Zeichen seiner **königlichen Würde und Macht**. Markant und charakteristisch jene **vier Attribute**, die er in seinen vier Händen hält:
– den **Diskus**, Symbol der Sonne und wirksame Waffe gegen seine Feinde;
– das **Muschelhorn**, bei Festen geblasen, dessen Ton wie Viṣṇu selber den ganzen Raum durchdringt;
– den **Lotus**, Symbol der Reinheit, der Schöpfung und des Universums;
– die **Keule**, Symbol seiner Stärke, mit der er die Dämonen bekämpft.

Viṣṇus **Tragtier** ist der mythische **Vogel Garuḍa**, Feind der Schlangen und Symbol des Himmels (*vaikuṇṭha*), jenes Reiches, das jetzt von Viṣṇu, dem gütigen Erhalter der Welt, der alle Lebewesen ins Dasein gerufen hat, beherrscht wird.

Wiewohl Viṣṇu als männliche Gottheit dargestellt wird, ist das Göttliche auch nach indischem Verständnis letztlich weder Mann noch Frau, sondern transpersonal, all unsere menschlichen Vorstellungen von Personsein überschreitend, umgreifend. Um zu zeigen, daß Viṣṇu das männliche wie das weibliche Prinzip letztlich in sich vereint, wird ihm eine »**Gemahlin**« zur Seite gestellt: **Lakṣmī** oder **Śrī** (»die Schöne«), Göttin des Glücks, der Schönheit und des Wohlstands; manche Viṣṇu-Verehrer stellen ihm auch Sarasvatī, – Gemahlin Brahmās, Flußgöttin und Göttin der schönen Künste – zur Seite.[210]

In den vier letzten vorchristlichen Jahrhunderten entstand, wie wir hörten, in Indien jene beeindruckende Lehre von zyklisch nacheinander ablaufenden, ineinander verschachtelten Weltaltern (*yuga*), mit der man sich den Verlauf der Geschichte des Universums erklärt und die religiös-gesellschaftlichen Verhältnisse auf Erden zu verstehen versucht. Welche Rolle spielt Gott, ein personal verehrter zumal, in diesem Weltendrama? Kann er einfach nur zusehen, wie die Welt auf ihren scheinbar vorprogrammierten Untergang zuläuft? Nein, in Wirklichkeit ist er es, der Schlimmeres verhindert und der immer wieder vom Himmel **in die Welt herabsteigt**, sich in sterblicher Gestalt inkarniert – er kommt nicht in seiner höchsten Form, da diese für sterbliche Menschen nicht wahrnehmbar ist – und die Welt dadurch beschützt, daß er den Dharma, die moralische Ordnung, stützt und, wenn nötig, wieder aufrichtet. Und dies viele tausend Mal, denn erst nach einem Brahmā-Tag (4 x 1000 Weltalter) und nach einer ebenso langen Brahmā-Nacht der Weltenruhe kommt es ja nach traditioneller Vorstellung zur definitiven Zerstörung und zur Neuschöpfung der Welt, die nach viṣṇuitischer Lesart jetzt einzig ihm, Viṣṇu, obliegt: Am Ende der Weltnacht läßt er, auf der Schlange Śeṣa ruhend, aus seinem Nabel einen Lotus wachsen, aus dem sich Brahmā erhebt und die Schöpfung von neuem beginnt.[211]

Man spricht von **Avatāras**, »**Herabkünften**« Viṣṇus in die Welt. Damit offenbart sich Gott als dämonenbekämpfender Ordnungshersteller, als der Eine, der sich in der Vielheit der Welt manifestiert. Theologisch sind die »Avatāras« von großer Bedeutung: »Sie lassen es zu, den einzigen Gott in verschiedenen persönlich gedachten Gestalten zu verehren, und befriedigen das Bedürfnis nach mehreren verehrenswürdigen Wesen mit individuellen Vorzügen, die die Fassungskraft der Masse nicht zu sehr übersteigen. Dazu kommt die psychologische Wichtigkeit der Avatāras: sie werden zu Idealen für den nach Erlösung strebenden Menschen; sie geben ihm Rückhalt und stellen eine Daseinsform vor ihn hin, in die er sich selbst zu verwandeln hofft; … In jedem ernsthaft beflissenen Menschen kann sich die Verwirklichung des Göttlichen wiederholen.«[212]

Über Art und Zahl der »Avatāras« war man sich lange Zeit uneins. Das BhāgavataPurāṇa etwa aus dem 9./10. Jahrhundert zählt noch – wie auch ältere Pāñcarātra-Texte – 24 Inkarnationen, wogegen man bereits in der Gupta-Zeit eine Liste mit zehn als kanonisch geltenden »Avatāras« zusammengestellt hatte, die aber offenbar nicht allgemein rezipiert war. Der Großteil der Purāṇas erwähnt indessen **zehn Inkarnationen** in einer festen Reihenfolge[213], die sich wie folgt auf die verschiedenen Weltalter verteilen:

Viṣṇus Inkarnationen im **Kṛtayuga**, dem ersten, besten der vier Weltalter:

- **Fisch** (*matsya*): So offenbart sich Viṣṇu dem Weisen Satyavrata, nachdem dieser ihn als kleinen Fisch vor den Gefahren des Wassers gerettet hat. Viṣṇu verspricht ihm – wie Gott dem Noah in der Hebräischen Bibel – die Rettung vor der Sintflut[214]: Er möge Pflanzensamen und von allen Lebewesen ein Paar in ein Boot laden, damit er, Viṣṇu, ihn in diesem Boot in den steigenden Wassern zum Himālaya ziehen und damit die Schöpfung vor dem Untergang retten kann. Einer anderen Legende zufolge war es ein Fisch, der die geraubten Veden aus der Hand eines Dämonen vom Meeresboden befreite und sie so für Menschen und Götter rettete.
- **Schildkröte** (*kūrma*): Einst waren die Götter mit einem Fluch belegt und drohten deshalb unendlich zu altern. Nur der Unsterblichkeitstrank Amṛta

kann sie retten, der aber nur durch Quirlung des Milchozeans, der die Erde umgibt, zu gewinnen ist. Als Quirl soll der Weltberg Mandara dienen. Der Vogel Garuḍa, Viṣṇus Reittier, fliegt den Berg herbei, doch droht dieser beim Versuch der Quirlung im Ozean zu versinken. Nun kommt Viṣṇu in Gestalt der Schildkröte[215], taucht hinab und stützt den Berg von unten, so daß die Götter, gemeinsam mit den Dämonen, schließlich den Milchozean quirlen können. Das Ergebnis: 13 Schätze, darunter Viṣṇus Gemahlin, der Schöpfer der āyurvedischen Medizin und natürlich der Unsterblichkeitstrank.

- **Eber** (*varāha*): Zwei Dämonen – Hiraṇyākṣa und Hiraṇyakaśipu – tyrannisierten einst die ganze Welt und die Götter. Als Viṣṇu gerade dabei ist, in Ebergestalt[216] die vom Dämon Hiraṇyākṣa versenkte Erde auf seinen Hauern aus dem Ozean nach oben zu befördern, fordert dieser ihn heraus. Es kommt zum Kampf, und mit Brahmās Hilfe kann Viṣṇu schließlich den Dämon mit einem gezielten Hieb am Kopf besiegen.
- **Mannlöwe** (*narasiṃha*): Durch rigorose Askese hat es Hiraṇyakaśipu, der Bruder des getöteten Dämonen, ebenfalls zu scheinbarer Unbesiegbarkeit gebracht. Anders als er ist sein Sohn Prahlāda ein glühender Viṣṇu-Verehrer. Selbst durch mehrere vergebliche Tötungsversuche seines Vaters läßt sich dieser nicht von seinem Glauben abbringen. Der Verzweiflung nahe, stellt Hiraṇyakaśipu seinen Sohn schließlich zur Rede: Wie er denn behaupten könne, es gebe außer ihm noch einen anderen »Herrn der Welt«, und ob der, wenn er denn überall sei, auch im steinernen Türpfosten des Hauses sei, vor dem sie gerade stehen; Prahlāda bejaht diese Frage, Hiraṇyakaśipu schlägt wütend auf den Türpfosten ein und der bricht auseinander: Viṣṇu erscheint in Gestalt des Mannlöwen und tötet schließlich den Dämon.

Viṣṇus Inkarnationen im **Tretāyuga**, dem zweiten Weltenalter:

- **Zwerg** (*vāmana*): Zur Zeit von Prahlādas Enkel beherrschte der Dämonenkönig Mahābali die Welt. Darunter hatte vor allem die Göttermutter Aditi zu leiden. Viṣṇu verspricht, sich als ihr Sohn zu inkarnieren, und kommt denn auch als Zwerg zur Welt. In Gestalt eines Brahmanen besucht er den Dämon beim Pferdeopfer. Der Dämon verspricht, ihm, dem Brahmanen, einen Wunsch zu erfüllen: Nur so viel Boden möge er ihm schenken, wie er, der Zwerg, mit drei Schritten abschreiten kann. Der scheinbar kleine Wunsch wird gewährt, der vermeintliche Zwerg wächst zu gigantischer Statur und durchschreitet mit drei Schritten die ganze Welt[217] – die so vom Dämon befreit wird.
- **Rāma mit der Axt** (*paraśurāma*): Die Erzählung dieser Inkarnation spiegelt offensichtliche Spannungen wider zwischen dem Krieger- und dem Brahmanenstand. Auf der Jagd stößt einst König Kārtavīrya-Arjuna im Wald auf die Einsiedelei des Heiligen Jamadagni. Der bewirtet den Gast mit herrlichen

Speisen, die ihm alle seine Wunschkuh, aus der man alle Wünsche herausmelken kann, beschert. Der König möchte die Kuh kaufen, der Heilige lehnt ab, worauf der König die Kuh samt ihrem Kalb kurzerhand raubt. Über den Diebstahl erbost, schwört Paraśurāma, der Sohn des Heiligen, Rache und tötet schließlich den König und alle Soldaten, die sich ihm in den Weg stellen. Die Söhne des Königs rächen sich ihrerseits, töten den Einsiedler, worauf Viṣṇu alias Paraśurāma den ganzen Kriegerstand vorübergehend von der Erde auslöscht.
- **Rāma**, Sohn des Königs Daśaratha aus Ayodhyā: Ende des zweiten Weltalters spielt die Geschichte Rāmas – mit Kṛṣṇa die populärste Inkarnation Viṣṇus –, die im Rāmāyaṇa[218] erzählt wird.

Viṣṇus Inkarnation am Ende des **Dvāparayuga**, des dritten Weltalters:
- **Kṛṣṇa**: Der Kult um diese achte Inkarnation Viṣṇus war ein ganz wesentliches Element in der Entwicklung der Viṣṇu-Verehrung[219]. Es ist die einzige Vollinkarnation des Gottes, die dazu diente, der Schreckensherrschaft des Königs Kaṃsa ausgangs des dritten Weltalters ein Ende zu setzen.[220] Die Geschichte von seiner wundersamen Rettung vor der Ermordung durch den grausamen König, von seiner Kindheit und Jugend bei den Hirten, von seinen Liebesabenteuern und Heldentaten ist im Harivaṃśa und in den viṣṇuitischen Purāṇas überliefert. Das bedeutendste theologische Zeugnis der Verehrung Kṛṣṇas als Inkarnation Viṣṇus ist wohl die Bhagavadgītā.

Viṣṇus Inkarnation zu Beginn des **Kaliyuga**, des jetzigen vierten Weltalters:
- **Buddha**: Der einstige Fürstensohn Siddhārta Gautama, wird von den Hindus ebenfalls als Teilinkarnation Viṣṇus ausgegeben. Als Irrlehrer »Buddha« sei Viṣṇu in die Welt gekommen, um den Menschen eine falsche Lehre zu verkünden und so die guten von den schlechten Hindus, nämlich von den Buddhisten, zu trennen. Zudem sei er gekommen, um die blutigen Opfer abzuschaffen. Wenn überhaupt, so wird Viṣṇu in dieser Inkarnation als buddhahafter Kobold dargestellt, der listig seine Irrlehre verbreitet.
- **Kalkin**: Am Ende des Kaliyuga, wenn der Dharma ganz darniederzuliegen scheint und die Welt im Chaos zu versinken droht, dann wird Viṣṇu als Brahmanensohn im Ort Śambhala zur Welt kommen und als »Kalkin« – entweder in Gestalt eines Pferdes oder, so eine andere Tradition, als Schimmelreiter –, als endzeitlicher Messias auftreten. Den Dharma wird er wieder aufrichten, die Guten wird er belohnen und die Bösen bestrafen, und alle karmischen »Konten« wird er ausgleichen, damit die Welt auf ein neu anbrechendes Kṛtayuga vorbereitet ist, und die Folge der vier Weltalter von vorne beginnen kann.

Kṛṣṇa-Viṣṇu-Kult und Viṣṇuismus

Wie wir hörten[221], erreicht in der frühen Gupta-Zeit, also zwischen dem 4. und dem 5. Jahrhundert, der **Viṣṇu-Nārāyaṇa-Kult**, der jetzt unter königlicher Protektion **Viṣṇu** nicht nur mit dem Heroen **Kṛṣṇa**, sondern auch mit dem **königlichen Rāma** identifiziert, seinen Höhepunkt: Aus einem Priestergott wird ein göttlicher Weltherrscher, der in seinen Inkarnationen, vor allem als Eber und Mannlöwe, die Götterfeinde vernichtet. Bis heute wird etwa die Mannlöwen-Inkarnation Viṣṇus besonders im Süden Indiens als Familiengott verehrt, und seine Anhänger verfügten schon im 6./7. Jahrhundert über eine eigene »Theologie«. Insgesamt wurden die Viṣṇu-Verehrer fortan mit dem Sammelbegriff »**Viṣṇuiten**« bezeichnet, die sich wie folgt charakterisieren lassen[222]:
– Bhakti, die bedingungslose Gottesliebe, rückt in den Mittelpunkt, entsprechend treten zunehmend Bhakti-Dichter und -Heilige in verschiedenen Gegenden auf[223];
– auch niedere gesellschaftliche Klassen können Erlösung erlangen – ein wichtiger Grund für die große Popularität dieses Kultes;
– die konsequente Advaita-Lehre – vertreten vor allem vom Philosophen Śaṅkara (788-820), demzufolge die gesamte Erscheinungswelt, die Seele und Gott identisch sind, und die Welt, wie wir sie wahrnehmen, Schein (*māyā*) ist – wird abgelehnt;
– Ritualismus und bestimmte śivaitische Riten spielen keine Rolle, komplizierte esoterische oder gar blutige Zeremonien fehlen – auch dies sicher ein Grund für die Attraktivität dieses Kultes.

Unter den Pāñcarātras und in anderen viṣṇuitischen Schulen entsteht zwischen 600 und 800 ein umfassendes Sanskritschrifttum, das den Rang von Offenbarungsschriften beansprucht: Theologisch-philosophische Traktate über Kosmologie, Metaphysik und Gotteslehre, Abhandlungen über die ethisch-sozialen Pflichten des einzelnen und, nach dem Vorbild Rāmas, für ein dharmagerechtes Leben, rituelle Anweisungen über die rechte Verehrung Gottes, einschließlich Anleitungen zur Herstellung von Götterstatuen und zum Bau von Tempeln. Denn »Viṣṇu-Nārāyaṇa ist ein Herrscher, und sein Tempel ist sein Palast«, im Tempel ist er »persönlich, dauernd und vollständig anwesend«[224], der Tempel ist Viṣṇus Wohnort, das Paradies, heilig und heilsträchtig! Unterstützt wird diese Entwicklung durch die Entstehung umfassender **viṣṇuitischer Devotionalienliteratur** im Kontext der **Bhakti-Bewegung**, worauf noch eigens einzugehen ist.[225]

Die **Kṛṣṇa-Verehrung** ihrerseits findet ihre endgültige und literarisch am umfassendsten ausgearbeitete Form im 10. Jahrhundert in der **BhāgavataPurāṇa**, »dem unbestrittenen Höhepunkt der krishnaitischen Sanskrit-Literatur, das bis heute **die** heilige Schrift aller Krishna-Verehrer geblieben ist«[226]. Ab dem

12. Jahrhundert entwickelt sich der Kṛṣṇa-Kult zur eigenständigen religiösen Bewegung: **Caitanya**[227] (1486-1533) und seine Anhänger breiten diesen Kult vor allem im nördlichen Osten Indiens aus, die Schule um **Vallabha**[228] (1478-1530) verbreitet die Kṛṣṇa-Verehrung vorwiegend im nördlichen Westen des Landes. Im Unterschied zu ihrem gemeinsamen »Lehrer« **Madhva** (1248-1317) tritt Gott Viṣṇu-Nārāyaṇa bei dieser Verehrung in den Hintergrund: Kṛṣṇa selber ist uneingeschränkter Herrscher der Welt, in seine himmlische Wohnstätte – nicht in die Viṣṇus – gelangen die Seelen der Erlösten. Insofern ist der Kṛṣṇa-Kult zwar viṣṇuitisch, doch »hat sich die alte monotheistische Bewegung der Krishnaverehrung tatsächlich weitgehend dem Sog der Vishnu-Religion entzogen; in Nordindien jedenfalls »ist die Verehrung Krishnas zur dominanten Religion geworden«[229].

Manche der genannten alten Schulen oder Strömungen – etwa die Pāñcarātras, Vaikhānasas und die Bhāgavatas – sind mittlerweile faktisch ausgestorben. In ihrem Gefolge sind zahlreiche andere viṣṇuitische Traditionen und Schulen entstanden, die sich – von ihren theologisch-philosophischen Grundpositionen und den verschiedenen »Stiftern«, auf die sie zurückgehen, abgesehen – vor allem dadurch unterscheiden, wen sie als Hochgott verehren: nur Viṣṇu allein oder mit seiner Gemahlin Śrī-Lakṣmī, Kṛṣṇa oder auch Rādhā-Kṛṣṇa, Rāma mit seiner Gemahlin Sītā.[230]

Śiva und seine Verehrung

Wohltätig-furchterregend, asketisch-leidenschaftlich, zerstörerisch-segensreich: Auf keinen anderen Hindugott finden so viele scheinbar widersprüchliche, oder, so würden Hindus wohl sagen, komplementäre oder korrelative Attribute Anwendung wie auf **Śiva**. Schon von daher ist die landläufig kolportierte angebliche »Arbeitsteilung« der Göttertrias Brahmā, Viṣṇu und Śiva in »Schöpfer«, »Erhalter« und »Zerstörer« der Welt wenig sinnvoll; auch Viṣṇu zeigt ja in manchen seiner Inkarnationen durchaus zerstörerische Aspekte. Die meisten Hindugötter vereinen nun einmal durchaus verschiedene Aspekte in sich.

Dennoch: Śiva ist ein zutiefst rätselhafter Gott. Schon die Frage nach seiner **Herkunft** läßt sich nicht eindeutig beantworten. Der vedische Außenseitergott **Rudra** – mit dunklem Bauch und rotem Rücken, langhaarig, in Felle gekleidet, im Wald umherstreifend, wie Śiva wild und gefährlich, zugleich aber, wenn es ihm gefällt, derjenige, der Mensch und Tier vor Krankheiten bewahren kann, deshalb »Herr« und Beschützer des Viehs – dieser Rudra gilt gemeinhin als Vorläufer des späteren Hindugottes. Zweifelsohne hat Śiva ebenso ambivalente Charakterzüge wie der vedische Rudra, und dieser wird denn auch – in der allerdings späten, śivaitisch beeinflußten ŚvetāśvataraUpaniṣad[231] – euphemistisch *śiva*, »wohlwollend«, »freundlich« genannt. Und auch wenn es bisher keine plausible Alternative zur naheliegenden Rudra-Śiva-Verbindung gibt, so haben doch manche Autoren heute Zweifel, ob der spätere Śiva wirklich exklusiv auf den vedischen Rudra zurückgeht.[232]

Offenbar entstanden die Theologien beider neuer Hinduhochgötter – die Viṣṇus wie die Śivas – in Priesterkreisen des Yajurveda, die in den Jahrhunderten des Umbruchs vor der klassischen Zeit »dringend eine neue Klientel« benötigten, »um überleben zu können, nachdem sich zuerst Fürsten und Kaufmannsschicht den Mönchsorden zugewandt hatten und dann große Teile Nordindiens unter Fremdherrschaft … geraten waren«[233]. Unter Rückgriff auf theologische Elemente des bereits vorhandenen Viṣṇu-Kults entwickeln sie eine Śiva-Theologie und fügen dabei auch die genannte ŚvetāśvataraUpaniṣad nachträglich in die Yajurveda-Tradition ein. Eine erste Erwähnung sogenannter »Śiva-Bhāgavatas« ist aus dem 2. vorchristlichen Jahrundert vom Grammatiker Patañjali überliefert, das älteste bekannte steinerne **Liṅga** stammt etwa aus derselben Zeit oder ist ein wenig jünger. Historisch verläßlich dokumentiert durch Inschriften und Münzfunde ist der Śiva-Kult unter den Kuṣāṇas (1.-3. Jhd. n. Chr.), größere Verbreitung findet er wohl erst zwei bis drei Jahrhunderte später unter den Guptas.

Daß Śiva ein zutiefst ambivalenter Gott ist, zeigt die Ikonographie: ein vermeintlich zerstörerischer, gar todbringender Gott, symbolisiert als aufgerichteter Penis, **Liṅga**, wie Śivas Reittier, der Stier, Symbol der Zeugungskraft und des Lebens. Zunächst wohl noch durchaus naturalistisch dargestellt, wird dieses Liṅga zusehends abstrahiert und entsprechend interpretiert: Zum Symbol der Weltachse wird er, häufig aus einem runden oder, nach den vier Himmelsrichtungen, eckigen Sockel ragend, Symbol für die weibliche Scheide (*yoni*) – Śiva also ein androgyner Gott, der beide Aspekte, Männliches und Weibliches, in sich vereint. Später unterscheidet man den unteren, in der Yoni verborgenen Teil des Liṅga – den Teil des Weltenraumes und des kreatürlichen Lebens, der Vereinigung von Mann und Frau – von dem nach oben immer mehr vergeistigten Bereich: erst die geistige Welt, dann die gewölbte Spitze des Liṅga, die Rundung des Welteneis, »die Grenze, hinter der nur noch Shivas reines, gegenstandsloses, in sich ruhendes Bewußtsein existiert«[234].

Śiva ist **vielgestaltig** und **vielgesichtig** – wohl auch deshalb, weil in ihm verschiedenste Götter- und Geistervorstellungen, zeitlich und regional verschieden, zusammengeflossen sind: Śiva ist zunächst ein **Außenseiter**: Als **asketischer Yogin**, aschebeschmiert, mit magischem Dreizack, Bogen und Sanduhrtrommel ausgestattet und mit Kobra oder Schädelkette um den Hals, haust er fernab im Himālaya – freiwillig oder nicht, darüber streiten seine Anhänger. Als **Brahmanenmörder** ist er geächtet, seit er, vom Opfer seines Schwiegervaters Dakṣa, dem Sohn Brahmās, ausgeschlossen, diesem wütend den Kopf abgeschlagen hat. Und ebenso unbarmherzig verbrannte er, der kompromißlose Asket, einst den Liebesgott Kāma mit der Glut seines dritten Auges kurzerhand zu Asche, als dieser ihn beim Meditieren störte.

Aber Śiva ist auch ein **glühender Liebhaber**, mit **Pārvatī** in tausendfachem Koitus vereint, er, der die Frauen der Seher verführte, wofür er von diesen kastriert bzw. mit der Versteinerung seines Penis bestraft wird; Keuschheit und Potenz, Askese und Leidenschaft: beides wird von Śiva repräsentiert. Und dann gibt es den **liebevollen Aspekt** Śivas, den hingebungsvollen Ehemann und fürsorgenden »Familienvater« mit seiner »Gemahlin«, seinem weiblichen Aspekt **Pārvatī**, und den beiden »Söhnen« Gaṇeśa und Skanda; und es gibt den **milden, wohltätigen** und **heilbringenden** Aspekt: Ihn, den man in Erinnerung an die Verstorbenen anruft; er, der den Sterbenden – so sie in seiner heiligen Stadt Kāśī (der alte Name für Vārāṇasī), wo er selber durch ein Bad im Gaṅgā von der Sünde des Brahmanenmordes gereinigt wurde, ihr Leben zu Ende bringen – gnädig das erlösende Mantra ins Ohr flüstert; er, der die Welt vor Niedergang und Zerstörung bewahrt hat: damals bei der Quirlung des Milchozeans, als er das freigewordene Gift aufsog, das seine Kehle blau färbte, oder als er die Gaṅgā vom Himmel auf die vertrocknende Erde herabholte und die herabstürzenden gewaltigen Wassermassen mit dem Kopf bremste und über seinen Haarschopf in sieben Strömen auf die Erde fließen ließ.

Und da ist schließlich noch der **dynamische** Śiva, in der Ikonographie immer wieder dargestellt, Naṭarājā, »**König des Tanzes**, oder Naṭeśvara, »Herr des Tanzes, vierarmig in seinem kosmischen Freudentanz, Sinnbild seiner **fünf Aktivitäten** (*pañcakriyā*): **Schöpfung**, **Erhaltung**, **Zerstörung** (oder: Rücknahme), **Verhüllung** (des Absoluten in den Erscheinungen) und **Gunsterweisung** – und ganz nebenbei zertritt er noch mit dem rechten Fuß Apasmāra, den zwergenhaften Dämon der Unwissenheit; Viṣṇu und Brahmā, die beiden klassischen »Erhalter« und »Schöpfer«, sind hier nur untergeordnete Aspekte Śivas, die er vorübergehend hervorbringt, um sie aber sogleich wieder zurückzunehmen.

Die Liste der vielen Aspekte Śivas ließe sich noch fortsetzen. Dieser Gott trägt alle Gegensätze in sich – und gerade darin manifestiert sich für seine Anhänger seine **Allmacht**. »Śiva ist ein willensstarker, unabhängiger Gott, der alle weltlichen Ordnungen durchbricht. Nicht das Normensetzen, nicht die Formulierung gottgegebener Gesetze ist Śivas Botschaft an die Menschen, und die Befolgung göttlicher Gebote steht nicht im Zentrum des Interesses der Anhänger Śivas. Gewiß ist sie nötig als Vorstufe, als Übung in den Präliminarien auf dem Wege zum Heil. Im Zentrum der śivaitischen Lehre aber steht die Überwindung der bestehenden, dem weltlichen Leben immanenten Ordnungen und Gesetze, damit die individuelle Seele durch Lösung von der Welt die göttliche Freiheit, die göttliche Unabhängigkeit gewinnt und damit ihr eigenes göttliches Wesen realisiert.«[235]

Beide Seiten Śivas – der mehr asketische, auf spirituelle Selbstvervollkommnung bedachte, **weltabgekehrte** Aspekt und die dem **Menschen zugewandte**, gnadenhafte und liebevolle Seite, der Śiva des Epos und der Purāṇas, zu dem man sich hinwendet, mit dem man sich in umfassender Gottesliebe identifiziert und dadurch Erlösung erlangt –, beide Seiten führten denn auch zu śivaitischen Strömungen und Schulen mit in etwa zwei grundsätzlich verschiedenen Ausrichtungen: Im **Norden** der mehr weltabgewandte **sektarisch-esoterische Śivaismus**, der eigene Schriften – Āgamas und Tantras – hat, der die asketische Seite des Gottes betont und bei dem die vielfältige Śiva-Mythologie der Epen und Purāṇas kaum eine Rolle spielt; vorwiegend im **Süden** die episch-purāṇische, volksreligiös geprägte **Śivabhakti**, die ein **menschenfreundlicheres** Gottesbild entwickelte, welche sich prägend auf Kunst und Literatur ausgewirkt und dem Śivaismus ein liebenswertes, populäres Gesicht gegeben hat.[236]

Śivas »Söhne«: Gaṇeśa und Skanda

Daß Śiva auch »Söhne« haben kann, muß nach dem oben Gesagten über die Eigenschaften indischer Götter nicht verwundern. Ein Gott kann sich hundertfach manifestieren, einzelne Aspekte des Göttlichen können in beliebigen Formen des Göttlichen, auch in weiteren Göttern, in diesem Fall »Söhnen«, zum Ausdruck kommen. Nun ist Śivas populärer erster Sohn, **Gaṇeśa**, eigentlich gar nicht sein leiblicher Sohn. In ihrer Einsamkeit hatte sich nämlich Śivas Partnerin **Pārvatī** selber einen Sohn geschaffen – andere Überlieferungen sprechen von einem Wächter, den sie sich zur Bewachung ihres Badezimmers kreiert habe; Śiva fand dies gar nicht lustig und soll der Kreatur deshalb in seiner Wut kurzerhand den Kopf abgehauen haben. Darüber wurde Pārvatī aber so traurig, daß Śiva Mitleid bekam und ihr versprach, die tote Kreatur wiederzubeleben, ihn dadurch zu seinem »Sohn« zu machen und den abgehauenen Kopf durch den des ersten vorbeikommenden Lebewesens zu ersetzen. Und weil als nächstes ein Elefant vorbeikam, hat Gaṇeśa der Mythologie zufolge seither eben einen Elefantenkopf.

Religionsgeschichtlich scheint es, wie oft in Indien, so gewesen zu sein, daß in diesem Gaṇeśa oder Gaṇapati, jenem »Herr der Scharen«, buchstäblich »Scharen« vorhinduistischer Götter oder göttlicher Wesen amalgamiert wurden. Den Namen selber gibt es breits im Ṛgveda. Der Kult aber um jenen vier- oder sechsarmigen elefantenköpfigen Gott ist frühestens ab dem 5. Jahrhundert n. Chr. nachweisbar. Seine **Attribute** sind der **Zahn** (für Fruchtbarkeit[237]), der **Stachelstock** (für die Fähigkeit, Recht und Unrecht, Trauer und Glück zu unterscheiden), eine **Schlinge** (zur Fesselung des Bösen oder der Verblendung) und eine **Schale** mit Früchten oder Süßigkeiten (weil er gern ißt und nascht). Gaṇeśas Reittier ist die **Ratte**, da er alle Hindernisse beseitigt, wie auch die Ratte sich überall leicht Zugang verschafft. Der lebensfrohe Gott ist überaus beliebt, wird als »Gott des Anfangs und Gelingens« vor allem zu Beginn einer neuen oder wichtigen Unternehmung angerufen – einer Hochzeit, einer Reise, einem Examen oder auch der Inbetriebnahme einer neuen Maschine – und gilt zudem als Gott (bzw. Aspekt des Göttlichen) der Intelligenz, Gelehrsamkeit und Weisheit.

Auch von Śivas »jüngerem Sohn« **Skanda**, dem **Gott des Krieges**, gibt es unterschiedliche Geburtslegenden[238]. Nach einer Version soll sich einst Brahmā, vom Dämon Tāraka tyrannisiert, auf der Suche nach einem Retter an Śiva gewandt haben, als dieser gerade die Hochzeitsnacht mit seiner Frau verbringt. Śiva unterbricht den Akt und ergießt seinen Samen ins Feuer; nachdem weder das Feuer noch die Flußgöttin Gaṅgā den göttlichen Samen austragen können, wird dieser im Schilfgras am Berg Udaya (Sonnenaufgang) deponiert, woraus denn auf wundersame Weise Skanda zur Welt kommt. Von sechs Kṛttikā-Sternnymphen (Plejaden) genährt – deshalb heißt er auch Kārttikeya und hat auf manchen Darstellungen sechs Köpfe, weil jede der sechs Nymphen den strahlend schönen Jüngling nähren wollte –, wird Skanda zum General der Götterarmee und besiegt schließlich die Dämonen. Sein Reittier ist der Pfau (*mayūra*), Schlangenfeind und Gegner dunkler Mächte, gemeinhin Symbol für langes Leben, ja Unsterblichkeit; manchmal reitet er auch auf einem Elefanten, dem charakteristischen Reittier eines Feldherrn. Seine Attribute sind vor allem typische Waffen: Speer, Donnerkeil, Pfeil und Bogen, Schwert, Axt, Schild und Siegesfahne. Schon im 2. vorchristlichen Jahrhundert erwähnt Patañjali Darstellungen Skandas, in der Kuṣāṇa-Zeit (1.-3. Jhd.) wird sein Name oft erwähnt, auch die Guptas (3.-6. Jhd.) verehren ihn, und für die Cālyukas (7.-11. Jhd.) soll er sogar die beliebteste Gottheit gewesen sein. Heute wird Skanda vor allem in Südindien verehrt.[239]

Śaktismus: die Verehrung der Göttin

Wie manche Protestanten, oft Frauen, am Katholizismus mitunter den Marienkult schätzen, jene weibliche Komponente der Gottesverehrung, die ihnen in ihren Kirchen zu kurz zu kommen scheint, so bewundern westliche Betrachter am Hinduismus oft den ausgeprägten **Göttinnenkult**[240], jenen vermeintlichen ideologischen Gegenpol zur männlich dominierten Hindutradition: die Verehrung der großen Göttin, der wir letztlich alles Leben und Sein verdanken.

In der Tat werden faktisch überall in Indien neben den großen Hindugöttern zahllose Göttinnen verehrt. Populäre Kulte, oft nur von Frauen praktiziert, die freilich nicht über die sehr ambivalente Lebenssituation indischer Frauen, geprägt durch jahrtausendealte Regeln und Gewohnheiten einer patriarchalen Mainstream-Tradition, hinwegtäuschen dürfen.[241] Im Gegenteil: Indische Frauen scheinen, so die Soziologin Maria Mies, zu jenen »stummen Massen« zu gehören, die von der sanskritisierten, durch eine Schriftsprache zusammengehaltenen und vorwiegend von Männern für Männer gemachten »great tradition« kaum repräsentiert sind: »Bis zur Mitte des 19. Jh. hatten die Frauen keinen Zugang zum Studium der klassischen religiösen und philosophischen Schriften«, standen damit faktisch außerhalb dieser Tradition und gehören »zur ›little tradition‹, die die Kultur der schriftlosen Gruppen repräsentiert.«[242] Und in eben dieser »little tradition«, oder, wenn man so will, in den ungezählten Lokaltraditionen, die zum Teil vor, oft neben, jedenfalls außerhalb der sogenannten »Hochkultur« existierten – wobei sich beide Traditionsgeflechte ständig wechselseitig beeinflußten und auch veränderten –, in diesen Lokaltraditionen sind auch jene, oft von Frauen kultivierte und tradierte **Göttinnenkulte** beheimatet, denen wir heute ungezählt überall in Indien begegnen.

Man spricht allgemein vom **Devī-Kult**, der Verehrung der großen Göttin, oder vom **Kult der Śakti**, der Manifestation der weiblichen Energie Śivas, meint aber faktisch ungezählte lokal und regional verschiedene, inhaltlich durch viele weibliche Elemente bestimmte Göttinnenkulte dörflichen Ursprungs: Göttinnen mit individuellen kohärenten Mythologien, Theologien und eigener Bedeutung, die oft älter sind als manche der arischen oder purāṇischen Hindugötter. Auffallend ist die **Ambivalenz** dieser Dorfgottheiten: »Die Erde als Prototyp alles Weiblichen macht jene Ambivalenz bereits deutlich, die dem mütterlichen Aspekt des Weiblichen, der Fruchtbarkeit, dem Gebären und Beschützen einen anderen, unheimlichen Aspekt entgegensetzt, nämlich das Verweigern der Nahrung, das Grab und das Verschlingen der eigenen Geschöpfe.« Jedenfalls sind »die Göttinnen zwar Mütter, aber sie sind potentiell alle gefährlich. Sie dürsten nach Blut und nehmen es sich, falls man es ihnen nicht freiwillig gibt. Sie gewähren Glück – aber oft nur, wenn man ihre dunkle Seite kennt und sie durch Tieropfer rechtzeitig beschwichtigt.«[243] Dieser zerstörerische Aspekt wird vor allem offensichtlich »während der Feste, die in Seuchenzeiten zu Ehren der Dorfgöttinnen gefeiert werden«: Die Göttinnen »können das Dorf vor der Krankheit schützen, die mit einer Invasion von Dämonen gleichgesetzt wird«, oder aber »sie können mit der Krankheit selbst identifiziert werden«[244].

Ihren Sitz im Leben haben diese Göttinnen vor allem im ländlichen Milieu Indiens, dort, wo man bis heute in einer ganz unmittelbaren Weise von der Natur abhängig und bedroht ist von den Gefahren, die sie birgt: angefangen vom ständig gefährdeten Wechsel der Jahreszeiten, deren Verschiebung auf Aussaat und Ernte verheerende Wirkungen haben kann, bis hin zu den Risiken des täglichen Lebens – Krankheiten, Armut, Gefahren auf Reisen oder die Bedrohung durch gefährliche Tiere. Eine rationale Erklärung dieser Ambivalenz scheint schwierig. Womöglich, so eine psychologisierende Deutung, sind die Dorfgöttinnen mit ihrer Vergegenwärtigung der Ambivalenz des Lebens »Anstifter der Konfrontation der Gesellschaft mit den chaotischen, dämonischen und zerstörerischen Dimensionen des Lebens«, aus der sich am Ende »eine neue, wirksamere, länger anhaltende Ordnung gewinnen«[245] läßt. Krankheit, Tod und Katastrophen scheinen in der Tat berechenbarer und beherrschbarer, wenn der Mensch deren vermeintliche Verursacher kennt und kultisch-rituelle Mittel besitzt, ihnen zu begegnen.

Welche Göttin letztlich wofür zuständig ist oder wovor bewahren soll, läßt sich mitunter kaum klären. Typisch für den Göttinnenkult ist eine »prinzipielle Offenheit, mit beinahe allem identifiziert zu werden«[246], jedenfalls treten manche Göttinnen unter ganz verschiedenen Namen auf. Man unterscheidet »wilde« und »milde« Aspekte der oft ambivalenten Göttinnen – vielen geläufig etwa bei den beiden berühmten Göttinnen Durgā und Kālī –, aber nicht im Sinne einer Polarität, sondern eher im Sinne einer Mehrdeutigkeit: Je stärker eine Göttin ist, desto mehrdeutiger und scheinbar widersprüchlicher scheint sie zu sein. Oft werden Göttinnen deshalb auch im Kollektiv verehrt, zusammengefaßt in Gruppen – etwa die »neun Durgās« (*navadurgā*) oder die »acht Mütter« (*aṣṭamātṛkā*) –, letztlich aber sind auch sie oft nur Aspekte oder Manifestationen der einen großen Göttin.

Als **Śaktismus** findet der facettenreiche Göttinnenkult schließlich Eingang in den Hauptstrom der sanskritisierten Hindukultur; relativ spät, wohl ab dem 6./7. Jahrhundert, beginnt er sich als eigenständige »Religion« zu artikulieren. Versucht man eine Definition, dann ist Śaktismus faktisch jede indische religiöse Lehre, »die einer Śakti oder mehreren als weibliche Gottheiten vorgestellten Kräften eine mehr oder weniger ausschlaggebende Bedeutung innerhalb des Weltprozesses und Heilsgeschehens zuschreibt, und zwar in dem Sinne, daß ein Gott nur durch seine als seine Gattin gedachte Śakti handelt«[247]. Die theologische Grundidee: Die androgyne Polarität Śivas beruht letztlich auf der Polarität von **männlichem Bewußtsein** und **weiblicher Potenz** oder **Energie** (*śakti*) des Gottes. Und ohne diese Potenz, die **Śakti** – nämlich die Fähigkeit zu **erkennen** (*jñānaśakti*), zu **wünschen** (*icchaśakti*) und zu **handeln** (*kriyāśakti*) –, wäre Śiva »wie ein Leichnam« (*śava*): unfähig zu handeln, regungslos, tot.

Während also die Śivaiten die Śaktī dem schöpferischen Bewußtsein Śivas unterordnen, ist bei den Śāktas die Śaktī das **eigentliche schöpferische** Prinzip: diejenige, welche erkennt und handelt, welche die Welt erschafft und zerstört und die im Grunde Śiva gar nicht benötigt. So »emanzipiert« sich die Göttin von ihrer Existenz als Tochter, Gefährtin oder Partnerin des Gottes im Śaktismus zunehmend zur eigenständigen Größe. Frühestes literarisches Zeugnis ist das »Preislied über die Größe der Göttin« (*devīmāhātmya*), wohl aus dem 7. Jahrhundert – analog spricht man auch von »Devīmāhātmya«, der »Großen Göttin«. Erste Texte, die eine eigenständige, mehr oder weniger kohärente Mythologie und Theologie der Śāktas formulieren, stammen frühestens aus dem 9. Jahrhundert, halbwegs ausgereifte Theologien finden wir im 12.-14. Jahrhundert. Die Masse der Śākta-Literatur entsteht erst im 17.-19. Jahrhundert, vor allem in Bengalen, wo dem berühmten Śākta-Poeten Rāma Prasāda Sen (geb. ca. 1720), der dem Śākta-Kult neue Impulse gab und ihn überaus populär machte, über achtzig weitere Śākta-Autoren folgten.[248]

Interessant am Rande, wie die śivaitische Mythologie die Entstehung des Göttinnenkultes – freilich in Abhängigkeit von Śiva – zu erklären versucht. Wir erinnern uns an die Geschichte, als Śiva nicht zum Opfer seines Schwiegervaters Dakṣa geladen wird, da dieser Abscheu empfindet vor Śivas seltsamer Erscheinung und dessen merkwürdigen Gewohnheiten. Śivas erste Frau **Satī**, seine Śakti, soll so traurig und empört darüber gewesen sein, daß sie sich in ehelicher Solidarität bei ihrem Vater beschwert. Der fertigt sie schroff ab, worauf sich Satī vor den Augen ihres Vaters ins Opferfeuer wirft und selbst verbrennt. Dies muß Śiva so gegrämt und erzürnt haben, daß er sich mit einer Horde grimmiger Dämonen zum Opferplatz aufmacht, das Opfer zerstört, seinen Schwiegervater köpft und die anderen anwesenden Götter verunstaltet. Er richtet den Opferplatz erneut auf und vollzieht das Opfer. Erst jetzt entdeckt er Satīs Leichnam. Von Sinnen vor Schmerz nimmt er den verkohlten Leichnam auf die Schulter und beginnt wie wild zu tanzen. Das Universum bebt, droht zu zerbrechen, und man holt Viṣṇu, damit er den Rasenden besänftigt. Der folgt dem tanzenden Śiva und schneidet nach und nach Stücke von Satīs Körper ab. Als das letzte Stück zu Boden fällt, merkt Śiva, daß der Leichnam weg ist. Er beruhigt sich und zieht sich zur Meditation in die Berge zurück. Überall aber, wo ein Stück von Satīs Leichnam zu Boden gefallen war, entstand ein Heiligtum (*pīṭha*) der Göttin ...[249]

8. Erlösung durch spirituelle Selbsterfahrung: Tantrismus

»Tantrisch« ist für viele, zumal im Westen, gleichbedeutend mit »magisch« oder »esoterisch«, jedenfalls »geheimnisvoll«, für manche hat es sogar den Beigeschmack des Anrüchigen, wenn es, zu Unrecht, kurzschlüssig reduziert wird auf okkulte Rituale oder dubiose Sexualpraktiken. »Tantra« oder »tantrisch« (*tāntrika*) – wie die Inder sagen, im Unterschied etwa zu *vaidika*, vedisch – ist in der Tat »geheimnisvoll«, aber weniger weil deren Anhänger ein so großes Geheimnis daraus machen, sondern weil es zu jenen Gebieten gehört, auf dem seitens der Indologie wegen der schwierigen Quellenlagen noch manche Fragen offen sind. Zudem gibt es den »Tantrismus«, wie die westliche Indologie Ende des 19. Jahrhunderts dieses Phänomen bezeichnete, eigentlich gar nicht: als eigenständiges System philosophischer Lehren und kultischer Praktiken, das man in Texten zu entdecken meinte, die sich »Tantra« oder »Lehre der Tantras« (*tantra-śāstra*) nennen oder so genannt werden, und das deutlich abzugrenzen ist vom

Hauptstrom indischer Philosophie und Religion – und entsprechend leicht zu charakterisieren und zu beschreiben ist. Anhänger dieser Lehre, jedenfalls in Indien, würden sich kaum selber als »Tantriker« oder Anhänger des »Tantrismus« bezeichnen, und manche Autoren fragen sogar, ob man sich bei der Beschäftigung mit diesem Phänomen nicht deshalb mit einem »Meer von Schwierigkeiten« konfrontiert sieht, weil man »etwas definieren möchte, das gar nicht existiert, außer in unserer Vorstellung«[250].

Merkmale tantrischer Kulte und Praktiken

»**Tantra**« heißt zunächst wörtlich soviel wie »Kettfaden« auf einem Webstuhl und wird deshalb oft mit »**Gewebe**« übersetzt.[251] Im übertragenen Sinn heißt es soviel wie »**System**« oder »**Lehrbuch eines Systems**«, oft verstanden im Sinn von »regelmäßige, systematische Folgen von Riten und Zeremonien« und allgemein als Bezeichnung verwendet für diejenigen heiligen Schriften der Inder, »die nicht dem Veda (im weitesten Sinne) angehören und besonders autoritative Lehren und Riten verkünden«[252]. Insofern sind tantrische Texte zwar nicht, wie etwa der Veda, für den Großteil der Hindus verbindliche heilige Schriften, wohl aber sind sie mit ihren Belehrungen über Kosmogonie, Gottesverehrung, Erlösung und Riten, mit ihren allgemeinen spirituellen, mitunter auch magischen Praktiken von sehr umfassendem und allgemeinem Charakter. Solche Lehren gab es wohl **zu allen Zeiten** indischer Geistesgeschichte und es gibt sie bis heute – sowohl innerhalb wie auch außerhalb sogenannter »tantrischer« Zirkel und Gemeinschaften.

Die tantrische Tradition selber – und wir haben es hier mit einer sehr strengen »Tradition« oder »Schule« (*saṃpradāya*) zu tun, die nach einer postulierten anfänglichen mythischen »Ur-Offenbarung« der Götter und Weisen in einer Lehrer-Schüler-Sukzession (*paraṃparā*) weitergegeben wurde – versteht sich als **Erlösungsweg**: als Methode geistig-spiritueller **Vervollkommnung**, mehr oder weniger alternativ zu den übrigen philosophisch-religiösen Erlöungskonzepten indischer Provenienz. Insofern ist der Tantrismus, knapp zusammengefaßt, eine Tradition oder Doktrin, »die, wesentlich ritualistischen Charakters, mit Hilfe besonderer Zeremonien und sakraler – teilweise magischer und orgiastischer – Akte supranormale Wirkungen erzielen und durch die Überwindung der niederen Triebe einen Kontakt mit dem Transzendenten gewinnen will und zu diesem Zweck alte Vorstellungen, Praktiken und Philosopheme revidiert, vereint und dadurch wirkungsvoller zu machen beabsichtigt«[253]. Was dies konkret heißt, hat Teun Goudriaan[254] in mehreren Punkten zusammenzufassen versucht. Wie andere Autoren weiß auch er, daß es mit solchen Listen »keinen Konsens unter Gelehrten« gibt, und daß es vor allem »keine üblicherweise als tantrisch geltende Gruppen oder Texte gibt, wo all diese Elemente gefunden werden«, und viele dieser Merkmale natürlich auch »in nicht-tantrischen Kontexten«[255] zu finden sind:

1. Tantrismus bietet, alternativ zur vedischen Tradition, einen **individuellen Weg** (*sādhana*) **zur Erlösung** zu **Lebzeiten** (*jīvanmukti*) mit eigenen Ritualen und Praktiken. Manche Texte sagen auch, daß der Adept keine vollständige Erlösung, sondern nur **Ähnlichkeit** (*sāmantā*) **mit Śiva** erlangt: »Śivatva«[256].

2. Neben der nur wenigen vorbehaltenen Erlösung zu Lebzeiten, der spirituellen Emanzipation und der Erlangung übernatürlicher Freuden (*bhukti*) und Kräfte (*siddhi*) anerkennt der Tantrismus auch »**weltliche**« Ziele. Berühmt sind die »**Sechs (magischen) Handlungen**«[257] (*ṣaṭkarman*):

– **Śānti**, »Befriedung«, die Waffe gegen alle Gefahren (schließt auch Puṣṭi mit ein, die Förderung von Wohlergehen);
– **Vaśīkaraṇa**, die »Unterwerfung«, mit der man Götter und Mitmenschen unter seine Gewalt bringt (schließt auch Ākarṣaṇa mit ein, die »Anziehung« einer Partnerin);
– **Stambhana**, das »Unbeweglichmachen« etwa eines militärischen Gegners;
– **Vidveṣaṇa**, womit man zwei Gegner miteinander in Konflikt bringen kann;
– **Uccāṭana**, womit man sowohl die physikalische Position wie die mentale Stabilität eines Feindes stören kann;
– **Māraṇa**, die »Liquidierung«, mit der man Gegner schädigen und krank machen kann.

Hilfsmittel dazu sind astrologische, medizinische, magische und alchemistische Praktiken, die von »Siddha« gelehrt und in **Handbüchern der Magie** tradiert werden; berühmte Siddhas spielen vor allem im buddhistischen Tantrismus eine große Rolle.

3. Nach tantrischer Philosophie und Physiologie gibt es eine **Analogie** zwischen dem **Mikrokosmos des menschlichen Körpers** und dem **Makrokosmos des Universums**, der Welt der Götter. Den menschlichen Mikrokosmos gilt es in **Einklang**, gar Identität mit dem göttlichen Makrokosmos zu bringen, d. h. das Göttliche im Menschen muß durch Riten und spirituelle Praktiken realisiert und »geweckt« werden. Dazu lehrt der Tantrismus eine **spezielle Form des Yoga**, den **Kuṇḍalinī-Yoga** oder die Bhūtaśuddhi, wie er in einigen Werken auch genannt wird.[258] Tantrisch-yogischer Physiologie zufolge ist der menschliche Körper durchzogen von Hunderttausenden von Nerven (*nāḍī*), »**Prāṇa**«-**Kanälen**, durch die lebenserhaltende feinstoffliche lunare und solare Strömung fließt. Von besonderer Bedeutung sind die feinstofflichen **Energiezentren oder -regionen**, die **sechs lotosförmigen Cakras**[259], Sitz bestimmter **Götter**, symbolisiert durch verschiedene Farben und Maṇḍalas[260] und mit verschiedenen **Eigenschaften**:[261]

– Das vierblättrige gelbe **Mūlādhāra** am unteren Ende der Wirbelsäule, das Zentrum für die untere Genitalsphäre: Es stimuliert den Geruchsinn, sein

Maṇḍala ist das Quadrat, und es ist Sitz Brahmās auf dem Schwan Haṃsa mit seiner Śakti Ḍākinī.
– Das sechsblättrige weiße **Svādiṣṭhāna** im Bereich der Eingeweide, das Zentrum für die obere Genitalsphäre: Es stimuliert den Geschmackssinn, sein Maṇḍala ist der Halbmond und es ist Sitz Viṣṇus auf dem Garuḍa mit seiner Śakti Rākiṇī.
– Das zehnblättrige rote **Maṇipūra**, dem Solarplexus entsprechend, das Zentrum für die Nabelgegend: Es erzeugt Hitze und stimuliert den Gesichtssinn für Farbe und Form, sein Maṇḍala ist das Dreieck, und es ist Sitz Rudras auf dem Stier mit seiner Śakti Lākinī.
– Das zwölfblättrige rauchfarbige **Anāhata** in der Herzregion, das Zentrum für die Herzgegend: Es regelt die allgemeine Bewegung und stimuliert den Berührungssinn, sein Maṇḍala ist das Sechseck, und es ist Sitz Īśas mit seiner Śaktī Kākinī.
– Das 16blättrige weiße **Viśuddha** im Bereich der Kehle, das Zentrum für die Halsgegend: Es ist raumgebend und stimuliert den Gehörsinn, sein Maṇḍala ist der Kreis und es ist Sitz von Sadāśiva mit seiner Śaktī Śākinī.
– Zwischen den Augenbrauen, das zweiblättrige farblose **Ājñā**, das Zentrum für die Gegend zwischen den Augenbrauen: Es stimuliert die Geisteskräfte, es hat kein Maṇḍala und es ist Sitz von Śaṃbhu mit seiner Śaktī Hākinī.

Die **spirituelle Kraft** des Menschen – seine höchste, kosmische und göttliche Kraft (*śakti*) – ruht in Form der virtuellen **Schlange Kuṇḍalinī** (*kuṇḍala*, »zusammengerollt«) am **unteren Ende der Wirbelsäule**. Sie muß durch entsprechende yogische Übungen zum Aufstieg durch die verschiedenen Cakras »**geweckt**« werden. Dies führt zu spirituellen Erkenntnissen und intensiven mystischen Erlebnissen – es geht ja hierbei nicht nur um »mentale« Prozesse, sondern um intensive energetische Erfahrungen[262] –, die den Adepten seine körperlich-animalische Begrenztheit sukzessive überwinden lassen, bis zur endgültigen Einswerdung mit dem Höchsten selbst. Denn über den sechs Cakras befindet sich im Bereich des Scheitels das strahlend weiße und leuchtende **tausendblättrige Sahasrāra**, für die Śivaiten der »Sitz Śivas«: »Wer das Sahasrāra wahrhaftig und in seiner ganzen Fülle erfahren hat, wird in den Saṃsāra (Geburtenkreislauf) nicht mehr wiedergeboren, denn er hat durch ein solcherart erworbenes Wissen alle ihn daran fesselnden Ketten gesprengt. Sein irdischer Aufenthalt beschränkt sich nur noch auf das Erschöpfen des bereits begonnenen, aber noch nicht vollständig aufgebrauchten Karma. Er beherrscht alle Siddhis, er ist erlöst bei lebendigem Leib (jīvanmukta) und erlangt bei der Auflösung seiner physischen Hülle die körperlose Befreiung (moksha), die ›Videha Kaivalya‹.«[263]

4. Zur **Visualisierung** metaphysischer oder anderer abstrakter **Prinzipien** werden komplizierte **geometrische Formen** (*maṇḍala*, *yantra*) und **Gesten** (*mudrā*) verwendet, denen je eine bestimmte energetische Wirkung zugeschrieben wird.

5. Die Bewußtmachung der übernatürlichen Welt erfolgt durch bestimmte **Meditationspraktiken** (*dhyāna*): die Erzeugung geistiger Bilder der Götter und Göttinnen, die zu bestimmten Zwecken angerufen werden.

6. Der Tantrismus verfügt über eine umfassende und überaus komplexe Kategorisierung der Wirklichkeit, besonders mit Hilfe einer **Zahlen- und Sprachsymbolik**. Eine zentrale Rolle spielt dabei die Vorstellung einer **Analogie der Klangwelt zur materiellen Welt**, verbunden mit Spekulationen über die **mystische Natur der Sprache** und ihrer Konstituenten (der einzelnen Buchstaben des Sanskritalphabets). Entsprechend werden im Tantrismus kurze, intellektuell kaum oder gar nicht zu verstehende **Formeln** verwendet, **Mantras** oder **Bījas**, denen eine kosmische Symbolik zukommt und denen übernatürliche Kräfte zugeschrieben werden.

7. Göttliche wie menschliche Existenz gelten als **ambivalent**: Göttliches und Dämonisches, Erotisches und Destruktives sind zwei Seiten derselben Existenz, müssen als solche erkannt und angenommen werden. In radikalen tantrischen Zirkeln wendet man sich zur Bewußtmachung dieser Ambivalenz auch sozial geächteten Praktiken zu: dem Fleisch- und Weingenuß, dem Verkehr mit Frauen niederer Kasten und, in ganz extremen Fällen, auch dem Kontakt mit Exkrementen.

8. Das Wissen um die **bipolare Struktur der Wirklichkeit** ist einer der zentralen Axiome tantrischer Spekulation. So kommt auch der **weiblichen Manifestation** der göttlichen Kraft (*śakti*) als Gegenpol zum Männlichen eine besondere Bedeutung zu; insofern hängen »Tantrismus« und »Śaktismus« eng zusammen. Dieser »Śākta-Tantrismus« hat seine Wurzeln schon »in prähistorischen Konzepten einer fruchtbaren Muttergottheit und in alten Systemen ihrer Verehrung«; Hinweise solcher Kulte finden sich dann in der Industalkultur, und sie sind Bestandteil der gesamten späteren Hindutradition.[264] Das tantrische Śākta-Pantheon ist kaum zu übersehen; viele Götter und niedere Gottheiten – bis hin zu 50 »Gottheiten des Alphabets« und magischen Gottheiten – sind in Gruppen zu zehn, neun, acht oder dreien zusammengefaßt.[265]

9. Vom Einfluß des Śaktismus aber eine generelle **Aufwertung**, gar **Gleichberechtigung von Frauen** in tantrischen Kreisen abzuleiten, wäre **falsch**. Zwar gibt es Hinweise dafür, daß Frauen im Tantrismus vereinzelt die Rolle von spirituellen Lehrern (*guru*) innehatten – was im Mainstream-Hinduismus kaum denkbar ist. Doch sind die Frauen im Śākta-Tantra-Kult oft nur Mittel zum Zweck, da ihre »Hauptrolle« darin besteht, »als weibliche Partnerinnen (*śakti, dūti*) der männlichen Adepten zu fungieren, die ihre Einheit mit der universalen Śakti realisieren möchten«[266]. Und dafür scheinen die Frauen höherer Kasten, die ganz erheblichen sozialen Restriktionen unterliegen, weniger geeignet als die Frauen niederer Kasten, mit denen wesentlich freizügiger umgegangen werden kann.[267]

10. Unbedingt notwendig in tantrischen Schulen ist die **Initiation** (*dīkṣā*) des Adepten durch einen **spirituellen Führer oder Lehrer** (*guru*), der üblicherweise mit der Hauptgottheit identifiziert wird; von ihm wird der Adept eingewiesen in eine ganz spezielle Terminologie oder Code-Sprache, von ihm erhält er auch zum geeigneten Zeitpunkt sein persönliches Mantra als Hilfsmittel zur geistigen Vergegenwärtigung des Göttlichen.

11. Typisch für den Tantrismus ist auch eine spezielle **religiöse Geographie** mit **heiligen Stätten** (*pīṭha, upapīṭha, sandoha, kṣetra*), zu denen – mental oder real – **Wallfahrten** empfohlen werden. Diese Orte sind in Listen verzeichnet und variieren, etwa im Fall des Śaktismus, zwischen drei (in den frühesten Aufzeichnungen) und 108; Śivaismus und Śaktismus haben ihre je eigenen Wallfahrtsorte, verteilt über den gesamten indischen Subkontinent.

Die tantrische Tradition

Die **Quellen** der tantrischen Tradition sind vielfältig, und es gibt bis heute faktisch keine allgemein anerkannte Klassifizierung. Zudem gibt es neben der schriftlichen Überlieferung einen breiten Traditionsstrom der mündlichen Lehrer-Schüler-Überlieferung, der für Außenstehende kaum zugänglich ist und bei dem im Einzelfall schwer zu verifizieren ist, inwieweit tatsächlich eine authentische lückenlose Tradition vorliegt und wie weit diese zurückreicht. Konzentriert man sich bei der schriftlichen Tradition auf Sanskritliteratur – es gibt auch Quellen in anderen Sprachen –, so sind grundsätzlich **drei Textkomplexe** zu unterscheiden:[268]

– Texte der viṣṇuitischen **Pāñcarātra**-Tradition: Sie werden **Saṃhitā** (»Sammlung«) genannt, traditionell spricht man von 108 Texten, bekannt sind 215 Werke, wahrscheinlich gibt es aber noch mehr.

– **Śivaitische** Tantra-Texte: Sie werden **Āgama** (»[Bücher der] Tradition«) genannt, ihre Zahl wird üblicherweise mit 28 angegeben, durch die sogenannten Upāgamas aber auf über 200 vermehrt; die Āgamas enthalten wie die Saṃhitās in der Regel vier Abteilungen: erlösungsbezogenes Wissen (*jñāna*), meditative Übung (*yoga*), rituelle bzw. den Tempelbau betreffende Praxis (*kriyā*) und Lebenswandel (*caryā*).

– **Śākta**-Texte: Sie sind die Tantra-Texte par excellence, und nur sie werden **Tantra** genannt; traditionell ist von 77 bis 192 Werken die Rede, zum Teil sind auch śivaitische Texte darunter. Üblicherweise sind die Tantras anonym; einige sind auch in Auswahlen (»Digesten«) zusammengefaßt, die dann den Namen ihres Kompilators tragen.

Bedeutend für die tantrische Tradition sind zudem umfangreiche **Kommentare** und philosophische Abhandlungen – der wohl bedeutendste Kommentar stammt von Abhinavagupta und Kṣemarāja aus dem Kaśmīr-Śivaismus. Hinzu kommt eine umfassende Literatur mit verschiedensten praktisch-rituellen Anleitungen. Die oft mit Tantrismus in einem Atemzug genannte vielfältige **erotische Literatur** Indiens – das älteste erhaltene Werk ist der berühmte »Leitfaden der Erotik«, das Kāmasūtra des Mallanāga Vātsyāyana (4. Jhd.?) – ist übrigens weder religiös, noch hat sie etwas mit Tantrismus zu tun. Vergleichbar sind solche Werke bestenfalls mit der »Ars amatoria« eines Ovid.[269]

Ihrem eigenen Selbstverständnis zufolge stammen die **Tantra-Texte** von Śiva selber oder vom höchsten Brahman – meist sind sie als **Dialoge** verfaßt zwischen Śiva und seiner Śakti –, und sie behaupten eine mehr oder weniger lückenlose Traditionskette von den Göttern über die mythischen Weisen bis hin zu ihrer schriftlichen Fixierung. Wann auch immer die Texte im einzelnen entstanden sind – die Datierung vieler ist nur vage möglich –, so ist insgesamt davon auszugehen, daß es »Tantrismus« zur Zeit des Veda einschließlich der Brāhmaṇa-Literatur noch nicht gab, bestenfalls einzelne Elemente, die später Bestandteil des Tantrismus wurden. Inhaltliche Bezüge tantrischer Texte zum Veda haben in der Regel legitimatorischen Charakter und sind späteren Datums.[270] Der Tantrismus im klassischen Sinn nimmt faktisch erst in **nachchristlicher** Zeit allmählich Konturen an, zunächst im Buddhismus, dann im Hinduismus. Früheste buddhistische Tantra-Texte datiert man auf das 3. Jahrhundert, früheste tantrische Hinduliteratur – viṣṇuitische Pāñcarātra-Texte[271] – existierten wohl ab dem 5. Jahrhundert. Ihren Höhepunkt erreicht die tantrische Schul- und Lehrentwicklung wohl um das Jahr 1000, auch wenn berühmte Werke wie etwa das viṣṇuitische Jñānāmṛtasāra-Saṃhitā erst im 16. Jahrhundert entstanden sind.[272]

Im 18. und 19. Jahrhundert erlebt der Tantrismus vor allem unter bengalischen Intellektuellen und Aristokraten eine erneute Blüte und eine geistige Erneuerung – einer der bedeutendsten Śākta-Denker jener Zeit ist der Mystiker und Kālī-Verehrer **Rāmakṛṣṇa** (1836-1886). Bis heute hat der Tantrismus in Indien eine ungebrochene Tradition und übt großen Einfluß auf das indische Gesitesleben aus. Tantrische Schulen und Zentren gibt es überall auf dem indischen Subkontinent: Manche von ihnen werben öffentlich mit Zeitschriften und regelmäßigen Publikationen, einige tantrische Lehrer haben sogar in Europa und in den USA Schüler initiiert und Schulen gegründet.

Zerrbild Tantrismus

Wie angedeutet, haftet dem Tantrismus vor allem im Westen der Ruf des **Okkulten** und **Dubiosen** an. Kaum vorstellbar für manche, daß Tantra-Praktiker (*sādhaka*) »größtenteils Menschen sind, die ein normales Leben in Familie und Gesellschaft leben«[273]. Zweifelsohne gibt es im Tantrismus, wie gezeigt wurde, magische und esoterische Theorien und Praktiken, deren Verständnis einem westlichen Betrachter womöglich schwerfallen mag – sei es, weil man sie aus guten Gründen ablehnt, sei es, weil man sie schlicht nicht versteht. Aber nicht selten wird das große Spektrum tantrischer Theorien und Praktiken auf einseitige Aspekte reduziert und entsprechend ein **Zerrbild** des Tantrismus gezeichnet.

Als Beispiel wird häufig die in der Kaula-Schule übliche Verwendung der »**fünf Elemente**« (*pañcatattva*) angeführt, auch bekannt als fünf *makāras*, weil sie alle »ma-kāra«, den »Buchstaben ›M‹«, zu Anfang haben: der Genuß von **Alkohol** (*madya*), **Fleisch** (*māṃsa*), **Fisch** (*matsya*), geröstetem **Getreide** (*mudrā*) und die **geschlechtliche Vereinigung** (*maithuna*). Die ersten vier »Gaben« werden der Gottheit geopfert und nur zum Teil vom Opferherrn konsumiert – von orgiastischen Völlereien, wie oft unterstellt, kann also nicht die Rede sein. Naturgemäß problematisch ist natürlich das fünfte Element, der Geschlechtsverkehr, vor allem dann, wenn er von einigen zu bestimmten Zwecken und womöglich auf Kosten anderer – will sagen: gegen ihren Willen oder zu deren Ausbeutung und Erniedrigung – praktiziert wird. Aber auch hier sollte man sehen, daß diese Praktiken, zumal in Gruppen, nur in extremen, elitären Zirkeln von Adepten mit einem hohen Weihegrad üblich waren. Zudem wurden all diese Praktiken nicht, so jedenfalls die Theorie, um der primären Befriedigung fleischlicher Triebe willen durchgeführt, sondern, umgekehrt, zur Zügelung der Triebe, deren Befriedigung sich »auf seltene, festliche, rituelle Gelegenheiten beschränken«[274] sollte. Daß hier freilich mitunter der »Teufel mit dem Beelzebub« ausgetrieben werden sollte und »Askese und Orgien eng miteinander verflochten«[275] waren, ist nicht zu leugnen.

Insofern gibt es natürlich auch in der indischen Tradition Zeugnisse offenkundigen **Mißbrauchs von Religion zu sexuellen Zwecken** – oder von Sexualität zu religiösen. Zu nennen wären auch die **Tempeldienerinnen** oder »Devadāsīs«, die »Dienerinnen Gottes«: jene Frauen die im frühmittelalterlichen Boom indischen Tempelbaus, gefördert von einer zunehmend dekadenten Aristokratie, im Tempel für Tanz, Musik und Unterhaltung zu sorgen hatten. Ohne tantrische Einflüsse wäre die zunehmende Freizügigkeit in der bildhaften Darstellung verführerischer Posen bis hin zu orgiastischen Szenen wohl kaum zu denken. Berühmt sind die kunstvoll gearbeiteten Steinfriese der Chandella-Tempel im zentralindischen Khajuraho (erbaut zwischen 950 und 1000). Und ohne tantrische Einflüsse wäre wohl auch die allmähliche **Erniedrigung** der Tempeldienerinnen zu **Tempelprostituierten** nicht zu erklären – man denke etwa an König Harṣa von Kaṣmīr (1089-1101), der junge, in das Kaula-Ritual eingeweihte Sklavinnen als sogenannte »Göttinnen« empfing, von deren Beischlaf er sich ein langes Leben versprach. Allesamt Entwicklungen und Praktiken, die kritisch zu sehen und zu beurteilen sind – von vereinzelten extremen spätmittelalterlichen Kālī-Kulten, womöglich mit Menschenopfern, ganz zu schweigen. Dennoch sollte man dafür nicht nur den Tantrismus verantwortlich machen, ihn gar insgesamt als dubios und unmoralisch diskreditieren – genausowenig wie man wegen der beispiellosen Dekadenz mancher Päpste und Könige das ganze christlich-abendländische Mittelalter verteufeln wird.

9. Die brahmanisch-orthodoxe philosophische Scholastik

Philosophische Reflexion gab es zu allen Zeiten indischer Geistesgeschichte, wiewohl unsere Kenntnis davon oft nur lückenhaft ist: Relativ wenige Texte liegen in verläßlichen kritischen Ausgaben, gar guten Übersetzungen vor, viele sind verlorengegangen, Autoren- und Datierungsfragen sind manchmal kaum zu lösen. Erschwerend kommt hinzu, daß die Inder aufgrund ihres Traditionsbewußtseins und ihres geringen historischen Interesses keine eigenständige Geschichtsschreibung der Philosophie hervorgebracht haben. Tradition und Kontinuität sind wichtiger als das Neue, als Entwicklung und historischer Fortschritt. Ein besonderer Stellenwert kommt nach hinduistischem Selbstverständnis dabei **sechs philosophischen Lehrtraditionen** oder **Systemen** zu, traditionell **Darśanas**, »Sichtweisen« genannt, die nach **brahmanisch-orthodoxem Verständnis** kanonischen, also traditionell-verbindlichen Charakter haben: **Sāṃkhya**, **Yoga**, **Vaiśeṣika**, **Nyāya**, **Mīmāṃsā** und **Vedānta**.[276]

Interessanterweise gelten auch diese sechs Systeme nach indischem Verständnis »nicht als Produkte und Kanäle geschichtlicher Entwicklungen, sondern als Stufen oder Aspekte **einer** ursprünglichen, ungeschichtlichen und primär erlösungsbezogenen Wahrheit«[277]. Sie beschäftigen sich mit Metaphysik, Ontologie und Erkenntnislehre, anerkennen alle die Autorität der vedischen Überlieferung und möchten, darauf aufbauend, absolute Wahrheiten und **Wege zur Erlösung** aufzeigen. Ihr Philosophieren ist also nicht zweckfrei, sondern hat stets, trotz ausgesprochen »atheistischer« Argumentation, soteriologischen Charakter.

Ursprung und Frühformen der Sāṃkhya-Lehre

Sāṃkhya heißt soviel wie »zählen«, »berechnen« oder »nachdenken über«, denn es geht bei diesem wohl mit ältesten philosophischen System Indiens um ein Nachdenken über die mannigfaltigen Erscheinungen der Erfahrungswelt, über deren Bestandteile und inneren Zusammenhang, und um ein Systematisieren und Aufzählen derselben, wie es für das indische Denken typisch ist. Als legendärer Begründer des Systems gilt der mythische Weise **Kapila**, die ihm zugeschriebenen Sūtren stammen aber aus späterer Zeit. Wir verfügen also über kein gesichertes frühes »Basisdokument« dieser Schule. Faktisch setzte diese Systembildung wohl bald nach dem Tod Buddhas (5. Jhd. v. Chr.) ein, frühe Textfragmente mit Sāṃkhya-Lehren stammen aus der epischen Zeit: Wir finden sie im **Mokṣadharma** (Mbh XII,174-367), jenen »Lehren von der Erlösung«, dem sterbenden Bhīṣma in den Mund gelegt, von dem bereits im Kontext der epischen Philosophie drei Textkomplexe vorgestellt wurden.[278] Während die oben behandelten Texte bei aller terminologischen Nähe wohl noch ohne direkten Sāṃkhya-Einfluß zustande gekommen sind, lassen spätere Mokṣadharma-Fragmente, darauf Bezug nehmend und aufbauend, eine deutliche **Entwicklung hin zur klassischen Sāṃkhya-Lehre** erkennen.[279]

Die **frühen philosophischen Traktate des Epos** gingen zunächst davon aus, daß aus Finsternis und Äther die fünf »großen Elemente« (*mahābhūta*) mit ihren charakteristischen Eigenschaften und alle übrigen Lebensfunktionen hervorgingen. Die unvergängliche Seele, der »Ātman«, steht als denkendes Prinzip (*mānasa*) hinter allen Empfindungen und Erkenntnisvorgängen des Menschen und treibt ihn mit all seinen Lebensäußerungen in dessen Innersten an. Dann entwickelt man die Idee vom »psychischen Organismus«, der die Seele begleitet: das **Erkennen** (*buddhi*), das **Denken** (*manas*), die **fünf Sinnesorgane** (*indriya*), die fünf Elementen zugeordnet werden, denen je verschiedene Qualitäten zukommen und mit denen die Seele bei der Wahrnehmung in Verbindung tritt, sich in sie »verstrickt«.

Die **epischen** frühen **Sāṃkhya-Texte** knüpfen an diese Vorstellungen an und entwickeln sie weiter. Sie zählen das Denken als etwas »Andersartiges« als sechstes zu den Sinnesorganen, stellen darüber das Erkennen und, vom Materiellen getrennt, über alles die Seele, jetzt auch *kṣetrajña*, »Kenner der Stätte (der Erlösung)« genannt. **Drei Zustände** (*bhāva*) **des Erkennens** werden unterschieden, drei Guṇas, die aus der Urmaterie (*prakṛti*) hervorgehen und die Seele im Leib gebunden halten – eine terminologische Festlegung, die für das Sāṃkhya grundlegend werden sollte:

– **Güte** (*sattva*, wörtl. »Zustand des Guten«, »Zustand des wahren Seins«) mit den Eigenschaften Freude, Befriedigung, Wonne, Lust und Ruhe des Geistes;
– **Leidenschaft** (*rajas*; wörtl. »Staub«) mit den Merkmalen Unbefriedigung, Qual, Schmerz, Begierde und Ungeduld;
– **Finsternis** (*tamas*) mit den Eigenschaften Unwissenheit, Verblendung, Unbesonnenheit, Schlaf und Trägheit.[280]

Diese Eigenschaften gehören dem Materiellen an. Sie entstehen ohne Zutun der Seele »wie der Faden aus der Spinne«[281]. Die geistige Seele ist ständig mit dem Erkennen verbunden und »schaut« alles, was im Erkennen vor sich geht. Sie fühlt sich davon betroffen und in Lust, Leid und in die anderen Gefühle verstrickt. **Erlösung** kommt dadurch zustande, daß sich die Seele ihrer wahren Natur bewußt wird und erkennt, daß diese Eigenschaften nur der irdischen Natur zugehörig sind und sie selber unberührt von ihnen die »höchste Stätte«[282] findet: »Nur wenn man durch das Denkorgan die Sinne in sich hereinzieht, dann leuchtet die Seele auf wie eine Flamme. Dann haftet das Irdische nicht mehr an der Seele, ebensowenig wie das Wasser am Wasservogel. Die Werke (*karma*) verlieren ihre Macht und man erreicht das höchste Ziel.«[283] Gedanken werden hier vorbereitet, die im **Yoga** wieder begegnen werden: Frei von Lust und Leid möge man gleichmütig verharren, befreit von allem Zweifel, nicht mehr gebunden an die Werke, erhaben über Lust und Leid, im höchsten Frieden.

Zentral für Sāṃkhyā-Philosophie wird die **Evolutionslehre**, damit verbunden die Vorstellung von der **Urmaterie Prakṛti** mit ihren **drei Eigenschaften** des Erkennens und schließlich die **Lehre von den 25 Wesenheiten**. Möglicherweise geht diese Umgestaltung bzw. Weiterentwicklung der Lehre auf einen nicht näher bekannten **Pañcaśikha** zurück, der wohl zur ältesten Entwicklungsstufe des Sāṃkhyā-Systems gehört. Die Evolutionslehre greift auf die Theorie von den Weltaltern[284] zurück, die eine solch allgemeine Geltung erlangt hatte, daß sie von den meisten Systemen und Schulen in irgendeiner Weise in deren Lehrgebäude aufgenommen werden mußte.[285] Ursprung der Welt ist jetzt die ewige, unendlich feine und allgegenwärtige **Urmaterie Prakṛti** – das »**Unentfaltete**« (*avyakta*), wie man im klassischen Sāṃkhya sagen wird –, aus der die gesamte sichtbare Welt als dessen Manifestation oder **Entfaltung** (*vyakta*) hervorgeht: erst die psychischen Organe, dann die Elemente. Streng **dualistisch** davon getrennt existiert die passive Seele.

Neu ist die Suche nach den **Bedingungen der Möglichkeit**, daß sich die Welt aus der Urmaterie entwickeln kann. Während man in den Upaniṣads noch drei Urelemente annahm, aus deren verschiedener Mischung die Vielheit der Erscheinungen entstand, nimmt man jetzt an, daß die Urmaterie **drei Eigenschaften** (*guṇa*) besitzt – wegen ihres dinghaften Charakters oft auch als deren »Konstituenten« bezeichnet: **Güte**, **Leidenschaft**, **Finsternis**. Diese »Eigenschaften« beschreiben aber nicht die Beschaffenheit der Dinge an sich – kein Element oder eine Sache kann Güte oder Leidenschaft haben –, sondern die drei Eigenschaften beschreiben, **wie** die Dinge auf den Menschen wirken und welche Rolle sie dadurch bei der Bindung und Erlösung spielen: Sie rufen bestimmte **Empfindungen** hervor, wecken dadurch **Begierden** und **fesseln** so die Seele an sich.

Die drei Eigenschaften sind ursprünglich im Gleichgewicht in der Urmaterie vorhanden und entsprechend nicht wahrzunehmen. Sobald dieses Gleichgewicht aber in irgendeiner Weise – etwa zu Beginn der Weltschöpfung – gestört wird, mischen sich diese Eigenschaften, so daß bald diese, bald jene überwiegt und die Mannigfaltigkeit der Dinge entsteht: das **Erkennen** (*buddhi*), nach dem epischen Vorbild auch **großes Selbst** (*mahān ātmā*) genannt, daraus als psychisches Organ das **Ichbewußtsein** (*ahaṃkāra*) und daraus je nach Verhältnis der drei Eigenschaften alles weitere:

– Überwiegt die **Finsternis**, so entstehen die **fünf Elemente**: Äther, Wasser, Wind, Feuer, Erde; sie entstehen nicht, wie früher gemeint, aus dem Denken.

– Überwiegt die **Güte** (bzw. Helligkeit, Klarheit), so entstehen daraus die **Sinnesorgane**: das **Denken**, die fünf **Erkenntnisorgane** und die fünf **Tatorgane**[286].
– Die **Leidenschaft** ist an allen Schöpfungen beteiligt.

Als letztes Glied der Evolutionsreihe gehen aus den Elementen schließlich deren fünf bekannte »Eigenschaften« hervor, hier **Besonderheiten** (*viśeṣa*) genannt: Hörbarkeit, Geruch, Sichtbarkeit, Geschmack, Fühlbarkeit. Zusammengenommen ergibt dies 23 Wesenheiten, die aus der Urmaterie hervorgehen, mit Urmaterie und Seele (*puruṣa*[287]) sind es insgesamt **25 Wesenheiten** (*tattva*) und damit **alle Daseinselemente**, aus denen sich die Welt aufbaut: »Wer die 25 Wesenheiten kennt«, so ein alter Text, »auf welcher Lebensstufe (*āśrama*) er auch stehen mag, ob er geschoren ist, Flechten oder einen Haarschopf trägt, der erlangt Erlösung, darüber besteht kein Zweifel.«[288]

Wie die Lehre Pañcaśikhas zur klassischen Sāṃkhya-Lehre weiterentwickelt wurde, ist unklar. Eine wichtiger Schritt ist das **System der 60 Lehrbegriffe** (*ṣaṣṭitantra*) eines gewissen **Vṛṣagaṇa**. Seine entscheidende Neuerung ist, wie der Name schon sagt, die Zusammenstellung von 60 Lehrbegriffen, nämlich **zehn Grundlehren** und **50 Begriffen**, die für das Sāṃkhya-System konstitutiv werden sollten.

Bei den »**Zehn Grundlehren**« geht es um die Urmaterie und die Seele, deren Eigenschaften und deren Beziehungen zueinander; vor allem wird gelehrt – wohl unter dem Einfluß des bereits ausgestalteten Vaiśeṣika –, daß nur eine Urmaterie existiert und **zahllose Einzelseelen**. Die **50 Begriffe** stellen im wesentlichen psychische Vorgänge und Eigenschaften dar, die für den Erlösungsweg von Bedeutung sind: **Fünf Arten des Nichtwissens** (*avidyā*) oder des Irrtums (*viparyaya*), darunter auch Zorn und Verblendung; **28 Arten der Unfähigkeit** (*aśakti*)[289]; **neun Arten der Befriedigung** (*tuṣṭi*) und **acht Vollkommenheiten** (*siddhi*), darunter vor allem auch verschiedene Arten der Erkenntnis und das Studium. Um dem Erlösungsziel näher zu kommen soll der Mensch die Vollkommenheiten pflegen, dem Nichtwissen, der Unfähigkeit und der Befriedigung aber konsequent entgegenarbeiten. In einer mythologischen Form der Ausgestaltung dieser Lehre werden diese 50 Begriffe übrigens dem Schöpfergott Brahmā zugeschrieben, der diese in Form von Gottheiten als seine Söhne erschaffen haben soll. Vor allem aber zeigt dieses System »an einem typischen Beispiel, wie in Indien die Erlösungslehre bei den verschiedenen Schulen und Sekten mit Vorliebe ausgesponnen wurde. Man greift eine Gruppe von Eigenschaften, seien es nun Tugenden oder Laster, heraus, definiert sie, rubriziert und klassifiziert sie nach den verschiedensten Gesichtspunkten und gibt schließlich an, wie sie sich für den Verlauf des Erlösungsprozesses auswirken.«[290]

Eine weitere Fortentwicklung bietet die – wohl auch unter Vaiśeṣika-Einfluß zustande gekommene – spätere Lehre von **acht Zuständen der Erkenntnis**, die alle psychischen Vorgänge umschreiben, die sich in der Erkenntnis abspielen: Verdienst, Schuld, Wissen, Nichtwissen, Leidenschaftslosigkeit und Leidenschaft, Vermögen und Unvermögen. Die Entstehung dieser Lehre ist aber ebenso ungeklärt wie die der Lehre von den **fünf Reinstoffen** (*tanmātra*), die, mit den Eigenschaften der Elemente ausgestattet, als deren Grundbausteine dienen.

Das klassische Sāṃkhya-System

Seine **klassische Form** und damit faktisch seinen Abschluß erreicht das Sāṃkhya-System in der berühmten **Sāṃkhyakārikā** des **Īśvarakṛṣṇa**[291] (um 400 n. Chr.?), dessen Ausformulierung der Sāṃkhya-Lehre in der Folgezeit nie mehr übertroffen wurde. Grundlegend auch die dazugehörigen Kommentare vor allem des Gauḍapāda (6./7. Jhd.?) und Vācaspati (9. Jhd.?), sowie des anonymen Yuktidīpikā (6. Jhd.?). Mittelpunkt des Systems ist die Lehre von der **erlösenden Erkenntnis** mit Hilfe **sinnlicher Wahrnehmung** und **logischer Schlußfolgerung**.

Auffallend ist jetzt die **Vielzahl der Eigenschaften**, die man den einzelnen Elementen zuschreibt und mit der man die Differenziertheit der Erscheinungsformen besser zu beschreiben vermag. Das periodisch sich wiederholende Hervorgehen der 25 Wesenheiten aus der Urmaterie denkt man mit den klassischen mythologischen Bildern der zyklischen Weltentstehung und -vernichtung und mit dem purāṇischen Weltbild vom Weltenei, den Kontinenten und den verschiedenen Himmeln und Unterwelten zusammen. Drei Gruppen von Wesen – Götter, Tiere und Menschen – werden unterschieden, und verschiedene Eigenschaften werden ihnen zugeschrieben. Minutiös werden der menschliche Körper – ein grobstofflicher, der mit dem Tod zerfällt, und ein feinstofflicher, der zu neuem Dasein gelangt – und der psychische Organismus beschrieben, der mit den Tatorganen, den Erkenntnisorganen und den Körperwinden der Träger allen Lebens ist.

Bezüglich der **Erlösung** setzt sich faktisch die Lehre von den **acht Zuständen der Erkenntnis** durch: »Wissen bringt Erlösung, Nichtwissen Bindung. Verdienst und Schuld lenken den Verlauf der Seelenwanderung. Verdienst führt aufwärts zu einem guten Dasein, Schuld führt abwärts zu einem schlechten. Leidenschaftslosigkeit führt eine vorübergehende Scheinerlösung herbei durch Aufgehen in der Urmaterie …, während Leidenschaft den Wesenskreislauf ununterbrochen weiterbestehen läßt. Vermögen[292] schließlich bringt unbeschränkte Macht, Unvermögen das Gegenteil.«[293] Die Lehre von den »50 Begriffen« existiert unvermittelt und ohne Bedeutung neben dieser Vorstellung weiter.

Unter **ethischem Gesichtspunkt** interessant ist, daß man beim **Verdienst** unterscheidet zwischen der **Erfüllung religiöser Pflichten** und **spezifisch moralischen Verdiensten**, wie sie auch im Yoga von Bedeutung sind:

– Die Übung der »klassischen«, mehr auf die Umwelt abzielenden **fünffachen Bändigung** (*yama*): kein Lebewesen verletzen (*ahiṃsā*), die Wahrheit (*satya*) sprechen, nicht stehlen (*asteya*), ehrlich sein (*akalkatā*), Keuschheit bewahren (*brahmacarya*).

– Und die Übung der mehr auf die innere Haltung abzielenden **fünffachen Zucht** (*niyama*): Freiheit von Zorn (*akrodha*), Gehorsam gegenüber dem geistlichen Lehrer (*guruśuśrūṣā*), Reinheit (*śauca*), Mäßigkeit im Essen (*āhāralāghava*), geistige Sammlung (*apramāda*).

Entscheidend bei all dem ist die Frage, **warum** dies alles so ist. Es ist das **Interesse der Seele**: »Die Materie tritt in Tätigkeit, um die Erlösung der Seele herbeizuführen. Ihre Tätigkeit ist also durch ein Ziel bestimmt, und sie wirkt im fremden Interesse, wie wenn es ihr eigenes Interesse wäre.«[294] Und warum ist dieses Schauspiel so mannigfaltig, langwierig und kompliziert? Weil die Materie jene drei Eigenschaften besitzt, die in allen Erscheinungsformen, Wesenheiten und Eigenschaften, menschlichen Regungen und Zuständen in je verschiedenen Konstellationen und Mischungen zum Tragen kommen – so lange, bis der Mensch schließlich wissend zur Erlösung gelangt. Die Seele, der Puruṣa, ist dabei der unbewegte »Betrachter«, und die Materie, der auch das Erkennen angehört, ist gleichsam die »Schauspielerin«, die sich für ihn betätigt und abmüht. Wiewohl beide ein gemeinsames Band verbindet, ist die scheinbare **Verstrickung der Einzelseele** in das Dasein ein **Irrtum**, den es zu durchschauen gilt: »Man muß erkennen, daß die Materie und vor allem ihre höchste Erscheinungsform, die Güte (*sattva*) des Erkennens, vollkommen von der Seele verschieden ist, daß sie weder Ich noch Mein ist. Dann erlischt das Interesse der Seele am Treiben der Materie. Sie betrachtet nicht mehr die Materie, und diese zeigt sich ihr nicht mehr. Und obwohl diese weiterbesteht und auch für andere Seelen weiterwirkt, ist sie doch für die Seele, welche die Erlösung gefunden hat, so gut wie vernichtet. Damit ist aber das Ziel erreicht. Die Verbindung zwischen Seele und Materie ist unterbrochen und die Seele erlöst.«[295]

Die Entstehung des klassischen Yoga: Patañjali

Mircea Eliade stellt in seiner großen Abhandlung über Yoga[296] lapidar fest: »Der klassische Yoga beginnt dort, wo das Sāṃkhya aufhört.«[297] Fügt man dem noch Patañjalis bereits bekannte knappe Definition hinzu, »Yoga ist jener innere Zustand, in dem die seelisch-geistigen Vorgänge zur Ruhe kommen«[298], dann sind zwei wesentliche Merkmale des klassischen Yogasystems benannt. Philosophische Axiomatik, Begrifflichkeit von klassischem Yoga und Sāṃkhya sind über weite Strecken faktisch identisch. Und während der **Sāṃkhya** das erlösende Ziel durch philosophische Reflexion, **Analogieschlüsse** und rationale **Erkenntnis** zu verwirklichen sucht, bietet **Yoga** – darauf aufbauend – einen experimentellen, **asketisch-kontemplativen Weg**, dieses Ziel zu erreichen. Nicht von Ungefähr lehrt deshalb auch das Mahābhārata: »Nur die Toren behaupten, daß **Sāṃkhyam** (Weg der Reflexion) und **Yoga** (Weg der Verinnerlichung) verschieden seien, nicht aber die Weisen. Wer auch nur eines von ihnen richtig betreibt, der erlangt die Frucht aller beiden. Die Stätte, welche von den Reflektierenden (*sāṃkhyaiḥ*) errungen wird, eben diese wird auch von den Yoga-Übenden erlangt. Eines sind das Sāṃkhyam und der Yoga. Wer das sieht, der ist sehend.«[299] Insofern ist Yoga kein in sich geschlossenes »System«, sondern ein praktischer Erlösungsweg, der nicht nur mit dem Sāṃkhya, sondern mit verschiedenen philosophischen Systemen verbunden werden konnte – etwa auch mit dem Buddhismus, da ja schon Gautama selber nicht nur durch rationale Einsichten, sondern auch durch yogische Praktiken seiner Zeit zum »Erwachen« und damit zur Erlösung gelangte.

Die historische Zuordnung yogischer Lehren und Ideen zu einzelnen Denkern und Autoren vor allem in ihrer Frühgeschichte – von den Upaniṣads bis zu den Epen und dem Tantrismus[300] – ist wegen der bekannten text- und traditionsgeschichtlichen Probleme kaum zu leisten. Dies scheint sich mit dem Namen **Patañjali** zu ändern, dem Verfasser der klassischen **Yogasūtras**, doch sind sich die Gelehrten bis heute uneinig, wer sich eigentlich hinter diesem Namen verbirgt und wann er vor allem gelebt hat: Im Anschluß an indische Kommentatoren des 11. und 18. Jahrhunderts identifizierte man ihn lange Zeit mit dem Grammatiker Patañjali des 2. Jahrhunderts v. Chr., während heute die Yogasūtras entweder auf Texte des 2./3. Jahrhunderts n. Chr. zurückgeführt oder diese Frage gar als offen betrachtet wird.[301] Wann immer der Text zustande gekommen ist, so bietet sein Autor aber in jedem **Fall keine Neuschöpfung einer Lehre**, sondern er faßt überkommene Lehrtradionen und Techniken zusammen, korrigiert sie und legt sie in verdichteter Sūtraform der Öffentlichkeit vor. Faktisch bestand Patañjalis eigentliche Leistung »in der Koordinierung des dem Sāṃkhya entlehnten philosophischen Materials, das er um technische Anweisungen zu Konzentration, Meditation und Ekstase herumgruppiert«[302]. Weiterführende Gedanken und zum Gesamtverständnis der knappen Yogasūtras unentbehrliche Erläuterungen bietet ihr Kommentar von **Vyāsa** aus dem 7./8. Jahrhundert.

Wichtige inhaltliche Neuerungen bieten Patañjali und Vyāsa vor allem im Bereich der **Psychologie** und der **Erlösungslehre**. Die wesentlichen anthropologisch-psychologischen Begriffe und Kategorien – Erkennen, Bewußtsein, Denken etc. – werden vom Sāṃkhya übernommen. **Neu** ist die vom Buddhismus herkommende »Umwandlungslehre«, nämlich die Vorstellung, daß »alle psychischen Vorgänge aus einer fortlaufenden Reihe psychischer Zustände (bestehen), die nur einen Augenblick dauern und sich in beständigem Wechsel ablösen«[303]. Dies ist für den **Erkenntnisvorgang** und vor allem für die seelischmentale Entwicklung des Yogins von Bedeutung. Denn wie die Dinge, so tragen auch psychische Vorgänge, wie etwa Vorstellungen Merkmale oder **Eigenschaften**, die sie im Wandel der Zeiten ständig verändern, indem bestimmte Eigenschaften abgelegt werden und neue an ihre Stelle treten. Sämtliche psychischen Zustände sind Eigenschaften des psychischen Organs (Denken, Bewußtsein). Sie hinterlassen **Eindrücke** (*saṃskāra*) im Bewußtsein oder gehen ihrerseits auf solche Eindrücke früherer Vorgänge zurück. Und während die Zustände augenblicklich wechseln, **bleiben die seelischen Eindrücke**, die sie hinterlassen, bestehen und verursachen das existentielle Leid des Menschen.[304] Durch ihre »unmittelbare Erfahrung« erlangt der Yogin sogar »Wissen von den früheren Existenzen«[305].

Dies hat vor allem Folgen für die **Karmanlehre**, also für die Frage, wie sich das menschliche Handeln auf den yogischen **Erlösungsweg** auswirkt. Bisher war man der Meinung, die Taten und Werke seien **nicht** eigentliche **Ursache** für die **Verstrickung** des einzelnen in den Wesenskreislauf, sondern, so etwa das Sāṃkhya, der zu durchschauende Irrtum der Seele, in die Materie verstrickt zu sein. Die Werke würden nur auf verschiedene Weisen den Verlauf der Seelenwanderung und die **Art der Wiederverkörperung** bestimmen. Mit Hilfe der neuen psychologischen Erkenntnisse ist man jetzt in der Lage, das **Wirken** der Werke – nämlich über die seelischen Eindrücke (*saṃskāra*) oder ihren **Niederschlag** (*karmāśaya*) – zu erklären: Der Niederschlag »veranlaßt das Zustandekommen der neuen Geburt (*jātiḥ*)«, er bedingt »die Lebensdauer (*āyuḥ*) in dieser Geburt« und er bestimmt »den Genuß (*bhogaḥ*), d. h. die Lust und das Leid, welche man in diesem Leben empfindet«[306]. Wie im Buddhismus spricht man jetzt von fünf **Befleckungen** (*kleśa*) oder »leidvollen Spannungen« des Menschen:

– **Nichtwissen** (*avidyā*): »(die falsche Anschauung), die das Vergängliche für unvergänglich, das Reine für unrein, das Leidvolle für Freude und das Nicht-Selbst für das Selbst hält«[307], Wurzel und Nährboden aller psychischen Spannungen und Leidenschaften;
– **Ichverhaftung** (*asmitā*): »(jene leidvolle Spannung, die) die Kraft des Sehens und die Kraft des Gesehenen fälschlich identifiziert«[308];
– **Begierde** (*rāga*): »(jene Spannung, die) dem Vergnügen anhängt«[309];
– **Haß** (*dveṣa*): »(jene Spannung), der das Leid folgt«[310];
– **Lebensdrang** (*abhiniveśa*) oder Selbsterhaltungstrieb: »der eingeborene Instinkt des Selbstgefühls, (der mit dem Körper verbunden ist) und von dem selbst die Wissenden nicht frei sind«[311].

Diese fünf Befleckungen sind gewissermaßen die »Samen«, aus denen Wirkungen der Werke entstehen können. Mit Hilfe des »Yogas der Tat« (*kriyāyoga*) – nach Patañjali »Askese, Studium (der heiligen Schriften) und Hingabe an Gott«[312] – gilt es, die Befleckungen zunächst zu schwächen und durch die Versenkung schließlich die Keimkraft ihrer Eindrücke zu vernichten. So gelangt der Mensch schließlich zu höchster Erkenntnis, überwindet das Nichtwissen, die Wurzel allen Übels, muß nicht mehr wiedergeboren werden und ist, so zumindest die Theorie, erlöst.

Erinnert man sich an die Grundgedanken der Sāṃkhya-Philosophie, dann fällt bei Patañjalis Definition des Kriyāyoga eines auf: die Erwähnung **Gottes** (*īśvara*). Im Gegensatz zum Sāṃkhya glaubt Patañjali an die **Existenz Gottes**, wenn auch mit eingeschränkter Funktion: Gott ist kein Weltschöpfer und er beeinflußt auch sonst den Weltenlauf in keiner Weise – in diesem Punkt steht Patañjali fest in der dualistischen Sāṃkhya-Tradition –, wohl aber ist er ein von Ewigkeit freies und »von Leid unberührtes besonderes Geistwesen (*puruṣa*)«[313]. Durch das Studium der heiligen Schriften entsteht eine »Verbindung« zu Gott, ihm soll sich der Mensch hingeben, durch ihn kann der Mensch schließlich »die vollkommene Versenkung (*samādhi*)«[314] erreichen. Mehr sagt Patañjali nicht zur Rolle Gottes, auch nicht, wie und unter welchen Voraussetzungen Gott die Versenkung bewirkt. Scheinbar hat diese »theistische« Komponente erst spät und entsprechend unvermittelt Eingang in den Yoga gefunden, womöglich durch den neu erstarkten Theismus in der Hindutradition. Vyāsa kommentiert, daß dies ein rein **gnadenhaftes Handeln Gottes** sei, das den Yogin erreichen und ihm die Versenkung erleichtern **kann**. Spätere Kommentatoren interpretieren Patañjali sehr weit und machen daraus geradezu eine göttliche **Vorsehung**, die über Heil und Unheil des Yogins entscheidet.[315]

Der achtgliedrige Yoga

In seinen Yogasūtras schildert Patañjali einen klar gegliederten, hierarchisch aufgebauten **Weg von acht Stufen** oder »Gliedern« (*aṅga*), den der Yogin zur Erlangung der Erlösung stufenweise gehen soll und der, wenn er ihn konsequent geht, sein gesamtes Leben grundlegend verändert:

1. **Äußere Disziplin** (*yama*): »Gewaltlosigkeit, Wahrhaftigkeit, Nicht-Stehlen, reiner Lebenswandel und Nicht-Besitzergreifen sind die (Regeln der) äußeren Disziplin. Diese Regeln umfassen das große Gelübde, das alle Bereiche des Lebens durchdringt und unabhängig ist von den Begrenzungen durch Geburt, Ort, Zeit und Umstände.«[316] Grundlegend für den Yogaweg ist die Beachtung dieser »**fünffachen Bändigung**«, das Einhalten von **Grundgeboten elementarer Menschlichkeit**, die schon im Manusmṛti und im Epos, aber auch für Buddhismus und Jainismus grundlegend sind. Ihre Beachtung soll zu einem »großen Gelübde« werden, das von jedem immer und in jeder Lebenssituation zu halten ist: Aus der **Gewaltlosigkeit** entsteht eine Atmosphäre des Friedens, **Wahrhaftigkeit** ist die Grundlage für die Reifung der Taten, wenn man **nicht stiehlt**, kommen die Schätze von selbst, aus dem **reinen**

Lebenswandel erfährt man große Kraft und aus dem **Nicht-Besitzergreifen** erkennt man das Wesen des Lebens.[317]

2. **Innere Disziplin** (*niyama*): »Reinheit, innere Ruhe, Askese, eigenes Studium und Hingabe an Gott sind die inneren Disziplinen.«[318] Diese strenge »fünffache Zucht« umfaßt die **äußere und innere Reinigung des Körpers.** Äußere Reinheit führt zu Abneigung und Distanz gegenüber dem eigenen und fremden Körpern, aber auch zu innerer Reinheit, Ruhe, Konzentration, Güte und Selbstbeherrschung. Innere Ruhe führt zu Freude, asketisches Ertragen von Hunger, Durst, Hitze, Kälte und Stille führt zu Selbstbeherrschung, durch das Studium entsteht Gottesnähe, und durch Hingabe an Gott (*īśvarapraṇīdhāna*) erlangt man vollkommene Versenkung.[319]
3. **Sitzhaltung** (*āsana*): »Die Sitzhaltung soll fest und angenehm sein. Diese Sitzhaltung soll man in völliger Entspannung und in einem Zustand der Betrachtung des Unendlichen einnehmen.«[320] So wird man unempfindlich gegenüber Hitze und Kälte und kann nach der Versenkung streben. Während Patañjali nur diese einfache Sitzhaltung nennt, unterscheidet Vyāsa bereits mehrere Sitzhaltungen, deren Zahl mit den Jahrhunderten immens zunehmen wird und die heute oft für das Wesentliche am Yoga gehalten werden.
4. **Atemregelung** (*prāṇāyāma*): »Wenn man darin feststeht, folgt die Atemregelung, die ein Innehalten im Rhythmus von Ein- und Ausatmen ist. Sie besteht aus den Vorgängen des Ausatmens, Einatmens und Anhaltens, und sie ist lang oder subtil, wenn Ort, Dauer und Zählung beobachtet werden.«[321] Die Beobachtung des Atems ist an sich nichts Neues, wir kennen sie vom Buddhismus und aus den epischen Texten. Neu ist aber die Tendenz, durch gezieltes Verlangsamen und schließlich Anhalten der Atmung den Körper zu beeinflussen und bestimmte Versenkungs- und Bewußtseinszustände herbeizuführen, d. h. »die äußeren und inneren Gegenstände« zu übersteigen, »den Schleier, der die innere Erleuchtung bedeckt«[322], zu entfernen und das Denken zu konzentrieren.
5. **Zurückhalten der Sinne** (*pratyāhāra*): »Wenn die Sinne sich von ihren Objekten zurückziehen und sozusagen in das Eigenwesen des Geistes eingehen, so heißt dieser Zustand ›Zurückhalten der Sinne‹. Daraus entsteht eine vollkommene Beherrschung der Sinne.«[323] Diese Stufe markiert den Übergang zu den eigentlichen Versenkungsübungen. Sie beginnen mit dem allmählichen Zurückziehen des Geistes von den Sinnesobjekten, einer Unterbrechung der Verbindung der Sinnesorgane mit den Objekten, die zur vollkommenen Selbstbeherrschung des Yogins führt.[324]
6. **Konzentration** (*dhāraṇā*): »Das Festhalten des Bewußtseins in der Leere des Raumes ist Konzentration.«[325] Wie schon im Mahābhārata beschrieben, muß der Geist zunächst auf einen Punkt oder Gegenstand konzentriert werden, um in die nächste Versenkungsstufe übergehen zu können.

7. **Betrachtung** oder **Meditation** (*dhyāna*): »Dort (in dieser Konzentration) ist das Einstimmen in einen einzigen Erfahrungsakt Meditation.«[326] Die Konzentration wird mit der Zeit so tief, daß das Bild des Geschauten den Geist bald vollständig erfüllt: »Jedes Subjektsempfinden tritt zurück, und die Erkenntnis geht allein in der Wahrnehmung des Gegenstandes auf.«[327]
8. **Versenkung** (*samādhi*): »Nur die Meditation, die den Gegenstand allein zum Leuchten bringt und wobei man sozusagen der eigenen Identität entblößt ist, ist Versenkung.«[328] In der tiefsten Versenkung ist der Yogin ganz vom Geschauten erfüllt. Er ist völlig Selbst-los, hat absolute Klarheit, tiefste Erkenntnis und Weisheit: »Diese drei (*dhāraṇa, dhyānam, samādhi*) werden zusammen als ›Sammlung‹ bezeichnet. Deren Meisterung führt zur Weisheitsschau.«[329]

Je nachdem, worauf der Yogin nun seine »**Sammlung**« richtet, erlangt er entsprechende **außergewöhnliche Kräfte** und Fähigkeiten bzw. bewirkt entsprechende **übernatürliche Phänomene**: Richtet er seine Sammlung auf die Wahrnehmung, dann kann er Gedanken lesen; richtet er sie auf den Körper, so bannt er die Kraft, die ihn wahrnehmbar macht, und wird unsichtbar; richtet er sie auf den Anfang und das Ende bzw. Nichtanfang und Nichtende des Tuns, dann kann er Tod und Unglück voraussagen ... Ja, es gibt nichts, was der Yogin nicht erlangen oder erkennen kann, wenn er seine Sammlung darauf richtet.[330] Und so erlangt er schließlich auch die erlösende Erkenntnis. Worin diese freilich besteht – Patañjali spricht kryptisch von der Zerstörung »der Keime der Unreinheit« und der Erlangung »völliger Freiheit«[331] –, darüber sind sich die verschiedenen Yogatraditionen uneinig. Jedenfalls vernichtet der Yogin mit der Versenkung die Keimkraft seiner Befleckungen, reduziert damit sukzessive die karmische Wirkung seiner Taten und Werke, so daß er nicht mehr wiederverkörpert werden muß und schließlich erlöst ist.[332]

Vaiśeṣika: atomistisch-mechanistische Naturphilosophie

Neben dem Sāṃkhya ist das **Vaiśeṣika**[333] das zweite große philosophische System der klassischen Zeit, dessen **Kategorienlehre** für das indische philosophische Denken grundlegend werden sollte. Das Vaiśeṣika ist eine **Naturphilosophie**. Es benennt die elementaren Kategorien des Seins und deren Besonderheiten bzw. Unterschiede (*viśeṣa*) – von daher hat es wohl auch seinen Namen Vaiśeṣika, »das auf die Unterschiede sich beziehende« – und möchte damit **die Erscheinungswelt verstehen** und **erschöpfend erklären**. Es kennt zwar auch eine Erlösungslehre, die erscheint allerdings »äußerlich angefügt und ohne jede innere Verknüpfung mit dem übrigen System«[334].

Als Begründer des Systems gilt der Gelehrte **Kaṇāda** aus dem Geschlecht der Kāśyapa, auch unter dem Namen Ulūka, die »Eule«, bekannt. Er lebte im

2. Jahrhundert v. Chr., war wohl Oberhaupt einer Priesterschule und gilt als maßgeblicher Autor des **Vaiśeṣikasūtra**: der aus 370 Merksprüchen bestehende Grundlagentext des Vaiśeṣika, von dem wir heute aber keine historisch gesicherte Version besitzen. Die älteste verläßlich überlieferte Literatur stammt aus der Zeit, als das Vaiśeṣika bereits seine **klassische Form** erreicht hatte: das Handbuch eines gewissen **Candramati** oder Maticandra aus dem 5. Jahrhundert n. Chr. und das Werk des großen Systematikers **Praśastapāda**[335] oder Praśastadeva aus der zweiten Hälfte des 6. Jahrhunderts samt seinen Kommentaren.

Nach der klassischen Vaiśeṣika-Lehre[336] entsteht und existiert alles Seiende in überaus komplexen Kombinationen und Beziehungen von **sechs Kategorien** (*padārtha*). Ihnen gemeinsam ist ihr **Vorhandensein** (*astitva*), ihre **Erkennbarkeit** (*jñeyatva*) und ihre **Benennbarkeit** (*abhidheyatva*):

I. Substanz (*dravya*): Das Vaiśeṣika unterscheidet **neun Substanzen**, die in je verschiedener Verteilung Träger der übrigen Kategorien sind. Dabei bestehen die **vier Elemente** (Erde, Feuer, Wasser Luft) aus runden, unendlich kleinen **Atomen** (*paramāṇu*), die sich zu Doppel- und Dreieratomen und zu komplexen Aggregaten zusammenschließen können. Bei der Weltschöpfung verbinden sich die vier Elemente zu Welten und Wesen, beim Weltuntergang trennen sie sich wieder und zerfallen in ihre einzelnen Atome. Die neun Substanzen – mit ihren weiter unten beschriebenen Qualitäten (siehe Ziffern) – sind folgende:

1. **Erde** (*pṛthivī*): Sie besitzt die Eigenschaften 1-11, 18, 19, 21. In Form der Atome ist die Erde ewig. Als Aggregat ist sie nicht ewig und beteiligt an der Entstehung der Körper der Wesen (Götter, Menschen, Tiere), der Sinnesorgane und der Objekte (Erde im engeren Sinn, Gesteine und Pflanzenwelt).
2. **Wasser** (*āpas*): Es hat die Eigenschaften 1, 2, 4-11, 18-21. Es ist ewig in den Atomen und nicht ewig in Körpern, Sinnesorganen und Objekten.
3. **Feuer** (*tejas*): Ihm kommen die Eigenschaften 1, 4-11, 19 und 21 zu. Es ist wie das Wasser ewig in den Atomen und nicht ewig in Körpern, Sinnesorganen und Objekten.
4. **Luft** (*vāyu*): Sie besitzt die Eigenschaften 4-11 und 21. Sie ist ewig in den Atomen und nicht ewig als Aggregat in Körpern, Sinnesorganen, Objekten und im Atem.
5. **Äther** (*ākāśa*): Er hat die Eigenschaften 5-9 und 24, gilt als Träger des Tons als ewig und unendlich groß.
6. **Zeit** (*kāla*): Ihr werden Eigenschaften 5-9 zugeschrieben. Sie gilt als ewig, weil sie nicht aus Ursachen entstanden ist.
7. **Raum** (*diś*): Er besitzt die Eigenschaften 5-9. Zwar gilt er als eine Einheit, doch haben die Seher der Vorzeit ihn aus praktischen Gründen in zehn Weltgegenden aufgeteilt, die von je verschiedenen Schutzgottheiten behütet werden.

8. **Seele** (*ātman*): Sie ist nicht wahrnehmbar, sondern muß als Ursache verschiedener Lebensäußerungen oder als Träger ihrer Eigenschaften 5-9, 12-17, 21b und 22-23 erschlossen werden.
9. **Psychisches Organ** (*manas*): Seine Existenz wird daraus erschlossen, daß sich zu verschiedenen Zeiten trotz gleicher Bereitschaft von Seele und Sinnesorganen verschiedene Erkenntnisse einstellen und daß es Erinnerungen gibt, die von den äußeren Sinnesorganen nicht wahrgenommen werden können. Ihm werden die Eigenschaften 5-11 und 21a zugeschrieben. Es ist unendlich klein, neben den vier Elementen als einzige Substanz atomförmig, kann aber, da ihm die Eigenschaft Berührung fehlt, keine Aggregate bilden.

II. Qualität (*guṇa*): Insgesamt werden **24 Qualitäten oder Eigenschaften** unterschieden. Diese Eigenschaften können den Substanzen innewohnen und durchdringen sie dabei meist vollständig, während ihnen selber weder andere Eigenschaften noch die dritte Kategorie, die Bewegung, innewohnt:

Eigenschaften der Elemente; sie sind in den Atomen der Elemente ewig und in ihren Aggregaten vergänglich:
1. **Form oder Farbe** (*rūpa*): Hier werden die sechs »Grundfarben« Weiß, Gelb, Grün, Rot, Dunkelblau, Braun und bunt unterschieden.
2. **Geschmack** (*rasa*): Die sechs Geschmacksrichtungen süß, bitter, stechend, herb, sauer und salzig gelten als Grundlage von Leben, Gedeihen und Gesundheit.
3. **Geruch** (*gandha*): Es gibt wohlriechende und übelriechende Gerüche, und sie kommen ausschließlich der Substanz Erde zu.
4. **Berührung** (*sparśa*): An Berührungsempfindungen werden kalt, heiß, lau (weder kalt noch heiß), hart und weich unterschieden.

Gemeinsame Eigenschaften, die mehreren Kategorien zukommen:
5. **Zahl** (*sāṃkhya*): Als Einzahl ist sie eine Eigenschaft aller Substanzen und Ursache dafür, daß man Zahlen überhaupt wahrnimmt und durch die »betrachtende Erkenntnis« erkennt. Eine Zahl »vergeht« entweder durch die Vernichtung ihres Trägers oder durch das Schwinden dieser Erkenntnis.
6. **Ausdehnung** (*parimāṇa*): Es gibt vier mögliche Ausdehnungen: groß (für die ewigen Substanzen Äther, Zeit, Raum, Seele und für alle Aggregate, die größer sind als das Dreieratom), klein (Atome und psychische Organe), lang oder kurz (in den Aggregaten). Sie ist Voraussetzung und Ursache dafür, daß man von Maßen spricht.
7. **Gesondertheit** (*pṛthaktva*): Sie ist die Ursache dafür, daß wir Dinge als getrennt voneinander unterscheiden, und wohnt allen Substanzen inne.
8. **Verbindung** (*saṃyoga*): Sie ist die Voraussetzung dafür, daß Dinge als verbunden wahrgenommen werden.

9. **Trennung** (*vibhāga*): Wird eine Verbindung aufgelöst und zerfallen die Aggregate in ihre Bestandteile, dann tritt diese Eigenschaft zutage. Nur durch sie können Dinge als getrennt wahrgenommen werden. Sie vergeht entweder durch eine neuerliche Verbindung, oder sie vergeht automatisch im nächsten Augenblick, da ihre Erkenntnis das Bewußtsein einer vorhergehenden Verbindung voraussetzt.
10. **Ferne** (*paratva*): Wie die Nähe wird diese Eigenschaft durch die Verbindung mit Raum oder Zeit verursacht und durch die »betrachtende Erkenntnis« hervorgerufen.
11. **Nähe** (*aparatva*): Siehe »Ferne«.

Besondere **Eigenschaften der Seele**:

12. **Erkenntnis** (*buddhi*): Davon unterscheidet das Vaiśeṣika grundsätzlich zwei Arten: **Nichtwissen** – in den vier Varianten Zweifel, Irrtum, Unschlüssigkeit und Traum – und **Wissen** in Form von sinnlicher Wahrnehmung, Schlußfolgerung, Erinnerung und übernatürlicher Erkenntnis.
13. **Lust** (*sukha*): Sie entsteht, wenn erwünschte Objekte wahrgenommen werden, man davon träumt oder sich daran erinnert. Bei Weisen beruht dieses Gefühl auf Wissen, Selbstbeherrschung, Zufriedenheit und Verdienst.
14. **Leid** (*duḥkha*): Es beruht auf der Wahrnehmung oder Erinnerung von Unerwünschtem oder auf der Schuld des einzelnen.
15. **Verlangen** (*icchā*): Dazu gehören Liebe, Begierde, Leidenschaft, Wunsch, Mitleid, Leidenschaftslosigkeit. Es entsteht durch Erinnerung an oder Bemühen um etwas, das man nicht besitzt.
16. **Abneigung** (*dveṣa*): Zu dieser Eigenschaft gehören Zorn, Feindseligkleit, Wut, Mißgunst und Unmut; sie entsteht durch Erinnerungen, Bemühungen, Verdienst und Schuld.
17. **Bemühung** (*prayatna*): Sie ist entweder jene lebenserhaltende Eigenschaft, die während des Schlafs die Atmung in Gang hält, oder sie veranlaßt im Menschen das Verlangen nach Gewünschtem und die Meidung von Unerwünschtem.

Weitere **Eigenschaften der Elemente**:

18. **Schwere** (*gurutva*): Als Eigenschaft von Erde und Wasser kann sie aus dem Fallen erschlossen werden.
19. **Flüssigkeit** (*dravatva*): Sie kommt Erde, Wasser und Feuer zu und ist Ursache des Fließens.
20. **Feuchtigkeit** oder **Klebrigkeit** (*sneha*): Diese Eigenschaft führt zum Anhaften – etwa beim Waschen – und kommt dem Wasser zu.

Sonstige Eigenschaften:

21. **Bereitschaft** (*saṃskāra*): Hierbei werden unterschieden der **Schwung** (21a), der allen zur Bewegung fähigen Substanzen zukommt, der **Erinnerungseindruck** (21b) als Eigenschaft der Seele, sich zu erinnern oder Dinge wiederzuerkennen, und die **Elastizität** (21c), die undurchdringlichen Dingen zukommt in deren Eigenschaft, frühere Zustände wieder einzunehmen.
22. **Verdienst** (*dharma*): Diese Eigenschaft ensteht aus dem guten Willen bei Beachtung der Pflichten des einzelnen und kann zur Erlösung führen.
23. **Schuld** (*adharma*): Sie ist das Gegenteil des Verdienstes und gehört mit ihm zu den »unsichtbaren« Eigenschaften.
24. **Ton** (*śabda*): Bei der Eigenschaft des Tons unterscheidet man Sprachlaute, die aus dem Wunsch zu sprechen, der Bemühung und der Verbindung der Seele mit der Sprechluft im Kehlkopf entstehen, und Schall, den Instrumente hervorbringen und der durch die Verbindung von Instrument und Äther entsteht. Die Fortplanzung des Tones entsteht über eine Kette von Tönen, bei der ein Ton den nächsten anstößt.

III. Bewegung (*karman*): Wie die Qualität, so setzt die Kategorie Bewegung notwendigerweise eine Substanz als deren Träger voraus. Es werden insgesamt **fünf Arten** von Bewegung unterschieden: **heben**, **senken**, **beugen**, **strecken**, **gehen**. Jede Bewegung hat nur die Dauer eines Augenblicks. Bewegungen können sich im Raum abspielen, aber auch im Körper und in Dingen, sie können unter Einfluß der Seele zustande kommen, aber auch ohne ihn: als Schlag, als Verbindung mit etwas, das von einem Schlag getroffen wurde, als Schwere (etwa bei fließenden Flüssigkeiten) oder als Schwung eines bewegten Gegenstandes.

IV. Gemeinsamkeit (*sāmānya*): Diese Kategorie, »die ungeteilt und ununterbrochen in ihren Trägern weilt, ist die Ursache, daß man deren Übereinstimmung (*anuvṛtti*) miteinander erkennt.«[337] Sie bewirkt, daß Erinnerungseindrücke früherer gleichartiger Gegenstände deren spätere Identifikation als etwas Gleichartiges ermöglichen. Diese Kategorie ist ewig, da sie zwar an einen Träger gebunden ist, aber nach dessen Verschwinden weiterbesteht. Die höchste Art der Gemeinsamkeit ist das Sein, niedere Formen der Gemeinsamkeit bestehen über die Kategorien Substanz, Qualität, Bewegung etc., die dazu führen, daß Dinge teils miteinander übereinstimmen und teils voneinander abweichen.

V. Besonderheit (*viśeṣa*): Sie ist die wohl am schwierigsten zu verstehende Kategorie. Man geht davon aus, daß Yogins im Zustand tiefster Versenkung in der Lage sind, erlöste Seelen, psychische Organe, ja selbst Atome – also ewige Substanzen – voneinander zu unterscheiden. Dies kann aber nur möglich sein, wenn diesen Substanzen etwas innewohnt, was diese Unterscheidung ermöglicht, da sie selber nicht voneinander verschieden sind. Und diese Unterscheidungsmöglichkeit ist in der Besonderheit begründet.

VI. Inhärenz (*samavāya*): Die Tatsache, daß man überhaupt etwas als vorhanden oder miteinander verbunden erkennen kann, ist nach Ansicht des Vaiśeṣika nicht von selbst gegeben, sondern wird durch die Kategorie »Inhärenz« ermöglicht. Sie bezieht sich auf Dinge, die getrennt nicht vorkommen können, etwa auf Substanzen und deren Eigenschaften: Substanzen haben bestimmte Eigenschaften, und die Vorstellung, daß in einer Substanz eine bestimmte Eigenschaft vorhanden ist, wird durch die Inhärenz hervorgerufen. Inhärenz wird nicht verursacht, sondern sie ist in den anderen fünf Kategorien gegeben: Das »Inhärieren« in diesen Kategorien macht ihr eigenes Wesen aus.

Damit schließt die Darstellung Praśastapādas – Endpunkt einer fast 800jährigen Entwicklung. Aus heutiger Sicht mag das meiste dieses Systems kaum mehr zu überzeugen, für seine Zeit, zumal in indischem Kontext, leistete das System im Bereich der Naturphilosophie Außerordentliches. Sein Versuch, die gesamte Erscheinungswelt mit den sechs Kategorien und deren komplexem Zusammenwirken erschöpfend und kohärent zu erklären, verzichtet allerdings weitgehend auf eine **Erlösungslehre** oder auf **ethische Überlegungen**. Lediglich in seiner Darstellung der Eigenschaften oder Qualitäten, nach der Beschreibung von Verdienst und Schuld, kommt Praśastapāda kurz auf die Erlösung zu sprechen. Auch für ihn ist das **Nichtwissen** die letzte Ursache für die Verstrickung in den Wesenskreislauf, Ursache für Leidenschaften, Begierde und Haß. Erworbene **Verdienste** können das postmortale Schicksal durch eine Wiederverkörperung in der Götter- oder Menschenwelt verbessern, persönliche **Schuld** oder **nicht erfüllte Pflichten** werden die Wiederverkörperung entsprechend verschlechtern. Nur die Geburt in einer frommen Familie und, wie nicht anders zu erwarten, das wahre Wissen über die sechs Kategorien können Haß, Begierde und Leidenschaften vermindern, um sie am Ende ganz auszulöschen: Dann existiert nur noch »eine reine Form des Verdienstes«, die »ein durch das Erschauen der höchsten Wahrheit erzeugtes Lustgefühl hervorbringt und dann erlischt. Ist es erloschen und zerfällt schließlich mit dem Tode auch der Körper, so kommt es zu keiner neuen Wiedergeburt, und der Mensch erlangt die Erlösung, indem er zur Ruhe kommt wie ein Feuer, dessen Brennstoff verzehrt ist«[338].

Nyāya: Erkenntnis durch logische Beweisführung

Nyāya heißt soviel wie »Logik«, »Regel«, »Methode«, denn es geht bei diesem philosophischen System, wie sein Name andeutet, um einen **methodischen Weg** der **logischen Beweisführung und Argumentation** – vor allem bei öffentlichen Disputationen, die es in Indien schon seit den frühen Upaniṣads gibt. Dabei ist das Nyāya nahe verwandt mit dem Vaiśeṣika: Es entstand »durch die Verschmelzung einer Dialektik mit einer einfachen naturphilosophischen Lehre«, die dem Vaiśeṣika sehr nahe stand, hat aber dann »einseitig die Erkenntnistheorie und Logik entwickelt und die Naturphilosophie vollkommen vernachlässigt«[339] und behielt fortan faktisch alle naturphilosophischen Kategorien des Vaiśeṣika unverändert bei – insofern muß darauf hier nicht gesondert eingegangen werden.

Ältestes Werk des Nyāya und faktisch seine Grundlage ist wieder ein Sūtratext: die 538 **Nyāyasūtras** eines gewissen **Akṣapāda Gautama**, oft nur »Gotama« genannt, der um das 4. oder 3. vorchristliche Jahrhundert gelebt haben soll; historisch verläßliche Informationen über ihn besitzen wir nicht. Ältester und bedeutendster **Kommentator** der Nyāyasūtras ist Pakṣilasvāmin **Vātsyāyana**. Sein »Ausführlicher Kommentar zum Nyāya-System« (*nyāyabhāṣya*) entstand vermutlich in der ersten Hälfte des 5. Jahrhunderts n. Chr. Er erklärt ausführlich Akṣapādas Text, behandelt zentrale philosophische Probleme und bietet wichtige Ergänzungen. Dazu gibt es in den folgenden Jahrhunderten eine Reihe bedeutender **Subkommentare**[340] – bis die alte Schule des Nyāya schließlich im 10. Jahrhundert zum Abschluß kommt. Ab dem 13. Jahrhundert entsteht mit dem »Navya-Nyāya« eine neue, eigenständige Schule, welche die »Erkenntnistheorie und Logik endgültig aus dem älteren disputationstechnischen Kontext« herauslöst und dabei »ein Höchstmaß scholastischer Subtilität und formaler Esoterik«[341] entwickelt.

Wenngleich auch in den Nyāyasūtras letztlich die Erlösungsrelevanz eher im Hintergrund bleibt, ist ihr schon zu Beginn erklärtes Ziel die **Befreiung vom existentiellen Leid**, in das der Mensch durch Geburt, Handlung und Fehler verstrickt ist.[342] Der Weg zu diesem Ziel und Voraussetzung der Erlösung ist die richtige Erkenntnis, nämlich die **Erkenntnis von 16 dialektischen Kategorien**, die vor allem für die philosophischen Streitgespräche von Bedeutung sind: die **Erkenntnismittel** (Wahrnehmung, Folgerung, Durchdringung, Vergleich, Mitteilung), die **Erkenntnisobjekte** (Seele, Leib, Sinnesorgane, Sinnesobjekte, Erkenntnis überhaupt, Denkorgan, Betätigung, Fehler, Zustand nach dem Tod, Frucht, Schmerz, Erlösung), der **Zweifel**, das **Motiv**, der **Mustersatz**, der **Lehrsatz**, die **Beweisglieder des Syllogismus** (Behauptung, Grund, Mustersatz oder Beispiel, Anwendung, Schlußfolgerung), die **Überlegung und Widerlegung**, die **Entscheidung**, die **Diskussion**, die **Disputation**, die **Schikane**, die **Scheingründe** (eine Ausnahme darstellend, widersprechend, themagleich, dem noch zu Beweisenden gleich, zeitüberschreitend), die **Verdrehung** (Wortverdrehung, Verallgemeinerung, Ausdrucksverdrehung), die **Sophismen** und der **Abbruchsgrund**.

Philosophische Schaudisputationen sind im alten Indien eine ernste Sache. War es doch nach den geltenden Regeln üblich, daß der Unterlegene zum

Anhänger des Siegers einer solchen Disputation wird. Besondere Bedeutung kommt dabei den **Erkenntnismitteln** (*pramāṇa*), den **Beweisgliedern des Syllogismus** (*avayava*), den **Scheingründen** (*hetvābhāsa*), den **Sophismen** (*jāti*) und den **Gründen für den Abbruch** bzw. für die **Niederlage** (*nigrahasthāna*) zu. Zentrales Erkenntnismittel bei diesen Disputationen ist die **Schlußfolgerung** (*anumāna*) auf der Grundlage von **Analogieschlüssen** – und sie bleibt es auch bis ins 5. Jahrhundert hinein. Dann erst entwickelt nämlich der buddhistische Logiker **Dignāga** (ca. 480-540) die erkenntnistheoretischen Grundlagen für **formale logische Schlußfolgerungen**, die von allen zeitgenössischen Schulen mit Ausnahme der Jainas übernommen werden.[343]

Mīmāṃsā: vedische Sprachphilosophie und Erkenntnislehre

Das zweite erkenntnistheoretische System neben dem Nyāya, wenn auch mit anderem Ausgangs- und Schwerpunkt, ist die **Mīmāṃsā**[344] (»Überdenkung«). Ursprünglich hatte dieses System gar nichts mit Philosophie zu tun, sondern ihre frühen Vertreter beschäftigten sich mit der **Interpretation** der zahlreichen vedischen **Opfervorschriften**. Der Veda galt der Mīmāṃsā nämlich nicht nur »als göttliche Offenbarung«, sondern auch »als Ausdruck einer **naturgesetzlichen Beziehung** zwischen der **Opferhandlung** und ihrem **Ergebnis**, so daß bei genauer Kenntnis der inneren Zusammenhänge der Erfolg des Opfers gewährleistet sein mußte«[345]. Dazu mußte durch streng systematische Interpretation die vedische Überlieferung harmonisiert und deren Widersprüche ausgeglichen werden.

Als Textgrundlage des Systems gilt das **MīmāṃsāSūtra** des **Jaimini**, vermutlich aus dem 4. Jahrhundert vor Christus. Der älteste erhaltene Kommentar, das Mīmāṃsābhāṣya (»Ausführlicher Kommentar zum Mīmāṃsa-System«) des **Śabarasvāmin**, der sich auf einen älteren, nicht mehr erhaltenen Text (*vṛtti*, »kurzer Kommentar«) beruft und daraus zitiert, entstand Anfang des 6. Jahrhunderts n. Chr. Der größte aller Mīmāṃsa-Lehrer ist der Śabarasvāmin-Kommentator **Kumārila** (erste Hälfte 7. Jhd.). Über den bloßen Kommentar hinaus verfaßt er umfassende eigenständige Abhandlungen zu verschiedensten philosophischen Fragen, beschäftigt sich mit Einwänden der Mīmāṃsa-Gegner und macht mit seinem Werk die Mīmāṃsa zu einem der großen philosophischen Systeme seiner Zeit. Von ihm, seinem Schüler Prabhākara und seinem Zeitgenossen Maṇḍana Miśra hängt die ganze spätere Mīmāṃsa ab.

Jaiminis **MīmāṃsaSūtra** bietet faktisch Regeln (*vidhi*) zur Auslegung des Veda, die als Kriterien dienten zur richtigen Durchführung der rituellen Pflichten. In zwölf Büchern mit insgesamt 2742 Sūtras, zusammengefaßt in **915 Titeln** (*adhikaraṇa*) beschäftigt er sich mit allen erdenklichen Fragen: zu den vedischen Schriften, ihrer Entstehung, ihren Widersprüchen, den einzelnen

Opferhandlungen und ihrer Wirkung, ihren Bestandteilen, sprachphilosophischen Abhandlungen und vielem mehr. Jeder Titel gliedert sich normalerweise in fünf dialektisch aufgebaute Teile, ähnlich dem Ablauf eines traditionellen indischen Gerichtsverfahrens. Ein Beispiel – die Diskussion um den göttlichen Ursprung des Veda – zur Illustration:

1. Der zu **behandelnde Gegenstand** (*viṣaya*): »Der Veda ist *apaurusheya*, ist nicht Menschenwerk, denn er ist nach der Weltschöpfung von Brahman ausgehaucht worden, ja, er ist dieses Brahman selbst (Brahman=Veda), wie es seine Wesenheit der Welt offenbart und von den Rishi's geschaut und den Menschen mitgeteilt wurde.«
2. Der über ihn bestehende **Zweifel** (*saṃśaya*): »Gegen diese Übermenschlichkeit und Ewigkeit des Veda erheben sich Zweifel.«
3. Die **gegenerische Ansicht** (*pūrvapakṣa*): »Der Opponent macht geltend, daß im Veda selbst menschliche Verfasser wie Kaṭha und andere genannt werden, daß in ihm historische Personen wie Babara Prāvāhaṇi und andere vorkommen, und daß er unmögliche Dinge berichtet, wenn er erzählt, daß die Bäume oder die Schlangen ein Opfer veranstaltet hätten.«
4. Die **endgültige Ansicht** (*uttarapakṣa*): »Die endgültige Ansicht widerlegt diese Behauptungen. Die Erwähnung menschlicher Urheber wie Kaṭha usw. besagt nur, daß diese die vedische Offenbarung empfangen und dem Menschen übermittelt haben. Das Vorkommen historischer Personen wird bestritten. ... Wenn es heißt, daß Bäume und Schlangen geopfert hätten, so ist dies ein bloßer *arthavāda*, welcher den hohen Wert eines bestimmten Opfers dadurch erweist, daß selbst Bäume und Schlangen sich zu demselben gedrängt hätten. Nein, der Veda ist übermenschlich, denn wenn für die Darbringung des Somaopfers der Himmel verheißen wird, so ist undenkbar, daß ein Mensch diesen Zusammenhang zwischen dem Werke und seiner transcendenten Frucht zu durchschauen imstande gewesen wäre.«[346]
5. Die **Erstreckung** (*saṃgati*) erötert die Beziehung dieser erwiesenen Wahrheit zu anderen Wahrheiten.

Für die Mīmāṃsa ist der **Veda** die ausschließliche Quelle der Erkenntnis, besonders die Brāhmaṇas, da sie die ritualwissenschaftlichen Vorschriften und Erläuterungen erhalten. Zu deren Interpretation bedient man sich der vom Nyāya bekannten fünf klassischen **Erkenntnismittel** (*pramāṇa*) – Wahrnehmung, Folgerung, Durchdringung, Vergleich, Mitteilung –, ergänzt durch das Nichtvorhandensein, die je nach Sachlage argumentativ zur Anwendung zu bringen sind. In der Auseinandersetzung mit Kritikern sah man sich bald gezwungen, die ewige Autorität der vedischen Offenbarung als solche schlüssig und glaubwürdig zu beweisen: »Da der Veda keinen Verfasser hat und damit nicht menschlichen Ursprungs, sondern geoffenbart ist, muß er aus ewigen Worten bestehen, die – indem sie für sich allein sprechen – wie die sinnliche Wahrnehmung eine unmittelbare Erkenntnis ihres Gegenstandes vermitteln, weil ihre Beziehung zu diesem ewig und ursprünglich (*autpattika*) ist. Ewig sind die Worte aber in latenter Form; erst durch die aufeinanderfolgende Aussprache der einzelnen sie konstituierenden Laute wird ihre Bedeutung kurzzeitig auf die Ebene der Manifestation gehoben.«[347] Mit der Zeit entstand so eine bemerkenswerte Sprachphilosophie und Erkenntnislehre, die der Mīmāṃsā einen ebenbürtigen Platz neben den übrigen klassischen Systemen verschaffte.

Vedānta: Abschluß und Vollendung des Veda

Seit dem Niedergang der nordindischen Großreiche befindet sich Indien in vielerlei Hinsicht im Umbruch. Die brahmanisch-orthodoxe Tradition gerät zusehends unter Druck, althergebrachte Konventionen und Dogmen werden in Frage gestellt oder verlieren gar ihre Gültigkeit. Die neu aufkommenden theistischen Strömungen haben nur bedingt einen inneren Bezug zum Veda: An die Stelle von rituellem Tun und spiritueller Erkenntnis tritt für viele die schlichte Bhakti-Frömmigkeit einer bedingungslosen Hingabe an Gott – eindrucksvoll gibt davon die Bhagavadgītā Zeugnis. In den **vedischen Priesterschulen** rückt deshalb verstärkt die **Auslegung des Veda** und vor allem die Frage nach **der Erlangung des erlösenden Brahma-Wissens** in den Mittelpunkt des spekulativen Interesses. Philosophische Schulen entstehen, die schließlich als **Vedānta**, »**Abschluß**« oder »**Vollendung des Veda**«, ihren Platz unter den klassischen Darśanas finden.

Die verbindlichen Texte des Vedānta sind zunächst die den Veda »abschließenden« (deshalb nach traditionellem Verständnis ebenfalls »Vedānta« genannten) frühen **Upaniṣads** und die **Bhagavadgītā**. Hinzu kommt das **VedāntaSūtra**[348] (oder BrahmaSūtra), das die verschiedenen Lehren der Upaniṣads über Ātman, Brahman und über ihre Beziehung zueinander systematisch zusammenfaßt. Es wird **Bādarāyaṇa**[349] zugeschrieben und ist irgendwann zwischen 400 vor und 200 n. Chr. entstanden. Die 555 sehr kryptischen, oft nur aus drei Worten bestehenden Sūtras verstehen Brahman als höchste unpersönliche Intelligenz, aber auch als obersten persönlichen, transzendenten Gott, aus dem einst alles Seiende entstanden ist. Wie aber das Verhältnis Brahmans zur Welt, wie das Verhältnis des einzelnen zu Brahman zu denken ist und welche Folgen dies für das Erlösungsverständnis hat, darüber existieren je nach Schultradition unterschiedliche Meinungen.

Monistischer Vedānta: Śaṅkara

Der wohl berühmteste Vedānta-Gelehrte ist der legendäre **Śaṅkara**.[350] Er muß zwischen 670 und 750 gelebt haben, war Asket, religiöser Lehrer, Philosoph, Poet, Mystiker, gar Heiliger – manche verehren ihn als Inkarnation Śivas. Jedenfalls gilt er als der große Reformator des Hinduismus, und Paul Deussen vergleicht ihn sogar mit Martin Luther.[351] Geboren in einer orthodoxen śivaitischen oder śaktistischen Familie, soll sich das Wunderkind Śaṅkara schon mit acht Jahren in den Stand eines besitzlosen Wanderasketen, eines Saṃnyāsin, begeben haben. Fortan soll er ganz Indien durchwandert haben, »um jedem den Weg zu weisen, der für den einzelnen gerade der geeignete ist, um seine Lehre in öffentlichen Disputationen zu verteidigen, die Ansichten der Buddhisten zu widerlegen, den Hindu-Dharma zu festigen und die religiösen Bräuche zu erläutern.«[352] In nur vier Jahren soll er in Badarīnātha im Norden Indiens (heute nahe der tibetischen Grenze) den Großteil seiner zahlreichen Werke verfaßt haben. Mit missionarischem Eifer gründet er die vier führenden Advaita-Klöster – das Hauptkloster ist Śṛṅgeri im Südwesten Indiens, Purī im Osten, Dvārakā im Westen und Badarīnātha im Norden – und läßt von dort aus seine Lehren im ganzen Land verbreiten.[353] Dies alles in unglaublich jungem Alter: Angeblich erst 32jährig, stirbt Śaṅkara in Kedāranātha im Himālaya.

Śaṅkara möchte die ursprüngliche **monistische Lehre der Upaniṣads** von der Wesensgleicheit des nur scheinbar individuellen Selbst, Ātman, mit dem ebenfalls nur scheinbar als Urgrund und Ursache der Welt auftretenden Brahman **wiederherstellen**. Er bietet aber keine Welterklärung, sondern möchte damit einen praktischen Weg zum Heil weisen. Geprägt ist Śaṅkara von der buddhistisch beeinflußten Lehre Gauḍapādas, den er früh als seinen Lehrer gewinnt. Dessen Lehre zufolge existiert nur das eigenschaftslose, all-eine Brahman. Alles, was ist, auch der Mensch und seine Seele (*ātman*), ist letztlich nur Schein (*māyā*) und in Wirklichkeit eine Manifestation jenes alldurchdringenden Brahman. So möchte Śaṅkara beweisen, daß im Grunde nur das Brahman, das Substrat der gesamten vergänglichen Wirklichkeit – reines **Sein** (*sat*), reines **Bewußtsein** (*cit*) und reine **Wonne** (*ānanda*) – existiert. Es kann nicht intellektuell erkannt, sondern nur in der **höheren mystischen Erfahrung** erfaßt werden, in der Subjekt und Objekt, Erkennendes und Erkanntes, nicht als Dualität wahrgenommen werden, sondern verschmelzen: kein kognitiver Erkenntnisakt, sondern ein »Erlebnis« (*anubhava*) der Erkenntnis, die zum »**höheren Wissen**« (*parāvidyā*) führt. Auf der Ebene unserer empirischen Erfahrung, des »**niederen Wissens**« (*aparāvidyā*), existiert die gesamte Wirklichkeit der Vielheit der Erscheinungen in Raum und Zeit – von Śaṅkara **Nāmarūpa**, »Name und Gestalt« genannt –, und es existieren unendlich viele Einzelseelen (*jīva*), die in den Kreislauf der Geburten (*saṃsāra*) verstrickt sind. Aber sie existieren nur als »scheinbare Entfaltung oder Transformation« des Brahman, das sich wie im **Spiel** (*līlā*) als etwas scheinbar anderes manifestieren kann, ohne sich dabei wirklich zu verändern.

Auch ein **persönlicher Gott** existiert nur auf dieser **niederen** Ebene: Aus dem eigenschaftslosen Brahman macht unser **Nichtwissen** einen mit Eigenschaften versehenen »Herrn« (*īśvara*). Und auch die Annahme einer persönlichen Identität, eines individuell existierenden Selbst ist nur »Unwissen«. Die Einzelseele, der Ātman, ist nichts anderes als Brahman, eingekleidet in Ichbewußtsein, Gefühle, Vorstellungen und damit im Grunde von Brahman entfremdet. Daraus resultiert das existentielle **Leid**, das nur in der **mystischen Erkenntnis** und Erfahrung Brahmans, in der Realisation des Absoluten zu überwinden ist: »Alles, was dazu beitragen kann, dieses Ziel zu erreichen, ist ethisch gut. Jede Form von Religion kann hier förderlich sein. Das viele Existenzen lang geübte peinlich genaue Einhalten des Dharma reinigt den Geist, fördert die Konzentration und setzt uns in den Stand, die Vedānta-Lehre – die über jede Religion hinausgeht – zu verstehen, die den Adepten davon zu überzeugen sucht, daß nicht die Körperlichkeit an sich, sondern das Hängen an diesem Leben dem Erlösungsstreben im Wege steht.«[354]

Śaṅkaras Lehre mit seiner Unterscheidung von »höherer« und »niederer« Erkenntnis läßt seiner Ansicht nach Raum für die vielfältigsten Anschauungen und Konzepte. Abstrakt-philosophische Spekulationen haben darin ebenso ihren Platz wie die Bhakti-Frömmigkeit der großen theistischen Religionen – solange sie nicht die Autorität des Veda untergraben oder einseitig und exklusiv für sich absolute Geltung beanspruchen und damit die Einheit des Hinduismus bedrohen. So ist Śaṅkaras Verdienst und Bedeutung für den Hinduismus zwar hoch anzusetzen, doch sollte seine Lehre auch heftige Kritik und Opposition hervorrufen.

Einheit in Verschiedenheit: Rāmānuja

Śaṅkaras Unterscheidung von höherem Erkenntniswissen und niederem Alltagsbewußtsein, zu dem auch Gottesvorstellungen, Geburtenkreislauf und Frömmigkeit gehören, mußte vor allem bei jenen auf Widerspruch stoßen, deren Credo in der Verehrung und liebenden Hingabe (*bhakti*) eines höchsten Gottes gipfelte: Viṣṇuiten und Śivaiten. Vor allem »war die Bloßstellung des Kreislaufs der Wiedergeburten (saṃsāra) und mit ihm des den saṃsāra regierenden Prinzips der Tatvergeltung (karman) als ein durch Nichtwissen (avidyā) erzeugter Schein (māyā) ein Affront für den moralischen common sense, schon weil sie den Vorwurf des Amoralismus zu rechtfertigen schien«[355]. Denn, so der zugespitzte Vorwurf seiner Kritiker, vom Standpunk des höheren, wirklichen Wissens her sind moralische Forderungen gegenstandslos, moralisches Handeln verliert jede Funktion im Erlösungsprozeß, und Amoralismus ist Tür und Tor geöffnet. Die Folge: Heftige, bisweilen fundamentalistisch anmutende Opposition der **theistischen** religiösen Schulen gegen den vermeintlich »atheistischen«[356] Vedānta Śaṅkaras. Seine Brahma-Mīmāṃsā, sein Wissen Brahmans müsse mit der älteren Karma-Mīmāṃsā und mit der Bhakti-Frömmigkeit zusammengedacht werden, denn Wissen und Tun, Philosophie und Religion bedingen einander.

Der erste, dem diese Synthese überzeugend gelingt, ist der viṣṇuitische Gelehrte **Rāmānuja**, der »erste Theologe der indischen Tradition«[357]. 1055 im südindischen Śrīperumbūdūr nahe dem heutigen Madrās geboren, wächst Rāmānuja in einer traditionell-viṣṇuitischen Brahmanenfamilie auf. Zur Lehre des Advaita und seiner Deutung der Upaniṣads muß er schon während seiner Ausbildung derart heftig in Widerspruch geraten sein, daß ihn sein Lehrer Yādavaprakāśa schließlich entläßt – angeblich nachdem Rāmānuja einen Besessenen heilte, bei dem die Heilkunst des Lehrers versagte.

Eine Zeitlang Viṣṇu-Priester mit einem kleinen Schülerkreis, geht der scharfsinnige Rāmānuja bei seinem Onkel erneut in die Lehre und verfaßt schließlich seinen berühmten **Kommentar der Śrī-Vaiṣṇava-Schule**: das **Śrībhāṣya**. Dieses Werk, sein folgender Bhagavadgītā-Kommentar und zwei Kurzfassungen des Kommentars zum BrahmaSūtra machen Rāmanuja so berühmt, daß er oberster Priester des großen Viṣṇu-Tempels ins Śrīraṅga und **theologisches Haupt der Śrī-Vaiṣṇava-Schule** wird. Als Saṃnyāsin durchwandert Rāmānuja viele Jahre lehrend Indien und gründet zahlreiche Śrī-Vaiṣṇava-Gemeinden. Unter politischem Druck eines militant-śivaitischen Cola-Herrschers vorübergehend zur Emigration nach Mysore gezwungen, kehrt Rāmānuja schließlich nach dessen Tod nach Śrīraṅga zurück, wo er vermutlich auch im Jahr 1137 mit 82 Jahren stirbt.

In seinem Śrībhāṣya lehrte Rāmānuja in der viṣṇuitischen Bhakti-Tradition seines berühmten Oberpriester-Vorgängers Yāmuna[358], dem eigentlichen Begründer des philosophischen Viṣṇuismus, **Viśiṣṭādvaita**, »**eigenschaftsbehafteten Nichtdualismus**« oder »Monismus des Unterschiedenen«. Ziel des Erlösung Suchenden ist für Rāmānuja nicht das unpersönliche Brahman, sondern das mit dem persönlichen Gott Viṣṇu oder Śiva(!)[359] gleichgesetzte Brahman: unendlich, mächtig, voller Erkenntnis, Wonne, Schönheit, Wahrheit, Ursache und Ursprung des Universums.

Und wie verhalten sich Gott, Welt und Mensch zueinander? Für Rāmānuja ist Gott die Ursache der periodischen Emanation und Absorption des Universums. Und alles, was entsteht, ist nur eine Modifikation Gottes, die schon vor ihrer Entstehung in Gott existiert, der sich aber in der Entstehung der Dinge real in diese verwandelt.[360] Zur präzisen Beschreibung ihres Verhältnisses bedient sich Rāmānuja »der dem Nyāya und Vaiśeṣika entnommenen Trennung von **Substanz und Attribut**«: »Gegenstände können in einer Hinsicht als Attribute (jeweils einer Substanz) und in einer anderen Hinsicht als Substanzen (jeweils mit Attributen) aufgefaßt werden.«[361] Beide sind verschieden, stehen aber zugleich in einer untrennbaren internen Beziehung zueinander, da das Attribut der Bestimmung der Substanz dient.

Der Mensch (*jīva*) besteht aus Körper (*śarīra*), Bewußtsein (*jñāna*) und Seele. Der Körper individuiert die Seele, das **Bewußtsein** ist das für das Ich oder die Seele wesentliche und charakterisierende **Attribut**. Dieses **attributive Bewußtsein** variiert je nach den individuellen karmischen Bedingungen. Als **Selbstbewußtsein** ist das **Bewußtsein** hingegen eine **Substanz**, die allen Menschen gleichermaßen eigen ist. Im Selbstbewußtsein stimmen alle Seelen substantiell nicht nur miteinander überein, sondern sind auch mit Gott, dem obersten Selbst, wesensgleich und identisch. Insofern kann, wie im Advaita, von einer Identität von Ātman und Brahman gesprochen werden, ohne aber Individuum und Brahman einfach zu identifizieren.

Der einzige Weg zur Erlösung ist die **Erkenntnis Gottes**. Dazu dienen die **heiligen Schriften** (*śruti*), da sie von Gott zeugen und unser Verlangen nach Vollkommenheit anregen; insofern erhält das Werk Rāmānujas umfassende Anweisung für das spirituelle Leben der Gläubigen. Brahman zeigt sich den Menschen als »Herr« (*īśvara*) in Gestalt vieler göttlicher Personen, doch der Mensch kann Gott nur erkennen, soweit jener dies zuläßt. Rāmānuja unterscheidet **vier Stufen der Erkenntnis**: »Erstens erkennt man, daß die Selbste (ātman) bei allen jīvas einander ähnlich sind, insofern sie in ihrem als Selbstbewußtsein bestimmten Wesen übereinstimmen; zweitens erkennt man auch īśvara und ātman in diesem Sinne einander ähnlich; drittens ist diese Erkenntnis auch außerhalb der yogischen Kontemplation im Alltag vorhanden; viertens schließlich handelt man, ohne den ātman bei sich und bei anderen zu unterscheiden.«[362] Die höchste Erkenntnis ist **Gnade** (*prasāda*)[363] und Äußerung der **schöpferischen Kraft** (*śakti*) Gottes: In **dienender Hingabe** (*bhakti*) werden Gott und Selbst in ihrem Wesen ununterscheidbar (*advaita*), identisch erfahren, wiewohl sie als Substanzen verschieden sind.

Dualistischer Vedānta: Madhva

Auch **Madhva**, der zweite Repräsentant des theistischen Vedānta, gerät nach traditionell-viṣṇuitischer Erziehung, orientiert an der Bhagavadgītā, schon früh in Konflikt mit den Lehren des Advaita – allerdings mit anderen Konsequenzen als Rāmānuja. Im Jahr 1238 in der Nähe des südwestindischen Uḍipi geboren, entschließt sich Madhva mit 16 Jahren zum Leben als weltentsagender Saṃnyāsin. Mit seinem Lehrer, dem śivaitischen Mönch Acyutaprekṣa, kommt es bald zum Streit wegen des von ihm gelehrten strengen Advaita, weshalb Madhva das Lehrer-Schüler-Verhältnis aufkündigt. Trotz aller Lehrstreitigkeiten ist Madhvas Ansehen aber so groß, daß Acyutaprekṣa seinen begabten Ex-Schüler unter dem fortan von ihm geführten Namen **Ānandatīrtha** zum Vorsteher seines Klosters macht, wo er eigene Schüler unterrichtet und allmählich seine eigenen Lehrpositionen erarbeitet.

Als Lehrer erkennt Madhva niemanden an, außer den mythischen Weisen **Vyāsa**, den legendären Autor des Mahābhārata. In seinen Werken beruft er sich ständig auf die Autorität der vedischen »Offenbarung«, wobei allerdings unklar ist, welche Schriften dies genau sind – der früh geäußerte Verdacht, daß dies womöglich frei erfundene Zitate waren, ist bis heute nicht ganz widerlegt.[364] Nach langen Jahren der Wanderschaft verfaßt Madhva berühmte Dvaita-Auslegungen der Bhagavadgītā und des BrahmaSūtra, kehrt schließlich nach Uḍipi zurück, wo er acht Klöster gründet, seine Lehre weiterentwickelt und 1317 im Alter von 79 Jahren stirbt. Seinen Nachfolgern hinterläßt er ein Œuvre von insgesamt 37 Arbeiten: Große Kommentare zu Basistexten des Vedānta, eigenständige Abhandlungen zum Dvaita-Vedānta, freiere Kommentare zu Vedānta-Literatur, Epen und Purāṇas und kleinere Arbeiten zu Spiritualität und Kult.

Madhva ist der Überzeugung, daß Gott und Welt wie auch Gott und Seele **real verschieden** sind, ihr Unterschied unüberbrückbar ist. Ihr Verhältnis faßt er in seinem **Lehrsatz vom »fünffachen Unterschied«** (*pañcabheda*) wie folgt zusammen: »Es gibt den Unterschied zwischen Gott und dem Nichtgeistigen (jaḍa) und auch den Unterschied zwischen Gott und den Subjekten (jīva); es gibt den Unterschied zwischen diesen Subjekten und dem Nichtgeistigen und den Unterschied der Subjekte untereinander; [schließlich] gibt es den Unterschied der [nichtgeistigen] Objekte untereinander.«[365] Daraus ergeben sich seit Ewigkeit drei Prinzipien: **Gott**, **Seele** und **Materie**. Gott ist für Madhva »dasjenige Prinzip, durch welches Schöpfung, Erhaltung, Zerstörung und Regierung der Welt sowie Wissen, Unwissenheit, Bindung und Erlösung bewirkt werden; er ist das, was stützt und Kraft verleiht, dasjenige, dessen Vollkommenheiten von fundamentaler Festigkeit sind«[366]. Gott kann sich nicht einfach in die mit zahllosen Mängeln behaftete Welt verwandelt haben. Vielmehr hat er wie ein Töpfer die Welt aus Seele und Materie in Erscheinung gerufen, um sie, wie in einem Spiel, nach Belieben wieder zu vernichten. Alle Lebewesen sind ihm, **Viṣṇu**, untertan; die Verehrung anderer Götter ist nur dann erlaubt, wenn sie als ihm untergeben betrachtet werden.

Gottes Wesen ist durch das **Studium der heiligen Überlieferung** (*āgama*) unter Anleitung eines Lehrers zu erkennen. Sie umfaßt die kanonischen Texte des Vedānta, die Texte der Pāñcarātras und das BhāgavataPurāṇa – Madhva nennt sie zusammen den **»fünften Veda«**. Alles, was in diesen Schriften an Geboten und Verboten zu finden ist, gilt für den Gläubigen als verbindlich. Erlösung erlangt nur derjenige, der die Lehre von den fünf Unterschieden versteht und sich in bedingungsloser **Hingabe** (*bhakti*) Gottes alles bestimmendem Willen unterwirft: »Durch Hingabe [kann kommen] Wissen (jñāna), durch dieses [wieder] Hingabe, durch sie Schau (dṛṣṭi), durch diese von neuem Hingabe; durch diese [kann kommen] Befreiung (mukti) und durch sie ebenfalls Hingabe in der Gestalt von Wohlbehagen (sukha). Durch Hingabe gnädig gestimmt kann der Erhabene haltbares Wissen geben, durch dieses entsteht vermöge der Hingabe wiederum Schau (darśana), durch sie wiederum wird er Befreiung verleihen.«[367]

Alles, was ist, existiert allein durch Gottes **Gnade**: Die Menschen, ihre Seelen, ihr Karman, die Materie, die Zeit. Auch die Erkenntnis Gottes ist letztlich gnadenhaftes Geschenk. Ihr folgt »ein grenzenloser und ununterbrochener Strom von Liebe, mit dem der Erlöste Viṣṇu umfaßt, der seinerseits seine immer wachsende Gnade (*prasāda*) auf ihn ausschüttet«[368]. Die Fesseln der Materie und des Karman lösen sich, hat es sich erschöpft, dann ist das Erdendasein des Erlösten beendet. Das individuelle Selbst kehrt heim zum höchsten Selbst: wie die Rückkehr eines Flusses in den Ozean.

10. Ethos und Moral im klassischen Hinduismus

Über 1400 Jahre liegen zwischen Beginn und Ende von Indiens **klassischer Zeit**: Mit dem Tod König **Aśokas** im Jahr 233 v. Chr. beginnt der Zerfall des Maurya-Reiches und damit die **vorklassische** Periode mit ihren gravierenden soziopolitischen und geistigen Veränderungen. Die Thronbesteigung von **Candragupta I.** im Jahr 320 markiert mit einer neuen Zeitrechnung den Beginn von Indiens »**goldenem**« Zeitalter: großartige Errungenschaften in Kultur, Ökonomie, Naturwissenschaft, Philosophie, Literatur und Kunst. Die klassische **Spätzeit**, das frühe indische Mittelalter mit den aufkommenden theistischen Sekten[369] und philosophischen Schulen, setzt ein mit dem Tod von König Harṣa (647) und dem Zerfall des letzten nordindischen Großreiches; es endet schließlich mit der Niederlage des letzten Chauhān-Herrschers im Schicksalsjahr 1192 an der »Pforte von Delhi« gegen die **muslimischen Invasoren**: der Beginn einer langen mittelalterlichen Fremdherrschaft.

Während dieser Zeit vollzieht sich, wie wir sahen, insgesamt ein gewaltiger **Paradigmenwechsel** mit komplexen und vielschichtigen religiös-philosophischen Entwicklungen und Veränderungen – ohne daß freilich das Althergebrachte je ganz abgelöst wird:

– Es findet der Übergang statt von der vedischen **Offenbarung** (*śruti*) zur Hindu**tradition** (*smṛti*) mit der Entstehung von Sūtras und Śāstras, Epen und Purāṇas.

– Der alte **vedische Götterhimmel** mutiert zum klassischen **Hindupantheon** mit neuen und hochentwickelten Gottesvorstellungen, mit neuen Mythen, Kulten und Theologien.

– Die vedischen **Spekulationen** über **Mensch, Welt** und **Erlösung** werden aufgegriffen, weiterentwickelt, zum Teil verworfen, während auch gänzlich Neues gedacht wird und ein breites Spektrum philosophisch-theologischer Konzeptionen entsteht: von den ersten **epischen Philosophien** bis zu den großen **Systemen** der brahmanisch-orthodoxen philosophischen Scholastik.

Wie alle Religionen will der Hinduismus aber nicht nur Welterklärung bieten mit seinen vielfältigen Spekulationen über Urgrund, Wesen und Ziel von Mensch und Welt. Auch der Hinduismus ist seit jeher ein **Orientierungssystem**, das den Menschen Maßstäbe bietet für ihr Handeln in Familie, Gesellschaft und Welt – mit **Werten, Normen, Lebensmodellen.** Und auch hier gibt es, wie wir schon in der vedischen Zeit sahen, paradigmatische Veränderungen: Manches scheint sich über die Jahrhunderte kaum zu wandeln, anderes hingegen wird in der aufkommenden Epoche grundlegend neu.

Ethos und Eschatologie: Karman und Wiedergeburt

Die Entstehungsgeschichte der indischen **Seelenwanderungslehre** wurde in den vorausgehenden Kapiteln ausführlich dargestellt[370], ihre Entwicklung zur Lehre von Karman und Wiedergeburt in den Upaniṣads geschildert[371]. Wir hatten gesehen, daß in jener Zeit sehr verschiedene Erlösungsvorstellungen verbreitet sind und offenbar noch »keine klare und eindeutige Antwort« gegeben wird auf die Frage »nach dem Verhältnis des rituell Korrekten und des sittlich Guten bzw. des rituellen und des moralischen Verdienstes«[372]. Man bemüht sich zwar im weitesten Sinn um **moralische Vergeltung**, um eine Art ausgleichende Gerechtigkeit für die Taten der Verstorbenen, doch finden wir an keiner Stelle in den Veden und Upaniṣads »das für die klassische Karmalehre **konstitutive Doppelaxiom**, daß **keine** moralisch relevante **Tat ohne karmische Vergeltung** bleiben dürfe und daß es andererseits **keine** positiven oder negativen **Erlebniszustände ohne karmische Ursachen** geben könne«[373]. Es gibt zu dieser Zeit noch keine voll entwickelte Lehre vom Karman mit eindeutigen **ethischen Implikationen.** Ihre früheste Ausformung findet diese Lehre bei Jainas und Buddhisten, in ihre Lehren ist die karmische Wiedergeburtskonzeption von Anfang an integriert.

Auf hinduistisch-orthodoxer Seite setzt sich diese **ethisierte Karmanvorstellung** erst in der **klassischen Zeit** durch, und zwar im **Mahābhārata.** Das Epos bietet eine entwickelte und weithin anerkannte Karmanlehre und »einige der entschiedensten und einprägsamsten Formeln über die strikte und ausnahmslose Geltung des Karma«[374] und dessen ethischer Relevanz: So ist die Rede davon, daß »die Tat den Täter wie seinen Schatten verfolgt«[375], daß »alle Lebewesen die Folgen ihres Tuns erfahren«[376], daß »die Ernte, wie die Saat«[377] sei und daß »gutes oder schlechtes Karma nie verlorengeht«[378].

Interessant die damit verbundene **ideengeschichtliche Entwicklung**: Nach gängiger Vorstellung ging man zunächst aus »von einem blinden, unpersönlichen Schicksal (*daiva, niyati, diṣṭa* usw.) ..., dem die Menschen hilflos ausgeliefert sind«. Und ebendiese Begriffe werden jetzt im Licht der Karmanlehre neu reflektiert und konzipiert: »Was als blinde, unpersönliche Macht erschien, ist in Wahrheit die Folge unserer eigenen Taten, das Karma, das wir uns selbst geschaffen haben, das unsere Lebensumstände gestaltet und uns Glück und Unglück zuteilt.« Selbst der scheinbar allmächtige Gott Kāla, die personifizierte, als kosmische Macht verstandene Zeit, muß jetzt einräumen, »daß er in Wahrheit keine eigene Macht habe, sondern gänzlich vom Karma abhänge«[379].

Was in den Upaniṣdas zunächst noch als »Geheimlehre«[380] behandelt wird, gilt fortan als »**moralischer common sense**« im Hinduismus – von den Epen, Purāṇas und Dharmaśāstras, über die philosophischen Systeme[381] bis zu den theistischen Traditionen: **Alles Handeln**, ethisches wie unethisches, **bewirkt Karman**. Dieses Karman, eine unsichtbare (*adṛṣṭa*) Kraft oder Energie, verschwindet nicht folgenlos, denn sämtliche Lebensumstände – Gesundheit oder Krankheit, Glück oder Unglück, hohe oder niedere gesellschaftliche Position, auch die Erlösung – haben letztlich karmische Ursachen und sind als karmische »Vergeltung« zu betrachten. Damit hat die Lehre von Karman und Geburtenkreislauf (*saṃsāra*) faktisch **drei aufeinander bezogene Funktionen**:
– Sie bietet einen »Rahmen und Leitfaden für die sittliche und religiöse Orientierung«;
– sie hilft, »gegenwärtige Zustände, Ereignisse und Phänomene« als unmittelbare Tatfolgen zu rechtfertigen;
– sie »reflektiert und artikuliert ein fundamentales Ungenügen« an der weltlichen Existenz des Menschen und bildet so den »Hintergrund bzw. Ausgangspunkt für das Ideal der absoluten Befreiung«[382].

Daß es dabei in Theorie und Praxis der verschiedenen Schulen und Sekten eine große Bandbreite von Begründungen, Akzentuierungen und Interpretationen gibt, wurde bereits bei deren Darstellung angedeutet. So werden in der Theologie der Epen und Purāṇas Möglichkeiten diskutiert, wie die Entstehung von Karman umgangen oder Karman auf andere übertragen werden kann[383]; Astrologen wollen die Zukunft voraussagen und damit zumindest die karmischen Wirkungen berechenbar machen; Vedānta-Gelehrte relativieren Karman und Saṃsāra als »Schein«, dem Bereich des »niederen Wissens« zugehörig; vor allem lokale Kulte kennen allerlei Sühne- und Reinigungszeremonien, die entstandenes negatives Karman mindern und beseitigen können[384]; und in viṣṇuitischer wie śivaitischer Bhakti-Religiosiät liegt das Seelenheil des Gläubigen – Karman hin oder her – letztlich sowieso ganz und gar in Gottes Hand.

Moral und Recht: Dharmaśāstras

Schon in vedischer Zeit entwickelte sich die Vorstellung vom **Dharma** als Grundlage menschlicher Verhaltensmaßstäbe, als Struktur- und Ordnungsprinzip von Gesellschaft und Welt.[385] Alles, was ist, hat **seinen** Dharma, hat nach seinen Gesetzmäßigkeiten zu leben. Auch den Menschen werden je nach Alter und Stand verschiedene Aufgaben und Pflichten zugeschrieben: Solange sich der Mensch an »seine individuelle Bestimmung und Aufgabe hält, seine ihm kraft seiner Natur zukommende Eigenart und angemessenen Eigenschaften ungeschmälert besitzt, solange sein Tun und Lassen in Übereinstimmung mit dem normalen, traditionsgemäßen, als richtig empfundenen Handeln, Streben und Leben seines Standes, seines Geschlechts, seiner Familie, seiner Altersklasse steht, solange hält er sich an den Dharma«[386].

Wie dharmagerechtes und damit moralisch richtiges Verhalten im einzelnen auszusehen hat, ist in den **Dharmaśāstras**[387] reflektiert und kodifiziert, in jenen »Lehrbüchern des Dharma«, die in nachvedischer Zeit über Jahrhunderte hinweg entstehen. Grundlage und Autorität der Dharmaśāstra-Autoren ist der Veda. Entsprechend übernehmen sie das **vedische Dharma-Verständnis**, weiten die Bedeutung dieses ehemals kultischen Begriffs aber zunehmend auf den innerweltlichen Bereich **menschlicher Moral und menschlichen Verhaltens** aus: Der »Dharma ist Rahmen und Prototyp der ›richtigen Ordnung‹ schlechthin«[388]. Dem Dharma gemäß leben heißt, wie ein guter Ārya leben. Nur der Ārya hat Anteil am Dharma, und der Nicht-Ārya, der »Mleccha«, hat nicht etwa seinen »eigenen Dharma oder Anteil am Dharma«, sondern er steht ganz »außerhalb des einen und an sich richtigen Dharma, hat keinen eigenen Dharma«[389].

Dabei unterscheiden die Dharmaśāstras – neben der Erlangung von Erlösung, **Mokṣa**, als dem höchsten Lebensziel – **drei innerweltliche Wege** (*trivarga*), **Motive oder Ziele menschlichen Handelns**:

– **Dharma**: die Gesamtheit der religösen und sozialen Pflichten, die dem einzelnen zukommen, die »Säule«, welche die Welt stützt;
– **Artha**: das Streben nach weltlichem Erfolg, Macht und Reichtum; und
– **Kāma**: das Streben nach sinnlichem Genuß.

Keines dieser drei Ziele für sich allein kann ein erfülltes Leben garantieren. Das höchste Gut, so lehrt uns die Manusmṛti, liegt in der **harmonischen Verbindung von allen drei dreien**: »(Einige verkünden, daß) das höchste Gut im (Erlangen von) spirituellem Verdienst und Wohlstand besteht, (andere bestimmen es) in (der Befriedigung von) Begehren und (dem Erlangen von) Wohlstand, (andere) im (Erlangen von) spirituellem Verdienst allein, und (andere) sagen, daß (das Erlangen von) Wohlstand allein das höchste Gut ist hier (unten); aber die (richtige) Entscheidung ist, daß es aus der Verbindung (dieser) drei besteht.«[390]

Dabei ist allerdings der **Dharma** die **Säule, auf der die ganze Welt ruht**, die der Welt und dem Menschen Stütze und Halt gibt. Während *artha* und *kāma* innerweltliche Ziele des Menschen benennen, weitet der Bereich des *dharma* den Blick über die Grenzen dieses Lebens hinaus auf das *saṃsāra*, den Kreislauf von Geburt, Tod und Wiederverkörperung. Der Dharma ist »die Verpflichtung, die es jedem Menschen, der wünscht, daß seine Handlungen gute Folgen zeitigen sollen, auferlegt, sein Leben den Gesetzen, die das Universum lenken, zu unterwerfen und sich nach ihnen auszurichten«; **Dharma**, das ist »die Gesamtheit der Pflichten, die auf den einzelnen, seinem Status (*varṇa*) und seinem Lebensstadium (*āśrama*) gemäß, zukommen, die er erfüllen muß, um nicht zu ›fallen‹«[391].

Ihrem Charakter nach sind die Dharmaśāstras **Ethiklehrbuch**, **Religionsgesetz** und **zivilrechtliches Gesetzbuch** in einem. Oft werden »religiöse und zivilrechtliche Rechtssätze und Pflichten ... in ähnlicher Art und Weise, ja im selben Buch abgehandelt«[392], da sie alle aus der einen Quelle, dem Veda, abgeleitet werden, der für alle Bereiche gleichermaßen umfassende Geltung hat. Daß dabei nicht immer eindeutig zu beantworten ist, was wann für wen wo und in welcher Situation dharmagerechtes Verhalten ist, liegt angesichts Indiens breitgefächerter sozialer und religiöser Segmentierung auf der Hand. Trotz all ihrer Themenvielfalt und ihres juristischen Charakters sind die Dharmaśāstras aber nicht ausschließlich auf das weltliche Leben und dessen Regulierung und Regelementierung konzentriert. Sie wollen vor allem auch **ethische und moralische Orientierung** bieten und **Grundwerte** vermitteln, die freilich in der vedischen Offenbarung begründet sind. Entsprechend definiert die Manusmṛti eine »**Zusammenfassung des Gesetzes**«, das Manu einst den Menschen gegeben habe: »Sich des Verletzens (von Kreaturen) zu enthalten, Wahrheitsliebe, sich der ungesetzlichen Aneignung (von Gütern anderer) zu enthalten, Reinheit und Kontrolle der Organe (d. h. Sinne), dies hat Manu als Zusammenfassung des Gesetzes für die vier Kasten erklärt.«[393]

So bieten die Dharmaśāstras ausgearbeitete »Codes menschlichen Verhaltens in all seinen verschiedenen Beziehungen und in allen verschiedenen Stufen seiner Entwicklung«[394]. Die in den Upaniṣads grundgelegte Vorstellung einer gesellschaftlichen Ordnung nach Kasten, Lebensstadien und entsprechenden Pflichten (*varṇāśramadharma*) wird ausdifferenziert, und minutiös werden jetzt Verhaltensrichtlinien für alle gesellschaftlichen Schichten und Gruppen der Āryas und für alle denkbaren Lebenssituationen entwickelt. Über all dem stehen aber **allgemein menschliche Pflichten**, Sādhāraṇa oder Sāmānya Dharmas, die von allen, ungeachtet ihres Standes und ihrer Klasse, beachtet werden müssen und die, wie etwa in der **Manusmṛti**, in regelrechten **Tugend- und Pflichtenkatalogen** zusammengefaßt werden[395]:

»Zufriedenheit, Nachsichtigkeit, Selbstkontrolle, Enthaltung von der unrechtmäßigen Aneignung von Dingen, (Gehorsam gegenüber den Vorschriften der) Reinheit, Zügelung der Sinne, Weisheit, Wissen (der höchsten Seele), Wahrhaftigkeit und die Enthaltung von Zorn, dies ist das zehnfache Gesetz.«[396]

So sehr also die Dharmaśāstras auf eine rechtlich-kodifizierte Regelung des religiösen und sozialen Lebens abzielen, so scheint ihren Autoren eines bewußt: Menschliches Zusammenleben kann bei aller Reglementierung nur dann funktionieren, wenn **elementare ethische Standards** gegeben sind, wenn der einzelne weiß, was seine ureigenen **menschlichen Grundpflichten** sind gegenüber den Mitmenschen und gegenüber der Gesellschaft. Und diese Pflichten sind nach indischem Verständnis nicht Menschenwerk, sondern sie resultieren aus der ewigen vedischen Offenbarung und liegen der gesamten Hindutradition zugrunde. Deshalb werden sie auch nicht nur juristisch vorgeschrieben und mit Androhung von Sanktionen eingefordert, sondern sie müssen vom einzelnen immer wieder neu **verinnerlicht und eingeübt** werden: in Selbstdisziplin zur Selbstreinigung, mit Wissen und mit Weisheit.[397]

Ethische Lehrstücke: die klassischen Epen

Daß der einzelne Gläubige, zumal mit niederem Bildungsstand, die traditionellen ethischen Vorstellungen verinnerlichen kann, setzt voraus, daß er sie kennt. Bis heute ist Indien eine Mehrklassengesellschaft, deren Hauptproblem neben der bitteren Armut großer Bevölkerungsteile vor allem der Bildungsnotstand der zahlenmäßig großen Unterschicht ist. Dies dürfte früher kaum anders gewesen sein, da Bildung in früheren Zeiten erst recht – wie auch in anderen Kulturen und Regionen – ein Privileg der oberen Klassen und Kasten gewesen ist. Und wie in anderen Kulturen, so spielen auch in Indien **Erzählungen und Geschichten** eine zentrale Rolle, wenn es darum ging und geht, ethisch-religiöse Vorstellungen in Gesellschaft und Familie unter der sogenannten »allgemeinen Bevölkerung« zu tradieren und zu vermitteln.

Besonders die großen Epen **Rāmāyaṇa und Mahābhārata** und daran anknüpfend die Purāṇas[398], sorgten dafür, in unendlich vielen regionalen Versionen und Sprachen tradiert und mit lokalem Erzählgut angereichert, daß durch zwei Jahrtausende hindurch traditionelles ethisch-religiöses Denken bis in die untersten Volksschichten Indiens hindurchsickerte und deren ethische Vorstellungen und Verhaltensweisen geprägt und konsolidiert hat. Keine abstrakten Philosophien und Lehrsätze werden hier doziert, sondern Geschichten und Schicksale aus dem Leben erzählt, freilich fiktiv, welche die Höhen, Tiefen und die Ambivalenz menschlicher Existenz spiegeln und deren Heldinnen und Helden dem oder der einzelnen moralisches Beispiel, Trost und Hoffnung geben.

So ist das **Rāmāyaṇa** nicht nur ein Kriegerepos, sondern vor allem auch ein **Lehrstück über den Menschen**: über den liebend-leidenden Menschen – Rāma als mustergültiger König, Ehemann, Bruder und Sohn – und sein ständiges Ringen um die Erfüllbarkeit seiner ethisch-religiösen Pflichten, des **Dharma**: »Die Wahl des ethisch richtigen Weges ist das zentrale Anliegen und im ganzen Epos werden die schwierigen Situationen, in denen sich die Helden befinden, und bei denen sie sich *dharma*-gemäß zu entscheiden haben, aufgezeigt«; entscheidend ist, daß der Dharma kein simples abstraktes Prinzip ist, sondern daß er sich ändert, »von Zeit, Ort, dem Handelnden« abhängig ist und daß »widerstreitende Gebote … miteinander in Einklang gebracht«[399] werden müssen. Es wird gezeigt, wie die verschiedenen Lebensziele zueinander in Spannung stehen und wie schwer sie selbst für die epischen Helden miteinander in Einklang zu bringen sind. Ethische Ideale und Vorbilder werden propagiert – Rāma als idealer Herrscher, das vorbildliche Verhalten Rāmas, Sītās und Lakṣmaṇas und die beispielhafte Erfüllung ihrer familiären und religiösen Pflichten –, aber auch vor den negativen Folgen eines ethischen Rigorismus und Dogmatismus wird gewarnt, der den Dharma wie ein unveränderliches statisches Gesetz behandelt. Damit bietet das Rāmāyaṇa »fast all die moralischen Ideale, die mit dem menschlichen Leben in all seinen personalen, privaten, sozialen und politischen Aspekten verbunden sein könnten, in ihrer vollsten Perfektion«[400]. Bis heute sind Rāma und Sītā ungezählten Hindus zeitlose Vorbilder für Reinheit und Wahrhaftigkeit, bis heute ist das Epos **Leitfaden zur Lösung ethischer Probleme** und deshalb populäre Vorlage für Literatur, Theater und Film.

Die ethisch-religiöse Bedeutung des zweiten großen indischen Epos, des **Mahābhārata**, ist ganz wesentlich bestimmt durch dessen berühmten Dialog im VI. Buch, die **Bhagavadgītā**. Zwar enthält das Epos auch andere ethisch relevante Passagen – etwa die eingeschobenen Bücher XII und XIII, die Belehrungen des Kaurava-Führers Bhīṣma über Politik, Recht, Tugend und Erlösung –, doch sind die in Bedeutung und Wirkung mit der Bhagavadgītā kaum zu vergleichen. Denn während es in der Rahmenhandlung des Epos weniger um die ethische Qualität des Verhaltens der einzelnen Akteure geht, bietet der Kṛṣṇa-Arjuna-Dialog der Bhagavadgītā geradezu eine **theologische Grundsatzdiskussion** über Mensch, Gott, Ethos und Erlösung.

Ausgangspunkt ist Arjunas Verzweiflung über sein **ethisches Dilemma**: Einerseits hat er, ganz im Sinne der Dharma-Lehre, als Krieger die Pflicht, die Interessen seines Clans militärisch durchzusetzen. Andererseits läuft er aber Gefahr, dabei womöglich seine eigenen Verwandten töten zu müssen. Kṛṣṇa belehrt ihn nun, daß er begreifen müsse, daß die Getöteten nach dem Gesetz von Karman und Saṃsāra immer wieder geboren werden und immer wieder sterben müssen, daß aber deren Seele, der »Träger des Leibes«, ewig und unverletzbar sei. Und wenn er dies weiß, dann darf er über den Tod der Verwandten keine Trauer empfinden.[401] Viel wichtiger sei, daß er seinen Pflichten als Kṣatriya nachkomme und sich nicht durch deren Verletzung Schuld und Schmach auflädt, die am Ende schlimmer sind als der Tod. Deshalb, so Kṛṣṇa, soll er kämpfen: »Entweder du fällst und gehst zum Himmel ein, oder du siegst und genießest die Herrschaft über die Erde!«[402]

Daraus entwickelt sich nun eine Grundsatzdikussion über die **Entstehung von moralischem und unmoralischem Handeln** und über die Frage, welcher Weg denn letztendlich zu **Erlösung** führt. Interessanterweise greift die Bhagavadgītā hier auf eine im Sāṃkhya sich durchsetzende und in den philosophischen Traktaten des Epos grundgelegte Vorstellung zurück: Schon in der Urmaterie sind drei Guṇas bzw. Eigenschaften angelegt, aus denen alles Seiende entsteht, die deshalb auch im Menschen vorhanden sind und die die Seele im Leib gebunden halten[403]:

– **Güte** (*sattva*): »Vermöge seiner Makellosigkeit (ist es) erhellend und leidlos, es bindet durch die Berührung mit der Lust und durch Berührung mit der Erkenntnis.«[404]

– **Leidenschaft** (*rajas*): »Entspringt aus der Berührung mit der Begierde; es bindet ... den Leibträger durch die Berührung mit den Werken.«[405]

– **Finsternis** (*tamas*): »Entspringt aus dem Nichtwissen und wirkt betäubend auf alle Leibträger; es bindet dieselben ... durch Unbesonnenheit, Schlaffheit und Schlaf«[406].

Je nachdem, welche der drei Guṇas jeweils vorherrscht, so ergeben sich daraus verschiedene menschliche Verhaltensweisen:

– drei Arten des **Glaubens**: Götterglaube, Halbgötter- und Dämonenglaube, Geister- und Gespensterglaube;

– drei Arten des **Opfers**: vorgeschriebene, die aber nicht nach Lohn trachten; auf Lohn ausgerichtete; nicht vorschriftsmäßige und ohne Glauben dargebrachte Opfer;

– drei Arten der **Askese**: höchste, in tiefem Glauben geübte Askese des Leibes, der Rede und des Geistes; Askese, die auf Hochschätzung und Bewunderung aus ist und geheuchelt wird; Askese, die zur Selbstqual wird;

– drei Arten der **Gabe**: Eine Gabe, die man aus innerster Überzeugung gibt, ohne daß sie vergolten wird; eine Gabe, die um der Gegenleistung willen oder mit Widerstreben gegeben wird; eine Gabe, die zur unrechten Zeit am falschen Ort mit Verachtung gegeben wird.[407]

So werden, ganz auf der Linie des traditionellen Varṇāśramadharma, **Tugenden und Untugenden** unterschieden, die letztlich auch Geschick und Aufenthaltsort des Menschen nach dessen Tod bestimmen:

> »1. Furchtlosigkeit, Reinheit des Wesens, Erkenntnis, Hingebung, Beständigkeit, Freigebigkeit, Bezähmung, Opfer, Vedastudium, Askese, Geradsinnigkeit,
>
> 2. Schonung, Wahrhaftigkeit, Nichtzürnen, Entsagung, Nicht-Hinterbringen, Mitleid mit den Wesen, Nicht-Begehrlichkeit, Milde, Schamhaftigkeit, Nicht-Unstetsein,
>
> 3. Energie, Geduld, Festigkeit, Sauberkeit, Harmlosigkeit, Nicht-Überhebung, – diese, o Bhārata, werden dem zuteil, welcher für ein göttliches Geschick geboren ist.
>
> 4. Hinterlist, Stolz, Hochmut, Zorn, Schroffheit, Nichtwissen, – diese dem, der für ein dämonisches Geschick geboren ist, o Pṛithāsohn.
>
> 5. Das göttliche Geschick führt zur Erlösung, das dämonische zur Bindung. Klage nicht, o Sohn des Pāṇḍu, du bist für ein göttliches Geschick geboren.«[408]

Erlösung und **Unsterblichkeit** erlangt freilich nur derjenige, der wie ein Yogin seine **Bindung an die Guṇas durchschaut**, der »erkennt, daß kein anderer Täter als die Guṇa's vorhanden ist«[409], der diese überwindet und hinter sich läßt. Von »niṣkāmakarman« ist die Rede, von **leidenschaftslosem Tun**, welches das Handeln des Erlösung Suchenden auszeichnen soll – darauf läuft die ethische Belehrung Kṛṣṇas in der Bhagavadgītā hinaus. Taten ohne Anhaften binden nicht. Und erst wenn alle Taten selbstlos ohne Gier nach dem Ergebnis getan werden, dann wird der Mensch von allem Leiden befreit, wird er gleichmütig und gelassen »zur Brahman-Werdung reif«[410], unsterblich. So wird er schließlich fähig zur **Verehrung und Liebe Kṛṣṇas**, der sich dem zweifelnden Arjuna jetzt als **höchster Gott** offenbart:

> »Durch die Verehrung erkennt er mich, meine Größe und wer ich bin, dem Wesen nach; hat er mich aber dem Wesen nach erkannt, so geht er sogleich in dasselbe ein. Und indem er allezeit alle seine Werke tut im Hinblick auf mich, erlangt er durch meine Gnade die ewige, unvergängliche Stätte.«[411]

Werte und Tugenden zur Selbstvervollkommnung: Yoga

»Bindungen durchschauen«, »leidenschaftsloses Tun«, »Gleichmut und Gelassenheit« üben: Dies alles sind Gedanken, die denselben Geist atmen, wie er uns im klassischen **Yoga**[412] auch begegnet. Beide – Bhagavadgītā wie Yoga – sind ja, wie wir sahen, offenbar vom Sāṃkhya inspiriert bzw., so der Yoga, quasi die praktische Fortführung der im Sāṃkhya angedachten und vorbereiteten Erlösungslehre. Heißt es doch, wie wir hörten, schon in der Bhagavadgītā: »Nur die Toren behaupten, daß **Sāṃkhyam** (Weg der Reflexion) und **Yoga** (Weg der Verinnerlichung) verschieden seien, nicht aber die Weisen.«[413] So übernimmt Patañjali denn auch vom Sāṃkhya die wesentlichen anthropologisch-psychologischen Begriffe und Kategorien: Erkennen, Bewußtsein, Denken etc. Die verbindet er mit der neuen Vorstellung, daß auch psychische Vorgänge **Eigenschaften** tragen, die sich im Wandel der Zeiten ständig verändern und im menschlichen Bewußtsein **seelische Eindrücke** hinterlassen, welche das existentielle Leid des Menschen verursachen. Und dies ist für die Erlösungslehre und damit auch für das Ethos von entscheidender Bedeutung. Man spricht jetzt von **fünf Befleckungen** (*kleśa*) oder »leidvollen Spannungen« des Menschen, aus denen samenhaft die Wirkungen der Werke entstehen: Nichtwissen, Ichverhaftung, Begierde, Haß, Lebensdrang. Durch Askese, Schriftstudium und Hingabe an Gott gilt es, diese Befleckungen zunächst zu schwächen und durch die Versenkung (*samādhi*) schließlich die Keimkraft ihrer Eindrücke zu vernichten.

Enstprechend beginnt auch der achtgliedrige Yoga in Patañjalis Yogasūtras mit **elementaren menschlichen Werten und Tugenden**, deren ständige Übung das einzige und unerläßliche Heilmittel ist, den diagnostizierten Teufelskreis immer neuer seelischer »Befleckungen« zu durchbrechen durch:

– die **fünffache Bändigung**[414] (*yama*) zur äußeren Disziplinierung: Gewaltlosigkeit, Wahrhaftigkeit, Nicht-Stehlen, reiner Lebenswandel und Nicht-Besitzergreifen; und, auf diesen Grundwerten aufbauend;

– die strenge **fünffache Zucht**[415] (*niyama*) zur äußeren und innerer Reinigung des Körpers: Reinheit, innere Ruhe, Askese, eigenes Studium und Hingabe an Gott.

Erst diese strenge moralische **Selbstkontrolle** – und dies ist die entscheidende ethische Erkenntnis des Yoga – führt zu jener **Selbstbeherrschung**, die Voraussetzung ist für ein fruchtbares Fortkommen auf den weiteren Stufen des Yogaweges: über die **Sitzhaltung** (*āsana*) zur **Atemregelung** (*prāṇāyāma*) und zum **Zurückhalten der Sinne** (*pratyāhāra*), von dort zur **Konzentration** (*dhāraṇa*) und zur **Meditation** (*dhyāna*) und von dort schließlich zur befreienden **Versenkung** (*samādhi*) in absoluter Klarheit, tiefster Erkenntnis und Weisheit.

Und damit schließt sich zumindest im Ergebnis der Kreis mit den Gedanken der Bhagavadgītā: Ethos und Moral sind nicht nur Abbild und Ausfluß einer wie auch immer zu definierenden kosmisch-sozialen Ordnung. Sie sind auch nicht Resultat göttlicher Gebote oder reine Reaktion auf karmisch bedingte Sachzwänge, denen der Mensch ausgeliefert scheint. Nein, wie schon die Bhagavadgītā, so schärft auch der Yoga den Menschen ein: Selbstloses moralisches Handeln ist aufgrund der **psychologisch-anthropologischen Disposition** des Menschen nicht nur Voraussetzung für ein gelingendes und erfülltes Leben, sondern auch Bedingung zur Erlangung des höchsten Ziels: der Erlösung.

Gemeinsame menschliche Grundwerte

Es dürfte deutlich geworden sein, wie in den verschiedenen Schulen, Sekten und Systemen, die sich in der über 1400 Jahre dauernden klassischen Zeit vom Veda her oder aus anderen Quellen heraus entwickelt haben, die Frage nach Bedingung und Notwendigkeit moralischen Handelns immer wieder neu gestellt und diskutiert wurde: Ethisches Tun wurde mythisch, empirisch, kosmisch, theozentrisch, karmisch, monistisch oder auf andere Weise begründet, und während die einen standesethisch und die anderen gesinnungsethisch argumentierten, hofften wieder andere auf die Rechtfertigung des Sünders allein durch göttliche Gnade.[416]

Auffallend und, so meine ich, entscheidend ist, daß man offenbar sehr früh ein Bewußtsein entwickelt hat für die Notwendigkeit elementarer ethischer Standards, ein **Wissen um gemeinsame menschliche Grundwerte**, die für ein Funktionieren der Gesellschaft, ja sogar zur Erlangung der Erlösung unabdingbar scheinen. Beispiele ganzer Listen von Werten und daraus resultierender Tugenden und Untugenden wurden bereits gegeben, die Reihe ließe sich noch fortsetzen.[417] Immer wiederkehrend sind jene **gemeinsamen Grundwerte** und -normen, die wir auch in anderen Kulturen und Religionen finden – bei Konfuzius, in der Hebräischen Bibel, bei Buddha, im Jainismus, bei Jesus oder im Koran: Das **Verbot von Gewalt und Diebstahl** und das **Gebot der Wahrhaftigkeit** und der **Selbstdisziplin**. Typisch »indisch« hingegen sind der Aufruf zu Bescheidenheit und Mitleid, typisch »östlich« scheinen spirituelle Tugenden wie »Wissen«, »Weisheit« und »Gehorsam gegenüber dem geistigen Lehrer«; wie die anderen großen Lehrer und heiligen Schriften mahnt auch das Mahābhārata wiederholt, daß **Menschlichkeit** der »höchste Dharma« und das »höchste Gute« sei.[418]

Und so muß es denn auch nicht wundern, daß jetzt auch in Indien – wie wenige Jahrhunderte zuvor der chinesische Weise Konfuzius, dann der jüdische Rabbi Hillel, Jesus von Nazaret und andere – den Menschen die berühmte **Goldene Regel** als elementare ethische Richtschnur gegenseitigen Verhaltens, als **Summe des Dharma** ans Herz gelegt wird:

> »Tue nicht einem anderen, was dir selbst nicht gefallen würde (wenn man es dir täte), das ist die Summe von Dharma, jedes andere Dharma gilt nach Belieben.«[419]

D. Fremde Herrscher – fremde Kulturen

Seit jeher wurde Indien, wie wir sahen, immer wieder mit fremden Herrschern und Kulturen konfrontiert und zu politisch-kulturellen Synthesen herausgefordert. Mit dem Ende der klassischen Zeit, markiert 1192 durch die Niederlage einer Hindukonföderation gegen die einfallenden Muslime, erhält diese Konfrontation eine neue Qualität. Es beginnen – erst regional, dann mehr und mehr auf den Subkontinent übergreifend – Jahrhunderte muslimischer Herrschaft, die Land und Kultur gravierend prägen. Der **Islam**[1], eine prophetische Religion par excellence und von Anfang an kämpferisch mit einer Erfolgsgeschichte sondersgleichen, wird nach dem Hinduismus zur zweiten großen Religion des Subkontinents. Im 18. Jahrhundert schwindet dann die Macht der indischen Muslimherrscher, zumindest im großen Stil, und es kommt zu einem vorübergehenden Wiedererstarken regionaler Reiche. Währenddessen formieren sich neue Gegenkräfte – wirtschaftlich, politisch, kulturell: die europäischen Kolonialmächte, die Indien im Übergang zur Moderne ihren bleibenden Stempel aufdrücken werden.[2]

I. Der Islam in Indien

1. Rückblick: Ein arabischer Prophet tritt auf

Arabische Halbinsel um das Jahr 610 christlicher Zeitrechnung: **Muḥammad**, ein wohlhabender Kaufmann aus dem Stamm der Quraiš und dem Clan der Hāšim, tritt auf in der Handels- und Finanzmetropole **Mekka** mit der Botschaft, von Gott **Offenbarungen** erhalten zu haben. Vermittelt worden seien ihm diese nach und nach durch den **Erzengel Gabriel** in der Einsamkeit der arabischen Wüste, in die sich Muḥammad seit geraumer Zeit immer öfter zu Gebet und Meditation zurückgezogen hatte.

Eine provozierende Botschaft

Es ist der Gott Abrahams, Isaaks und Jakobs, der Gott der Propheten Israels – und damit auch der Gott Jesu von Nazaret –, in dessen Namen Muḥammad die durch den Engel vermittelte Offenbarung verkündet. Muḥammad tritt auf als **Prophet**, der als **Warner** und **Mahner** die Menschen zur **Umkehr** aufruft. »Es gibt **keinen Gott außer Gott**, den Gerechten und Barmherzigen«, so der Kern seiner Botschaft – kritisch gegenüber Mekkas polytheistischem Götterkult und Wallfahrtsbetrieb, kritisch auch gegenüber den Christen, deren Trinitätslehre er faktisch ablehnt, da Gott einzig sei und ihm nichts beigesellt werden dürfe.[3] Und im Namen dieses einen Gottes, so Muḥammad gegen Mekkas umtriebige Gesellschaft mit ihrem florierenden Wirtschafts- und Finanzsystem, habe der Mensch **Gerechtigkeit** und **Solidarität** zu üben, ansonsten drohten scharfe Strafen im kommenden endzeitlichen **Gericht**!

Muḥammads Botschaft provoziert, und ein zehnjähriger **dramatischer Konflikt** ist die Folge, nicht nur mit den Bewohnern Mekkas, sondern auch mit dem eigenen Clan. Nach dem Tod seiner Frau und seines Onkels, der Muḥammad stets beschützt hatte, bleibt im Jahr **622** kein anderer Ausweg als die **Emigration** des Propheten und seiner Anhänger **von Mekka nach Medina**: die **Hiǧra**, der »Auszug« aus eigenem Stamm und Sippe um des Glaubens willen!

Islam, »Hingabe« an den Willen Gottes, wird dieser Glaube fortan genannt, und »Muslime« jene, die sich zu ihm bekennen. Die Hiǧra wird später zum Jahr 1 islamischer Zeitrechnung, denn in **Medina** gründet der Prophet die erste muslimische Gemeinde, **Umma**, Kern der späteren großen muslimischen Gemeinschaft, ebenfalls »Umma« genannt. Ab 624 führt der Prophet sechs Jahre Krieg gegen seinen Heimatstamm, im Jahr 630 zieht er siegreich in Mekka ein, reinigt die **Kaʿba** (arab. für »Kubus«)[4] – bis dahin das Kultzentrum Mekkas – vom vermeintlichen Götzenkult und erklärt sie zum **zentralen Heiligtum der Muslime**. Später wird die islamische Tradition überliefern, die Kaʿba sei einst von Abraham und seinem Sohn Ismael errichtet worden. Muḥammad kehrt nach Medina zurück, stirbt aber im Jahr 632 im Alter von 62 Jahren auf seiner »Abschiedswallfahrt« nach Mekka, todkrank im Schoß seiner Lieblingsfrau ʿĀʾiša.

Schon bald nach Muḥammads Tod hat wohl ein früherer Sekretär begonnen, die an den Propheten ergangenen und in Mekka und Medina verkündeten Offenbarungen niederzuschreiben und zu sammeln. Gut zehn Jahre später, zur Zeit des dritten Kalifen **ʿUṯmān** (644-656), werden die aus ungezählten Einzelfragmenten zusammengetragenen Texte schließlich zu einem **Buch** vereint: 6666 Verse, eingeteilt in 114 Abschnitte (*sūra*).[5] **Koran** wird dieses heilige Buch genannt, arabisch *qurʾān*, von *qaraʾa*: »laut lesen«, »rezitieren«. Von den anfänglich sieben Lesarten setzt sich im 8. Jahrhundert eine durch, die, seither faktisch unverändert, die Grundlage bildet für die 1923 in Ägypten veröffentlichte Standardausgabe des Korans. Für Muslime ist der Koran ganz und gar göttlichen Ursprungs und enthält nichts als die **definitive Offenbarung des einen und einzigen Gottes**. Wie Juden und Christen verstehen sich Muslime als »Besitzer des Buches«, zu dessen heiliger Botschaft sie sich durch ihr regelmäßiges Lesen, Memorieren, Hören und Rezitieren bekennen.

Schon in der muslimischen Urgemeinde bilden sich jene **fünf Grundpfeiler** heraus, auf denen faktisch der gesamte muslimische Glaube ruht:
– das **Bekenntnis** (*šahāda*) zum **einen Gott** und zu **Muḥammad als dessen Propheten**;
– das **tägliche Ritualgebet** (*ṣalāt*), fünfmal gen Mekka zu verrichten;
– die **jährliche Armenabgabe** oder **Sozialsteuer** (*zakāt*);
– das Halten des **Fastenmonats Ramaḍān** mit Vollfasten (*ṣiyām*) der Erwachsenen von Sonnenaufgang bis Sonnenuntergang;
– und, nach Möglichkeit, die einmal im Leben zu vollziehende **Wallfahrt** (*ḥaǧǧ*) **nach Mekka**.

Die Nachfolge des Propheten

Muḥammad war ein Prophet, aber er war auch ein erfolgreicher Heerführer, Staatsmann und großer Stratege – anders hätte die junge muslimische Gemeinde wohl auch kaum überlebt. Große Führerpersönlichkeiten, spirituelle zumal, sind erfahrungsgemäß nur schwer zu ersetzen, und so traten nach des Propheten Tod an seine Stelle nichtprophetische, politisch-rechtliche, institutionalisierte Führer, sogenannte »Kalifen« (arab. *ḫalīfa*, »Stellvertreter«). Wer freilich Kalif werden sollte, darüber gab es bald Streit. Nachdem der dritte Kalif ʿUṯmān von einem Glaubensbruder ermordet worden war, kam es 656 zwischen seinem Nachfolger ʿAlī, dem Vetter und Schwiegersohn des Propheten, und dessen syrischen Gegenspieler Muʿāwiya zum Streit – Grundlage für die spätere **Spaltung der Umma** in **drei** Gruppen oder **Parteiungen**:

- Die **Schiiten**, die »Partei« (*šīʿa*) ʿAlīs: Sie halten am Grundsatz der **blutmäßigen Abstammung von Muḥammad** als Bedingung zur Übernahme des Kalifenamtes fest. ʿAlī sei von Gott zur Prophetennachfolge bestimmt und von Muḥammad selber eingesetzt worden. Nachdem ʿAlī im Streit um das Kalifat durch ein Schiedsgericht schließlich dem Umaiyaden Muʿāwiya unterliegt, versucht er vergeblich, diese Frage militärisch zu seinen Gunsten zu entscheiden, und rächt sich an den Ḫāriǧiten, seinen früheren Bundesgenossen. ʿAlīs gewaltsamer Tod und die spätere Ermordung seines Sohnes Ḥusain durch die Umaiyaden sind der Grund eines bis heute weitverbreiteten schiitischen Märtyrerkultes.
- Die **Sunniten**: Sie erkennen die Regierung der Umaiyaden an und vertreten die Ansicht, der Nachfolger des Propheten müsse lediglich **aus dem Stamm**

des Propheten kommen. Alle vier medinischen Kalifen werden als **rechtgeleitete Kalifen** anerkannt. Die Sunniten stellen heute mit rund acht Milliarden Muslimen die überwältigende Mehrheit (ca. 90%) der Muslime. Grundlage ihres Glaubens ist neben dem Koran die **Sunna**, die »Wegweisung« des Propheten, wie sie später in den **Ḥadīṯen**, den Berichten und Erzählungen verschiedener Gewährsleute, auch der Prophetenfrauen, überliefert ist.

- Die **Ḫāriǧiten** (»Auszügler«): Unabhängig von der Stammeszugehörigkeit akzeptieren sie jeden als Kalifen, wenn er nur der beste aller Muslime ist. Sie trennen sich früh von Sunniten und Schiiten und sind heute eine muslimische Minderheit.

Eine Expansion von welthistorischem Ausmaß

Bei allen Streitigkeiten, Krisen und Spaltungen der ersten Jahrzehnte ist die frühe Geschichte des Islam zweifellos eine ungeheure **Erfolgsgeschichte**, die in der Religionsgeschichte ihresgleichen sucht:

– Schon die ersten vier »rechtgeleiteten« Kalifen (632-661) weiten in einer **ersten Eroberungswelle** ihren Einfluß- und Herrschaftsbereich massiv aus, riesige Gebiete sind seither muslimisch: Sie erobern die gesamte Arabische Halbinsel, stoßen im Westen entlang der nordafrikanischen Küste bis zum heutigen Tripolis vor, erobern Richtung Norden Syrien mit Jerusalem und der neuen Hauptstadt Damaskus und überrollen ostwärts das persische Sassanidenreich mit dem Irak und Aserbaidschan.

– Knapp einhundert Jahre nach dem Tod des Propheten erstreckt sich das Reich der **Umaiyaden** nach einer **zweiten Eroberungswelle** von den Pyrenäen im Westen, über den Maghreb, Nordafrika und die Arabische Halbinsel bis an die Grenzen Chinas und **Indiens**: Im heute pakistanischen Panjāb am Unterlauf des Indus errichten die Araber 712 das Emirat von Mūltān, im 9. Jahrhundert Königreich, das zum Ausgangspunkt werden sollte für den islamischen Vorstoß nach Indien.

– Nach einer vorübergehenden **Krise** führen schließlich die **Abbasiden** ab 750 die **Wende** herbei. Der Islam wird zur **Weltreligion** mit Bagdad als Zentrum: Islamisches Recht und islamische Theologie erreichen ihre klassische Form, es entsteht eine spezifisch **islamische Kultur**, »begründet auf dem klassischen Arabisch, auf persischer Lebensart und hellenistischer Philosophie und Wissenschaft«; sie ist »der frühmittelalterlichen Kultur des christlichen Europas weit voraus«[6].

Die dramatische Entwicklung der folgenden Jahrhunderte kann hier nur knapp skizziert werden: Ab dem 10. Jahrhundert gibt es **drei rivalisierende Kalifen**: in Bagdad, Kairo und in Córdoba. Das Imperium **zerfällt**, und im **Osten** entstehen kleine **regionale Staaten**. Die **nomadischen Turkvölker** fallen ein und werden nach und nach auf ehemals arabischem Gebiet seßhaft: Höhepunkt ist die Invasion der **Mongolen** im 13. Jahrhundert mit der Zerstörung Bagdads 1258, der Ermordung des letzten Abbasiden und dem Erlöschen des Kalifats. Auch im **Westen** etablieren sich mehrere eigenständige Dynastien. Weltgeschichtlicher Höhepunkt ist die militärische Großkonfrontation mit dem Christentum in den **Kreuzzügen**: Im ersten Kreuzzug (1096-99) erobern christliche Kreuzfahrer Jerusalem, »befreien« es in einem grausamen Gemetzel von den angeblich heidnischen Muslimen und errichten ein »Königreich Jerusalem«; beim zweiten Kreuzzug (1147-49), dem gescheiterten Versuch, Damaskus zu erobern, fällt Jerusalem wieder in islamische Hand; alle weiteren fünf Kreuzzüge enden für die Christen ebenfalls mit schweren Niederlagen gegen die Muslime.

Die islamische Welt freilich ist auf Dauer **zersplittert** und **gespalten**. Nach Arabern und Iranern werden die **Türken** zu Erben des ehemaligen Imperiums. Türkische Nomaden, die **Seldschuken**, erobern im 11. Jahrhundert ganz Persien (1055 Bagdad) und dehnen ihr Reich über ganz Kleinasien aus. Im 13. Jahrhundert ergreifen die türkischen **Mamluken** in Ägypten und Syrien die Macht, und im 14. Jahrhundert überschreiten die **Osmanen** den Bosporus, erobern 1453 Konstantinopel und machen es zum Mittelpunkt eines neuen, mächtigen islamischen Westreiches. Ab dem 16. Jahrhundert wird es faktisch **drei islamische Großreiche** geben: Das **Osmanenreich** in der **Türkei**, das **Safawidenreich** in **Persien** und – das **Mogulreich** in **Indien**. Zu diesem Zeitpunkt hat sich der Islam längst als bleibender politisch-kultureller Faktor auf dem indischen Subkontinent etabliert: Eine wechselhafte Geschichte mit erheblichen Folgen auch für den Hinduismus, auf die im folgenden kurz eingegangen werden muß.[7]

2. Die islamische Eroberung Nordindiens

Erste arabische Vorstöße

Die ersten arabischen Vorstöße Richtung Indien fanden auf dem **Seeweg** statt: Schon in vorchristlicher Zeit überquerten arabische Seefahrer den Indischen Ozean, Jahrhunderte später, unter dem Kalifen Omar (634-644), greifen Araber Häfen an der **Westküste Indiens** an und errichten schließlich an der Malabarküste eine Handelsniederlassung. Ein Stoßtrupp dringt sogar bis nach Makrān und ins untere Industal vor und berichtet später Omars Nachfolger, dem Kalifen **ʿUṯmān ibn ʿAffān** (644-656), knapp über die wenig einladend wirkende Region: »Wasser nur spärlich, Räuber gefährlich; ein kleines Heer wird verschwinden, ein großes kein Futter finden.«[8]

Geopolitisch folgenreicher sind indes die arabischen Vorstöße auf dem **Landweg**: Feldzüge ab 650 gegen Seistān, Kābul und Sindh, also in die Region des heutigen **Afghanistans** und **Westpakistans**. 870 wird die Kābul-Region von den persischen Saffariden erobert, später aber von den Hindus rückerobert. Der **Sindh**, die Gegend des unteren Indus, wird 711/12 zunächst von arabischen **Umaiyaden** eingenommen: Erst 17jährig, stößt Muḥammad ibn al-Qāsim mit einer arabischen Truppe ins Indusdelta vor, »um einige muslimische Frauen zu befreien, die in die Hände von Piraten gefallen waren«[9]: Er besetzt das Gebiet entlang dem Indus bis nach Mūltān – möglicherweise unterstützt von den ansässigen Buddhisten, die mit dem Hinduherrscher unzufrieden waren.

Nach dem Sturz der Umaiyaden gelangen im Jahr 750 die **Abbasiden** an die Macht. Islamisches Machtzentrum ist jetzt nicht mehr Damaskus, sondern **Bagdad**. Mit der Entstehung von vier großen klassischen Rechtsschulen, rationaler Theologie und arabischer Philosophie erreicht der Islam unter den Abbasiden seine **klassische Form** und wird zur **Weltreligion**. Auch die Indusregion bleibt bis ins 9. Jahrhundert unter abbasidischer Herrschaft, und 871 entstehen dort schließlich zwei unabhängige **muslimische Königreiche**: Manṣūra im Sindh und Mūltān im Panjāb. Systematisch weiten die Kalifen von Bagdad so ihren Machtbereich nach Osten aus. Der indische Subkontinent verliert »seine Grenzgebiete und Einflußsphären im Nordwesten«, und Persien und Zentralasien geben seither »diesen großen Räumen ihr politisches und kulturelles Gepräge«. Der Islam hält Einzug in diesen Regionen, und »der erste Schritt auf dem Wege zur Eroberung Indiens«[10] ist getan – auch wenn das Abbasidenreich und mit ihm der Islam im 9./10. Jahrhundert mehr und mehr in die Krise gerät, und die Abbasidenherrschaft schließlich 1258 mit der Eroberung Bagdads durch die Mongolen beendet wird.

Vorstöße der Araber in andere Regionen des indischen Subkontinents kommen indes schon im 8. Jahrhundert überraschend zum Erliegen: Die Hindustaaten Nord-, West- und Zentralindiens – die Chālukyas, deren Nachfolger, die Rāṣṭrakūṭas, und die Gūrjara-Pratīhāras – erweisen sich als ebenbürtige, zum Teil sogar überlegene Gegner und verhindern ein weiteres Vordringen der Araber nach West-, Nord- und Zentralindien.

Wie in anderen Regionen – zuvor in Syrien, Persien und Ägypten, später in Nordafrika und Teilen Spaniens – verfolgen die muslimischen Eroberer auch in Indien zunächst eine **strategisch kluge Religionspolitik**: Buddhisten und Hindus, wiewohl aus muslimischer Sicht Polytheisten und damit faktisch Ungläubige, werden **nicht** zur **Konversion** gezwungen, sondern gelten, sofern sie eine Kopfsteuer *(ǧizya)* entrichten als *ḏimmī*, **geschützte Minderheiten** (*ahl aḏ-ḏimma*, »freie, nichtmuslimische Untertanen«): Unter garantiertem Schutz von Person und Eigentum dürfen sie nach ihren Gebräuchen und Sitten unter sich in ihren Gemeinschaften leben. Ihre »Tempel sollen uns sein wie die Kirchen der Christen, die Synagogen der Juden und die Feuertempel der Zoroastrier«[11] – wird später der Historiker al-Balāḏurī berichten. Freilich wäre es für die anfängliche muslimische Minderheit auch schwer gewesen, fernab von den islamischen Machtzentren dieser fremden Kultur ihre religiös-sozialen Strukturen kompromißlos aufzuzwingen. Und die Tatsache, daß Brahmanen von der Kopfsteuer ausgenommen waren, wurde denn später von muslimischen Hardlinern auch als verwerfliche Nachgiebigkeit gegeißelt, die keinen Unterschied mehr erkennen ließe zwischen einem muslimischen König und einem Hinduherrscher.

Über das kulturelle Leben in den ersten muslimischen Jahrhunderten auf dem indischen Subkontinent ist wenig bekannt. Gebildet und kulturell interessiert, beschäftigen sich die islamischen Herrscher mit **indischer Literatur**, wenngleich auch wechselseitige Beeinflussungen im Religiös-Philosophischen – frühe Einflüsse etwa indischer Mystik auf persischen Sufismus und, umgekehrt, spätere Einflüsse des muslimischen Monotheismus auf Śaṅkaras Vedānta – bis heute unbewiesen sind. Für die innerislamische theologische Entwicklung scheint der Sindh von nicht unerheblicher Bedeutung gewesen zu sein. Jedenfalls lassen die Namen früher Überlieferer von Traditionsgut aus dem Leben des Propheten *(ḥadīṯ)* darauf schließen, daß die Sindhis »eifrig an den Grundlagen der islamischen Traditionswissenschaft und Historiographie mitgearbeitet«[12] haben. Zudem erweist sich der Sindh – faktisch das heutige Pakistan – als »eine Art Relaisstation für die Weitergabe indischer Weisheit … an das zentralislamische Gebiet, in dem die Gelehrten von Bagdad die neu erworbenen Kenntnisse verarbeiteten und auf ihnen neue Wissenschaftszweige aufbauten«[13]. So übersetzen und rezipieren die Muslime früh Werke indischer Medizin, Alchimie, Astrologie, Astronomie und Mathematik: Seither sind die Zahl Null und das Dezimalsystem Bestandteil arabischer Mathematik – und sollten über die arabischen Eroberungen später auch im christlichen Westen Einzug halten.

Der Einfluß islamischer Mystik

»Jene Leute, die, mit grobem Zeug bekleidet, Fürsten sind, doch ohne Last von Thron und Krone …«[14]: Mit diesen Worten preist der der Chishtī-Mystiker Jamāluddīn Hānswī (gest. 1261) das einfache Leben der **Sufis**[15], jener islamischen Asketen und Mystiker, die im indischen Islam von Anfang an eine nicht unbedeutende Rolle spielen sollten. Das arabische Wort *ṣūfī* – davon abgeleitet in den westlichen Sprachen die Begriffe »Sufi« und »Sufismus« – geht zurück auf das arabische *ṣūf*, »Wolle«. Denn ursprünglich waren die Sufis gekleidet in grobes Wolltuch, den Stoff der armen Leute; entsprechend nannte man sie auch die »Armen«, arabisch *fuqarā'*, im Singular *faqīr*, persisch »*darwēš*«, woher die deutschen Lehnworte »Fakir« und »Derwisch« stammen.

Das heißt, die Sufis waren zunächst »gar nicht im eigentlichen Sinne Mystiker, die eine Einheitslehre und -erfahrung verkündeten, sondern vielmehr **Asketen**, darunter viele die bestehende Gesellschaft verachtende und provozierende

Aussteiger oder auch aktive Kämpfer für den Ruhm des Glaubens (*ǧihād*) in den muslimischen Grenzsiedlungen«, denen es vor allem »um die Übereinstimmung mit Gottes Forderungen« ging und »die vor Gottes Drohung und Zorn in Gottes Schutz und Arme«[16] flohen: Also konsequente Verinnerlichung der islamischen Pflichten, spirituell gespeist aus ständiger Meditation des Korans. Seit dem 8. Jahrhundert gibt es diese Asketen im Islam, und erst ab dem 9. Jahrhundert, unter den Abbasiden, steigert sich dieses spiritualisierte Pflichtenbewußtsein zur intensiven **Gottesliebe**, zur Suche nach unmittelbarer personaler **Gotteserfahrung** – **Mystik** im eigentlichen Sinn: zunächst als Einzelphänomene, dann organisiert in Bruderschaften, aus denen schließlich unter Aufnahme von allerlei Fremdeinflüssen nach und nach die große und vielfältige Bewegung der klassischen islamischen Mystik entsteht.

Erster islamischer Mystiker auf indischem Boden ist der radikale und umstrittene **al-Ḥusain ibn Manṣūr al-Ḥallāǧ**[17]. Auf seiner ersten Pilgerfahrt bleibt er ein ganzes Jahr in Mekka, wo er sich härtester Askese unterzieht. Fortan soll der von Gott Ergriffene sich selber als »der Wahre« – ein häufiger Name für Gott – bezeichnet haben. Angeblich mit 400 Jüngern kommt er im Jahr 900 nach Indien, wandert durch Gujarāt und den Sindh bis nach Kaśmīr, »um das Volk zu Gott zu rufen« – seine Gegner behaupten, um Magie zu erlernen.[18] Wie auch immer seine Wirkung letztlich zu beurteilen ist: al-Ḥallāǧ »wird zum Vorbild des großen Liebenden, der das Geheimnis der Einigung von Mensch und Gott verkündete«, was nach orthodoxer islamischer Lehre nicht vorstellbar und deshalb verboten ist; doch gibt es »keinen Sindhi-, Panjabi- oder Kashmiri-Dichter, der nicht seinen Namen ständig in seinen Versen wiederholt – als sei die Saat, die er gebracht hatte, nach Jahrhunderten aufgegangen«[19]. Dem glühenden Mystiker freilich wird seine grenzenlose Gottesliebe am Ende zum Verhängnis: 912 wird der umstrittene und hochverdächtige Prediger auf einer Reise verhaftet und zehn Jahre später in Bagdad grausam hingerichtet: erst Hände und Füße abgehackt, dann erhängt, schließlich enthauptet und verbrannt.

Ab dem 12. Jahrhundert beginnen die Mystiker, sich zu organisieren, zu Bruderschaften zusammenzuschließen und auch das religiöse Leben Indiens nachhaltig zu prägen. Daß es dabei Kontakte mit der buddhistischen Minderheit und den zahlreichen Hindus abseits vom großen Hauptstrom hinduistischer Orthodoxie gab, ist durchaus möglich, doch gelten jene früheren europäischen Theorien als überholt, die behaupteten, der Sufismus sei »nur eine islamisierte Form der Vedānta-Philosophie oder des Yoga«[20]. Der Sufismus ist ein genuin islamisches Phänomen, bei allen späteren Wechselbeziehungen auf dem indischen Subkontinent. Zahlreiche Sufi-Meister zogen damals aus den islamischen Kernlanden nach Indien und spielten bei der Verbreitung des Islam eine zentrale Rolle. Dabei mögen einzelne, vor allem in den Grenzprovinzen, durchaus auch kämpferisch und mit soldatischem Eifer vorgegangen sein, doch wurde, aufs Ganze gesehen, »die Islamisierung des Landes doch weitgehend durch die Predigt der Derwische« und »nicht durch das Schwert erreicht«[21].

Türkische Feldzüge nach Indien

Im 9. Jahrhundert dringen **Türken** in das Flußgebiet des Oxus ein – »Oxus« ist der griechische Name des Flusses Amudarja –, also in jene zentralasiatische Grenzregion des heutigen Afghanistans, Tadschikistans, Usbekistans und Turkmenistans, die damals von den persischen Samaniden beherrscht wurde. Es ist der Beginn einer **zweiten Welle der Islamisierung** Indiens. Die Stadt Ghaznī, im heutigen Afghanistan gelegen, wird unabhängig und politisches Zentrum. Von hier aus schafft der turkstämmige **Maḥmūd von Ghaznī** (998-1030), 27jährig zum Herrscher geworden, ein riesiges Reich, das sich schließlich vom Kaspischen Meer bis zum Panjāb erstrecken wird. Insgesamt 17mal unternimmt der strenge Sunnit Maḥmūd von seinem Machtzentrum aus Raubzüge auf den indischen Subkontinent[22], erbeutet unermeßliche Reichtümer und zahllose Sklaven, plündert und zerstört aber auch viele wichtige Hinduheiligtümer – oft die Schatzkammern der Könige –, wie etwa den großen Tempel von Somnāth: Es ist das Ende des bisher weitgehend friedlichen Zusammenlebens von Muslimen und Hindus in Nordindien.

Schlüssel für Maḥmūds **Erfolge** (wie auch für die späterer muslimischer Invasoren) ist vor allem eine hochmotivierte, schlagkräftige, arabisch-persisch-türkisch geschulte **Kavallerie** schneller berittener Bogenschützen, die den schwerfälligen indischen Kampfelefanten und schlecht ausgebildeten Fußsoldaten weit überlegen sind. Politisch waren die hinduistischen Regionalreiche durch die jahrhundertelangen Dreieckskämpfe der Großreiche Nord-, Ost- und Zentralindiens stark geschwächt, eine echte Führungsmacht, die Maḥmūd hätte widerstehen können, gab es nicht. Zudem sollte sich das Kastensystem für die Kriegsführung der Hindukönige als nachteilig erweisen: Kriegskunst war vor allem Standes- und Kastenangelegenheit und »die Rekrutierung der Truppen beruhte gerade bei den Rājputen auf Clanbindungen und persönlicher Gefolgschaft«; »den wild zusammengewürfelten und doch wieder kastenmäßig getrennten, zusätzlichen Söldnertruppen sowie den oft nur zwangsweise gestellten Heeren der Tributärfürsten fehlte weiterhin der innere Zusammenhalt.«[23]

Historisch folgenreich – womöglich noch folgenreicher als die Niederlage der letzten Hindukonföderation 1192 – ist die Unterwerfung der Hindudynastie der **Shāhīs** im Jahr 1021 und die Annexion ihres Reiches jenseits des Indus, jetzt mit der Hauptstadt Lahore: So wird schließlich »nach drei Jahrhunderten permanenten Drucks die islamische Macht in einem Gebiet des Subkontinents errichtet, von dem aus eine weitere Expansion verhältnismäßig leicht zu erreichen war«[24]. Nach Maḥmūds Tod freilich gerät sein mächtiges Reich bald unter

Druck und schmilzt schließlich auf die Größe seiner indischen Gebiete. Die nordindischen Hindureiche erstarken wieder, und neue Dynastien kommen auf – etwa die Rājputengeschlechter der Chauhāns und der Chandellas –, die für kurze Zeit die historisch-kulturelle Entwicklung prägen. Äußeres Zeichen ist die vorübergehende Blüte der hinduistischen Tempelbaukunst – womöglich auch zur Wiedergutmachung von Maḥmūds Zerstörungen. Berühmtestes Zeugnis sind jene bereits erwähnten prächtigen und filigran gearbeiteten Chandella-Tempel von Khajurāho nahe dem zentralindischen Bhopal, von denen heute noch 22 erhalten sind.[25]

Das Sultanat von Delhi

Politische »Erbin« des Ghaznaviden Maḥmūd ist die im afghanischen Ghūr ansässige Dynastie der **Ghūriden**. Nach einer ersten Niederlage gegen den nordindischen Cālukya-König im Jahr 1178 überrollt ihr Führer, Muḥammad von Ghūr 1181 Lahore und erobert 1186 den Sindh und den Panjāb. Der Bedrohung aus dem Nordwesten gewahr, schließen sich die nordindischen Hindukönige unter Führung des Chauhān-Herrschers Pṛthvīrāj III. zu jener legendären Konföderation zusammen, bezwingen Muḥammad und die Seinen auch zunächst 1191, werden aber schließlich **im Schicksalsjahr 1192** von der überlegenen Kavallerie Muḥammads in Tarain, an der »**Pforte von Delhi**«, vernichtend geschlagen: »Hunderttausend« Hindus, so ein Chronist, sollen in der legendären Schlacht gefallen sein! Innerhalb weniger Jahre stößt das afghanisch-türkische Heer ostwärts durch die Gaṅgāebene und erobert die wichtigsten militärischen Bastionen der Rājputen – Delhi, Gwālior, Kanauj, Vārāṇasī und andere. Einer seiner Generäle, der erfolgreiche Muḥammad Bhakhtiyar Khiljī, erobert Ende des 12. Jahrhunderts Bihar, »wo er in Nalanda die letzten großen buddhistischen Klosteranlagen Indiens zerstörte«[26] und damit dem indischen **Buddhismus**, der damals in Indien schon den Zenith seiner Blüte überschritten hatte, nachhaltig schwächt; zu Beginn des 16. Jahrhunderts wird der Buddhismus aus Indien weitgehend verschwunden sein.

Muḥammad von Ghūr wird 1206 am Indus ermordet. Der ehemalige Sklave **Quṭb ud-Dīn Aibak** – erfolgreicher General, Muḥammads Gouverneur und Vizekönig Indiens – wird sein Nachfolger und macht den entscheidenden Schritt zur Begründung des **Sultanats von Delhi**: Ohne sich selber »Sultan« (arab. »Herrschaft«, später »Herrscher«) zu nennen – diese Anerkennung durch den Abbasidenkalifen von Bagdad im Jahr 1229 bleibt seinem Schwiegersohn Iltutmiś (1211-36) vorbehalten –, erklärt Aibak die Unabhängigkeit von den afghanisch-zentralasiatischen Ghūriden: der Beginn »einer **unabhängigen Großreichsbildung** auf indischem Boden«[27]. Bereits 1236 umfaßt dieses Reich der sogenannten »Sklavendynastie« – benannt nach der allgemein niederen Herkunft ihrer Herrscher – ganz Nordindien mit Delhi, einer ehemals unbedeutenden Rājputenstadt, als neuer aufstrebender Hauptstadt.

Noch zur Zeit des zweiten Sultans **Iltutmiś** – Aibak verunglückt 1211 beim Polospiel – drängen **Mongolen** 1221 unter **Tschingis Khān** bis zum Indus vor. Sie verfolgen Jalal ud-Din, der 1221 bei Kandāhār ein Mongolenheer geschlagen hatte, machen dann aber doch am Indus halt und ziehen sich wieder nach Ghaznī zurück. Iltutmiś gilt als eigentlicher Begründer des unabhängigen Sultanats Delhi: »Er errichtete eine Grundordnung, die bis auf die englische Zeit, sechs Jahrhunderte später, andauern sollte. Die grossen Heeresführer erhielten Feudalgebiete, um sich ihre Armeen daraus zu halten. Daneben bestanden die Staatsdomänen, die direkt von der Krone verwaltet wurden.«[28]

Iltutmiś soll auch große Sympathien für den **mystischen Islam** gehabt haben. Große Verehrung soll er dem Heiligen Quṭbuddīn Bakhtiyar Kākī entgegengebracht haben, der 1235 starb und dessen Grab noch heute häufig besucht wird. Dessen Studienfreund war der berühmte **Muʿīnuddīn Chishtī** (gest. 1236), Begründer des nach ihm benannten strengen **Chishtī-Ordens**. 1193 kam er nach Delhi und ließ sich in Ajmer nieder, und »sein Wohnsitz wurde zu einem Ausgangspunkt für die Islamisierung der südlichen und mittleren Teile Indiens«[29], nicht zuletzt dank des unermüdlichen Einsatzes der Chishtī-Brüder: Radikale Armut und Askese praktizierend – sie lehnten jegliche offizielle finanzielle Unterstützung ab –, widmeten sie sich neben Arbeit, Koranrezitation und Meditation besonders der Pflege von Musik und Poesie. Berühmt waren sie auch für ihre Offenheit: Sie führten ein klassenloses Zusammenleben jenseits aller Kastenschranken und gestatteten selbst Nichtmuslimen die Teilnahme an ihren Zusammenkünften, ohne daß sich diese zuvor zum Islam bekannten.

Auf Iltutmiś' fähige Tochter Raziyyat, die nach dessen Tod 1236 Herrscherin wurde, drei Jahre später aber einer Intrige zum Opfer fiel, folgten schwache Regenten, die, jahrzehntelang untereinander in Thronstreitigkeiten und Machtkämpfe verwickelt, das Delhi-Sultanat merklich schwächen. 1266 stirbt der letzte männliche Nachfahre Iltutmiś' und damit der letzte Herrscher der ersten »Sklavendynastie«. Der nun vom grausamen Sultan **Balben** begründeten zweiten »Sklavendynastie« folgt vier Jahre nach dessen Tod mit der Absetzung seines Thronfolgers die Khaljī-Dynastie (1290-1320), deren bedeutendster Herrscher, **Alā-ud-dīn Khaljī**, in knapp 20jährigem Regime das Delhi-Sultanat auf den Höhepunkt seiner Macht führen sollte. Hart, manche sagen grausam gegenüber den Hindus, schildern nichtmuslimische Quellen den gestrengen Regenten als blutrünstigen Tyrannen, während andere seine Liebe für die Wissenschaften preisen und seine vermeintlich gerechte Marktordung, die vor allem den Armen nützte.

Jedenfalls **reformiert** und **zentralisiert** Alā-ud-dīn radikal die **Verwaltung seines Reiches**: Er entmachtet Großgrundbesitzer, lokale (meist hinduistische)

Steuereintreiber und Dorfvorsteher, die bis dahin nur Bruchteile ihrer üppigen Einnahmen an den Hof abgeführt hatten. Er führt eine für alle Stände einheitliche Steuer ein (die Hälfte der stehenden Ernte), vereinheitlicht die Preise, kontrolliert Märkte, Handel und Transportwesen und enteignet revolteverdächtige Höflinge und Offiziere. Inwieweit er damit freilich reichsweit Erfolg hatte, ist in der Forschung umstritten. Unbestritten indes sind Alā-ud-dīns siegreiche schnelle **Vorstöße nach Südindien** mit dem Ehrgeiz, als »zweiter Alexander« in die Geschichte einzugehen. Ebenso verdienstvoll seine erfolgreiche Gegenwehr gegen den Ansturm der Mongolen auf Delhi im Jahr 1305.

Weniger glücklich hingegen agieren die **türkischen Tughluqs**, die fünf Jahre nach Alā-ud-dīns Tod nach dem schreckensreichen Interregnum Khusrau Khans, eines neubekehrten Hindus aus niederer Kaste, aus heftigen Thronwirren als neue Sultane hervorgehen. Ihr zweiter Herrscher, der angebliche Vatermörder **Ulugh Khan**[30], genannt **Muḥammad**, exzentrischer als alle seine Vorgänger, beginnt zunächst erfolgreich, endet aber im Fiasko. Ein folgenschwerer Fehler ist 1327 sein wahnwitziges Unterfangen, 1000 km südlich von Delhi, in Deogīr – jetzt **Daulatābād**, »vom Staat gebaut« genannt –, dem geographischen Mittelpunkt des Reiches eine zweite Hauptstadt zu errichten, um sich der wachsenden Macht der Sufis in Delhi zu entziehen und den Süden des Reiches besser kontrollieren zu können: Viele tausend, vor allem Gelehrte und Sufis, kommen auf dem sinnlosen Marsch grausam zu Tode, andere vertragen das ungewohnte Hochlandklima nicht. Jedenfalls erweist sich der Plan bald als sinnlos und muß, soweit möglich, rückgängig gemacht werden. Einige der Exilierten kehren nach Delhi zurück, andere bleiben in Daulatābād, dessen benachbartes Khuldābād zum Zentrum der im Dekkhan verbliebenen Mystiker werden sollte.

Folgenschwer auch Muḥammads mißglückter Feldzug gegen China 1337/38, der bereits im Himālaya steckenbleibt und den Abfall Bengalens vom Delhi-Sultanat provoziert. Daß der politisch angeschlagene Sultan 1343 noch durch ein Investiturschreiben des im Kairoer Exil lebenden Kalifen von Bagdad gestützt wird, vermag den fatalen Gang der Dinge freilich nicht mehr aufzuhalten: Mißernten, Hungersnöte, Unruhen, ja, Revolten spitzen die Lage zu, und »gegen Ende des 14. Jahrhunderts beginnt das Delhi-Reich zu bröckeln, und die Rājputen und andere Fürsten machen sich unabhängig«. Ein dramatischer Machtschwund, den ein Sprichwort aus jener Zeit satirisch verdeutlicht: »›Die Herrschaft des Herrn der Welt reicht von Delhi bis Palam‹ (Palam ist heute der Flughafen von Neu-Delhi!).«[31]

1351 kommt Muḥammad bei der Verfolgung eines Rebellen am unteren Indus zu Tode. Damit, so der Historiker Badāʿūnī rund 200 Jahre später, »sei der Sultan von seinem Volke befreit und das Volk von seinem Sultan«[32]. Jedenfalls stirbt der umstrittene Regent offenbar am Tiefpunkt seiner Macht, denn »die meisten Gebiete, die in den letzten fünfzig Jahren dem Sultanat zugefallen waren«, waren jetzt »wieder verloren«[33]. Die »Provinzialisierung der islamischen Kultur« setzt ein, und eine eigenständige und fruchtbare Entwicklung spielt sich fortan besonders in jenen Regionen ab, die sich nicht zuletzt aufgrund Muḥammads Politik selbständig gemacht haben.[34]

Auch Muḥammads Nachfolger kann diesen zentrifugalen Trend nicht aufhalten, im Gegenteil: Der Einfall einer **turkomongolischen Konföderation** zwingt das Delhi-Sultanat weiter in die Knie. 1398 erobert der Muslim **Tamerlan** (Timur-i-Leng) Delhi, das er mit Verweis auf dessen angebliche unislamische(!) Herrscher rücksichtslos plündert und mit über 50 000 Toten verwüstet zurückläßt. Stark dezimiert kann sich das Delhi-Sultanat unter den **Sayyiden** (1414-51) aber wieder vorübergehend erholen und unter den **Lodhīs**, afghanischen Türken, seinen Machtbereich sogar erneut bis in den Panjāb und die Gaṅgāebene hinein ausdehnen.

Doch schon bald geht es mit der Macht der Sultane zu Ende: Ein türkisch-mongolischstämmiger Afghane, persisch geprägt, von den Usbeken einst aus seiner Heimat vertrieben, besiegt vor Delhi mit einer kleinen Armee das zahlenmäßig weit überlegene Heer der Lodhīs: **Bābur**, Begründer der Dynastie der **Mogulkaiser**. Sie werden den einstigen Machtanspruch der Delhi-Sultane übernehmen und ihre Herrschaft über weite Teile Indiens ausbreiten.

3. Die Regionalreiche Zentral- und Südindiens

Insgesamt blieb die Herrschaft der Delhi-Sultane im wesentlichen auf Indiens Norden beschränkt: auf das Gebiet von Indus und Panjāb im Westen, entlang dem Himalaja bis Bengalen im Osten. Alā-ud-dīns erfolgreiche Vorstöße in den Süden und die vorübergehende Ausweitung des Sultanats auf fast ganz Indien fand kaum zwanzig Jahre später mit dem Tughluq-Herrscher Muḥammad ihr Ende: Der Versuch, mit der Verlegung der Hauptstadt Zentral- und Südindien zu kontrollieren, scheiterte nach wenigen Jahren kläglich. Das Delhi-Sultanat schmolz bald wieder auf die Größe seines Kerngebiets. Und »am Rande und außerhalb« dieses Kerngebiets »hielten sich nicht nur **alte hinduistische Königreiche**, sondern es entstanden auch **selbständige Sultanate** sowie **neue hinduistische Reiche**«[35], die das politische und kulturelle Profil des damaligen Indiens ganz wesentlich mit prägten.

Bahmanī: neue islamische Vormacht Zentralindiens

Bahman Shāh, ehemals revoltierender muslimischer Offizier und Eroberer der Festung Daulatābāt (1345), ist der Begründer des nach ihm benannten Sultanats. Seine Dynastie, vom Kalifen von Kairo anerkannt, sollte in den folgenden

150 Jahren als große politische Gegenspielerin des Delhi-Sultanats und der Hindureiche die zentralindische Hochebene des Dekkhan kontrollieren. Ein Kampf, der so erbittert geführt wird, daß die Kontrahenten unter dem zweiten Sultan **Muḥammad**, dessen Armee allein eine halbe Million Menschen getötet haben soll, Maßnahmen zur Begrenzung der gegenseitigen Grausamkeiten ergreifen. Die beiden Hauptstädte des Reiches – zuerst **Gulbarga**, dann ab 1425 unter Sultan Aḥmad Shāh aus klimatischen Gründen das ca. 1000 m hoch gelegene **Bīdar** – sind blühende Metropolen ihrer Zeit, deren Pracht und Glanz weit über die Reichsgrenzen hinaus bekannt ist – während die ländliche Bevölkerung offenbar bittere Armut zu leiden hatte.[36]

Ein halbes Jahrhundert später reicht das mächtige Bahmanī-Sultanat vom **Golf von Bengalen bis an die Westküste**. Zur besseren Verwaltung wird es in vier Reichsprovinzen aufgeteilt, was sich langfristig als Fehler erweisen sollte. Nach dem Tod seines berühmten Eroberers und Reformers **Maḥmūd Gāwān**, 1481 Opfer einer Palastintrige, geht das Bahmanī-Reich unter seinem letzten Sultan **Maḥmūd Shāh** (1482-1518) an immer heftiger werdenden Machtstreitigkeiten bei Hofe schließlich zugrunde: »Nacheinander erklärten die Gouverneure der vier Reichsprovinzen ihre Selbständigkeit und gründeten eigene Sultanate: Bījāpur 1489, Ahmednagar und Berār 1490, Bīdar 1492 und Golkonda 1512.«[37] Nach zunächst erfolgreichem Kampf gegen das aufstrebende südindische Reich von Vijayanagara (1565) wurden auch sie, nachdem Berār und Bīdar von Bījāpur erobert wurden, schließlich im 17. Jahrhundert nach jahrzehntelangen Kämpfen von den zentralindischen Moguln annektiert.

Orissa: aufstrebendes Hindureich im mittleren Osten

Knapp hundert Jahre vor der Etablierung des Delhi-Sultanats formiert sich an der **Ostküste** des Subkontinents aus dem Herrschaftsbereich kleinerer, schwacher Königreiche nach und nach das Großreich **Orissa**, auch Reich der »Gajapatis« genannt, der »Herren der Elefanten«. König **Anantavarman Codagaṅga**, Abkömmling der Gaṅga-Dynastie, erobert 1112 das Deltagebiet des Mahānadī-Flusses und dehnt nach und nach sein Reich entlang der Küste aus. Schon zehn Jahre später erstreckt es sich 800 km die Küste entlang von Kalkutta im Norden bis an den Godavārī-Fluß im Süden und wird zum wichtigen politischen Faktor im Kampf um die Vorherrschaft über Zentralindien.

Anfang des 13. Jahrhunderts zunächst von bengalischen Muslimen unter Druck, greift der Ganga-König **Narasiṃha** (1238-64) seinerseits Bengalen an, erobert die Hauptstadt Lakhnau und beschert Orissa damit für rund hundert Jahre ein unbedrohtes Dasein. 1361 überfällt der Delhi-Sultan **Firoz Shāh** überraschend Orissa, zerstört das Zentralheiligtum und verpflichtet das Reich zu Tributleistungen – was allerdings ohne ernste politische Folgen bleiben sollte.

Dennoch ist der **Niedergang der Gaṅga-Dynastie** nicht mehr aufzuhalten, die 1453 – das westlich gelegene Bahmanī-Sultanat erreicht zu dieser Zeit seine größte Blüte – mit dem legendären König **Kapilendra** von der **Sūryavaṃśa-Dynastie** abgelöst wird. Er steigt »zum mächtigsten hinduistischen Herrscher seiner Zeit auf«, unter ihm erreicht »das Orissa-Reich seinen Höhepunkt«[38]: Vorstöße nach Zentralbengalen und in den fernen Süden Indiens lassen das jetzt mächtige Reich bis auf 1600 km entlang der Küste anwachsen – eine Größe, die freilich auf Dauer nicht zu halten ist. Unter Kapilendras zerstrittenen Söhnen gehen südliche Gebiete wieder an das Bahmanī-Sultanat und das aufstrebende hinduistische Vijayanāgara verloren. Nach einer Erholung unter König Puruśotamma für wenige Jahrzehnte kann es Ende des 16. Jahrhunderts dem Druck Vijayanagaras und mächtiger werdender Sultanate Nord- und Zentralindiens nicht mehr standhalten und mutiert schließlich nach weiteren wechselhaften Jahrzehnten zu einem bedeutungslosen lokalen Fürstentum.

Kennzeichen des spätmittelalterlichen Orissa-Reiches ist die enge Verbindung seiner Könige mit dem in der Hauptstadt Purī beheimateten **Jagannātha-Kult**. Als »Jagannāth«, »Herr der Welt«, wird Viṣṇu hier in der Gestalt Kṛṣṇas verehrt. Typisch für diese lokale Form der Viṣṇu-Verehrung – es gibt sie so nur in Purī, wo sie wohl einst aus einem Stammeskult hervorging und bis heute Bestand hat[39] – sind die grob behauenen lebensgroßen Götterstatuen, bei denen nur die überdimensionalen Augen und die angedeutete Taille vage an etwas Menschenähnliches erinnern: Ausdruck des höchsten Gottes in seiner gestaltlosen Form – transzendent, immanent, omnipräsent. König **Anantavarman Codaganga** ließ ab 1135 in Purī den noch heute erhaltenen[40] monumentalen Tempel errichten, König Anangabhima III. erkannte 1230 Jagannātha als obersten Herrn und Gott des Reiches an, als dessen »Sohn« er sich verstand. Und rund zweihundert Jahre später soll sogar König Kapilendra von Jagannātha selber zum König bestimmt worden sein – so jedenfalls die Überlieferung der mächtigen Priester Purīs, denen der König für ihre Legitimation reiche Schenkungen machte. Über die Jahrhunderte erwies sich so der Jagannātha-Staatskult als effektives »Herrschaftsintrument« der Orissa-Herrscher – »vor allem gegen Widersacher im eigenen Reich«, aber auch »gegen hinduistische Herrscher des Südens«[41].

Vijayanagara: Hindugroßmacht über Indiens Süden

Während das östliche Orissa-Reich nach und nach aus kleineren Hindukönigtümern hervorgegangen war, entsteht im 14. Jahrhundert im Süden Indiens ein mächtiges Hindureich als unmittelbare Reaktion auf den Versuch der Delhi-Sultane, ihren Machtbereich nach Süden auszudehnen: **Vijayanagara**. Zwei Brüder, **Harihara** und **Bukha**, wohl zunächst »Markgrafen« der lokalen Hoysala-Dynastie[42], setzen sich an die Spitze des aufkommenden zentralindischen

Widerstandes gegen die muslimischen Invasoren. 1336 gründen sie am Südufer des Tungabhadrā-Flusses unweit der ehemaligen Hauptstadt des Hoysala-Reiches »Vijayanagara«, die glanzvolle »Stadt des Sieges«, später eine der größten und prächtigsten Städte ihrer Zeit. 1346, nach dem Tod des letzten Hoysala-Königs, wird Harihara hier zum ersten König des neuen Reiches gekrönt. Sein Bruder Bukha, der ihm 1357 als König folgt, macht Vijayanāgara im erfolgreichen Kampf gegen den Sultan von Madurai in zwei Jahrzehnten bis zu seinem Tod 1377 zum »größten hinduistischen Regionalreich der südindischen Geschichte«[43].

Ähnlich wie in Orissa spielt auch in Vijayanagara die **Religion als Legitimationsinstanz** eine wichtige Rolle: Wie auch immer die Lebensgeschichte der Brüder im einzelnen verlaufen ist, so scheinen sie bald unter den Einfluß des Hindumönches **Vidyāraṇya** alias Mādhavācārya geraten zu sein, Anhänger des seit dem 7. Jahrhundert in Südindien als Gegenbewegung zu Buddhismus und Jainismus verbreiteten Śivaismus. Als Reaktion auf die wachsende Dominanz des Islam hatte sich Vidyāraṇya gemeinsam mit seinem Bruder **Sāyaṇa** der Wiederbelebung der vedisch-brahmanischen Tradition verschrieben – mit wichtigen Kommentaren zu den Saṃhitās (noch heute berühmt Sāyaṇas Ṛgveda-Kommentar) und den Brāhmaṇas, mit eigenen Werken über Gesetzeskunde und Grammatik. Die philosophisch-theologische Identifikationsfigur der beiden großen Gelehrten, die bald zu königlichen Ministern aufsteigen, ist der Vedānta-Philosoph Śaṅkara aus dem 8. Jahrhundert. Womöglich hat Vidyāraṇya selber die Geschichte von Śaṅkaras Wanderung durch ganz Indien, die »Erhebung« von Vidyāraṇyas Kloster Śṛṅgeri zum Gründungskloster Śaṅkaras und die auf Śaṅkara zurückgeführte Einrichtung der Śaṃkarācāryas in den vier größten und fortan normativen Klöstern Indiens[44] wenn nicht »geschaffen«, so »zumindest stark ausgebaut«[45] – als Maßnahme zur landesweiten Stärkung des bedrohten Hinduismus. Jedenfalls war der religiöse Einfluß auf Vijayanāgaras frühe Herrscher so groß, daß sie den Hindugott **Śiva**, hier Virūpākṣa[46] genannt, als obersten Herrn des Reiches anerkennen und selber mit monastischem Segen als »Vizekönige« und dessen Stellvertreter auf Erden regieren.

Spätere Herrscher, die Dynastien der Āravīdus und der Tuluvas im 16. Jahrhundert, verehrten auch den Gott **Viṣṇu**. Dieser Glaubenswechsel muß aber vom priesterlichen Establishment als so schlimm empfunden worden sein, daß es zu blutigen Protesten kam: Als im ehrwürdigen Śiva-Tempel von Cidambaram viṣṇuitische Symbole installiert werden sollten, »sprangen aus Protest zwanzig Priester von den Türmen in den Tod«; mit den anderen aufständischen Priestern machten die königlichen Beamten kurzen Prozeß, »indem sie einige von ihnen erschossen, wodurch sie demonstrierten, daß die Erfordernisse der Politik auch das abscheuliche Verbrechen des Brahmanenmordes rechtfertigen konnten«[47]. Der Viṣṇuismus indes konnte sich in Cidambaram wohl nicht lange halten. Schon bald wurde der Tempel wieder umgebaut, und bis heute ist er, an dessen Stelle Śiva einst als kosmischer »Herr des Tanzes« (*nateṣa*) erschienen sein soll, mit seinen prächtigen Reliefs der 108 Tanzhaltungen (*karana*) Śivas ein berühmtes Pilgerzentrum.

Blieb Vijayanāgaras Macht unter den beiden Nachfolgern der Herrscherbrüder noch weitgehend unangefochten, so kommt es im 15. Jahrhundert im Kampf um die Herrschaft über Südindien zu **anhaltenden Konflikten mit Orissa**, dem mächtigen hinduistischen Gegenspieler im Norden. Unter der Sangama-Dynastie – ihr letzter König stirbt 1485 – zerfällt das Reich zusehends unter den Kämpfen rivalisierender Fürsten, erholt sich zwischenzeitlich wieder und kann am Ende nur überleben, weil sowohl das muslimische Bahmanī-Sultanat wie das Orissa-Reich ihrerseits mit dem Niedergang zu kämpfen haben. Unter seiner dritten Dynastie, den **Tuluvas**, erreicht Vijayanāgara dann den **Höhepunkt seiner Macht und kulturellen Blüte**. Im Kampf gegen die Gajapatis von Orissa verbündet sich König **Kṛṣṇadeva Rāya** (1509-29) mit den muslimischen Bahmanīden, setzt zur Stabilisierung der Region deren schon gestürzten Sultan wieder ein, erobert die Küstengebiete Orissas und stößt bis zu deren Hauptstadt vor, wo er schließlich mit dem Orissa-König Frieden schließt. Berühmt ist Kṛṣṇadeva auch als Förderer von Dichtung, Wissenschaft und Religion: Die meisten größeren Tempelanlagen des Südens wurden in seiner Zeit errichtet oder ausgebaut – allerdings nicht aus purer Frömmigkeit, sondern auch aus dem **strategischen Interesse**, sich mit reichen Tempelstiftungen die politische Unterstützung der religiösen Führer zu sichern.

Anhaltende Machtkämpfe im Inneren und wachsender Druck der jetzt gegen Vijayanāgara vereinten muslimischen Sultanate gipfeln schließlich **1565** in der **Eroberung der Hauptstadt**: Zwei Generäle zum Feind übergelaufen, der König gefangen und sofort enthauptet, sein Bruder mit Schätzen des Reiches geflüchtet, fällt die einst so glanzvolle Stadt schutzlos in die Hände der Muslime, wird grausam geplündert und zerstört. Es ist nicht nur das **Ende des letzten hinduistischen Großreiches** im Süden, sondern auch das **Ende der spätmittelalterlichen Hinduregionalreiche überhaupt**, die einer neuen aufstrebenden muslimischen Großmacht das Feld überlassen sollten: den **Moguln**.

4. Islamisches Großreich über ganz Indien: die Moguln

»Mogul« ist das arabische und persische Wort für **Mongole** (arab., *maġūl*, pers., *muġol*). Und die Herrscher der Moguldynastie nennen sich »Moguln«, nicht weil sie etwa selber Mongolen wären, sondern weil sie ihren **Anspruch auf Weltherrschaft** von ihren entfernten Ahnen ableiten: **Bābur**, der Begründer der Dynastie, vom Delhi-Eroberer **Tamerlan** (Timur-i-Leng: 1336-1405), der sich seinerseits, wiewohl auch nicht mongolisch sprechend, auf seinen entfernten Verwandten, den legendären Welteroberer **Tschingis Khān** (1167-1227), beruft, der einst den Grundstein für das Weltreich der Mongolen gelegt hatte.

Bābur: Kaiser von Hindustān

Bābur, geboren 1438 und nach abenteuerlichem Werdegang seit 1504 Herrscher von Kābul, stammt entfernt von zwei berühmten Eroberern ab: Väterlicherseits von Timur und mütterlicherseits von Tschingis Khān. Er selber betrachtet sich als **Tschaghatai-Türke**, deren Sprache er, wie einst auch Timur, spricht. Bābur ist ein unersättlicher Eroberer, aber auch ein höchst sensibler Literat, dessen Memoiren »Das Buch Bāburs« als eines der inhaltsreichsten und lebendigsten türkischen Prosawerke in die Weltiteratur eingehen werden.

Es war wohl vor allem die überlegene Kampf- und Waffentechnik – Handfeuerwaffen mit Luntenschlössern, auf Wagen montierte mobile Kanonen und eine schnell agierende Kavallerie –, die Bābur nach der Eroberung Kābuls (1504) und Kandāhārs (1506) bei seinem fünften Vorstoß nach Indien 1526 den Sieg über das zahlenmäßig überlegene Heer des letzten Lodī-Sultans Ibrāhīm beschert. Dann fällt Āgra, und Bābur läßt sich in der Moschee zu Delhi zum »Kaiser von Hindustān« ausrufen. Ein Jahr später besiegt er den Rājputenherrscher von Mewār und in den Folgejahren dehnt Bābur sein Reich durch die Gaṅgāebene bis nach Bengalen aus, so daß es schließlich, als Bābur 1530 unter dramatischen Umständen schwer erkrankt und stirbt[48], Afghanistan, den Panjāb und ganz Nordinien umfaßt. Ein »Kaiser von Hindustan«, dessen Heimat immer Zentralasien blieb und dem Indien mit seiner angeblich häßlichen und schmutzigen Bevölkerung ohne Kultur und Lebenskunst zeit seines Lebens fremd war.[49]

Unter seinem Sohn **Humāyūn** gerät Bāburs Reich unter Druck des afghanischen Suri-Clans: Sher Shāh dehnt seinen Machtbereich nach Westen aus und festigt mit rigorosen Zentralisierungsmaßnahmen und Reformen seine Herrschaft über große Teile Nordindiens. Jahrelang ist Humāyūn auf der Flucht. 1544 soll sich der Sunnit auf Anraten seines schiitischen Generals **Bairam Khān** an den persischen Shāh Tahmāsp mit der Bitte um militärische Unterstützung gewandt und sich dafür zu den Grundsätzen des schiitischen Glaubens bekannt haben.[50] Jedenfalls gelingt ihm dank persischer Unterstützung und der militärischen Führung Bairam Khāns die Rückeroberung großer Gebiete im Norden und Westen Indiens. 1555 zieht Humāyūn wieder siegreich in Delhi ein. Doch schon im Jahr darauf kommt er bei einem Sturz von der Dachterasse seiner Bibliothek tragisch zu Tode, so daß jetzt sein Sohn **Akbar**, erst 13jährig, zum neuen Kaiser ausgerufen wird. Sieben weitere wechselhafte Jahre sollte es dauern, bis der junge Akbar nach dem gewaltsamen Tod des Interimsregenten

Bairam Khān, dessen Macht und Reichtum zusehends überdrüssig, schließlich selber die Herrschaft übernimmt: Er, der in seinen gut vier Jahrzehnten Regentschaft zum legendären »großen« Mogulkaiser Indiens werden sollte.

Akbar der Große: »Immer auf Eroberungen bedacht«

Der junge Akbar, bei seinen Ammen und deren Söhnen aufgewachsen und an Kampf, Jagd, Sport und Malerei mehr interessiert als an ernsthaftem Unterricht, soll **nie** wirklich **lesen und schreiben** gelernt haben. Dies brachte ihm wohl auf lange Sicht zwei große Vorteile: zum einen ein **hervorragendes Gedächtnis**, da er gezwungen war, etwa Vorträgen auf das Wesentliche konzentriert zu folgen, um dann argumentativ überzeugen und in der Diskussion bestehen zu können; zum anderen, weil nicht schriftkundig, einen von jeher relativ **freien Umgang mit der islamischen Tradition** und dem schriftfixierten Dogmatismus professioneller Religionsgelehrter.

Schon früh scheint Akbar entschlossen, ein großes und stabiles Reich aufzubauen. Nach der Unterwerfung des Rājputenfürsten von Amber/Jaypur beginnt Akbars **Expansion nach Süden**. 1564 erobert er **Gondwāna**, das gebirgige Land der Gonds südlich des Gaṅgā. Drei Jahre später nimmt er nach viermonatiger Belagerung – neu damals der massive Einsatz von Sprengstoff und Artillerie – die Festung Chitor in Mewār, die vermeintlich stärkste Festung Hindustāns, bricht damit endgültig den Widerstand im **Rājputenland** und macht den Weg frei nach Süden: Nach aufopferndem Kampf suchen die gegnerischen Frauen verzweifelt den Freitod im Feuer, ihre Männer sterben in der Schlacht, und 30 000 Bauern, welche die Festung unterstützt hatten, werden von den Eroberern niedergemetzelt. 1572/73 unterwirft Akbar das wohlhabende **Gujarāt**: Als sich ein Teil des Adels zunächst kampflos unterwirft, dann aber gegen die neue Verwaltung rebelliert, greift Akbar auch hier hart durch und demonstriert mit einer abschreckenden Pyramide aus 2000 Schädeln getöteter Rebellen seinen kompromißlosen Willen zur Macht. Zwei Jahre später fällt schließlich **Bengalen**. Es ist die letzte größere territoriale Eroberung Akbars, aber nicht das Ende der Kriege. Mit nur 34 Jahren beherrscht der Mogulkaiser jetzt ein riesiges Reich, das sich über den gesamten Norden Indiens bis weit in die Mitte des Subkontinents erstreckt. »Ein Herrscher sollte immer auf Eroberungen bedacht sein«, soll Akbar einmal gesagt haben, denn »wenn er es nicht ist, werden seine Nachbarn sich gegen ihn erheben«[51].

Der Versuchung, sein Reich allzuweit nach **Nordwesten** auf seine zentralasiatische Heimat auszudehnen, widersteht Akbar zunächst klug. Im Bemühen um ein weitgehendes Gleichgewicht der Mächte in dieser Region gelingt es ihm lange Zeit »meisterhaft, Usbeken und Perser gegeneinander auszuspielen, die sich ständig befehdeten und jeweils versuchten, Akbar für sich zu gewinnen«[52].

1580/81 kommt es zu Rebellionen im Osten und Westen des Reiches. Im Nordwesten will der Kaiser persönlich für Ordnung sorgen und seinen rebellierenden Halbbruder in die Schranken weisen; militärisch weit überlegen, marschiert er 1581 kampflos in Lahore ein, anschließend ebenso kampflos in Kābul. Zur besseren Kontrolle der Region verlegt Akbar 1585 den Regierungssitz vom neu erbauten Fathpur Sīkrī nach Lahore; 13 Jahre, bis zum Tod des Usbekenherrschers Abdullah Khān, wird er dort bleiben. Noch im selben Jahr wird Kaśmīr erobert, sechs Jahre später der Sindh, 1595 schließlich Belutchistan und die Stadt Kandāhār, die Akbar schon früh hatte aufgeben müssen. Erneute Vorstöße nach Zentralindien, Akbars letzte militärische Unternehmungen, haben zwar zunächst Erfolg, doch ist die Macht der Zentralgewalt des Kaisers über diese fernen Gebiete auf Dauer zu schwach.

Akbars letzten Jahre sind überschattet von der Rebellion seines Sohnes **Salīm**, der sich in heftigen Kämpfen um die Thronfolge – die Moguln kennen kein dynastisches Erbrecht, so daß noch zu Lebzeiten des Herrscherrs unter den Kandidaten die Thronstreitigkeiten ausgetragen werden – schließlich durchsetzt. Nach vierwöchiger schwerer Krankheit, wohl einer Darmentzündung, stirbt der Kaiser am 25. Oktober 1605: Dem Thronfolger Salīm, jetzt Jahāngīr genannt, hinterläßt er ein Reich, »das sich von Kābul bis zur Godāvarī und von den Gestaden Gujarāts bis an den Brahmaputra« erstreckt; »nur die Mauryas im 4. und 3. Jahrhundert v. Chr. und die Tughluqs im 13. Jahrhundert hatten ein größeres Reich auf dem Subkontinent besessen«[53], wobei keiner so erfolgreich war wie Akbar. Errungen hat dies Akbar nicht nur durch entschlossene Kriegsführung und kluge Diplomatie, sondern ganz wesentlich auch durch weitsichtige Reformen und den Aufbau einer effizienten Verwaltungsstruktur, wie sie Indien bis dahin nicht kannte.

Akbars durchgreifende Reform der Verwaltung

Akbars Reich wuchs rasch, oft nach demselben Schema: »Blitzschnelle Schläge über grosse Entfernungen hinweg, dann Rückkehr ins Zentrum, während es den Gefolgsleuten überlassen blieb, die Unterwerfung der Aussenprovinzen zu vollenden und dann ihre Verwaltung nach den Grundsätzen des Moghulreiches zu organisieren«[54]. Für die Zentralregierung kam es darauf an, auch über große Distanzen hinweg die Kontrolle über diese Gebiete und die zu entrichtenden Steuern und Abgaben zu behalten. Grundlage für die Besteuerung waren die Preise einer Region, die wiederum vom Ertrag der Ländereien abhingen. Je größer das Reich wurde, desto schwerer konnten aber regionale Preisunterschiede bei der Festsetzung der Steuern berücksichtigt werden, drohten regional die Steuerlasten zu hoch zu werden. Zudem waren große Teile des Reiches als Lehen an Offiziere und Beamte vergeben, die ihre Untergebenen zwar maximal schröpften, selber aber kein allzugroßes Interesse daran hatten, der Regierung Einblick in ihre finanziellen Verhältnisse zu geben.[55]

Akbars erster Versuch, durch Parzellierung des Reiches in Tausende vom Ertrag her identische Gebiete eine gerechte Besteuerung und feste Einnahmen zu sichern, scheiterte trotz drakonischer Strafen an der Raffgier seiner Beamten: Statt der festgesetzten Abgaben preßten sie aus den Gebieten, was sie konnten, und trieben damit offenbar ganze Regionen in den Ruin.[56] Notwendig war also eine »durchgreifende Reform des Steuerveranlagungssystems und der Vergabe von Lehen«[57], die Akbar von Gujarāt ausgehend auf das ganze Reich ausdehnt:

– Alle **Lehen** werden **aufgelöst**, Offiziere und Beamte zunächst aus der Staatskasse bezahlt, das Land neu vermessen – Akbar wird die Einführung von aneinandergeschraubten Stäben statt der ungenauen Vermessungsseile zugeschrieben;
– über zehn Jahre hinweg werden Erträge, Preise und Steuerdaten sorgfältig erfaßt;
– auf Grundlage der ermittelten Durchschnittswerte werden die **Steuersätze neu festgelegt**;
– ein neues **Besoldungssystem** wird entwickelt mit festen Gehaltsgruppen nach Größe der vom Lehensherrn zu unterhaltenden Truppenkontingente;
– das **Steuerwesen** wird **dezentralisiert**: eigene Steuerverwaltung in jeder Provinzhauptstadt mit öffentlichen und geheimen **Berichterstattern**, die das Steuerwesen kontrollieren und den kaiserlichen Hof regelmäßig informieren.

Bei allem Mißbrauch, der auch mit diesem System getrieben wurde, und bei allen Schwächen, die das System unter späteren Herrschern zeigen sollte: »Zu Akbars Lebzeiten machten sich diese Probleme noch nicht bemerkbar und das System zeigte sich von seiner besten Seite. Es gab seiner Herrschaft eine gesunde Grundlage bei verhältnismäßig erträglicher Belastung der Steuerzahler.«[58]

Herrschaft durch Versöhnung: Akbars Religionspolitik

»Ich wünsche ..., dass an einem bestimmten Tag alle Bücher und alle religiösen Gesetze vorgelegt werden und dass die Gelehrten sich treffen und Diskussionen durchführen, so dass ich sie anhören kann und dass jeder klarzustellen versuche, welches die wahrhaftigste und die machtvollste Religion sei.«[59] So die Begrüßungsworte Akbars bei der Ankunft christlicher Missionare am kaiserlichen Hof im Februar 1580. Der Mogulkaiser wollte **alle Religionen** seines Reiches **verstehen**. Früh wird ihm bewußt, daß sein Reich auf Dauer nur dann Bestand haben wird, wenn es gelingt, die vielfach rivalisierenden Religionsgemeinschaften in gegenseitiger Würdigung, Achtung und, wo nötig, Versöhnung zur friedlichen Zusammenarbeit und zum gemeinsamen Aufbau des Reiches zu bewegen. Womöglich wurde diese Einstellung schon in seiner Jugend grundgelegt vom Mystiker Abdu'l-Laṭīf, den der Interimsregent Bairam Khān dem Prinzen als Hofmeister angedeihen ließ. Er soll es gewesen sein, der dem jungen Akbar »zum ersten Mal eines der späteren Grundkonzepte seiner Herrschaft nahelegte, das unter der Bezeichnung ›**Sulh-e Kull**‹, ›**Frieden für Alle**‹ bekannt wurde«[60]: Die Religionen sollten einander als gleichwertige Partner ernst nehmen, zwischen denen dann eine »allgemeine Aussöhnung« angestrebt werden sollte.

Fünf Jahrhunderte lang war es in Indien Tradition, daß muslimische Herrscher ihre andersgläubigen Untertanen, so sie denn nicht wie die Muslime »Leute des Buches« waren und zu den »Schriftbesitzern« (Juden und Christen) gehörten[61], mit Sondersteuern belegten, wenn nicht gar zur Aufgabe ihres Glaubens zwangen. Akbar bricht mit dieser Tradition – teils aus politischem Pragmatismus, teils aber auch aus tiefer religiöser Überzeugung. Er hatte begriffen: »Nur indem er ihre religiösen Identitäten anerkannte und würdigte, konnte der Kaiser auch die Eliten der nicht muslimischen Mehrheit der Inder an seinen Hof ziehen und sie mit den administrativen und militärischen Aufgaben betrauen, die zum Aufbau und zur Erhaltung seines Grossreichs unerlässlich waren.«[62] Und in seinem tiefsten Herzen war er davon überzeugt, dass **alle Religionen** auf ihre Weise **bedeutend** sind, da sie alle Gott suchen und mit je verschiedenen Namen und Symbolen verehren.

Besonders zugetan ist Akbar der Mystik und dem volkstümlichen **Chishtī-Orden**: Fast jährlich pilgert er, wie oft auf Miniaturen dargestellt, zwischen 1562 und 1579 »zu Fuß nach Ajmer, um das Grab Muʿīnuddīn Chishtīs zu besuchen und reiche Spenden zu hinterlassen«; dort hält er bis in die Nacht »Unterhaltungen mit heiligen, gelehrten und aufrichtigen Männern ab, und Sitzungen mit mystischem Reigen und Musik fanden statt«[63]. Vom Chishtī-Heiligen Salīm (gest. 1571) erbittet der Regent zudem den Segen für einen Thronfolger. Seine Gebete werden offenbar erhört, jedenfalls schenkt ihm seine zweite Frau, Tochter eines Rājputenfürsten, der sich dem Mogulkaiser auf dessen erster Pilgerreise unterworfen hatte und dafür von Akbar in den Hofadel aufgenommen wird, 1569 den ersehnten Sohn: Salīm genannt, zu Ehren jenes Chishtī-Heiligen, um dessen Grabstätte Akbar später seine zeitweilige Residenz Fathpur Sīkrī errichten wird.

Erst 19jährig, läßt Akbar aufhorchen mit der Entscheidung, daß seine Frau als Gattin eines muslimischen Herrschers ihren Hinduglauben weiter praktizieren dürfe, bisweilen begleitet er sie sogar zum Gebet in den Tempel: Eine Haltung, die für Akbars Politik ebenso richtungsweisend ist wie in den beiden Folgejahren sein **Verbot der Versklavung von Hindukriegsgefangenen**, die **Aufhebung** der von hinduistischer Seite erhobenen **Pilgersteuer** und, im Gegenzug, die **Abschaffung** der berüchtigten **Kopfsteuer**, die muslimische Herrscher bisweilen von ihren »ungläubigen« Untertanen zum Schutz von Besitz und Leben gefordert hatten.

Doch dem Kaiser gelingt es kaum, die einflußreichen traditionellen Religionsgelehrten für seine vermittelnde Religionspolitik zu gewinnen. Islamische Mystik ist ihnen ebenso verdächtig wie theologische Dispute mit Andersgläubigen, die letztlich nur zur Verwässerung des wahren Glaubens führen konnten. 1575 läßt der Kaiser in Fathpur Sīkrī – seit kurzem die neu gebaute Hauptstadt des Reiches – ein **Haus des Gottesdienstes** errichten: Rechtsgelehrte, Mystiker und Philosophen sollten hier im Beisein des Kaisers über theologische Grundsatzfragen und Probleme des religiösen Lebens der Muslime diskutieren. Akbars Chronisten – Abu'l-Fazl ʿAllamī, Sohn des einflußreichen Philosophen und Mystikers Scheich Mubārak Nagori, und Badāʾūnī, Schüler Mubāraks, früherer Imam Akbars und später heftiger Gegner von dessen Religionspolitik – scheinen »eine führende Rolle bei der Leitung und Abwicklung der Diskussionen gespielt«[64] und dabei die orthodoxen Diskutanten oft in schwierige Situationen gebracht zu haben. Jedenfalls erlebt Akbar, daß die sunnitischen Gelehrten selbst in elementarsten Fragen muslimischen Glaubens zerstritten sind und selten konsensfähige, gar eindeutige Antworten finden.

Drei Jahre später muß Akbar während einer Treibjagd ein **tiefes spirituelles Erlebnis** gehabt haben. Als sich nach Tagen der Ring der Treiber immer enger um die Beute schließt, heißt Akbar die Jagd plötzlich abbrechen und alle Tiere freilassen. Unter einem Baum sitzend, soll ihn ein tiefes Gefühl der Freude und der Gottesnähe, dann große Erregung ergriffen haben. Er schneidet sich das Haupthaar ab und veranlaßt nach seiner Heimkehr, daß Geld an Gefolgsleute und Bevölkerung verteilt wird. Insgesamt drei Jahre, so die Chronisten, soll der Geldsegen in Fathpur Sīkrī angehalten haben.[65] Akbar läßt die Diskussionen im »Haus des Gottesdienstes« wieder neu aufnehmen – jetzt aber unter Beteiligung **aller Religionen** seines Reiches, die er, teils schon seit längerem, genauer kennenlernen möchte:[66]

- Zum **Hinduismus** hat Akbar seit seiner Hochzeit mit der Hinduprinzessin eine besondere Beziehung. Seither sucht er das Gespräch mit Hindugelehrten, die ihn in das religiöse Denken und Leben der Hindus einführen. Besonders die Lehre der Seelenwanderung überzeugt ihn, die er in allen Religionen auszumachen glaubt, ferner macht er sich die Verehrung des Feuers und der Sonne zu eigen, die seine Religiosität nachhaltig prägen sollte.
- Die **Jains** üben besonderen Einfluß auf den Kaiser aus – allerdings nur die gemäßigten »weiß bekleideten« Śvetāmbaras, während er zu den radikalen »luftbekleideten« Digambaras keinen Kontakt hat. 1583 läßt er den berühmten Heiligen Hiravijaya an seinen Hof holen, wo dieser zusammen mit den rivalisierenden Hindugelehrten zwei Jahre als »Welt-Lehrer« weilt. »Hirvijaya überzeugt Akbar von der Notwendigkeit, Gefangene und Vögel, die in Käfigen leben, frei zu lassen und an bestimmten Tagen, die alle zusammen fast die Hälfte des Jahres ausmachten, keine Tiere zu schlachten oder zu jagen.«[67]

Noch im selben Jahr wird dies kaiserlicher Befehl, für dessen Übertretung die Todesstrafe angedroht wurde. Entsprechend gibt der Kaiser selber die Jagd auf und gebietet seinen Untertanen, die Fischerei einzuschränken.

- Auch die **Parsis** – Anhänger Zarathustras, der im 7. Jahrhundert v. Chr. in Aserbaidschan oder Usbekistan gewirkt hatte und den Lichtgott Ahuramazda, Verkörperung des Guten, verehrte – haben Akbar stark beeindruckt. 1573 lernt er einen ihrer führenden Priester (»Mobed«) kennen, der 1578/79 an den Diskussionen im »Haus des Gottesdientes« teilnimmt und in der Nähe des Hofes auf einem geschenkten Landgut seßhaft wird. Der Kaiser übernimmt die Parsi-Verehrung des Lichts als Symbol der Reinheit und läßt ein nie verlöschendes Licht in den Frauengemächern installieren. Das Licht war auch den Hindus heilig und ließ sich mit islamischer Lichtmystik verbinden, zudem war die lebenspendende Sonne auch ein Symbol des Königtums. So rückten schließlich unter starkem Einfluß des Akbar-Vertrauten und Hofdichters Birbal »die Sonne und das Feuer in den Mittelpunkt der ›kombinatorischen‹ Religiosität Akbars«[68], mit besonderen Festtagen, Riten, Symbolen.
- Das Verhältnis Akbars zum **Christentum** ist dank der indischen Jesuitenmissionare gut dokumentiert. Nach ersten diplomatischen Kontakten zu Portugiesen und nach anfänglichem Zögern des portugiesischen Vizekönigs gab es insgesamt **drei Jesuitenmissionen** an den kaiserlichen Hof. Im Februar 1580 erreicht die erste Delegation von zwei bestens ausgebildeten Missionaren und einem Übersetzer den Hof – aus der Begrüßungsrede Akbars wurde oben zitiert – und wird drei Jahre bleiben. Die Jesuiten haben alle erdenklichen Freiheiten, dürfen sich eine eigene **Kapelle** einrichten, können **predigen**, was sie wollen und, wenn möglich, auch **missionieren**. Hartnäckigen Versuchen freilich, den Kaiser selber zu bekehren, widersteht dieser beharrlich, was den Optimismus der Missionare bald dämpfen sollte. 1590 kommt ein weiterer Jesuit an den Hof, den Akbar mit einer **persischen Evangelienübersetzung** betraut. Auch seinen Bekehrungsversuchen widersetzt sich der Kaiser erfolgreich und schreibt darauf dem Jesuitenprovinzial ausdrücklich, daß er sich auch in Zukunft nicht bekehren lasse, aber weitere Kontakte wünsche. So kommt schließlich 1594 eine letzte hochkarätige Delegation an den Hof – darunter auch Jerome Xavier, Großneffe des Heiligen Franz Xavier, der insgesamt 23 Jahre bleiben sollte.

Während Abu'l-Fazl den Kaiser in seinem interreligiösen Engagement bestätigt, geht dies Badāʿūnī, bisher treuer Gefolgsmann Akbars und seiner Religionspolitik, alles zu weit: Der Kaiser, so seine Sorge, werde von den Ungläubigen verführt und verleitet. Und so bilanziert er denn später resigniert und verbittert: »Allerdings war er (der Kaiser) sehr unwissend und ein rechter Beginner, auch gewöhnt an die Gesellschaft von Ungläubigen und Niedrigen, bis sich schließlich Zweifel auf Zweifel häufte und er jede eindeutige Richtung verlor. Die feste Mauer und das klare Gesetz festgefügter Religion zerbrachen, so dass nach fünf oder sechs Jahren nicht eine Spur von Islam in ihm übrig blieb und alles durcheinander gewirbelt wurde.«[69]

Seitens der **orthodoxen Gelehrten** gerät Akbar zunehmend unter Druck. Kluger Stratege, der er ist, läßt sich der Kaiser mit Hilfe des berühmten Scheichs Mubārak, Vater und Lehrer seiner Chronisten und Widersacher der traditionellen Gottesgelehrten, anläßlich des Rechtsstreits um ein umstrittenes Todesurteil 1579 ein offizielles **Attest**, »**Mahzar**«, ausstellen und von den wichtigsten Gelehrten unterzeichnen: In Streitfällen ist der Kaiser als *al-Imām al-ʿĀdil*, als Vorsteher und Herrscher der Gemeinschaft der Gläubigen, befugt und kompetent, die Sache zu entscheiden – wie einst der Kalif. Kein generelles Unfehlbarkeitsdekret, wohl aber faktisch »alle Entscheidungsgewalt, die er sich wünschen konnte«[70].

Mit knapp vierzig Jahren, auf dem Höhepunkt seiner Macht, gründet Akbar mit Hilfe von Abu'l-Fazl seinen eigenen **mystischen Orden: Tawḥīd-e Ilāhī**, was soviel heißt wie »**Göttliches Eins-Sein**«[71]. Grundlage des Ordens ist die Überzeugung, daß Gott letztlich hinter allen Formen steht, unter denen er in Erscheinung tritt. Alle Religionen sind deshalb ein Stück weit wahr, und keine kann von vornherein ausgeschlossen werden. Nach alter mystischer Tradition werden die Ordensmitglieder **Muriden** genannt, »Wollende« oder »Suchende«. Zwei Grade der Mitgliedschaft werden unterschieden, auf deren höherer Stufe die Muriden dem Kaiser als ihrem Scheich »vierfache Loyalität« geloben: Aufopferung von Besitz, Leben, Ehre und Religion. Daß sie damit faktisch dem traditionellen Islam abschworen, ließ Akbar in den Augen mancher Kritiker in die Nähe eines häretischen Religionsgründers rücken, was freilich seiner Bewegung keinen Abbruch tat. Im Gegenteil: Das elitäre Muridentum mit seiner religiösen Bindung an den Kaiser als Herrscher von Gottes Gnaden (und mit Gottes Erleuchtung) erwies sich noch Generationen nach Akbar als entscheidender Faktor zum Erhalt der Moguldynastien. Denn während Akbars »kühner Versuch, einen neuen toleranten Gottesglauben zu begründen, … mit ihm zu Grabe getragen« wurde, blieb »das ›Gottesgnadentum‹ des dynastischen Charismas der Großmoguln … bestehen. Ein Widerschein von Akbars Glanz fiel noch nach Jahrhunderten selbst auf die elendsten seiner Nachfahren.«[72]

Von seinen Anhängern, vor allem Abu'l-Fazl, wird Akbar gern als volkommener Mensch mit geradezu messianischen Zügen verherrlicht. Dies war er sicher nicht. Aber er war »ein außerordentlich menschlicher Mensch, unerhört faszinierend in seiner scheinbar unermüdlichen Aktivität, die sich über alle Bereiche des Lebens erstreckte, von Krieg und Jagd bis zu schönheitsbegeisterter Mystik. Er war nicht der kontemplative Träumer, zu dem ihn manche seiner Biographen gemacht haben, sondern ein von Tausenden von Ideen besessener Mann, der die Energie und die Macht hatte, seine Träume zu realisieren.«[73]

Das Mogulreich nach Akbar

1605 stirbt Akbar – gekränkt von seinem rebellierenden Sohn Salīm, der 1602 des Kaisers Vertrauten Abu'l-Fazl ermorden läßt, und in Trauer um seinen an Trunksucht verstorbenen dritten Sohn Dāniyāl. Trotz der Spannungen zwischen Vater und Sohn wird Salīm, alias **Jahāngīr**, neuer Kaiser. Er selber setzt kaum politische Akzente, ganz im Gegensatz zu seiner energischen persischen Frau **Nūr Jahān**, Witwe eines persischen Offiziers, die Jahāngīr 1611 heiratet: Unterstützt von ihrem Bruder und ihrem Vater – sein Mausoleum ist einer der eindrucksvollsten Mogulbauten von Agra –, hält sie mit ihren persischen Verwandten faktisch die Macht in den Händen, führt in Indien die **persische Hofkultur** ein und bringt sie zur Hochblüte. Ja, für eine Zeitlang gewinnt »das persisch-schiitische Element ... die Oberhand in Nordindien«[74].

Jahāngīr indes, ebenfalls großer Freund der Mystik und Verehrer, gar Freund von Hinduasketen, idealisiert sich selber gern als frommer eschatologischer Friedensfürst. Als solcher läßt er sich auf Miniaturen verewigen. Doch die Zeiten sind alles andere als friedlich: Außenpolitisch gerät das Reich wiederholt unter Druck der safawidischen Perser. Innenpolitisch untergräbt vor allem der erstarkende, kompromißlos orthodoxe und antimystische **Naqshbandi-Orden**[75] – einst gegründet von Bahā'uddīn Naqshband (gest. 1389), jetzt vertreten von dem mit großem Sendungsbewußtsein ausgestatteten Aḥmad Sirhindī – den mäßigenden Einfluß der Schia, der durch die Herrscherfamilie etabliert worden war. Zudem beginnt schon ein Jahr nach Jahāngīrs Thronbesteigung dessen Sohn Khurrham gegen den Vater zu rebellieren, unterstützt vom **Sikh-Guru Arjun Mal**, den der Kaiser 1602 verhaften und hinrichten läßt: Der Beginn der Militarisierung der bis dahin friedlichen Sikh-Gemeinschaft.

Mit Jahāngīrs Sohn Khurrham, alias **Shājahān**, der schon zu Lebzeiten des Vaters vergeblich nach dem Thron gegriffen hatte, kommt 1627 wieder ein großer Mogulherrscher an die Macht. Unter seiner Herrschaft florieren die Wissenschaften – Philosophie, Grammatik, Lexographie und Historiographie –, und er widmet sich leidenschaftlich der Baukunst. Einzigartige Bauwerke seiner Regierungszeit – etwa das »Rote Fort« in Delhi und das »Tāj Mahal« in Āgra, jenes Grabmal für seine Lieblingsfrau Mumtāz, die 1631 bei der Geburt ihres 14. Kindes stirbt – zeugen bis heute »von der bezaubernden Synthese persisch-indischer Hofkultur, die wie einst die Kultur des Gupta-Reiches zum Vorbild für alle anderen großen und kleinen Fürsten Indiens wurde«[76]. Kritiker indes sehen darin die Zeichen einer jetzt beginnenden »Zeit der glänzenden Erstarrung«[77] ...

Im **Politischen** setzt Shājahān die Expansionspolitik seines Großvaters Akbar fort. Im Norden ist er dabei nur begrenzt erfolgreich – er entreißt den Portugiesen das bengalische Hooghly, verliert aber Kandāhār wieder an die Perser –, im

Süden hingegen kann er 1633 die schiitischen Dekkhan-Sultanate unterwerfen und das Mogulreich weit nach Zentralindien ausdehnen. Im **Religiösen** wendet sich Shājahān im Gegensatz zu seinen Vorgängern wieder mehr dem **traditionellen Islam** zu: Von der Verschärfung mancher Gesetze, der Wiedereinführung der Pilgersteuer für Hindus und vereinzelten Tempelzerstörungen abgesehen, führt dies insgesamt aber kaum zu gravierenden Veränderungen.

Noch zu Lebzeiten des Regenten greift dessen Sohn **Aurangzeb** nach der Macht: Als Gouverneur des Dekkhan intrigiert er erfolgreich gegen seinen Bruder **Dārā Shikoh**, unter seinen drei Brüdern der Hauptkontrahent im Kampf um den Thron. Im Gegensatz zum Machtpolitiker Aurangzeb ist Dārā der Mystik besonders zugewandt. Sein Traum ist, »die Politik seines Urgroßvaters Akbar zu verwirklichen und eine **gemeinsame Grundlage für Hinduismus und Islam** zu finden«[78] – was freilich insgesamt ein Traum bleiben sollte. Die Grundlage dafür scheint ihm die Mystik beider Religionen zu bieten, genauer die Advaita-Lehre der Upaniṣads und die Einheitsmystik des berühmten monistischen Sufigelehrten Ibn ʿArabī (gest. 1240). Im Jahr 1657 übersetzt Dārā mit Hilfe von Hindugelehrten fünfzig Upaniṣads ins Persische: die älteste uns bekannte Niederschrift dieser Texte. Wie hoch Dārā diese Texte schätzt, zeigt sich darin, daß er sie in Anspielung auf den Koran als »wohlverwahrtes Buch«[79] bezeichnet haben soll. Sichtbaren Ausdruck finden seine synkretistischen Überzeugungen auch darin, daß er eine seiner Schriften nicht mit der für Muslime üblichen Formel »Im Namen Allahs, des barmherzigen Erbarmers« beginnt, sondern mit einem Bild des elefantenköpfigen Hindugottes Gaṇeśa, Symbol für Wohlstand, Weisheit und gutes Gelingen.[80]

Als Shājahān 1658 erkrankt, nimmt der machtbewußte **Aurangzeb** seinen ungeliebten Bruder Dārā nach längerer Verfolgung gefangen und läßt ihn ein Jahr später wegen angeblicher Häresie hinrichten. Auch der beiden anderen Brüder entledigt er sich mit der Zeit und wird schließlich für rund ein halbes Jahrhundert neuer Großmogul. Unter den jahrelangen Nachfolgekämpfen ist das Reich innerlich zerrissen und politisch geschwächt. Fast die gesamte erste Hälfte seiner Herrscherzeit konzentriert sich Aurangzeb deshalb auf die **innere Stabilisierung** des Reiches. Er reformiert das Steuerwesen, stellt Recht und Ordnung im zerrütteten Reich wieder her und dämmt vor allem den Machtmißbrauch von Steuereintreibern und Beamten ein.

Religionspolitisch wendet sich Aurangzeb wieder mehr der islamischen Orthodoxie zu. Er will den islamischen Charakter des Hauses Timur wiederherstellen, gründet eine theologische Hochschule und fördert islamische Jurisprudenz, Philosophie sowie traditionelles Koranstudium.[81] Von den Hindus entfremdet er sich nicht nur durch Wiedereinführung der Kopfsteuer und anderer diskriminierender Abgaben, sondern auch durch den brutalen Befehl, »alle Schulen und Tempel der Ungläubigen zu zerstören und Lehre und Ausübung ihrer Religion zu unterdrücken«[82]; demonstrativ läßt er in Vārāṇasī/Benares, der heiligen Stadt der Hindus, ein große Moschee errichten mit Baumaterial aus einem zerstörten Hindutempel. Auch mit den Sikhs verfeindet sich der Kaiser und läßt 1675 den Sikh-Guru Tegh Bahādur hinrichten. Alles in allem eine rigorose Unterdrükkungspolitik, gegen die sich im Volk bald heftiger Widerstand regt.

Außenpolitisch setzt Aurangzeb die Expansionspolitik der Mogulkaiser fort. Dabei findet er mit den hinduistischen Marāṭhen – unter Śivājī geeint, dann zunächst von den Moguln unterworfen, 1674 aber zu einem unabhängigen gut organisierten Hindukönigreich aufgestiegen – einen ebenbürtigen religiös-politischen Gegner. Bis 1681 bekämpft Aurangzeb aufständische Rājputen in Jodhpur, dann zwingt ihn die Rebellion seines Sohnes Akbar, der sich selber zum Großmogul ernennt, dann aber über den Dekkhan nach Persien flieht, zu einem großen Eroberungszug nach Süden. Zur besseren Kontrolle des Südens verlegt Aurangzeb, ähnlich wie seinerzeit der Tughluq-Sultan Muḥammad, seine Hauptstadt von Delhi rund 1000 km südlich nach Khadki, jetzt Aurangābād genannt, unweit von Muḥammads Daulatābād. 1686/87 kommt es nach langen blutigen Belagerungen ihrer Hauptstädte zur Eroberung der Sultanate Bījāpur und Golkonda. Zwei Jahre später kann Aurangzeb die Marāṭhen zwar entscheidend schwächen – Śivājīs Sohn Śambhūjī, jetzt König, wird gefangengenommen und hingerichtet –, doch verwickeln sie das Mogulreich noch über Aurangzebs Tod hinaus in einen aufreibenden Guerillakrieg. Im 18. Jahrhundert wird das Marāṭhen-Reich seine größte Blüte erreichen.

Aurangzebs **Ausdehnung des Mogulreichs fast über ganz Indien** birgt den Keim des **Niedergangs** in sich. Das Riesenreich ist faktisch kaum mehr zu regieren. Die Kriege verschlingen Unsummen von Geld, die neu eroberten Gebiete des Südens bringen weniger Erträge als der Norden, insgesamt nimmt die **Abgabenlast** der Bevölkerung ständig zu – auch weil das reformierte Steuersystem nur teilweise und unzureichend durchgesetzt werden kann. Zur militärischen Bedrohung von außen kommen zunehmend **Aufstände** im Inneren, zunehmend auch gegen Aurangzebs rigide Religionspolitik, denen die Zentralregierung mit ihrem schwerfälligen Militärapparat langfristig nicht gewachsen ist. Ein Jahrhundert des Wohlstands, der Stabilität und des Friedens – Kennzeichen des Mogulreichs seit Akbar dem Großen – geht mit Aurangzeb unübersehbar zur Neige. Kein Wunder, daß der Großmogul 1707 im Alter von 89 Jahren auf dem Sterbebett einem seiner Söhne faktisch sein **Scheitern** eingesteht: »Ich weiß nichts von mir selbst, nicht, was ich bin und was meine Bestimmung ist. Der Augenblick, der in Machtfülle vorüberging, hat nur Sorge hinter sich gelassen. Ich war nicht der Wächter und Schützer des Reiches.«[83]

Schon Vierundsechzigjährig besteigt Aurangzebs ältester Sohn Muʿaẓẓam als **Bahādur Shāh** den Thron. Die Regierung verliert jetzt zunehmend die Kontrolle über das Reich, die Macht liegt immer mehr in den Händen adeliger

Lehensträger, vor allem der schiitischen Sayyiden von Barha, die sich in die Politik der Zentralregierung einmischen und zu Königsmachern werden. 1712 stirbt Bahādur Shāh, und der schon unter ihm einsetzende Niedergang und Zerfall des Mogulreiches nimmt seinen Lauf: Von seinen »acht Nachfolgern wurden drei ermordet, einer abgesetzt, und keiner war kompetent genug, diesen Prozeß aufzuhalten«[84]. 1739 kommt es schließlich zur Katastrophe: Der Perser **Nādir Shāh** fällt in die Hauptstadt Delhi ein, läßt in kürzester Zeit 30 000 Menschen abschlachten, plündert erbarmungslos die Stadt und raubt Shājahāns berühmten Pfauenthron samt allen Schätzen, welche die Mogulkaiser in den letzten Jahrhunderten angehäuft hatten: eine so unermeßlich große Beute, daß er seinen Untertanen für drei Jahre die Steuern erlassen konnte. Zunehmender Druck feindlicher Stämme und Gruppen von außen sowie rivalisierender Clans von innen – Afghanen, Marāthen, Sikhs, aufständische Jāts und Rohillas – setzt dem schrumpfenden Reich auf seine Weise zu und macht die Lage im verarmenden und wiederholt geplünderten Delhi zusehends unerträglich.

Während so das Reich der Großmoguln auseinanderbricht, beginnt der Wiederaufstieg zahlreicher Regionalreiche. Daneben gewinnen neue politisch-wirtschaftliche Kräfte zunehmend an Bedeutung: die **europäischen Kolonialmächte**. Nach den Portugiesen im 16. Jahrhundert und den Niederländern im 17. Jahrhundert, die militärisch und politisch nur begrenzt eine Rolle spielten, kommen die Franzosen und vor allem die Engländer, deren East India Company 1757 bei Plassey in Bengalen den ersten Sieg über den dortigen muslimischen Statthalter erringt: Sie werden bald die neuen Herren über Indien sein.[85]

5. Indiens nachklassische Zeit

Schon früh differenziert sich, wie wir sahen, der breite Strom der Hindutradition aus: lokal und regional, in Schulen, Gemeinschaften, Sekten. Der Hinduismus kennt weder ein verbindliches Lehramt noch ein bindendes Dogma, es gab nie **das** religiöse Oberhaupt, **die** heilige Schrift oder **das** heilige Zentrum. Entsprechend uneinheitlich ist die Wirkung des in Indien Fuß fassenden Islam auf hinduistische Kultur und indische Gesellschaft.

Islam und Hinduismus: Konfrontation und Verschmelzung

Wie keine andere Religion hat der Islam die kulturelle Landschaft Indiens verändert und geprägt. Das Verhältnis von Islam und Hinduismus wirkt bis heute in die Politik auf dem Subkontinent hinein, berührt es doch zentral das Nationalgefühl sowohl des modernen Indiens wie des modernen Pakistans. Entsprechend kontrovers wird heute über das Verhältnis beider Kulturen diskutiert und geurteilt. Unübersehbar gab es in den Jahrhunderten muslimischer Herrschaft »auf gesellschaftlicher und zivilisatorischer Ebene« mannigfache »kulturelle Wechselbeziehungen« von dauerhafter Wirkung; inwieweit es aber »auf der höheren religiösen Ebene« zu einem wirklich »fruchtbaren Austausch«[86] kam, scheint fraglich.

Unbestritten ist die Fähigkeit der ersten Araber auf dem indischen Subkontinent, fremdes kulturelles Erbe aufzugreifen und zu amalgamieren – wenn auch nicht in dem Maße wie es zuvor in Syrien, Persien und Ägypten der Fall war:
– Sie zeigen großes Interesse an indischer **Literatur** und fertigen arabische Übersetzungen indischer Fabeln und Legenden an.
– Früh machen sie sich mit indischer **Astronomie** und **Mathematik** vertraut und übernehmen etwa die Zahl Null und das Dezimalsystem von den Indern.
– In der **Musik**, von den strengen islamischen Religionsgelehrten verboten, entstehen aus der Begegnung indischer mit arabischer, persischer und zentralasiatischer Musik – teils schon aus vorislamischen Kontakten von Indern und Persern – die besonderen Stile Nordindiens, die sich von denen des Südens deutlich unterscheiden. Auch Akbars berühmter Hofsänger und Hofmusiker Mian Tansen von Gwālior (1555-1610) kombiniert später kühn indische Rāgas mit persischer Musik.[87]

Augenfälligen Niederschlag finden die gegenseitigen Wechselwirkungen beider Kulturen neben der Malerei vor allem in der **Architektur**. Vieles, was Touristen heute in Indien für indische Baukunst halten, ist faktisch muslimischen Ursprungs, wenn auch indisch geprägt. Daß die ersten Sultane religiöse wie profane Bauwerke gleichermaßen zerstörten, hatte wohl mit ihrem Glaubenseifer und großen Machtbewußtsein ebenso zu tun wie mit ihrer »ausgeprägten Abneigung«, »Bauwerke der früheren Dynastien zu benutzen«[88]. Aber mit der Zerstörung allein war es nicht getan. Neue Bauwerke mußten her – Moscheen, Minarette, Paläste, Mausoleen etc. –, und zwar schnell. Die zerstörten Bauwerke wurden entweder als Steinbrüche benutzt oder in Teilen in die Neubauten integriert. Handwerker, Arbeiter, ja selbst Architekten waren oft keine Muslime, sondern Inder, denn die ersten Eroberer waren gar nicht in der Lage, ausreichend einschlägige Spezialisten aus ihren Stammlanden zu rekrutieren. So lernten die indischen Bauleute mit der Zeit nach Muslimart zu bauen, etwa »anstelle der geschlossenen, engen und dunklen Tempel weitgespannte Moscheen zu errichten, wie sie für das Gemeinschaftsgebet notwendig sind«[89].

Aufschlußreich hierzu die Schilderung Arnold Hottingers in seiner Akbar-Biographie, unter welchen Bedingungen seinerzeit der Ghūriden-General Quṭb ud-Dīn Aibak, der spätere Sultan, nach der Eroberung Delhis eine Moschee mit dem bezeichnenden Namen »Macht des Islam« errichten ließ: »Die indischen Baumeister erhielten den Auftrag, mit den bei ihnen gebräuchlichen Techniken ein monumentales Bauwerk zu errichten, das für ein islamisches Freitagsgebet gebraucht werden konnte. Sie haben die in ihren Tempeln üblichen Konstruktionen verwendet, in denen Kragkuppeln und -bögen, die aus übereinandergelegten, vorragenden flachen Steinplatten bestanden, an Stelle ›echter‹ Kuppeln und Bögen, d. h. solcher mit Schlusssteinen, traten. Die Oberflächen wurden mit etwas unsicher gezogenen arabischen Schriftzeichen geziert, zwischen die eine überreiche Vielfalt von tief eingemeisselten Bändern mit geometrischen und pflanzlichen Mustern eingefügt ist. Es fehlte nicht an Steinmetzen, die ihr Handwerk hervorragend beherrschten, doch Bauwerke im Stil der damaligen islamischen Hauptländer kamen nicht zustande, weil die architektonischen Traditionen Indiens ihren unvermeidlichen Einfluss ausübten. Es entstanden vielmehr Moscheen, die an Tempel gemahnten. Die Eroberer wollten sich von allem Indischen fernhalten, weil es vom Stempel der Hindu-Religion geprägt war, die ihnen als ›heidnisch‹ erschien. Doch sie konnten höchstens versuchen, ihre Konzeption im Grossen und Allgemeinen durchzusetzen. Für die Ausführung im Konkreten waren sie eben doch auf die Hindus angewiesen, deren Glaube und einheimische Kultur sie eigentlich hätten vernichten wollen.«[90]

So finden mit der Zeit muslimische Stilelemente und vor allem Bautechniken zunehmend Eingang in die indische Baukunst, wie etwa die Verwendung von Zement und Mörtel, die typisch muslimischen Bögen und die Verwendung von freitragenden Kuppeln. Die von den muslimischen Eroberern importierten Techniken und Stile werden aufgenommen, modifiziert und mit indischen Elementen amalgamiert. Dabei entstehen zwar keine eigenständigen neuen Kunstformen, doch entwickeln sich architektonische und künstlerische Traditionen, die Bauwerke von unglaublicher Schönheit und Eleganz hervorbringen.[91] Im Moscheenbau werden vor allem die architektonischen Formen der einzelnen Regionen übernommen, und es entsteht eine stilistische Vielfalt – von den nahöstlich geprägten spitztürmigen Moscheen Kaśmīrs bis hin zu den fast ostasiatisch wirkenden Moscheen Chittagongs –, welche die Mannigfaltigkeit des indischen Islam widerspiegelt.[92]

Komplex und kontrovers beurteilt hingegen sind die Wechselwirkungen beider Kulturen im **Religiösen**: Die muslimischen Eroberer verfolgten ja – wie schon in Syrien, Persien und Ägypten, später in Nordafrika und Teilen Spaniens – auch in Indien eine strategisch kluge weil gesellschaftlich **stabilisierende Politik**. Hindus (und auch Buddhisten) galten, sofern sie eine entsprechende Kopfsteuer entrichteten, als freie wenn auch unterprivilegierte »Minderheiten« (*ḏimmī*) und durften weitgehend unbehelligt nach ihren Gebräuchen und Sitten unter sich in ihren Gemeinschaften leben. Der Grund für diese Haltung liegt weniger in toleranter Gesinnung, denn in politischem Pragmatismus: Zwangskonversion ist für die Betroffenen in der Regel verbunden mit Einschnitten im Sozialleben, womöglich dem Verlust von Arbeit und anderen gravierenden Konsequenzen. Statt verarmte und entwurzelte Konvertiten zu kreieren, »schützen« die Machthaber ihre Untergebenen lieber mit einer zusätzlichen Steuer, die ihnen sichere Einnahmen garantierte zum kostspieligen Unterhalt von Hof, Verwaltung und Militär. Natürlich gab es zu allen Zeiten auch Übergriffe und Auswüchse von Unterdrückung und Gewalt, aber insgesamt scheint das Zusammenleben auf dieser Basis einigermaßen funktioniert zu haben.

Wie wir sahen, trugen die muslimischen **Mystiker**, vor allem der Chishtī-Orden, ganz wesentlich zur Etablierung, Stabilisierung und Verbreitung des Islam auf indischem Boden bei. Gerade in jenen turbulenten Zeiten, als sich drei Dynastien und sieben Herrscher in Delhi ablösten, sollen Sufi-Heilige wie etwa der noch heute hoch verehrte Niẓāmuddīn Auliyā, unumstrittener Meister der Chishtīs, »eine Stütze aller Frommen« in der Hauptstadt gewesen sein, von denen eine geradezu »läuternde Wirkung«[93] ausging. Zu seiner Zeit »wurde der Sufismus tatsächlich zu einer Massenbewegung in Nordwest-Indien, und die moralischen Prinzipien, die die frühen Chishti-Heiligen niederlegten, trugen weitgehend dazu bei, die Ideale der islamischen Gesellschaft in diesem Teil des Subkontinents zu gestalten«[94]. Wo immer sich die Muslime niederließen, blühte das Heiligenwesen, und die Derwischklöster entwickelten sich zu karitativen Zentren und Wallfahrtsorten, die ihren Besuchern für Geldspenden und andere materielle Gaben allerlei heilende und heiligende Wirkungen und Praktiken versprachen. Es gab Heilige, die sich einen Namen als Mystiker und Asketen machten, während sich andere – etwa die von Bagdad ausgehende eher nüchterne Suhrawardiyya, neben den Chishtī der zweite wichtige Orden – besonders um die Bewahrung der Prophetentradition (*ḥadīṯ*) oder der Geschichtsschreibung des eigenen Ordens verdient machten, und wieder andere, weniger orthodox, die Nähe zu Hinduheiligtümern suchten und Elemente hinduistischer Frömmigkeit und Lehre adaptierten.

Viel diskutiert ist der Einfluß hinduistischer **Vedānta-Lehren** auf den **Sufismus**, wo manche islamischen Mystiker durchaus Beziehungspunkte gefunden und »eine Annäherung zwischen muslimischen und hinduistischen Gedanken«[95] herbeigeführt haben mögen. Zumindest bei bengalischen Sufis scheint der Einfluß des Yoga auf die ekstatischen Praktiken dieser indomuslimischen Asketen nicht zu bestreiten. Wie immer es sich mit diesen Abhängigkeiten verhält: Sicher dürfte jedenfalls die schlichte und warme Sufi-Frömmigkeit so manchen Hindu, auch Höhergestellte, zum Übertritt zum Islam bewegt haben, wie der Sufismus überhaupt ganz wesentlich zur Entwicklung hinduistischer **Bhakti-Frömmigkeit** beigetragen haben muß, »in der die Züge persönlicher Gottesliebe sich im Hinduismus entwickelten und deren poetische Äußerungen oft parallel zu denen der Sufis stehen«[96].

Doch der Islam, der sich im 13. und 14. Jahrhundert in Indien konsolidierte und seither dort Bestand hat, ist keineswegs nur eine Religion der frommen Asketen. Die islamische Kultur jener Zeit ist auch eine **institutionalisierte urba-**

ne Kultur, ihre geistig-politischen Zentren liegen in den Städten: Hier entstehen Ämter zur Rechtsprechung und Entscheidung religiöser Fragen, Institutionen zur juristisch-theologischen Ausbildung werden geschaffen und ausgebaut. Freilich: Die Gelehrten verstehen sich vor allem als **Bewahrer** ihres muslimischen Erbes, sie schaffen wenig Neues, sondern tradieren und ergänzen die prophetischen Ḥadīṯ-Sammlungen, kommentieren diese unablässig, so wie sie es auch mit Werken der Dogmatik und traditioneller arabischer Grammatik tun. Alles in allem eine recht starre Unveränderlichkeit, die man kennen muß, um den späteren »Kampf der Modernisten im 19. und 20. Jahrhundert für eine moderne, weltoffene Ausbildung der muslimischen Bevölkerung«[97] zu verstehen.

Die Konzentration islamischer Macht in den Städten hatte zudem zur Folge, daß die weiten ländlichen Regionen des Subkontinents »zunächst wohl wenig von der Präsenz der neuen Herrscher« spürten und »die autonome Struktur des Landlebens und der Kasten« weitgehend intakt blieb: »Erst langsam wurde das Leben außerhalb der Städte durch die Niederlassung dieses oder jenes Frommen in einem Dorf oder einem Dschungel verändert.«[98] In verschiedensten Bereichen – Profanbau, Kleidungsvorschriften, Heiratsregeln, Totenbestattung, Gestaltung des Lebensrhythmus, Feiertage, Heiligenfeste – brachten die Muslime neue Impulse nach Indien, die, von den Städten (besonders Delhi) ausgehend, allmählich Verbreitung fanden, und, mitunter hinduistisch beeinflußt, nach und nach auf dem Subkontinent weiterenwickelt wurden.

Vielen Muslimen blieben die Hindus aber auf ihre Weise fremd – es war davon bei Bābur, dem Begründer der Moguldynastie, bereits die Rede –, und man ging sich, wenn man so will, auch ein Stück weit aus dem Weg. Schon früh überließen die muslimischen Invasoren den Hindus eine Reihe von Berufen: »Steuereinzieher war der wichtigste, aber auch Buchhalter, Bankiers, Landvermesser und Dorfvorsteher gehörten dazu, weil sie als Einheimische ihre eigenen, angestammten Methoden besassen, um mit indischen Massen umzugehen, für ihre Herrscher die Steuerregister zu erstellen und die Gelder und Naturalien einzutreiben, ohne die jene nicht auskommen konnten.«[99] Natürlich gab es zu allen Zeiten und auf allen Ebenen auch interkulturelle Kontakte: Es gab sie in niederen Schichten, vor allem über die Frauen – Muslime hielten sich Hindufrauen als Hauspersonal, und zunehmend gab es auch Mischehen –, und es gab sie unter den Eliten in Militär, bei Hofe und in der Verwaltung, wo Hindus zunehmend Zugang fanden. Die Integration von Nichtmuslimen in Verwaltung und Militär war ja auch ein wesentliches Motiv Akbars bei seiner egalitären Religionspolitik, die aber insgesamt doch eine Ausnahmeerscheinung blieb und langfristig die Koexistenz beider Religionen nicht fördern konnte. Ihre wichtigsten Maßnahmen wurden ja schon zwei Generationen nach Akbar wieder rückgängig gemacht. Wenn man so will, verkörperten Akbars rivalisierende Enkel auf ihre Weise jene »beiden extremen Möglichkeiten, denen sich die

Muslime im Subkontinent durch die Jahrhunderte gegenübersahen: Der Thronerbe, Dārā Shikoh, versuchte auf mystischer Grundlage eine Annäherung an die Hindu-Majorität des Landes zu erreichen, während sein jüngerer Bruder Aurangzeb, der ihm erfolgreich den Thron streitig machte, zu jenen Muslimen gehört, die sich immer des arabischen Erbes ihrer Religion und des prophetischen Charakters des Islam bewußt blieben. Dārās Monotheismus war mystisch-inklusiv, der seines Bruders prophetisch-exklusiv, und diese beiden Haltungen haben die Muslime im Subkontinent von Beginn an gekennzeichnet, so daß ihre Geschichte fast immer unter diesen Spannungen stand, die sich dann 1947 in der Teilung des Subkontinents politisch manifestiert haben.«[100]

»Sektenhinduismus«: Gottesliebe, Heilige und Asketen

Wohl auch unter dem Einfluß des Islam treten in nachklassischer Zeit im Hinduismus vermehrt charismatische Führer, spirituelle Lehrer oder Dichterheilige auf. Sie scharen zunächst lose Gruppen von Anhängern um sich, aus denen mit der Zeit nicht selten Schulen und »Sekten«[101] werden mit großer Verbreitung und Wirkung. **Sektenhinduismus** nennt man deshalb auch diese nachklassische Hinduepoche zwischen 1100 und 1850 n. Chr. Viele dieser Lehrer sind getragen von innbrünstiger Gottesliebe, Bhakti, und sie verfassen in ihrer Volkssprache »hingebungsvolle Werke, die sich fest neben der anonymen Purāṇa-Literatur etablieren konnten«[102].

Das Wort »**Bhakti**«[103] kommt vom Sanskritverb *bhaj*, was soviel heißt wie »teilen«, »zuteilen« oder »liebend dienen«. So bezeichnet Bhakti eine wechselseitige Beziehung, nämlich die Liebe des Menschen zu Gott und umgekehrt die Liebe Gottes zum Menschen. Der Bhākta ist überzeugt: Indem er Gott dient wird er der heilenden und erlösenden Gnade Gottes teilhaftig. Gott allein ist allmächtig, nur er kann Befreiung und Erlösung gewähren. Und nur wer sich Gott ganz hingibt, wer sich – wie etwa auch im Islam gefordert – ganz seinem Willen unterwirft, kann seiner Gnade und Allmacht teilhaftig werden. Deshalb empfindet der Bhākta eine tiefe Liebe gegenüber seinem sehr personenhaft gedachten Gott. Und deshalb leidet er auch, da ihm die Trennung von Gott stets schmerzhaft bewußt ist: »Aus seinem Leiden entsteht die starke Sehnsucht des Bhāktas nach Frieden (*śānti*), Gehorsam (*dāsya*), Freundschaft (*sākhya*), Zärtlichkeit (*vātsalya*) und Leidenschaft (*rati*), wie die fünf Bhakti-Gefühle (*rasa*) in der Poetik genannt werden.«[104]

Bhakti als religiöse Bewegung kam in Südindien auf. Hier wurden zunächst lokale Götter verehrt, die man mit der Zeit »zunehmend als Erscheinungsformen Viṣṇus oder Śivas erklärte«[105]. Die frühe tamilisch-**śivaitische** Richtung »fand ab dem 7. Jahrhundert besonders im System des Śaivasiddhānta und den Āgama-Texten ihren philosophischen und poetischen Niederschlag. Im 10. Jahrhundert wurden die Texte von 63 śivaitischen Nāyanmārs kodifiziert und ihre Verfasser als autoritative Lehrer anerkannt. Ab dem 12. Jahrhundert kam in Karṇāṭaka die Kultgemeinschaft der Vīraśaivas (›heroische Śivaiten‹) bzw. Liṅgāyats auf, die von Basava gegründet wurde.«[106] Wie viele andere Bhakti-Bewegungen lehnten diese zentrale Elemente der vedisch-brahmanischen Tradition ab, etwa Kastenwesen und Ausgrenzung der Frauen, aber auch manche religiöse Bräuche wie »Opfer und Tempelverehrungen, Wallfahrten, Bußübungen und Feuerbestattungen«[107].

Die Anfänge der **viṣṇuitischen** Bhakti-Tradition des Südens liegen im 9. Jahrhundert mit der Entstehung einer umfassenden viṣṇuitischen Devotionalienliteratur: 4000 Lieder aus der Feder von **zwölf mystischen** autoritativen **Lehrern** (Tamil, *āḷvār*, »der die Welt beherrscht durch seine Hingabe an Gott«), deren Dichtungen Zeugnisse sind einer bedingungslosen Liebe (*bhakti*) zu Viṣṇu in Gestalt seiner zahllosen Inkarnationen, besonders Kṛṣṇas. Die in Tamil verfaßten Lieder – emotional und intim, schwankend zwischen ängstlicher Gottverlassenheit und ekstatischer Gottesnähe – gelten als »Veda« des südindischen Viṣṇuismus. Diese Schriften, aus denen sich auch das **Śrīvaiṣṇava**-System entwickelte, bildeten ab dem 11. Jahrhundert die Grundlage zur Entstehung von **vier »orthodoxen« Schulen** oder Traditionen (*saṃpradāya*):
– in der **Śrī-Saṃpradāya**, deren berühmtester Vertreter der Vedānta-Gelehrte Rāmānuja war mit seinem modifizierten Monismus;
– der **Brahma-Saṃpradāya**, begründet vom dualistischen Vedānta-Gelehrten Madhva;
– der **Sanakādi-Saṃpradāya**, begründet im 12. Jahrhundert von Nimbārka, der auch die Nimāvat-Sekte gründete, die eine Vereinigung von Monismus und Dualismus anstrebte; und
– der **Rudra-Saṃpradāya**, die im 13. Jahrhundert von Viṣṇusvāmin begründet worden sein soll, der einen extremen Monismus vertrat.

Eine Theorie der Bhakti wird schließlich in zwei auf zwei Weise zurückgehenden Werken – NāradaSūtra und ŚāṇḍilyaSūtra – dargelegt, mit Schriftzitaten abgestützt, systematisiert und definiert »als inbrünstige Liebe (*preman*) zu Gott, die nicht von Hinneigung zu Werken oder Erkenntnis verdunkelt wird, keine anderen Objekte kennt und sich in Gedanken, Worten und Taten äußert – kurz, als die vollkommenste Anhänglichkeit an Gott«[108].

Weit weniger philosophisch, gibt es daneben auch einen ausgeprägten **kṛṣṇaitischen** Devotionalismus, der bis heute besonders in der großen Masse der einfachen Gläubigen weit verbreitet ist und wo die glühende Verehrung Viṣṇus als Kṛṣṇa, Rādhā-Kṛṣṇa oder Rāma im Mittelpunkt steht. Ähnlich hingebungsvoll schließlich die weit verbreitete **Verehrung der Göttinnen**, selbst in ihren furchterregenden Aspekten, die, wie wir hörten, oft auch von Frauen praktiziert und tradiert wird und der man bis heute überall in Indien begegnet.

Viele dieser aufkommenden devotionalistischen Lehrer nehmen das nichthinduistische Traditionsgut konstruktiv auf und bilden auf ihre Weise neue Synthesen. Berühmtes Beispiel der Webersohn **Kabīr** (1440-1518): Zunächst muslimisch erzogen als Schüler eines Sufis, dann Viṣṇuit und Schüler des Hindumystikers Rāmānanda, betont der »religiöse Doppelbürger« Kabīr die Relativität sowohl des Islam wie des Hinduismus, kritisiert beide Religionen und plädiert dafür, daß sich beide Religionen nicht ausschließen, da die Götter beider durch hingebungsvolle Andacht im Herzen zu finden seien ... Andere sind radikaler: etwa Guru Nānak, der Begründer des Sikhismus, mit seinem Versuch einer wirklichen hindu-muslimischen Synthese, oder die vom Christentum beeinflußten modernen Reformbewegungen – auf beide wird noch einzugehen sein.

Viele aber propagierten »Rückbesinnung der Hindus auf die alten Werte«[109] und so »artikulierten Heilige und teilweise militante Sektenführer wie etwa die Marāṭhī-Dichter Tukarām (1608-49) oder Rām Dās (1608-81) Ideen, in denen sie das Hindutum und die Vergangenheit verherrlichten«[110]. Manche wählten dafür sogar den »Weg in die Isolierung, in die Fremde, in den Untergrund.«[111] Auch die etablierten Brahmanen wurden von dieser Entwicklung beeinflußt und »verfaßten nun zunehmend historisierende Texte, vor allem Eulogien und Chroniken von heiligen Stätten (Māhātmyas), oder entwickelten eine rückbesinnliche Sammelleidenschaft, indem sie umfangreiche Zitatsammlungen zu vielen Themen kompilierten«[112].

Mit dem Devotionalismus in seinen unterschiedlichen Facetten treten immer mehr auch organisierte **Asketengruppen** oder **-orden** auf, deren Mitglieder sich schon rein äußerlich durch »die Farbe der Kleidung«, durch »rituelle Paraphernalien wie Ketten oder Bettelschalen« oder durch »Sektenzeichen« unterscheiden: So tragen etwa **viṣṇuitische** Asketen ein **vertikales** Sektenzeichen auf der Stirn, während **śivaitische** Asketen ein **horizontales** Zeichen tragen, das je nach Gruppierung aus einem oder mehreren Strichen und anderen geometrischen Formen besteht. Bemerkenswert ist die oft straffe Organisation dieser Gruppen, etwa bei den Stock tragenden Daṇḍins, den radikalen nackten und nur mit Speer und Schild ausgestatteten Nagnas (»Nackte«) oder den Rāmānadins: In Regimenter und Divisionen aufgeteilt, unterscheidet man »umherwandernde (*khalsā*), militante (*ākhāṛāmalla*, *nāgā*), mit Asche eingeriebene (*tyāgī*, *mahātyāgī*) und in Herbergen verweilende (*sthānadhārin*) Asketen mit abweichenden Initiationsformen und Praktiken«[113] und mit sehr unterschiedlichen Zulassungskriterien: Laien, Brahmanen, Männer, Frauen, nach unterschiedlicher Kastenzugehörigkeit. Manche geben sich zum Zeichen ihrer radikalen Weltentsagung und Weltüberwindung bewußt exzessiv und abstoßend: So etwa die Aghorins, denen neben Drogenkonsum sogar der Verzehr von Exkrementen und Leichenteilen nachgesagt wird.

Folgende Tabelle möge abschließend einen Überblick geben über die wichtigsten Sektenstifter und Dichter, über deren religiöse Ausrichtung und die Sprache, in der sie lehrten und schrieben:[114]

Jhd.	*Sektenstifter*	*Ausrichtung*	*Sprache*
7.	**Campantar**	*Śaivasiddhānta*	*Tamil*
	Tiruñāvukkaracu	*Śaivasiddhānta*	*Tamil*
8.	**Cuntarar**	*Śaivasiddhānta*	*Tamil*
	Nammāḷvār	*viṣṇuitisch*	*Tamil*
	Śaṅkara (zw. 650 und 800)	*Śaivasiddhānta*	*Sanskrit*
9.	**Māṇikkavācar**	*Śaivasiddhānta*	*Tamil*
10.	**Nāthamuni**	*Śrīvaiṣṇava*	*Tamil, Sanskrit*
11.	**Rāmānuja** (1056-1137?)	*Śrīvaiṣṇava, Śrīsampradāya*	*Sanskrit*
12.	**Madhva** (1199-1278)	*Brahma-Saṃpradāya*	*Sanskrit*
	Nimbarkā	*Nimāvat, Śanakādi-Saṃpradāya*	*Sanskrit*
	Basava (?-1168)	*Liṅgāyat, Vīraśaivism*	*Kannada*
	Nāmdev (1270-1350)	*Vārkarī-Panth*[115] *(kṛṣṇaitisch)*	*Marāṭhī, Hindī*
	Bilvamaṅgala	*Viṣṇusvāmin (kṛṣṇaitisch)*	*Sanskrit*
	Jayadeva	*kṛṣṇaitisch*	*Sanskrit*
13.	**Mukundarāja**	*Vedānta mit Nāthismus*	*Marāṭhī*
	Cakradhāra Svāmī	*Mahānubhāva (viṣṇuitisch)*	*Marāṭhī*
	Jñāneśvara	*Vārkarī Panth (kṛṣṇaitisch)*	*Marāṭhī*
	Gorakhnāth	*Kānpaṭhā, Nātha (śivaitisch)*	
14.	**Vallabha** (1479-1531)	*Vallabhācāri (kṛṣṇaitisch)*	*Hindī*

Jhd.	*Sektenstifter*	*Ausrichtung*	*Sprache*
15.	**Raidās**	*Nirguṇī Sant*[116]	*Hindī*
	Mirabāī (1498-1573)	*rādha-kṛṣṇaitisch*	*Rajasthanī, Bhraj, Bhāṣā*
	Rāmānanda (1360-1470?)	*Rāmānandī (rāmaitisch)*	*Hindī*
	Kabīr (1440-1518)	*Kabīrpanthī (nirguṇī Sant)*	*Hindī*
16.	**Nānak** (1469-1538)	*Sikh (nirguṇī Sant)*	*Hindī*
	Sūrdās (1483-1563)	*kṛṣṇaitisch*	*Hindī*
	Caitanya (1485-1533)	*Gauḍīya Vaṣṇa-vism (bengal.), Caityanites*	*Bengalī*
	Tulsīdās (1532-1623)	*Rāmaitisch*	*Avadhī*
	Eknāth (1533-1599)	*Vārkarī Panth (kṛṣṇaitisch)*	*Marāṭhī*
	Dādū (1544-1603)	*Dādūpanthī (nirguṇī Sant)*	*Hindī*
	Harivaṃśa (um 1600)	*Rādhāvallabhī (kṛṣṇaitisch)*	*Hindī*
17.	**Tukarām** (1568-1650)	*Vārkarī Panth (kṛṣṇaitisch)*	*Marāṭhī*
	Premānand (1615-75)		*Gujarātī*
	Mukteśvar (1599-1649)		*Marāṭhī*
	Rām Dās (1608-81)	*Vārkarī Panth (kṛṣṇaitisch)*	*Marāṭhī*
	Kina Rām	*Aghorī*[117] *(śivaitisch)*	*Hindī*
18.	**Bhāratacandra** (1712-60)		*Bengalī*
	Rāprasād Sen (1718-75)		*Bengalī*
19.	**Sahajānand** (1781-1830)	*Svāminārāyaṇa (kṛṣṇaitisch?)*[118]	*Gujarātī*
	Dayarām (1767-1852)		*Gujarātī*
	Rāmmohan Roy (1772-1873)	*Brahmo Samāj*	*Bengalī, Englisch*
	Dayānand Sarasvatī (1824-83)	*Ārya Samāj*	*Hindī, Englisch*
	Rāmakṛṣṇa (1836-86)		*Bengalī*

Radikaler freilich als alle diese Dichter-Heiligen ist **Gurū Nānak** aus der Gegend von Lahore im heutigen Pakistan: Sein Versuch einer Vermittlung und Versöhnung von Hindutradition und Islam geht so weit, daß daraus nicht nur eine neue spirituelle Schule, sondern – ähnlich wie seinerzeit bei Buddha und Mahāvīra – eine **eigenständige neue indische Religion** entstehen sollte.

6. Sikhismus: Versuch einer hindu-muslimischen Synthese

»**Sikh**« heißt **Schüler**, von Pāli *sikkha* oder Sanskrit *śiṣya*. Denn die Sikhbewegung entstand aus den Schülern der ersten **zehn legendären Gurūs**, deren letzter, **Gobind Singh**, schließlich die Religionsgemeinschaft gründete.[119] Der erste dieser zehn Lehrer und damit **Initiator** der Bewegung war **Gurū Nānak**, geboren 1469 im Städchen Rāi Bhoi dī Talvaṇḍī, gut 60 km von Lahore entfernt.

Gurū Nānak: »Es gibt keine Hindus, es gibt keine Muslime«

Aufgewachsen in einer Kṣatriya-Familie, erhält der junge Nānak eine **traditionelle Hindu**erziehung, aber auch **Grundkenntnisse** über den **Islam**. Als Buchhalter bei einem afghanischen Führer in Sultānpur lernt er dort den **muslimischen Musiker Mārdāna** kennen, mit dem er fortan musiziert und durch die Lande zieht. Sie initiieren öffentliche Gesangsveranstaltungen, wo die von Nānak gedichteten Hymnen zu der von Mārdāna komponierten Musik gesungen werden. Zudem organisieren sie öffentliche Küchen (*langar*), noch heute bei Sikhtempeln zu finden, wo Menschen aller Religionen und Kasten kostenlos essen können. In Sultānpur soll Nānak sein erstes **mystisches Erlebnis** gehabt haben, das ihn nach drei Tagen zu der Einsicht bringt: »Es gibt keine Hindus, es gibt keine Muslime« – fortan die programmatische Grundlage seines öffentlichen Wirkens.

Vier lange Reisen sollen die beiden unternommen haben: nach Osten (bis Assam), nach Süden (bis Ceylon), nach Norden (bis Ladhak und Tibet) und nach Westen (bis Mekka, Medina und Bagdad). Überall verbreitet Nānak seine Lehre und sammelt um sich unter Hindus wie Muslimen eine wachsende Schar von »Schülern«:

– Nānak **kritisiert** den **Ritualismus** der Hindus gleichermaßen wie den **Dogmatismus** der Muslime;

– er lehrt sowohl den **Glauben an einen Schöpfergott** wie den an die indische Vorstellung der **Reinkarnation**, wobei man als Mensch, der höchsten Daseinsform, nur einmal geboren wird;

– er wendet sich gegen Kastensystem und religiöse Hierarchien, da **alle Menschen vor Gott gleich** sind;

– er predigt die **reine Liebe Gottes**, zu dem der Mensch durch moralisch gutes Handeln gelangen kann, um sich dann mit ihm zu vereinen;
– er fordert von seinen Schülern ein Leben nach **drei Grundsätzen**, an denen er selber sein Leben lang festhält: »Bete zu Gott. Arbeite hart für deinen Lebensunterhalt. Teile mit den anderen.«

Die letzten Jahre seines Lebens verbringt Gurū Nānak in **Kartārpur** im heutigen Pakistan. Dort errichtet er den **ersten Sikhtempel** (*gurdwara*) und ernennt seinen engen Vertrauten und Schüler **Aṅgad** zum späteren **Nachfolger**.

Sikhtradition und heilige Schrift

Nach Nānaks Tod 1539 wird die Sikhbewegung von insgesamt neun weiteren »Lehrern« geführt, danach endet die autorisierte Sukzession der »Zehn Gurūs«. Gurū Aṅgad regt die Sammlung von Nānaks Hymnen auf Panjābi an und entwickelt dafür eine eigene Schrift: Gurūmukhi, »aus dem Munde des Gurū«, eine Variante der Devanāgarī. Auf Gurū Aṅgad folgt 1552 **Amar Dās**, ebenfalls ein Schüler Nānaks. Zur Festigung der jungen Sikhbewegung errichtet er in seinem Heimatort Goindval ein erstes Pilgerzentrum, legt erste Feiertage und Rituale fest und organisiert die erste Sikhmission – unter anderem mit entschiedener Opposition gegen die damals unter Hindus weitverbreitete Witwenverbrennung. Er ernennt selber noch seinen Schwiegersohn **Rām Dās Soḍhī** zum Nachfolger, der ihm 1574 folgt und in Amritsar mit dem Bau des **Hari Mandir**, des **Goldenen Tempels** beginnt: das zentrale Heiligtum der Sikhs.

Alle weiteren Meister stammen ebenfalls aus der Soḍhī-Familie. 1581 folgt auf Rām Dās dessen jüngster Sohn **Arjun Mal** als fünfter Sikhlehrer. Er führt den Bau des Goldenen Tempels fort und stellt vor allem 1604 den **Ādi Granth**[120] zusammen, das »Erste Buch«, die **heilige Schrift der Sikhs**. Der Ādi Granth enthält insgesamt **6000 Hymnen**: 4840 Hymnen aus der Feder der ersten fünf Gurūs[121], 115 Hymnen vom späteren Märtyrergurū Tegh Bahādur, ferner Hymnen hinduistischer Bhaktī-Heiliger und muslimischer Sūfīs (vor allem von Farīd und Kabīr) und Hymnen von Barden am Hofe einzelner Gurūs.

Der Mogulkaiser Jahāngīr, Akbars Sohn, geht auf Konfrontationskurs mit der Sikhgemeinschaft als er **Gurū Arjun** verhaften und zu Tode foltern läßt, nachdem dieser Jahāngīrs Sohn Khurrham bei der Rebellion gegen den Vater unterstützt hatte. Arjun wird zum **ersten Märtyrergurū** der Sikhs. Sein Sohn und Nachfolger **Har Govind** ruft die bisher friedfertigen Sikhs zur Verteidigung ihres Glaubens auf – notfalls auch mit Gewalt: Er ordnet an, daß sich die Sikhs **bewaffnen**, er selber trägt die beiden Schwerter Mīri und Pīri, Symbole seiner weltlichen und spirituellen Autorität. Unter Akbars Enkel Shāh Jahān 1644 hingerichtet, wird Har Govind zum **zweiten Märtyrergurū** der Sikhs. Ihm folgt bis 1661 sein Enkel **Har Rāi**, dessen junger Sohn **Hari Krishen** mit nur fünf

Jahren der achte und **jüngste Sikhgurū** wird, aber bereits 1664 als Achtjähriger an Pocken stirbt. Neunter Gurū wird sein Großonkel **Tegh Bahādur**, ein Sohn des Gurū Har Govind, der aber elf Jahre später unter dem rigiden Aurangzeb wegen seines Eintretens für Religionsfreiheit hingerichtet wird. Nachfolger wird sein Sohn **Gobind Rāi**, der 1708 nach 33jähriger Lehrerschaft als zehnter und letzter Sikhgurū stirbt.

Mit Gobind Rāis Tod endet 169 Jahre nach Gurū Nānak die Gurūsukzession der Sikhs.[122] Schon am 13. April 1699 begründet Gobind Rāi die **Gemeinschaft der Reinen, K͟hālsā Panth**: Mit einem neuartigen Aufnahmeritus »tauft« er die sogenannten »fünf Geliebten« und begründet damit die **eigentliche Religionsgemeinschaft der Sikhs**, die er mit festen Regeln zu einer Krieger- und Schicksalsgemeinschaft zusammenschmieden möchte. Ihre **männlichen** Mitglieder erhalten fortan den Beinamen **Singh** (»Löwe«), die **weiblichen** Mitglieder heißen **Kaur**, »Prinzessin«. Auch Gobind Rāi läßt sich formal in die Gemeinschaft aufnehmen und heißt jetzt **Gobind Singh**. Nach seinem Tod soll das von ihm überarbeitete **heilige Buch** der »spirituelle Meister« **der Sikhs** sein: **Gurū Granth Sahīb**, das fortan im Tempel aufbewahrt und als Meister hoch verehrt wird. Aus diesem heiligen Buch wird seither in den Tempelgottesdiensten der Sikhs rezitiert.

Gottesliebe, Nächstenliebe, strenge Moral

»Es gibt nur Einen Geber von allem; ihn darf ich nicht vergessen« – so die zentrale Aussage im Morgengebet (*japjī*) der Sikhs, das den Anfang des Gurū Granth Sahib bildet. Gott ist der transzendente Schöpfer und Erhalter von allem: »Nur ein Gott. Wahrheit ist sein Name. Der Schöpfer. Ohne Furcht. Ohne Haß. Unsterblich. Er steht über Geburt und Tod. Er ist selbsterleuchtet. Offenbart durch den wahren Gurū.«[123] Gobind Singh hat über hundert Eigenschaften Gottes unterschieden, entsprechend vielfältig sind seine Namen. Gurū Nānak nannte ihn bevorzugt »Wahrer Schöpfer« (*kartār*) und »Wahrer Name« (*satnām*); der heute meist gebräuchliche Titel »wunderbarer Lehrer« (*wāhegurū*) stammt nicht von ihm, sondern ist späteren Datums. Gott ist nach Lehre der Sikhs ganz und gar transzendent und kann sich nicht inkarnieren, auch kann er nicht bildhaft dargestellt werden.

Die Sikhs verstehen sich als »k͟hālsā«, als Gemeinschaft von **Auserwählten, Reinen**. Entsprechend befolgen sie, so sie durch Initiation (*amritchakna*) vollwertiges Mitglied der Gemeinschaft sind, einen **strengen Verhaltenskodex**: Verzicht auf Alkohol, Tabak und Rauschmittel aller Art, in der Regel vegetarische Ernährung mit Verzicht oft auch auf Fisch und Ei[124], kein voreheliche Geschlechtsverkehr (außerehelicher schon gar nicht) und dreimal täglich beten: morgens, abends, vor dem Schlafengehen. Seit Gobind Singhs Zeiten kennt der

Sikhismus jene **fünf Zeichen**, die jeder »khālsā«, ob Mann oder Frau, trägt und die alle mit »k« beginnen:

- **Keśa** (»Haar«): **ungeschnittene Haare**; Männer, die auch ihren Bart nicht schneiden dürfen, müssen ihre Haare unter einem Turban zusammenwickeln. Sikhs, die ihre Haare schneiden, gelten als Abtrünnige (*patit*).
- **Kaṅga** (»Kamm«): einen **hölzernen Kamm**, im Haar zu tragen, als Zeichen der Sauberkeit.
- **Kacch** (»Unterhosen«): spezielle **Baumwollunterhosen** zur Erinnerung an sexuelle Mäßigung.
- **Kirpān** (»Dolch«): ein **Schwert oder einen Dolch**, heute von den meisten in Miniaturformat unter den Turban gesteckt, als Zeichen der Bereitschaft, Arme, Schwache und Unschuldige zu verteidigen.
- **Kārā** (»Armreif«): einen **Armreif aus Stahl**, meist am rechten Arm getragen, als Zeichen des Widerstands gegen das Böse.

Und vor allem: Nur **moralische Menschen**, die ihre moralischen Überzeugungen auch leben, können nach Überzeugung der Sikhs Gott finden. Gottesverehrung und Mißachtung des Nächsten schließen sich aus. Entsprechend vertreten sie ein **soziales und egalitäres Ethos**. Da alle Menschen gleich sind vor Gott, gelten Männer und Frauen im Prinzip als gleichwertig[125] und gibt es im Religiösen keine Hierarchie: Jeder und jede kann im Gottesdienst vorbeten, einzige und höchste Autorität ist Gott selber und sein höchster Lehrer, das heilige Buch, das den Weg zu ihm weist. Schon Gurū Nānak lehrte, daß man hart für seinen Lebensunterhalt arbeiten und teilen solle. Deshalb lehnen die Sikhs ein Leben von Zinserträgen und Dividenden ab und sind bekannt für ihr breitgefächertes **soziales Engagement**: von unmittelbarer Nachbarschaftshilfe durch Geld, Naturalien und Arbeit bis hin zur Errichtung von öffentlichen Küchen, Krankenhäusern, Kinderheimen und Schulen.

Von der pazifistischen Minderheit zur militanten Kampfgemeinschaft

Hatten Akbars Sohn und Enkel die vermittelnde Religionspolitik des großen Mogulkaisers noch weitgehend aufrechterhalten, so wurde diese, wie wir sahen, vom rigiden Aurangzeb faktisch aufgehoben. So kam es in der Folgezeit
– zu drei Märtyrergurūs in den Jahren 1606, 1644, 1675;
– zu zunehmend bewaffnetem Widerstand der Sikhs gegen die Moguln;
– 1708 zum gewaltsamen Tod Gobind Singhs in der Schlacht, nachdem drei Jahre zuvor bereits seine beiden ältesten Söhne gefallen und die beiden jüngsten, sechs und neun Jahre, ermordet worden waren;
– und schließlich 1716 zur Hinrichtung des Sikhführers Bandā Singh Bahādur mit 700 Gefolgsleuten in Delhi.

Alles in allem, wandelt sich die Sikhgemeinschaft sukzessive von der pazifistischen Minderheit zur **militanten Kampfgemeinschaft**: »Mit der Reorganisation der Sikhgemeinschaft, den neuen verbindlichen Vorschriften und der Propagierung kriegerischer Tugenden wie Kampfbereitschaft und Mut zur Verteidigung des Glaubens kristallisiert sich ein neues Selbstverständnis des Sikh heraus; Militanz und Martyrium des Idealsikh werden zu zentralen Werten, an denen sich der einzelne messen muß. Der verinnerlichte Guru stattet den einzelnen zwar mit physischen, mentalen und spirituellen Kräften aus, die ihm ermöglichen sollen, auch grausamste Bewährungsproben für seinen Glauben durchzustehen und gegebenenfalls das Martyrium auf sich zu nehmen. Gleichzeitig wird der einzelne aber auch darauf verpflichtet, diesem verinnerlichten Ideal gerecht zu werden. Eigenschaften wie Schwäche, Feigheit und Faulheit haben dabei keinen Platz und müssen unterdrückt werden.«[126]

Nachdem das Mogulreich 1738/39 durch den Perser Nādir Shāh entscheidend geschwächt wird und die Afghanen 1761 die im Norden aufsteigenden Marāṭhen schlagen, nutzen die Sikhs unter **Ranjit Singh** (1780-1839) geschickt das entstehende Machtvakuum und errichten im **Panjāb** ihr **eigenes Königreich**. 1799 erobert Ranjit Lahore, krönt sich zehn Jahre später zum Mahārāja des Panjāb und dehnt seine Macht 1818/19 auf Mūltān und Kaśmīr aus. Die Sikhs sind auf dem **Höhepunkt ihrer politischen Macht**.

Schon bald aber erwägen die **Briten** – die neue aufstrebende Großmacht auf dem Subkontinent –, die Eroberung der Indusregion. Während sie mit Ranjit noch einen starken Gegenspieler haben, der seine Armee konsequent modernisiert und seinen Herrschaftsbereich nach Nordwesten bis zum Khyberpass ausdehnt, beginnt die Macht der Sikhs unter Ranjits glücklosen und zum Teil unfähigen Nachfolgern zusehends zu schwinden. 1845 kommt es zu ersten militärischen Konfrontationen und 1849 wird das **Sikhkönigreich** schließlich nach blutiger Schlacht von den Briten **annektiert**. Fünf Jahre später geht der Sohn des Mahārāja, Duleep Singh, nach Großbritannien ins Exil, das zum Refugium vieler Sikhs werden sollte. Womöglich hätte der britische Generalgouverneur Lord Dalhousie sein Ziel, »die endgültige Zerstörung und Entkräftung der Macht der Sikhs, den Sturz ihrer Dynastie und die Unterwerfung des Volkes«[127], schon bald erreicht, wären die Briten nicht 1857 vom großen **Sepoy-Aufstand**[128] (»Great Mutiny«) zur **Umkehr ihrer Strategie** gezwungen worden: Von der britischen Politik zunehmend enttäuscht, entzündet sich der Widerstand von Teilen der indischen Bevölkerung schließlich unter Hindu- und Muslimsoldaten an dem Gerücht, daß neue Patronen für die Armee mit Rinder- und Schweinefett geschmiert seien. Mehrere Dutzend Soldaten weigern sich, die Patronen zu benutzen, und werden deshalb drakonisch bestraft, worauf es zum Aufstand kommt. Monatelange gewalttätige Unruhen sind die Folge – der erste erfolgreiche Widerstand der Inder gegen die britischen Besatzer.

Innenpolitisch sichtlich unter Druck, lassen die Briten davon ab, die kampfgeschulten und in dieser Sache weitgehend neutralen Sikhs weiter zu bekämpfen. Man möchte sie jetzt als **Bundesgenossen** gewinnen und als verläßliche Soldaten für die **Kolonialarmee verpflichten**: Per Gesetz sichert man Armeeangehörigen die ungestörte Ausübung ihrer Religion zu, ehrt sogar öffentlich ihre heilige Schrift und macht die fünf »K« faktisch zum Bestandteil der Armeeuniform. Den Sikhs winken bisher nie dagewesene Karrieremöglichkeiten und als Lohn großzügige Pensionen und Landschenkungen. Zudem machen die Briten den **Panjāb** mit durchgreifenden infrastrukturellen Verbesserungen und mit umfassenden Maßnahmen im Erziehungs- und Bildungssektor zu einer **aufstrebenden Region** und die Sikhs zur erfolgreichen und auch für Hindus und Muslime attraktiven Religionsgemeinschaft.[129] Die Maßnahmen haben Erfolg: Schon 1860 besteht die Kolonialarmee zu rund 15 Prozent aus Sikhs, im Ersten Weltkrieg sind es über ein Fünftel.

Der Konflikt um den Sikhstaat

Die gesellschaftlichen Aufsteiger – Kaufleute, bürgerliche Mittelschicht, Großgrundbesitzer und sich formierende Eliten – profitieren von dieser Entwicklung, die landlosen Kleinbauern hingegen leiden zunehmend darunter: Die Bodenpreise steigen rapide bis auf das Zehnfache, die Steuern steigen und mit ihnen die Zinslasten der Geldleiher, zu denen die verarmenden Kleinbauern in ihrer Not häufig getrieben werden. Hungersnöte und Epidemien verschlimmern die Situation. Viele Sikhs müssen Anfang des 20. Jahrhunderts aus Indien **emigrieren**, vor allem in die USA und nach Kanada, wo sie jedoch bald Ziel antiasiatischer Ressentiments werden. Im Ausland formiert sich auch der erste **politische Widerstand** der Sikhs. Es entsteht die revolutionäre »Ghadr«-Partei, die der britischen Herrschaft in Indien notfalls mit Gewalt ein Ende setzen möchte – zunächst allerdings ohne großen Rückhalt bei den indischen Sikhs, die im Ersten Weltkrieg noch loyal zu den Briten stehen.

Nach Kriegsende schlägt die Stimmung um. Hoffnungen der Sikhs auf eine **angemessene politische Anerkennung** durch erweiterte politische Repräsentation werden 1918 mit den **Montagu-Chelmsford-Reformen** zunichte gemacht. Zwar erhalten die 12 Prozent der Sikhs (gegenüber 51% Muslimen und 35% Hindus) knapp ein Fünftel der Sitze im Parlament, von dem erhofften Drittel aber – gemäß ihrem großen Kriegsengagement für die Briten – ist dies freilich weit entfernt. Die Situation **eskaliert**, als im Jahr darauf bei einem **Massaker in Amritsar** – angeblich zur Zerschlagung einer verbotenen öffentlichen Versammlung – 379 wehrlose Menschen von den Briten hingeschlachtet und über 2000 verletzt werden. Amritsar und weite Teile des Panjāb werden unter **Kriegsrecht** gestellt: Vorbei die Zeit der loyalen Kooperation der Sikhs mit den Briten.

Zu **gewaltsamen Konfrontationen** kommt es in der Auseinandersetzung um die **Verwaltungen der Sikhtempel**, die von den Briten auch mit Nichtsikhs besetzt wurden. Die Sikhs reagieren mit der Gründung des Shiromani Gurdwara Prabhandak Committee (SGPC) – ein überregionales Verwaltungsgremium der Tempel und wichtiges politisches Organ der Sikhs –, setzen sich nach jahrelangem erbittertem Kampf mit vielen hundert Toten schließlich 1925 gegen die Briten durch und geben damit der indischen **Unabhängigkeitsbewegung** einen wichtigen Schub. Sie ahnen freilich nicht, daß sie dabei politisch den kürzeren ziehen werden: 1947 ist Indien unabhängig, aber geteilt, die Grenze zwischen dem jetzt hinduistischen Indien und dem muslimischen Westpakistan geht mitten durch die Sikhregion Panjāb. Es kommt zum offenen Konflikt zwischen den betroffenen Volksgruppen. Muslime, Hindus, Sikhs müssen ihre Heimat verlassen, ein **Massenexodus** von über zwölf Millionen Menschen, begleitet von furchtbaren **Massakern** vor allem dort, wo sich die Flüchtlingsströme kreuzen. Jahrzehnte bleibt die Lage der Sikhs im unabhängigen Indien angespannt. Die **politische Forderung nach einer Sikhprovinz** kommt auf und wird schließlich nach dem indisch-pakistanischen Krieg **1966** mit der **Schaffung des Bundesstaats Panjāb** erfüllt. Die »Sikhfrage« freilich ist damit längst nicht gelöst.[130]

Zunächst scheint sich die Lage im Panjāb zu beruhigen. Eine **grüne Revolution** nach dem Vorbild Mexikos – konsequente Modernisierung der Landwirtschaft, Einführung ertragreicher Getreidesorten, Bau von Bewässerungsanlagen etc. – machen den Panjāb in den 1970er Jahren zur **florierenden Kornkammer** des Subkontinents. Ein Wohlstand freilich, von dem erneut nur kleine Teile der Bevölkerung profitieren. Die Mehrheit der Bauern und Arbeiter haben unter dem Mißverhältnis von hohen Kosten (für Maschinen, Dünger und Saatgut) und niedrigen Preisen, die ihnen die Zentralregierung für ihre Produkte bezahlt, zu leiden. Der Sikhpartei Akali Dal – faktisch die Interessenvertreterin der reichen Großbauern – laufen die Wähler davon. Zur Befriedung der Sikhmassen beginnt man jetzt »ganz bewußt die Einheit der Sikhgemeinschaft zu betonen und diese immer wieder gegen das Hindu-Feindbild abzugrenzen«: So spielt sich der Verteilungskampf »nicht mehr innerhalb der eigenen Gemeinschaft, also zwischen armen und reichen Sikhs ab, sondern zwischen zwei verschiedenen Gemeinschaften, den Hindus und den Sikhs.«[131]

Zu den **ökonomischen Forderungen der Sikhs** an die Regierung – höhere Preise für ihre Waren bei niedrigeren Kosten – kommen **territoriale** und vor allem **religiöse**: etwa der Streit um das geteilte Chandigarh und die Anerkennung von Amritsar als heilige Stadt mit Installation eines Rundfunksenders im Goldenen Tempel. Sogar der Traum vom eigenen **Sikhstaat Khalistan** nach dem Vorbild des großen Ranjit Singh kommt wieder auf. In den 1980er Jahren verschärft sich die Situation zunehmend. **Eskalation des Terrors** auf beiden Seiten bringt den Panjāb-Konflikt weltweit in die Medien. Nach vorübergehender

Einigung 1983 flammt der gegenseitige Terror bald wieder auf. Die »**Operation Bluestar**« im Juni 1984 wird für die Regierung zum Fiasko: Indische Militärs, schlecht vorbereitet, stürmen den zur Festung ausgebauten Goldenen Tempel von Amritsar. Hunderte von Toten sind die Folge, Kämpfer wie Zivilisten, darunter auch Sikhextremist Bhindranwale – der neue Sikhmärtyrer. Indiens Ministerpräsidentin **Indira Gandhi** wird für die mißglückte Operation heftig kritisiert. Am 31. Oktober 1984 stirbt sie durch die **Schüsse zweier Sikhleibwächter** im Garten ihrer Residenz.

Vier Jahre später gelingt der indischen Regierung mit der **Operation Black Thunder** endlich ein wirksamer Schlag gegen den Sikhterrorismus. Nach erneuter Besetzung des Goldenen Tempels ergeben sich die Kämpfer schließlich den Spezialeinheiten, Amritsars Tempelbezirk wird geräumt und entmilitarisiert. Eine **politische Lösung** freilich ist in weiter Ferne. Mit der Einsetzung einer Parallelregierung in verschiedenen Distrikten des Panjāb ab April 1988 schaffen extremistische Sikhs eine Art »de-facto-Khalistan« und versuchen mit massivem Druck auf die Bevölkerung ihre Vorstellungen von einer »reinen« Sikhgesellschaft durchzusetzen – allerdings nur mit begrenztem Erfolg. Die Panjāb-Wahlen 1992, die Hoffnung auf eine politische Lösung, geraten zur Farce, da sie von den Radikalen faktisch boykottiert werden; die Gemäßigten werden eingeschüchtert, mitunter sogar liquidiert.

Insgesamt hat es mittlerweile den Anschein, daß die indische Regierung den radikalen Sikhterror zumindest militärisch halbwegs im Griff hat. Heute sind knapp zwei Prozent der Inder Sikhs, die ganz im Sinne Gurū Nānaks mehrheitlich friedlich mit den anderen Religionsgemeinschaften zusammenleben, von den vielen hunderttausend friedliebenden Sikhs in Großbritannien (nach Indien die größte Bevölkerungsgruppe der Sikhs) und anderswo in der Welt ganz zu schweigen. Und wenn es dennoch vereinzelt zu Anschlägen und Übergriffen kommt, dann sind dies wohl vor allem die noch andauernden Auswirkungen einer insgesamt verfehlten Politik, nicht aber ein Beweis für eine grundsätzliche Feindschaft zwischen diesen beiden indischen Religionsgemeinschaften.

II. Indien unter europäischer Kolonialherrschaft

1. Seefahrer, Kaufleute und Missionare: die Portugiesen

Im Jahr **1497** bricht der Portugiese **Vasco da Gama** zur Erkundung des **Seewegs nach Indien** auf. Die Suche nach dieser Verkehrsverbindung, selbst unter hohem finanziellen Einsatz, war für die Portugiesen drängend geworden: Der Mittelmeerhandel war durch die inflationäre Handelspolitik der ägyptischen Mameluken äußerst kostspielig und unberechenbar geworden – Venedig wäre dadurch fast ruiniert worden –, und andere Wege für den Indienhandel, etwa durch Persien, Irak, Syrien und Türkei, wurden zunehmend durch die aufstrebenden Osmanen blockiert. Zudem hatte sechs Jahre zuvor der Italiener **Cristoforo Colombo** – nachdem sein Plan von den Portugiesen abgelehnt wurde – im Auftrag der spanischen Krone auf der Suche nach einer **Westfahrt nach Indien** als erster Europäer den Fuß auf amerikanischen Boden gesetzt und damit den Spaniern den Weg zur Ausbeutung Mittel- und Südamerikas geebnet.[1] Ein erbitterter Wettstreit um Kolonien hatte begonnen, und damit sich die beiden Seemächte bei ihren kolonialen Ambitionen fortan nicht in die Quere kamen, wurden portugiesische und spanische Interessensphären im Jahr 1493 durch päpstlichen (!) Schiedsspruch festgeschrieben und gegeneinander abgegrenzt.[2]

Am 8. Juli 1497 verläßt **Vasco da Gama** im Auftrag von **König Manuel von Portugal** Lissabon. Die Fahrt nach Indien war – im Vergleich zur Amerikafahrt von Kolumbus – ein Abenteuer eigener Güte: Zunächst mußten die Portugiesen »den südlichen Atlantik bezwingen, wo ihnen kein Polarstern die Richtung wies und widrige Winde vor der Küste Afrikas sie dazu zwangen, weit nach Westen auszuweichen, um nach Monaten endlich zum Kap der Guten Hoffnung zu gelangen«[3]. Allein drei Monate ist Vasco da Gama im Südatlantik unterwegs, begleitet von eigens dafür mitgeführten Proviantschiffen. Am 20. November umschifft er das Kap der Guten Hoffnung und segelt entlang der Ostküste Afrikas bis nach Malindi. Der Indische Ozean war damals von Seefahrern afrikanischer und asiatischer Länder befahren. Unter ihnen findet da Gama einen **muslimischen Lotsen** aus Gujarāt, der ihm zeigt, wie mit Hilfe des Südwestmonsuns Indien erreicht werden konnte. Am 20. Mai 1498 landet Vasco da Gama schließlich in der Nähe des südindischen **Calicut** (Kozhikode) im heutigen Bundesstaat Keraḷa an der Malabārküste. Knapp fünf Monate später tritt er die Rückreise an, um 1502-04 erneut, jetzt allerdings mit einer **Kriegsflotte**, nach Indien zu segeln und gegen die muslimischen Herrscher die Oberhoheit Portugals über die Städte an der indischen Westküste durchzusetzen. Der Portugiese legt damit den Grundstein für die **Kolonisierung Indiens** durch die damaligen **europäischen Seemächte**.

Vasco da Gama war bekanntlich nicht der erste »Europäer« auf dem indischen Subkontinent – von Alexander dem Großen und dessen »Nachfolgern« war bereits die Rede[4]. Auch das **Christentum**, im Gefolge der portugiesischen Seefahrer auf dem Subkontinent etabliert, war schon sehr viel früher auf anderem Weg nach Indien gelangt. Religionspolitisch kaum profiliert und institutionell wenig gefestigt, hatte sich dieses frühe Christentum damals bald in den Hinduismus inkulturiert und zu einer hinduistisch-christlichen Kultur amalgamiert, war jedenfalls kaum als fremde religiös-kulturelle Größe, womöglich in Opposition zum Hindu-Mainstream, in Erscheinung getreten.

Rückblick: Indiens erste Christen

Daß Jesus von Nazaret selber schon als junger Mann in Indien gewesen sei, daß er seine Kreuzigung in Jerusalem überlebte, von dort erneut nach Indien wanderte, dann in Kaśmīr unter dem Namen Yus Asaf als Lehrer und Prophet lehrte, wo er schließlich auch gestorben und begraben sein soll, dies alles scheint doch nicht mehr als eine auf wenig überzeugenden Argumenten und Quellen aufgebaute Hypothese[5] zu sein, der eine Fülle biblischer und außerbiblischer Zeugnisse und vor allem die Ergebnisse theologischer und orientalistischer Forschung entgegenstehen.

Sehr viel wahrscheinlicher ist indes, daß der **Apostel Thomas** – landläufig auch als der »ungläubige« Thomas[6] bekannt – nach der Zerstreuung der Apostel Jesu nach dessen Tod unter anderem nach Indien gegangen ist, dort den christlichen Glaube verbreitet und Anhänger gewonnen hat und schließlich im südindischen Mylapore nahe Madras als Märtyrer starb, nachdem er in seinem Missionseifer einen Hindutempel niederreißen ließ. Dafür sprechen nicht nur die damaligen regen Handelsverbindungen zwischen Ägypten und Südindien, davon zeugt auch eine weitverbreitete christliche Tradition seit dem 4. Jahrhundert von Ambrosius über Hieronymus bis Gregor von Nazianz und davon zeugt vor allem einschlägiges indisches Literaturgut und die Tradition der **Thomaschristen** aus Malabār in Keraḷa. Insgesamt geht man heute davon aus, daß diese Tradition der Thomaschristen tatsächlich auf das Wirken des Apostels Thomas zurückgeht und daß es sich dabei nicht nur, wie lange Zeit behauptet, um eine Modifikation entsprechender Berichte der legendären apokryphen Thomasakten aus dem 3. Jahrhundert handelt.[7] Womöglich hatte Thomas ja auch am Hof des bereits erwähnten Indoparther-Königs Gondopharnes gewirkt – zu einer Zeit als sich im Nahen Osten gerade die ersten christlichen Gemeinden formierten und als es noch kein Neues Testament gab – und mit dessen Hilfe seine »Indienmission« vorangetrieben. Jedenfalls wird der Ort, wo der Apostel angeblich sein Martyrium erlitten hat, noch heute in der Nähe von Madras verehrt.

Indische Texte berichten, daß Thomas eine Gemeinschaft von 17 000 indischen Anhängern aus allen Kasten hinterlasssen haben soll. Schon früh gelangten die Thomaschristen unter den Einfluß **ostsyrischer Bischöfe**, entwickelten aber auf Grundlage der **indomalabrischen Kultur** ihre eigene kirchliche Organisation: In ihren Gesängen nennen sie bis zu 70 aufeinanderfolgende Generationen von Amtsträgern.[8] Faktisch sind die Thomaschristen bis heute »hinduistisch in ihrer Kultur, christlich im Glaube und syrisch (oder nestorianisch) in Lehre, Liturgie und Ekklesiologie«[9]. Viele dieser Christen trugen nicht nur dieselben Namen wie die Hindus, sondern behielten auch die Hindurituale bei, etwa bei Geburt, Pubertät, Hochzeit und Tod, weshalb sie faktisch kaum von Hindus zu unterscheiden waren.[10] Allen kirchlichen Domestizierungsversuchen zum Trotz blieb die heute in viele Teilkirchen aufgespaltene Gemeinschaft insgesamt eigenständig, mit eigener Hierarchie und mit eigenen Riten.

Die Begründung des portugiesischen Imperiums im Osten

Im Jahr 1499 kehrt Vasco da Gama nach Portugal zurück, und König Manuel entsendet sogleich eine **zweite Flotte** nach Indien. Das Hauptinteresse galt dem **Handel mit Gewürzen**, vor allem **Pfeffer**, der bald wesentlich höhere Profite abwerfen sollte als der Handel mit Gold[11] und dessen Monopol in den Händen lokaler muslimischer Herrscher lag. Unter der Führung von **Pedro Alvares Cabral** sticht die zweite Flotte fünf Monate nach da Gamas Rückkehr in See, »entdeckt« im April 1500 noch nebenbei das heutige **Brasilien** und erreicht im September Calicut. Das Ziel, vor allem **Handelsbeziehungen** zu den indischen Herrschern aufzunehmen, wird zwar erreicht – der Hinduherrscher (Zamorin[12]) von Calicut erlaubt die Errichtung einer Faktorei –, am Ende kommt es aber unerwartet zum gewaltsamen Konflikt: Als ein arabisches Schiff vor den Portugiesen den Hafen mit einer Ladung Pfeffer verlassen will, wird es von den Portugiesen kurzerhand gekapert. Daraufhin stürmen aufgebrachte Muslime die Faktorei und töten 50 Portugiesen. Cabrals Rache ist fürchterlich und folgt auf dem Fuß: Er kapert mehrere Schiffe im Hafen, läßt deren Besatzungen niedermachen und beschießt zum »Abschied« Calicut mit seiner Schiffsartillerie.[13]

1502 bricht Vasco da Gama erneut nach Indien auf – jetzt ebenfalls gewaltbereit: Schon auf dem Weg kapert er Schiffe mit Mekkapilgern und vernichtet sie. Mit dem Zamorin von Calicut haben es sich die Porugiesen verdorben, während sie 150 km südlich bei den Fürsten von Cochin und Cannanore (letzterer ein Erbfeind des Prinzen von Calicut) willkommen sind und dort eine neue Faktorei errichten. 1503 kehrt Vasco da Gama mit 30 000 Zentnern Pfeffer nach Lissabon zurück.[14]

Im selben Jahr landet der afrikaerfahrene **Afonso de Albuquerque** in Südindien und errichtet dort zum Schutz des Herrschers von Cochin das **erste**

portugiesische Fort in Asien. Ziel der Portugiesen ist, nach ägyptisch-venezianischem Vorbild aus dem Mittelmeerraum, die **Kontrolle** des florierenden und völlig ungeschützten **Handelssystems im Indischen Ozean**. Albuquerque schwächt den muslimischen Handel dadurch, daß er 1507 auf der Insel **Socotra** einen Militärstützpunkt errichtet und so den arabischen Seeweg durch das Rote Meer nach Indien abschneidet. Zugleich erobert er die Insel **Hormuz** (zwischen Persischem Golf und Golf von Oman) und kontrolliert damit den Handel im Golf. Die befestigten Stützpunkte dienen den Portugiesen »zugleich als Zollstationen, in denen die Seefahrer die portugiesischen Geleitbriefe (cartazes) erwerben mußten, die sie davor bewahrten, von den portugiesischen Schiffen überfallen und ausgeraubt zu werden«[15].

1508 schlägt Albuquerque – jetzt Gouverneur, später portugiesischer Vizekönig von Indien – die muslimische Flotte von **Calicut**, und zwei Jahre später erobert er das muslimisch regierte **Goa**, dessen Armee vernichtend geschlagen wird. Von nun an akzeptieren die Hinduherrscher die Präsenz der Portugiesen auf dem Subkontinent. In der Folgezeit wird **Goa** zum Militärstützpunkt und zur **Metropole im Osten** ausgebaut (1534 wird Goa katholisches Bistum, 1558 Erzbistum). 1511 erobert Albuquerque **Malakka**, das Nervenzentrum der indonesischen Gewürzproduktion, und schafft sich dadurch Zugang zum Fernosthandel; im Jahr 1515 wird zum zweitenmal die Insel Hormuz erobert. Damit ist **Portugals Kolonialimperium** für knapp ein Jahrhundert etabliert – ungefähr zur selben Zeit als der Mogul Bābur von Norden her seine ersten Vorstöße nach Indien unternahm.

Portugal ist eine **Seemacht**. Zu Auseinandersetzungen mit den indischen Territorialherrschern kommt es kaum, und ein dauerhaftes Territorialreich auf indischem Boden über ihre Präsenz in den westlichen und südlichen Küstenregionen hinaus vermögen die Portugiesen mangels entsprechender Ressourcen kaum zu schaffen.[16] Das damalige Portugal ist aber auch eine **geistig-kulturelle Großmacht**, deren Einfluß und Wirkung nicht zu unterschätzen ist.[17] Motiviert durch christliches Sendungsbewußtsein und legitimiert durch eine übermächtige katholische Kirche, bringen die Portugiesen das **Christentum** erneut nach Indien – jetzt aber als **imperialistische Religion** der europäischen Kolonialherren, als Religion der Eroberer und der Sieger.

Die Indienmission der mittelalterlichen Kirche

Seit den Zeiten der Apostel und der christlichen Urgemeinden hat das **Christentum** eine Reihe komplexer **Paradigmenwechsel** durchlaufen, ausgelöst durch innere gesellschaftlich-theologische Entwicklungen und durch welthistorische Auseinandersetzungen: Vom apokalyptisch geprägten Paradigma der **Urchristenheit** des 1. Jahrhunderts über das hellenistische Paradigma der **alten**

Kirche, von dem das Ostchristentum seine Prägung hat, hin zum langen, lateinisch dominierten römisch-katholischen Paradigma des **Mittelalters**, das nach der Teilung des Römischen Reiches mit Augustin seinen Anfang nahm, mit der Gregorianischen Reform im 11. Jahrhundert zum Durchbruch gelangte und nach der Spaltung der Christenheit schließlich im 12./13. Jahrhundert seinen Höhe- und Wendepunkt erreichte. Zu Beginn des 16. Jahrhunderts sollte dieses Paradigma nach der lutherischen **Reformation** vom protestantischen Paradigma abgelöst werden, dem seinerseits im 17./18. Jahrhundert das aufgeklärte Paradigma der **Moderne** folgte. Mit den zwei Weltkriegen und dem Ende von westlichem Kolonialismus und Imperialismus zumindest in großem Stil ist die Moderne selber ebenfalls in die Krise geraten, weshalb man seither auch vom nachmodernen oder **postmodernen Paradigma** des Christentums spricht.

Die Veränderungen und Umbrüche im Wechsel der verschiedenen Paradigmen sind äußerst komplex und vollzogen sich auf verschiedensten Ebenen – in Theologie, Kirche, Kultur, Politik und Gesellschaft überhaupt. Für unseren Kontext ist entscheidend: Innerhalb der verschiedenen Paradigmen änderte sich neben zentralen theologischen Vorstellungen und Lehren auch das **religionspolitische Profil** des Christentums und – so hat es der Missionstheologe David J. Bosch herausgearbeitet[18] – auch das **Missionsverständnis** der christlichen Kirchen und ihrer Vertreter. Das heißt, die Missionsanstrengungen der mittelalterlichen katholischen Kirche, die einhergingen mit den Kolonisierungsbemühungen der Portugiesen und Spanier, müssen im Kontext des mittelalterlichen römisch-katholischen Paradigmas gesehen und verstanden werden. Religionspolitisch zeichnet sich diese Epoche dadurch aus, daß schließlich – mit Hilfe unter anderem auch von einseitigen Interpretationen, Manipulationen, ja Fälschungen[19] – unter Papst Gregor VII. eine **absolutistisch-monarchische Kirchenverfassung** zum Durchbruch gelangt, die dem Papst alle erdenkliche juristische Vollmacht und theologische Autorität verleiht und ihn nicht nur zum Nachfolger Petri, sondern zum Stellvertreter Christi, ja Gottes selber macht.[20] Für die römisch-katholische Kirche heißt dies:

– Sie wird **zentralisiert**: »Die Ecclesia Romana … gibt sich als ›Mutter‹ mit dem Papst als ›Vater‹«;

– sie wird **juridisiert**: »Der Papst … will zugleich Exekutive, Legislative und Judikative sein, gestützt vom selbstfabrizierten Kirchenrecht, das zur Auslegung geradezu eine Kirchenrechtswissenschaft erfordert«;

– sie wird **politisiert**: »Die römische Kirche … präsentiert sich gegenüber der staatlichen Macht als eigenständige Herrschaftsinstitution mit völkerrechtlichem Status, diplomatischem Dienst und Sonderrechten«;

– sie wird **klerikalisiert**: »Eine patriarchale Hierarchie und ein vom Volk abgehobener Klerikerstand zölibatärer Männer dominiert eindeutig die Laienschaft«;

– und sie wird vor allem **militarisiert**: »Eine Kirche der Militanz manifestierte sich durch die Jahrhunderte in ›heiligen‹ Bekehrungskriegen, Ketzerkriegen, Kreuzzügen (selbst gegen Mitchristen) und Religionskriegen, auch in Judenverfolgungen, Häretiker- und Hexenverbrennungen, und bis heute in Inquisition und gnadenloser Verfolgung von ›Abweichlern‹.«[21] »Außerhalb der Kirche kein Heil« ist fortan die Devise – jenes fatale Diktum, im 3. Jahrhundert von Origenes formuliert und von Cyprian im dramatischen innerkirchlichen Konflikt um die Häretikertaufe erstmals als theologisches Argument verwendet und schließlich 1441 vom Konzil von Florenz zur offiziellen kirchlichen Doktrin gegen Andersgläubige erhoben.

Die Kolonialmächte Portugal und Spanien agierten bei ihren »Entdeckungen« und Eroberungen nicht nur mit dem **»Segen« der Kirche**, sondern auch mit deren expliziter **juristischer Legitimation**. Kirchenrechtliche Grundlage ihrer Kolonialpolitik war das kirchliche **Patronatswesen** (portug. »Padroado«), eine konsequente Weiterführung des mittelalterlichen **Eigenkirchenwesens**: Die Patronatsmächte (also Portugal und Spanien) übernehmen vom Papst die Pflicht, den katholischen Glaube in den neuentdeckten Ländern auszubreiten und zu unterhalten, im Gegenzug erhalten sie dafür das Recht, bei der Besetzung kirchlicher Ämter mitzureden, Steuern zu erheben und andere Privilegien. Schon 1456 überträgt Papst Calixtus III. zunächst dem Christusorden (ein ehemals geistlicher Ritterorden zum Kampf gegen die Mauren) die kirchliche Jurisdiktion über sämtliche portugiesische Kolonien Afrikas und Asiens.[22] 1461 wird schließlich der portugiesische König selber Großmeister dieses Ordens und damit Patronatsherr über die Kolonien – ein Privileg, das später vom verbrecherischen Borgia-Papst Alexander VI. (1492-1503) bestätigt wurde[23].

Nach päpstlichem Verständnis war die Mission ureigenste **Pflicht** der Kirche, die auf den Patronatsherrn übertragen und im wesentlichen faktisch von den **Orden** vollzogen wurde: von den **Franziskanern** (*Ordo Fratrum Minorum*: OFM), ab 1518 offiziell in Indien präsent, den **Dominikanern** (*Ordo Fratrum Praedicatorum*: OP) und **Jesuiten** (*Societas Jesu*: SJ), beide seit 1542 aktiv, und den **Augustiner-Eremiten** (*Ordo Fratrum Eremitarum*: OESA), seit 1572 in Indien aktiv. Einer der berühmtesten Ordensmissionare ist der Jesuitenpater **Franz Xaver** (Francisco de Jassu y Javier), seit 1542 in Indien: Mit seinem Interesse für die dortige Kultur und seinen ersten kulturellen Anpassungsversuchen bis hin zur Schaffung einer einheimischen Liturgie gilt Xaver manchen als Vorreiter eines geradezu »modernen« Missionsverständnisses.[24] 1549 begründet Xaver die Jesuitenmission in Japan, kehrt 1552 nach Goa zurück, stirbt dann allerdings beim Versuch, das Evangelium nach China zu bringen.

Sowohl portugiesischer König wie Orden agieren zunehmend eigenständig und unabhängig von der kirchlichen Zentrale in Rom, was schließlich zu nicht unerheblichen Spannungen führen sollte:[25] Der portugiesische König sah sich immer weniger nur als Repräsentant des Papstes, sondern als unmittelbarer Gesandter Gottes: Bischöfe wurden ernannt unabhängig vom Heiligen Stuhl, der direkte Kontakt zu Rom wurde ihnen untersagt. Und auch die Ordensleute sahen sich weniger als Gesandte des Papstes denn als Beauftragte des Heiligen Geistes, deren Missionspolitik sich nicht immer mit den päpstlichen Missionsinteressen decken sollte.

Berühmtes Beispiel ist der umstrittene Jesuit **Robert de Nobili**, ab 1606 für mehrere Jahrzehnte in Südindien: »Wie kaum ein anderer exemplifiziert er die Idee und Problematik der Begegung von Christentum und Hinduismus und ganz allgemein die hermeneutische Ambivalenz und Dialektik des missionarischen Lehrens und Lernens.«[26] Um vor allem die höheren Kasten für den christlichen Glaube zu gewinnen, grenzt sich de Nobili mit Berufung auf seine römische Herkunft bewußt von den Portugiesen ab[27], kleidet sich wie ein indischer Asket, nimmt eine entsprechende Lebensweise an und studiert die Sprachen des Landes (Sanskrit und Tamil). Eindrücklich zeigen seine Tamilschriften »die Praxis des ums ›Wort‹ und ums Verstandenwerden Ringenden«, zeigen aber auch »die grundsätzliche Problematik der Übertragung oder des Hineintragens christlicher Begriffe in den komplexen und assoziationsreichen Kontext der indischen religiös-philosophischen Terminologie«[28].

Wie kaum ein anderer westlicher Zeitgenosse bringt de Nobili Verständnis auf für die indische Kultur und Religion. Er sucht theologische Anknüpfungspunkte, freilich mit manchen Mißverständnissen, um die christliche Botschaft besser zu vermitteln. Sein missionarisches Credo, 1619 auf dem Konzil von Goa präsentiert: Es müssen diejenigen Bedingungen hergestellt werden, »die es den Angesprochenen ermöglichen, dem Verkünder der christlichen Lehre zuzuhören«; der Prediger müsse wie er bereit sein »die Gebräuche seines Heimatlandes abzulegen und Inder unter Indern zu sein«[29]. Dennoch halten sich de Nobilis Missionserfolge sehr in Grenzen.[30] Zudem stößt de Nobili mit seinem Vorgehen auch auf heftigen Widerspruch, wird der Inkompetenz, Fälschung und Scharlatanerie bezichtigt – nicht nur im eigenen Orden, sondern auch auf indischer Seite. Eine päpstliche Verurteilung kann mit Mühe abgewendet werden. Über hundert Jahre später, 1734 und 1739, werden die von den de-Nobili-Missionaren eingeführten malabarischen Riten im »Ritenstreit«[31] von Papst Clemens XII. verboten, fünf Jahre später von Benedikt XIV. schließlich verurteilt.

Um die Christianisierung bzw. Katholisierung Indiens insgesamt wieder mehr unter römische Kontrolle zu bekommen und den (aus römischer Sicht) sich abzeichnenden Fehlentwicklungen Einhalt zu gebieten, reagiert der Heilige Stuhl 1622 mit der Gründung der päpstlichen **Sacra Congregatio de Propaganda Fide** (SC Prop.), der fortan sämtliche Missionsaktivitäten in den Kolonien (und später auch in den an die Reformation »verlorenen« Gebieten) unterstellt sind. Der Erfolg dieser Maßnahme hält sich indes in Grenzen, nicht zuletzt deshalb, weil Portugiesen wie Spanier, die das Königreich Portugal bereits 1580 annektiert haben, jetzt durch die **Holländer** unter Druck geraten: 1588 wird die spanische Flotte von den Holländern geschlagen, und der Seeweg nach Indien ist für Holländer gleichermaßen frei wie für die aufstrebenden **Briten**.

Schon 1637 kann Portugal, durch den Krieg mit den Holländern geschwächt, seinen Patronatspflichten nicht mehr nachkommen, und Rom errichtet das der »SC Prop.« direkt unterstellte Apostolische Vikariat Bijāpur.[32] Zwanzig Jahre später werden die Portugiesen von den Holländern aus Südindien verjagt, und das Ende der katholischen Mission zeichnet sich ab. 1760 werden die Jesuiten aus Südindien vertrieben (Rückkehr 1834 nach Kalkutta und 1838 nach Madurai), und 1784 findet die Mission ihr vorläufiges Ende durch die Verfolgungen des muslimischen Tipū Sultān.

Mission zwischen Konfrontation und Überzeugung

Nach ihrer Landung in Indien hofften die Portugiesen, zunächst mit Hilfe der **einheimischen indisch-christlichen** bzw. **syrisch-christlichen** Kaufleute und Würdenträger Einfluß auf den lokalen Gewürzhandel zu erlangen. Die Syrochristen ihrerseits waren den Portugiesen gegenüber aufgeschlossen, nicht nur weil sie christliche »Glaubensbrüder« waren, sondern weil sie sich von ihnen auch die Wiederherstellung verlorengegangener Rechte und Privilegien erhofften.[33] Offenbar gab es deshalb wohl auch eine offizielle »Allianz« zwischen dem syrischen Patriarchen und dem Papst.[34]

Die Harmonie schien allerdings nicht lange Bestand zu haben. Schon bald kommt es zwischen den katholischen Portugiesen und den indischen Syrochristen zum **Streit über Ämter- und Lehrfragen**, begleitet von zunehmend gewaltsamen Auseinandersetzungen bis hin zur Verbrennung vermeintlich »häretischer« Bücher und ganzer Bibliotheken der Inder durch die Portugiesen. 1599 beruft der portugiesische Erzbischof von Goa die **Synode von Diamper** ein, die den Syrochristen zwar die Beibehaltung mancher Riten gestattet, zugleich aber bestimmte (nestorianische) Lehren verdammt, ihnen das Recht auf eine eigenständige vom Apostel Thomas herkommende Tradition abspricht, sämtliche opponierende syrische Patriarchen exkommuniziert und die Syrochristen zum Gehorsam gegenüber dem Papst verpflichtet – freilich nur mit begrenztem Erfolg: Je rigider die Katholiken gegen die Syrochristen vorgehen, desto heftiger ist deren Gegenwehr. Nach jahrzehntelangen Auseinandersetzungen behaupten sich die Syrochristen schließlich erfolgreich gegen die Portugiesen: Europäische Geistliche werden verjagt, man schwört, sich niemals einem »Europäer« zu beugen und weiht trotz Verbot 1653 sogar seinen eigenen Patriarchen Mar Thoma I. – allerdings zum Preis der dauerhaften Spaltung der syrochristlichen Gemeinschaft.[35]

Schon früh begannen die Portugiesen mit der **Bekehrung der indigenen nichtchristlichen Bevölkerung**, zunächst vor allem in Cochin, dem administrativen Zentrum, gefolgt von christlichen Gemeindegründungen in Cannanore, Calicut und Quilon. Aufschlußreich die diesbezügliche Weisung des portugiesischen Königs an einen Pater, der mit Vasco da Gama auf dessen zweiter Reise nach Indien kam: »Um diese Menschen zu überzeugen, daß sie die Wahrheiten (des Christentums) akzeptieren, mögen die Priester und Brüder ihnen alle natürlichen und gesetzlichen Argumente vorlegen und die vom kanonischen Gesetz vorgeschriebenen Zeremonien durchführen. Und wenn diese Menschen hartnäckig in ihren Irrtümern sein sollten, dann sollten sie **mit Feuer und Schwert und allen Schrecken des Krieges** belehrt werden.«[36] Mit der Zeit bot der Gouverneur Albuquerque potentiellen Konvertiten auch finanzielle Anreize an, was die Anzahl der Konversionen sprunghaft ansteigen ließ: Schon 1527 soll es in Cochin 15 000 Neuchristen gegeben haben gegenüber 300 portugiesischen Siedlern.

Die **Hinduautoritäten**, etwa der anfangs noch portugalfreundliche Rāja von Cochin, sahen diese Entwicklung zusehends **kritisch**. Konvertiten aus den eigenen Reihen wurden immer mehr gesellschaftlich isoliert, sogar enteignet und vertrieben. Der Rāja von Cannanore wandte sich nach der Zerstörung eines Hindutempels offiziell an den portugiesischen König Emanuel mit der dringenden Bitte, den Konversionen Einhalt zu gebieten. Als schließlich »verwestlichte« christliche Gruppen, meist aus niederen Schichten, gesellschaftlich isoliert und für die Portugiesen ein finanzielles und politisches Riskio zu werden drohten, verbot Albuquerque die Mission zumindest in diesen Kreisen. Dies war aber weniger ein Zeichen der Toleranz denn des politischen Pragmatismus. Denn derselbe Albuquerque – offenbar ein ausgesprochener Muslimenhasser, der sogar den wahnwitzigen Plan hatte, Medina zu erobern, die Gebeine des Propheten zu rauben und als Faustpfand für das Heilige Land zu nehmen – berichtete stolz seinem König nach der Eroberung von Goa: »Ich brannte die Stadt nieder und übergab alle dem Schwert – wann immer wir sie finden konnten, kein Maure wurde verschont, und wir füllten ihre Moscheen mit ihnen und zündeten sie an.«[37]

Diejenigen Inder, die nicht zur Konversion bereit waren, mußten fürchten, Opfer der päpstlichen **Inquisition** zu werden, jener berüchtigten kirchlichen Behörde zur Verfolgung von »Irrlehrern« oder Ungläubigen. 1542 wurde die Inquisition von Papst Paul III. (1534-49) neu organisiert und für alle Länder in Rom zentralisiert. Knapp zwanzig Jahre später wurde sie in den portugiesischen Städten Indiens eingeführt mit dem Recht, »jede Person zu inhaftieren, die etwas gegen den katholischen Glaube sagte oder tat, und sie nach Goa zu schikken, wo sie vom Generalinquisitor geprüft wurde«[38]. Zwischen 1600 und 1773 gab es 73 solcher Inquisitionsverfahren (*auto da fé*), oft mit tödlichem Ausgang für die Angeklagten.[39] Für die Hindus muß es kaum nachvollziehbar gewesen sein, daß jene Christen, die engagiert im Namen Christi etwa gegen die Witwenverbrennung zu Felde zogen, jene auf dem Scheiterhaufen verbrannten, deren einziges Verbrechen darin bestand, daß sie nicht für den katholischen Glaube zu gewinnen waren. Zeitweise müssen die Verfolgungen so heftig gewesen sein, daß in der zweiten Hälfte des 18. Jahrunderts »viele Distrikte nahe Goa fast entvölkert waren, und jene, die dort lebten, nach Malabār ausgewandert waren, um der gewaltsamen Konversion zu entfliehen«[40].

2. Wettstreit um Handel und Macht: Niederländer, Franzosen, Briten

Expansiver Indienhandel: die Niederländer

Die **Niederlande** – nach spanischer Oberhoheit 1579 aus der Utrechter Union der sieben nördlichen Provinzen hervorgegangen und 1581 als »Republik der Vereinigten Niederlande« von Spanien losgesagt – wagten zu Beginn des 17. Jahrhunderts »eine **Invasion des Indischen Ozeans**, die alles, was die Portugiesen zuvor unternommen hatten, weit in den Schatten stellte«[41]. Ihre **nautischen Kenntnisse** hatten die Niederländer weitgehend von den Portugiesen übernommen und rasch perfektioniert. Im **Ostseehandel** konnten sie Erfahrungen in **Ökonomie** und **Schiffsbau** sammeln – ihr Standard-Schiffstyp, die »Fluyt«, wurde geradezu fließbandartig hergestellt. Zudem sorgte das Prinzip zahlreicher **privater Anteilseigner** für eine breite Streuung der mit der Schifffahrt verbundenen Risiken.

Schon **1602** kommt es zur Gründung der **niederländischen Ostindiengesellschaft** – zwei Jahre zuvor wurde eine ebensolche englische Gesellschaft in London gegründet. Im Gegensatz zum restriktiven portugiesischen System ist das System der Niederländer – wie auch später der Briten – »marktorientiert und expansiv«[42]: Die Handelsgesellschaften **versteigern** ihre Produkte aus dem Indienhandel öffentlich und können so mit Angebot und Preisgestaltung flexibel auf die Bedürfnisse des Marktes reagieren. Zudem konzentrieren sich die Niederländer nicht nur auf den Handel mit **Gewürzen** (die Gewürzinseln Indonesiens wurden bald von den Niederländern annektiert), sondern zunehmend auf den noch weitgehend freien **Textilienhandel**, der nach ganz anderen Gesetzen funktionierte als der traditionelle Gewürzhandel.

Zunächst vertreiben die Niederländer die indischen Baumwolltücher nur in asiatischen Ländern, um sich mit den Gewinnen das Geld zum Einkauf von Gewürzen zu verdienen. Bald verkaufen sie die bunten indischenTücher auch in Europa mit großem Gewinn. Große Bedeutung kommt dabei den **Faktoreien** vor Ort zu, die – zunächst nur Sammelplätze für die Waren – sich bald zu **multifunktionalen operativen Stützpunkten** entwickeln, die weit ins Landesinnere hinein wirken.

Die **Engländer**, ohne Zugang zum indonesischen Gewürzhandel, sollten bald dem niederländischen Beispiel folgen und sich ebenfalls im indischen Textilienhandel engagieren, wenn auch im 17. Jahrhundert noch nicht mit annähernd vergleichbarem Erfolg. Selbst indische Schiffseigner, die mehr Schiffe entsandten als die Europäer insgesamt, heuerten die gut bewaffneten niederländischen Schiffe als Spediteure an. Schließlich entwickelte der westeuropäische Handel unter den Niederländern eine so starke Dynamik, daß er sogar die traditionellen Handelsströme, vor allem im östlichen Mittelmeerraum (Levante), beeinflußte: »Der levantinische Handel, der sich in den letzten Jahrzehnten des 16. Jahrhunderts noch einmal belebt hatte … erlebte einen Rückschlag. Bald wurden selbst die Häfen der Levante vom Westen her mit den Gütern versorgt, die sie zuvor dorthin gesandt hatten. Venedig verlor seine internationale Bedeutung und lebte nur noch als italienischer Regionalhandel fort.«[43]

Mit der Zeit wechselte der asiatische Seehandel aber immer mehr in die Hände von freien, mitunter abenteuerlichen **Privatunternehmern**, immer öfter **Briten**, welche die Strukturen der **schwerfälligen Handelsgesellschaften** zu nutzen wußten, ohne mit deren Kosten belastet zu sein. Die Handelsgesellschaften spezialisierten sich zunehmend auf den Interkontinentalverkehr. Aber auch hier hatten die Briten auf Dauer Vorteile, da sie immer mehr dazu übergingen, **schnelle und gute Schiffe privater Eigner** zu **mieten**, die von hochmotivierten, weil am Gewinn beteiligten Kapitänen gesteuert wurden. So konnten die Niederländer ihre anfänglichen Vorteile gegenüber den Briten langfristig nicht halten. Das britische System erwies sich als flexibler und effizienter, so daß am Ende »schließlich sogar kapitalkräftige Leute in Amsterdam lieber Aktien der englischen Ostindiengesellschaft kauften«[44].

Erste Anzeichen des **wachsenden britischen Selbstbewußtseins** ist der **Seekrieg** gegen den Großmogul (1686-88) und die vorübergehende Blockade des für den Südostasienhandel wichtigen Golfs von Bengalen. Zwar mußten die Briten danach ihre bengalische Faktorei Hugli aufgeben und sich flußabwärts in einigen unwirtlichen Dörfern niederlassen, aus denen später dann die Metropole Calcutta entstand. Doch sollten sie sich bald von diesem Rückschlag erholen ...

Der Traum vom großen »Indes françaises«: die Franzosen

Im Jahr **1664** wird auf Betreiben von Minister Colbert im Auftrag von König Ludwig XIV. nach niederländischem Vorbild die **französische Ostindiengesellschaft** ins Leben gerufen. Bald wagt Vizekönig De la Haye selbstbewußt einen

Vorstoß in den Indischen Ozean, wird aber, von den Engländern als vermeintlichen Bundesgenossen im Stich gelassen, von den Niederländern vernichtend zu Land geschlagen. Dennoch gelingt es der französischen Ostindiengesellschaft, in Indien Fuß zu fassen und in Pondicherry einen dauerhaften Stützpunkt zu errichten: 1685 wird die Handelsgesellschaft neu gegründet und organisiert, und der Warenverkehr mit Indien wird mit Hilfe privater Investoren nach einem strengen Schema abgewickelt, so daß er halbwegs gute Gewinne abwirft. Durch mehrere Kriege an den Rand des Ruins geführt, werden schließlich die beiden bisher getrennt operierenden West- und Ostindiengesellschaften 1719 zur »**Compagnie des Indes**« zusammengefaßt und damit **Asien- und Transatlantikhandel** miteinander **verbunden**. Erst jetzt findet Frankreich den Anschluß an die Entwicklung des internationalen Handels.

Zwischen 1720 und 1740 können **Engländer und Franzosen** – nach Rückschlägen durch mehrere europäische Kriege Anfang des 18. Jahrhunderts – **ihre Position in Indien ausbauen**. Das Mogulreich ist bereits in unaufhaltsamer Auflösung begrifffen, und Indiens Bevölkerung hat unter dem rapiden Zerfall der politischen und gesellschaftlichen Ordnung erheblich zu leiden. Das Handelsnetz der indischen Kaufleute sollte bald zerreißen – symptomatisch dafür ab 1733 der Niedergang des Hafens von Surat, des Haupthafens des Mogulreiches. Die Stunde der europäischen Händler ist gekommen: »Mit schwer bewaffneten Schiffen und gut befestigten Stützpunkten ausgestattet«, können sie »das Schwergewicht ihrer Handelstätigkeit jeweils dorthin (zu) verlegen, wo die Umstände gerade günstig« sind. Die Briten **intensivieren** ihre **Handelsbeziehungen** zu Bengalen jetzt in einem solchen Maß, daß sie »im 18. Jahrhundert bald alle anderen Aktivitäten der Briten in den Schatten stellen«[45]: In zehn Jahren fließen rund zwei Millionen Pfund Sterling nach Bengalen, Faktoreien im Inneren der Provinz werden ausgebaut, und aus England kommen Experten, die helfen, Textilien nach dem Geschmack der europäischen Kunden herzustellen. Selbst starke Herrscher wie Ālīvardī Khān (1740-56) müssen den wachsenden Einfluß der Briten letztlich widerwillig dulden: England, die gloriose Seemacht, wird immer mehr zur indischen **Landmacht**.[46]

Nach dem Niedergang des Mogulreiches (Symboldatum 1739: die Eroberung Delhis durch den Perser Nādir Shāh) und dem Wiedererstarken regionaler Herrscher und Reiche, sieht es zunächst so aus, daß diese Ordnung in Indien Bestand haben sollte. Die europäischen Kolonialmächte Frankreich und England sind zwar ökonomisch erfolgreich, scheinen aber politisch Randfiguren zu bleiben und kaum eine Gefahr darzustellten für die rivalisierenden Herrscher, denen sie in wechselnden Konstellationen mitunter zur Seite stehen.

Ab 1742 beginnt der französische Gouverneur Dupleix in Pondicherry indische Söldner unter französischem Kommando nach europäischem Standard zu Infanteristen auszubilden, die den schlecht ausgebildeten und ausgerüsteten indischen Fußsoldaten weit überlegen sind und für die indische Kavallerie bald eine tödliche Gefahr darstellen sollten. Dasselbe tun auch die Briten, und so haben **beide Ostindiengesellschaften** bald **eigene indische Truppen**, die sie nach Bedarf gegeneinander oder zur Unterstützung indischer Herrscher einsetzen können.

Der Kampf Englands und Frankreichs Mitte des 18. Jahrhunderts um die Vormacht im Westen (Europa und Amerika) sollte sich jetzt auch nach Indien auswirken. Zunächst behalten die Franzosen die Oberhand und nehmen den Briten sogar ihren Stützpunkt Madras weg. Daß sie aber (wie auch die Briten) zunehmend in die Rivalitäten und Nachfolgestreitigkeiten der indischen Regionalherrscher hineingezogen werden, wenn auch mit Erfolg, beobachtet man in Paris mit großem Argwohn. Das Direktorium der Gesellschaft beschließt 1754, dem kriegerischen Treiben ein Ende zu setzen. Gouverneur Dupleix wird abgesetzt und ein Direktor nach Indien entsandt, um die französischen Errungenschaften zu liquidieren und sich mit den Briten (allerdings zu deren Vorteil) zu arrangieren. Niemand ahnt, daß Frankreich bald mit dem **Siebenjährigen Krieg** (1756-63) in eine **weltweite Konfrontation** mit den Briten hineingezogen werden sollte, bei der sich die voreilige Mission jenes Direktors als folgenschwer erweisen sollte. Nach schweren strategischen und taktischen Fehlern werden die **Franzosen** unter General Lally schließlich **1760** in der Schlacht von Wandiwash von den Briten **vernichtend geschlagen**, und der glücklose General, Sündenbock für das Desaster, wird in Frankreich hingerichtet: Frankreichs »Traum von einem großen ›Indes françaises‹ war ausgeträumt«[47].

Statt kurzer Plünderung langfristige Ausbeutung: die Briten

Indes machen die **Briten** einen weiteren wichtigen Schritt zur Etablierung ihrer Macht auf dem Subkontinent. 1756 gelingt es dem jungen Oberstleutnant **Clive**[48], den Angriff des Herrschers von Bengalen, Sirāj-ud-daulah, auf die britischen Faktoreien abzuwehren. Der kühne Clive setzt noch eines drauf und fordert den Bengalen eigenmächtig, also ohne Auftrag der Ostindiengesellschaft, in Plassey zu einer Schlacht heraus, um ihn mit Hilfe von dessen intrigierenden Kriegsminister Jaffar zu stürzen. Clive hat Erfolg, wird dafür von Jaffar fürstlich entlohnt, von den Briten zum Gouverneur von Calcutta ernannt und erhält 1758 sogar vom Großmogul das Angebot der zivilen Verwaltung samt **Steuereinziehungsrechte** (*diwani*) über die Provinz Bengalen. Diese Rechte werden schließlich 1765 von der Ostindiengesellschaft übernommen, nachdem sich Afghanen und Marāṭhen in der großen Schlacht von Pānīpat 1761 gegenseitig neutralisiert haben, und nachdem 1764 das Söldnerheer der Ostindiengesellschaft unter Hector Munro eine Allianz der Heere des mächtigen Governeurs der großen nordindischen Provinz von Oudh, des Gouverneurs von Bengalen und des Großmoguls geschlagen und letzteren faktisch »zum Pensionär der Briten«[49] gemacht hat.

Schon früh hatte Clive erkannt, daß »der **Übergang von kurzfristiger Plünderung zu langfristiger Ausbeutung**«[50], der mit der Übertragung der Diwani an die Ostindiengesellschaft gegeben war, strenge Disziplin und besondere Strukturen erforderte, die nur begrenzt gegeben waren. Nur mit viel Glück und weil zunächst kein ernsthafter Gegner auf den Plan trat, konnte sich die schlecht organisierte und reformbedürftige Ostindiengesellschaft behaupten. Dies drohte sich zu ändern, als im südlichen Mysore Haider Ali zum mächtigen Herrscher aufstieg, seine Armee nach europäischem Vorbild (mit Hilfe französischer Offiziere) reformierte und fast zur ernsten Gefahr für die Briten geworden wäre – hätte er sich mit den rivalisierenden Marāṭhen verbündet und wäre er nicht 1767 von ihnen geschlagen worden. Dennoch schlug Haider 1769 die Briten und zwang ihnen einen schmerzlichen Diktatfrieden und Bündnisvertrag auf. Die Macht der Briten drohte zu schwinden, begünstigt durch Mißwirtschaft und Korruption, wäre ihnen nicht die Spaltung und damit die Schwächung der Marāṭhen zugute gekommen, deren intriganter Führer Raghunath sich schließlich mit den Briten verbündete.

Mit dem 39jährigen **Warren Hastings** tritt 1771 ein **neuer Gouverneur von Bengalen** auf den Plan, der »in den kommenden vierzehn Jahren seines Wirkens das Ringen um die Vormacht in Indien zu Gunsten der Gesellschaft, deren leitender Angestellter er war, entscheiden sollte«[51]. Dank seiner **administrativen Fähigkeiten** und seiner langjährigen **Erfahrungen** in der Ostindiengesellschaft gelingt es Hastings, die zerrüttete und korrupte **Finanzverwaltung** Bengalens zu **ordnen** und die **Macht der Briten** in Bengalen zu **konsolidieren**. Nur drei Jahre später wird er **Generalgouverneur**.

Von Anfang an scheut sich Hastings nicht, außenpolitisch aktiv zu werden und sich auch in die **inneren Angelegenheiten** der indischen Herrscher einzumischen – wofür er 1785 vom englischen Parlament gerügt werden sollte. Aber dadurch wird Hastings zum »eigentliche(n) Architekt(en) des weitausgreifenden Gebäudes der britischen Herrschaft in Indien«[52]. Denn ob beabsichtigt oder nicht, jedenfalls begünstigt durch die sich wandelnden Machtkonstellationen unter den indischen Herrschern, aber auch mit klugem und maßvollem Einsatz finanzieller und militärischer Mittel sollten die Briten dank seiner Vorarbeit binnen drei Jahrzehnten unter der Ägide der Ostindiengesellschaft ihre **Territorialherrschaft über Indien sukzessive ausbauen**. Die wichtigsten Etappen in Kürze:

– 1779 hilft Hastings dem Gouverneur von Bombay, von einer Marāṭhen-Konföderation in die Enge getrieben, schlägt 1781 den Marathen-Fürsten und zwingt im Jahr darauf die Marathen zum Frieden von Salbei.

– 1782 stirbt der Mysore-Herrscher Haider. Sein Sohn Tipū Sultān setzt den Kampf gegen die Briten fort, wird von den Franzosen im Stich gelassen, zwingt aber 1784 dem Gouverneur von Madras den für die Briten ungünstigen Frieden von Magalore auf. Im Jahr darauf verläßt Hastings Indien, das Schicksal Englands steht auf Messers Schneide.

– 1785 wird der Marāṭhe Mahadaji Reichsverweser des Großmoguls, dessen Macht mittlerweile wegen der zahreichen in Nordindien um die Vormacht kämpfenden Gruppen auf den Bereich um Delhi geschrumpft ist.

– 1788 plündern die afghanischen Rohillas Delhi und blenden den Großmogul, dem auch der Marāṭhen-Herrscher nicht mehr helfen kann; sieben Jahre später stirbt Mahadaji und mit ihm der letzte große dominante Herrscher Indiens.

– 1792 unterliegt Tipū Sultān von Mysore einem Alliiertenheer aus Briten und regionalen Herrschern; der **Grundstein für Englands Macht in Südindien** ist damit gelegt.

– 1799 unterliegt Tipū Sultān erneut den Briten, nachdem er zuvor vergeblich die Franzosen – ihrerseits bereits in das Ägyptenabenteuer Napoleons verstrickt – als Verbündete gewinnen wollte. Tipū Sultān fällt, die Briten besetzen große Gebiete im Süden und isolieren den letzten mächtigen Marāṭhen-Herrscher Bājī Rāo II. durch Absprachen mit dessen benachbarten Mahārājas.

Unter der Ägide der Ostindiengesellschaft, die nach wie vor nur den Rechtstitel eines »Diwan« von Bengalen hat, gelingt es den Briten, die indischen Herrscher nach und nach zu besiegen, zu vereinnahmen oder politisch zu isolieren. Zu Beginn des 19. Jahrhunderts ist **England** als **Vormacht auf dem indischen Subkontinent** etabliert, und die »**Konturen Britisch-Indiens**« stehen »bereits im wesentlichen fest«: »Die Küsten und die fruchtbarsten Gebiete des Inlands waren in britischer Hand«, und »die Fürsten, die sich mit den Briten verbündet hatten, blieben mit interner Autonomie, aber ohne außenpolitische Handlungsfreiheit in diesem Britisch-Indien eingeschlossen wie die reglosen Insekten im Bernstein«[53]. Dabei geben die **britischen Verwalter der folgenden dreißig Jahre** – besonders Sir Thomas **Munro** in Madras, Mountstuart **Elphinstone** in Westindien, Sir Charles **Metcalfe** in Delhi und Holt **MacKenzie** im Gebiet zwischen Vārāṇasī und Yamunā – dem Land jene **politischen Strukturen**, die es faktisch **bis 1947** behalten sollte.

Später wird auch das Himalajareich **Sikkim** britisch, während **Nepal** und **Bhutan** unabhängig bleiben. Das **Sikhkönigreich** der Nachfolger Ranjit Singhs wird 1849 annektiert[54]. Ebenso wird der **Norden Birmas** (»Oberbirma«) – eine Region immerhin größer als Großbritannien mit rund 4 Millionen Einwohnern – nach drei englisch-birmanischen Kriegen (1824-26, 1852, 1856) schließlich 1885 dem britischen Empire zugeschlagen.

Vom Händler zum Herrscher: die neue Rolle der Ostindiengesellschaft

Mit der Ausdehnung des Machtbereichs der Ostindiengesellschaft stellte sich in England zunehmend die Frage, inwieweit eine Gesellschaft von Händlern überhaupt in der Lage sei, ein solches Imperium zu beherrschen, und ob es nicht Sache der **Krone** sei, dies zu übernehmen. Umgekehrt fürchtete man aber die **Kosten**, die der Krone möglicherweise bei Verwaltung oder gar Verteidigung entstehen konnten, und so blieb zunächst – zumindest formal – alles, wie es war. Ein weiteres Problem, das nach strukturellen Veränderungen rief, war die sukzessive **Aushöhlung des Handelsmonopols** der Ostindiengesellschaft durch private Händler, oft frühere Angestellte der Gesellschaft, die deren Infrastruktur geschickt für die eigenen kommerziellen Interessen nutzten. Mit der Einführung eines Generalgouverneurs, Aufsichtsgremien in England und Indien, einer modernen Ämterhierarchie und Karrierestruktur veränderte man nach und nach die Strukturen der Gesellschaft, daß sie zumindest »als Ansatzpunkt für die Entwicklung einer Staatsverwaltung« taugten, auch wenn die Briten dabei »völlig auf die Kooperation der indischen Beamten angewiesen« waren und »leicht von diesen manipuliert werden«[55] konnten.

Die politisch-ökonomischen Entwicklungen in Europa, vor allem die **industrielle Revolution**, führten schließlich zu einem **Kurswechsel** in der britischen **Handelspolitik**: Billiges und in großen Mengen **maschinell** erzeugtes englisches Tuch verdrängte jetzt nicht nur die handgewebten indischen Textilien vom britischen Markt, sondern eroberte auch den indischen Markt, während indische Textilerzeugnisse zum Schutz britischer Exporte mit hohen Schutzzöllen belegt wurden. Mit dem britischen **Charter Act** von 1813 wurde schließlich der entsprechende gesetzliche Rahmen geschaffen: Das **Indienhandelsmonopol der Ostindiengesellschaft** wurde **abgeschafft**, da es jetzt schlicht keinen Sinn mehr hatte, nur der Handel mit Tee und der Chinahandel blieben in den Händen der Gesellschaft. Alle Briten und sämtliche britischen Waren hatten jetzt freien Zugang zum indischen Markt. Indien wird zur **ökonomischen Kolonie** Großbritanniens.

Wegen der zunehmenden privaten Konkurrenz und des Strukturwandels des indischen Marktes beschließt das englische Parlament schließlich 1833, daß die Ostindiengesellschaft ihre **Handelsaktivitäten** ganz **einstellen** und sich nur noch auf ihre **administrativen Aufgaben** konzentrieren solle: neben der Entwicklung und Verbreitung einer landesweiten einheitlichen **Rechtsprechung**, verbunden mit der **Ausbildung von Anwälten und Richtern**, besonders auf die effiziente **Organisation der Steuereintreibung**, auf die **Ausbildung** von Beamten und Angestellten in eigens dafür gegründeten Colleges und auf die **allgemeine Bildungsarbeit** überhaupt.

Indien wird britische Kronkolonie

Historischer **Wendepunkt** der britischen Kolonialpolitik ist das Jahr 1857: der bereits erwähnte **Sepoy-Aufstand.** Politischer **Hintergrund** – trotz einer aufsteigenden Mittelschicht von Angestellten und Beamten, die zweifelsohne von den Briten profitieren – ist die **wachsende Unzufriedenheit** großer Teile der Bevölkerung:

– **Bauern und Landbesitzer,** die unter den gesetzlichen Anbauvorschriften und der restriktiven Steuerpolitik der Briten leiden;

– **Würdenträger** des **früheren Regimes,** die ihre verlorengegangenen Privilegien vermissen;

– Vertreter des **religiösen Establishments,** die den wachsenden Einfluß christlicher Missionare und den Verlust traditioneller Werte und Strukturen fürchten[56];

– indische **Regionalfürsten,** die sich gegen eine britische Annexionspolitik auflehnen, welche sie zu britischen Vasallen und politischen Statisten degradiert.

– Hinzu kommen **unzufriedene Söldner** der Kolonialarmee, unter denen der Konflikt schließlich zum Ausbruch kommt.

Politischer **Auslöser** ist eine **religiöse Frage:** Es zirkulierten Gerüchte, daß die Briten die Hindus und Muslime unter den Soldaten der Kolonialarmee verdeckt »bekehren« wollten. Angeblich hätten die Briten neue Patronen mit Rinder- und Schweinefett geschmiert, dessen Berührung für beide Religionsgruppen eine Verletzung elementarer religiöser Reinheitsvorschriften bedeutet. Soldaten einer Kompanie bei Delhi weigerten sich deshalb mehrheitlich, die neuen Patronen zu benutzen. Ihre britischen Vorgesetzten, politisch unerfahren und in religiösen Dingen offenkundig wenig sensibel, statuierten ein Exempel, verurteilten die Befehlsverweigerer zu schweren Haftstrafen und ließen sie vor angetretener Truppe in Ketten legen. Der Eklat war perfekt, es kam zum Aufstand, und die »große Meuterei« nahm von Delhi aus ihren Lauf mit gewalttätigen Unruhen in ganz Nordindien. Über ein Jahr sollten sich die erbitterten Kämpfe hinziehen. Und womöglich hätte dieser erste offene Widerstand der Inder gegen die Kolonialherren die Briten sogar in die Knie gezwungen – strategische Fehler, empfindliche Verluste und massenweise Überläufer zu den Aufständischen deuteten darauf hin –, wenn die Briten nicht im letzten Moment die kampfgeschulten und in dieser Sache weitgehend neutralen **Sikhs** als Bundesgenossen gewonnen hätten, zum Preis freilich ihrer politisch-religiösen Aufwertung und Integration in die Kolonialarmee.[57]

Zwar hatten die Briten diese Nagelprobe ihrer Macht für sich entscheiden können, allerdings zu einem hohen Preis: »Das liberale Sendungsbewußtsein, mit dem die Briten im 19. Jahrhundert angetreten waren, um einem dankbaren

Indien die Segnungen der Zivilisation zu bringen, blieb auf der Strecke. Indien hatte sich als undankbar und feindselig erwiesen.«[58] Zudem waren die Kassen der Ostindiengesellschaft wegen der hohen Kriegskosten leer, und aus eigenen Kräften war die Gesellschaft nicht mehr imstande, sich zu sanieren. Der britische Staat sprang ein, und die **Ostindiengesellschaft** – für viele ohnehin längst nicht mehr zeitgemäß – wurde nach 256 Jahren Bestand **aufgelöst**. Indien ist jetzt **britische Kronkolonie** und steht fortan unter **direktem Einfluß der viktorianischen Monarchie**. Seit 1876 nennt sich Königin Viktoria von England auch »Kaiserin von Indien«.

3. Die Ambivalenz britischer Kolonialherrschaft

Bei der Gründung der britischen Ostindiengesellschaft im Jahre 1600 hatte wohl niemand geahnt, daß Indien gut zweieinhalb Jahrhunderte später Teil des Britischen Empire sein sollte. Großbritanniens imperialistische Macht, sukzessive gewachsen, erreicht jetzt ihren Höhepunkt und sollte bis ins 20. Jahrhundert hinein Bestand haben – freilich mit ambivalenten Folgen für Indien und das indische Volk. **Finanzielle Grundlage** der britischen Macht sind vor allem steigende **Zölle** und **Verbrauchssteuern**, sinkende Grundsteuern (von rund 50 % im Jahr 1858 auf knapp 25 % um die Jahrhundertwende) und ebenfalls sinkende **Salzsteuern** und Einnahmen aus dem **Opiumgeschäft**. Damit finanzieren die Kolonialherren nicht nur ihre steigenden Militärausgaben – mit 300 Millionen Rupien um die Jahrhundertwende rund ein Drittel der Staatsausgaben –, sondern auch ihre Investitionen in Verwaltung, Wirtschaft und Gesellschaft überhaupt.

Die Entwicklung von Verwaltung und Ökonomie

Seit ihrer Übernahme der Ostindiengesellschaft haben die Briten in Indien nicht nur eine äußerst komplexe **Exekutive** sondern auch eine rasch wachsende **Legislative** aufgebaut, deren Bürokraten mit der Zeit »ein imposantes Gebäude britisch-indischer Gesetzgebung« schufen: »An erster Stelle standen die großen Gesetzgebungswerke, die das bereits geltende Recht kodifizierten und auf den neuesten Stand brachten, so etwa die Zivilprozeßordnung (Civil Procedure Code), das Gesetz über die Beweisaufnahme (Evidence Act) oder zur Eigentumsübertragung (Transfer of Property Act)«; ferner kontrovers diskutierte »Pächterschutzgesetze und Gesetze zum Schutz verschuldeter Bauern«[59]. Das **Zusammenwirken** von Exekutive und Legislative war in den einzelnen Provinzen traditionell verschieden – je nach historischen Gegebenheiten, kultureller Gemengelage (Verhältnis von Hindu- und Muslimrecht) und der Dauer britischer Präsenz. Bis zur Jahrhundertwende wurde Indiens Regierung zunehmend zentralisiert und zur größten imperialen Bürokratie weltweit.

Die Entwicklung von Britisch-Indiens **Ökonomie** wird seit über einem Jahrhundert kontrovers diskutiert und beurteilt. Das Spektrum reicht je nach politisch-ideologischer Position von würdigender Anerkennung bis zu massiver Kritik.[60] Zunehmende landwirtschaftliche Produktion, schnell wachsender Handel und erste Ansätze industrieller Entwicklung sind nur die eine, positive Seite der Medaille. Große Teile der indischen Bevölkerung litten unter der **rigiden Land- und Steuerpolitik**, der **aufgeblähten Verwaltung** und der **eigennützigen Finanz- und Währungspolitik** der Kolonialherren, die mit ihren **liberalen Wirtschaftslehren** auf die Kräfte des freien Marktes vertrauten. Nutznießer waren vor allem Exporteure, Händler, Herrscher und Geldleiher, in deren Arme jene zahllosen Kleinbauern getrieben wurden, die dem doppelten finanziellen Druck von Markt und Steuerbehörden nicht standhielten und von ihren Geldgebern in Schuldknechtschaft gehalten wurden. Das indische Rechtssystem trug das Seine dazu bei, die **Ausbeutung und Verarmumg der Massen** zu institutionalisieren.

Wichtiger Pfeiler der Entwicklung und einer der wenigen ökonomischen Aktivposten Indiens war die von den Briten gebaute **Eisenbahn**, welche die großen Produktionszentren mit den Handels- und Umschlagplätzen der Waren verband. Anfangs beargwöhnt, haben sich an der Wende zum 20. Jahrhundert binnen knapp zwei Jahrzehnten sowohl das Transportvolumen von Waren und Personen wie die Einnahmen aus dem Eisenbahngeschäft beinahe verdoppelt.[61] Indiens Eisenbahn wurde zum größten Arbeitgeber des Landes.

Warum es aber insgesamt mit der **Industrialisierung** Indiens und damit mit seiner **Ökonomie** zuwenig voranging, ist umstritten. Ob es an indischen Geschäftsleuten fehlte, die bereit waren, die unternehmerischen Risiken zu tragen, oder insgesamt an qualifizierter Arbeiterschaft, ob an Kapital, das wesentlich durch die turbulente Währungsentwicklung beeinflußt war, oder an Investitionsbanken und staatlicher Förderung: Dies alles wird neben anderen Faktoren bis heute kontrovers diskutiert.[62] Zweifelsohne profitierten bestimmte Teile und Schichten der Bevölkerung, vor allem in den Städten, von den neuen ökonomischen Möglichkeiten und Perspektiven, die ihnen unter den Briten eröffnet wurden. Aber insgesamt waren »am Ende der langen britischen Herrschaft in Indien **kaum positive Posten in der Bilanz der wirtschaftlichen Entwicklung** zu verzeichnen. Landwirtschaft und Industrie waren gleichermaßen unterentwickelt. Das einzig deutlich hervortretende Wachstum war das der Bevölkerung. Die Unterentwicklung war systembedingt und in diesem Sinne von den Kolonialherren bewirkt, wenn auch nicht beabsichtigt.« Im Gegenteil: »Die Beamten des Verwaltungsdienstes hatten sogar das subjektive Gefühl, daß sie sich unermüdlich für das Wohl ihrer Untertanen einsetzten.«[63]

Kultur und Bildung: indisch oder britisch?

Als die ersten britischen Kaufleute nach Indien kamen, hatten sie, anders als etwa zuvor die Portugiesen, zunächst weder politische noch ausgesprochen kulturimperialistische Ambitionen. Im Gegenteil: Da die Briten beim Auf- und Ausbau der Ostindiengesellschaft auf die Zusammenarbeit mit den indischen Mittelsmännern, Beamten und Angestellten angewiesen waren, hatten sie zunächst sogar ein ausgesprochenes Interesse an deren Kultur: Sie bemühten sich »um intensive Sprach- und Landeskenntnisse und kannten noch nicht die herablassende Arroganz späterer Generationen, die sich als überlegene Kulturbringer fühlten und meinten, sie müßten Indien aus dumpfer Barberei und finsterem Aberglauben ans Licht führen«[64].

Britische Administratoren der Ostindiengesellschaft jener frühen Zeit – allen voran der Richter **Sir W. Jones** (1746-94), der sich mit Sir C. Wilkins (1750-1833), H. Th. Colebrooke (1765-1837) und H. H. Wilson (1784-1860) im Jahr 1784 in der **Asiatic Society of Bengal** zusammenschloß – begründeten faktisch in Europa die **indische Philologie und Altertumskunde**. Vier Jahre später erschien erstmals die Zeitschrift »Asiatic Researches«, in der die begeisterten Forscher ihre wertvollen Ergebnisse und Berichte von ihren Forschungsreisen veröffentlichten: in 15 Jahren 41 Bände.

Während sich die Beschäftigung mit indischer Kultur und Tradition mit der Zeit in diesen neu aufkommenden Wissenschaften verselbständigte, **kritisierten** britische **Verwaltungsbeamte des 19. Jahrhunderts** zunehmend Indiens Rechtssystem, Ökonomie und Verwaltung. Sachliche Kritik steigerte sich zu **wissenschaftlicher Überheblichkeit** bis hin zur **Verachtung** von Indiens Gesellschaft und Kultur, die einer ungeheuren **Selbstgerechtigkeit** Vorschub leisteten, mit der manche der neuen Herren fortan das Land nach ihren Vorstellungen ordnen und gestalten wollten. So kam es denn – nicht nur unter den Briten, sondern auch unter indischen Intellektuellen – zum Streit zwischen »Orientalisten« und »Anglizisten«: zwischen jenen, die öffentlich für **indische** Bildung und für die Bewahrung indischer Kultur und Tradition eintraten, und jenen, die das kulturelle Heil in **englischer** Bildung und Erziehung sahen.[65]

Schon knapp hundert Jahre gab es »englische« Schulen in Indien. 1717 richteten christliche Missionare in Madras erste Schulen ein, in denen sie Englisch und, damit verbunden, den christlichen Glauben lehrten. Bis zum Ende des 18. Jahrhunderts entstanden in verschiedenen Regionen Indiens ganze Netzwerke solcher Missionsschulen, in denen selbstverständlich auf englisch und mit englischen Textbüchern gepredigt und unterrichtet wurde. Mit wachsendem Widerstand gegen die britische Kolonialmacht, aber auch mit wachsender Sensibilisierung für die indische Kultur nicht nur unter Verwaltungsbeamten, sondern auch unter Missionaren – es wird darauf noch einzugehen sein – und in Teilen der britischen Eliten wird diese Selbstverständlichkeit jetzt zumindest in Frage gestellt.

Mit dem **Charter Act** von **1813** ordnet das britische Parlament an, daß die Ostindiengesellschaft fortan die Verantwortung für die Erziehung des indischen Volkes zu übernehmen und dafür jährlich die Summe von 100 000 Rupien einzusetzen hat: der Anfang von Indiens »modernem« Schulsystem. Knapp zehn Jahre hält man sich halbherzig an diese Verordnung, danach werden nur noch kleinere Summen in das Bildungswesen investiert.[66] Aber auch um diese nicht ansatzweise ausreichenden Mittel entbrennt bald jener heftige Streit, ob sie ausschließlich zur Förderung englischer Sprache und Literatur und westlicher Wissenschaften einzusetzen seien oder eben mehr zur Förderung indischer Kultur und traditioneller Bildung, die es ja, wenn auch unzureichend, durchaus gab[67].

Im Jahr 1834 wird **Lord Thomas Babington Macaulay** vom Generalgouverneur William Bentinck an den neu geschaffenen »Supreme Council of India« berufen und zum Präsidenten des Erziehungskommittees ernannt. Der »Bildungsstreit« sollte bald entschieden sein.[68] Macaulay – Jurist und Historiograph, den alles Religiöse und Philosophische, aber auch alles Künstlerische und Musische offenbar wenig interessierte – gehörte zu jenen Briten, die von indischer Kultur nichts verstanden, aber auch nichts verstehen wollten und sie deshalb auch abgrundtief verachteten. In der entscheidenden Sitzung des Erziehungskommittees im Februar 1835 macht er die berühmte und richtungsweisende Äußerung, daß »ein einziges Regal einer guten europäischen Bibliothek soviel wert sei wie die ganze Literatur Indiens und Arabiens«, ja daß die englische Literatur überhaupt »von weit größerem Wert sei als alles, was seit 300 Jahren in allen Sprachen der Welt zusammen existiert«[69]! Und so erklärt Bentinck schließlich einen Monat später im sogenannten »Education Act«, daß der englische Staat fortan »die Kenntnis von westlicher (d. h. englischer) Literatur, Philosophie und Wissenschaft durch das Medium des Englischen fördere« und daß die gesamten staatlichen Mittel für Erziehung dafür eingesetzt würden »dieses Wissen zu verbreiten«[70] ...

Wie diese folgenschwere kulturpolitische Weichenstellung letztlich zu **bewerten** ist, ist umstritten.[71] Mahātmā **Gāndhī** – und viele berufen sich seither auf ihn – sollte später in einer Rede vor dem »Royal Institute of International Affairs« in London (20. 10. 1931) behaupten, die Briten hätten mit ihrer Bildungspolitik faktisch versagt, denn in Indien gebe es 1931 mehr Analphabeten als vor fünfzig oder hundert Jahren, also bevor die Briten die Verwaltung übernommen hatten.[72] Statistisch läßt sich diese Behauptung nicht halten, jedenfalls nicht für die Zeit zwischen 1881 (seit es landesweite Statistiken gibt) und 1931: Obwohl die Bevölkerung in dieser Zeit um fast 100 Millionen zugenommen hat, hat sich die Zahl der Lese- und Schreibkundigen unter den Männern verdoppelt und unter den Frauen sogar mehr als verfünffacht. Unter den Briten gab es mehrere Phasen von Bildungsinitiativen und Reformen, vor allem nach der Jahrhundertwende, deren positive Entwicklungen heute kaum zu übersehen sind.[73] Dennoch überwog die Zahl der Analphabeten deutlich und nahm absolut gesehen auch weiter zu – insofern hatte Gāndhī auch recht. Bildung diente vor allem der Vorbereitung auf Verwaltungs- und Lehrberufe. Die waren aber nur bestimmten Schichten mit entsprechenden finanziellen Möglichkeiten vorbehalten. **Elementarbildung**, zumal auf dem Land, war notorisch **unterentwickelt** und für all jene Massen, die auf der Verliererseite der ökonomischen Entwicklung standen, zunehmend kaum zu bezahlen. Die Kluft zwischen Reich und Arm, Gebildet und Nichtgebildet wurde deshalb größer, und mit ihr auch die Unzufriedenheit in weiten Teilen der Bevölkerung. Ausbildung für die Massen, besonders für die Frauen, ist nach wie vor eine der drängendsten Aufgaben des modernen Indiens.[74]

Eine wichtige Rolle im kolonialen Erziehungs- und Bildungswesen Indiens spielten auch die christlichen **Missionare und Missionsgesellschaften**, jetzt verstärkt **Protestanten**, die seit dem 18. Jahrhundert vereinzelt und ab dem 19. Jahrhundert wieder im großen Stil in Britisch-Indien Fuß zu fassen beginnen.

Die Anfänge protestantischer Mission

Jenes imperialistische Selbstbewußtsein, mit dem Spanier und Portugiesen Ende des 15. Jahrhunderts die »neue Welt« im Westen und Osten ihren Machtbereichen einverleibt hatten, war, wie wir sahen, auch das Produkt eines kirchlichen Absolutismus und Triumphalismus, in dem sich die mittelalterlichen Päpste als Herren der Kirche verstanden, die *urbi et orbi*, der Stadt Rom und dem gesamten Erdkreis, gebieten wollten. Die frühen »Entdecker« segelten nicht nur mit dem Segen der »heiligen Mutter Kirche«, sondern auch in deren expliziten Auftrag.

Schon lange aber befand sich dieses mittelalterliche, römisch-katholische Paradigma von Christentum in der **Krise**[75] und geriet hundert Jahre später mit dem Streit um den Neubau des Petersdoms, maßgeblich durch Ablaßhandel zu finanzieren, in einen welthistorischen Konflikt mit einem bis dato unbedeutenden und unbekannten deutschen Augustinermönch und späteren Professor der Bibelwissenschaft – **Martin Luther** (1483-1546): »Mit ungeheurer Sprachgewalt und Wirkkraft entwickelt er in wenigen Jahren ein neues **reformatorisches, evangelisches Paradigma** von Christentum«[76], eine **neue Form von Kirche** mit folgender **reformatorischer Programmatik:**

– **allein die Schrift** ist Kriterium von Christsein, nicht die zahllosen kirchlichen Gesetze, Vorschriften, Autoritäten;

– **allein Christus** ist Mittler von Heil und Erlösung, nicht die zahllosen Heiligen und amtlichen Mittler;

– **allein durch Gnade** Gottes wird der Mensch am Ende gerechtfertigt, die
– **allein durch Glauben** und Vertrauen auf Gott zu erlangen ist und nicht durch fromme Werke und eigene Anstrengungen.[77]

Dies alles wäre hier nicht auszuführen, wenn diese neuen protestantischen Kirchen nicht auch ein spezifisches **Missionsverständnis** hervorgebracht hätten, das sich von dem der katholischen Missionare deutlich unterschied und das auch im kolonialen Indien eine wichtige Rolle spielen sollte.

Wie **Martin Luther** selber und die **frühen Reformatoren** seinerzeit im einzelnen zur Mission standen, wird in der Forschung, vor allem zwischen den Konfessionen, kontrovers diskutiert; der Missionstheologe David Bosch hat die Argumente gesichtet und ausgewertet.[78] Bei aller Relativierung der Bedeutung menschlicher Werke war aber Martin Luther wohl durchaus ein »missionarischer« Denker, der klare Richtlinien und Prinzipien für die Mission der protestantischen Kirche vorgegeben hat. Doch für Luther steht fest: Nicht der Mensch, sondern **Gott selber bewirkt das Heil**, und **nicht** die **missionarische Anstrengung**, schon gar nicht weltlich-militärische Gewalt zu ihrer Durchsetzung, sondern **Gottes Wort**, das Evangelium selber und mit ihm die Sakramente »missionieren« die Menschen. Zudem lag für die Reformatoren des 16. und 17. Jahrhunderts die missionarische Verantwortlichkeit in den Händen der Fürsten, wahrzunehmen von gültig ordinierten kirchlichen Amtsträgern. Und so war protestantische Mission faktisch nur in jenen Ländern denkbar, wo es auch protestantische Herrscher gab. Mission »nach katholischem Vorbild vor einem eigenen aktiven Zugriff auf Gebiete außerhalb Europas« war in den meisten jetzt reformierten Ländern schlicht »nicht vorstellbar«[79]. Die französisch-lutherische Brasilienmission ab 1555 und die schwedisch-lutherische Missionierung der Lappen ab 1559 blieben zunächst singuläre Ereignisse.

Insgesamt hielt sich in der frühen **lutherischen Orthodoxie** diese Überzeugung. Theologisch begründet wurde dies vor allem damit, daß der biblische **Missionsbefehl**[80] ja den **Aposteln** gegolten habe, welche die **Evangelisierung** der Welt **abgeschlossen** hätten. Gottes Geist wirke dadurch ja auch in anderen Völkern und Kulturen, es sei denn, man hat sich dem aus Blindheit oder Unvermögen verschlossen. Und die Mission wieder aufzugreifen, hieße deshalb faktisch – so der römische Kardinalfehler – sich selber zum Apostel zu machen![81] Eine Stellungnahme der Universität Wittenberg zu Fragen der Mission aus dem Jahre 1652 **verneint** denn auch explizit den **Missionsauftrag** der lutherischen Kirche. Ja womöglich, so manche resignierend[82], müsse man sich von der gefährlichen Illusion eines goldenen Zeitalters verabschieden, in dem sich die Christen auf der Welt ständig vervielfachen.

Anders hingegen die **Wiedertäufer** und all jene, die von den Reformatoren despektierlich **Schwärmer** genannt wurden. Während die Reformatoren die katholische Kirche nicht abschaffen, sondern nur »reformieren« wollten, waren für die Wiedertäufer alle überkommenen Strukturen und Institutionen hinfällig. Waren doch alle Christen vom wahren Glauben abgefallen und deshalb wie die Heiden zu missionieren – und zu taufen. So gelte der biblische Missionsbefehl überall, nicht nur in protestantischen Gebieten, und er gelte vor allem für jeden Christen, nicht nur für kirchliche Amtsträger.[83]

Erste Impulse zur **weltweiten protestantischen Evangelisierung** gingen von jenen Ländern aus, die durch ihre Seefahrertradition Austausch mit Übersee hatten: vor allem England, aber auch die Niederlande, deren Theologen der »Zweiten Reformation« (»Nadere Reformatie«) erste Grundlinien einer Missionstheologie und Vorschläge praktischer Missionsarbeit entwickelten: So drängte etwa **Gisbertus Voetius** (1589-1676) auf eine unverzügliche Bekehrung der »Heiden« und auf Kirchengründungen in Übersee, und **Justus Heurnius** (1587-1651/2) forderte schon 1648 die **Indienmission** und hatte danach selber in Ostindien gewirkt.

Zur Wende und zum **Durchbruch in der protestantischen Mission** kommt es im 17. Jahrhundert mit der aufkommenden **Erweckungsbewegung**[84] und dem **Pietismus**[85]. Verkündigung des Evangeliums an die Völker ist jetzt nicht mehr bloßes Wunschziel, sondern erklärtes **Willensziel** der vom Glauben ergriffenen und motivierten Christen. Nach ersten Missionserfahrungen einzelner – Vorreiter waren die Deutschen Bartholomäus Ziegenbalg und Heinrich Plütschau in Südindien – gehen aus diesen pietistischen Kreisen, frei von territorialkirchlichen und institutionellen Vorgaben, schließlich zahlreiche freie **Missionsgesellschaften** hervor: 1792 gründen englische Baptisten eine erste kleine Missionsgesellschaft, die sogleich Missionare, unter anderem den Schuhmacher William Carey, nach Indien schickt; ihrem Beispiel folgend werden bald zahlreiche weitere Missionsgesellschaften gegründet[86], die häufig England wegen seiner guten Überseeverbindungen zur Ausgangsbasis ihrer Aktivitäten wählen.

Indienmission zwischen Evangelisierung und Inkulturation

Im Juli 1706 treffen **Bartholomäus Ziegenbalg**[87] und **Heinrich Plütschau** im südindischen Tranquebar (Tarangambadi) ein, von der dänisch-halleschen Mission, einer Stiftung des dänischen Königs Friedrich IV., in diese dänische Kolonie entsandt: die ersten planmäßig ausgesandten Missionare des deutschen Protestantismus. Willkommen waren die beiden dort nicht, mitunter wurden sie sogar verfolgt und Ziegenbalg 1708/9 sogar für mehrere Monate inhaftiert, fürchteten doch die dänischen Händler einen schädlichen Einfluß der Missionare auf ihr Treiben. Bestenfalls als Hauslehrer schienen die gebildeten Missionare zu taugen für die Kinder der dänischen Kolonialherren.

Aber anders als die meisten ihrer Vorgänger entwickeln die in **der Tradition von Halle** (A. H. Francke)[88] stehenden und pädagogisch sensibilisierten Neuankömmlinge mit ihrem geradezu »**modernen**« **Missionsverständnis** bald ein bemerkenswertes Engagement, das caritativ-pädagogischen Einsatz, Verständnis für lokale Kultur und christliches Missionsinteresse zu verbinden versucht und das buchstäblich »Schule« machen sollte: Ziegenbalg und Plütschau bemühen sich intensiv um ein **Verständnis der südindischen Kultur und ihrer Sprachen**, sie errichten **Schulen** zur Ausbildung der indigenen Bevölkerung in Lesen, Schreiben und Bibelkunde, und sie bilden **Lehrer** aus, die sie zum Christentum bekehren und mit deren Hilfe sie in kleinen Gemeinschaften die Halleschen Bildungsideale – Elementarbildung, Einführung in den christlichen Glauben, praktische Ausbildung, erfahrungsorientiertes Lernen, caritatives Engagement – durchaus erfolgreich[89] zu verwirklichen versuchen.

Dank seiner **außergewöhnlichen Sprachkentnisse** fertigt Ziegenbalg die erste vollständige **Tamilübersetzung des Neuen Testaments** an (erschienen in den Jahren 1714/15)[90], mit der er die einfache Bevölkerung Lesen und Schreiben lehrt. Die Ernsthaftigkeit, mit der er diese Übersetzung besorgte, resultierte aus der tiefen religiösen Überzeugung, daß er sich für deren Richtigkeit einst vor dem Richterstuhl Christi zu verantworten habe![91] Zudem widmet sich Ziegenbalg umfangreichen **philologischen Untersuchungen** von Palmblattmanuskripten und verfaßt neben **deutschen Übersetzungen tamilischer Texte** quasi nebenbei auch **eigene Studien zur südindischen Kultur**: 1711 die »Beschreibung des Malabarischen Heidenthums«, und 1713, auf der Grundlage seiner »Malabrischen Korrespondenz« mit tamilischen Gelehrten, seine zunächst verlorengegangene, dann vielbeachtete Studie zur »Genealogie der Malabarischen Götter«. Mit diesen Arbeiten – obwohl mehr von eurozentristisch-christlichem **Superioritätsgefühl** als von Objektivität bestimmt und vom Missionsinteresse geleitet[92] – stößt Ziegenbalg bei seinen Glaubensbrüdern auf gemischte Reaktionen. Sein Mentor Francke lehnt es ausdrücklich ab, Ziegenbalgs »Genealogie« veröffentlichen zu lassen, denn »die Missionare seien ausgesandt, das Heidentum in Indien auszurotten, nicht aber, den heidnischen Unsinn in Europa zu verbreiten«[93]. Dank der vorbehaltlosen Unterstützung Ziegenbalgs durch den dänischen König werden seine am Ende überaus erfolgreichen Werke schließlich dennoch publiziert.[94]

Ziegenbalgs und Plütschaus Beispiel sollten viele folgen. Einer der berühmtesten war wohl **Christian Frederick Schwartz**[95]: Als dieser nach 48jähriger Missionsarbeit 1798 starb, hatte sich der in Tamil, Telugu, Marāṭhī, Persisch, Sanskrit, Portugiesisch und mehreren alten und neuen europäischen Sprachen Gelehrte nicht nur einen Namen als Prediger, Lehrer, Diplomat und Staatsmann gemacht, sondern hatte es am Ende seiner Laufbahn auch zum persönlichen Lehrer des Mahāhrājās von Thanjāvur gebracht. Schwartz bekehrte manchen prominenten Inder zum Christentum und verbreitete mit einer Vielzahl einheimischer Schüler das Evangelium über ganz Südindien.

Doch die Erfolge haben ihren Preis: Nachdem ganze Dörfer geschlossen zum Christentum übertreten – nicht zuletzt deshalb, weil sich die arme Landbevölkerung von der Konversion Unabhängigkeit von den mächtigen Landbesitzern verspricht –, kommt es seitens der einheimischen Bevölkerung zunehmend zu **Feindseligkeiten gegenüber Missionaren und Neuchristen** bis hin zu Plünderung, Enteignung, Zerstörung, Verfolgung und Massakern. Und dort, wo die Missionsarbeit zunächst reibungslos und ohne nennenswerte Konflikte vonstatten geht, wo indische Christen ihre eigenen Institutionen aufbauen und das Evangelium Menschen aller Regionen, Klassen und Schichten erreicht und sein egalitäres Ethos Auswirkungen zeigt auf gesellschaftliche, ökonomische und politische Strukturen, wird diese Entwicklung mehr und mehr »überschattet von der zunehmenden militärischen, administrativen und technologischen Präsenz eines immer gewaltigeren imperialen Systems«[96].

Die **Briten** selber hatten lange Zeit **wenig Sympathien für** die europäischen **Missionare**, ja für alle Europäer, von denen sie eine Beunruhigung der Bevölkerung und eine Gefährdung der öffentlichen Ordnung und Sicherheit und damit eine **Torpedierung** ihrer **ökonomischen Interessen** fürchteten. Selbst hohe Offizielle wurden bei entsprechendem Verhalten gerügt, zensiert oder gar abgesetzt. Protestantische Missionare und katholische Geistliche wurden von den Briten offiziell bestenfalls als Seelsorger und Lehrer für das Militär und für die Familien der Kolonialbeamten geduldet. Und einflußreiche säkularisierte Persönlichkeiten wie Warren Hastings waren sowieso der Überzeugung, daß es nicht Großbritanniens Aufgabe sei, dem indischen Volk eine fremde Kultur überzustülpen, es gar im Sinne des Christentums zu reformieren: Zur Erhaltung von Frieden und öffentlicher Ordnung genügten die Vorschriften des Hinduismus, und auch noch so große Ignoranz und Aberglaube sei jenem Aberglauben vorzuziehen, durch den dieser bei Missionierung ersetzt werden würde.[97] Bis zu Beginn des 19. Jahrhunderts verweigerten denn die Briten auch offiziell den Missionsgesellschaften den Zugang zu den von der Ostindiengesellschaft kontrollierten Gebieten, während etwa Dänen und Holländer in dieser Frage wesentlich freizügiger waren.

Die Situation änderte sich mit dem britischen »Charter Act« von 1813, von der Regierung zur Reform der Ostindiengesellschaft erlassen: Die nachträglich hinzugefügte »**Frommenklausel**« (»Pious Clause«) öffnete fortan den **Zugang der Missionsgesellschaften zu den britisch kontrollierten Gebieten**, und der »Charter Act« von 1833 erlaubte sogar jeder ehrenwerten Person, sich in Indien niederzulassen. Christliche Missionsgesellschaften aus aller Welt und aus allen Konfessionen faßten jetzt Fuß in Indien – allein die Zahl der amerikanischen protestantischen Gruppen stieg sprunghaft von sechs im Jahre 1813 auf knapp 1800 rund hundert Jahre später. Christliche Colleges[98], Hospitäler und vor allem Missionsschulen entstanden im ganze Land, oft auch in Kooperation mit der Ostindiengesellschaft, wo nicht nur das Christentum gepredigt, sondern auch die von den Briten notorisch vernachlässigte Elementarbildung vermittelt wurde.

Berühmtes Beispiel jener Art von Missionaren aus dieser Zeit, die sich gleichermaßen um christliche **Verkündigung**, schulische **Erziehung** und um ein echtes **Verständnis für die indigene Bevölkerung** und deren Kultur bemühten, ist der in Tübingen ausgebildete Theologe und spätere Basler Missionar **Hermann Gundert** (1814-93)[99], der Großvater Hermann Hesses: Schon zu Beginn seines Studiums (Theologie und Philosophie) 1831 an Ostindien interessiert, bewirbt sich der junge Student, pietistisch geprägt, drei Jahre später bei der Basler Mission um einen Ruf nach Indien. Noch vor dem theologischen Examen im Herbst 1835 beginnt Gundert Sanskrit zu lernen und macht sich im Oktober über London auf den Weg nach Indien. In England beschäftigt er sich mit Bengalī, Hindī und Telugu und erreicht im Juli 1837 schließlich Südindien.

Sein unermüdliches Interesse an der südindischen Kultur und Sprache bringt ihn neben seiner vielfältigen Lehrtätigkeit bald zu ersten **Arbeiten an einer Tamilgrammatik**, einem **Tamilwörterbuch** für das Alte und Neue Testament und einer **Universalgeschichte in Tamil** für das Katechistenseminar. Rasch lernt Gundert Malayālam und Kannaḍa (Kanaresisch) und schließt 1839 seine berühmte **Malayālamgrammatik**[100] ab, die 1851 unvollständig und 1868 schließlich vollständig erscheint. Erste Versuche hingegen, öffentlich auf Malayālam zu predigen, scheitern kläglich. Neben anderen Texten übersetzt Gundert 218 **Kirchenlieder** ins Malayālam und komponiert 50 Lieder für die Sonntagsschule[101], 1842 beginnt er mit einer eigenen **Bibelübersetzung**[102], da ihn die im Jahr zuvor fertiggestellte Ausgabe der britischen Kirchlichen Missionsgesellschaft (CMS) nicht überzeugt – die Arbeit daran sollte vierzig Jahre dauern.

Gunderts Interesse für Indiens Kultur wird von seinen Amtsbrüdern vielerorts mit Argwohn betrachtet, der englische Kaplan von Thalasseri, wo sich Gundert 1839 niederläßt, verbietet ihm sogar die Kanzel. Wie weit Gundert aber vielen seiner Glaubensbrüder voraus war, zeigt ein Brief von 1865 an den Ratsherrn Christ in Basel, dem er sein Befremden darüber äußert, daß noch im Mitteilungsblatt für die christlichen Missionare (»Church Missionary Intelligencer«) von 1859 behauptet wird, im Malayālam gebe es keine indigene Literatur[103], wo Gundert selber doch so vieles davon kennen- und schätzengelernt, herausgegeben und auch übersetzt hat.[104]

Auch wenn Persönlichkeiten wie Gundert zweifellos Ausnahmeerscheinungen waren, so haben doch viele der zahllosen Missionare, die nach 1813 aus allen Teilen der Welt nach Britisch-Indien strömten, bei allem Missionseifer nicht vorbehaltlos die ideologisch-politischen Interessen der britischen Kolonialherren unterstützt. Ja, die Mehrheit hatte nicht zuletzt aus christlicher Überzeugung wohl eine ausgesprochen **nichtkoloniale**, gar **antikoloniale Haltung** und stand damit in Opposition zu jenen, die Indien naiv zu einer anglikanisch-britischen Enklave machen wollten. Immer mehr Missionare, zunehmend auch Repräsentanten einer neuen Generation, waren nichtbritisch, oft freikirchlich und damit außer Kontrolle der etablierten Großkirchen. Sie hatten schlicht keinen Grund, sich mit den kolonialen Interessen der Briten zu identifizieren.[105] Grund genug für die Briten, zu versuchen, den Einfluß der Missionsgesellschaften durch eine forcierte **Säkularisierung des Schulwesens** zurückzudrängen, worauf viele Missionare den Schwerpunkt ihrer Arbeit vom schulisch-katechetischen mehr auf den **sozialen** und **medizinischen** Sektor verlegten. Ungeachtet dessen erhielten viele Aktivisten im indischen **Unabhängigkeitskampf** »breite, substantielle und wohlwollende Unterstützung von westlichen Missionaren«[106]; manche von ihnen waren etwa auch Weggefährten und Freunde Gāndhīs.

Daß es freilich auch zahllose Missionare gab, die ihren Missionsbemühungen durch das **Versprechen** von Nahrung, Medikamenten und anderen Wohltaten, auch durch **Drohungen** und **moralischen Druck** gerade auf die einfache Bevölkerung Nachdruck verleihen wollten, steht außer Zweifel. Für die britische Kolonialregierung lieferten solche Übergriffe jedenfalls die Argumente, um ab den 1930er Jahren »›fremde‹ Missionare« bei entsprechendem Verdacht wegen Gefährdung der öffentlichen Ordnung »zu internieren oder auszuweisen«[107]. Die Folge: Die Zahl ausländischer Missionare und Missionsgesellschaften ging seither in Indien ständig zurück, heute gibt es in Indien kaum mehr welche. An ihre Stelle traten Tausende **indigener Missionare**, die das Erbe der »Ausländer« übernommen und deren Arbeit fortgesetzt haben.

Bei aller Akzeptanz und Anerkennung vor allem ihrer sozialen, caritativen, medizinischen und humanitären Arbeit hielten sich die **Missionserfolge** der Christen insgesamt indes **in Grenzen**: »In 500 Jahren eifriger Missionstätigkeit konnten christliche Missionare trotz beachtlicher finanzieller Anreize nur 2 % der Inder bekehren, und dies mit wenigen Ausnahmen nur in den Stammesgebieten und den Schichten der Kastenlosen und Ungebildeten.«[108] Vielleicht wegen der Voreingenommenheit und des Dogmatismus vieler Christen, aber auch wegen der großen eigenen Kraft hinduistischer Religionen und Kultur.

Dennoch markiert die Arbeit der christlichen Missionare ein »sehr wichtiges, hermeneutisch exemplarisches und historisch folgenreiches Kapitel in der Geschichte der westlichen Begegnung mit dem indischem Denken«: In manchen Gebieten haben sie »bahnbrechende Detailarbeit geleistet« und »zur Thematisierung und Klärung grundsätzlicher Horizontprobleme des Verstehens und des Zugangs zum Fremden beigetragen«. Ihre herausragenden Vertreter repräsentieren »ein Verstehenwollen, dessen eigentümliche Kraft und Problematik aus der Kraft und Entschlossenheit ihres **Verstandenwerdenwollens** stammt«[109].

4. Neohinduismus: Besinnung auf Tradition und indische Nation

Mitte des 19. Jahrhunderts befindet sich Indien in vielerlei Hinsicht im Umbruch – wirtschaftlich, politisch, sozial, kulturell: eine halbherzige Umstrukturierung der Ostindiengesellschaft, die nur begrenzt den ökonomischen Veränderungen und Bedürfnissen gerecht wird, Indiens Ringen um den richtigen Weg zwischen Verwestlichung und Rückbesinnung auf die eigene Tradition, immer lauter werdende Rufe nach Demokratisierung, Entkolonisierung, gar eigener nationaler Identität. Höhepunkt und »Ventil«, an dem sich die angestaute Frustration mancher Bevölkerungsgruppen vorübergehend entlädt, ist die große Militärrevolte von 1857, deren gewaltsame Niederschlagung die Probleme aber nicht löst. Während die Briten jetzt eher vorsichtig und konservativ agieren – so verbietet etwa 1870 Vizekönig Lord Lytton zur besseren Kontrolle alle Zeitungen in indischer Sprache, wodurch aber der nationalen Kommunikation eher Vorschub geleistet wurde –, formieren sich unter den Indern schon seit einigen Jahrzehnten gesellschaftliche Kräfte, die nach politisch-kultureller Selbstbesinnung, Selbstbestimmung und Erneuerung rufen. Man spricht vom »Neu-Hinduismus« bzw. »Neo-Hinduismus« (Paul Hacker[110]), deren Vertreter – Politiker, Intellektuelle, Aktivisten, religiöse Führer und Charismatiker – traditionell-indische Denkweisen in Auseinandersetzung mit westlichen Ideen umdeuten oder auch neu konzipieren: kulturkritisch, sozialpolitisch, nationalistisch, mehr oder weniger in antiwestlicher Opposition.

Ausgangspunkt dieser Entwicklung ist **Bengalen**. In Bengalen bauten die Briten seinerzeit mit großem Einsatz ihre ersten Faktoreien aus und erhielten vom Großmogul die Steuereinziehungsrechte. Von Bengalen aus gelang es ihnen, die indischen Herrscher nach und nach zu besiegen, zu vereinnahmen oder politisch zu isolieren und die eigene politische Macht auf dem Subkontinent zu etablieren. Aber in Bengalen richtete auch der Baptistenmissionar und Autodidakt William Carey ein erstes Zentrum christlich-abendländischer kultureller Arbeit ein – in Serampore bei Kalkutta: Hier »wurden die wichtigsten lebenden Sprachen des Landes studiert, die erste bengalische Zeitung herausgegeben (1818) und ein ›College‹ eröffnet, in dem außer moderner Naturwissenschaft Bengalisch und Englisch neben Sanskrit und Arabisch Lehrfächer waren«[111]. Schon früh beginnt in Bengalen – und, von hier ausgehend, bald im ganzen Land – die **Auseinandersetzung indischer Intellektueller mit westlichen Geistes- und Naturwissenschaften**: mit Theologie, Geschichte, Philosophie, Literatur, Medizin. Westliches Denken, westliche Wissenschaft, ja westliche Formen überhaupt »werden zum Vorbild für einheimisches Denken und schriftstellerisches Schaffen, für das Aufkeimen eines eigenständigen Geschichtsbewußtseins und für die Entstehung eines kulturellen Nationalbewußtseins«[112].

Christlich inspirierter Reformhinduismus: Rāmmohan Roy und der Brāhmo Samāj

Als Wegbereiter[113] des Neohinduismus und als Initiator der ersten neohinduistischen Reformbewegung gilt der Bengale **Rāmmohan Roy** (1772-1833)[114]: Sohn einer vornehmen orthodoxen Brahmanenfamilie mit Hochschulstudium, bis 1803 Lehrer, anschließend britischer Steuerbeamter, dann ab 1813 Gelehrter, Schriftsteller und Aktivist in religiösen und sozialen Fragen. Rāmmohan Roy gilt als »der erste bengalische Prosaschriftsteller, der erste indische Journalist und der erste Bekämpfer sozialer Mißstände. Zugleich war Roy der erste theoretische Politiker Indiens, dem die liberale Demokratie Englands und ein modernisiertes Unterrichtssystem (Naturwissenschaften) als Vorbilder für Indien vorschwebten.«[115]

Früh verfaßt Roy Schriften gegen hinduistischen Bilderkult, Kastenwesen und Witwenverbrennung (noch 1811 wählt seine Schwägerin diese umstrittene Art des Freitods), dann – nachdem er eine Muḥammad-Biographie verfassen will, die aber nie erscheint – ein Büchlein über die »Gebote Jesu« als »Führer zu Frieden und Glück« (1820), mit dem er den hohen Stellenwert christlicher Ethik betont, die er zum Leitfaden eines neuen hinduistischen Dharma-Verständnisses machen will. Roys Glaube an einen strengen Monotheismus und seine Abneigung gegen Bilderverehrung sind wohl in seinen frühen Kontakten zum **Islam** grundgelegt. Später läßt er sich vom europäischen **Deismus** des 18. Jahrhunderts inspirieren mit seinem rationalen Glauben an einen transzendenten Schöpfergott und von der christlichen **Unitarier**bewegung des 16. Jahrhunderts, die im Gegensatz zu den Trinitariern, die Einpersönlichkeit Gottes betont.[116]

Roy ist überzeugt, daß die großen Lehren und Werte der Hindutradition, grundgelegt in den **Upaniṣads,** mit der Zeit immer mehr verfälscht und verunreinigt wurden und deshalb geprüft und geläutert werden müßten. In der 1814 gegündeten **Ātmīya Sabhā** trifft sich Roy regelmäßig mit wohlhabenden, teils einflußreichen und intellektuellen Bengalen zur Rezitation und Diskussion traditioneller Hindutexte. Daraus entsteht 1828 schließlich der **Brāhma Samāj**, die »Gesellschaft der Brahman- und Gottsucher«, später in **Brāhmo Samāj** umbenannt, die sich einer grundlegenden **Reform des traditionellen Hinduismus** verschreibt: Ihre Mitglieder lehnen die Autorität der Veden ab, den Glauben an göttliche Inkarnation (*avatāra*) und das Karmangesetz und bestimmte Formen hinduistischer Frömmigkeit. Nach protestantischem Vorbild trifft man sich jeden Samstag zu Gottesdiensten mit hinduistischer Schriftlesung, Gesang und einer Predigt.[117]

Roys Kritik am überkommenen Hindusystem fällt in jene Zeit, als Generalgouverneur Bentinck mit einer Reihe von Gesetzen die Witwenverbrennung (1829) und andere religiöse Mißbräuche verbietet. Mit seiner Kritik, aber auch mit seiner Affinität zum Christentum zieht Roy bald die Gegnerschaft orthodoxer Kreise auf sich, die als Oppositionsbewegung zu Roys Reformbestrebungen 1830 den traditionalistischen **Dharma Sabhā** ins Leben rufen. Auf einer Reise nach England, wo Rām Mohan Roy das europäische Christentum aus eigener Anschauung kennenlernen und seinen Reformvorschlägen parlamentarischen Nachdruck verleihen will, erliegt der Reformer im September 1833 einer Krankheit.

Einige Jahre später übernimmt **Debendranāth Tagore** (Debendranāth Ṭhākur: 1817-1905[118]) die Leitung des Brāhmo Samāj und bringt die Gemeinde zu Ansehen und Popularität. Nach dem Vorbild des anglikanischen »Book of Common Prayer« gibt er 1843 der zunächst losen Vereinigung eine Organisation und ein Glaubensbekenntnis[119] und gewinnt viele neue Mitglieder. Nach wiederholten Konfrontationen mit aggressiv missionierenden Christen schließt sich Tagore 1845 einer Kampagne gegen christliche Konversionen in christlichen Schulen an und setzt sich für die Gründung einer Hinduschule ein.[120] Das Christentum, so seine Überzeugung bei aller Anerkennung der Verdienste christlicher Missionare, habe letztlich Indien nichts zu bieten. Mit der Rückbesinnung auf die Autorität der Veden (1850) und der Wiedereinführung einer Reihe von Hindubräuchen wendet sich der Brāhmo Samāj unter Tagore fortan wieder entschiedener dem traditionellen Hindutum zu.

Im Gegensatz zu seinem Vorgänger Roy stellt Tagore die Frage nach der **Verbindlichkeit der Hinduschriften** in aller Schärfe: Mit seinen Freunden versucht er, »unter den überlieferten Materialien diejenigen zu bestimmen, die wahrhaft verbindlich und verläßlich sind und die als ein- und für allemal gültige Grundlage der ›Religion der Brahma-Gläubigen‹ gelten können«[121]. Dabei gelangt er zu der radikalen Einsicht, daß das Kriterium der Autorität nicht in den Texten selber zu finden sei, sondern nur im eigenen von Gott erleuchteten Herzen. Tagore zweifelt an der Unfehlbarkeit des Veda: Kein Text spricht für sich, nicht einmal die Upaniṣads, die auch nur Mittel und sprachliches Medium dessen sind, was die alten Seher einst erfahren haben: »Sie ermutigen uns dazu, der ›Prüfung‹ oder dem ›Experiment‹ unseres eigenen Herzens (*hṛdayer parīkṣā*) zu folgen«[122]. Das heißt, Tagore betätigt sich buchstäblich als »Seher«, der das realisieren möchte, wovon die Upaniṣads Zeugnis geben.[123]

Unter Federführung des charismatischen Reformers und Mystikers **Keshab Candra Sen** (1838-84) kommt es 1865 zur **Spaltung** der Gemeinde. Sen tritt ein für eine Aufhebung der Kastengrenzen und für den Zutritt von Frauen zur Gemeinschaft. Stärker als Tagore ist Sen geneigt, »›inspirierte‹ Quellen auch außerhalb des Hinduismus zu suchen und durch umfassende Zusammenstellung religiöser Zeugnisse eine universale Harmonie der Traditionen zu demonstrieren«[124]. Keshab Candra Sen strebt nicht mehr nur nach einem reformierten Hinduismus, sondern nach einer ganz Indien umfassenden ethisch ausgerichten **Universalreligion**, für die er freilich auch »eine an die hinduistische *bhakti* gemahnende inbrünstige Jesusliebe verkündet«[125]. Die konservativeren Gemeindeglieder, unter Tagores Leitung, spalten sich ab und nennen sich jetzt »Ādi« Brāhmo Samāj, »ursprüngliche« Gemeinde.

Als Sen elf Jahre später gegen seine eigenen reformerischen Grundsätze seine minderjährige Tochter auf traditionelle Weise mit einem Prinzen verheiratet, kommt es erneut zum Bruch. Ab 1880 nennt sich die Gruppe um Sen Naba Bidhan Brāhmo Samāj (*nava vidhāna*, »neue Anordnung/Erlassung«): Nach den beiden vorausgehenden »Erlassungen« des Alten und Neuen Testaments soll sie eine **universale Kirche** in Harmonie aller Religionen etablieren – freilich unter Führung eines vollendeten universalen Hinduismus, den der Charismatiker Sen etwa im Mystiker Rāmakṛṣṇa verwirklicht sieht. Unter Einfluß von Viṣṇuismus und Durgā-Kult führt seine Gruppe eine »Taufe und andere Zeremonien sowie die Verehrung Gottes als der himmlischen Mutter« in die Gemeinde ein. Ihr Credo: »Gott ist dreieinig: Vater (und zugleich Mutter), Sohn und Geist; die Brāhma-Lehre ist der Kern aller Religionen und Gottes letzte Anordnung; Gott ist in der Natur und in direktem Schauen erkennbar; er offenbart sich aber auch in inspirierten Männern«[126] – damit hatte der zunehmend autokratische und sich immer öfter auf unmittelbare Befehle Gottes berufende Sen wohl besonders sich selber gemeint …

Nach Sens Tod kommt es bald zu Lehrstreitigkeiten unter seinen Nachfolgern, so daß die Gemeinschaft zusehends an Einfluß und Bedeutung verliert. Auch der Ādi Brāhmo Samāj ist nach dem Tod des großen Literaten **Rabīndranāth Tagore**, der die Gemeinschaft aus Pietät seinem Vater Debendranāth gegenüber zunächst unterstützt, dann aber auch seine eigenen Wege geht und in Santiniketan eine weltoffene Universität gründet, so gut wie erloschen. Die beiden anderen Hauptrichtungen »werben noch immer durch Gottesdienste, Sonntagsschulen, sozial-missionarische Tätigkeit … für ihre Ideen und spielen infolge der Bildung und gesellschaftlichen Stellung ihrer Mitglieder noch immer eine nicht zu unterschätzende Rolle. Religionen der Masse sind sie jedoch niemals geworden«. Und so lag denn die Bedeutung des Brāhmo Samāj auch nie in der Zahl seiner Mitglieder, sondern im »historischen Verdienst, als erste Bewegung gegen sozial-religiöse Mißstände aufgetreten zu sein und unter Verwertung abendländischer Ideen eine Erneuerung des Hinduismus propagiert zu haben«[127].

Hindureform und bengalischer Nationalismus: Bankimcandra Chatterjee

Auf ähnlicher Linie wie der Brāhmo Samāj, wenn auch mit klarer profilierten politischen Konsequenzen, gilt **Bankimcandra Chatterjee** (1838-1894)[128], mit ursprünglichem, nicht anglisiertem Namen Caṭṭopādhyāy, als »einer der ersten nachhaltig wirksamen Denker, die im traditionellen religiösen Erbe wurzeln, aber doch bei Offenheit für die geistigen Einflüsse des Westens zu einer Besinnung auf die eigene Tradition aufrufen«[129]. Auch Chatterjee strebt nach einer Läuterung, Entmythologisierung und **Reform des traditionellen Hinduismus**, gepaart allerdings mit einer tiefen **Liebe zu Bengalen** und zur bengalischen Tradition, die in Bankims Kult der **Muttergöttin**, als die er Bengalen schließlich verehrt und die er in Gedichten und Hymnen preist, geradezu mystisch-religiöse Züge annehmen wird.

Wie viele Intellektuelle seiner Zeit steht auch Bankimcandra Chatterjee nach College- und Universitätsabschluß im gehobenen Dienst der britischen Kolonialverwaltung. Schon zu Schulzeiten verfaßt der begabte Brahmanensohn, der zeitweilig enge Verbindungen zu tantrischen Asketen unterhält, seinen ersten englisch geschriebenen Roman. Ihm sollten im Laufe der Jahre noch viele teils in Bengalī, teils in Englisch verfaßte Artikel, Aufsätze, Novellen und Romane folgen – allein 14 Romane zwischen 1865 und 1887 – zu politischen, sozialen und religiösen Themen.

Für Chatterjee ist und bleibt der **Hinduismus** bei allen Fehlinterpretationen, Verkrustungen und Aberglaube die **vollkommene Religion**, da er »auf drei für ihn als wesentlich geltenden Elementen beruht«: »der Anerkennung eines **vollkommenen Wesens**, in dem die höchsten Ideale der Menschheit verkörpert sind, der Hochschätzung der **Menschlichkeit** und der **Naturverehrung**«[130]. Dazu müssen seine Lehren freilich im Lichte der Vernunft neu interpretiert und vermittelt werden:

– Die großen **Gottheiten** Brahmā, Viṣṇu und Śiva interpretiert Bankimcandra Chatterjee »als Symbole von Liebe, Macht und Gerechtigtkeit«; Kṛṣṇa und Rādhā »veranschaulichen seiner Meinung nach Gerechtigkeit und Natur«[131]. **Kṛṣṇa** hat Bankim – von der westlichen liberalen Leben-Jesu-Forschung des 19. Jahrhunderts beeinflußt – eine eigene Monographie[132] gewidmet: der Versuch, auf Grundlage des Mahābhārata zu einem »**historischen Kṛṣṇa** zu gelangen, ohne alle übernatürlichen Hinzufügungen«.[133]

– Der traditionelle **Dharma-Begriff** wird von Chatterjee neu gefaßt und ausgeweitet – es wird darauf noch eigens einzugehen sein: In einer aufsteigenden Kette von Verpflichtungen, die mit dem Dharma impliziert sind, steht für Bankim nach der **Selbstliebe** und der Fürsorge für die **Familie** die Liebe zum **Vaterland** unmittelbar vor der Liebe zur **gesamten Menschheit**, der höchsten Pflicht, die für Bankim mit der **Gottesliebe** identisch ist.

Wie kaum ein anderer verbindet der Reformer in seinen Werken **religiöse** Ziele mit **nationalistischen** Anliegen. So handelt Bankims Schlüsselroman »Ānandamaṭh« (»Tempel der Freude«) von einer Gruppe aufständischer Heiliger und ihrem Kampf gegen die feindlichen muslimischen Herrscher von Bengalen. Mit dem Hymnus »Bande Mātaram«, »Heil der Mutter« – später ein vielzitierter

Kampfruf gegen die Briten und quasi die bengalische Nationalhymne – ziehen sie in die Schlacht, an deren siegreichen Ende »Mutter Bengalen« dem Romanhelden als strahlende Muttergöttin erscheint und ihm befiehlt, das Kämpfen jetzt einzustellen. Die Hinduherrschaft werde kommen – aber erst, wenn der wahre, geläuterte und aufgeklärte Glaube im Lande aufgerichtet worden ist, was aber nur mit Hilfe der Briten und der westlichen Wissenschaft möglich sei.

Daß die Briten also herrschen, so Chatterjees Überzeugung, ist gewissermaßen **göttliche Fügung**, damit die Hindus von ihnen lernen, bis sie selber weise, tugendhaft und stark sind. Dann aber »wird die Zeit kommen, wo das Hindutum sich etabliert, und das heißt wohl auch sich staatlich organisiert, wo, in der visionären Sprache Bankims gesprochen, die Mutter wieder aus dem Meere auftaucht«[134].

Daß Chatterjee indes mit seinem Muttergöttinnen-Kult, den vielen positiven hinduistischen Symbolen und Figuren und, im Kontrast dazu, den betont negativen muslimischen Akteuren seiner Stücke, oft als unindisch, feindselig, tyrannisch und ausbeuterisch dargestellt, bei vielen Muslimen umstritten war, liegt auf der Hand. Grundlage seines bengalischen Nationalismus, der dennoch von vielen Muslimen geteilt wurde, ist sein Bemühen um eine Neuinterpretation des Hinduismus. Bankim war davon überzeugt, daß Indiens Freiheit von selbst anbrechen werde, wenn Indien und der Hinduismus reif dafür sind – ohne Kampf und ohne Gewalt. Insofern ist Bankimcandra Chatterjee nicht nur ein bedeutender Hindureformer und überzeugter Humanist, sondern auch einer der großen geistigen **Wegbereiter der indischen Unabhängigkeitsbewegung**.

Nationale Befreiung zur »geistlichen Vollendung«: Aurobindo Ghose

Mit dem Bengalen **Aurobindo Ghose** (1872-1950)[135] betritt ein neohinduistischer Intellektueller die politische Bühne, der revolutionäre Agitation verbindet mit einer nationalistischen Interpretation des traditionellen religiösen Erbes und dessen Ausweitung hin auf eine weltumfassende, kosmische Spiritualität.

Sohn eines **verwestlichten** Arztes und einer frommen Mutter, beide übrigens nach den Riten des Brahmo Samāj verehelicht, besucht der junge Aurobindo zunächst das **englische Loretto Convent** in Darjeeling, um dann mit seinen beiden Brüdern zur weiteren Ausbildung nach **England** geschickt zu werden. Doch nach fünf Jahren Privatunterricht bei einem Kongregationalistengeistlichen in Manchester überwirft sich Aurobindo mit dessen Frau, die ihn zum Christentum bekehren möchte, und zieht nach zwischenzeitlicher Odyssee nach **Cambridge**. Nach anfänglicher Not – sein mittlerweile verarmter Vater, von der offensichtlich kranken Mutter getrennt, kann ihn nicht mehr unterstützen – bekommt er schließlich ein Stipendium für ein breitangelegtes Studium. 1890 schließt sich der erfolgreiche und mehrfach ausgezeichnete Sprachenstudent einem **indisch-nationalen Studentenverband** an, später einer weiteren extremistischen Gruppe, und engagiert sich mit großem Einsatz für die Befreiung Indiens.

Einundzwanzigjährig kehrt Aurobindo Ghose 1893 nach **Indien** zurück, wo er sogleich Kontakte zu führenden Kräften der **Nationalbewegung** aufnimmt und mit ersten kritischen Aufsätzen auf sich aufmerksam macht. Schnell bringt es der begabte und brillante Ghose vom kleinen Verwaltungsangestellten zum Professor und zum Privatsekretär des Mahārājas von Baroda, schließlich zum Principal erst des College von Baroda dann von Kalkutta. 1901 heiratet der 29jährige Aurobindo die erst 14jährige Mṛṇāliṇī. Noch im selben Jahr schließt er sich einer militanten Untergrundbewegung an.

Ab 1904 widmet sich Aurobindo Ghose intensiv dem **Yoga**. Er vertraut sich einem Lehrer an und macht bald intensive spirituelle Erfahrungen, die seine politische Arbeit in einen größeren spirituellen Kontext rücken. Selbst an spiritistischen Séancen nimmt er teil, wo ihn 1905 der Mystiker **Rāmakṛṣṇa** aufgefordert haben soll, einen Tempel zur Verehrung der Muttergöttin zu errichten und diese als **Śakti**, als weibliche göttliche Kraft, zu verehren. In der Tat war Aurobindo davon überzeugt, daß sich das **Göttliche in weiblicher Form offenbart**, die er schließlich, wie auch Bankim, mit der »**Mutter Bengalen**« identifiziert. Manche deuten das Rāmakṛṣṇa-Erlebnis als Bestätigung[136] dieser Leitidee, die Aurobindo in seiner ersten Schrift »Bhavānī Mandir« (»Tempel der Göttin Bhavānī«) schließlich ausführt: In jeder neuen Weltepoche werde die Welt von einem je neuen Aspekt dieses weiblich-göttlichen Prinzips erfüllt. Und diese Śaktī sei nichts anderes als die **Einheit aller einzelnen Śaktis**, jener physischen, geistigen, moralischen und geistlichen Kräfte, die in den Millionen von Hindus schlummern und die zum entschiedenen Kampf gegen die barbarischen Kräfte **geweckt** werden müssen.

Die **nationale Befreiung** Indiens, so Aurobindos Überzeugung, ist zuallererst eine **spirituelle Aufgabe**, die von berufenen Asketen in Angriff genommen werden muß: Diese »politischen Saṃnyāsins« sollen »zusammen mit dem Volk, der Mittelklasse und der wohlhabenden Schicht für die Hebung des Landes wirken. Ihre eigentliche Aufgabe ist die Befreiung Indiens, deren Bedeutung aber weit über nationale Grenzen hinausführt«. Denn die **ganze Welt**, so Aurobindo enthusiastisch in seinem »spirituellen Determinismus«, werde am Ende, gegen alle »asurischen Kräfte« von dem zu sich selbst gekommenen, auserwählten Indien befreit, aryanisiert werden.[137]

Während Bankimcandra **Chatterjee** noch ganz auf die **Erneuerung** des Hinduismus gerade mit Hilfe der Briten setzt, was dann quasi organisch zur nationalen Befreiung führen werde, betont **Aurobindo** die **religiöse Selbstfindung** und **nationale Selbstbefreiung Indiens** von der britischen Kolonialherrschaft. Damit profiliert er sich zusehends als radikaler Architekt und **Führer**

der nationalen Befreiungsbewegung. Chatterjees »Bande Mātaram« wird der programmatische Titel einer 1906 von Ghose gegründeten Zeitschrift, wo er in der Aufsatzreihe »The Doctrine of Passive Resistance« seine zunehmend universalen, aber auch zunehmend militanten Vorstellungen vom Befreiungskampf entwickelt: Indiens Nationalbewegung sei »göttlich inspiriert und gelenkt«, und ihre Entwicklung entspreche »einem göttlichen Heilsplan«, ist sie doch nur »eine vorübergehende Phase«, die schließlich in die »geistliche Vollendung«[138] Indiens und der Welt münden werde. Und weil dies alles von Gott gewollt und gelenkt ist, sind **alle Mittel**, dieses Ziel zu erreichen, gewaltfrei oder bewaffnet, nicht nur legitim, sondern – Aurobindo Ghose bezieht sich hier auf Kṛṣṇas Rechtfertigung des Krieges in der Bhagavadgītā – auch **moralisch erlaubt**.

Die Leitideen von Aurobindos nationalistischem, religiösem und kosmischem Denken hat der Bonner Religionswissenschaftler Hans-Joachim Klimkeit in seiner grundlegenden Studie zum politischen Hinduismus[139] zusammengefaßt:

- Der **politische Vedānta**: Aurobindo greift die **vedāntische** Idee der Identität von *ātman* und *brahman* auf und interpretiert sie **politisch** um: Die Selbsterkenntnis des *brahman* im eigenen *ātman* ist die Voraussetzung für ein Gemeinschaftsbewußtsein und für die politische Befreiung der indischen Gesellschaft und – wenn diese erreicht ist – der ganzen Welt.
- **Svarāj** und **mokṣa**«: Aurobindos »politischem Vedānta« zufolge gehören **äußere** und **innere** Befreiung, politische Unabhängigkeit (*svarāj*, »Selbstherrschaft«) und Erlösung zusammen. Erstere ist nicht nur Voraussetzung für letztere, sondern der Kampf für politische und soziale Unabhängigkeit zielt weit über diese hinaus auf eine umfassende spirituelle Befreiung des einzelnen wie der Gesellschaft.
- **Svarāj** und **dharma**: Für Aurobindo gehört es zum *dharma*, zur inneren und äußeren **Verpflichtung** des Menschen, freies und gleichberechtigtes – wenn auch mit je spezifischen Aufgaben und mit einer bestimmten Stellung betrautes – Mitglied der Gesellschaft zu sein. So ist der *dharma* die **Grundlage aller Demokratie**, er ist jene Ordnung die Indien seit alters in seiner religiösen Offenbarung vorgegeben ist. Und der politische Nationalismus dient keinem anderen Ziel, als diese alte Einheit und Ordnung wieder herzustellen.
- **Svarāj** als Verwirklichung von **śakti**: Befreiung und Unabhängigkeit werden durch die **Realisierung** der in allen Menschen schlummernden **weiblichen göttlichen Wirkkraft** *śaktī* erlangt: Sie ist die politische Energie des Landes, der Muttergöttin; sie ist die Triebfeder aller Entwicklung, allen Fortschritts; sie bewirkt Befreiung und Erlösung.
- **Askese** und **Yoga** als Wege zur Befreiung: Nationale Befreiung ist für Aurobindo nicht nur ein politischer, sondern ein **spiritueller** Prozeß: ein Prozeß, der letztlich auf die spirituelle Vervollkommnung und Befreiung Indiens und der ganzen Welt hinausläuft. Voraussetzung der Befreiung sind Selbstzucht

und **Askese** (*tyāga*, »aufgeben«, »verlassen«), einzuüben durch spirituelle Übung, Meditation und Yoga. Befreiung erlangt man nur durch Selbstdisziplin, Selbstbeherrschung und Selbstaufopferung, sie ist die vollständige enthusiastische **Hingabe** des einzelnen an die **Muttergöttin Indien**, für die Aurobindo sogar seine Frau verläßt. Politisches Engagement und spirituelle Vervollkommnung sind für Aurobindo Ghose – zumindest in der ersten Phase seines Wirkens – deshalb unittelbar aufeinander bezogen: Meditation und Yoga, womit sich der Reformer schon früh beschäftigt, dienen seinem politischen Ziel.

Im Jahr **1908** kommt es zum Einschnitt und zur Wende in Aurobindos Wirken: Bei einem Bombenattentat auf den District Magistrate Kingsford am 30. April kommen zwei unbeteiligte Frauen ums Leben. 35 Führer der Untergrundbewegung werden verhaftet, unter ihnen Aurobindo, der nach einjähriger Haft in Alipur am Ende eines spektakulären Prozesses aber freigesprochen wird. Im Gefängnis will Aurobindo wiederholt **Visionen** und **Auditionen** erfahren haben, in denen sich ihm **Kṛṣṇa** offenbart und in ihm das Bewußtsein reifen läßt, daß er über Indien hinaus zu einem **höheren Werk an der ganzen Welt** berufen sei: Hatte Aurobindo ursprünglich »den Yoga mit der Idee begonnen, geistiger Kraft und Energie und göttlicher Führung teilhaftig zu werden und seinem Lebenswerk aufzuhelfen«, dann nahmen ihn jetzt »das innere geistige Leben und die Erfahrungen mit ihrer ständig zunehmenden Mächtigkeit und ihrem immer umfassenderen Anspruch ganz und gar in Besitz. Sein Werk war jetzt nur Teil und Frucht all dessen. Und außerdem überstieg es nun bei weitem die Idee des Dienstes am Mutterland und seiner Befreiung. Er legte sich jetzt auf ein Ziel fest, das zuvor nur von ferne aufgeleuchtet war, das aber nun weltweit in seiner inneren Bedeutung war und die gesamte Zukunft der Menschheit betraf.«[140]

Wohl auch über den ausbleibenden Erfolg seiner politischen Agitation frustriert, wendet sich Aurobindo zunehmend spirituellen Themen zu und zieht sich immer mehr zurück. Nach dem Hinweis einer Bekannten (einer Schülerin Vivekānandas) entzieht er sich 1910 der erneuten Verhaftung, flieht – auf »göttliche Weisung« – ins französische Chandranagore bei Kalkutta und von dort schließlich nach Pondicherry. Hier gründet er mit dem französischen Ehepaar Richard ein spirituelles Zentrum und verbringt dort, als **Śrī Aurobindo** meditierend, schreibend und lehrend, die restlichen vierzig Jahre seines Lebens. Aurobindos große religiöse Schriften[141] und sein Konzept des »integralen Yoga«, auf das hier nicht näher eingegangen werden kann, entstehen allesamt in dieser Zeit.

Nach seinem politischen Scheitern ist Aurobindo zunehmend davon überzeugt, seine spirituelle Kraft **zum Heil der ganzen Welt** einsetzen zu müssen und zu können. Der Krieg zwingt die Richards wieder nach Frankreich, aber schon 1920 kehrt Mira Richard zu Aurobindo nach Pondicherry zurück und wird zu seiner engsten Vertrauten: Von ihm glorifiziert, deifiziert und göttliche »Mutter« genannt, sieht er sie von kosmischen Kräften durchdrungen und glaubt, »zusammen mit ihr den Lauf der Welt durch ihre spirituellen Kräfte zu bestimmen«[142]. Aurobindos Denken wird **vergeistigt** und **utopisch**. Nach einer tiefen spirituellen Erfahrung der Verwandlung am 24. November 1926 spricht Aurobindo fortan von einer Ära des »**Overmind**«: In stufenweiser innerer Wandlung, erst psychisch, dann geistlich, sollen die Menschen sich auf eine einheitliche, **spirituelle Weltgemeinschaft** hin entwickeln. Und durch »**supramentale Wandlung**«, so Aurobindo utopisch, wird irgendwann eine vergeistigte »Avantgarde der Evolution« entstehen mit vollkommenem Leib und ohne leibliche Bedürfnisse. Eine Gesellschaft von »**geistigen Anarchisten**« – als ein solcher versteht sich Aurobindo immer mehr –, in der »alle Menschen zutiefst frei sein« werden: »Dann wird jeder Mensch nicht sich selbst Gesetz sein, sondern er wird **das** Gesetz sein, das göttliche Gesetz, weil er eine im Göttlichen lebende Seele ist und nicht ein Ich, das vor allem, wenn nicht ausschließlich für die eigenen Interessen und Zwecke lebt. Sein Leben wird von dem Gesetz seiner eigenen göttlichen Natur bestimmt werden, die von dem Ich befreit ist.«[143]

Noch zu Lebzeiten zum Mythos geworden, konnte Aurobindo selber die Welt nicht »vollenden«. Aber mit seiner Lehre und seinen Schriften hat dieser »Helfer und Führer in der Evolution des menschlichen Selbstverständnisses«[144], der er sein wollte, weit über Pondicherry und Indien hinaus gewirkt. Bemerkenswert ist vor allem, daß seine Idee neuer Stufen und Dimensionen des Bewußtseins, sein Vorstoß ins »Supramentale«, »als konkret-geschichtliche, keineswegs auf die innere Welt des Individuums beschränkte, sondern den Kosmos und die Menschheit betreffende Aufgabe präsentiert wird«; dadurch könne der Hinduismus »seine wahre Aktualität und Lebendigkeit erweisen«. So bemüht sich Aurobindo bei allem Fragwürdigen und Hochspekulativen wie kaum ein anderer neohinduistischer Denker »um einen **originalen** hinduistischen Neueinsatz«[145], in tiefer Betroffenheit durch die europäische Herausforderung.

Wiederherstellung des wahren Hinduismus: Dayānand Sarasvatī und der Ārya Samāj

Waren die bisher vorgestellten neohinduistischen Reformer **Bengalens** allesamt **westlich sozialisiert** und gebildet und kämpften sie für eine Reform von Hinduismus und indischer Gesellschaft nach westlichen Maßstäben, so begegnet uns mit dem im **nordwestlichen Gujarāt** geborenen **Mūlśaṅkar** (1824-1883)[146], bekannt unter seinem späteren Mönchsnamen **Dayānand Sarasvatī**, ein Reformer mit **traditionell-indischem** biographischem Hintergrund und entsprechend verschiedener politisch-religiöser Programmatik. Ein »nativistischer Prophet«[147]

wird Dayānand Sarasvatī deshalb auch genannt, von dem Drang beseelt, das durch die überlegene britisch-westliche Fremdkultur erschütterte Hinduselbstgefühl wiederherzustellen und den Hinduismus von seinen Wurzeln her zu erneuern. In exemplarischer und zum Teil »naiv überspitzter« Deutlichkeit« repräsentiert er »einige der hauptsächlichen Motive und Spannungen des modernen indischen Denkens«: »Traditionalismus und Modernismus, Selbstbehauptung und Rezeptivität, Nationalismus und Universalismus sind bei ihm in recht idiosynkratischer Weise miteinander verschränkt; Reform-, Assimilations- und Fortschrittsstreben verbinden sich mit kompromißloser, zu radikaler Umdeutung bereiter Berufung auf die ältesten Quellen der eigenen Tradition.«[148]

In einer ehemals brahmanischen, frommen und wohlhabenden Familie geboren – der Vater ist im Bankgewerbe tätig und bekleidet zudem das einträgliche und erbliche Amt eines Steuereinziehers –, wird der junge Mūlśaṅkar früh mit **śivaitischem** Schrifttum und Kult vertraut. Anfang 1838 beim Śivarātrī-Fest wird Mūlśaṅkars **traditioneller Glaube** in seinen Grundfesten **erschüttert:** Beim obligatorischen Tempelbesuch mit Nachtwache vor dem Götterbild beobachtet der 14jährige, wie sich eine Maus ungestört an Śivas Opfergaben vergreift, ohne daß der allmächtige Śiva Mahādeva, den der Junge aus den religiösen Schriften und Erzählungen kennt und verehrt, offensichtlich etwas dagegen unternehmen kann! Hilflose Erklärungsversuche des Vaters, etwa daß Śiva im Kali-Zeitalter nicht mehr unmittelbar, sondern nur in seinem heiligen Abbild präsent sei, vermögen Mūlśaṅkar nicht zu überzeugen.

Gegenüber Bilderkult und Tempeldienst fortan skeptisch, widmet sich Mūlśaṅkar jetzt verstärkt dem **Schriftstudium.** Als seine Eltern für den 21jährigen standesgemäß die Hochzeit arrangieren, verläßt Mūlśaṅkar, nach mehreren Schicksalsschlägen zum Zweifler geworden, in Panik heimlich seine Heimat, um nach kurzer Odyssee schließlich als **Bettelmönch** im **Śaṃkarācārya-Orden** Aufnahme und eine geistige Heimat zu finden. Hier erhält er nach einigen Jahren vom Vedānta-Gelehrten Puranānd Sarasvatī die Initiation zum Samnyāsin und den Name **Dayānand Sarasvatī.**

Seinen Lehrer und Meister findet Dayānand 1860 im blinden Svāmī **Virajānand.** Der große Sanskritgelehrte ist ein vehementer Kritiker des traditionellen Volksglaubens: Er verwirft einen Großteil der populären religiösen Schriften der Hindus, da sie die »wahren« heiligen Schriften – für Virajānand faktisch nur die Texte von den Veden bis zum Mahābhārata – verderben und verfälschen. Drei Jahre studiert Dayānand hier Sanskrit und Pāṇinis berühmte Grammatik, dann zieht er insgesamt zwanzig Jahre lehrend durch das Land. Nach und nach bildet sich jetzt auch bei Dayānand der radikale **Reformgedanke** aus, »daß der größte Teil der in den indischen religiösen Zentren gelehrten heiligen Bücher wertlos sei, daß Fehlerhaftigkeit vor allem die Purānas und Tantras auszeichne – wobei den vishnuitischen Purānas besondere Verderbtheit zugesprochen werden müsse –, und daß allein den alten Sanskrit-Werken wahre Bedeutung zukomme«; mit missionarischem Eifer benutzt er fortan »jede Ansammlung von Gelehrten, jedes öffentliche Fest, das Gelegenheit dazu bietet, um andersgläubige Hindus zu einer öffentlichen Disputation herauszufordern«[149].

Sind zunächst vor allem die Viṣṇuiten Ziel seiner öffentlichen Polemik, wendet sich Dayānand nach zwischenzeitlichem Rückzug in die Einsamkeit schließlich auch vom Śivaismus ab, zu dem er sich bis dahin bekannte. Statt Bilder- und Tempeldienst, die er wie andere fromme Übungen als sinnlos verwirft, propagiert Dayānand jetzt **allgemeingültige moralische Prinzipien** und legt sich schließlich – wohl auch unter dem Einfluß der Buchreligionen Christentum, Sikhismus und Islam[150] – auf einen autoritativen Schriftkanon fest: 21 altindische Schriften von den Veden bis zum Mahābhārata, ganz nach dem Vorbild der monotheistischen Buchreligionen durch Verbalinspiration des einen personalen Gottes geoffenbart. Dayānand forciert seine öffentlichen Konfrontationen mit dem traditionellen Hindutum und wird nach einer **verlorenen Schaudisputation** in Benares 1869 quasi **exkommuniziert**: Hariścandra von Benares, einer der traditionalistischen Wortführer, disqualifiziert den Reformer in einer polemischen Schrift als dahergelaufenen Irrlehrer, der die Menschen wie ein Dämon verwirrt. Noch Jahrzehnte werden sich die Hinduvereinigungen von Benares von Dayānand und seinen Anhängern distanzieren.

Vom Hinduestablishment zunehmend isoliert, geht Dayānand in die Offensive und sucht nach dem traumatischen Debakel von Benares den Kontakt zu anderen Reformern. Debendranāth Tagore lädt ihn nach Kalkutta ein, wo er die Arbeit des **Brāhmo Samāj** kennenlernt, dessen Organisation ihn tief beeindruckt. Keshab Chandra Sen legt dem Reformer einen **Imagewechsel** ans Herz, der eine **Wende** in Dayānands Leben und Wirken einleiten sollte: Um die reformbereiten Kräfte im Land zu erreichen, möge er nicht mehr als asketischer Wanderprediger auftreten, sondern in ziviler Kleidung; zudem solle er nicht länger in der alten Gelehrtensprache Sanskrit reden und schreiben, sondern im umgangssprachlichen Hindi, das von der Mehrheit der nordindischen Bevölkerung gesprochen und verstanden wird. Beide Ratschläge beherzigt Dayānand mit großem Erfolg: Bald schreibt er sein erstes Buch in Hindi, und schon zwei Jahre nach dem Gespräch mit Sen hält er in dieser »**Sprache der Arier**«, wie er das **Hindi** jetzt nennt, seine ersten vielbeachteten öffentlichen Reden.

1875 begibt sich Dayānand nach **Bombay**: Hier vollendet er sein Hauptwerk »Satyārthaprakāśa«[151] (»Licht der Wahrheit«), in dem er seine ethisch-religiösen Vorstellungen systematisch entwickelt, hier gründet Dayānand seine **eigene Organisation**: den **Ārya Samāj**, die »Gemeinschaft der Arier« – Prototyp einer neuen hinduistischen Gesellschaft von »Edlen«, dem »wahren« brahmanischen Erbe verpflichtet. Grundlage des Ārya Samāj, festgelegt in 28 Thesen, ist der Glaube an einen allmächtigen, ungeborenen, unveränderlichen, unsterblichen

personalen Gott (*parameśvara*, »höchster Herr«), seinem Wesen nach Sein, Bewußtsein und Wonne (*saccidānanda*), der Glaube an den **Veda** als Quelle allen Wissens, und die **Verpflichtung** der Arier, den Veda zu studieren und zu lehren und gemäß dem *dharma* ein **altruistisches Leben** zu führen in **Wahrheit** und gegenseitigem **Respekt**, zum **Wohle der Gesellschaft** und zur **Verbesserung der Welt** im Physischen, Geistigen, Sozialen.[152] Tempeldienst, Bilderkult und andere fromme Praktiken werden abgelehnt. Wahrer Gottesdienst, so das Credo der Reformer, ist die Ehrerbietung gegenüber Respektspersonen – Weisen, Eltern, Lehrern, tugendhaften Menschen – und das Einhalten und Durchführen von **fünf großen täglichen** rituellen **Pflichten**: Vedastudium und Meditation, das Verbrennen von Butter über dem heiligen Feuer, die Verehrung obengenannter Respektspersonen, die Speisung Bedürftiger, das Bewirten von Wanderasketen.[153]

Im übrigen war Dayānand davon überzeugt – so sein prophetisches Plädoyer gegen die vermeintliche zivilisatorische Überlegenheit der Briten –, daß der **Veda** mit seinem All-Wissen bereits viele **moderne** wissenschaftliche und technologische **Kentnisse vorausgenommen** hat. Denn manches, was bislang als bloße Errungenschaft des Westens gefeiert wurde, erweise sich bei entsprechender Deutung bestimmter kryptischer Mantras als urhinduistisch und bereits im altindischen Denken grundgelegt: das Fernmeldewesen (*tāravidyā*, »Übertragungskunde«), die Konstruktion von Schiffen und Flugzeugen (*nauvimānavidyā*), Schwerkraft und Anziehungskraft (*ākarṣaṇa, anukarṣaṇa*) und anderes mehr werden so von Dayānand in der Einleitung seines Ṛgveda-Kommentars als genuin vedische Lehren ausgegeben ... So kühn diese Projektionen im einzelnen auch waren, außerhalb des Ārya Samāj als Kuriosum der Veda-Exegese belächelt und heftig umstritten, so waren sie für manchen Hindu ein wichtiger Brückenschlag von der Tradition zur Moderne: Weltlicher Fortschritt schien nicht mehr nur vom Christentum abhängig, sondern habe auch in der indischen Tradition, wenn auch verborgen, nicht nur potentiell, sondern auch tatsächlich einen gleichrangigen Nährboden.[154]

Dayānands Einsatz für einen reformierten Hinduismus nach den Grundsätzen des Ārya Samāj hatte zwei Jahre später bei einer Reise in den Panjāb die ersten Erfolge: Der Gedanke einer »**Bruderschaft aller Hindus**, vergleichbar der Bruderschaft des Islams, war ein Gedanke, der mindestens schon seit der Gründung der Sikh-Gemeinschaft durch Nānak in der Luft lag. Und eine **rationale, theistische Religiosität**, wie sie dem Hindutum vom Islam zugespielt wurde und wie sie nun Dayānand verkündete, war ebenfalls bereits schon fester Bestandteil der privaten Überzeugungen eines Teiles des hinduistischen Bürgertums.«[155] Gemeindegründungen des Ārya Samāj in Lahore und anderen Städten der Region sind die Folge. Die Gemeinschaft wird zum Kristallisationspunkt und **Sammelbecken** nicht nur hinduistischer Reformgruppen, sondern auch antiislamischer und antichristlicher Bewegungen auf der Suche nach Hindusolidarität und einem gemeinsamen Hindubewußtsein. Selbstbewußt sucht Dayānand jetzt auch die kritische Auseinandersetzung mit Muslimen und Christen, die er für das Hindutum gewinnen möchte, zugleich sucht der Reformator, bisher kaum politisch aktiv, die Nähe zum **politischen Nationalismus** und zur **Unabhängigkeitsbewegung**.

Erfolglos bemüht sich Dayānand indes um **Rehabilitierung** beim orthodoxen Hinduestablishment. Sein Angebot eines erneuten öffentlichen Streitgespächs in Benares acht Jahre nach seinem Debakel von 1869 wird ausgeschlagen, ein öffentlicher Auftritt wird ihm von den Briten verwehrt. Zwar gelingt ihm in Benares zunächst die Einrichtung einer Druckerei, dann sogar der Triumph der Gründung einer Zweigstelle des Ārya Samāj. Die Hinduorthodoxie vermag Dayānand aber trotz seiner journalistischen Macht nicht zu überzeugen: Im Januar 1881 verwirft eine Versammlung führender Paṇḍits aus ganz Nordindien in aller Form alle wesentlichen Thesen von Dayānands Lehre. Und womöglich fiel Dayānand dieser Unversöhnlichkeit am Ende auch selber zum Opfer: Am 30. Oktober 1883 erliegt der streitbare und umstrittene Reformer den Folgen eines Giftanschlags – wer dafür verantwortlich war, konnte nie geklärt werden.

Die Missionserfolge des Ārya Samāj besonders in Nordindien sind beträchtlich. Die Gemeinschaft gründet 1884 ihr erstes eigenes College, und immer wieder kommt es zu Massenbekehrungen ganzer Gruppen bis in die Tausende, was allerdings regelmäßig zu Spannungen und Konflikten führt: Orthodoxe Hindus sind erzürnt über die rituelle Aufnahme ehemals Unreiner, meist Kastenloser, in die Hindugemeinschaft, da sie darin die herrschende Sozialstruktur gefährdet sehen; Muslime, Sikhs und Christen finden im Ārya Samāj einen aggressiven Konkurrenten im Kampf um religiöse Klientel.

Bei allen Erfolgen kommt es unter Dayānands Nachfolgern bald zum Streit über den richtigen Umgang mit Dayānands Erbe, der schließlich 1892 nach gerichtlichen Auseinandersetzungen zur **Spaltung des Ārya Samāj** führt:

– Der **traditionalistische** und radikalere Zweig unter **Lala Munshi Rām** (1856-1926), die »Gurukula-« oder »Mahātma-Partei«, drängt auf eine wörtliche Tradierung und Umsetzung der Worte Dayānands in Lehre und Lebensform, möchte den Einfluß des Englischen im Bildungsbetrieb der Gemeinschaft zugunsten der klassischen Ausbildung zurückdrängen und gründet 1902 bei Haridwar sogar seine eigene »orthodoxe« Universität;

– der **fortschrittliche** Zweig unter **Lajpat Rai** (1865-1928), die College-« oder »Cultured-Partei«, drängt auf eine flexiblere Auslegung der Botschaft des Propheten bis zu deren Anpassung an sich ändernde Gegebenheiten, möchte Fragen der Lebensführung dem einzelnen überlassen und fördert in Colleges und Universitäten neben der klassischen Ausbildung die Lehre von englischer Literatur und Naturwissenschaften.

Trotz dieser Spaltung nimmt die Mitgliederzahl des Ārya Samāj vor allem nach der Jahrhundertwende stetig zu: von 243 000 im Jahr 1911 auf rund eine Million im Jahr 1930![156] Als aber mit Indiens Unabhängigkeit der Panjāb, Stammland und Hauptverbreitungsgebiet der Gemeinschaft, Pakistan zugeschlagen wird, verliert die Gemeinschaft merklich an Einfluß, heute ist sie noch als »International Aryan League« in Delhi aktiv.

Bhakti, Vedānta und religiöser Inklusivismus: Rāmakṛṣṇa

Zielte der Ārya Samāj auf Wiederherstellung und Verbreitung eines geläuterten Hinduismus auf vedisch-brahmanischer Basis, in Konkurrenz und Konfrontation zur traditionellen Orthodoxie und den monotheistischen Religionen, so entwickelt der **Mystiker Rāmakṛṣṇa** (1836-1886) auf Grundlage von viṣṇuitischer Bhakti und Vedānta-Philosophie die Vision einer alle Religionen umfassenden und transzendierenden Philosophie und Spiritualität.

Gadādhara Chatterjee, so Rāmakṛṣṇas bürgerlicher Name, Sohn armer Bauern aus einer Brahmanenkaste nördlich von Kalkutta, fällt schon als Kind auf mit seinen Neigungen zu religiös erregten Zuständen bis hin zur Trance. Ohne allzu großes Interesse an schulischer Bildung wird er als 19jähriger wider Willen Priester-Assistent im neuerrichteten Dakṣiṇeśvara-Tempel in Kalkutta. Sein älterer Bruder ist Priester in diesem Kālī-Tempel, der, von einer »unreinen« reichen Śūdra-Frau gestiftet, erst nach langen Auseinandersetzungen 1885 geweiht werden kann – daher auch zunächst der Widerstand des frommen Rāmakṛṣṇa. Als sein Bruder nach einem Jahr plötzlich stirbt, übernimmt Rāmakṛṣṇa dessen Amt. Von Anfang an entwickelt er eine tiefe **mystische Beziehung zur Göttin Kālī**, der »Erretterin der Welt« (*bhavatāriṇī*), deren Götterbild Rāmakṛṣṇa liebevoll umsorgt, geradezu besessen von dem Wunsch, die Göttin möge sich ihm doch offenbaren. Verzweifelt und dem Freitod nahe, erfährt Rāmakṛṣṇa schließlich die ersehnte Vision: »Ich beschloß, meinem Leben ein Ende zu machen. Wie ein Wahnsinniger stürzte ich auf das Schwert zu, ergriff es, und da – offenbarte sich mir plötzlich die gnadenvolle Mutter. Die verschiedenen Teile der Gebäude, der Tempel und alles übrige verschwanden spurlos vor meinen Augen. Statt dessen sah ich einen Ozean des Geistes, grenzenlos, unendlich, blendend. ... Ich konnte nicht mehr atmen. ... Mein Inneres wurde von einer stetigen Welle unaussprechlicher, mir noch völlig unbekannter Glücksgefühle durchflutet, und ich fühlte die Gegenwart der Göttlichen Mutter.«[157]

Erst vereinzelt, dann immer öfter hat Rāmakṛṣṇa jetzt solche Visionen. Nur sie vermögen dem vermeintlich psychisch Kranken – so die Besorgnis seiner Familie – ekstatisches Glück und inneren Frieden zu bringen. Um seiner »göttlichen Mutter« **Kālī** noch näher zu kommen, legt Rāmakṛṣṇa alle irdischen Begierden ab, kasteit sich mit der Reinigung von Latrinen Unberührbarer und anderen erniedrigenden Diensten. Eine Heirat, von der Familie angestrebt, um den »Kranken« zu heilen, gerät zur Farce: Statt einer standesgemäßen Braut »schaut« Rāmakṛṣṇa selber in Trance die fünfjährige Sāradā, die er denn kurioserweise auch »heiratet«, doch nach der Zeremonie in ihrem Dorf zurückläßt; als Erwachsene sollte sie später, als »göttliche Mutter« deifiziert, an seiner Seite leben.

Der Mystiker ist 25, als sich **Bhairavī**, eine tantrische Asketin, seiner annimmt: Unter ihrer Obhut lernt er seine Tranceerlebnisse zu zügeln und erreicht die höchste Phase ekstatischer Gottesliebe. Intensiv praktiziert Rāmakṛṣṇa viṣṇuitische **Bhāvas**, geistige Haltungen, in denen sich der **Bhakti**-Suchende in Gestalten viṣṇuitischer Mythologie hineinversetzt, um so eine persönliche Beziehung zu Gott aufzubauen, um liebende Hingabe und schließlich **Identifikation mit Gott** zu erleben.[158] Wie besessen schlüpft Rāmakṛṣṇa tagelang bis zur völligen Identifikation in die Rolle Hanumats, Rādhās und anderer. Diese **ekstatische Bhakti** wird Rāmakṛṣṇas bevorzugter Weg zu Gott, zu seiner göttlichen Mutter Kālī, den er durch Singen, Gebete, ekstatische Tänze (*kīrtan*) und Meditation praktiziert. Ziel dieses Weges, den er auch seinen Schülern empfiehlt, ist eine »**Vernarrtheit in Gott**, bei der der ordnende Verstand, ›weltliche‹ Sorgen und Handlungen, gesellschaftliche Konventionen zeitweise abfallen und dieses Hineingerissensein in Gott bleibt«[159].

Drei Jahre später gewinnt Rāmakṛṣṇa den strengen **Vedānta-Mönch Totāpurī** als Lehrer: ein ausgesprochener Gegner der Bhakti, der ihn in **Vedānta-Philosophie** unterweist. Statt den persönlichen Gott gilt es jetzt, die mystische Einheit mit dem eigenschaftslosen, all-durchdringenden Brahman zu suchen, das letztlich alles übersteigt und umfaßt. Denn nach vedāntischer Lehre existiert nichts außer jenem Brahman, Substrat der gesamten vergänglichen Wirklichkeit, reines **Sein** (*sat*), reines **Bewußtsein** (*cit*) und reine **Wonne** (*ānanda*). Es kann nicht intellektuell erkannt, sondern nur erfahren werden: in einer **höheren mystischen Erfahrung**, wo Subjekt und Objekt, Erkennendes und Erkanntes ineinander aufgehen, verschmelzen. Auch diese Herausforderung wird von Rāmakṛṣṇa gemeistert: Fast sechs Monate, kaum zu überleben, soll er in ununterbrochener Entrückung in der Vereinigung mit Brahman verweilt haben.

Jahre später sammelt Rāmakṛṣṇa Erfahrungen mit **Islam** und **Christentum**. Dies muß ihn nachhaltig beeindruckt haben, zumal er eines Tages beim Spaziergang am Fluß Gaṅgā plötzlich eine **Christusvision** erlebt. Eine männliche Gestalt kommt auf ihn zu und eine Stimme spricht zu ihm: »Das ist Jesus Christus, der große Yogī, der liebende Gottessohn. Der eins ist mit dem Vater, der sein Herzblut vergoß und Qualen erlitt für die Errettung der Menschheit.«[160] Danach umarmt ihn die Gestalt und löst sich in ihm auf – für Rāmakṛṣṇa die Erfahrung der Einheit mit Brahman und Christus fortan für ihn eine Inkarnation, ein »Avatāra« Gottes! So gelangt Rāmakṛṣṇa schließlich zu der für ihn paradigmatischen Überzeugung, »daß jeder Heilsweg zu dieser selben Realisierung führt und daß deshalb auch **alle Religionen wahr** sind«[161]. Alle Religionen führen zum selben Ziel, so wie alle Menschen vom einen und selben Wasser trinken.

Rāmakṛṣṇa ist kein Neohindu im engeren Sinn: Er sucht weder den Anschluß an den Brāhma Samāj noch zu Vertretern der nationalen Bewegung. Überhaupt hat er für den gesellschaftlichen und religiösen Reformwillen mancher Zeitgenossen wenig Verständnis, und erst im Alter findet er Kontakt zur englischsprechenden Mittelschicht. Dennoch ist Rāmakṛṣṇa mit seiner religionsübergreifenden Spiritualität maßgeblich an der **Erneuerung des Hinduismus** beteiligt, den auch er als zeitlose, ewige Religion (*sanātana dharma*) begreift. Rāmakṛṣṇa ist wohl einer »der eindrucksvollsten Fälle des ›Inklusivismus‹ im 19. Jh., einer Grundform der Selbstbehauptung des Hinduismus, die gerade durch die ›Offenheit‹, in der sie sich präsentiert, die Bemühungen der christlichen Missionare weitgehend vereitelt hat«; kein Synkretismus im Sinne Keshab Chandra Sens, wohl aber »eine Extrapolation des traditionellen Hinduismus, eine Antwort an die Europäer aus einem Vedānta tantrischer Prägung heraus«: »zeitlose Gegenwart des Religiösen schlechthin, der nichts Neues zustoßen kann«[162].

Am 16. August 1886 stirbt Rāmakṛṣṇa 50jährig an Krebs. Auf seinem Sterbebett erteilt er seinem Lieblingsschüler Narendra Nāth Datta alias **Svāmī Vivekānanda** (1863-1902) den Auftrag, sich seines geistigen Erbes und seiner Schüler anzunehmen.

»Praktischer Vedānta« und religiöser Nationalismus: Vivekānanda

Narendra, Sohn eines freidenkerischen Vaters und einer traditionell-religiösen Mutter, begegnet Rāmakṛṣṇa zum erstenmal als 18jähriger im November 1881. Noch während seines Jura- und Philosophiestudiums in Kalkutta begibt sich der westlich Sozialisierte und europäisch Gebildete auf religiöse Suche: Er tritt dem Brahmo Samāj bei, wo ihm aber letztlich die **religiöse Erfahrung** fehlt, jenes tiefe spirituelle Erleben, das ihm Antworten auf seine religiösen Fragen und Bedürfnisse gibt und das er schließlich bei **Rāmakṛṣṇa** findet.[163]

Sechs Jahre später, ein Jahr nach Rāmakṛṣṇas Tod, legt Narendra die Mönchsgelübde ab und durchwandert zuerst mit einer Gruppe von Mönchen, dann allein knapp sechs Jahre als Bettelmönch ganz Indien. In Südindien erfährt er eher zufällig vom ersten »**Parlament der Weltreligionen**«, das anläßlich der Weltausstellung in Chicago im September 1893 zusammenkommen soll – faktisch die erste interreligiöse Begegnung auf Weltebene[164]. Narendra nimmt den Name **Svāmī Vivekānanda** an und reist – vom Mahārāja von Khetri, einem Gönner und späteren Schüler, mit Kleidung, Geld und Ersterklasseticket ausgestattet – ohne Einladung nach Chicago. Mit seinen Plädoyers zum Hinduismus, zur Rolle des Christentums in Indien und zum Verhältnis der Religionen überhaupt hat Vivekānanda so großen Erfolg, daß ihn die Presse später als geistesmächtige **Lichtgestalt des Parlaments** feiern wird.[165]

Selbstbewußt repräsentiert Vivekānanda in Chicago einen vielgestaltigen und **weltoffenen Hinduismus**, der bei allen Defiziten dem missionierenden Westen als **Vorbild** dienen sollte: »Ich bin stolz«, so Vivekānanda schon in seinem spontan formulierten Begrüßungsstatement bei der Eröffnung, »zu einer Religion zu gehören, welche die Welt Toleranz und universale Akzeptanz gelehrt hat. Wir glauben nicht nur an die universale Toleranz, sondern wir nehmen auch an, daß alle Religionen wahr sind.«[166] Nach einer programmatischen Rede über die vielen spirituellen Wege, die zu Gott führen, und nach mehreren weiteren Statements schließt Vivekānanda am Ende des Parlaments mit einem glühenden Plädoyer für gegenseitigen **Respekt und Toleranz der Religionen**: »Der Christ soll kein Hindu oder Buddhist werden, noch soll ein Hindu oder Buddhist ein Christ werden. Aber jeder muß den Geist der anderen aufnehmen und dennoch seine Individualität bewahren und wachsen nach seinem eigenen Gesetz des Wachstums. Wenn das Parlament der Religionen der Welt eines gezeigt hat, dann dies: Es hat der Welt bewiesen, daß Heiligkeit, Reinheit und Nächstenliebe nicht die exklusiven Besitztümer irgendeiner Kirche der Welt sind und daß jedes System Männer und Frauen mit herausragendem Charakter hervorgebracht hat. Und sollte jemand vom ausschließlichen Überleben der eigenen Religion und der Zerstörung der anderen träumen, dann habe ich aufgrund dieser Tatsache aus tiefstem Herzen Mitleid mit ihm und mache ihn darauf aufmerksam, daß trotz Widerständen auf dem Banner jeder Religion bald geschrieben stehen wird: ›Hilfe und nicht Kampf‹, ›Anpassung und nicht Zerstörung‹, ›Harmonie und Frieden und nicht Uneinigkeit‹.«[167]

Von einer Woge der Sympathie getragen, reist Vivekānanda bis August 1895 unermüdlich durch die **USA**, hält Vorträge und Seminare, gibt Yogakurse, gewinnt viele tausend Schüler und gründet zahllose Vedānta-Zentren, die bis heute mit großem Erfolg Vivekānandas neovedāntische Lehren verbreiten. Anschließend geht er nach **Frankreich**, dann nach **England** – mit ähnlichem Erfolg. Nach insgesamt dreieinhalb Jahren in Übersee trifft Vivekānanda im Januar 1897 wieder in Colombo ein: Wie ein Held wird er von seinen Landsleuten gefeiert, er, dem es anscheinend gelungen war, dem vermeintlich so überlegenen Westen die wahre Größe und Weisheit Indiens zu vermitteln und zahllose Menschen dafür zu begeistern. Vivekānanda ist von der **spirituellen Mission Indiens und des Ostens** überzeugt und kann seine Landsleute, vor allem auch die jungen Intellektuellen, für diese Idee begeistern. Unter dem Eindruck seiner Reise durch die USA, wo ihn praktische Philanthropie und Organisation der Volksbildung begeisterten, gründet Vivekānanda noch im selben Jahr mit westlichen Schülern in **Belur Math** bei Kalkutta die **Rāmakṛṣṇa-Mission**: Eine

Organisation, die bis heute »die von ihm philosophisch verarbeiteten Lehren des Meisters zu verbreiten und, in enger Verbindung mit dem Orden, durch Errichtung und Betreuung vieler Schulen, Hospitäler ..., Waisenhäuser, Klubs, Leihbibliotheken praktisch anzuwenden versucht«[168].

Vivekānanda ist ein kluger Stratege und ein begnadeter Charismatiker mit exzellentem Gespür für sein Auditorium. Aber entgegen einer allgemein verbreiteten Glorifizierung des Reformers bemängeln Kritiker, wie etwa der Indologe Wilhelm Halbfass, Vivekānandas populistischen Stil und das Fehlen jeglicher hermeneutischer Reflexion: Vivekānandas Werk sei »auf weite Strecken rhetorisch und popularisierend« und es reduziere »die Komplexität des klassischen Vedānta auf einfache und zuweilen oberflächliche Formeln«: »Er spricht wieder und wieder zu westlichen Zuhörern über Indien und den Hinduismus, zu seinen Landsleuten über den Westen und zu beiden Seiten über ihr gegenseitiges Verhältnis, wobei er meist drastisch vereinfacht und schematisiert«[169].

In der Tat liegt gerade darin wohl auch der Schlüssel zu Vivekānandas Erfolg. Formelhaft stellt er Indien und den Westen einander gegenüber – jedoch geschickt als komplementäres Gegensatzpaar, das einander braucht und ergänzt: auf der einen Seite der materialistische, hedonistische und säkularisierte Westen, der jetzt Indien brauche und die indische Spiritualität; auf der anderen Seite das gesellschaftlich und politisch degradierte Indien, für das er sich des Westens Kraft, Organisationstalent, soziale Tugenden, technologisches Wissen und Dynamik nationaler Identität wünscht, das sich aber selbstbewußt auf seine ureigenen kulturellen Wurzeln besinnen müsse. Also keine Imitation oder Anpassung an den Westen, wie ein Stück weit vom Brahmo Samāj favorisiert, sondern **Selbstbehauptung** des Hinduismus aus seinen **eigenen Quellen** religiöser und nationaler Kraft und Identität, auf die sich Indien neu besinnen muß. Zentraler Bezugspunkt ist für Vivekānanda die **Einheitslehre des Vedānta**. Denn im Advaita-Vedānta finden »Ethik, Selbstvertrauen und Bruderliebe ihren wahren und verbindlichen Grund: Für das, was in den ethischen und sozialen Bestrebungen des Westens an die Oberfläche tritt, haben die Inder die wahre und metaphysische Begründung entdeckt. Sie müssen nur neu sich aneignen und in die Tat umsetzen, was schon immer in ihrem Besitz gewesen ist. Ihr Vedānta muß ›praktischer Vedānta‹ werden.«[170]

Vivekānandas praktischer Vedānta oder »Neovedānta« geht über Śaṅkaras monistischen Advaita-Vedānta, der nach Vivekānanda der Welt ihre Reinheit habe zurückgeben wollen, auf das **upaniṣadische Identitätsprinzip** zurück: auf die berühmte Formel **tat-tvam-asi**, »das bist Du«[171], welche die Einheit des individuellen Selbst (*ātman*) mit der Weltseele (*brahman*) zum Ausdruck bringt. In dieser einmal erkannten Beziehung zum Brahman erfahren alle Individuen, daß sie faktisch eine Einheit bilden, was wiederum umfassendes Mitleid und altruistisches Handeln provoziert.

Schon 1961 hatte Paul Hacker[172] aufgezeigt, daß diese **ethisch-soziale Applikation der vedāntischen Identitätsphilosophie** offenbar keine genuin indische Erfindung war, sondern wohl auf westlichen Einfluß zurückgeht: An keiner der zentralen Stellen der Sanskritliteratur, wo Mitleid und Selbstlosigkeit metaphysisch begründet sind, werde dies durch dieses Identitätsprinzip getan. Urheber dieser Begründung sei vielmehr **Arthur Schopenhauer**, der anhand der genannten Upaniṣad-Stelle und zweier Bhagavadgītā-Verse (13,27f.) seine eigene Ethik auf die indische Identitätslehre übertragen habe. Schopenhauers Schüler **Paul Deussen** habe diesen Gedanke übernommen, und über ihn habe er dann Eingang in das **moderne indische Denken** gefunden: In einer Rede in Bombay am 25. Februar 1893 habe Deussen seine Vedānta-Auslegung erstmals öffentlich vorgetragen. Am 9. September 1896 ist Deussen dann mit Vivekānanda auf dessen Europareise in Kiel zusammengetroffen, wo er drei Tage mit ihm zusammen war, um dann mit ihm nach England zu fahren.[173] In Gesprächen habe Deussen dem Svāmī seine Interpretation erläutert, die denn auch umgehend in Vivekānandas Reden und Denken ihren Niederschlag gefunden habe.

Hackers These, im Kern sicher richtig, aber wohl auch »durch eigene religiöse Prämissen getrübt«[174] und in Details der »Ergänzung und Modifikation«[175] bedürftig, wurde schon von Hacker selber zehn Jahre später relativiert: Er habe »das **Nebeneinander** der Schopenhauerschen Moralbegründung mit der positivistischen Ethik und dem Imperativ des Glaubens an das eigene Selbst bei Vivekananda noch nicht erkannt«[176]. In der Tat treten in Vivekānandas Begründung seiner Ethik »mehrere Motive« nebeneinander, die »oft aus taktischen oder rhetorischen Gründen, dem jeweiligen Publikum entsprechend«, aufgenommen werden. Was ihm Deussen seinerzeit angeboten hatte, war »eine willkommene zusätzliche Begründungsweise, eine weitere Handhabe nicht nur für seine praktische Programmatik, sondern auch für den hinduistischen Selbstbehauptungs- und Aufhebungsanspruch gegenüber dem Westen«[177]. Daß vor Vivekānanda die Schopenhauersche Begründung in Indien nicht gängig war, ist wohl richtig. Allerdings hat es den Anschein, daß er selber aus dem Identitätsprinzip gar keine praktischen ethischen Forderungen ableiten, sondern das Mitleid nur metaphysisch erklären wollte. Erst Deussen hat wohl »Schopenhauers Metaphysik des absoluten Willens mit der christlichen Nächstenliebe zu einem ›harmonischen Ganzen‹«[178] zusammengefügt.

Vivekānanda selber war sich dieser Problematik jedenfalls wohl kaum bewußt. Der von ihm in diesem Sinn vedāntisch interpretierte ethische, universale und tolerante Hinduismus, war für ihn jene einzigartigeTradition, mit der Indien zu eigener kultureller und nationaler Identität finden und die Welt erobern werde, ja die die Welt bereits erobert hat, da dieser Hinduismus im Grunde alle anderen Religionen in sich aufgehoben und künftige Entwicklungen im Prinzip schon vorweggenommen habe.[179]

Immer wieder betont Vivekānanda, daß er **kein Politiker** sei, sondern nur ein Saṃnyāsin. Zugleich schärft er aber den Menschen ein, daß Religion Kraft verleihen müsse und furchtlos mache, ja, daß der Hinduismus, »aggressiv« gemacht werden müsse.[180] Er ruft seine Glaubensbrüder auf zu **religiösem Selbstbewußtsein** und **nationaler Solidarität**. Und die ist, ähnlich wie für Dayānand Sarasvatī und Śri Aurobindo, nur ein Durchgangsstadium zu einer **solidarisch geeinten Welt** – womöglich unter Indiens geistiger Führung. Insofern hat Vivekānanda nicht nur spirituell, sondern auch politisch gewirkt: Sein religiöser Nationalismus »hat eine außerordentliche Wirkung gehabt. Neben anderen Bewegungen, z. B. der theosophischen, hat die von Vivekananda ausgegangene geistige Strömung einen bedeutenden Beitrag zur Hebung des nationalen Selbstbewußtseins der Inder und damit, in letzter Auswirkung, auch zur politischen Befreiung des Landes geleistet.«[181]

Indiens nationales Erwachen indes hat Vivekānanda nicht mehr erlebt. Der charismatische Reformer stirbt, chronisch krank, im Juli 1902 im Alter von nur 39 Jahren in Belur Math. Sein Arbeits- und Wohnraum ist bis heute Wallfahrtsziel für zahllose Menschen – Inder vor allem, aber auch Vivekānanda-Verehrer aus aller Welt. Wie ein Heiliger wird er dort verehrt: Er, der einst als unbekannter Mönch Indien und dem Hinduismus in der Welt eine Stimme, Ansehen und Selbstbewußtsein gegeben hat.

5. Mahātmā Gāndhī: Leitfigur Indiens zur Unabhängigkeit

Kaum eine Einzelperson hat Indiens »moderne« Geschichte so sehr geprägt wie **Mahātmā Gāndhī** (1869-1948).[182] Er war in vielerlei Hinsicht einzigartig, vor allem deshalb, weil er es wie kein anderer verstand, **ethisch-religiöse Überzeugungen** zu verbinden mit **politischer Klugheit** und **Pragmatik** und darüber hinaus für Eliten wie Massen **praktische Methoden** zu entwickeln, die gesteckten politischen Ziele auch tatsächlich zu erreichen. Gāndhī war Aktivist, Realpolitiker, Idealist und Charismatiker in einem. Er war nicht nur ein wirklicher panindischer Denker und Reformer, der Indiens Bevölkerung von Norden nach Süden und von Westen nach Osten inspiriert, angeleitet und zu politischem Widerstand und schließlich zur Unabhängigkeit mobilisiert hat. Bis heute ist Gāndhī mit seinen Methoden des **zivilen Ungehorsams** und des **gewaltfreien Widerstandes** Millionen Menschen weltweit ein Vorbild in ihrem Kampf um Befreiung von Ungerechtigkeit und Unterdrückung.

Der junge Gāndhī

Mohandās Karamcand Gāndhī, so sein bürgerlicher Name, stammt aus einer wohlhabenden, mittelständischen Familie, der kaufmännischen Banyakaste zugehörig. Sein Vater, gewissenhaft und streng, der Religion gegenüber offen und politisch erfolgreich, war zu verschiedenen Zeiten Premierminister eines kleinen Fürstentums auf der Halbinsel Kathiawar. Seine Mutter, eine intelligente, fromme **Viṣṇuitin** und Verehrerin **Rāmas**, macht den jungen Gāndhī von klein auf mit viṣṇuitischen Schriften – dem Rāmāyana, den Purāṇas und anderen – und mit religiösen Übungen wie **Fasten** und **Askese** vertraut.[183] Schon mit **13** Jahren wird Gāndhī nach indischer Sitte **verheiratet**; seine kindliche Frau Kasturbai, auch erst 13, sollte sich als mutige Partnerin und lebenswichtige Stütze des späteren Aktivisten erweisen. Gāndhīs schulische Erfolge halten sich in Grenzen, doch träumt er schon als Jugendlicher von England als dem Land der Philosophen und Dichter und findet schließlich mit Hilfe seines Bruders – sein Vater stirbt 1885 – Mittel und Wege, in London am begehrten »Inner Temple« Jura zu studieren.[184]

Gegen den Widerstand einiger Kastenoberen geht Gāndhī 1888 nach **London**: heimatlos, unsicher, schüchtern, fremd. Ein guter **Engländer** will er sein, kleidet sich wie ein Gentleman, übt britische Umgangsformen, nimmt Sprach- und Musikunterricht – alles nur mit mäßigem Erfolg. Und ein guter **Hindu** will er sein, möchte die religiösen Vorschriften halten, weil der Mutter versprochen, Alkohol meiden, enthaltsam und vegetarisch leben, was ihm ebenfalls große Schwierigkeiten bereitet. Schließlich findet er zu einer authentischen indischen Lebensform, gewinnt gleichgesinnte Freunde und beginnt ganz allmählich in der Fremde Fuß zu fassen.

Gāndhī bekommt Kontakt zur **Theosophischen Bewegung**, liest Blavatskys »Key to Theosophie« und Besants »How I became a Theosophist«, doch schreckt ihn Annie Besants Atheismus ab, und er bleibt der Gemeinschaft am Ende fern. Anders die englische Lektüre der **Bhagavadgītā**, die er jetzt zum erstenmal ganz liest und die bei dem 20jährigen einen tiefen Eindruck hinterlassen haben muß; später wird er schreiben: »Die Stelle im zweiten Kapitel: ›Wenn ein Mensch an die Sinnesobjekte denkt, entsteht Verhaftung an sie, aus der Verhaftung entspringt Begierde, aus der Begierde flammt wilde Leidenschaft. Aus der Leidenschaft entsteht Geistesverwirrung, aus dieser Vergessenheit schon erkannter Wahrheiten, aus dieser Zerstörung des Verstandes, an dieser geht der Mensch zugrunde‹ machte mir großen Eindruck und klingt mir heute noch im Ohr … Dieser Eindruck hat sich seither ständig vertieft mit dem Eindruck, daß ich es heute als das Buch par excellence für die Erkenntnis der Wahrheit halte.«[185] Freunde möchten Gāndhī für das **Christentum** gewinnen: Die Lektüre des Alten Testaments bricht er nach wenigen Büchern irritiert ab, das Neue

Testament hingegen spricht ihn tief im Herzen an, besonders die **Bergpredigt** erinnert ihn an die religiöse Dichtung seiner Heimat. Später werden seine Schriften neben ständigen Bezügen zur Hinduliteratur auch »durchsetzt sein von biblischen Redewendungen und Gleichnissen«[186].

Der Weg zum Freiheitskämpfer: Südafrika

Nach **Indien** zurückgekehrt, versucht sich der junge Jurist vergeblich in Bombay als **Rechtsanwalt**: Er ist immer noch so schüchtern, daß er kaum zusammenhängende Sätze frei sprechen kann. Als Rechtsberater kommt er schließlich in der Firma seines Bruders unter, der ihn **1893** nach **Südafrika** schickt, wo Gāndhī die Interessen der Firma in einem Streitfall vor Gericht vertreten soll. Bald bekommt der gebildete Jurist mit ausgeprägtem Gerechtigkeitsempfinden am eigenen Leib zu spüren, daß er als Inder in Südafrika ein **Mensch zweiter Klasse** ist: Auf dem Weg nach Pretoria wird er trotz Ersterklasseticket aus dem Abteil geworfen und muß die Nacht frierend auf einem Bahnsteig verbringen. Schnell begreift er, wie schlecht es um die Rechte seiner Landsleute im Apartheidsystem steht, und wird bald zu deren **politischen Führer**: Erfolgreich bündelt er die zersplitterten politischen Kräfte, klärt seine Landsleute juristisch auf, beginnt eine breitangelegte Bildungsarbeit und schafft Meinungsbildung: »Mit seiner unermüdlichen Tätigkeit schult er nicht nur ein Führungskorps in der Abhaltung von Versammlungen und Konferenzen, er zeigt, wie man Bitt- und Denkschriften abfaßt, er weiht seine Landsleute ein in die Methoden der konstitutionellen Agitation und zeigt ihnen, wie man Deputationen an die Regierung sendet.«[187]

In Südafrika begegnet Gāndhī auch jenen »westlichen Autoren, die ihn in seiner Idee der gewaltosen Aktionen bestärkten und seinem Entwurf zur Sanierung der Gesellschaft die konstruktive Basis lieferten«[188]:

- **Henry David Thoreau**, bei dem Gāndhī den **zivilen Ungehorsam** als Mittel politischer Agitation kennenlernt[189];
- **Leo Tolstoj**[190] mit seiner Lehre der **gewaltfreien Aktionen**, die bei Gāndhīs **Satyāgraha**-Kampagnen[191] zum wichtigen politischen Instrument werden sollten; mit ihm hat Gāndhī regen Briefwechsel;
- **John Ruskin**, dessen Schriften Gāndhī die gegenseitige Abhängigkeit vom Wohl des einzelnen und dem der Allgemeinheit bewußtmachten, was sich in Gāndhīs späteren Programmwort **Sarvodaya** (»Wohlfahrt aller«) niederschlagen sollte.[192]

Mehrfach ruft Gāndhī seine Landsleute zu **zivilem Ungehorsam** auf (und wird dafür 1908 zweimal zu Zwangsarbeit verurteilt), unermüdlich verhandelt er mit den politischen Führern Südafrikas, agitiert und mobilisiert politische

Unterstützung aus Indien und von der britischen Regierung. Zwanzig Jahre ist er jetzt in Südafrika, zwischenzeitlich zwei Jahre in Indien[193], sieben Jahre dauerte sein politischer Kampf, bis er schließlich **1914** sein Ziel erreicht: Im **Indians Reliefs Act** werden alle inderfeindlichen Gesetze aufgehoben, den Indern werden volle Niederlassungsrechte gewährt, und sie sind jetzt **gleichberechtigte Staatsbürger Südafrikas.** Im Jahr darauf nennt **Rabīndranāth Tagore** – jener große bengalische Literat, mit dem Gāndhī eine tiefe Freundschaft verbinden sollte[194] – den Aktivisten wegen seines großartigen Kampfes **Mahātmā**[195], die **große Seele** Indiens. Gāndhī selber hat übrigens diesen Ehrentitel für überzogen gehalten und nie für sich in Anspruch genommen: Bescheiden schreibt er noch im Juni 1945 an Śri Sarojini Devi Naidu, die ihn ebenfalls »Mahātma« nennt, daß er nicht das geringste von einer »großen Seele« hätte, sondern daß er bestenfalls ein guter Vater sei – mehr nicht …

Der indische Befreiungskampf

Am Vorabend des Ersten Weltkriegs ist in Indien das politische Ringen um den richtigen Weg zur nationalen Befreiung in vollem Gang. Schon 1885 wurde in Bombay, von den neohinduistischen Reformern geistig vorbereitet, der indische **Nationalkongreß** ins Leben gerufen mit Vertretern verschiedener politischer Gruppierungen aus ganz Indien: ein »Fanal« für den »liberalen, konstitutionellen Nationalismus«[196]. **Svarāj** (»Selbstregierung«), innere und äußere **Autonomie Indiens**, ist das politische Ziel, doch sind die Reformer darüber zerstritten, wie dies zu erreichen sei. Bāl Gangadhār **Tilak**[197], radikaler Neohindu aus Mahārāṣṭṛa, schon 1907 zusammen mit Aurobindo Ghose als »extremistische Fraktion« vom Kongreß abgespalten, ist geistiger Vater dieser Idee und möchte sie, religiös verbrämt, mit allen Mitteln auch gegen die Briten durchsetzen. Gāndhī und die gemäßigten Kongreßpolitiker hingegen setzen zunächst auf eine »friedliche Opposition im Rahmen der vorgegebenen britischen Ordnung«[198].

Das herrschende Kriegsrecht, mit Beginn des Ersten Weltkrieges über Indien verhängt, läßt den Reformern kaum Spielraum für politische Aktionen. Gāndhī selber widmet sich in dieser Zeit **lokalen Kampagnen**: Nach erfolgreichem Einsatz für die **Indigobauern**[199] in Bihār und nach einer landesweiten **Hygienekampagne** organisiert er in Ahmedābād erfolgreich einen **Textilarbeiterstreik** für bessere Löhne und Arbeitsbedingungen. Britisch-loyal, wie Gāndhī ist, versucht er sogar, von Tilak heftig kritisiert, noch kurz vor Kriegsende Rekruten für die britisch-indische Armee zu werben, allerdings ohne Erfolg. 1918 erkrankt Gāndhī schwer – während der langen Rekonvaleszenz erlernt er das später für ihn so bedeutende Herstellen von eigenem Garn und Tuch.

Bei Kriegsende fürchten die Briten um ihre politische Kontrolle über das Land. Ein Gesetz des Richters Rowlatt, **Rowlatt-Bill** genannt, soll das Kriegsrecht über das Kriegsende hinaus auf Friedenszeiten ausdehnen. Nachdem britische Pläne zur Änderung der Verfassung[200] bereits für Unruhe gesorgt hatten, geht jetzt ein Sturm der Entrüstung über das Land, und **Gāndhī**, vom Kongreß unterstützt und bald dessen Führer, wird wieder **politisch aktiv**: Am 6. April 1919 ruft er zu einem landesweiten **Hartal**[201] auf, einem Tag des Fastens, des Gebetes und der Arbeitsruhe, und eröffnet damit in Indien seinen Feldzug des **zivilen Ungehorsams**. Landesweit, bis in die kleinsten Dörfer, beteiligen sich daran Inder aus allen Schichten und Religionen. Der Protest verläuft weitgehend friedlich, außer im Panjāb. Auf dem Weg dorthin wird Gāndhī festgenommen, es kommt zu Unruhen und Massenverhaftungen. Am 13. April eskaliert die Lage: Britische Soldaten, von der angespannten Lage sichtlich überfordert, zingeln in Amritsar auf einem abgelegenen Platz eine große Menschenmenge ein und eröffnen brutal das Feuer. Fast 400 wehrlose Männer, Frauen und Kinder werden bei diesem **Massaker von Amritsar** hingeschlachtet, über 2000 verletzt. Amritsar und weite Teile des Panjāb werden unter **Kriegsrecht** gestellt. Es ist der »eigentliche Auftakt zur indischen Revolution«[202], an der sich jetzt selbst die gemäßigten Kräfte beteiligen.

Gāndhī bricht den zivilen Ungehorsam ab. Nachdem die Umstände des Amritsar-Massakers zwar von zwei Kommissionen untersucht, aber die Verantwortlichen nicht zur Rechenschaft gezogen werden, beginnt er im August 1920 mit einem Brief an den englischen Vizekönig schließlich seine **Non-Cooperation**-Bewegung: Gāndhī kündigt den Briten die Zusammenarbeit auf und propagiert **Svadeśī**, »Eigenländisches«: Neben dem Boykott britischer Institutionen und der Rückgabe britischer Auszeichnungen vor allem den Boykott englischer Waren und Textilien und die manuelle Herstellung des traditionellen Baumwolltuches (*khadi*)[203] – und, ganz nebenbei, den Boykott der bevorstehenden ersten Wahlen unter der neuen, umstrittenen Verfassung. Auf einer Sondersitzung des Kongresses Ende des Jahres läßt sich Gāndhī sein Programm billigen und verkündet als politisches Ziel »**Svarāj in einem Jahr**«.

Nachdem das Boykottprogramm weitgehend friedlich und gewaltfrei abläuft, weitet Gāndhī die Kampagne zum landesweiten zivilen Ungehorsam aus, wo sie allerdings bald an Schwung verliert. Als Anfang 1922 in **Chauri Chaura**, einem Dorf im heutigen Uttar Pradesh, 22 Polizisten von aufgebrachten Demonstranten in einer Polizeiwache eingeschlossen und bei lebendigem Leib verbrannt werden, bricht Gāndhī mit einem **fünftägigen Fasten** die Aktion ab. Er wirft sich strategische Fehleinschätzung vor und übernimmt die gesamte politische Verantwortung für die Vorfälle. Auf Druck von London, wo man ihn bisher schonte, weil man keinen Märtyrer aus ihm machen wollte, wird ihm schließlich der Prozeß gemacht. Ohne sich zu verteidigen, wird Gāndhī zu **sechs Jahren Haft** verurteilt, 1924 aber aus gesundheitlichen Gründen vorzeitig entlassen. Resigniert hält er sich in den nächsten Jahren politisch im Hintergrund. Auf dem Land widmet er sich regionalen Kampagnen, sammelt erhebliche Gelder für den Unabhängigkeitskampf und engagiert sich besonders für die Verbreitung des **Khadi**, das er seinen Gefolgsleuten jetzt zur **Pflicht** macht: »Sogar der Mitgliedsbeitrag des Nationalkongresses« mußte jetzt »statt in Geld mit einer bestimmten Menge selbstgesponnenen Garns bezahlt werden«, und das handgesponnene Tuch avancierte vom Bekennersymbol »bald zu einer Art Uniform der Kongreßmitglieder«.[204]

An der Frage des zukünftigen **Status** Indiens, die bereits hinter dem Verfassungsboykott von 1917 stand, entzündet sich eine neue Welle des organisierten Protests. Als sich die britische Regierung weigert, Indien den vom Kongreß geforderten Dominionstatus zu gewähren – also Anerkennung der Unabhängigkeit bei gleichzeitigem Verbleib Indiens im Commonwealth –, erteilt der Kongreß Gāndhī »eine Blankovollmacht für die Gestaltung der Widerstandskampagne«[205]. Im Januar 1930 fordert Gāndhī Indiens **definitive Unabhängigkeit**[206] und bereitet nach den ambivalenten Erfahrungen der Vergangenheit seine Widerstandskampagne präzise vor. Fast täglich hält er in den nächsten Monaten öffentliche Vorträge, manchmal an mehreren Orten pro Tag.

Ansatzpunkt seiner Agitation ist das **britische Salzmonopol**, unter dem die Masse der Bevölkerung mit empfindlichen Steuern zu leiden hat. Die Dramaturgie der Kampagne ist minutiös geplant: Mit einer ausgewählten Schar geschulter Gefolgsleute, von Journalisten begleitet, bricht Gāndhī am 12. März von seinem Āśram in Ahmedabad zum legendären **Salzmarsch** auf, um nach 24 Tagen und über 200 Kilometern Marsch am 6. April am Strand von Dandi demonstrativ ein Salzkorn aufzuheben und damit das Salzmonopol zu brechen. Zahllose Menschen folgen Gāndhīs Beispiel. Im ganzen Land wird das gewonnene Salz verarbeitet, über 50 000 Inder werden wegen Gesetzesbruchs inhaftiert, die Gefängnisse sind hoffnungslos überfüllt. Schließlich marschieren 2 500 gewaltfreie Widerstandskämpfer (*satyāgrahis*) zu den Salzwerken von Dhrasana: Ohne den geringsten Widerstand lassen sie sich schweigend von den sichtlich irritierten Ordnungskräften niederknüppeln. Die buchstäblich »erschlagende« Macht der Gewalt wird vor den Augen der Medien *ad absurdum* geführt: Nie zuvor wurde der Welt dieses »neue Instrument friedlicher Militanz«[207], das weltweit Schule machen sollte, so eindrücklich vor Augen geführt.

Im Winter 1930/31 wird auch Indien von den Auswirkungen der **Weltwirtschaftskrise** erfaßt. Die Getreidepreise fallen um die Hälfte, und viele Bauern können ihre Pacht, von den finanziell ebenfalls bedrängten Grundherren schonungslos gefordert, kaum mehr bezahlen. Der Kongreß streitet zunächst über den Nutzen eines Pachtboykotts, solidarisiert sich dann aber mit den Bauern; in England fürchtet man jetzt einen Bauernaufstand. Gāndhī, mittlerweile inhaftiert und in Sorge um eine erneute Eskalation der Gewalt, möchte den Widerstand gern ohne Gesichtsverlust beenden. Die Briten, ihrerseits um Ruhe bemüht, berufen zur Beratung einer neuen Verfassung in London die **erste Round-Table-Konferenz** ein – allerdings ohne den Kongreß, der das Treffen boykottiert. Damit die **zweite Konferenz** 1931 nicht ebenfalls scheitert, überredet man Gāndhī zur Teilnahme. Im **Gāndhī-Irwin-Pakt** schließt er mit dem Vizekönig einen Kompromiß zur Beendigung der Proteste, »der Irwin viel und Gandhi wenig«[208] einbringt. Churchill ist darüber erbost, wie ein »halbnackter rebellischer Fakir« überhaupt mit dem Vizekönig einen Pakt schließen kann. Der Nationalkongreß ist wegen des Pakts gespalten, sehen doch die Hardliner darin einen Verrat an den Freiheitskämpfern, an der Bauernschaft und an der Sache überhaupt.

Auf weitere Verhandlungen auf der Konferenz – etwa über die zukünftige Struktur eines Bundesstaates Indien, über die Rolle der Fürstentümer und die Behandlung von Minderheiten, vor allem der Unberührbaren bei Wahlen – ist Gāndhī nicht vorbereitet. Frustiert kehrt er nach Indien zurück, nimmt seine Kampagnen wieder auf, wird aber bald wieder inhaftiert. Zudem verschärft sich der Widerstand der Bauern, und den **Unberührbaren** sollen nun doch durch einen Schiedsspruch des Premierministers bei den anstehenden Wahlen separate Wählerschaften zuerkannt werden, was Gāndhī um der Einheit der Nation Willen mit einem **Fasten bis zum Tode** verhindern möchte.

Bei der Frage des Umgangs mit der **Unberührbarkeit** und den von der indischen Gesellschaft diskriminierten **Kastenlosen** hat Gāndhī einen gewichtigen politischen Gegenspieler: **Bimrao Ramji Ambedkar** (1891-1956), selber Unberührbarer, einflußreicher Politiker und Jurist. Während **Gāndhī** das klassische System der vier **Varṇas** und faktisch auch das daraus entstandene Kastenwesen als **stabilisierenden Faktor** der indischen Gesellschaft verteidigt, sieht er in der religiös sanktionierten Ausgrenzung der Unberührbaren – von Gāndhī euphemistisch und mahnend **Harijans**, »Geschöpfe Gottes« genannt[209] – lediglich einen **Mißbrauch** des Systems, dem durch **Bewußtseinsveränderung** entgegengewirkt werden müsse. Er hofft, durch seine zahllosen Kampagnen, auch durch die Adoption eines Unberührbarenkindes, diesem Krebsgeschür der indischen Gesellschaft beikommen zu können.[210]

Für **Ambedkar** hingegen ist als Betroffenen das **ganze religiöse System** falsch und korrupt, und er kämpft mit allen publizistischen, juristischen und politischen Mitteln für dessen **Reform** und für die rechtlich-soziale Gleichstellung der Unberühbaren. Als späterer **Justizminister** in Indiens erster Regierung unter Nehru formuliert er Teile von Indiens Verfassung. Sein Versuch, mit einer **Hindu-Code-Bill** Teile des religiösen Hindurechts zu **reformieren**, scheitert allerdings 1951 am Widerstand der Orthodoxen. Daraufhin legt Ambedkar sein Amt nieder und konvertiert, nachdem er sich intensiv mit verschiedenen Religionen auseinandergesetzt hatte, schließlich am 14. Oktober 1956 in einer spektakulären **Massenkonversion** mit rund einer halben Millionen Unberührbaren

zum Buddhismus. Seither gilt der charismatische Sozialreformer als Begründer des indischen **Neobuddhismus.**[211]

Gāndhī und Ambedkar einigen sich schließlich im **Poona-Pact** auf einen Wahlmodus für die Unberührbaren. Der Kongreß hebt seine Blockadepolitik auf und kehrt wieder zurück in die konstitutionelle Arena. 1933 wird der zivile Ungehorsam eingestellt, und im Jahr darauf zieht sich Gāndhī faktisch aus dem Kongreß zurück, um sich wieder mehr seinen Hygiene- und Aufbauprogrammen auf dem Land zuzuwenden. Der Kongreß beteiligt sich an den Wahlen zum britisch-indischen Zentralparlament und erzielt einen beachtlichen Erfolg: Er gewinnt in allen Provinzen, außer in Bengalen und Panjāb mit ihrer mehrheitlich muslimischen Bevölkerung. Die Frage wird immer drängender: Wie sollten **Hindus** und **Muslime** in einem unabhängigen Indien zusammenleben?

Indien wird unabhängig – aber geteilt

Ohne zuvor die Führung des Nationalkongresses informiert, gar konsultiert zu haben, erklärt 1939 der neue englische Vizekönig Lord Linlithgow Deutschland im Namen Britisch-Indiens den **Krieg.** Brüskiert treten die vom Kongreß gebildeten Kabinette zurück, und es kommt die politische Stunde des Muslimführers **Moḥammad ʿAlī Jinnah**, der die Geschicke Indiens in den Folgejahren maßgeblich beeinflussen sollte. Jinnahs **Muslimliga** hatte bei den Parlamentswahlen nur die muslimischen Provinzen für sich entscheiden können, auf die sich Jinnah nach der Selbstentmachtung des Kongresses – von den Muslimen als »Tag der Erlösung« gefeiert – jetzt agitatorisch konzentriert. Im März 1940 fordert er nach der **Pakistan-Resolution**[212] der Muslimliga selbstbewußt die Teilung Indiens und **unabhängige Staaten für Moslems** im Nordwesten und Osten des Landes.

Die Forderung nach einem autonomen Muslimstaat war schon 1930 auf einer Sitzung der Muslimliga vom Dichter Muhammad Iqbal erhoben worden. Anschließend wurde dafür der Name **Pakistan** kreiert: aus den Anfangsbuchstaben von **Panjāb**, **Afghanistan**, **Kaśmīr**, **Sindh** und dem Wortende von **Belutschistān**; zudem forderte man noch ein »Osmanistan« für den Herrscher von Haiderābād. Was Jinnah 1930 noch für utopisch hielt, greift er jetzt, zehn Jahre später, wieder auf, und untermauert diese Idee mit seiner plakativen **»Zwei-Nationen-Theorie«**: »Hindus und Muslims Indiens (seien) in jeder Hinsicht verschiedene Nationen ..., weil sie in Sprache, Kultur und Religion keine Gemeinsamkeiten hätten«[213].

Unterdessen zwingt das rasche Vordringen der **Japaner** in Südostasien die Briten zur Initiative: Indien mußte eine Perspektive aufgezeigt werden, um es als aktiven Partner für einen **Kriegseinsatz** zu gewinnen. Politisches Taktieren innerhalb der britischen Regierung läßt aber die Mission von Sir Stafford **Cripps** zu Verhandlungen mit dem Kongreß ergebnislos enden. Der enttäuschte Kongreß reagiert mit dem unmißverständlichen Aufruf an die Briten, endlich das Land zu verlassen (»Quit India«). Daraufhin wird die komplette Kongreßführung verhaftet, und es kommt im August 1942 zu einer landesweiten blutigen Revolte, angezettelt von jüngeren radikalen Nationalisten. Gāndhī, den man für das sinnlose Blutvergießen verantwortlich macht, wird im Mai 1944, vom Fasten geschwächt, als kranker Mann aus der Haft entlassen. Die Briten hätten sogar Gāndhīs Tod beim Fasten in Kauf genommen: Im Gefängnis hatte man schon das Holz für seine Leichenverbrennung vorbereitet …

Gestärkt geht Jinnah in Verhandlungen mit Gāndhī über eine **Teilung Indiens**: Gāndhī möchte erst einen Föderationsvertrag, dann, wenn überhaupt, eine Teilung; Jinnah möchte erst teilen, dann verhandeln. Indiens Zukunft steht auf des Messers Schneide: »Wäre nun auf britischer Seite eine bewußte Politik der Machtübergabe nach Kriegsende mit dem Ziel der Erhaltung der Einheit Indiens betrieben worden und hätte man rechtzeitig einen Vizekönig ernannt, der die nötigen Vollmachten und das diplomatische Geschick besessen hätte, diese Politik zu verwirklichen, dann hätte auch zu diesem Zeitpunkt noch die Möglichkeit bestanden, die Teilung zu vermeiden.«[214] War aber nicht, im Gegenteil: Churchill hatte immer noch kein Interesse an einer Machtübergabe, und der neue Vizekönig, der ehemalige Armee-Oberbefehlshaber Lord **Wavell**, war eigentlich eine Verlegenheitslösung. Doch Wavell erkannte die Probleme[215], war aber bis zum Regierungswechsel in London – Sieg der Labour Party über Churchill, und Clement Attlee neuer Premier – faktisch blockiert. Nach einer gescheiterten Konferenz 1945 in Simla mit den Spitzen von Kongreß und Muslimliga kündigt er schließlich für 1946 Wahlen an, ohne aber einen realistischen Plan für die zukünftige Gestalt des Landes in den Händen zu haben.

Sowohl Kongreß wie Muslimliga gehen gestärkt aus den Wahlen hervor: ein **Zwei-Parteien-System**, das Jinnahs »Zwei-Nationen-Theorie« auf fatale Weise bestätigt. Eine unverzüglich nach Indien entsandte Ministerdelegation (»Cabinet-Mission«) macht einen letzten Versuch, die Einheit Indiens zu erhalten: Sie entwirft eine Verfassung für eine komplizierte Föderation auf drei Ebenen (Provinzen, Provinzgruppen, Bundesstaat) – ohne Erfolg. Am 12. August beauftragt Wavell den Kongreßführer **Nehru** mit der Bildung einer **Interimsregierung**, der sich Jinnah zunächst verweigert und politische Aktionen androht: Fast überall bleibt es ruhig, nur in Kalkutta bricht zwischen **Hindus** und **Muslimen** ein **grausames Morden** aus. Wavell, nicht in der Lage, Kongreß und Muslimliga zu einer gemeinsamen Lösung zu bewegen, wird vom neuen Vizekönig Lord **Mounbatten** abgelöst.

Mountbatten ist klug genug, sich vor Amtsantritt mit den notwendigen politischen Vollmachten ausstatten zu lassen, um das Tempo zur Unabhängigkeit derart forcieren zu können, daß den streitenden Parteien faktisch keine Alternative mehr blieb, als zu kooperieren. Alle Beteiligten – bis auf Gāndhī, der sich bis zuletzt mit Worten wie »vivisect me before you vivisect India«[216] einer Teilung Indiens widersetzt – haben sich jetzt mit der Teilung abgefunden, wenn auch niemand bis zuletzt erfährt, wo genau die Teilungsgrenzen verlaufen werden. Am **15. August 1947 um 0.00 Uhr** tritt der Teilungsplan in Kraft: **Indien** ist von nun an **geteilt** in ein **unabhängiges Bündnis mehrerer souveräner Einzelstaaten** und in den größten unabhängigen, aber geteilten Moslemstaat der Welt: **Pakistan**[217].

Jawaharlal Nehru, Interimspremier, ruft zu dieser historischen Stunde um Mitternacht das Parlament zusammen und beginnt eine bewegende Rede: »Schon vor vielen Jahren haben wir eine Verabredung mit dem Schicksal getroffen, und nun ist die Zeit gekommen, unser Versprechen wahrzumachen – zwar nicht in vollem Maße, aber doch im wesentlichen. Um Mitternacht, wenn die Welt schläft, wird Indien zum Leben und zur Freiheit erwachen. Es ist dies ein Augenblick, den man nur selten in der Geschichte erlebt: Wir lösen uns von dem Alten und begegnen dem Neuen, ein Zeitalter endet, und die Seele der Nation, die lange unterdrückt war, äußert sich frei und ungehemmt. Es ziemt sich, daß wir in diesem feierlichen Augenblick uns zum Dienst an Indien und seinem Volk und zum Dienst an der Menschheit verpflichten.«[218]

Anschließend ging man in den Palast des Vizekönigs, wo Mountbatten in aller Form gebeten wurde, sein neues Amt als erster **Generalgouverneur** Indiens zu übernehmen. Nehru übergibt Mountbatten einen verschlossenen Umschlag mit den Namen der Regierungsmitglieder. Mountbatten, neugierig, öffnet nach der Veranstaltung das Kuvert: Es war leer, Nehru hatte in der Aufregung die Liste vergessen. [219]

Erst **nach** der Machtübertragung eröffnet Mountbatten dem indischen Premier Nehru und dem pakistanischen Premier Liaqat Ali Kahn den Plan des Richters Cyrill **Radcliffe** über den genauen **Verlauf der Grenzen.**[220] Beide Seiten sind enttäuscht, und schon bald treffen erste Nachrichten über erneute Unruhen in den Grenzregionen ein. Im **Panjāb** rufen die **Sikhs**, verzweifelt über die drohende Zerteilung ihres religiösen Stammlandes, mit ihrer Forderung nach einem **unabhängigen Sikhstaat** zu einem Morden an den Muslimen auf. Muslime fliehen aus Indien nach Pakistan und werden dabei von den Sikhs angegriffen, verzweifelte Hindus fliehen umgekehrt aus dem Muslimstaat Pakistan nach Indien, und wo die Ströme aufeinandertreffen, kommt es zu hemmungslosem Mord und Totschlag. Auf Hunderten von Kilometern sind die Straßen von **Flüchtlingsströmen** verstopft, und wo die Flüchtlingsströme ankommen, stellen sie die Behörden vor kaum lösbare Probleme: Unterkunft, Verpflegung, Hygiene – von öffentlicher Ordnung nicht zu reden. Fast »**10 Millionen Menschen**« sind bis Ende September unterwegs, »**einige Hunderttausend** blieben auf der Strecke.«[221]

Ein besonderes noch ungelöstes Problem ist der Status bestimmter **Fürstenstaaten**. Ursprünglich bestand Indien aus über 500 solcher Staaten, manche nicht größer als wenige Dörfer. Die Briten hatten sich bei ihrer sukzessiven Annexion Indiens auf stategisch wichtige Landesteile konzentriert und manche dieser Fürstentümer faktisch unverändert belassen und indirekt regiert, sofern sie nicht selber zugrunde gingen oder dann auch annektiert wurden.[222] Diese Fürstenstaaten gehörten nie zu Britisch-Indien: »Sie hatten einen eigenen staatsrechtlichen Status und waren auch nicht untereinander verbunden; jeder für sich hatte aufgrund alter Verträge, die zumeist schon im 18. Jahrhundert abgeschlossen worden waren, der britischen Krone unterstanden.«[223] Diese Verträge verloren mit der Unabhängigkeit ihre Gültigkeit, und es galt, was mehrheitlich gelang, die Fürstenstaaten durch ein Abkommen dem unabhängigen Indien anzuschließen. Mit zwei Ausnahmen: die beiden größten Staaten **Kaśmīr** und **Haiderābād**. Ihre Regenten erbaten sich Bedenkzeit – allerdings zu lang: Haiderabad wird 1948 in einer »Polizeiaktion« von der indischen Armee annektiert. Das mehrheitlich **muslimische Kaśmīr** möchte schließlich zu **Indien**, wird aber von **Pakistan** beansprucht. So kommt es zum **Krieg** zwischen Indien und Pakistan, und trotz zwischenzeitlichen Friedens ist dieser Kaśmīr-Konflikt« bis heute nicht gelöst.

Daß es dagegen in **Bengalen** vergleichsweise ruhig geblieben war, ist vor allem Gāndhī zu verdanken: Mit unermüdlichem Einsatz kämpft er für eine Deeskalation der angespannten Situation. Die lebensgefährliche Vermittlung zwischen den Religionsgruppen gelingt ihm am Ende so gut, »daß sich Hindus und Muslims in Kalkutta schließlich umarmten«[224].

Gāndhīs letztes großes Verdienst war sein Einsatz für eine **gerechte Teilung der Staatskasse** zwischen den beiden Staaten. Es ging um 500 Millionen Rupien, die Pakistan zustanden. Nachdem Pakistan aber mittlerweile wegen Kaśmīr mit Indien Krieg führte, wurde dieser Einsatz Gāndhīs von den ultrarechten Hindus als **Hochverrat** an Indien gewertet. Am Nachmittag des **30. Januar 1948** begibt sich Gāndhī zur Gebetsversammlung in den Garten seines Freundes und Gönners G. D. Birla in Delhi. Beinahe täglich sprach er dort zu zahllosen Menschen. Auch der Chitpavan-Brahmane Nathuram Vinayak Godse ist an diesem Freitag anwesend, Mitglied des radikal-hinduistischen »Nationalen Selbsthilfebundes« (RSS). Als Gāndhī eintrifft, tritt Godse vor ihn: Er grüßt ihn mit »Namaste Ghāndījī«, verbeugt sich, als ob er Gāndhīs Füße küssen wollte, stößt dann aber plötzlich Gāndhīs Begleiterin zur Seite und feuert **drei Schüsse auf Gāndhī** ab. Gāndhī bleibt stehen, murmelt noch »he rām, he rām« (»o Gott, o Gott«) und bricht zusammen. Kurze Zeit später stirbt er.[225] Zu seinen letzten Worten soll der Wunsch gehört haben, daß sich Nehru und der Muslimführer Patel versöhnen, und die Bitte, den Mörder nicht zu hart zu bestrafen …

Was war nun das **Besondere**, Herausragende an Gāndhī, das ihn bis heute für zahllose Menschen weltweit – bei allen politischen Fehlern und bei allen Inkonsequenzen in seinen Theorien[226] – zum politischen und moralischen Vorbild macht? Vor allem seine beispielhafte **moralische Qualität**: Sie »zeigte sich darin, daß er die Wahl zwischen verschiedenen Interessen zu einer Sache des Gewissens machte, und daß er in jedem einzelnen Fall aufrichtig und mit aller Kraft danach strebte, Schäden für jeden zu begrenzen. Gandhi ließ für viele Normen nach innerem Kampf Ausnahmen zu ... Das ›utopische‹ Element einiger seiner Anschauungen entspricht dem traditionellen indischen Leitbild des Heiligen, der die Begrenzungen des Menschen sprengt und ihn an dauernde, wenn nicht zeitlose Werte erinnert und sie aufzeigt. Das Besondere bei Gandhi liegt darin, daß er diese Lehre in die Tat umsetzte und vorlebte.«[227]

Von ungebrochener Aktualität sind jene **Sieben Sozialen Sünden**, die er schon früh seinen Zeitgenossen als kritischen Spiegel vor Augen hielt und die **Gāndhīs Ethos** in wenigen Sätzen prägnant zum Ausdruck bringen: »Politik ohne Prinzipien, Reichtum ohne Arbeit, Genuß ohne Gewissen, Wissen ohne Charakter, Geschäft ohne Moral, Wissenschaft ohne Menschlichkeit, Religion ohne Opfer.«[228]

Ausblick: das postkoloniale Indien

Die weitere Entwicklung des postkolonialen Indiens soll und kann hier nicht behandelt werden. Bis heute ist auch kaum absehbar, wie Indien mit den vielen Herausforderungen, die seit der Unabhängigkeit über das Land hereinbrechen, fertig werden wird, wie das Land seinen Weg in die Postmoderne findet – politisch, gesellschaftlich, kulturell, religiös: »Die Einrichtung der Demokratie, die Zerschlagung der letzten unabhängigen Königtümer, die Landreformen, die rechtliche Säkularisierung der indischen Union, der Ausbau der Industrialisierung in der Nehru-Zeit, die Behebung der Versorgungsnöte durch die Grüne Revolution, der organisierte Massentourismus und die Globalisierung hinterlassen Spuren auch in den religiösen Weltbildern. Vor allem aber verändern die neuen Medien die Menschen nachhaltig. Radio, Kino – Indien hat die größte Filmproduktion der Welt –, Fernsehen und Video führen zu einer Uniformierung, Politisierung und Brutalisierung der Hindu-Religionen, das Internet zu Missionierung.«[229]

Wie viele Schwellenländer erlebt Indien, wenn man so will, eine Gleichzeitigkeit mehrerer Paradigmen, je nachdem, welche Region, welche Schichten und Gruppen man im Blick hat. Seit der Unabhängigkeit hat Indiens Bevölkerung in 50 Jahren um mehr als eine halbe Milliarde Menschen zugenommen. Seit Jahren überbieten sich Wirtschaftsvertreter, Analysten, Banken und Wirtschaftsjournale mit Voraussagen, die ein boomendes Indien als den aufstrebenden »Global Player« schlechthin feiern. Und in der Tat erlebt vor allem Indiens Inlandkonsum regional Zuwachsraten von bis zu 30 %. Während indische Politiker das Potenzial dieses Aufschwungs beschwören, brandmarken Kritiker die nach wie vor krasse Ungleichheit der Chancen im Land: »Wer kein Geld hat, hat so gut wie keine Chance auf Bildung und somit keine Chance auf sozialen Aufstieg«, mahnt etwa Jayati Ghosh, Ökonomie-Professorin an der Jawaharlal-Nehru-Universität in Neu-Delhi: »Mehr als ein Drittel aller Inder müssen noch immer mit weniger als einem Dollar pro Tag auskommen. Allein in Bombay haben fast 60 Prozent der schätzungsweise 18 Millionen Einwohner ihr Zuhause in Wellblechhütten, ausrangierten Fischerbooten – oder auf der Straße. Die Bevölkerung auf dem Land bekommt vom Wachstum noch weniger mit. Dort leben die Menschen teils ohne Wasser, Kanalisation und Strom. Die Hälfte aller Kinder – die meisten davon in ländlichen Regionen – werden unterernährt geboren.«[230]

Rund ein Drittel der indischen Bevölkerung lebt also nach wie vor unter der Armutsgrenze, die meisten sind Analphabeten. Dem gegenüber steht eine kleine, sehr reiche Oberschicht, die kaum Interesse hat an politisch-sozialem Wandel, dazwischen eine zunehmend erstarkende meist städtische Mittelschicht, deren Leben, wie noch am Beispiel der Familie gezeigt werden wird, zwischen traditioneller Verwurzelung und westlich-säkularem Lebensstil oszilliert.

Viele machen auch das Kastenwesen für Indiens schleppende ökonomisch-soziale Entwicklung verantwortlich, das, seit 1947 offiziell abgeschafft, nach wie vor auf dem Land Bestand hat, wo es mitunter auch mit zur Stabilisierung der ökonomisch-sozialen Verhältnisse beiträgt. In den Städten spielt es immer weniger eine Rolle, und es läßt hoffen, daß Indien mit Ambedkar schon früh den ersten kastenlosen Justizminister hatte und seit 1997 sogar einen kastenlosen Staatspräsidenten.

Zu einem immer größeren politischen Problem heute entwickelt sich der **radikale politisch-religiöse Nationalismus**. Dieser konnte sich seinerzeit im Unabhängigkeitskampf politisch nicht durchsetzen, umgekehrt konnte die gemäßigte Linie Gāndhīs und Nehrus, die schließlich obsiegte, die Teilung Indiens nicht verhindern. Das Ziel eines ungeteilten Indiens unter Hinduherrschaft, vielen damals wie heute aus der Seele gesprochen, blieb unerfüllt. Die religiös-nationalen Aktivisten gingen in den Untergrund und sammelten sich im »Hindu Mahāsabhā« und anderen radikalen Vereinigungen. Schon 1925 begann sich der mehrfach verbotene, von Mahādev S. Gowalkar geprägte »Rashtriya Svayamsevak Sangh« (Nationaler Selbsthilfebund, RSS) über ganz Indien auszubreiten: eine paramilitärische nationalistische Kaderschmiede, aus deren Reihen auch der Mörder Gāndhīs kam. 1948 entsteht der »Zentralrat zur Förderung der Herrschaft Rāmas« (Rām Rāja Parishad). Drei Jahre später wird der »Indische Volksbund« (Bhāratīya Jan Sangh) gegründet, dessen nationalistische Politik seit 1980 von der mächtigen »Bhāratīya Janata Party« (Indische Volkspartei, BJP) fortgeführt wird. 1964 wird der »Vishva Hindu Parishad« (Welthindurat, VHP) gegründet, später der »Shiv Sena« (Herr Shiva), der Rechtsausleger der BJP. Trauriger vorläufiger Höhepunkt dieser **fortschreitenden Fundamentalisierung und Radikalisierung** ist die von Vertretern der BJP provozierte Zerstörung einer Moschee 1992 in Ayodhyā, einst errichtet an jener Stelle, wo das Geburtshaus Rāmas gestanden haben soll: »Reinigung« des hinduistischen Indiens von allem Muslimischen!

Und damit kehren wir schließlich zurück zu unserer Frage vom Anfang dieses Buches, die jetzt erneut zu stellen ist: Wer ist überhaupt nach all dem Dargelegten ein »Hindu«, ja, läßt sich überhaupt eindeutig definieren, was »Hindusein«, »Hindutum«, was »Hinduismus« heute ist?

III. Der Hinduismus als ethisch-religiöse Herausforderung

1. Was ist »Hinduismus«?

Häufig beginnen, wie eingangs dieses Buches erwähnt, Abhandlungen über den Hinduismus mit der Entschuldigung, daß es den Gegenstand, den die betreffende Arbeit zu behandeln vorhat, nämlich den »Hinduismus«, eigentlich gar nicht gibt, weil es **den** Hinduismus nicht gibt und weil es den **Hinduismus** als Religion in der Form nicht gibt, wie man sie von Religionen landläufig annimmt: mit benennbarem Religionsstifter, identifizierbarer Grundbotschaft oder Glaubensbekenntnis, eindeutigen Institutionen, spirituellem Zentrum und anderem mehr. Und trotz aller Einschränkungen tragen die betreffenden Publikationen dann doch, wie auch im vorliegenden Fall, den Name »Hinduismus« im Titel – und dies aus gutem Grund.

Von »Indern«, »Hindus« und »Hindutum«

Freilich: Selbst in Indien ist umstritten, welche Traditionen wirklich »hinduistisch« sind und welche nicht. Und der Begriff »**Hinduismus**« ist, wenn auch kein reines »Konstrukt des Westens«[1], so doch eine relativ **junge Bezeichnung** für bestimmte indische Religionen, die in der Tat nicht von den Indern selber erfunden, von der Sache her aber spätestens seit dem 19. Jahrhundert auch von indischer Seite zur Selbstbehauptung gegenüber dem Westen mit vorbereitet wurde. Aber nicht nur der Begriff »Hinduismus« ist eine **Fremdbezeichnung**, sondern urprünglich auch der Begriff **Hindu**, von dem »Hinduismus« abgeleitet ist, ja sogar das Wort **Inder**.

Hindu ist die **persische** Form von **Sindhu**, dem Sanskritnamen des Flusses **Indus**. In diesem Sinn, als Bezeichnung jenes Flusses, kommt dieser Begriff »schon in den altpersischen Inschriften der Achaemeniden vor, die ihre Reichsgrenzen bereits zur Zeit des Kyros (559-529 v. Chr.) bis nach Gandhāra am oberen Indus, unter Dareios I. um 518 bis hinunter nach Sindh an die Mündung des Indus vorschoben und in deren Heeren indische Söldner Dienste leisteten«[2]. Die **Griechen**, die unter Alexander dem Großen in diese Region vorstießen, nannten den Fluß **Indos** und jene Menschen, die dort lebten, entsprechend **Indoi**. »Hindus« und »Indoi« sind demnach die alte persische bzw. griechische Bezeichnung für die Bevölkerung der Indusregion: die »Inder«.

Seine erste **religiös-kulturelle** Konnotation bekommt der Begriff »Hindu« unter den **muslimischen Umaiyaden**, die 712 in den Panjāb vorstoßen und dort seßhaft werden: Auch sie nennen, wie einst die Perser, die dortige Bevölkerung nach jenem Fluß »Hindus« und die Region »al-Hind«, sich selber aber nennen sie »Araber«, und markieren damit deutlich den Unterschied zwischen sich und der »ungläubigen« einheimischen Bevölkerung. **Hindus** sind also alle **Nichtmuslime** und werden auch entsprechend unterschiedlich besteuert. Auch spätere muslimische Eroberer handhaben dies so – bei durchaus differenzierter Betrachtung der verschiedenen Hindureligionen[3] – und benennen sich im Unterschied zur ansässigen Bevölkerung jeweils nach ihrer Herkunft; umgekehrt nennt man selbst indische Konvertiten, obwohl nominell auch Muslime, nach ihrer »ungläubigen« Herkunft »Hindusṭhāṇī« (= Hindus). Die später politisch so folgenschwere Abgrenzung von »Hindus« und »Muslimen«, auf beiden Seiten zur Identitätsbildung und Selbstbehauptung gebraucht, obwohl beide »Inder«, wurde also schon früh grundgelegt.

Für die ersten christlichen Missionare waren die Inder ungläubige **Heiden**: die Portugiesen nannten sie **Gentio** (vom Lateinischen *gentiles*), später in anglisierter Form **Gentoo**. Auch der Protestant Bartholomäus Ziegenbalg blieb bei der damals vorherrschenden vereinfachenden Einteilung der Welt in Christen, Juden, Muslime und Heiden, wobei er die von ihm beschriebenen südindischen Religionen als »Malabarisches Heidenthum« von den »Heiden« Afrikas und Amerikas unterschied.

Auch die ersten **Briten** nannten die Inder zunächst allgemein **Gentoos**, »Heiden«. Zwar machten einzelne auf die Unterschiede zwischen den verschiedenen Gruppen oder »Sekten« Indiens aufmerksam, aber weil der Begriff »Heiden« faktisch weltweit von den Christen als negativer Sammelbegriff für **eine** Religion jenseits von Judentum, Christentum und Islam verwendet wurde, gab es auch in der Sichtweise der Briten zunächst »keinen Raum … für mehr als eine Religion unter den Heiden Indiens«[4]. Im 18. Jahrhundert wurde dann »Gentoo« von den Briten nach und nach durch **Hindoo** ersetzt. Zwar unterschied man bald zwischen **Hindus** und den anderen indischen Religionen – Buddhisten, Jains, Sikhs –, doch ging man nach wie vor davon aus, »daß alle Hindus zur einen und selben Religion gehörten«[5]. Als die Briten dann im 19. Jahrhundert mit ihren fortan alle zehn Jahre stattfindenden Volkszählungen begannen, behielten sie diese Sicht faktisch bei. Bei der zweiten Volkszählung 1881 ist vom zuständigen Verwaltungsbeamten, dem Anthropologen Denzil Ibbetson, überliefert, wie er die Religionszugehörigkeit ermitteln ließ: »Jeder Einheimische, der unfähig war, sein Glaubensbekenntnis [creed] anzugeben oder mit dem Namen irgendeiner anerkannten Religion oder der Sekte einer solchen Religion zu umschreiben, wurde für einen Hindu gehalten und entsprechend eingestuft.«[6]

Daß die Inder selber nach der Unabhängigkeit des Landes im »Hindu Marriage Act« von 1955 das Hindusein analog definieren – ein Inder ist dann ein Hindu, wenn er nicht einer anderen Religion angehört –, muß nicht wundern. Zum einen ist diese Definition pragmatisch und entbindet von kaum zu leistenden Differenzierungen. Zum anderen erkannten die Hindus selber bald, daß ihnen diese kollektive Zuordnung auch Vorteile bringt, etwa wenn auf Grundlage der Volkszählungen Ansprüche der einzelnen Religionsgemeinschaften ermittelt wurden: Je mehr man zu Hindus zählen konnte, desto mehr konnte man sich gegenüber den anderen Religionsgemeinschaften, vor allem dem konkurrierenden Islam, behaupten.

Zudem hatten **moderne Hindurefomer** auch ein **politisches Interesse** an der Definition einer **Hinduidentität** zur Selbstbehauptung gegenüber Briten und Muslimen. Der radikale marāthische Brahmane Vināyak Damodar **Sāvarkar** (1883-1966), der »wohl einflußreichste und entscheidendste ›Ideologe‹ des militanten Hindutums der Neuzeit«[7], wegen revolutionärer Umtriebe zwölf Jahre in der Verbannung und 15 Jahre in Haft, entwickelt in seiner Programmschrift »Essentials of Hindutva« die Idee eines genealogisch-nationalistischen **Hindutums** (*hindūtva*): Hindus haben ein gemeinsames heiliges **Land** (*deś*; er nennt es mit Bezug auf das Mahābhārata »Bhāratabhūmi«), eine gemeinsame **Abstammung** und völkische **Einheit** (*hindu saṃghaṭa*), eine gemeinsame hinduistische **Kultur** mit gemeinsamer Sprache und Lebensordnung und kämpfen für ein gemeinsames **Hindureich** bzw. eine **Hindunation** (*hindu rāṣṭra*), wo der Dharma regiert. Die militante Kampfesideologie Sāvarkars und anderer Religiös-Nationaler sollte sich, wie wir sahen, politisch nicht durchsetzen. In fundamentalistisch-nationalistischen Gruppen und Parteien, die das wahre Hindutum für sich beanspruchen, lebt er allerdings heute wieder auf.

Definitionsversuche

Der Begriff »Hinduismus« als »Religion der Hindus« hat seit seiner Einführung im 19. Jahrhundert eine stetige Ausweitung erfahren[8]:

– Zunächst nannte man nur jene Religionen **Hinduismus**, die auf Grundlage der großen **Hinduepen**, der **Purāṇas**, **Āgamas** und **Tantras**, praktiziert wurden; ferner zählte man dazu die **Bhakti**-Sekten, lokale **Volkstraditionen** und die Verehrung von **Götterbildern** in täglichen Ritualen. Vom »Hinduismus« unterschieden hat man die »vedische Religion« und den »Brāhmaṇismus«: die priesterlichen Spekulationen der Brāhmaṇas, der Upaniṣads, der Sūtras und der Smṛtis, die man zeitlich zwischen »vedischer Religion« und »Hinduismus« einordnete.

– Mit zunehmender Besinnung auf das vedische und vedāntische Erbe ab der zweiten Hälfte des 19. Jahrhundert vor allem auch bei den neohinduistischen Reformern, werden ab dem 20. Jahrhundert sowohl **vedische Religion** wie **Brāhmaṇismus** ebenfalls zum Hinduismus gezählt.

– Seit der Entdeckung und Erforschung der **Industalzivilisation** werden die Einflüsse dieser Kultur auf den späteren »Hinduismus« kontrovers diskutiert. Deshalb wird heute der Begriff »Hinduismus« oft sehr weit verwendet als Bezeichnung »der Religion der Hindus seit der vedischen (und vorvedischen) Periode bis zur heutigen Zeit«[9].

Je weiter man den Begriff »Hinduismus« faßte, desto schwieriger wurde seine inhaltliche Bestimmung. Heute weiß man, daß wir es in Indien faktisch »mit verschiedenen Religionen zu tun haben, die zwar zu einem geographisch eingrenzbaren Kulturraum gehören und die sich wechselseitig beeinflussen, teilweise auch überlagern, die sich aber in Stiftern, heiligen Schriften, Glaubenslehren, Götterwelt, Ritualen, Sprachen, historischen Bedingungen und Trägern der Religion oft erheblich unterscheiden«[10]. Hindus sprechen von verschiedenen »Wegen« (*mārga*), Lehren (*mata, vāda*), Philosophien (*darśana*) oder Traditionen (*saṃpradāya*), und Hindus (wie auch manche indische Christen) können durchaus mehreren Wegen gleichzeitig angehören: »Ein ›Hindu‹ kann in den Übergangsritualen ein brahmanischer Ritualist sein, philosophisch ein Advaitin, kultisch ein Devotionalist (Bhakta) und volksreligiös ein Gaṇeśa-Verehrer«[11], er kann sogar, wie bestimmte Subkasten in Nepal, gleichzeitig Hindu und Buddhist sein. Darin liegt, bei aller Politisierung und Radikalisierung des Hinduismus gerade in jüngerer Zeit, das große Potential an Pluralismus, Toleranz und Flexibilität des Hinduismus, das ihresgleichen in der Religionsgeschichte sucht.

Wenn aber die verschiedenen Strömungen der Hindutraditionen ein so breites kaum zu harmonisierendes Spektrum ergeben, soll man dann nicht vielleicht doch besser den Begriff »Hinduismus« wegen seiner Unschärfe aufgeben? Um es mit Heinrich von Stietencron zu sagen: Nein. Man kann ihn beibehalten, wenn man sich der genannten Problemlage bewußt ist; abgesehen davon, wäre dieser weltweit eingeführte und auch in Indien mittlerweile verwurzelte Begriff wohl nur schwer zu eliminieren.[12] Und so behält auch Axel Michaels den Begriff »Hinduismus« pragmatisch »der Einfachheit halber«[13] bei.

Und wie ist dann »Hinduismus« am angemessensten zu **definieren**? Die Palette der Vorschläge ist groß, hier nur einige Beispiele, um die Schwierigkeiten einer Definition zu illustrieren:

– Auf der zweiten »**Welthindukonferenz**« 1979 schlug der »Vishva Hindu Parishad« einen sehr allgemeinen und zudem **viṣṇuitisch gefärbten Sechspunktekodex** für alle Hindus vor: Gebete sprechen, die Bhagavadgītā lesen, eine persönliche Wunschgottheit verehren, die heilige Silbe Oṃ verwenden und den Tulsī-Strauch anpflanzen.

– Immer wieder werden die **Veden** als Schriftautorität, der **Reinkarnations- und Karmanglaube** als verbindliches Dogma und das durch die Smṛti sanktionierte **Kasten- bzw. Varṇasystem** als Grundkonstanten des Hinduismus angeführt; aber schon die Autorität der Veden wird von manchen Bhakta-Gruppen und anderen Sekten abgelehnt, wiewohl sie womöglich vedische und hinduistische Götter verehren; ebenso verhält es sich mit dem Kastensystem.

– Mitunter werden Begriffe wie *brahman* (das »Absolute«), *dharma*, *mokṣa*

(»Befreiung«), *saṃsāra* (»Kreislauf der Wiedergeburten«) und *karman* (»Tatvergeltung«) als Schlüsselbegriffe des Hinduismus vorgeschlagen (so R. C. Zaehner), oder *karman*, *māyā* (»Illusion«), *nirvāṇa* (»Erlösung«) und *yoga* (so M. Eliade). Aber erstens gelten diese Begriffe auch für Buddhismus und Jainismus, und zweitens müßten für den Hinduismus womöglich noch andere hinzugefügt werden.[14]
– G.-D. Sontheimer[15] schlägt, allerdings sehr allgemein, **fünf Komponenten** vor, die in gegenseitiger Interaktion den Hinduismus konstituieren: die Arbeit und Lehre der Brahmanen, Asketismus und Entsagung, Stammesreligionen, Volksreligionen und Bhakti-Frömmigkeit.

Überzeugend scheinen mir jene **fünf Kriterien**, die **Axel Michaels** anführt, für alle jene »Religionen, religiösen Gemeinschaften und sozio-religiösen Systeme«, die unter dem Oberbegriff »Hinduismus« zusammengefaßt werden können:
– »Sie sind auf dem südasiatischen Subkontinent entstanden oder verbreitet«;
– »die soziale Organisation ist wesentlich durch besondere Abstammungs- und Heiratsvorschriften gekennzeichnet (das sogenannte Kastensystem)«;
– »es dominieren (ursprünglich) vedisch-brahmanische Werte, Rituale und Mythen«;
– »es wird eine Erscheinungsform von Śiva, Viṣṇu, Devī, Rāma, Kṛṣṇa, oder Gaṇeśa als Gott bzw. göttliche Kraft verehrt oder zumindest nicht explizit abgelehnt«;
– »es herrscht ein identifikatorischer Habitus[16] vor, der in engem Zusammenhang mit einer aus dem altindischen Opferwesen kommenden Heilsbezogenheit der Deszendenz steht, sich aber weitgehend davon gelöst hat.«[17]

Anhand dieser Kriterien unterscheidet Michaels **drei Typen von Hindureligionen**; sie entsprechen faktisch der **indischen Klassifizierung** ritueller Praktiken in **vedische** (*vaidika*), **dörflich-volksreligiöse** (*grāmya*) und **sektarische** (*āgama* oder *tantra*):

- **Brahmanischer Sanskrithinduismus**: »Eine polytheistische, ritualistische, über nahezu ganz Südasien verbreitete brahmanische Priesterreligion mit einem Schwerpunkt auf großfamiliären Haus- und Opferriten und einer Berufung auf vedische Textsammlungen als Autorität.«[18] Es ist jener »Hinduismus«, der in den meisten Publikationen (wie auch dieser) im Vordergrund steht, der in Indien dominant ist, der viele Gemeinsamkeiten in Ritus und Götterkult und Lebensweise bietet und der strukturell viele Definitionskriterien erfüllt, die üblicherweise an Religion gestellt werden. Allerdings gibt es diesen Hinduismus nie in Reinkultur, denn »beinahe alle Hindus, auch die Brahmanen, gehören zusätzlich einer anderen Religionsgemeinschaft an oder praktizieren Rituale und Feste«[19] aus mindestens einer der folgenden beiden Religionen:
- **Hinduistische Volks- und Stammesreligionen**: »Polytheistische, teilweise animistische Religionen mit einem Schwerpunkt auf lokal begrenzten, gemein-

schaftlichen, kastenübergreifenden Feiern bzw. Verehrungsformen und überwiegend volkssprachlichen sowie zahlreichen oralen Texten.«[20] Der **populäre Hinduismus** ist meist eine Mischung aus brahmanischem und volksreligiösem Hinduismus.

- **Gestiftete Religionen:** »Meist asketische, oft antibrahmanische, mitunter missionierende Erlösungsreligionen mit monastischen Gemeinschaften und Basistexten der Stifter.«[21] Dazu gehören śivaitische und viṣṇuitische **Sektenreligionen, synkretistische Stifterreligionen**, die Synthesen mit anderen Religionen eingehen oder etwa aus (neohinduistischen) Reformbewegungen erwachsen, und die vor allem im Westen aktiven postmodernen, auf einen Guru zurückgehenden **missionierenden Stifterreligionen** (»Guruismus«).

Innerhalb dieser drei Religionen können nach Michaels vier **Formen hinduistischer Religiosität** vorkommen: Der häusliche und priesterliche **Ritualismus**, die intellektualistischen Erlösungslehren des **Spiritualismus**, der mythische und hingebungsvolle **Devotionalismus** und der **Heroismus** mit seiner deifizierenden Verehrung von epischen Helden und Gurus, seiner Deifizierung des Heldentods und anderen Märtyrertums. Die ersten drei Formen entsprechen den drei klassischen Wegen zum Heil – *karmamārga, jñānamārga, bhaktimārga* –, die durch einen vierten »Weg der Ehre und des Heldentums« (*vīryamārga*) zu ergänzen wären.[22]

2. Hinduethos zwischen Tradition und Moderne

Wie auch immer man den Hinduismus oder die Hindureligionen definiert: für Hindus ist der Hinduismus mehr als »nur« Religion. Hinduismus und Hindutum verstehen sich als »das idealtypische Modell für menschliches Verhalten in allen Lebensbereichen« mit dem Anspruch, »kosmisch (wir würden vielleicht sagen naturrechtlich) begründet zu sein, so daß es überzeitlich und überregional zu gelten beanspruchen kann«[23]. Oder anders gesagt: Der Hinduismus will – in einem umfassenderen Sinn als andere Religionen – Ordnung stiften und Orientierung bieten, dem Leben Ordnung geben: Dem einzelnen wird sein individueller Ort zugewiesen in Familie, Gesellschaft und Kosmos, sein Denken und Handeln im Hier und Jetzt und über dieses Leben hinaus wird rückgebunden an eine allumfassende moralische Ordnung, an das große Ganze.

Hinduistisches Ethos zu verstehen heißt aber vor allem, die beiden großen Säulen hinduistischen ethischen Denkens zu verstehen: das **zyklische Denken** mit seiner Lehre von Karman und Wiederverkörperung und der hinduistische **Dharma-Begriff**. Beides hat sich im Laufe der Jahrhunderte ständig gewandelt, beides ist bis heute für das Hinduethos konstitutiv.

Zyklisches Weltbild und hinduistische Moral

Woher kommt der Mensch, **wie** soll er hier auf Erden leben, und **wohin** geht er nach dem Tod? Auf diese für alle Religionen konstitutiven Fragen gibt es, wie wir sahen, im alten Indien bis zur spätvedischen Zeit ein breites Spektrum von Vorstellungen und spekulativen Ideen.[24] In den Upaniṣads vorbereitet, hat sich spätestens seit der Zeit des Mahābhārata die Vorstellung durchgesetzt, daß sich die Seele nach dem Tod wiederverkörpert und daß jede **Tat** (skr. *karman*, von *kṛ* = tun) eine »karmische« Wirkung und eine entsprechende **moralische Relevanz** für diese »Wiedergeburt« hier auf Erden hat.[25] Es gab diese Vorstellung in verschiedenen Ausgestaltungen, denen alle »die Ideen der Kausalität und Kontinuität mit dem Postulat der ausgleichenden Gerechtigkeit« gemeinsam waren: Man ging von »Abläufen des Lebens und Erlebens« aus, die sich idealiter »sozusagen selbst regulieren und keiner göttlichen oder sonstigen Intervention bedürfen. Keine karmisch oder moralisch relevante Handlung sollte folgenlos bleiben, sondern immer positive oder negative Erlebniszustände und Existenzweisen nach sich ziehen. Andererseits sollte keine positive oder negative (d. h. als Lohn oder Strafe deutbare) Erlebnis- und Existenzweise ohne entsprechende, moralisch relevante Tatursache sein.« Das heißt: »Karma erfordert Wiedergeburt, damit Getanes abgegolten werden kann und sich nicht folgenlos verliert, und die Wiedergeburt würde zum Erliegen kommen ohne die dynamische Triebkraft des Karma, das zugleich als Wirk- und Finalursache fungiert.«[26]

Konkret hat man sich das Karman als eine **feinstoffliche Substanz** oder eine Energie vorgestellt – man spricht von einer unsichtbaren (*adṛṣṭa*) Kraft –, »die jedes Individuum in den **psychischen und physischen** Bedingungen seiner Existenz bestimmt«[27]. Es haftet an der menschlichen Psyche (traditionell spricht man von einem »psychischen Organ«), wird von Inkarnation zu Inkarnation weitergegeben und bewirkt, daß das Individuum sich nach dem Tod seiner Disposition, d. h. seinen Neigungen, Anlagen und Fähigkeiten (*saṃskāra, vāsanā*) entsprechend inkarniert, und diese – wenn man so will – »abzuarbeiten« hat.

In welchem Bereich sich dieses **Saṃsāra**, dieses »Durchlaufen«, »Umherwandern« abspielt, darüber gibt es traditionell verschiedene Vorstellungen: Faktisch im **gesamten Kosmos** – Himmel, Erde, Unterwelten, Höllen – und in jeder Art von Lebewesen: Die klassische Mythologie spricht von über **acht Millionen verschiedenen Lebewesen**, als die man »wiedergeboren« werden kann, angefangen von den Göttern über Menschen und Tiere bis zu Pflanzen – wobei letztere später im Buddhismus und auch bei einzelnen indischen Denkern ausgenommen wurden.[28] Zudem werden Möglichkeiten diskutiert, wie die Entstehung von Karman umgangen oder Karman auf andere übertragen werden kann, ob etwa durch Astrologie karmische Wirkungen berechenbar werden, wie man durch Sühne- und Reinigungszeremonien negatives Karman abbauen kann, und ob nicht – so einzelne Vedānta-Gelehrte – dem Karman womöglich nur eine relative Bedeutung zukommt, da alles Irdische sowieso nur Schein sei.[29]

Da sich eine Tat und damit das Karman nach traditioneller Vorstellung auf den Handelnden selber auswirkt, bemißt sich deren **moralische Qualität** auch »nicht an einem idealen **Wert**, nicht an dem Guten, das man anderen tut, sondern sie bemißt sich als das meßbar vorzustellende **Ergebnis für das Subjekt** der Handlung«[30]. Handeln ist demnach **gut**, wenn es dem Täter Verdienst (*puṇya*; auch *śubha*, wörtl. »Tugend«) einbringt, und es ist **schlecht**, wenn es dem Täter **Leidvolles** (*apuṇya*, *aśubha*) oder **Schuld** (*pāpa*) bereitet. Entsprechend entstehen Wertetafeln, ethische Lehrstücke, Kodizes, Tugend- und Lasterkataloge als Maßstab und zur Orientierung für das Leben der Gläubigen.[31] Verdienste kann der Mensch auch durch **Opferhandlungen** erwerben (von daher stammt auch der Begriff »Karman« ursprünglich: »Tat« im Sinne von »Opferhandlung«) oder durch allerlei andere **religiöse Handlungen und Übungen**.

Das **Erlösungsziel** aller Existenz ist nicht eine Belohnung im Himmel (auch der ist nur vorläufig und ebenfalls Teil des Saṃsāra), sondern das Ziel ist **Mokṣa** oder »Mukti«: **Befreiung** aus dem Kreislauf von Geburt, Tod und Wiederverkörperung, **Befreiung aus dem Saṃsāra**.[32] Erlösung ist nach indischem Verständnis also eine **Erlösung aus der Welt**, und die erreicht man letztlich nur durch **Entsagung**. Höchstes Ansehen genießen deshalb allgemein die **Weltentsager** – Mönche, Yogins, Sādhus, Saṃnyāsins –, die in aller Radikalität ein Leben in Weltabgewandtheit zur spirituellen Selbstvervollkommnung zu leben versuchen. Denn nur in höchster Vollendung ist der Mensch fähig, **moralisch wertfreie** Taten zu vollbringen, ohne Ich-Gefühl, ohne jegliche psychologische Bindung, ohne **karmischen Impuls**. Und ganz allmählich, nach und nach, »löst man die Bindungen zu anderen Wesen, sodann die Bindungen an alle Sinnesobjekte und schließlich alle Bindungen zur Welt«[33].

Aber der Hinduismus ist deshalb keine weltverneinende Religion. Denn für all die vielen, die aus gutem Grund noch im Weltlichen verhaftet sind, kennt die Tradition neben einem idealtypischen Leben in **Lebensstadien** (*āśrama*) mit unterschiedlichen Lebenszielen[34] **verschiedene Wege** zum Heil: den verdienstvollen **Weg des Tuns** (*karmamārga*), den **Weg der Erkenntnis** (*jñānamārga*), und den **Weg der Hingabe** (*bhaktimārga*) an Gott. Je nach Tradition wurden und werden, wie wir sahen, diese drei Wege unterschiedlich zueinander in Beziehung gesetzt und entsprechend unterschiedlich gewichtet.[35]

Reinkarnationslehre im Spiegel westlicher Kritik

Die Karman- oder Reinkarnationslehre war und ist für das religiös-kulturelle Selbstverständnis der Hindus von **zentraler Bedeutung**. Deshalb spielt sie auch »in der religiösen und kulturellen **Selbstdarstellung** Indiens und in der

Selbstbehauptung gegenüber dem Westen eine wichtige Rolle«[36]. Europäische **Missionare** und **Kolonialherren** hatten, von Ausnahmen abgesehen, kaum Verständnis für die indische Karmanlehre. Entsprechend heftig war die Konfrontation, was schließlich »zu tiefgreifenden Revisionen und Umdeutungen der traditionellen Karmalehre«[37] führte, die wiederum deren westliche Rezeption beeinflußt haben.

Erste Belege **indischer Reaktionen auf christliche Kritik** an der Wiedergeburtslehre bieten die genannten »Malabarischen Korrespondenzen« des Halleschen Missionars **Bartholomäus Ziegenbalg**[38], veröffentlicht 1718 vor allem zu Lehrzwecken von der Halleschen Mission. In diesen Briefen gehen Ziegenbalgs tamilische Korrespondenzpartner hart mit christlichen Vorstellungen ins Gericht: Warum nur der Mensch eine Seele haben sollte und erlöst werden könnte und nicht auch die anderen Lebewesen? Was daran denn gerecht sei, daß man nach dem Tod womöglich zu ewiger Verdammnis verurteilt werde, ohne Chance auf Wiedergutmachung? Und anderes mehr. Umgekehrt hielten Halles Missionare den Glauben dieser »Heiden« schlicht für Unsinn, ja für »greuliche Irrtümer«[39], denen möglichst rasch durch Konversion ein Ende zu bereiten sei.

Manche britische **Administratoren der Ostindiengesellschaft** waren da zurückhaltender. Sie hatten zunächst ja sogar ein ausgesprochenes Interesse an der indischen Kultur und kannten noch nicht jene herablassende Arroganz späterer Generationen. **William Jones**, Gründer der »Asiatic Society of Bengal« und Pionier der Sanskritforschung, erklärte sogar – ganz gegen die allgemein verbreitete christliche Überzeugung –, er halte »die Lehren der Hindus über den zukünftigen Status der Seele (also die Reinkarnation) für sehr viel vernünftiger und pietätvoller als die ›entsetzlichen Ansichten‹ (›horrid opinions‹) der Christen über ewige Verdammnis«[40]. Doch später sind solche Stimmen, zumindest von offizieller britischer Seite, immer mehr die Ausnahme. Mehr denn je ist man davon überzeugt, daß die Wiedergeburtslehre die eigentliche Ursache sei für den allgemein verbreiteten **Fatalismus** der Inder und für die katastrophale soziale und wirtschaftliche Situation im Land, ja daß sie mit ihrem **Determinismus** jede individuelle und soziale Verantwortung verhindere, Entwicklung und Fortschritt torpediere und deshalb unbedingt zu überwinden sei. Positive und konstruktive »westliche« Rezeptionen der Wiedergeburtslehre – ansatzweise bei Schriftstellern und Denkern der deutschen Klassik und Romantik[41], dann, wenn auch selektiv, seitens der 1870 in New York gegründeten **theosophischen Bewegung**[42] Helena Blavatskys und Henry S. Olcotts und, im Anschluß daran, von Rudolf Steiners Anthroposophie – bleiben zunächst die Ausnahme.

Auf **indischer Seite** setzen sich vor allem die **neohinduistischen Reformer** mit der westlichen Kritik auseinander und versuchen, den weitverbreiteten Klischees in Sachen der Reinkarnationslehre zu begegnen. Während Bankimcandra **Chatterjee** recht vorsichtig die vermeintlich größere Plausibilität der

Karmanlehre gegenüber christlichen Jenseitsvorstellungen betont, sich auf westliche Fürsprecher beruft und sogar die kosmische Gerechtigkeit als Argument für die indische Lehre ins Feld führt, geht Dayānand **Sarasvatī** schroff mit dem Christentum ins Gericht. **Vivekānanda** betont in seinen vielen, oft spontan vorgetragenen, unsystematischen Statements zur Karmanlehre unter anderem »das in ihr angelegte Potential an persönlicher Verantwortung und Initative«[43]. An einer Stelle sagt er, daß Karman den Menschen gerade nicht determiniere, sondern daß es die »ewige Bekräftigung menschlicher Freiheit« sei: »Wenn wir uns durch unser Karman nach unten bringen können, dann liegt es sicher auch in unserer Macht, uns dadurch zu erheben.«[44]

Umfassend beschäftigt sich dagegen **Śri Aurobindo** mit der Karmanlehre. In einer ganzen Artikelreihe, später als Buch (»The Problem of Rebirth«) erschienen, diskutiert er Argumente für und wider die Wiedergeburtslehre. Ganz auf der Linie seiner **evolutiven Weltsicht** betont er das **Positive und Befreiende** dieser Vorstellung gegenüber allem vermeintlichen Fatalismus, Determinismus und aller Regression. Dabei setzt er sich entschieden von der traditionellen indischen Wiedergeburtslehre ab. »Verlust an kosmischer Realität und der Mangel an konkreter und ausdrücklicher Sinngebung für den Werdegang der individuellen Seele«[45] wirft er ihr vor, denn der **Saṃsāra** sei gerade »kein Bereich ziellosen Umherirrens ..., aus dem man sich möglichst schnell befreien sollte«, im Gegenteil: Er sei »ein Bereich, der auf Wachstum und **Höherentwicklung** hingeordnet ist«, der viel Raum biete »für die Entfaltung menschlicher Freiheit, für Initiative und Innovation«[46].

Die traditionelle Vorstellung einer **Vergeltungskausalität** lehnt Aurobindo als **primitiv** und für den denkenden Geist unannehmbar ab; sie könne vielleicht der öffentlichen Ordnung dienen und den einzelnen zu moralischem Handeln motivieren, aber ansonsten sei sie »von zweifelhaftem und nur sehr eingeschränktem Wert«[47]. Die »wahre und eigentliche Bedeutung« der Reinkarnationslehre, so Aurobindo, »sei nicht zu trennen von der Idee der Evolution, der Höherentwicklung des Lebens, der Erziehung und der **Perfektionierung der Seele**«. Ja, ohne sie sei die notwendige Entwicklung von Seele und Bewußtsein gar nicht möglich, denn nur sie »gibt uns die Möglichkeit, über viele Leben hinweg zu lernen und zu wachsen und uns an der Manifestation und Verwirklichung des Brahman in der Welt zu beteiligen«[48]! Mit Recht betont Aurobindo beim Karmangedanken den Aspekt individueller **persönlicher Entwicklung**, spielen doch in der traditionellen Ausgestaltung dieser Lehre charakterliche Dispositionen des einzelnen durch Selbstaffektion, durch Leidenschaften und innere Befleckungen (*kleśa*) eine zentrale Rolle.

Wie Aurobindo und Vivekānanda betont auch der Philosoph und spätere indische Staatspräsident **Sarvepalli Radhakrishnan** (1888-1975), daß die Karmanlehre gerade nicht fatalistisch sei, sondern voll und ganz »mit den Ideen des freien Willens, der menschlichen Initiative und der sozialen Verantwortung«[49] zu vereinbaren ist. Im Blick auf die nationale Befreiungsbewegung **erweitern** alle drei Reformer – ähnlich auch Gāndhī und Tilak – den Aspekt individueller Verantwortlichkeit auf das **Gesamtgesellschaftliche** und **Nationale** hin: durch die Vorstellung von einem »kollektiven«, »gesellschaftlichen«, »nationalen«, ja »geschichtlichen« Karman – Theosophen und Anthroposophen sprechen später gar von »Weltkarman« –, das Indien motivieren soll, sein nationales Schicksal selbstbewußt in die Hand zu nehmen und zu gestalten.[50]

Inwieweit solche modernen neohinduistischen Interpretationen der Wiedergeburtslehre im großen Stil in Indien rezipiert wurden, sei dahingestellt, ebenso die Frage, inwieweit sie damit womöglich in Widerspruch zur nach wie vor dominanten traditionellen Orthodoxie stehen. Jedenfalls sahen sich Ende der 1960er Jahre eine Reihe renommierter Autoren und Gelehrter verschiedener religiöser Strömungen veranlaßt, in einer vielbeachteten Publikation die Karman- und Wiedergeburtslehre in ihrer traditionellen Form – in Opposition zu neohinduistischen Interpretationen – als zentralen Bestandteil des Hinduismus herauszustellen. Sämtliche traditionelle Themen und Topoi, die in der langen Tradition Indiens in Verbindung mit der Reinkarnationslehre ein Rolle spielen, werden in dieser Publikation aufgeführt und ihrer normativen Bedeutung für den Hinduismus gewürdigt.

Daß indes die Reinkarnationslehre in Zeiten einer auch in Indien um sich greifenden **Säkularisierung** bestimmter Schichten an Attraktivität und Plausibilität verloren haben mag, zeigt ein Trend, der auch in Europa und Amerika seit der New-Age-Zeit bekannt ist: »Rebirthing«-Techniken, Reisen ins Unterbewußtsein durch Trance und andere Psychotechniken, empirische Studien und Forschungsarbeiten wollen den »wissenschaftlichen« Beweis für die Wiedergeburtslehre liefern, wollen Reinkarnationserlebnisse belegen und frühere Existenzen bezeugen.[51] Freilich: Ein solcher zwingender »wissenschaftlicher Beweis« steht bislang noch aus und ist wohl auch nie zu liefern.[52]

Und selbst wenn, was wäre damit »bewiesen«? Es wäre weder bewiesen, warum es zu Reinkarnationen kommt und inwiefern Reinkarnationen voneinander abhängen und welche Konsequenzen daraus zu ziehen sind. Das heißt, die **ethisch-religiöse Dimension der Reinkarnationslehre** läßt sich gerade nicht wissenschaftlich beweisen. Denn wie die Heils- und Erlösungsvorstellungen aller Religionen und Kulturen beruht auch die indische Reinkarnationslehre auf ganz bestimmten metaphysischen theologisch-philosophischen Prämissen und Glaubensüberzeugungen. Und je nach Epoche, religiöser Sekte, philosophischer Schule, ob bei Hindus, Buddhisten oder Jains, haben sich diese Voraussetzungen mehr oder weniger verändert, und wird, wie wir sahen, die Reinkarnationslehre deshalb bis heute unterschiedlich interpretiert.

Dharma: Maßstab menschlichen Handelns

Kriterium umd Maßstab für das menschliche Handeln und dessen karmische Folgen ist nach traditionellem indischen Verständnis der **Dharma**. Wie wir sahen, wird der ehemals kultische Dharma-Begriff bald auf das **Ethisch-Religiöse** ausgeweitet. »Dharman«, ehemals »Halt«, »Stütze«, »Ordnung«, wird zur Grundlage von Ordnung und Gesetzmäßigkeit, zum »Gesetz« allgemein, nach dem die Āryas zu leben haben: »Indem sie den Dharma nähren und wahren, wahren sie nicht nur die Identität und Kontinuität ihrer Tradition und Gesellschaft, sondern auch die Ordnung und Regelhaftigkeit des Kosmos, der physischen Welt, in der sie leben. Es sind die heilige Tradition und das ihr entsprechende Verhalten der Ārya, die für die Balance und Ordnung auch der physischen Welt wichtig sind. … in diesem Sinne ist der Dharma bzw. der ihn lehrende Veda eine tragende und erhaltende Macht von fundamentaler Bedeutung.«[53]

Wie dharmagerechtes und damit **moralisch richtiges Verhalten** im einzelnen auszusehen hat, wurde in den **Dharmaśāstras**[54] reflektiert und kodifiziert, in jenen »**Lehrbüchern des Dharma**«, die in nachvedischer Zeit über Jahrhunderte hinweg entstehen. Ihre Autoren übernehmen das vedische Dharma-Verständnis und weiten die Bedeutung dieses ehemals kultischen Begriffs zunehmend auf den innerweltlichen Bereich menschlicher Moral und menschlichen Verhaltens aus. Minutiös werden Verhaltensrichtlinien für alle gesellschaftlichen Schichten und Gruppen und für alle denkbaren Lebenssituationen entwickelt: Der Dharma ist jetzt »die Gesamtheit der Pflichten, die auf den einzelnen, seinem Status (*varṇa*) und seinem Lebensstadium (*āśrama*) gemäß, zukommen und die er erfüllen muß, um nicht zu ›fallen‹«[55].

Nach der Karmanlehre resultieren die verschiedenen gesellschaftlichen Rollen der einzelnen aus ihren karmischen Prädispositionen früherer Leben. Deshalb sind die Menschen ungleich: körperlich und geistig, in ihren materiellen, sozialen und charakterlichen Voraussetzungen, Eigenschaften und Möglichkeiten. Und je nach Disposition und gesellschaftlicher Stellung haben sie nach orthodoxer Sichtweise unterschiedliche **Rechte** und **Pflichten**, ihren eigenen Dharma (*svadharma*): »Dharma des Brahmanen ist es zum Beispiel, den Veda zu lernen, zu lehren und für andere zu opfern, also sazerdotale Dienste zu leisten. Spezieller Dharma des Kṣatriya ist es, zu regieren [Anm.: und zu kämpfen]; spezieller Dharma des Vaiśya, Ackerbau und Viehzucht zu treiben. Daneben haben die beiden letztgenannten Kasten auch den Veda zu lernen und durch Vermittlung von Brahmanen Opfer darzubringen. Die Śūdras, die sozusagen die Beisassen der Religions- und Gesellschaftsordnung der Āryas sind, dürfen den Veda nicht kennenlernen; sie haben nur den drei oberen Kasten zu dienen. Zu den speziellen Kasten-Dharmas gibt es dann die unzähligen Einzelvorschriften des Kultus und der Sitte für die einzelnen Lebensstadien. Es gibt dabei auch sehr viele Varianten, größtenteils örtlich bedingt, und sie sind in die immer neu vorgenommenen Kodifizierungen des Dharma als legitim aufgenommen worden.«[56]

Bei aller innergesellschaftlichen Perspektive geht es den Dharma-Texten aber immer um das **große Ganze**, um den Erhalt einer postulierten idealen **kosmischen Ordnung**, »die von den Bewegungen der Gestirne über die sogenannten Naturgesetze bis zum Verhalten der Menschen, Tiere und Pflanzen alles kosmische Geschehen **sinnvoll** aufeinander abstimmt und für das Weltganze **heilsam** macht«[57]. Das menschliche Individuum hat hier keine Sonderstellung. Der Mensch ist **Teil des Ganzen**, ist über den karmischen Kausalnexus allem Belebten und Unbelebten strukturell und wesensmäßig verwandt und für den Erhalt dieser Ordnung ganz wesentlich verantwortlich. Insofern haben die Dharma-Texte »stets das Prinzip eines auf Interdependenz und Arbeitsteilung beruhenden Kosmos im Auge«: einen Organismus, »dessen Einzelteile alle voneinander und füreinander leben«[58]. Und alle mit **Bewußtsein** ausgestatteten Lebewesen, allen voran Götter und Menschen, haben die Möglichkeit der Reifung und Selbstgestaltung bis hin zur Erlösung: »Ein kontinuierlicher Prozeß der Verwandlung, in dem die Energie, das Bewußtsein und die Gestaltungstypen einschließlich der grundlegenden gesellschaftlichen Strukturen erhalten bleiben, während die individuellen Existenzen entstehen und vergehen.«[59]

Die Wirkmacht des Dharma

Was aber ist der Dharma? Schon Paul Hacker hatte aufgezeigt, daß der Dharma weder aus einem philosophischen Prinzip noch aus einem religiösen Ursprung ableitbar ist. Vornehmliche **Quelle des Dharma** ist der **Veda** und die **Empirie**: der **gesellschaftliche Konsens** über den **Brauch des Guten**. Dharma ist das kultisch, ethisch und religiös richtige Verhalten der Āryas. Nur die Āryas kennen nach traditioneller Vorstellung den Dharma, die Nichtāryas, die Mlecchas, stehen außerhalb des Dharma: »Dharma und Adharma (das heißt der Gegensatz des Dharma) gehen nicht umher und sagen: Das sind wir. Auch Götter und Gandharven und Manen erklären nicht, was Dharma und was Adharma ist. Sondern was die Ārya loben, wenn es getan wird, das ist Dharma; was sie tadeln, das ist Adharma. Man soll sich in seinem Verhalten richten nach dem Verhalten, das von wohlgesitteten, betagten, sich selbst in Zucht haltenden, vor Besitzgier und Verstellung freien Ārya in allen Ländern einmütig anerkannt ist.«[60]

Und wo weder der Veda noch die Dharma-Texte, noch der »Brauch des Guten« Orientierung zu geben vermögen, dort möge sich der Mensch, vorausgesetzt, er kennt den Veda und ist von ihm durchdrungen, nach dem richten, »was seinem Herzen genugtut, nach seinem eigenen inwendigen Befinden, wozu er sich in seinem Inneren getrieben fühlt«[61] – heute würde man sagen:

nach seinem **Gewissen**. Denn durch die Beschäftigung mit dem Veda wird der Sinn des Menschen gereinigt und seine Vorstellungskraft geformt. Dabei wird der Veda ganz und gar substanzhaft aufgefaßt, als **wirkmächtige Substanz** (*saṃskṛta, saṃskāra*[62]), die den Menschen derart prägt, daß er in seinem Denken und seinen Entscheidungen vom Veda durchdrungen und vom Dharma erfüllt ist: »Wie wenn ein heiliger Mensch einen Ort bewohnt, dieser durch die Berührung mit ihm heilig wird und dann, wie wir überzeugt sind, (selber) heiligend wirkt, ebenso wird das Tun und das inwendige Befinden derjenigen, die vom Dharma erfüllt sind (selber) dharmahaft, dharmahaltig.«[63]

Insofern greifen auch abstrakte Begriffe wie »Pflicht«, »Norm«, »Gesetz«, »Recht« als Bezeichnung für den Dharma im Grunde zu kurz. Der **Dharma** – und dies ist grundlegend für das indische ethische Denken – ist ein konkretes, heilswirkendes **Verhaltensmodell**, das zwar in fixierten Normen und Regeln überliefert ist, das aber **vor dem Vollzug** als »Dharma-Substanz« **existiert**, sich dann **im Vollzug realisiert**. Nach dem Vollzug bleibt sie als »so etwas wie ein zu einem übersinnlichen Wirkstoff geronnenes Tun«, als »die Substanz der getanen Tat«[64]: als **Karman**. Gutes und schlechtes Karman sind also keine Belohnung oder keine Strafe, sondern sie sind die **substanzhaft** gedachte unmittelbare **Wirkung** der Tat.

Damit hat der traditionelle Dharma-Begriff faktisch **drei Dimensionen** oder Bedeutungen:

– »Dharma« bedeutet »zunächst das **religiöse Gebot** oder die **religiöse Ordnung**. Diese umfaßt aber nicht allein das Kultische und das Moralische, sondern darüber hinaus die gesamte Rechtsordnung sowie auch eine Fülle von herkömmlichen Sitten und Gebräuchen«, also faktisch die gesamte Religion. Deshalb wird »Dharma« auch in neuindischen Sprachen synonym mit »**Religion**« verwendet; viele neohinduistische Denker nannten den Hinduismus selbstbewußt *sanātanadharma*, »ewigen Dharma«, den Dharma schlechthin, der alle anderen Dharmas/Religionen übersteigt und umfaßt[65];

– zweitens ist »Dharma« die »**Ordnung im Vollzug**«: »Alles der Dharma-Ordnung entsprechende Tun ist dharma«;

– und drittens bedeutet »Dharma« die »**Ordnung nach dem Vollzug**, d. h. das, was man auch ›gutes Karman‹ nennt«.[66]

Mit der Entstehung der großen klassischen **theistischen Religionen** und der **philosophischen Systeme** kommt es auch im Dharma- und Erlösungsverständnis zu einem **Paradigmenwechsel**: Neben die Dharma-Realisierung als Heilsweg treten noch andere Wege zum Heil: der Glaube an einen persönlichen Gott, oder, im Vedānta, die monistische Ātman-Brahman-Erfahrung. Entsprechend wird auch **ethisches Handeln** theistisch, metaphysisch, monistisch begründet[67] oder, wie etwa im Yoga, als Vorstufe dem Yogaweg vorangestellt. Diese je verschiedenen Vorstellungen stehen aber nie für sich allein, denn die meisten dieser

Strömungen haben sich den traditionellen Dharma-Substantialismus und -Impersonalismus in irgendeiner Weise in ihr System einverleibt. Der »Dharma« ist zwar nicht mehr der höchste Wert, und Erlösung wird auf verschiedenen Wegen gelehrt. Dennoch bleibt der Dharma-Begriff in allen Schulen, Richtungen und Gruppen bei aller Relativierung immer in Geltung: »als eine unüberspringbare Vorstufe zur Erlösung«[68].

Jenseits von Gut und Böse?

Auch nach indischem Verständnis braucht der Mensch also **Werte und Normen** zur Selbstläuterung und zur Erlangung von Heil. Aber Normen sind, wie alles Irdische, relativ, denn aufgrund der karmischen Verquickung sind die Menschen verschieden, und die Frage etwa, ob eine Tat »gut« oder »böse« ist, läßt sich nicht absolut beantworten, sondern hängt, wie wir hörten, von der karmischen Wirkung auf den Täter ab. Deshalb spricht man weniger von »bösen« oder »schlechten« Taten, sondern verwendet Kategorien wie »unrein«, »beschmutzend«, befleckend«. Eine Tat ist nicht »schlecht« oder »böse«, weil man damit eine Norm oder ein göttliches Gebot oder eine Konvention verletzt, sondern sie entpuppt sich insofern als »schlechte« oder »böse« Tat, als sie in der Psyche des Täters eine entsprechende Wirkung hinterläßt.[69] Und welche Taten erfahrungsgemäß auf wen wie wirken, darüber gibt der Veda, die Empirie oder die umfangreiche Dharmaliteratur Auskunft.

Also kein »Jenseits von Gut und Böse«, wohl aber eine **graduelle Relativierung der Bedeutung von Werten und Normen** für den einzelnen, aus der Sicht des einzelnen. Denn aus hinduistischer Sicht gilt: »Normen gehören dem Bereich des Scheins an. Die einzelnen menschlichen Individuen aber sind, ihrem jeweils verschiedenen Niveau im Prozeß der geistigen Entwicklung entsprechend, mit unterschiedlicher Intensität in diese Welt des Scheins verstrickt. Der graduell abgestuften Verstrickung entspricht theoretisch eine ebenso graduell abgestufte Verbindlichkeit der Normen: Je tiefer die Verstrickung, desto eindeutiger ist ihre Gültigkeit.«[70] Deshalb hat faktisch für die Mehrzahl der Durchschnittsmenschen auch ein gewisses Spektrum von Normen dieselbe Verbindlichkeit, und auf den untersten Stufen des Daseins wird diese Verbindlichkeit sogar zum Naturgesetz.

Dadurch ergibt sich ein paradoxer Sachverhalt: Je mehr sich ein Mensch durch Selbstläuterung von irdischen Bindungen löst, desto größer ist seine Erkenntnis und desto mehr Einsicht hat er in den Sinn von Normen, desto weniger »binden« sie ihn aber. Und gehört er zu den wenigen zu Lebzeiten Erlösten (*jīvanmukta*), dann – und erst dann – steht er, zumindest theoretisch, »jenseits aller moralischen Vorschriften«: »Er hat einen Zustand erreicht, in dem alle sozialen, ethischen und religiösen Werte der Welt aufgehoben sind. Er hat seine vollkommene Einheit mit dem Absoluten realisiert.«[71] So, wie es die BṛhadāraṇyakaUpaniṣad vom **absoluten Selbst** (*ātman*) sagt: »Es wird nicht besser (größer) durch gute Tat, noch wird es schlechter (geringer) durch schlechte Tat.«[72]

Gerade von westlicher Seite wurde und wird die im Reinkarnationsglauben begründete Relativierung von Normen und Werten häufig kritisiert. Daß die oberen Kasten damit auch ihre sozialen Privilegien zementiert und auf Kosten der unteren Schichten, vor allem der Kastenlosen, ausgelebt haben, steht außer Zweifel. Sozialreformen und politische Veränderung werden sicher nicht dadurch befördert, wenn die Unterdrückten religiös zu Toleranz und Gleichmut angehalten und auf eine bessere nächste Existenz vertröstet werden, wenn dem Leben des einzelnen kein absoluter, sondern eben nur ein relativer Wert beigemessen wird, da das Ziel alles Irdischen nicht in seiner Veränderung, sondern in seiner Überwindung besteht. Politische Reformer der Moderne wurden denn auch erst durch die Konfrontation mit den Kolonialmächten auf den Plan gerufen und hatten, wie wir sahen, erheblich mit dem Widerstand des religiös-orthodoxen Establishments zu kämpfen.

So berechtigt solche Kritik im einzelnen auch ist, so übersieht sie doch wesentliche Aspekte. Schon nach traditioneller Hindulehre dient dharmagemäßes Handeln eben nicht nur der Erfüllung individueller Lebensziele bis hin zur Erlösung, sondern es soll auch und vor allem »dazu beitragen, den harmonischen Lauf der Welt zum Wohle aller gegenwärtigen und künftigen Wesen aufrechtzuerhalten«[73]. **Verantwortung** und **Fürsorge** sind zwei ganz wesentliche Aspekte hinduistischer Doktrin: **altruistisches Handeln** zum Wohle nicht nur der Mitmenschen sondern aller Lebewesen! Deshalb wurden schon früh den **ethischen Grundforderungen** **»nicht stehlen«**, **»nicht lügen«**, **»nicht töten«** etc. die vier Tugenden **Wohlwollen** (*maitrī*), **Mitleid** (*karuṇa*), **Mitfreude** (*mudita*) und **Gleichmut** (*upekṣā*) übergeordnet; sie bewirken: »1. eine generell positive, freundliche Einstellung zu Menschen, Tieren und Pflanzen; 2. die Bereitschaft, fremdes Leid mitzutragen und Hilfe zu leisten; 3. die Bereitschaft, sich ohne Neid über Erfolg und Glück anderer zu freuen; und schließlich 4. ohne Groll und Tadel die Unannehmlichkeiten hinzunehmen, die aus Unwissenheit oder Unfähigkeit anderer resultieren.«[74]

Je höher ein Mensch in der Skala der Inkarnationen steht, desto größer ist nach hinduistischer Vorstellung seine **Verantwortung**, und deren altruistische Wahrnehmung trägt wiederum zur karmischen Reinigung seiner Seele bei. Nichtwahrnehmung dieser Verantwortung und selbstsüchtiger Mißbrauch der eigenen Stellung kann umgekehrt weitreichende Folgen haben: So sahen bereits die Dharma-Texte vor, daß etwa ein König bei Nichterfüllung seiner Pflicht, Recht und Ordnung im Land aufrechtzuerhalten, auch einen Teil der moralischen Schuld jener Untertanen zu tragen hat, welche ihrerseits die Schwäche des Königs für eigenes unrechtmäßiges Verhalten ausnutzen; umgekehrt hat ein König direkt oder indirekt an den religiösen Verdiensten der Untertanen teil, wenn er seine Pflichten dem Dharma gemäß erfüllt.[75] Und im übrigen kann ein Reicher und Gesunder bei egozentrischem Leben schon in der nächsten Inkarnation arm und krank sein, während selbst der Machtlose und Unterdrückte bei tugendhaftem Verhalten die begründete Hoffnung auf ein besseres nächstes Leben hat.

Dharma konkret: das Beispiel Hindufamilie

Vornehmlicher **Lernort für richtiges ethisches Verhalten** ist auch im Hinduismus die **Familie**: Keimzelle einer dharmagemäßen Gesellschaft. Und der Blick auf das traditionelle hinduistische Familienbild zeigt auch die **Ambivalenz eines idealtypischen Dharma-Verständnisses** in der heutigen Zeit. Unbedingtes Zusammengehörigkeitsgefühl, gegenseitige Verantwortung und Verpflichtungen und eine klar strukturierte Hierarchie sind Merkmale der traditionellen Hindugroßfamilie, die trotz westlichem Einfluß, Urbanisierung und Individualisierung noch heute Bestand hat. Je nach Alter und Geschlecht, ob als Kind oder Erwachsener, werden den Familienmitgliedern **klare Rollen** in der Familie zugeordnet, festgeschrieben schon in den alten **Dharma-Texten**, die sie ungeachtet ihrer persönlichen Neigungen und Interessen wahrzunehmen haben: erst als Sohn und Tochter, Bruder und Schwester, Neffe und Cousine, dann als Schwiegertochter, Ehefrau und Ehemann und schließlich als Schwiegermutter und Großmutter, die höchste Verehrung in der Familie genießt. Ältere genießen traditionell grundsätzlich Respekt seitens der Jüngeren, und die Lebensbereiche von Männern und Frauen sind mehr oder weniger streng getrennt.

Die indische Familie ist **streng patriarchalisch und patrilinear**. Der **Vater**, das **Familienoberhaupt**, und später der erwachsene Sohn sind nach den traditionellen Dharma-Texten für den Erhalt und die Vermehrung des gemeinsamen Familienvermögens zuständig. Von ihm hängen Ansehen und Wohlergehen der Familie ab – materiell, ethisch, religiös: Reichtum, richtige Verheiratung der Töchter, Aufrechterhaltung des Ahnenkults, Fürsorge für Kranke und Schwache, Vorsorge für spätere Generationen, etc.[76]

Die **Heiratsregeln** zwischen den Familien sind rigide, aber komplex, die Verwandtschaftsbeziehungen sind oft schwer zu durchschauen und müssen mitunter vor einer Heirat eingehend diskutiert werden: »Ge- oder verheiratet werden mußte und muß in der sozialen Hierarchie nach oben und unter seinesgleichen sowie innerhalb und außerhalb bestimmter sozialer Gruppierungen und Wohnorte, denen die Heiratspartner jeweils angehören. Das brahmanische Heiratssystem ist zugleich isogam, endogam, exogam und hypergam: Isogam ist der Stand (*varṇa*), endogam sind Stand, Kaste und Subkaste, exogam sind

Familienverbund und Clan, hypergam ist der Familienverbund. Am wichtigsten waren (und sind vielfach noch) Isogamie und Endogamie. Man soll innerhalb seines Standes und seiner Subkaste heiraten.«[77]

Eine **Hochzeit** ist das wohl festlichste Ereignis im Leben eines Hindus und wird aufwendigst in einem mehrtägigen Ritual gefeiert[78]. Die Eheschließung ist die eigentliche **»Initiation« der Frau**[79] – für Mädchen gibt es nur wenige Kindheitsriten und keine Pubertätsrituale.[80] Noch heute werden Ehen von den Eltern arrangiert, nicht selten finden trotz Verbot Kinderhochzeiten statt. Mit ihrer Heirat verläßt ein Mädchen die eigene Familie und wird Mitglied der Schwiegerfamilie, in deren Obhut sie von ihren Eltern in einer Reihe von Ritualen übergeben wird. Doch der »Preis« für diese Übergabe ist in der Regel hoch: Trotz gesetzlicher Verbote werden Brauteltern durch Mitgiftforderungen (»dowry«) der Schwiegerfamilie nicht selten an den Rand des Ruins getrieben, nach wie vor können oder wollen sich die wenigsten dagegen wehren.[81] Selbst Mitgiftmorde aus Ärger über zu geringe Dowry-Zahlungen sind in Indien keine Ausnahme mehr: Im Jahr 2001 kamen rund 7000 Frauen dadurch zu Tode.[82]

Ihre Ursache haben diese Mißbräuche im **traditionellen Frauenbild**, das sich trotz großem Engagement von Frauenrechtlerinnen und Politikerinnen hartnäckig hält. Der Daseinszweck einer Frau ist schon in den Dharma-Texten einzig dadurch bestimmt, daß sie ihrem Mann männliche Nachkommen schenkt, da, so die (nicht nur in Indien verbreitete) traditionelle Vorstellung, nur über Söhne der Fortbestand seines Geschlechts gewährleistet ist. Denn »nur in den Söhnen lebt ein Mann fort«: er schlüpfte »als Same in den Schoß einer Frau, wurde als Sohn wiedergeboren, und zahlte so die Schuld gegenüber den Manen ab«[83]. Zurückhaltung, Scham, Schüchternheit gelten in Indien zumindest nach außen als weibliche Tugenden. Ihren Mann soll die Frau wie einen Gott verehren[84] und ihm treu ergeben sein, wie einst Rāmas tugendhafte Frau Sītā, als sie den Verführungsversuchen des Dämonen Rāvaṇa widerstand.

Während gebildete und junge Frauen heute dieses traditionelle »Ideal« zunehmend in Frage stellen, gar ignorieren, dürfte in traditionellen Kreisen der Rat einer Mutter aus dem 17. Jahrhundert durchaus noch Beachtung finden: Die Tochter möge trotz Schikane glücklich und zufrieden unter ihren Schwiegermüttern (ihrer eigenen und denen ihrer Schwäger) leben, ihren Schwiegervater stets als guten Menschen akzeptieren, sich nicht gegen den schwierigen älteren Bruder auflehnen, die eifersüchtigen und zornigen Schwestern ehren, den Frauen ihrer Schwäger gehorchen und ihren Mann nicht einmal in Gedanken tadeln, da ihr sonst die Zunge abfalle.[85] Entsprechend berichtet in den 1970er Jahren eine Inderin, vom Vater zwangsverheiratet, über ihre Famile: »Es ist nicht nur in unserem Haus so, sondern in jedem Haushalt ist der Herr des Hauses die wichtigste Person. Er zählt 95 Prozent und alle anderen zusammen nur 5 Prozent … der Herr des Hauses ist auch die dominierende Gottheit.

Wenn er krank ist, kann es keine anderen Gedanken in unseren Köpfen geben, schon gar nicht in Mutters. Mutter muß Nacht um Nacht wachen und ihn versorgen, ohne Müdigkeit zu zeigen. ...Das ist die Einstellung aller indischen Männer; die Gattin wird belohnt durch die Arbeit selbst, durch ihr Vergnügen beim Dienst am Gemahl und vielleicht durch das religiöse Verdienst, das sie dadurch erwirbt; aber der Mann muß noch nicht einmal dankbar sein. ... Wir kamen nie auf die Idee, daß unser Vater irgendeinen Fehler haben könnte. Für uns war er fehlerlos, rein wie ein Gott. Mutter war die Wurzel dafür, daß wir dieses Bild aufbauten.«[86] Freilich: Auch andernorts, ohne tausendjährige religiöse Begründung, spielen sich noch heutzutage ähnliche Szenen ab.

Aber selbst emanzipierte indische Frauen können heute ihrem traditionellen, dharmagemäßen gesellschaftlichen Regelsystem im Vergleich zum liberalen Westen auch Vorzüge abgewinnen: »So empfinden es indische Frauen z. B. als Vorteil, daß sie sich nicht wie Frauen im Westen in den Konkurrenzkampf um den Mann stürzen müssen. ... Sie können nicht verstehen, daß die Frauen im Westen bereit sind, sich dauernd als Geschlechtswesen herauszustaffieren und anzubieten. Der Komplex der romantischen Liebe rührt sie nur oberflächlich an, sie ziehen eine risikofreie Partnerwahl durch die Eltern der ›Jagd auf den Mann‹ vor. Das Fortdauern der Institution der arranged-marriage befreit die Inderinnen von einer Leistung, die die Frauen im Westen noch zusätzlich zu ihrer Verantwortung in Familie und Beruf zu erbringen haben: der Erhöhung ihres Marktwertes als Frau.«[87]

Dennoch ist es Tatsache, daß viele indische Frauen ohne Familienbindung kaum überleben können, daß sie in der Regel keine Alternative haben, dem Druck im schwiegerelterlichen Haus auszuweichen, wo sie nicht selten als »natürliche Feindin«[88] der Schwiegermutter angesehen werden, daß geschiedene Frauen, gar mit Kindern, traditionell als ausgestoßen gelten und daß Witwen, nicht mehr heiratsfähig, lange Zeit himmlischer Lohn in Aussicht gestellt wurde, wenn sie sich als treue **Satī** mit oder nach ihrem Mann auf dem Scheiterhaufen verbrennen.[89] Tatsache ist auch, daß nach wie vor in Indien Söhne gegenüber Töchtern bevorzugt werden, daß dort Mädchen statistisch nachweislich mehr als Jungen chronisch krank oder mangelernährt sind. Und Tatsache ist schließlich, daß es immer wieder zu Morden an weiblichen Babys kommt und daß sich Eltern, zumal in den heute propagierten Kleinfamilien, viel lieber einen Sohn statt einer Tochter wünschen und sich diesen Wunsch – »dank« pränataler Diagnostik und heutigen Abbruchmöglichkeiten – auch häufig erfüllen.

Aber eine Frau ist in Indien nie nur Ehefrau. Bis heute leben Indiens Frauen in einem ambivalenten »Spannungsfeld zwischen Erniedrigung und Überhöhung«[90], das sie kaum verlassen können: Als Jungfrau womöglich vergöttlicht, als Tochter geduldet, als Schwester (des Bruders) geliebt, als Ehefrau gebraucht, gar gefürchtet, als Mutter, so sie denn einen Sohn zur Welt bringt, verehrt, gar gehuldigt – und am Ende womöglich selber Schwiegermutter, Großmutter und Herrin im Haus.

So kommt denn die Soziologin **Maria Mies** bei ihrer Untersuchung zur Situation von Frauen im heutigen Indien selbst bei gebildeten und berufstätigen Frauen zu einem **ambivalenten** Ergebnis: Im Bildungsbereich und im beruflichen Sektor hat sich der Einsatz in den letzten Jahrzehnten für Gleichberechtigung indischer Frauen deutlich ausgewirkt, kaum aber auf das indische **Heirats- und Familiensystem.** »Unbeeinflußt von den neuen Ideen und Tendenzen sind auch die Vorstellungen über die Rolle der Frau in Familie und Gesellschaft und die Struktur der intrafamiliären Beziehungen geblieben.«[91] Natürlich gibt es auch eine beeindruckende Reihe von Abweichungen vom kulturellen Muster der traditionellen idealen indischen Frau, aber insgesamt vollziehen sich diese Veränderungen, »**ohne** daß die Ideologie über die Rollenverteilung in der Familie oder die Pflichten einer idealen Frau von diesen Veränderungen mitbetroffen werden.«[92]

Bei der Suche nach einem eigenen »indischen« Weg zwischen westlicher Karrierefrau und traditionellem Sītā-Mythos der bedingungslos treuen Gemahlin greift die Soziologin denn auch auf ein urhinduistisches Muster zurück: »Es ist das Muster, das der Hinduismus im Kult der Muttergottheit entwickelt hat. Die Charakteristika, die der Göttin zugeschrieben werden, können wir in der sozialen Wirklichkeit bei den modernen Inderinnen beobachten. Es sind Kraft, Energie, Aktivität, Entschlossenheit, Initiative, Gelassenheit, Geduld, Ausdauer, in einem Wort: *shakti.*«[93]

Dharma modern: der Neohinduismus

Die Frauenfage ist nur ein Beispiel, wie und mit welchen Schwierigkeiten im modernen Indien gangbare Wege gesucht werden zwischen Anpassung an den säkularisierten Westen und rigoristischen Traditionalismus. Seit Mitte des 19. Jahrhunderts suchen **neohinduistische Reformer** solche Wege – vor allem auch in Bezug auf den **Dharma-Begriff** als solchen. War der bis dahin noch mehr oder weniger »das einigende Band des Āryatums, das einzige, was die Vielgestaltigkeit des Hindutums irgendwie zusammenhielt«[94], so werden jetzt von einzelnen Reformern traditionelle Aspekte des Begriffs – etwa die Gebundenheit an Kasten und Lebensstadien – gänzlich in Frage gestellt und wird versucht, ihn zu öffnen und zu verallgemeinern.[95]

Den umfassendsten Entwurf bietet der bengalische Nationalist Bankimcandra **Chatterjee.** Er setzt sich bisweilen entschieden vom traditionellen Dharma-Verständnis ab. So schildert er in seinem Werk »Prinzipien der Religion« einen fiktiven Lehrer-Schüler-Dialog, wo er – beeinflußt von den Positivisten John Stuart Mill und August Comte – den Dharma-Begriff einem sukzessiven Bedeutungswandel unterzieht: Dharma heißt für Bankim zunächst, wie für viele Neohindus, »Religion«: Der Dharma des ihn ist die »Religion« des Menschen. Im Blick auf das ganze Menschengeschlecht greift Bankimcandra dann auf die ebenfalls klassische, aber eher neutrale Bedeutung des Dharma-Begriffs zurück im Sinne von »Attribut« oder »wesentliche Eigenschaft«. Die »wesentliche Eigenschaft« der Menschen, so der Reformer, ist das Menschsein oder die Menschlichkeit. Und indem er mit den beiden Bedeutungen spielt, kommt er schließlich gut positivistisch zu der Gleichung: Dharma des Menschen = Religion des Menschen = die wesentliche Eigenschaft des Menschen = Menschsein = Menschlichkeit. **Dharma**, so Bankimcandras Interpretation, heißt also schlicht **Menschlichkeit**!

Chatterjee sieht seine Interpretation bestätigt von der Bhagavadgītā, besonders von jener Stelle, wo Kṛṣṇa den Arjuna auf dessen Dharma verweist, dem er zur richtigen Entscheidungsfindung folgen solle. Provokativ stellt Bankim die Frage, was denn wäre, wenn Arjuna ein Nichthindu wäre und wie dann der allmächtige Kṛṣṇa wohl dessen Dharma bestimmen würde. Sollte er denn wirklich nur, wie traditionell geglaubt, für Hindus einen Dharma geschaffen haben und nicht auch für die Millionen von Nichthindus weltweit?

Traditionell ist man der Auffassung, daß dem Nichthindu der Dharma nicht gegeben ist und dieser bestenfalls bei frommer Lebensführung im nächsten Leben in Indien wiedergeboren werden kann, um dann im Rahmen des Varṇāśramadharma, des Gesetzes der Kasten und Lebensstadien, auf die Erlösung hinzuarbeiten. Bankimcandra aber behauptet, im Rückgriff auf die obengenannte Gleichung: Da der Hinduismus die Religion des Dharma ist, dieser aber universal im Sinne von Menschlichkeit zu verstehen ist, ist auch der Hinduismus universal. Der Dharma, in Chatterjees weitgefaßter Bedeutung, ist allen Menschen zur Realisierung aufgegeben: aber nicht als klassischer Vollzug eindeutig definierter Pflichten, sondern umgekehrt und modern-individualistisch durch »gehörige Ausübung seiner geistigen und körperlichen Anlagen oder Kräfte«[96]. Und so frei wie Bankimcandra das Dharma-Verständnis uminterpretiert, relativiert er auch die Bedeutung des indischen Kastensystems: für ihn ist es nurmehr eine Typologie für die verschiedenen menschlichen Begabungen, jeder wählt seinen »Svadharma« frei und erst »wenn er gewählt ist, dann ist er Pflicht«[97].

Solche Öffnung und Universalisierung des traditionellen Dharma-Begriffs ist einer der wesentlichen Programmpunkte des Neohinduismus geworden, Bankimcandra Chatterjee ist ihr geistiger Wegbereiter. Auch **Aurobindo** vergeistigt und verinnerlicht den Begriff zusehends bis hin zur völligen Individualisierung: Aus der Gītā liest er, daß sich der Mensch nach seinen Gaben frei entwickeln solle und daß die Selbstfindung und -entwicklung des Menschen seine zentrale Aufgabe sei, mit der er der Gesellschaft am meisten diene. Auch der Dichter **Tagore** muß zeitweise unter dem Einfluß Chatterjees gestanden haben, wenn er von der »Menschlichkeit« als Dharma des Menschen spricht und die Aufgabe des Menschen darin sieht, seine universalen Eigenschaften zu kultivieren. Ähnlich innovativ ist Gāndhī, der im Svadharma-Begriff der Gītā sogar seine Svadeśī-Idee wiederfindet: »Die religiöse Rechtfertigung seiner Forderung, daß der Mensch vor allem denjenigen dienen soll, die ihm nach Geburt und Lebenslage die nächsten sind«, das heißt, »dem eigenen Lande zu dienen« und »Erzeugnisse des eigenen Landes zu gebrauchen«[98].

So unterschiedlich all diese modernen neohinduistischen Neuinterpretationen des Dharma-Begriffs auch sind, so zeigen sie doch das ihnen Gemeinsame, **paradigmatisch Neue**: Den »Versuch, mit Prinzipien, die dem europäischen Positivismus und Modernismus entlehnt sind, wieder eine Norm des ethischen und sozialen Verhaltens zu finden, wie sie der traditionelle Hinduismus in seinen zahllosen Dharma-Vorschriften besessen hatte – eine **neue** Norm, die sowohl dem Wesen der nationalen Religion, wie man es heute interpretiert, als auch den Erfordernissen einer neuen Zeit, denen man glaubt gerecht werden zu müssen, entspreche«[99].

Dieser Anpassungsprozeß dauert unvermindert an. Die individuellen sozialen, ökonomischen und politischen Rahmenbedingungen haben sich auch in Indien für große Teile der Gesellschaft seither stetig verändert und werden sich auch in Zukunft unter steigendem Globalisierungdruck weiter und immer schneller verändern. Traditionelle Normen und Regeln einer idealen, aber feudalistisch geprägten, hierarchischen und statischen Gesellschaftsordnung, die das Leben des einzelnen umfassend und minutiös regeln und ihm seinen festen Platz in der Gesellschaft zuweisen, helfen da nur bedingt weiter.[100] Zunehmend geraten sie in Vergessenheit, werden bewußt ignoriert oder eklektisch interpretiert.

Hilfreich hingegen ist die Besinnung auf jene **allgemeinen menschlichen Pflichten**, Sāḍhāraṇa- oder Sāmānyadharmas, Grundlage der individuellen Dharmas, die von allen Menschen, ungeachtet ihres Standes und ihrer Klasse, seit alters beachtet werden sollen. In der Manusmṛti, anderen Dharma-Texten, dem Mahābhārata, der Bhagavadgītā und an anderer Stelle[101] werden sie in **Tugend- und Pflichtenkatalogen** zusammengefaßt, wobei nicht selten **Menschlichkeit** als höchster Dharma herausgestellt wird:

> »Menschlichkeit ist das höchste *dharma*, d. h. das, was jemandem gegeben ist, der etwas erbittet. Jemanden, der nicht bittet, aber leidet, den lade ein mit allen Mitteln.«[102]
>
> »Enthalten von Gewalt (*ahiṃsā*), Wahrhaftigkeit (*satyam*), Enthaltung von Diebstahl (*asteyam*), rituelle – aber auch geistige und körperliche – Reinheit (*śaucam*), Zügelung der Sinne (*indriya nigraha*). Kurzgefaßt erklärte Manu dies zum gemeinsamen *dharma* aller *varṇas*.«[103]

3. Der Hinduismus und das Menschheitsethos

Ethische Normen fallen nicht vom Himmel. Werte und Normen wurden, wie wir an der Entwicklung des Hinduismus sahen, im Laufe der Zeit durch den Menschen selber **herausgebildet** in einem höchst komplizierten **sozial-dynamischen Prozeß**, dort, wo es die Bedürfnisse und Notwendigkeiten des Lebens erforderten: zur Regelung des Zusammenlebens, zur Festigung der Gemeinschaft, zur individuellen Sinnstiftung und Erfüllung, aber auch zum Machterhalt einzelner Gruppen, Klassen und vielem anderen mehr. Kaum verwunderlich also, daß der **materiale Bestand elementarer ethischer Standards** in den Kulturen weltweit **konvergiert** – bei aller nicht zu übersehenden Divergenz ihrer jeweiligen Begründung; denn Werte und Normen entstanden und entstehen immer in ganz bestimmten Kontexten – historisch, religiös, politisch, sozial.

Die Suche nach universalen Werten: das »Projekt Weltethos«

Seit dem Ende des Kalten Krieges – markiert durch die politischen Umbrüche in Osteuropa und den Fall erst der innerdeutschen Mauer, dann des gesamten »eisernen Vorhangs« – nimmt die **Globalisierungsdiskussion** im öffentlichen Diskurs einen immer breiteren Raum ein: die Frage nach den Folgen, Chancen, aber auch Risiken einer rapide zunehmenden globalen Vernetzung in Politik, Wirtschaft, Ökologie und Kommunikationstechnik, im Sozialen, Religiösen, Kulturellen. Eine Entwicklung, die weder aufzuhalten noch zu dämonisieren ist, die es vielmehr zu regulieren und zu gestalten gilt, um nicht große Teile der Menschheit vor allem in der »dritten« und »vierten Welt« von vornherein auszuschließen von Lebenssicherung, Wohlstand und Entwicklung.

So unerläßlich hierfür wirtschaftliche und politische Rahmenordnungen sind – von den Konventionen des humanitären Völkerrechts angefangen, über Institutionen wie Völkerbund und Vereinte Nationen (Menschenrechte) bis hin zu weltwirtschaftlichen Ordnungs- und Regulationsinstrumenten wie Bretton-Woods, GATT, IMF und anderen –, so setzte sich in den letzten Jahren und Jahrzehnten zunehmend die Einsicht durch, daß politische und wirtschaftliche Ordnungsstrukturen langfristig nur dann greifen, wenn sie moralisch fundiert sind und ethisch überzeugen. Die Globalisierungsdiskussion wurde so zunehmend zur **ethischen Diskussion** um die Notwendigkeit gemeinsamer weltweiter »Spielregeln«, um **globale kulturübergreifende ethische Standards.**[104] Vor allem die **Weltreligionen** sind gefordert, ihre spirituellen, ethischen und weisheitlichen Ressourcen in diesen Diskurs einzubringen und so ihren Beitrag zu leisten zu einem gemeinsamen Menschheitsethos , einem »Weltethos«.

Schon in den 1980er Jahren entwickelte der Tübinger Theologe Hans Küng in seiner Programmschrift »Projekt Weltethos« die These von der Notwendigkeit solcher **kulturübergreifenden ethischen Standards**: »Immer deutlicher wurde mir in den letzten Jahren, daß die eine Welt in der wir leben, nur dann eine Chance zum Überleben hat, wenn in ihr nicht länger Räume unterschiedlicher, widersprüchlicher und gar sich bekämpfender Ethiken existieren. Diese eine Welt braucht das eine Grundethos; diese eine Weltgesellschaft braucht gewiß keine Einheitsreligon und Einheitsideologie, wohl aber einige verbindende und verbindliche Normen, Werte, Ideale und Ziele.«[105]

Die weltweite Resonanz auf »Projekt Weltethos« war beachtlich, Küng schien mit dieser Idee ein Anliegen von Menschen verschiedenster Kulturen, Schichten und Lebenskontexte zur Sprache gebracht zu haben. 1993 sollte in Chicago das zweite Parlament der Weltreligionen zusammenkommen – zum 100jährigen Gedächtnis an jenes erste Parlament 1893, wo Vivekānanda so beeindruckend den Hinduismus vertreten hatte, und das gemeinhin als Beginn der interreligiösen Bewegung bezeichnet wird. Im Vorfeld bemühten sich die Organisatoren um eine programmatische Grundlage für dieses interreligiöse Treffen, die mit der Weltethos-Idee gefunden schien. Und so entstand unter Federführung von Hans Küng die »**Erklärung zum Weltethos**«, mit der das Parlament schließlich seine Untertützung der Weltethos-Idee öffentlich zum Ausdruck brachte und die von der Mehrzahl der Delegierten – allen voran der XIV. Dalai Lama – unterzeichnet wurde.[106]

Die Weltethos-Erklärung richtet sich an alle Menschen dieser Welt: an Religiöse und Nichtreligiöse, an Humanisten, Säkulare, Agnostiker. Sie geht aus von der zu allen Zeiten erhobenen **allgemeinen Grundforderung** »Jeder Mensch – ob jung oder alt, Mann oder Frau, farbig oder weiß, nichtbehindert oder behindert, egal welcher Weltanschauung – soll menschlich behandelt werden«, und sie ruft die weltweit positiv wie negativ formulierte **Goldene Regel** als Grundprinzip religiöser und ethischer Traditionen in Erinnerung: »Was Du selbst nicht wünschst, das tue auch nicht anderen Menschen!«[107] Ihre Explikation erfahren diese beiden elementaren Prinzipen in **vier unverrückbaren Weisungen**, die sich ebenfalls in allen großen religiösen und ethischen Traditionen der Welt finden:

– Die Verpflichtung auf eine Kultur der **Gewaltlosigkeit** und der Ehrfurcht vor allem Leben: »Du sollst nicht töten – aber auch nicht foltern, quälen, verletzen« – oder positiv »Hab Ehrfurcht vor dem Leben«.
– Die Verpflichtung auf eine Kultur der **Solidarität** und eine **gerechte Wirtschaftsordnung**: »Du sollst nicht stehlen – aber auch nicht ausbeuten, bestechen, korrumpieren« – oder positiv »Handle ehrlich und fair!«
– Die Verpflichtung auf eine Kultur der Toleranz und ein Leben in **Wahrhaftigkeit**: »Du sollst nicht lügen – aber auch nicht täuschen, fälschen, manipulieren« – oder positiv »Rede und handle wahrhaftig!«
– Die Verpflichtung auf eine Kultur der **Gleichberechtigung** und die Partnerschaft von Mann und Frau: »Du sollst nicht Unzucht treiben – aber auch nicht

den Partner mißbrauchen, erniedrigen, entwürdigen« – oder positiv »Respektiert und liebet einander!«

Auf die **Wirkungsgeschichte** der Weltethos-Idee und der Chicago-Erklärung kann hier nicht im einzelnen eingegangen werden.[108] Die Idee wurde und wird viel diskutiert[109], sie fand Eingang in Wissenschaft, Politik und Wirtschaft, in der Bildungsarbeit, in Schulen und in der Gesellschaft überhaupt: Überall, wo Menschen verschiedener Kulturen und Religionen aufeinandertreffen, wo sich die Frage stellt nach gemeinsamen »Spielregeln«, nach gemeinsamen Maßstäben im gegenseitigen Umgang, Zusammenarbeiten und Zusammenleben.

Die Weltethos-Idee ist eine **politische Idee**: Die Besinnung auf gemeinsame elementarische ethische Standards soll als Grundlage dienen für interkulturellen Dialog und Verständigung und als Basis für ein friedliches, ethisch verantwortliches Miteinander. Und die Weltethos-Idee ist eine **praktische Idee**: Sie möchte Menschen verschiedener Kulturen und Religionen in ihren je verschiedenen Lebenskontexten ansprechen, möchte den Diskurs anregen über die gemeinsame Gestaltung unserer Lebenswelt vor dem Horizont des verbindenden ethischen Erbes der Weltkulturen. Die Weltethos-Idee versteht sich also nicht – wie von Kritikern[110] verschiedentlich unterstellt – als kleinster gemeinsamer ethischer Nenner der Weltreligionen, der womöglich am Ende sogar Religion durch Ethos ersetzen oder als neue universale Ersatzreligion die anderen Religionen dominieren möchte. Die Weltethos-Idee versteht sich vielmehr als offenes Projekt: Die Erklärung von Chicago ist der Anfang einer Entwicklung, deren Ende nicht absehbar ist. Sie definierte nicht das Weltethos, sondern machte Vorschläge für den möglichen Kern eines gemeinsamen Menschheitsethos.

Die Weltethos-Idee lebt von den Weltkulturen und deren großem ethischen Erbe, aus dem sie gespeist wird. Sie fragt nach dem je spezifischen Beitrag, den die einzelnen Kulturen und Religionen mit ihren je verschiedenen Begründungen zu einem gemeinsamen Menschheitsethos leisten können, fragt, was wir im Ethischen voneinander lernen können. Beispielhaft hierfür sind etwa jene beiden Konferenzen mit chinesischen Gelehrten über »Weltethos und traditionelle chinesische Ethik« (Peking 1997/2001). Beide Konferenzen setzten sich mit der Weltethos-Erklärung von Chicago auseinander und konkretisierten mit Parallelen aus der klassischen chinesischen Tradition den Beitrag Chinas zu einem Menschheitsethos. Ein breites Spektrum zentraler daoistischer und konfuzianischer Lehren und ethischer Prinzipien sah man in voller Übereinstimmung mit der Weltethos-Idee, überzeugt, daß diese auch für die moderne chinesische Gesellschaft von großer Bedeutung sind. Deshalb auch die Hoffnung der chinesischen Gelehrten, daß der Diskurs über ein Menschheitsethos nicht nur in China, sondern auch weltweit weitergeführt werde.[111]

Der Beitrag des Hinduismus zu einem Menschheitsethos

Beinahe zeitgleich mit der ersten chinesischen Konferenz fand auch in Indien die »**Erste Konferenz über Weltethos und traditionelle indische Ethik**« statt: Über 50 Wissenschaftler und Aktivisten aus verschiedenen Teilen Indiens versammelten sich am India International Centre in Delhi vom 23.-24. November 1997 zu einer vom Dharma Pathishtan einberufenen Konsultation. Sie wollten eine indische Antwort formulieren auf die **Erklärung zum Weltethos** und die **Allgemeine Erklärung der Menschenpflichten**, die vom InterAction Council ehemaliger Staats- und Regierungschefs vorgeschlagen und von Hans Küng auf Grundlage der Weltethos-Erklärung federführend mit ausgearbeitet wurde.

Diese Menschenpflichten-Erklärung – im englischen Original »Erklärung der menschlichen Verantwortlichkeiten« genannt – möchte in ihren äußerst knappen und doch konkreten 19 Artikeln die in der Menschenrechtserklärung von 1948 proklamierten Rechte vom Ethischen her abstützen, verstärken und ergänzen. So erklären ihre Verfasser schon in der Präambel programmatisch: »Wir ... erneuern und verstärken hiermit die schon durch die Allgemeine Erklärung der Menschenrechte proklamierten Verpflichtungen: die volle Akzeptanz der Würde aller Menschen, ihrer unveräußerlichen Freiheit und Gleichheit und ihrer Solidarität untereinander.«[112] Denn: »Ein ethischer Antrieb und die Motivation, Verantwortlichkeiten anzunehmen, sind unumgänglich für die wirksame Durchsetzung der Menschenrechte.«[113] Ähnliches wurde übrigens schon im Jahr 1789 gefordert, als bei der Deklaration der **Menschenrechte** der Ruf nach einer ergänzenden Erklärung der **Menschen-Verantwortlichkeiten** aufkam.

Heute, über 200 Jahre später, wird der Vorschlag des InterAction Councils für eine Menschenpflichten-Erklärung vor allem in asiatischen Ländern gewürdigt und begrüßt. So betonen die Teilnehmer der indischen Konferenz »einmütig die Bedeutung und Weisheit der beiden historischen Initiativen« (der Weltethos- und der Menschenpflichten-Erklärung) und sehen vor dem Hintergrund einer fortschreitenden Globalisierung sogar »eine drängende Notwendigkeit, die Sorge um die Menschenrechte auszubalancieren mit einer entsprechenden Betonung der Menschenpflichten, wenn wir die Grundlage sichern wollen, um die Rechte selber für alle Menschen real und bedeutungsvoll zu machen«[114].

Und mit Blick auf beide Dokumente unterstreichen die indischen Religionsvertreter die Rolle der Religion bei der Begründung des Ethos: »Ethische Prinzipien, die sich nur auf den ethischen Bereich beziehen und sich nur von ihm her begründen, reichen wohl nicht aus, um die Erfüllung ethischer Pflichten sicherzustellen. Es ist die **Spiritualität**, die Dynamik des Glaubens, die durch die Zeitalter hindurch Individuen und Gruppen bestärkt und angespornt hat, ethischen Maßstäben gerecht zu werden.« So erinnern sie an die **Religiosität** der Völker des Ostens und vor allem Indiens, wo »eine Anzahl von Reformern«

die religiösen Lehren »mit neuem Sinn erfüllt« und so »einer enormen Masse von Menschen bewußt gemacht (habe), was sie anderen verdanken«. Das heißt: »Sie haben sie dazu inspiriert, anderen und **der Gemeinschaft zu dienen.**«[115]

Auf dieser Linie beantwortet auch Heinrich von Stietencron die Frage nach dem »Beitrag der indischen Religionen zu einem Weltethos«[116]. Aus indischer Sicht sollte vor allem wegen des ausgeprägten Altruismus im hinduistischen ethischen Denken – vor allem grundgelegt durch die Karmanlehre und den Dharma-Begriff – die im Westen vorherrschende Priorität der Menschenrechte »ersetzt werden durch eine **Priorität der Pflicht des Menschen** für die Welt als Ganzes und für alle Lebewesen«: eine »Balance des Gebens und Nehmens«[117], die den gemeinsamen Lebensraum von Menschen, Tieren und Pflanzen umfaßt. Entprechend werde ein gemeinsames Menschheitsethos bereichert durch die Betonung spezifisch indischer **Grundhaltungen**, die nicht nur gelehrt und gefordert, sondern die **eingeübt** werden müssen: »Das **Wohlwollen** gegenüber allen Wesen, das **Mitleid**, die **Mitfreude** mit anderen Wesen und die **Gelassenheit** angesichts fremder Fehler und Schwächen.«[118] Auch der Begriff Gewaltlosigkeit (*ahiṃsā*) sollte, gut hinduistisch, nicht nur auf physische Verletzungen Anwendung finden, sondern auf den menschlichen Umgang überhaupt: geistig, seelisch, sozial.

Gegenüber modernen westlich geprägten Vorstellungen von der **Gleichheit aller Menschen** werden Hindutraditionen stets betonen, daß im Prinzip eine **Gleichheit alles Lebendigen** besteht, insofern alles mit allem im Saṃsāra verbunden ist. Freilich werden nach hinduistischer Vorstellung Menschen immer ungleich sein und sein müssen – je nachdem mit welchen karmischen Erblasten sie ihr Erdendasein antreten. Daß dies mitunter entgegen seiner eigentlichen Intention zur Zementierung sozialer Privilegien oder zur Rechtfertigung sozialer Schieflagen mißbraucht wurde und wird, darauf wurde bereits hingewiesen.[119] Aber auch wer an die Wiedergeburtslehre glaubt und von dort her sein Ethos begründet, wird sich für die Verbesserung der Lebensqualität und der Lebenschancen vor allem der Unterprivilegierten einsetzen – dies gebieten schon **Wohlwollen** und **Mitleid**, und dies zeigen die zahllosen hinduistischen Reformer und Reformbewegungen. Ein gläubiger Hindu wird aber vielleicht mehr als andere darauf achten – und davon wäre auch zu lernen –, daß solches Wohlwollen und Mitleid geleitet werden muß von **Erkenntnis**: »Wohlwollen allein, das nicht bemerkte, wie mit der Hilfe für das eine Lebewesen ein Schaden für ein anderes entstünde, wäre blind.«[120]

Daß die in der Chicago-Erklärung des Parlaments der Weltreligionen zum Ausdruck gebrachten Werte und Normen, dort als Kern eines zukünftigen Menschheitsethos vorgeschlagen, seit Jahrtausenden von Anfang an auch integraler Bestandteil des ethischen Erbes der Hindutraditionen sind, wurde in

karmische erblasten

diesem Buch umfassend gezeigt und illustriert – die zuletzt oben genannten allgemeinen menschlichen Pflichten (*sādhāraṇā* oder *sāmānya dharma*) bestätigen dies nachdrücklich.

Bei der Frage nach einem gemeinsamen Menschheitsethos und dem Beitrag der einzelnen Kulturen geht es aber nicht nur um den materialen Vergleich von Normen und Werten, sondern auch um den Blick auf deren Begründung, darum, welche Kriterien und Maßstäbe die Menschen aus ihren Kulturen an die Hand bekommen, um sich in der jeweiligen, oft komplexen Situation, für das Richtige zu entscheiden. Die indisch-religiöse Tradition hat hier zweifelsohne Besonderes zu bieten, das freilich, wie Heinrich von Stietencron zu Recht betont, »höchste Ansprüche an Erziehung und Selbstdisziplin« stellt: »Der Mensch nämlich, der richtig handeln will, muß nicht nur die Folgen kalkulieren, er muß auch die eigene Motivation überdenken und sein Tun von Weisheit leiten lassen«. Und diese Weisheit ist nur durch **Arbeit am Ego** zu gewinnen, modern gesagt, durch ein Geistestraining, »das neben Reinheit und innerer Sammlung vor allem die Abkehr von Begierde und Haß, von Egoismus und Unwissenheit (und letztlich die durch all dies genährte Haftung am Weltlichen) bewirken soll.«[121] Zu Recht betont die indische Tradition und betont besonders der Hinduismus zu allen Zeiten, daß Unwissenheit und von daher Begierde, Haß und Egoismus unser Handeln negativ prägten – im großen wie im kleinen, in Politik, Wirtschaft, Gesellschaft und Privatleben. Gāndhīs »Sieben Soziale Sünden«, hier nochmals zitiert, haben dies für unsere Zeit beeindruckend auf den Punkt gebracht: »Politik ohne Prinzipien, Reichtum ohne Arbeit, Genuß ohne Gewissen, Wissen ohne Charakter, Geschäft ohne Moral, Wissenschaft ohne Menschlichkeit, Religion ohne Opfer.«[122]

Der Beitrag des Hinduismus zu einem Menschheitsethos liegt deshalb neben dem Genannten vor allem und besonders darin, daß die große ethische Hindutradition **für die verschiedenen Menschen** in ihren **verschiedenen Lebenssituationen gangbare Wege** weist, Unwissenheit, Begierde, Haß und Egoismus zu überwinden und den Menschen »zu nüchternem, selbstlosem Urteil und zu richtigem Tun« zu führen: »Dies Votum der indischen Tradition führt zurück auf die Keimzelle der Ethik, das geistig formbare, erkenntnisfähige Individuum, und weiter auf den Rat der Weisen, deren Schiedsspruch im alten Indien gesucht wurde und deren Rat auch im heutigen Indien immer noch gesucht wird.«[123]

Zum Abschluß unseres langen Denkweges sei deshalb nochmals **»Mahātmā« Gāndhī** in Erinnerung gerufen, der wie kein zweiter noch heute als moralisch-politische Vorbild- und Integrationsfigur Indiens gilt. Als man ihm den Entwurf der UN-Menschenrechtserklärung vorgelegt und nach seiner Meinung dazu gefragt hatte, soll er nach kurzem Überlegen nur knapp geantwortet haben: »**Der Ganges der Rechte entspringt im Himālaya der Pflichten!**« Damit, so scheint mir, ist aus hinduistisch-ethischer Perspektive ganz Wesentliches gesagt.

Anmerkungen

Was dieses Buch will

1 **T. S. Kuhn**, The Structure of Scientific Revolutions, Chicago 1962; dt.: Die Struktur wissenschaftlicher Revolutionen, Frankfurt ^{2}1976, S. 186 (Übersetzung korrigiert); die Definition im englischen Original: »An entire constellation of beliefs, values, techniques, and so on shared by the members of a given community« (S. 175).

2 Vgl. dazu **H. Küng**, Theologie im Aufbruch. Eine ökumenische Grundlegung, München 1987; hier entwickelt Küng ausführlich, wie und inwiefern er Kuhns Paradigmentheorie auf die christliche Theologie überträgt; vgl. auch **ders.**, Projekt Weltethos, München 1990. Zur Anwendung der Paradigmentheorie vgl. **ders.**, Das Judentum, München 1991; **ders.**, Das Christentum. Wesen und Geschichte, München 1997; **ders.**, Der Islam. Geschichte, Gegenwart, Zukunft, München 2004. Auch für Küngs Multimedia-Projekt »Spurensuche. Die Weltreligionen auf dem Weg« (München 1999) sind die Paradigmenanalysen grundlegend.

3 **A. Michaels**, Der Hinduismus. Geschichte und Gegenwart, München 1998, S. 37.

A. Indische Frühzeit

A I. Die ersten Kulturen

1 **H. Kulke – D. Rothermund**, Geschichte Indiens, Stuttgart 1982, S. 9. Zur **Frühgeschichte** vgl. ferner **A. L. Basham**, The Wonder that was India. A survey of the history and culture of the Indian sub-continent before the coming of the Muslims, Calcutta 1954, ^{8}1989; **ders.** (Hrsg.), A Cultural History of India, Oxford 1985. **J. L. Brockington**, The Sacred Thread. Hinduism in its Continuity and Diversity, Edinburgh 1981. **T. J. Hopkins**, The Hindu Religious Tradition, Belmont/Calif. 1971. **T. W. Organ**, Hinduism. It's Historical Development, New York 1974. **S. Piggott**, Prehistoric India. To 1000 B.C., Middlesex 1950.

2 **J.-F. Jarrige**, Vorzeit und Induskultur, in: **H. G. Franz**, Das alte Indien. Geschichte und Kultur des indischen Subkontinents, München 1990, S. 49-80, Zit. S. 50.

3 AaO S. 50.

4 Vgl. aaO S. 51.

5 So der Kommentar des Archäologen **S. Piggott**, aaO S. 14.

6 Die Forschung unterscheidet heute **vier Entwicklungsphasen der Industalkultur**: die **Amrikultur** (in ihren vier Entstehungsschichten vom 4. Jahrtausend, noch ohne feste Gebäude, wohl aber bereits mit einer weit verbreiteten einheitlichen Keramik, bis in die Mitte des 3. Jahrtausends mit einheitlicher Hausbauweise und bereits erkennbaren Ordnungsstrukturen), die **Früh-Harappakultur** (von der Mitte bis zum Ende des 3. Jahrtausends mit einer neuen einheitlichen Keramik), die eigentliche **Harappakultur** (ab 2600-2500 v. Chr. mit dem expansiven Höhepunkt ihrer Städte zwischen 2300 und 1800 v. Chr.) und die **Jhangarkultur** (eine regionale Variante der Spät-Harappazeit am unteren Indus). Vgl. dazu **H. Kulke – D. Rothermund**, Geschichte Indiens, S. 21-38.

7 **J.-F. Jarrige**, Vorzeit und Induskultur, S. 58.

8 **Heinrich von Stietencron** bezweifelt die Theorie, daß dieser Gott ein Vorläufer des späteren Hindugottes Rudra-Śiva sei. Śiva werde zwar später als »Herr der Tiere« (*paśupati*) verehrt, doch seien damit keine wilden Tiere, sondern Haustiere gemeint. Zudem trage diese Gottheit »zahlreiche Armreife und Halsketten, was eher auf eine Göttin, jedenfalls nicht auf den wilden Jäger Rudra« deute, und »der aufgerichtete Phallus, den man bei dieser Gestalt zu erkennen glaubte, könnte auch das Ende der Leibbinde sein, das vom Knoten herunterhängt.« Dennoch bleibe die Tatsache, »daß die Induskultur bereits die Sitzhaltung der Yogīs kannte«, womit »vielleicht noch ein weiteres wichtiges Element der indischen religiösen Tradition bis in die Zeit der Induskultur zurück(geht), nämlich der Versuch, die Beherrschung des Atems und des Körpers als Mittel zur Selbstvervollkommnung einzusetzen.« (**ders.**, Der Hinduismus, München 2001, S. 13.)

9 Vgl. dazu **A. L. Basham – J. A. B. van Buitenen – W. Doniger**, Art. Hinduism/ History, in: The New Encyclopædia Britannica, Knowledge in Depth, Bd. 20, Chicago [15]1994, S. 521-529, bes. S. 522.

10 **H. v. Stietencron**, Der Hinduismus, S. 11.

11 Eigenwillig hierzu die vermeintlich »revolutionäre neue Sicht« des amerikanischen Autors **Georg Feuerstein**: Die alte Industalkultur – von ihm nach dem östlich vom Indus gelegenen und wohl um 1900 v. Chr. verschwundenen Sarasvatī-Fluß die »Sarasvatīkultur« genannt – sei faktisch nichts anderes »als eine Schöpfung der vedischen Arier selbst«. Von einer späteren Invasion der Arier könne keine Rede sein, und Hinweise in den vedischen Texten auf kriegerische Auseinandersetzungen zwischen Ariern und ansässiger Bevölkerung seien entweder »mythologisch« oder, falls historisch, Zeugnisse lediglich von »Konflikten unter den arischen Stämmen« selber (**ders.**, The Yoga Tradition. Its History, Literature, Philosophy and Practice, New Delhi 2002, Zit. S. 130). Beweise für seine Hypothese, die im Widerspruch zur Überfülle wissenschaftlicher Erkenntnisse u. a. von Vedistik und Indogermanistik steht, bleibt Feuerstein – außer polemischen Seitenhieben gegen die Vertreter der Invasionstheorie (angeblich ein auf Max Müller zurückgehendes und seither kaum hinterfragtes Dogma!) – allerdings schuldig.

12 Exemplarisch seien hier nur die Städte Kālībaṅga, Rūpar, Lothal und Surkotada genannt.

13 Ungefähr ab **3000 v. Chr.** läßt sich ein stetiger **Niederschlagszuwachs** rekonstruieren mit Höhepunkt um ca. 2500 v. Chr. Danach sank der Niederschlag allerdings wieder rapide ab und erreichte um **1800 v. Chr.** seinen **Tiefpunkt**. Dem dadurch bedingten **Rückgang der Induskultur** folgte die allmähliche **Besiedlung durch die Früharier**, die nach dem Niederschlags-Zwischenhoch um **1000 v. Chr. ihr vorläufiges Ende** erreichte. Die **Abnahme der Regenfälle bis ca. 800 v. Chr.** führte zu einer Ausdünnung des Dschungels in der Gaṅgāebene und begünstigte so die **Besiedlung** der von Nordwesten vorstoßenden Arier, die ihrerseits durch die von da an stetige Zunahme der Niederschläge profitiert haben könnten (vgl. **H. Kulke – D. Rothermund**, Geschichte Indiens, S. 36-37). Einzelne Studien führen den Niedergang der Harappakultur vor allem auf kriegerische Auseinandersetzungen zurück: Vgl. **B. B. Lal**, The Indus Civilisation, in A. L. Basham, A Cultural History of India, Oxford 1985, S. 25; **A. L. Basham**, The Wonder, S. 27-29.

14 **T. Oberlies**, Die Religion des Ṛgveda, Bd. I (Das religiöse System des Ṛgveda), Wien 1998, S. 155f., Anm. 48.

15 **H. Kulke – D. Rothermund**, Geschichte Indiens, S. 38.

A II. Die Indoeuropäer auf dem indischen Subkontinent

1 Vgl. dazu **M. Eliade**, Histoire des croyances et des idées religieuses, Bd. I-III/1, Paris 1976-1983; dt.: Geschichte der religiösen Ideen, Bd. I-III/1, Freiburg 1978-1983. **A. L. Basham**, The Wonder that was India. A survey of the history and culture of the Indian sub-continent before the coming of the Muslims, Calcutta 1954, [8]1989; **ders.** (Hrsg.), A Cultural History of India, Oxford 1985. **J. L. Brockington**, The Sacred Thread. Hinduism in its Continuity and Diversity, Edinburgh 1981. **T. J. Hopkins**, The Hindu Religious Tradition, Belmont/Calif. 1971. **H. Kulke – D. Rothermund**, Geschichte Indiens. **F. Wilhelm**, Art. Geschichte, in: **H. G. Franz**, Das alte Indien. Geschichte und Kultur des indischen Subkontinents, München 1990, S. 83-144.

2 **H. v. Stietencron**, Der Hinduismus, München 2001, S. 14.

3 Einen Überblick über die aktuelle Diskussion bietet **Thomas Oberlies** in seinem umfassenden Grundlagenwerk: Die Religion des Ṛgveda, Bd. I, S. 159-162.

4 AaO S. 161 (nach einer These von J. P. Mallory; Hervorhebungen von mir).

5 AaO S. 161f.

6 AaO S. 162, Anm. 82.

7 Vgl. dazu besonders **M. Eliade**, Geschichte der religiösen Ideen, Bd. I, S. 179-184.

8 **H. v. Stietencron**, Religionen, in: **H. G. Franz**, Das alte Indien. Geschichte und Kultur des indischen Subkontinents, München 1990, S. 177-244, Zit. S. 178.

9 AaO S. 178f.

10 **Ders.**, Der Hinduismus, S. 15.

11 **M. Eliade**, Geschichte der religiösen Ideen, Bd. I, S. 182.

12 Offenbar haben »sich die indo-arischen Stämme nach der Trennung von den iranischen – was vermutlich gegen 2000 v. Chr. geschehen ist ... – geteilt«, worauf »ein Teil nach Kleinasien, der andere nach Indien gewandert ist«. (**T. Oberlies**, Die Religion des Ṛgveda, Bd. I, S. 156f.)

13 Vgl. dazu etwa **A. Michaels**, Der Hinduismus. Geschichte und Gegenwart, München 1998, Kap. IV: Das Sozialsystem.

14 Die Parallelisierung von Gesellschaftsstruktur und analoger Aufteilung des indoeuropäischen Pantheons geht vor allem zurück auf **G. Dumézil**, der seine auch die vedische Religion einbeziehenden Hypothesen in zahlreichen Abhandlungen vertreten hat, besonders: L'idéologie tripartite des Indo-Européens, Brüssel 1958. **Jan Gonda** kritisiert entschieden die Methode Dumézils, kommt aber zu dem ihn selber überraschenden Schluß: »... auch meine Überzeugung ist, daß im indo-europäischen Altertum – ich wage es nicht zu sagen – wirklich die dreigeteilte Ideologie existierte.« (Dumézil's Tripartite Ideology: Some Critical Observations, in: Journal of Asian Studies, 34 (1974), S. 139-149 (= **ders.**, Selected Studies. Presented to the Author by the Department of Indology, Utrecht University, Bd. VI,1, Leiden 1991, S. 214-224, Zit. S. 224.)

15 »Heute geht man von mehreren sehr unterschiedlichen, sprachlich jedoch miteinander verwandten ›Ethnien‹ aus, die in großem zeitlichen Abstand auf Indien zu resp. nach Indien einwanderten.« (**T. Oberlies**, Die Religion des Ṛgveda, Bd. I, S. 157, Anm. 58.) Vgl. dazu auch **A. Michaels**, Der Hinduismus, S. 50f.

16 Es ist wahrschenlich, daß es sich bei den »Dāsa«/»Dasyu« um Nachfahren der Harrappakultur handelt. Nach **A. Michaels** könnten mit »Dasyu« aber nicht nur indigene Industalbewohner, sondern auch **indoarische** Stämme gemeint sein, die **vor den vedischen Ariern eingewandert** sind; denn »von ihnen wird nicht gesagt, daß sie die falschen Götter, sondern die Götter falsch verehren« (Der Hinduismus,

S. 51). So auch **A. Parpola** (referiert von **T. Oberlies**, Die Religion des Ṛgveda, Bd. I, S. 157f.), der die Dasyu als Mitglieder der **ersten** (allerdings mit 2000 v. Chr. zeitlich sehr früh angesetzten) **vorvedischen arischen Einwanderungswelle** identifiziert. Dagegen »läßt sich nicht beweisen, daß die Ureinwohner **Draviden** gewesen sind, also die Vertreter der heute in Südindien gesprochenen dravidischen Sprache« (**F. Wilhelm**, Art. Geschichte, S. 92). Obwohl *dāsa* später im Ṛgveda »Sklave« bedeutete, scheinen die Einheimischen von den Ariern wohl nicht einfach versklavt, sondern nach und nach – freilich mit niederem gesellschaftlichem Status – in die arische Bevölkerung integriert worden zu sein.

17 **H. v. Stietencron**, Religionen, S. 179. Das Brennen von Ziegeln müssen die Arier wohl erst später in Rājasthān und Gujarāt gelernt haben, wo sie »auf alte Städte stießen, deren Kultur sich dort auf niedrigerem Niveau fast 1000 Jahre länger hielt als im Flußtal des Indus«. (**Ders.**, Hinduismus, S. 14).

18 **A. Michaels**, Der Hinduismus, S. 50f.

19 **H. v. Stietencron**, Religionen, S. 179.

B. Der Veda: das heilige Wissen

1 Der Indologe **Axel Michaels** schreibt in seiner umfassenden Studie zum Hinduismus (Der Hinduismus. Geschichte und Gegenwart, München 1998), daß man gerade von indischer Seite wohl **aus politischen Motiven** versucht habe, den »westlichen Fremdeinfluß« zu relativieren und die Einwanderungsthese der Āryas in Frage zu stellen: Es ließen sich kaum Siedlungen der Āryas nachweisen, zudem sei dieser Begriff biologisch-rassisch, schon die Industalsiegel hätten indoeuropäische Sprache etc. Dennoch sei aus linguistischen und archäologischen Gründen unübersehbar, daß mit den Āryas eine neue »vedische« Kultur ins Industal gekommen ist. Pferd und Wagen waren in jedem Fall neu – auch wenn die Sprache auf den Siegeln der Induskultur zur dravidischen Sprachgruppe (heute u. a. Tamil, Kanaresisch, Telugu) gehören könnte, und es vielleicht mehr Kontiunuität gebe, als man bisher angenommen hat. (S. 50f.).

2 Die Literatur zum **Veda** ist uferlos. Die Literatur zwischen 1805 und 1930 ist gesammelt bei **L. Renou**, Bibliographie védique, Paris 1931; seine Arbeit wurde fortgeführt von **R. N. Dandekar**, Vedic Bibliography. An up-to-date comprehensive, and analytically arranged register of all important work done since 1930 in the field of the Veda and allied antiquities including Indus Valley Civilisation, Bd. I-V, Bombay/Poona 1946-93. Literaturwissenschaftlich sehr aufschlußreich **J. Gonda**, Vedic Literature (Saṃhitās and Brāhmaṇas), Wiesbaden 1975. Eine neues Standardwerk zur Religion des Ṛgveda bietet **T. Oberlies**, Die Religion des Ṛgveda, Bd. I-II, Wien 1998-99. Ferner **A. L. Basham**, The Wonder that was India. A Survey of the History and Culture of the Indian Sub-Continent before the Coming of the Muslims, Calcutta 1954, [8]1989. **M. Bloomfield**, The Religion of the Veda. The Ancient Religion of India (From Rig-Veda to Upanishads), New York 1908. **J. L. Brockington**, The Sacred Thread. Hinduism in its Continuity and Diversity, Edinburgh 1981. **J. N. Farquhar**, An Outline of the Religious Literature of India, Oxford 1920, Reprint Delhi 1967, 1984. **J. Gonda**, Die Religionen Indiens, Bd. I: Veda und älterer Hinduismus, Stuttgart 1960. **T. J. Hopkins**, The Hindu Religious Tradition, Belmont 1971. **A. B. Keith**, The Religion and Philosophy of the Veda and Upanishads, Cambridge/Mass. 1925 (zweibändig aber mit durchlaufender Pa-

ginierung), 2. Aufl. Westport/Conn. 1971. **R. C. Majumdar** (Hrsg.), The History and Culture of the Indian People, Bd. I (The Vedic Age), London 1951. **K. Mylius**, Geschichte der altindischen Literatur. Die 3000jährige Entwicklung der religiös-philosophischen, belletristischen und wissenschaftlichen Literatur Indiens von den Veden bis zur Etablierung des Islam, Bern 1988. **H. Oldenberg**, Die Religion des Veda, Stuttgart 1894, [2]1917. **L. Renou**, Religions of Ancient India, London 1953; **ders.**, Vedic India, New Delhi 1971. **R. C. Zaehner**, Hinduism, London 1962; dt.: Der Hinduismus. Seine Geschichte und seine Lehre, München 1964.

3 **J. Gonda**, Vedic Literature, S. 66.

4 Vgl. aaO S. 65-67. Als Belege werden u. a. Anspielungen angeführt, wie sie sich finden in den Hymnen an Agni (RV IV,11,2: »Agni ... gewähre uns diesen kraftvollen Hymnus ...«), an Indra (RV III,34,5: »Diese heiligen Lieder, die er jenen Sänger lehrte, der ihn pries ...«) oder an Varuṇa (RV I,105,15: »Varuṇa macht den heiligen Beter ...«).

5 **G. v. Simson** macht darauf aufmerksam, daß »schon der zeitlich nicht weit von Pāṇini (Anm.: erster indischer Grammatiker um das 5. Jhd. v. Chr.) entfernte Worterklärer Yāska ... in einer Reihe von Fällen mehrere, einander ausschließende Interpretationen schwieriger Wörter« anbietet und selbst die in verschiedensten »Kommentaren gegebenen Erklärungen oft merkwürdig inkonsequent oder ersichtlich falsch« sind (**ders.**, Kap. Veda, Epos, Purāṇa, klassische Kunstdichtung, Spruchdichtung, didaktische Erzählungsliteratur, in: Einführung in die Indologie, hrsg. v. H. Bechert und G. v. Simson, Darmstadt 1979, S. 49-66, Zit. S. 51).

B I. Vedische Frühzeit: Götter, Mythen, Opfer und Gesänge

6 **H. v. Stietencron**, Art. Religionen, in: **H. G. Franz**, Das alte Indien. Geschichte und Kultur des indischen Subkontinents, München 1990, S. 177-244, Zit. S. 177.

7 **J. Gonda**, Die Religionen Indiens, Bd. I: Veda und älterer Hinduismus, Stuttgart 1960, S. 9.

8 **J. C. Heesterman** spricht in diesem Zusammenhang von Zeugnissen der **Religion der »Proto-Arier«**, religiösen Vorstellungen aus der gemeinsamen Zeit von **Indoariern** und **Indoiraniern**: »Die Vorstellungen von einer kosmischen Ordnung (vedisch *ṛta*, Avesta *aśa*) und seinem Verwalter (vedisch *ahura varuṇa*, Avesta *ahura mazdā*), einfache Feuer-Verehrung und ein Kult um den heiligen Trank (vedisch *soma*, Avesta *haoma*).« (Art. Vedism and Brahmanism, in: The Encyclopedia of Religion, hrsg. v. M. Eliade, Bd. XV, New York 1987, S. 214f.) Vgl. auch **L. Renou**, Vedic India, New Delhi 1971, S. 55f.

9 So geht etwa **J. Gonda** davon aus, daß die Hinweise auf Berge und Flüsse insgesamt dafür sprechen, daß diese Hymnen noch relativ weit vom Gaṅgā entfernt entstanden seien (Vedic Literature, S. 23).

10 Vgl. **J. Gonda**, Die Religionen Indiens, Bd. I, S. 16.

11 **J. Gonda** (Vedic Literature, S. 21) erwähnt in diesem Zusammenhang im Gefolge des deutschen Indologen **Hans Jacobi**, der 1894 eine Datierung des Beginns der vedischen Texte um ±4500 v. Chr. vorschlug, besonders den Inder **J. Tilak** (1893: ±6000 v. Chr.); ferner **P. C. Sengupta** (1950: 4000-2450 v. Chr.) und **N. N. Godbole** (1961: 25 000-15 000 v. Chr.).

12 Vgl. **K. Mylius**, Geschichte der altindischen Literatur, S. 32f.; **J. Gonda**, Vedic Literature, S. 20-23.

13 Dies vermutet im Anschluß an H. Oldenberg **L. Renou**, Vedic India, S. 4f.

14 Vgl. **J. Gonda**, Differences in the Rituals of the Ṛgvedic Families, in: ders., Selected Studies, Bd. VI,1, S. 429-436. Gonda weist in seiner Studie bestimmte Rituale, Begriffe, Gegenstände, Formeln etc. ganz bestimmten Familien zu und unterscheidet von daher ganze »Familien-Religionen«, in denen die wichtigsten vedischen Familien Kulte und Riten vollzogen, zwar in »substantiell parallelen, aber zum Teil von ihren eigenen verschiedenen Traditionen«, die sich gegenseitig beeinflußten (S. 429).

15 Vgl. **T. Oberlies**, Die Religion des Ṛgveda, Bd. I, S. 153, Anm. 36, mit Bezug auf **M. Witzel**.

16 So im 5. Jahrhundert von Yāska in seinem großen Kommentarwerk »Nīrukta« (= Etymologie, Worterklärung). Es handelt sich dabei um das bedeutendste (etymologische) Wörterbuch der Sanskritliteratur. Auf ältere, nicht mehr erhaltene Wortlisten zurückgehend, erklärt es schwierige Begriffe und deren Entstehung anhand von Textbeispielen und Wortlisten. Vgl. **K. Friedrichs**, Art. Nīrukta, in: Lexikon der östlichen Weisheitslehren. Buddhismus, Hinduismus, Taoismus, Zen, hrsg. v. I. Fischer-Schreiber, F.-K. Erhard, K. Friedrichs, M. S. Diener, Bern 1986, S. 265.

17 Die relative Chronologie der einzelnen Bücher ist nach wie vor umstritten. Die hier angegebene Reihenfolge bietet **T. Oberlies** (Die Religion des Ṛgveda, Bd. I, S. 153, Anm. 37, im Anschluß an A. A. MacDonnell, A. B. Keith und M. Witzel); ähnlich **J. L. Brockington** (The Sacred Thread. Hinduism in its Continuity and Diversity, Edinburgh 1981, S. 9f.; **ders.**, Art. Vedas, in: The Encyclopedia of Religion, hrsg. v. M. Eliade, Bd. I-XVI, New York 1987, Bd. XV, S. 214-217, bes. S. 215), der allerdings das neunte Buch später ansetzt.

18 **Jan Gonda** unterscheidet in seinem Standardwerk zur vedischen Lieratur im Ṛgveda Texte mit **20 verschiedenen Inhalten** (vgl. **ders.**, Vedic Literature, S. 101-171).

19 **A. L. Basham** spricht in diesem Kontext auch vom Ṛgveda als dem »Ergebnis eines unvollendeten Synkretismus vieler Stammesglauben und -kulte« (The Wonder that was India. A Survey of the History and Culture of the Indian Sub-Continent before the Coming of the Muslims, Calcutta 1954, [8]1989, S. 240). Vgl. auch **L. Renou**, Vedic India, S. 55.

20 **J. Gonda**, Die Religionen Indiens, Bd. I, S. 16.

21 Vgl. RV I,34,11; IX,92,4.

22 Vgl. RV III,9,9 und X,52,6: Hier wird offenbar auf einen »Hymnus zur Einladung der All-Götter« Bezug genommen, wo von 3339 Göttern die Rede ist, die Agni verehrt haben sollen.

23 Vgl. BĀU 3,9, wo Yājñavalkya auf die Frage, wie viele Götter es gebe, zunächst – in Anspielung auf den genannten Einladungshymnus – zwar nicht jene 3340 Götter, sondern 3306 Götter nennt, dann meint, diese seien nur die »Kräfte« der 33 Götter, und dann in einem Regressus immer kleinere Zahlen nennt, bis er schließlich zu Brahman als dem einen und einzigen »Gott« gelangt.

24 Der große Religionswissenschaftler **Max Müller** führte in diesem Zusammenhang bekanntlich den Begriff »**Henotheismus**« ein (griech. *henos* = eins: Verehrung eines Gottes unter mehreren Göttern, als wäre dieser der einzige): als **Zwischenstadium** in der Entwicklung vom **Polytheismus** (Verehrung mehrer gleichbedeutender Götter) zum **Monotheismus** (exklusive Verehrung eines einzigen Gottes). Diese doch recht schematische Vorstellung der Entwicklung (erst viele Götter, dann einer dieser vielen, schließlich nur einer) konnte sich aber nicht durchsetzen. Heute spricht man insgesamt doch von einem **klassischen Polytheismus des Ṛgveda**, bei dem mehrere persönlich vorgestellte und bekannte Götter autonom handeln. Zur Diskussion um den Begriff »Henotheismus« vgl. **R. N. Dandekar**, God in Hindu Thought, in: Annals of the Bhandarkar Oriental Research Institute, Golden Jubilee

Volume, Poona 1968, S. 433-465, bes. S. 440-442.

25 Zur **Entstehung** des Begriffs »**Asura**«, der außerdem auch zur Bezeichnung zweier nichtarischer Völker (den Dānavas und Daityas) verwendet wird, gibt es offenbar verschiedene Spekulationen: Vielleicht stammt er ursprünglich von »Ashur«, einem assyrischen Gott; oder er diente den »sura«trinkenden Ariern als Bezeichnung abstinenter (*a-sura*) Nichtarier; eventuell ist er auch die negative Form von »sura«, einer Art niederer Himmels- oder Paradiesgott, von dem wiederum die »Asura«-Völker stammen; oder aber er geht auf »Asu« (Leben) zurück, einen vedischen Begriff für »Seele« (vgl. **B. Walker**, Hindu World. An Encyclopedic survey of Hinduism, Bd. I-II, London 1968, erste indische Ausgabe New Delhi 1983, Bd. I, S. 90). Ebenso vermutet **J. L. Brockington**, daß der Begriff »Herr« oder »Mächtiger« heißt und auf den alten indoeuropäischen höchsten Gott zurückgeht, der sich womöglich im iranischen Ahura Mazdā spiegelt (The Sacred Thread. Hinduism in its Continuity and Diversity, Edinburgh 1981, S. 10).

26 **T. Oberlies**, Die Religion des Ṛgveda, Bd. I, S. 391; zum Thema des Götterkampfes vgl. S. 391-394.

27 AaO S. 392.

28 Ebd.

29 Daß es sich hierbei um ein wesentliches Charakteristikum vedischer Mythologie, ja vielleicht sogar um »die einzige Theologie« der Veden handelt (was mir übertrieben scheint), wird besonders betont von **R. N. Dandekar**, God in Hindu Thought, S. 438-440. **K. K. Klostermeier** hält Dandekars Position für »überzeugend« (A Survey of Hinduism, New York 1989, S. 127). Vgl. auch **W. K. Mahony**, Art. Soul: Indian Concepts, in: The Encyclopedia of Religion, hrsg. v. M. Eliade, Bd. XIII, New York 1987, S. 438-443, bes. S. 439f.

30 Vgl. **L. Renou**, Vedic India, New Delhi 1971, S. 54f. **J. Gonda**, Die Religionen Indiens, Bd. I, S. 26-47.

31 **J. Gonda**, Die Religionen Indiens, Bd. I, S. 104. **L. Renou** spricht in diesem Zusammenhang von der »Tendenz (der vedischen Hymnen), die Vielheit der Phänomene und die Pluralität der Götter durch ein einendes Prinzip zu verbinden« (Vedic India, S. 81f.).

32 RV I,164,6. 46; X,129,2. 7.

33 RV X,121.

34 Vgl. RV I,139,11.

35 Die **Einteilung** der Götter nach den drei Lebensräumen **Himmel**, **Luftraum** und **Erde** kann nicht immer eindeutig durchgehalten werden, mitunter werden einzelne Götter verschiedenen Sphären zugeordnet. Auch **A. B. Keith** benutzt in seinem Standardwerk »The Religion and Philosophy of the Veda and Upanishads« (Cambridge/Mass. 1925) diese Einteilung. Vgl. auch **R. C. Majumdar** (Hrsg.), The History and Culture of the Indian People, Bd. I (The Vedic Age), London 1951, S. 362-376; **T. J. Hopkins**, The Hindu Religious Tradition, Belmont 1971, S. 11-14. **A. Michaels** teilt das vedische Pantheon nach verschiedenen Arten von Göttern ein: Naturgötter und deifizierte Naturgewalten, Ordnungsgötter und deifizierte moralisch-ethische Prinzipien, Raumgötter, Schöpfungsgötter, deifizierte Naturerscheinungen, Menschen-Götter, Potenzen und Mächte, Geister, Dämonen und feindliche Mächte (Der Hinduismus, S. 223f.).

36 **T. Oberlies**, Die Religion des Ṛgveda, Bd. I, S. 261.

37 Vgl. RV I,159. 160. 185; IV,56; VI,70; VII,53.

38 Vgl. RV I,52,10. 61,14. 80,11. II,12,1; IV,17,2 u. a.

39 Daß **Himmel und Erde ihre Macht an Indra abtreten**, lesen wir in RV I,131,1 und

I,57,5; ferner berichten davon RV I,121,11; IV,17,1. 19,1; VII,31,7; X,113,1.

40 Auf die Gestalt des Gottes **Soma** und dessen komplexes theologisches Profil wird im nächsten Kapitel eigens eingangen.

41 **T. Oberlies**, Die Religion des Ṛgveda, Bd. I, S. 264f.

42 Vgl. **A. Daniélou**, Hindu Polytheism, New York 1964, S. 112-127. Daniélou unterscheidet die sechs zentralen oder »wichtigeren souveränen Prinzipien« (»major sovereign principles«), die sechs »Söhne der Aditi« – Mitra, Aryaman, Bhaga, Varuṇa, Dakṣa, Aṃśa – von den »zweitrangigen« oder »kleineren« souveränen Prinzipien (»minor sovereign principles«) Tvaṣṭṛ, Pūṣan, Vivasvant, Sāvitṛī, Śakra und Viṣṇu.

43 Vgl. **T. Oberlies**, Die Religion des Ṛgveda, Bd. I, S. 231-234. Oberlies weist im Anschluß an Paul Thieme darauf hin, daß manche Stellen des Ṛgveda deshalb unklar scheinen, weil dort von der Urmutter Aditi die Rede ist, deren Name aber »als Sammelbezeichnung für die Ādityas verwendet« wird (S. 233).

44 Zu den verschiedenen Zahlenangaben vgl. auch **H. Oldenberg**, Die Religion des Veda, S. 178f., bes. Anm. 2.

45 Vgl. RV II,27,1: »Mögen Mitra, Aryaman und Bhaga uns hören, der mächtige Varuṇa, Dakṣa und Aṁśa.«

46 Vgl. RV X,72,8f: »Acht sind die Söhne der Aditi ... Mit sieben ging sie die Götter zu treffen, Mārtāṇḍa verstieß sie weit weg ...«

47 Vgl. ŚB 11,6,3,8: »Wer sind die Ādityas? – Die zwölf Monate des Jahres ...«.

48 **T. Oberlies**, Die Religion des Ṛgveda, Bd. I, S. 193.

49 Vgl. aaO S. 188, Anm. 190. **L. Renou** sieht darin ein deutliches Erbe der Arier aus der gemeinsamen indoiranischen Zeit: dem indischen Gott Varuṇa entspräche der iranische Ahura Mazdā, beide in enger Verbindung mit Mitra (Vgl. **ders.**, Vedic India, New Delhi 1971, S. 56f.). Die Verbindung beider Gottheiten geht wohl schon auf die vorindoiranische Zeit zurück, da beide – wie bereits erwähnt – zusammen mit Indra und den »Nāsatya« in einer Mitanni-Inschrift um 1400 v. Chr. in Boğazköy (hethitisch: Hattusa) in Kleinasien zu finden sind. In den Brāhmaṇas wird Varuṇa mit der Nacht und Mitra mit dem Tag identifiziert.

50 **T. Oberlies**, Die Religion des Ṛgveda, Bd. I, S. 190.

51 Vgl. RV X,85,23.

52 **T. Oberlies**, Die Religion des Ṛgveda, Bd. I, S. 186.

53 Vgl. RV VI,53,1 und RV I,42,1-3.

54 Vgl. RV VIII,29,6.

55 Vgl. RV VI,58,3.

56 Vgl. RV VI,54,5-7. Daß die Figur des Pūṣan das indische Gegenstück des **griechischen Gottes Pan** darstellt und auch dem Gott **Hermes** verblüffend ähnelt, zeigt **T. Oberlies**, Die Religion des Ṛgveda, Bd. I, S. 202-204.

57 So die Übersetzung nach Paul Thieme (vgl. **T. Oberlies**, Die Religion des Ṛgveda, Bd. I, S. 221, Anm. 338).

58 Zu den verschiedenen Aussagen des Ṛgveda über die drei Schritte Viṣṇus und dessen Interpretationen vgl. **H. Oldenberg**, Die Religion des Veda, S. 230-233.

59 Vgl. dazu bes. RV I,154-156.

60 Vgl. RV VI,51,2; VII,60,2-3; X,35,5. Den Sonnengott gibt es übrigens in maskuliner (*sūrya*) wie in femininer Form (*sūryā*).

61 Vgl. RV VII,63,2.

62 Vgl. RV X,37,4. 7-8.

63 **H. Oldenberg**, Die Religion des Veda, S. 63.

64 Vgl. RV I,35,9.

65 **T. Oberlies**, Die Religion des Ṛgveda, Bd. I, S. 223.

66 RV III,62,10 – die »Sāvitṛī«, die »Gāyatrī par excellence«: *tát savitúr váreṇyam bhárgo devásya dhīmahi dhíyo yó naḥ pracodáyāt* (Gāyatrī ist ein Versmaß, das Hauptmetrum des vedischen Vorsängers).

67 Vgl. RV I,92,4; V,80.

68 Vgl. RV I,92,11; I,124,8. Die komplexen und schwerer verständlichen Aspekte Uṣas – ihre Verbindung mit Reichtum und Unterwelt, der sexuelle Übergriff ihres Vaters Dyaus, ihre Rolle im Soma-Ritual – beschreibt **T. Oberlies**, Die Religion des Ṛgveda, Bd. I, S. 236-240.

69 So vermutete noch **H. Oldenberg**, Die Religion des Veda, S. 71.

70 **T. Oberlies**, Die Religion des Ṛgveda, Bd. I, S. 179.

71 Vgl. **L. Renou**, Vedic India, Delhi 1971, S. 61.

72 **T. Oberlies**, Die Religion des Ṛgveda, Bd. I, S. 251; hier hat Oberlies auch die wesentlichen Elemente dieser Heroenvita herausgearbeitet (vgl. S. 251-253).

73 Vgl. RV VIII,45,5.

74 Vgl. RV IV,17,4; VIII,61,2.

75 Vgl. RV IV,18,12.

76 Vgl. RV I,103,2; II,12,2-3; II,15,2; VI,17,7; X,55,1.

77 Vgl. RV I,51,4; I,52,8.

78 Vgl. RV I,32,1f. 4. 12; I,80,5; VIII,69,11.

79 Vgl. RV I,32. 51,3-4; II,19,3-4. IV,16,7-8. Zu den beiden äquivalenten Vala- und Vṛtra-Mythen vgl. auch unten die Ausführungen zur ṛgvedischen Kosmogonie (»Die Entstehung von Welt und Mensch«).

80 Vgl. RV I,103,3-4.

81 Einen Überblick über die wichtigsten Heldentaten Indras bietet **H. Oldenberg**, Die Religion des Veda, S. 133-168.

82 Vgl. RV V,58,7.

83 Vgl. RV II,33,11. 14.

84 Vgl. RV VII,101,6.

85 **H. v. Stietencron**, Art. Religionen, in: H. G. Franz, Das alte Indien. Geschichte und Kultur des indischen Subkontinents, München 1990, S. 177-244, Zit. S. 182 (Hervorhebung von mir). So wie Agni auch im Wasser beheimatet ist, kennt der Ṛgveda umgekehrt auch eine Wassergottheit **Apām Napāt**, »Kind der Wasser«, die nach RV X,30 Eigenschaften des Wassers, aber auch des Feuers in sich trägt, die in einer engen Beziehung zu Agni steht und im Soma-Ritual eine wichtige Rolle spielt.

86 **J. L. Brockington**, The Sacred Thread. Hinduism in its Continuity and Diversity, Edinburgh 1981, S. 14.

87 **H. Oldenberg**, Die Religion des Veda, S. 105.

88 **H. v. Stietencron**, Art. Religionen, S. 183. Eine aufschlußreiche Analyse der **Bedeutung des Feuers im altindischen Opferdenken** bietet **J. C. Heesterman**, Feuer, Seele und Unsterblichkeit, in: G. Oberhammer (Hrsg.), Im Tod gewinnt der Mensch sein Selbst. Das Phänomen des Todes in asiatischer und abendländischer Religionstradition. Arbeitsdokumentation einses Symposions, Wien 1995, S. 27-42.

89 **T. Oberlies**, Die Religion des Ṛgveda, Bd. I, S. 204.

90 **H. Oldenberg**, Die Religion des Veda, S. 237.

91 RV X,72,2, zit. nach **P. Thieme**, Zu RV 10,72, in: Kleine Schriften, Bd. II, hrsg. v. Renate Söhnen-Thieme, Stuttgart 1995, S. 939-955, Zit. S. 949. Daß dieser Hymnus ein Streitgespräch von sieben Sprechern war, hat Paul Thieme in diesem Artikel nachgewiesen; dabei war die These, daß Brahmaṇaspati einst Weltschöpfer war,

eine von mehreren vorgetragenen Positionen.

92 Vgl. RV VIII,2,2-3: »Von den Männern (mit Wasser) gespült, von den hungrigen (Steinen) ausgepreßt, mittels der Schafhaare geläutert, gewaschen wie ein Pferd in den Flüssen: den haben wir wohlschmeckend gemacht, ihn vollkommen machend, wie Gerste mit Kuh(milch). (Dich), o Indra, (laden wir) zu diesem Gelage.«

93 **T. Oberlies**, Die Religion des Ṛgveda, Bd. I, S. 145. Bezeichnenderweise handeln vier große von sechs Hauptteilen dieser Studie von Soma: (I) Soma und die ṛgvedische Religion, (IV) Soma, Macht und Herrschaft(slegitimation), (V) Der Soma-Rausch und seine Interpretation, (VI) Form und Funktion der Soma-Hymnen.

94 Vgl. RV IV,26f.; dazu **H. Oldenberg**, Die Religion des Veda, S. 172-174.

95 Eine Fülle von Details zu Ablauf, Interpretation und Bedeutung des Soma-Rituals bietet **T. Oberlies**, Die Religion des Ṛgveda, Bd. I, S. 279-285.

96 Vgl. dazu Kap. B II,6: »Was geschieht nach dem Tod?«.

97 Vgl. RV IX,113,7-11.

98 Vgl. RV X,85,8-11: Hier werben die Aśvin (wiederum als Mittler) um Sūryā im Auftrag Somas, der an dieser Stelle mit dem Mond identisch ist und Sūryā schließlich »heiratet«. Diese »Hochzeit« ist der Zeitpunkt der Morgendämmerung, wenn der Tag die Nacht ablöst (vgl. **T. Oberlies**, Die Religion des Ṛgveda, Bd. I, S. 181, Anm. 153).

99 AaO S. 334.

100 Das umfassende Werk von **Thomas Oberlies**, auf das ich hier ausführlich Bezug nehme, hat die heftige Kritik von vor allem zwei Fachkollegen auf sich gezogen: Henk W. Bodewitz (Besprechung von Bd. I in Orientalistische Literaturzeitung 95 (2000), S. 313-321) und Bernfried Schlerath (Besprechung von Bd. II, aaO S. 525-539). Unter dem Titel »Von Fach- und Sachgrenzen, von Exkursen und roten Fäden. Bemerkungen zur *Religion des Ṛgveda*« hat Oberlies in der »Wiener Zeitschrift für die Kunde Südasiens« (Band XLV, 2001, S. 5-22) eine Replik auf beide Besprechungen verfaßt. Nun kann ein Theologe in diesem indologischen Spezialistenstreit kaum Stellung beziehen, doch scheint mir, daß Oberlies in seiner Replik mit einer Reihe von Richtigstellungen und grundsätzlichen methodologischen Anmerkungen doch einen Großteil dieser Rezensentenkritik im Kern entkräftet hat.

101 Als ein Zeugnis für die Landnot nennt Oberlies RV VI,47,20: »Auf ein weideloses Feld sind wir gekommen, ihr Himmlischen; die Erde, die doch weit ist, ist enge geworden.«

102 Vgl. dazu mit einer Vielzahl von Belegen aaO S. 334-337.

103 Vgl. aaO S. 348-358.

104 **T. Oberlies** spricht hier von einer »polykephalen« oder vielmehr »akephalen« Organisation (aaO S. 355).

105 Oberlies nennt hier vor allem nordamerikanische Indianerstämme.

106 Einen deutlichen Hinweis auf die Zuordnung verschiedener Götter auf die verschiedenen Siedlungsphasen bietet RV VII,82,4-5: »Euch (rufen) die Wagenfahrer in den Kämpfen, in den Schlachten, euch (rufen) die, die fest dastehen, im Zuwegebringen des friedlichen Wohnens; o Indra und Varuṇa, wir rufen euch gut zu Rufende, die ihr über beiderlei Gut (= das durch Krieg und das durch friedliches Wohnen erworbene) herrscht. Indra und Varuṇa, als ihr all diese Geschöpfe durch eure Macht geschaffen hattet, wurde Mitra Freund des Varuṇa durch friedliches Wohnen; der andere zieht mit den Marut dahin …, der Gewaltige.« (Vgl. aaO S. 341-345.)

107 AaO S. 364.

108 Vgl. mit zahlreichen Belegen aaO S. 358-361.

109 AaO S. 362.
110 Es können hier nur einige wenige summarische Bemerkungen zum ṛgvedischen Kultwesen gemacht werden; zu allen Punkten gibt es uferlose Spezialuntersuchungen, die in der angegebenen Fachliteratur dokumentiert sind.
111 Vgl. dazu die minutiöse **Beschreibung des vedischen Pferdeopfers** bei **J. Gonda**, Die Religionen Indiens, Bd. I, S. 168-172.
112 So die Theorie von **T. Oberlies**, Die Religion des Ṛgveda, Bd. I, S. 292.
113 Vgl. dazu aaO S. 295-298; besonders S. 209 mit einem schematischen Überblick der Entwicklung der Initiation von der ṛgvedischen bis zur klassischen Zeit.
114 Vgl. **A. B. Keith**, The Religion and Philosophy of the Veda and Upanishads, Cambridge/Mass. 1925, bes. S. 369. Nach Keith kann der Beginn des religiösen Studiums von den genannten Jahren auch bis 16, 22 und 24 hinausgezögert werden; danach allerdings verliere der Jugendliche das Recht, die Sāvitṛī zu rezitieren und er sollte dann nicht mehr »als Schüler angenommen, zum Opfer zugelassen oder als Schwiegersohn akzeptiert« werden; sollte die Sāvitṛī in einer Familie für drei Generationen »verloren«gegangen sein, dann verliere diese das Recht auf Vollzug verschiedener Sakramente, was nur durch einen besonderen Ritus gesühnt werden könne (S. 369).
115 Vgl. dazu den mitunter als Parodie mißverstandenen »Hymnus an die Frösche« (RV VII,103), in dem die Priester mit Fröschen verglichen werden, die – wie die Priester bei diesem Ritus – nach der Trockenzeit zu lärmen beginnen. Daraus geht hervor, daß dieser Ritus unmittelbar vor Einsetzen der Regenzeit stattfand (V9: »Wenn im Jahreslauf die Regenzeit gekommen ist, dann werden die erhitzten Milchtöpfe ausgegossen«) und daß dem ein einjähriges Studium vorausging (V8: »Indem sie eine Dichtung schufen, die ein ganzes Jahr braucht«).
116 Vgl. **T. Oberlies**, Die Religion des Ṛgveda, Bd. I, S. 208, Anm. 290.
117 Zur vedischen **Jenseitsvorstellung** vgl. unten Kap. B II,6: Was geschieht nach dem Tod?
118 **T. Oberlies**, Die Religion des Ṛgveda, Bd. I, S. 300. Vgl. dazu **H. Oldenberg**, Die Religion des Veda, Stuttgart ²1917, S. 571-590; **A. B. Keith**, The Religion and Philosophy, S. 403-432. Eine detaillierte und eindrückliche Beschreibung dieser Zeremonien bietet auch **J. Gonda**, Die Religionen Indiens, Bd. I, Stuttgart ²1978, Kap. III,4: Der Totenkult (S. 130-138).
119 Zu verschiedenen **Bestattungsformen** in vedischer Zeit vgl. **H. Oldenberg**, Die Religion des Veda, S. 571-573: So gab es etwa auch den Brauch, Tote (vor allem kleine Kinder) unter freiem Himmel verwesen zu lassen, man pflegte die Erdbestattung und schließlich die noch heute in Indien weithin verbreitete Leichenverbrennung – mit anschließender Bestattung der nicht verbrannten Gebeine. Vgl auch **A. B. Keith**, der auf den frühen Brauch der Erdbestattung hinweist (The Religion and Philosophy, S. 626-629).
120 Nach der Beigabe von geliebten Gebrauchsgegenständen muß auch die Ehefrau für kurze Zeit zum Abschied neben dem Toten auf den Scheiterhaufen Platz nehmen, soll ihn aber – im Gegensatz zum späteren abscheulichen Brauch der »Witwenverbrennung« alsbald wieder verlassen (vgl. RV X,18,7-8). Auch die meisten anderen »Beigaben« werden vor der Verbrennung wieder entfernt – bis auf den Soma-Becher, aus dem er ja den für ihn geopferten Soma trinken muß (vgl. RV X,16,8), und Teile seines Opfergeschirrs.
121 Vgl. dazu vor allem RV X,16. 18.
122 Vgl. **T. Oberlies**, Die Religion des Ṛgveda, Bd. I, S. 305f.
123 Vgl. RV VII,89,1: Hier bittet der Betende Varuṇa, er möge dafür sorgen, daß er

nicht in dessen »Haus aus Lehm« – gemeint ist damit die Urne – komme.
124 **T. Oberlies**, Die Religion des Ṛgveda, Bd. I, S. 307; für eine detaillierte Beschreibung der erwähnten Rituale vgl. S. 299-312.
125 Vgl. dazu unten Kap. B II,6: Was geschieht nach dem Tod?
126 **H. Oldenberg**, Die Religion des Veda, S. 441.
127 AaO S. 275.
128 **T. Oberlies**, Die Religion des Ṛgveda, Bd. I, S. 366.
129 So die Kernthese von **T. Oberlies**, aaO S. 365.
130 Vgl. RV X,72,2: »In der ersten Generation der Himmlischen wurde das Seiende aus dem Nichtseienden geboren. Dem (Seienden) folgend, wurden die Himmelsgegenden geboren.« RV VI,24,5: »Heute diese Tat (leistend), morgen eine andere, macht Indra immer wieder das Nichtseiende zum Seienden.«
131 Vgl. **T. Oberlies**, Die Religion des Ṛgveda, Bd. I, S. 368f.
132 AaO S. 367.
133 **H. Oldenberg**, Die Religion des Veda, S. 275f.
134 Thomas Oberlies hat in diesem Zusammenhang für die verschiedenen Interpretationsmodelle die Kategorien »technomorph«, »biomorph« und »soziomorph« eingeführt (Die Religion des Ṛgveda, Bd. I, S. 373-383).
135 »Ausmessen«: RV VI,47,3; »Zimmern«: RV III,38,2; X,31,7; »Schmieden«: RV X,72,2. 81,3.
136 Vgl. RV VII,53,2; I,164,33.
137 Vgl. RV X,121.
138 Vgl. dazu Kap. B II,2: Die Frage nach dem Anfang: das Ende der vedischen Götter?
139 **T. Oberlies**, Die Religion des Ṛgveda, Bd. I, S. 168.
140 Vgl. etwa ŚB 6,2,1,18. 7,5,2,23.
141 **J. Gonda**, Die Religionen Indiens, Bd. I, S. 183, Anm. 15 (vgl. auch die Ergänzung dazu auf S. 376).
142 Zur Figur des Vivasvant vgl. **H. Oldenberg**, Die Religion des Veda, S. 281-283.
143 Vgl. RV I,44,11; X,63,7.
144 Vgl. RV X,14,2.
145 Vgl. RV I,38,5.
146 So **T. Oberlies** (Die Religion des Ṛgveda, Bd. I, S. 388); **Jan Gonda** geht wohl von der älteren Yama-Yamī-Tradition aus, da möglicherweise erst »die in Indien verpönte Geschwisterehe das Aufkommen des *Manu* (›Mensch‹) als des Stammvaters begünstigt« habe. (Die Religionen Indiens, Bd. I, S. 183)
147 **Jan Gonda** spricht in diesem Kontext allgemein von »utilitaristischen Techniken, nützliche Potenzen oder Potenzträger in Tätigkeit zu setzen, gefährliche Substanzen und Machtwesen zu beschwichtigen oder Gemeinschaft mit ›höheren Mächten‹ zu erlangen.« (Die Religionen Indiens, Bd. I, S. 105.)
148 Die älteste **Liste der Opferpriester** findet sich wohl in RV II,1,2: sie unterscheidet sieben priesterliche Funktionen (vgl. **H. Oldenberg**, Die Religion des Veda, S. 383-396)
149 **Hermann Oldenberg** fragt, ob die »Gesänge« und damit der Udgātṛ nicht erst eine spätere Entwicklung darstellen und »dem Ritual des ältesten Priesterkreises abzusprechen« sind. Dafür spräche jedenfalls das »Fehlen der Sänger in den alten Priesteraufzählungen wie im awestischen Somaritual« (aaO S. 394).
150 Vgl. aaO S. 395, Anm. 1.
151 AaO S. 394f.
152 **T. Oberlies** Die Religion des Ṛgveda, Bd. I, S. 512.

153 Zu den **Brāhmaṇas** vgl. unten Kap. B II,5: Die Brāhmaṇas: Priesterliche Ritualwissenschaft.
154 Das Sanskritwort **mantra** heißt wörtlich: »**Instrument**« (*tra*) zum Vollzug des (inspirierten) »**Denkens**« (*man*), oder »**Geistes**« (von *manas*)
155 Vgl. **J. Gonda**, Die Religionen Indiens, Bd. I, S. 11f.
156 AaO S. 22 (Hervorhebungen vom Autor). Zur **Wirkmächtigkeit des Wortes** vgl. außerdem S. 21-26. 32f. 358; ferner **T. J. Hopkins**, The Hindu Religious Tradition, Belmont 1971, S. 19-21.
157 Dies ist auch der Hintergrund einer Interpretation des Namens jener um die Mitte des 1. vorchristlichen Jahrtausends aus dem Vedischen entstandenen klassischen Kultursprache Indiens – **Sanskrit** (*saṃskṛta*, »vollendet«, »wohl geformt«): Sie soll die Sprache sein, die in ihren Klangformen jener Wirklichkeit Ausdruck verleiht, die einst den »Ṛṣis« (Weisen) in ihren Eingebungen offenbart wurde. Entsprechend auch die Bezeichnung der bis heute wichtigsten Schrift Indiens – **Devanāgarī**, was soviel heißt wie »die, welche eine Wohnstatt (*nāgara*) der Götter (*devā*) ist«. Vgl. dazu **K. Friedrichs**, Art. Sanskrit, in: Lexikon der östlichen Weisheitslehren, S. 324f. **T. J. Hopkins**, The Hindu Religious Tradition, Belmont 1971, S. 19-21.
158 Eine Übersicht über die verschiedenen Theorien zur Bedeutung des Begriffs »Brahman« (über die sich die Indologen bis heute allerdings sehr uneins sind) bietet **J. Gonda**, Notes on Brahman, Utrecht 1950, bes. Kap. I, II und IX. Zur Etymologie des Begriffs vgl. unten Kap. B III,6: Brahman – der »Weltengrund«.
159 **J. Gonda**, Die Religionen Indiens, Bd. I, S. 33.
160 Ebd.
161 **P. Hacker**, Grundlagen indischer Dichtung und indischen Denkens, hrsg. v. K. Rüping, Wien 1985, S. 98.
162 **J. Gonda**, Die Religionen Indiens, Bd. I, S. 22.
163 Einen Überblick über die wichtigsten vedischen **Śrauta**-Rituale (von den allgemeinen Agni-Opfern, über die jahrezeitlichen Opfer, das Neumondopfer, Ernteopfer, Tieropfer, Soma-Opfer, Pferdeopfer, Initiationsrituale etc.) und die wichtigsten häuslichen **Gṛha**-Riten des Hausherrn (von den verschiedensten täglichen und jahreszeitlichen Darbringungen über Geburts- und Namensgebungsrituale bis hin zu Hochzeits- und Sterberiten) bietet neben den zitierten Ausführungen von T. Oberlies **A. B. Keith**, The Religion and Philosophy of the Veda and Upanishads, S. 313-378.
164 Zum **Ethos** bzw. zur **Ethik des Hinduismus** vgl. neben der Grundlagenliteratur zu den einzelnen Perioden und Schriften besonders **H. v. Stietencron**, Moral im zyklischen Denken. Die Auswirkungen der Wiedergeburtslehre auf soziale Werte und Normen, in: B. Gladigow (Hrsg.), Religion und Moral, Düsseldorf 1976, S. 118-135; **ders.**, Der Beitrag der indischen Religionen zu einem Weltethos«, in: Zeitschrift für Kulturaustauch 1993/1, S. 107-115 (in erweiterter Form publiziert unter: Menschenrechte? Sichtweisen südasiatischer Religionen, in: W. Odersky (Hrsg.), Die Menschenrechte. Herkunft, Geltung, Gefährdung, Düsseldorf 1994, S. 65-89). **R. Hindery**, Comparative Ethics in Hindu and Buddhist Traditions, Delhi 1978. **G.-D. Sontheimer**, Die Ethik im Hinduismus, in: C. H. Ratschow (Hrsg.), Ethik der Religionen. Ein Handbuch. Primitive, Hinduismus, Buddhismus, Islam, Stuttgart 1980, S. 349-436. **N. Klaes**, Grundwerte menschlichen Verhaltens im Hinduismus, in: H. Bürkle, (Hrsg.), Grundwerte menschlichen Verhaltens in den Religionen, Frankfurt/Main 1993, S. 53-68. **W. Menski**, Hinduism, in: P. Morgan – C. Lawton (Hrsg.), Ethical Issues in Six Religious Traditions, Edinburgh 1996, S, 1-54. **R. W. Perett**, Hindu Ethics. A Philosophical Study, Honolulu

1998. **K. N. Tiwari**, Classical Indian Ethical Thought. A Philosophical Study of Hindu, Jaina and Bauddha Morals, Delhi 1998.

165 Vgl. **K. N. Tiwari**, Classical Indian Ethical Thought, S. 47-49. 86f. **S. Radhakrishnan**, Indian Philosophy, Bd. I, Delhi 1923, TB-Ausgabe 1996, S. 109f.

166 RV V,85,7.

167 Vgl. **H. v. Stietencron**, Hinduismus, München 2001, S. 14.

168 **J. Gonda**, Die Religionen Indiens, S. 39.

169 **H. Oldenberg**, Die Religion des Veda, S. 294.

170 RV VI,74,3; I,24,9.

171 **K. N. Tiwari**, Classical Indian Ethical Thought, S. 47.

172 Der Begriff **Śraddhā** bezeichnet auch das **Vertrauen auf die Kompetenz des Priesters**. »Später definierte man diesen Begriff als ›zuversichtliche Hingebung an den Veda und die Worte des Lehrers‹«; sein Besitz »kann sogar die Hilfe der Götter überflüssig machen«, wobei mit der Zeit der Gedanke hinzukam, daß man sich durch Opfern »religiöses Verdienst erwerbe, welches man dann auch im Jenseits zu besitzen hoffte« (**J. Gonda**, Die Religionen Indiens, S. 42f.).

173 RV X,164,3.

174 **H. v. Stietencron**, Der Beitrag der indischen Religionen zu einem Weltethos, in: Zeitschrift für Kulturaustausch,1993/1, S. 107-115, Zit. S. 108.

175 Vgl. RV VII,89,5. Deshalb erscheint Varuṇa auch öfter als Wächter und Wagenlenker von Ṛta.

176 **H. Oldenberg**, Die Religion des Veda, S. 295f.

177 **J. Gonda**, Die Religionen Indiens, S. 40.

178 RV VII,86, zit. nach **H. Oldenberg**, Die Religion des Veda, S. 302f.

B II. Mittelvedische Zeit: Opferwissenschaft und Erlösungsstreben

1 Deutliche Hinweise auf die Landnot der Arier und die entsprechenden Folgen finden sich im Ṛgveda, wo »zwei Heere sich bekämpfen in einer Schlacht um Samen und Nachkommenschaft, um Wasser, Kühe oder Felder« und man »mit Helden um eine Heimat kämpft« (VI,25,4. 6), wo Indra um Hilfe im »großen Kampf um Sonne, Wasser und Leben« (VI,46,4) und um »ungeteiltes Land« (VI,28,2) gebeten wird oder wo die Götter »schöne fruchtbare Felder machten und die Flüsse brachten«, so daß »Pflanzen in den Wüsten sprossen, und Gewässer die Niederungen füllten« (IV,33,7).

2 Das **Eisen** war auch notwendig zur Herstellung der für die mittelvedische Zeit typischen bemalten grauen Keramik (*Painted Grey Ware*: PGW). Neben vereinzelten Hinweisen auf die Verwendung des Eisens in frühen Texten des Ṛgveda werden besonders in späten Texten (also um das 10. Jahrhundert) Äxte mehrmals in Zusammenhang mit Rodungsarbeiten genannt; etwa: »Die Götter zogen aus, sie trugen Äxte, die Bäume fällend zogen sie mit ihren Dienstmannen aus« (X,28,8).

3 **A. Michaels**, Der Hinduismus. Geschichte und Gegenwart, München 1998, S. 185.

4 Arthaśāstra I,30,5-8, zit. nach **A. Michaels**, Der Hinduismus, S. 185.

5 Mbh VI,42,47 (DS). Zu den **Tugenden** und **Aufgaben** der einzelnen Stände sagt die Bhagavadgītā in Vers 43f: »Ruhe, Bezähmung, Askese, Reinheit, Geduld, und Rechtschaffenheit, Wissen, Wissenschaft und positiver Standpunkt, das ist die aus seiner Natur entspringende Aufgabe des Brahmanen. Heldenmut, Energie, Standhaftigkeit, Tüchtigkeit und Ausharren im Kampfe, Freigebigkeit und Herrscher-

macht, das ist die aus seiner Natur entspringende Aufgabe des Kṣatriya. Ackerbau, Viehzucht und Handel ist die aus seiner Natur entspringende Aufgabe des Vaiśya; die Aufgabe des Śudra, wie sie aus seiner Natur entspringt, besteht im Dienen.« Vgl. dazu auch, leicht modifiziert, den Mokṣadharma (Mbh XII,298,20f.): »Annehmen von Gaben, für andere opfern und den Veda lehren, o Fürst, das sind die besonderen Pflichten der Brahmanen, die Beschützung ziert den Kṣatriya. Ackerbau, Viehzucht und Handel liegen dem Vaiśya ob, die Zwiegeborenen zu bedienen ist die Pflicht des Śūdras.«

6 **A. Michaels**, Der Hinduismus, S. 188.

7 Vgl. aaO S. 187.

8 Zum **Kastenwesen** und zur Sozialordnung Indiens vgl. besonders aaO Kap. II, IV: Das Sozialsystem; dort auch weitere Literaturhinweise. Neben den jeweiligen Kapiteln in den Gesamtdarstellungen zum Hinduismus seien als Einzeldarstellungen besonders genannt: **L. M. Dumont**, Homo hierarchicus: Essai sur le système des castes, Paris 1966; dt.: Gesellschaft in Indien. Die Soziologie des Kastenwesens, Wien 1976. **P. M. Kolenda**, Caste in Temporary India. Beyond Organic Solidarity, Prospects Heights, Ill. 1978.

9 So der »Commissioner des Census« **Herbert H. Risley** (1851-1911).

10 **A. Michaels**, Der Hinduismus, S. 181.

11 AaO S. 177.

12 So etwa der Sozialwissenschaftler David Mandelbaum (vgl. ebd.).

13 **A. Michaels** erwähnt hier Julien Pitt-Rivers; das gotische *kasts* bedeutet unter anderem »eine Gruppe von Tieren« (vgl. aaO S. 178f.).

14 Vgl. **P. M. Kolenda**, Caste in Temporary India, S. 33-36; **A. L. Basham** ist sogar der Meinung, daß noch zur Zeit der **Gupta-Dynastie** (350-600) Hochzeiten zwischen den einzelnen Varṇas möglich und üblich waren (The Wonder that was India. A Survey of the History and Culture of the Indian Sub-Continent before the Coming of the Muslims, Calcutta 1954, [8]1989, S. 187f.).

15 Vgl. dazu das genannte Kapitel bei **A. Michaels**, Der Hinduismus, besonders die aufschlußreiche Tab. 14 auf S. 186.

16 AaO S. 192.

17 AaO S. 185.

18 Vgl. dazu die Einleitung zum Kastenwesen bei **H. W. Schumann**, Die großen Götter Indiens. Grundzüge von Hinduismus und Buddhismus, München 1996, S. 29-36, bes. S. 29f.

19 **P. Deussen**, Allgemeine Geschichte der Philosophie, mit besonderer Berücksichtigung der Religionen, Bd. I,1: Allgemeine Einleitung und Philosophie des Veda bis auf die Upanishad's, Leipzig 1894, S. 95.

20 Vgl. RV VII,103.

21 Wie bereits oben erwähnt, bezieht sich dieser Hymnus auf den ṛgvedischen Initiationsritus: »Das Schweigen vor dem Regen entspricht der schweigenden Konzentration, in der der heilige Dichter seine Gedichte schafft ... das ›Nachsprechen‹ der einzelnen Quaklaute entspricht dem syllabierenden Erlernen eines soeben fertiggestellten Gedichtes durch den Sohn des Dichters ... das ›Aufnehmen‹ des Gequakes des einen Frosches durch den andern entspricht dem Respondieren der Priester beim Opfer ... das Quaken entspricht dem Unterricht, in dem Abschnitte heiliger Dichtung erlernt werden.« (**P. Thieme**, Gedichte aus dem Rig-Veda, Stuttgart 1964, S. 61; vgl. **ders.**, Bráhman, in: Kleine Schriften, Wiebaden 1971, [2]1984, S. 100-138, bes. S. 155f.

22 RV X,81,4, zit nach **T. Oberlies**, Die Religion des Ṛgveda, Bd. I, Wien 1998,

S. 374.

23 Vgl. RV X,72.

24 Vgl. **P. Thieme**, Zu RV 10,72, in: Kleine Schriften, Bd. II, hrsg. v. Renate Söhnen-Thieme, Stuttgart 1995, S. 939-955.

25 RV X,121, zit. nach **P. Thieme**, Gedichte aus dem Rig-Veda, S. 69f.

26 Vgl. ŚB X,5,3,1ff.: Er hatte das Verlangen »sich als etwas ›Definierbares‹ (*niruktam*) zu manifestieren«, »Persönlichkeit« (*ātman,* »Selbst«) zu werden.

27 Vgl. ŚB II,1,6. 2,2,4; II,5,1,1; VII,5,2,6; XI,5,8,1; AiB V,32.

28 Vgl. TaiB II,1,6.

29 Vgl. ŚB XI,5,8,1; AiB V,32.

30 Vgl. AiB V,32.

31 Vgl. Pañcavimsa B. 6,1.

32 Der Ritus, auf den sich diese Spekulationen vor allem beziehen, ist Agnicayana, die ein Jahr (!) dauernde große Schichtung der Feuerstätte. Bei diesem äußerst komplizierten Ritus werden nach der Begehung des Opferplatzes durch ein Pferd (der Erscheinungsform Prajāpatis) in insgesamt fünf Schichtungen – entsprechend den fünf Eigenschaften (dem »Selbst«) Prajāpatis; den drei Welten mit ihren beiden Zwischenwelten; den fünf Jahreszeiten und den fünf Himmelsgegenden (den vier Hauptrichtungen und der Richtung »aufwärts«) – in Form eines Adlers aufeinandergeschichtet. Insgesamt 10 800 Ziegel: für jede Stunde des Jahres einer, wobei das Jahr aus 360 Tagen und Nächten zu je 15 Stunden besteht. Dann werden eine goldene Platte (als Symbol für die unsterbliche Sonne bzw. für Prajāpati), eine goldene Figur (als Symbol sowohl für Prajāpati als auch für Agni und für die unsterbliche Person des Opferers) eine Schildkröte, ein Menschenkopf und die Köpfe von vier Tieren darin eingemauert. So werden die auseinandergefallenen Körper **Prajāpatis** real-symbolisch wiederhergestellt und der erschöpfte Gott wiederbelebt. Auf dem Altar werden zwei Opferfeuer errichtet: Gārhapatya als Symbol für die Welt der Menschen und Āhavanīya als Symbol für die Welt der Götter; durch sie verhilft der Opferer Agni (und durch ihn Prajāpati) zur Existenz, identifiziert sich mit ihm und gelangt so schließlich zur Unsterblichkeit. Vgl. **J. Gonda**, Die Religionen Indiens, Bd. I: Veda und älterer Hinduismus, Stuttgart 1960, S. 191-194.

33 Diese Vorstellung eines **vorzeitlichen Urwesens** ist schon **vor** den Indoariern in anderen asiatischen Zivilisationen bekannt. Neu ist lediglich die Ausgestaltung dieser Vorstellung zu ersten Ansätzen einer umfassenden organischen Konzeption des Kosmos. Vgl. **L. Renou**, Vedic India, New Delhi 1971, S. 82.

34 **T. Oberlies**, Die Religion des Ṛgveda, Bd. I, S. 381.

35 Vgl. RV X,90,4f.

36 RV X,90,6-14, zit. nach **T. Oberlies**, Die Religion des Ṛgveda, Bd. I, S. 382.

37 Vgl. RV I,164. Zur ausführlichen Interpretation dieses Hymnus vgl. **P. Deussen**, Allgemeine Geschichte der Philosophie, Bd. I,1, S. 105-119.

38 RV I,164,46: *ekam sat viprā bahudā vadanti.*

39 RV X,129, zit. nach **P. Thieme**, Gedichte aus dem Rig-Veda, Stuttgart, 1964, S. 66f. Vgl. dazu auch **P. Deussen**, Allgemeine Geschichte der Philosophie, Bd. I,1, S. 119-127.

40 Wie wir hörten, entstand nach frühvedischer Vorstellung das Sein (*sat*) aus dem Nichtsein (*asat*), dem primordialen Chaos, durch Indras Schöpfungstat (vgl. RV VI,24,5; X,72,2). Dabei gefährdet das Nichtsein, die Welt der »Asuras«, in dem die Nichtordnung (*anṛta,* »Unrecht«, »Lüge«, »Betrug«) herrscht, ständig das Sein, die Welt der Götter. Vgl. dazu auch **J. Gonda**, Die Religionen Indiens, Bd. I: Veda und älterer Hinduismus, Stuttgart 1960, S. 181.

41 Auch der Begriff *tapas* zeigt, wie sehr die alten Inder in Bildern und Symbolen denken: So stellt man sich auch die erste Schöpfung, das Hervorgehen der Vielheit der Dinge aus dem Urgrund alles Seins, vor »wie das Hervorgehen des mannigfach gegliederten Vogels aus dem scheinbar ganz homogenen Ei unter dem bloßen Einfluß der Bruthitze« (**P. Deussen**, Allgemeine Geschichte der Philosophie, Bd. I,1, S. 182); von daher stammt denn auch die immer wiederkehrende Vorstellung von einem »**Weltenei**«, das vom Schöpfer durch Hitze »**ausgebrütet**« wird. In diesem Sinn, als Inbegriff der **schöpferischen Anstrengung** (gerade im heißen Indien) wird *tapas* schließlich auch auf die **Selbstkasteiung**, die **Willensanstrengung**, ja auf die **Versenkung** des **Asketen** übertragen. Zur vedischen Konzeption von *tapas* vgl. **C. J. Blair**, Heat in the Rig Veda and Atharva Veda. A general survey with particular attention to some aspects and problems, New Haven/Conn., 1961

42 **P. Thieme**, Gedichte aus dem Rig-Veda, S. 65.

43 **H. v. Stietencron**, Art. Religionen, in: **H. G. Franz**, Das alte Indien. Geschichte und Kultur des indischen Subkontinents, München 1990, S. 177-244, Zit. S. 192.

44 Vgl. **T. J. Hopkins**, The Hindu Religious Tradition, Belmont 1971, S. 21-25.

45 Vgl. aaO S. 18f.

46 Vgl. oben Anm. 41. Zur Rolle von »Tapas« beim Opfer vgl. **C. J. Blair**, Heat in the Rig Veda and Atharva Veda; **T. J. Hopkins**, The Hindu Religious Tradition, S. 25-27.

47 Vgl. das Kapitel »Tapas und Yoga« bei **M. Eliade**, Le Yoga, Paris 1960; dt. Yoga. Unsterblichkeit und Freiheit, Frankfurt 1977, S. 114-119.

48 Vgl. RV X, 190,1.

49 Belege für die weitere Entwicklung, die hier nicht näher behandelt werden kann, finden sich im genannten Kapitel bei **M. Eliade**, Yoga.

50 Vgl. etwa RV X,71. 125. Die Bedeutung der Sprache scheint immerhin so groß gewesen zu sein, daß sie »in gewissen priesterlichen Kreisen mit männlichen Gestalten (Viśvakarman, Puruṣa, Prajāpati) und dem ›Einen‹ um den höchsten Rang rivalisierte.« (**J. Gonda**, Die Religionen Indiens, Bd. I: Veda und älterer Hinduismus, Stuttgart 1960, S. 367).

51 Vgl. **L. Renou**, Vedic India, New Delhi 1971, S. 98f.

52 Zum **Atharvaveda** vgl. **M. Bloomfield**, The Atharvaveda, Straßburg 1899. **D. R. Bhandarkar**, Some Aspects of Ancient Indian Culture, Madras 1940. **V. W. Karambelkar**, The Atharvavedic Civilisation. Its place in the Indo-Āryan culture, Nagpur 1959. **B. Walker**, Art. Atharvaveda, in: ders., Hindu World. An Encyclopedic Survey of Hinduism, Bd. I, London 1968, New Delhi 1983, S.94-96. **M. Sundar Raj**, Veda and Tantra. The Atharva Veda, Madras 1984. Textausgaben: Engl. Übersetzung von **M. Bloomfield**, The Hymns of the Atharvaveda. Together with Extracts from the Ritual Books and the Commentaries, Oxford 1897, Nachdruck Delhi 1963 (SBE Bd. 42). **R. T. H. Griffith**, The Hymns of the Atharvaveda. Complete in two volumes, translated with a popular commentary, Bd. I-II, New Delhi 1895f.

53 »**Atharvan**« ist im Ṛgveda zunächst die Bezeichnung eines legendären prähistorischen Feuerpriesters (Avesta, *athravan*); er gilt als der älteste Sohn Brahmas, der ihm einst das im Atharvaveda erhaltene Wissen offenbart haben soll. Auch »**Aṅgiras**« war ursprünglich der Name eines legendären (vorarischen, wohl dravidischen) vergöttlichten priesterlichen Weisen, der als Herr des Opfers, als Vater Agnis bzw. als Sohn Urus und der Tochter Agnis galt. Seine Nachkommen, die Āṅgiras, wurden immer in Verbindung gebracht mit Agni und anderen Lichtgottheiten. Davon leitet sich wiederum eine Reihe berühmter Weiser ab, u. a. Ghora, der Lehrer Kṛṣṇas. Die

Kombination beider Namen – Ātharvāṅgiras – wurde schließlich benutzt sowohl als **Kollektivbezeichnung für die Nachfahren beider Familien** als auch als **Name für das aus beiden Familien überlieferte Wissen**, wobei das der Atharvan mitunter als segensreiche »weiße Magie« galt, das der Āṅgiras als Unglück bringende »schwarze Magie«. Vgl. **B. Walker**, Art. Angiras/Atharvan, in: ders., Hindu World. An Encyclopedic Survey of Hinduism, Bd. I, London 1968, New Delhi 1983, S.45f. 94.

54 So wird dieser vierte Veda genannt, weil er als das Handbuch der vedischen Oberpriester (»Brahmanen«) galt.

55 Das Wissen **altindischer Medizin** wurde erst viel später unter dem Namen »**Āyurveda**« – »Wissen vom (langen) Leben« zusammengefaßt und mitunter auch als späterer Zusatz (Upaveda) zum Atharvaveda bezeichnet. In Atharvaveda X,2 finden sich allerdings nur Angaben über Skelettknochen; man vermutet, daß es schon damals eine ganze Anzahl medizinischer Werke gegeben haben muß, die aber allesamt verschollen sind.

Die eigentlichen **Kompedien altindischer Medizin**, sind viel jünger: Ein erstes ist uns überliefert von **Caraka**, angeblich einem Leibarzt von König Kaniṣka (das Werk könnte in seinem Kern ins 1./2. Jahrhundert zurückreichen, ein Drittel ist aber wohl erst im 8./9. Jahrhundert entstanden). Das āyurvedische **Hauptwerk** altindischer Medizin stammt von **Suśruta**, genannt **Suśruta-Saṃhitā** oder **Āyurvedaprakāśa**, im Kern ebenfalls aus dem 1./2. Jahrhundert in seiner heutigen Gestalt aus dem 7. Jahrhundert Das dritte wird jeweils einem gewissen **Vāgbhaṭa** zugeordnet, zwei gleichnamigen Buddhisten aus dem 7. bzw. 8. Jahrhundert. Zur Datierung vgl. **K. Mylius**, Geschichte der altindischen Literatur, S. 271-275. Zu den **Grundlagen des Āyurveda** vgl. an neueren Publikationen **B. Heyn**, Die sanfte Kraft der indischen Naturheilkunde. Ayurveda – die Wissenschaft vom langen Leben, Bern 1983; **C. G. Thakkur**, Das ist Ayurveda. Die indische Heilkunst und Lebenskunst, Freiburg 1994.

56 Wie weltlich diese Belange waren und wie wenig zimperlich man auch damals im Umgang miteinander war, zeigt etwa jene betrogene Frau, die ihrer Rivalin wünscht, ihr »möge sich das Obere der Gebärmutter zuunterst kehren, sie soll unfruchtbar werden, kinderlos bleiben und einen Stein zum Verschluß haben« (AV VII,35), oder jener untreue Gatte, dem seine Frau wünscht, ein Eunuch zu werden: »Indra soll ihm mit den Somapreßsteinen die Hoden spalten, ein saftloser Kastrat soll er werden«, und sie droht ihm, »sein Glied auf den Schamlippen der Rivalin zu zerquetschen« (AV VI,138); zit. nach **K. Mylius**, Geschichte der altindischen Literatur, S. 60.

57 Sehr anschaulich beschrieb schon früh **Hermann Oldenberg** den Charakter dieser Texte: Gegenüber den Hymnen des Ṛgveda fühle man deutlich »ein Anderswerden der Denkweise, der ganzen Färbung, welche die Göttergestalten hier tragen. Es herrscht ein rationalistischerer Ton, glattere und fließendere Verständlichkeit, ein unmittelbarer Zusammenhang mit der Welt des Wirklichen, Sichtbaren. Jener Hymnus an die Erde nennt was die Erde trägt mit einer inhaltreichen Ausführlichkeit, die im Rigveda kaum denkbar wäre ... Auf die Taten der Götter, welche die alten Mythen erzählen, wird in den Hymnen dieses neuen Stils noch oft genug angespielt, die früher zu so unzähligen Malen wiederholten stereotypen Wendungen über jene Taten auch jetzt noch weiter wiederholt. Aber einen Zug des Mythus, der uns gefehlt hätte, ergänzt der Atharvaveda kaum je. Die alte Welt der Mythen hat sich eben ausgelebt ...« (Die Religion des Veda, Berlin 1894, S. 21f.).

58 **K. Mylius**, Geschichte der altindischen Literatur, S. 62.

59 Vgl. etwa AV 7,12,2, wo ein Priester seine Macht über die Dorfversammlung da-

durch ausdrückt, indem er ruft: »Ich kenne deinen **Namen**, o Versammlung!«

60 **T. J. Hopkins**, The Hindu Religious Tradition, Belmont 1971, S. 30. Der Begriff »**Brahman**« hat verschiedene – allerdings, wie wir noch sehen werden, durchaus voneinander abhängige – Bedeutungen: 1. **Gebet, heilige Rede, heiliges Wissen** (der gesamte Veda) und **Zauberspruch** (bzw. Zauberkraft im Sinne der dem Gebet bzw. den heiligen Formeln zugrunde liegenden Wirkmacht: um diese Bedeutung scheint es sich hier zu handeln); 2. **heiliger Stand der Priester** (im Sinne von »Träger/Verwalter« der heiligen Schriften); 3. das **Absolute**, der **Urgrund** allen Seins.

61 Einen guten Einblick in verschiedene Initiations- und Konsekrationsriten bis in die heutige Zeit bietet **J. Gonda**, Change and Continuity in Indian Religion, London 1965, Kap. X: Dīkṣā (S. 315-462). Vgl. auch die Beschreibung einer solchen rituellen Reinigung für das Soma-Opfer bei **T. J. Hopkins**, The Hindu Religious Tradition, Belmont 1971, S. 31f.

62 **H. Oldenberg**, Vorwissenschaftliche Wissenschaft. Die Weltanschauung der Brāhmaṇa-Texte, Göttingen 1919, S. 5.

63 Alle Brāhmaṇas setzen die Existenz eines kodifizierten Ṛgveda voraus, und geographische Details weisen darauf hin, daß die Arier schon weit nach Osten, bis in die Gegend um Delhi, vorgedrungen sind.

64 Zu den **Brāhmaṇas** vgl. **M. Winternitz**, Geschichte der indischen Litteratur, Bd. I, Leipzig 1908. **J. N. Farquhar**, An Outline of the Religious Literature of India, London 1920. **T. J. Hopkins**, The Hindu Religious Tradition, Belmont 1971. **J. Gonda**, Vedic Literature, Wiesbaden 1975. **J. L. Brockington**, The Sacred Thread. Hinduism in its Continuity and Diversity, Edinburgh 1981, S. 32-40. **K. Mylius**, Geschichte der altindischen Literatur, Leipzig 1983, Neuausgabe Bern 1988 (hier auch detaillierte Angaben über Textausgaben und Übersetzungen). Von den **Übersetzungen** seien besonders erwähnt **A. B. Keith**, Rigveda Brahmanas. The Aitareya and Kausitaki Brahmanas of the Rigveda, Cambridge/Mass. 1920, Nachdruck Delhi 1970 (engl. Übersetzung) und die berühmte Übersetzung des ŚatapataBrāhmaṇa (mit Kommentar) von **J. Eggeling** in den Bänden 12, 26, 41, 43, 44 der SBE (Oxford 1882-1900, Nachdruck Delhi 1963).

65 Nach **L. Renou** (Vedic India, S. 29f.) läßt sich in den einzelnen Texten – bei aller stilistischen Verschiedenheit der älteren und jüngeren Passagen – immer wieder in etwa folgende **gedankliche Grundstruktur** erkennen: Es wird gesagt, **was** ein Opferer tun oder sagen soll, da dies in der Welt (oder unter den Göttern) wirkmächtig ist, oder aber **warum** das Getane oder Gesagte wirkmächtig ist, **welche Elemente des Opfers** auf welche Weise **welchen kosmischen** oder psychischen Gegebenheiten **entsprechen, was geschieht**, wenn man die jeweiligen Opferhandlungen so ausführt, und was geschieht, wenn man sie anders durchführt, als es vorgeschrieben ist. Über all dies werden verschiedene Meinungen diskutiert, dann verworfen oder favorisiert. Unterbrochen wird das Ganze zur Unterstützung der jeweiligen Argumentation durch narrative, sich auf vedische Mythen berufende Einschübe, von Textparaphrasen und etymologischen Erklärungen.

66 Vgl. **J. Gonda**, Die Religionen Indiens, Bd. I: Veda und älterer Hinduismus, Stuttgart 1960, S. 176.

67 Ein große Rolle spielte beim Opfer der sogenannte **Analogiezauber**: »Man symbolisiert durch Opfergeräte und Handlungen Naturkräfte und Naturvorgänge und glaubt, so Einfluß auf sie zu gewinnen. Voraussetzung ist dabei aber, daß derjenige, der diese Handlungen ausführt und die Geräte gebraucht, auch über ihre geheime Bedeutung Bescheid weiß.« Deshalb werden »nicht nur die verschiedenen Opfer selbst geschildert, sondern es wird auch die geheime Bedeutung der einzelnen Ge-

räte und Handlungen ausführlich erklärt. Und immer heißt es bei der Verheißung des Lohnes: ›Das gewinnt, wer solches weiß‹« (**E. Frauwallner**, Geschichte der indischen Philosophie, Bd. I, Salzburg 1953, S. 41f.).

68 Vgl. ŚB II,6,3,7.

69 **J. Gonda**, Die Religionen Indiens, Bd. I, S. 177.

70 Zu den verschiedenen Positionen in dieser Frage – speziell von P. Deussen, H. Oldenberg und A. B. Keith – vgl. **J. N. Farquhar**, An Outline of the Religious Literature of India, London 1920, S. 29f.
Zu den **Āraṇyakas** vgl. **M. Winternitz**, Geschichte der indischen Litteratur, Bd. I, Leipzig 1908. **A. B. Keith**, The Religion and the Philosophy of the Veda and Upanishads, Bd. I-II, Cambridge/Mass. 1925. **J. N. Farquhar**, An Outline, S. 28-30. **J. L. Brockington**, The Sacred Thread. Hinduism in its Continuity and Diversity, Edinburgh 1981, S. 40f. Unter den Textausgaben vgl. besonders **A. B. Keith**, The Aitareya Aranyaka. Edited from the Manuscripts in the India Office and the Library of the Royal Asiatic Society with Introduction, Translation, Notes, Indexes and an Appendix containing the Portion hitherto unpublished of the Sankhayana Aranyaka, Oxford 1909.

71 Einige Belege solcher Bewertungen bietet **J. Gonda**, Vedic Literature, S. 342: »Wunderliche Erzeugnisse ... irrender Phantasie (A. Kaegi); »aberrations of the human mind« (W. D. Whitney); »tristes Bild ... endloser Spitzfindigkeiten« (H. Oldenberg); »unpalatable« (M. Winternitz); »sterile« (V. V. Dixit); »unerquicklich« (K. Hoffmann).

72 **K. Mylius**, Geschichte der altindischen Literatur, S. 64.

73 AaO S. 67.

74 Zum **frühvedischen Totenkult und Jenseitsvorstellungen** vgl. **H. Oldenberg**, Die Religion des Veda, S. 523-590; **P. Deussen**, Allgemeine Geschichte der Philosophie, Bd. I,2, Leipzig [5]1922, S. 282-304; **A. B. Keith**, The Religion and Philosophy of the Veda and Upanishads, Cambridge/Mass. 1925, S. 403-432; **K. Butzenberger**, Ancient Indian Conceptions on Man's Destiny after Death. The Beginnings and the Early Development of the Doctrine of Transmigration. I, in: Berliner Indologische Studien, hrsg. v. Institut für indische Philologie und Kunstgeschichte der Freien Universität Berlin, Bd. 9/10, Reinbek 1996; **T. Oberlies**, Die Religion des Ṛgveda, S. 464-489. An neueren Arbeiten zum Thema Tod und Reinkarnation vgl. besonders **G. Oberhammer** (Hrsg.), Im Tod gewinnt der Mensch sein Selbst. Das Phänomen des Todes in asiatischer und abendländischer Religionstradition. Arbeitsdokumentation eines Symposions, Wien 1995; **P. Schmidt-Leukel** (Hrsg.), Die Idee der Reinkarnation in Ost und West, München 1996; **W. Halbfass**, Karma und Wiedergeburt im indischen Denken, Kreuzlingen 2000; **W. Schweidler** (Hrsg.), Wiedergeburt und kulturelles Erbe. Reincarnation and Cultural Heritage. Ergebnisse und Beiträge des Internationalen Symposiums der Hermann und Marianne Straniak Stiftung Weingarten 1999, Sankt Augustin 2001.

75 Zum ṛgvedischen **Höllenglauben** vgl. bes. **H. Oldenberg**, Die Religion des Veda, S. 536-549. **T. Oberlies** (Die Religion des Ṛgveda, S. 467, Anm. 63) weist zwar darauf hin, daß Oldenbergs Interpretation der diesbezüglichen Texte nicht immer unproblematisch ist, bestätigt aber im großen und ganzen und mit einigen Modifikationen dessen Sicht.

76 **T. Oberlies**, Die Religion des Ṛgveda, S. 472. Oberlies macht aber im Anschluß an Oldenberg darauf aufmerksam, daß nach RV X,15,14 »die vom Feuer verbrannt und die nicht vom Feuer verbrannt«, im Himmel verweilen (S. 475, Anm. 101).

77 Vgl. RV X,135,6; AV 18,4,64. In den **Veden** verstand man unter dem Begriff »**Vä-**

ter« zunächst die Stammväter der Menschen, besonders die der Brahmanenfamilien, aber auch die Toten im allgemeinen, sofern sie nach den entsprechenden Riten bestattet wurden. Sie hatten einen ähnlichen Status wie die Götter, der graduelle Unterschied zwischen »Vätern« und »Göttern« scheint mitunter sogar verwischt zu werden: Zu ihnen wurde gebetet, und man brachte ihnen Gaben dar. In den **Brāhmaṇas** wird dieser Unterschied dann um so mehr (bis zur Gegensätzlichkeit) betont: Da ist der Himmel allein den Göttern vorbehalten, die »Welt der Väter« dagegen liegt im Bereich des Atmosphärischen. Vgl. **L. Renou**, Vedic India, New Delhi 1971, S. 80f.

78 Vgl. RV X,95,18: »Wie es nun einmal ist, so bist du einer, dessen Ursprung der Tod ist. Deine Nachkommenschaft wird die Himmlischen mit Opferspenden verehren. Und im Himmel wirst auch du dich erfreuen.«

79 RV X,15,14.

80 Zum Aufenthalt der Verstorbenen in der **Sonne** vgl. RV X,107,2: »Hoch am Himmel stehen, die reiche Opfergaben gespendet haben; die Rossespender weilen bei der Sonne«; RV X 154,2 .5: »Die durch Askese zur Sonne gelangt sind ... die Weisen, tausendfacher Wege kundig, welche die Sonne bewachen.« Nach RV X,68,11 u. a. ist auch die Vorstellung bezeugt, daß die Verstorbenen als **Sterne** fortleben.

81 Zu »**Yamas Königreich**« vgl. bes. **T. Oberlies**, Die Religion des Ṛgveda, S. 487ff.

82 In späteren Ausgestaltungen dieser Vorstellung, der sogenannten »Fünffeuer- und Zweiwegelehre« (vgl. JUB 1,17-18. 49f.; KauṣU 1,1-6) ist ebenfalls von **einem Weg** die Rede, auf dem alle Verstorbenen die Erde verlassen und der sich **im Mond gabelt**; in der späteren und standartisierten Version dieser Lehre (vgl. BĀU 6,2; ChU 5,3-10) ist dann von **zwei Wegen** die Rede, denen der **Mond als Durchgangsstation** dient: dem **Weg der Götter** (*devayāna*) und dem **Weg der Väter** (*pitṛyāna*). Vgl. dazu ausführlich Kap. B III,7: Tod und Erlösung in den Upaniṣads.

83 Vgl. RV X,14,10.

84 Vgl. RV X,14,12.

85 Die Belege für diese überwiegend **positive und sehr sinnliche Vorstellung von der Väterwelt** sind zahlreich: RV X,135,1 etwa spricht von einem schönbelaubten Baum, unter dem Yama mit den Göttern zechend sitzt; RV X,14,2 spricht von der Weideflur, die den Verstorbenen niemand mehr rauben wird; in RV X,14,10 freuen sich die Verstorbenen unsterblich fortlebend mit Göttern »am Festmahl«; nach RV IX,113 bringt Soma die Verstorbenen zur Himmelswelt, »wo unversiegliches Licht ist« (113,7), »wo der Sohn des Vivasvant König ist, wo der Garten des Himmels ist, wo jene jungen Wasser sind« (113,8), »wo Wandeln nach Begehren ist, im dreifach gewölbten, dreifachen Himmel des Himmels, wo die lichtreichen Welten sind« (113,9), »wo Wonnen und Freuden, Frohsinn und Fröhlichkeit wohnen, wo die Wünsche des Wunsches erlangt werden« (113,11). Weitere Belege bei **H. Oldenberg**, Die Religion des Veda, S. 534f.; **A. B. Keith**, The Religion and the Philosophy of the Veda and Upanishads, S. 407, bes. Anm. 4.

86 RV IV,5,5.

87 RV VII,104,3. AV V,19,3.13 bietet eine sehr plastische Schilderung der Höllenqualen eines »Brahmanenquälers«: »Die den Brahmanen anspien, auf ihn warfen den Nasenschleim, die sitzen da in Blutlachen, als Nahrung kauend eignes Haar. ... Die Tränen, die herabrollten, des Jammernden, Gequälten, die haben Götter als Trinkwasser, Brahmanenquäler, dir bestimmt.«

88 **A. Resch**, Art. Seele, in: Lexikon der Religionen, hrsg. v. F. Waldenfels, Freiburg 1987, S. 597-601, Zit. S. 597 (Hervorhebungen von mir).

89 Vgl. RV X,16,1.

90 Vgl. RV X,16,6.

91 Die hier angeführten »Lebenskräfte« werden in der Forschung auch als »**Körperseelen**« bezeichnet. Vgl. dazu **T. Oberlies**, Die Religion des Ṛgveda, S. 502-505. Vgl. ferner den Überblick bei **W. K. Mahony**, Art. Soul: Indian Concepts, in: The Encyclopedia of Religion, hrsg. v. M. Eliade, Bd. 13, New York 1987, S. 438-443. »Zur Vermeidung von Konfusion« schlägt Mahoney vor, überhaupt »den Begriff Seele zu vermeiden zu Gunsten anderer und verschiedener – vielleicht auch entsprechend vieldeutiger – Übersetzungen der einzelnen Begriffe, die von den jeweiligen Traditionen selbst verwendet werden« (S. 439); hierzu sei besonders verwiesen auf die aufschlußreichen Erläuterungen zu den einzelnen Sanskritbegriffen im Sanskrit-English Dictionary von Sir **M. Monier-Williams** (1872), erweiterte Neuausgabe New Delhi 1986.

92 Vgl. RV X,16,3.

93 **H. v. Glasenapp**, Die Religionen Indiens, Stuttgart 1943, S. 85.

94 Ebd.

95 Ebd.

96 AaO S. 85f. Glasenapp vermutet, daß diese Art von Auferstehungsvorstellung eine Vorstufe jener Auferstehungskonzeption sei, die dann in Iran weiterentwickelt und von Spätjudentum und Christentum übernommen wurde.

97 Vgl. AV XI,3,32; ŚBr. IV,6,1,1; XI,1,8,6; XII,8,3,31.

98 Vereinzelt ist in diesen Texten statt von Göttern auch schon vom unpersönlichen »Brahman« die Rede: vgl. ŚB XI,4,4,2.

99 Einen Überblick bietet der von **Wendy Doniger O'Flaherty** hrsg. Sammelband – die »erste Frucht« zweier Karmankonferenzen 1976-78 – mit zwölf Beiträgen von namhaften Spezialisten: Karma and Rebirth in Classical Indian Traditions (1980), Delhi 1983. Bei allen Problemen, die der Versuch, Merkmale von Karman (und Wiederverkörperung) zu definieren, aufwirft, einigte man sich hier im Anschluß an **A. K. Ramanujan** und **C. Keyes** auf folgenden sehr allgemeinen Konsens: Nach **Ramanujan** sind die drei wesentlichen Konstituenten der Karmantheorie **Kausalität** (ethische oder nichtethische, die zu einem oder mehreren Leben führen), **Ethisierung** (der Glaube, daß gute oder schlechte Handlungen das oder die Leben entsprechend beeinflussen) und **Wiedergeburt**; nach **Keyes** sind es die **Erklärung** der jetzigen Lebensumstände durch frühere Taten, entsprechend die **Orientierung** jetziger Handlungsweisen an ihren zukünftigen Konsequenzen und die **moralische Basis**, auf der Handlungen beruhen (vgl. die Einführung von W. Doniger O'Flaherty, S. XI).

100 Um nur einen kleinen Eindruck von der Vielfalt an Ausgestaltungen, Interpretationen und Bewertungen der Karmanlehre zu geben: In den Dharmaśāstras etwa kommen allein in einem Text fünf verschiedene Karmansysteme vor; im Mahābhārata wird *bhakti* als Alternative zur vedāntischen Sicht von Karman eingeführt; die generelle Beurteilung von Karman (ob notwendig oder zu überwinden) fällt sehr unterschiedlich aus; die medizinischen Texte etwa unterscheiden zwischen aktivem und passivem Karman und beurteilen deren Verhältnis entsprechend; die Purāṇas diskutieren das Verhältnis von Schicksal und Karman bzw. von Verantwortung und Nichtverantwortung ... Einen Überblick dazu bietet **W. Doniger O'Flaherty** in ihrer Einleitung, aaO. S. XVIIIff. Vgl. auch den Sammelband-Beitrag von **K. H. Potter**, The Karma Theory and its Interpretation in Some Indian Philosophical Systems (aaO. S. 241-267).

101 **W. Halbfass**, Karma, Apūrva, and »Natural« Causes: Observations on the Growth and Limits of the Theory of Saṃsāra, in: W. Doniger O'Flaherty (Hrsg.), Karma

and Rebirth, S. 268-302, Zit. S. 272.
102 AaO S. 268.
103 **J. N. Farquhar**, An Outline of the Religious Literature of India, London 1920, Repr. New Delhi 1967, S. 33.
104 Vgl. dazu den Beitrag von **G. Obeyesekere**, The Rebirth Eschatology and its Transformations: A Contribution to the Sociology of Early Buddhism, in: W. Doniger O'Flaherty (Hrsg.), Karma and Rebirth, S. 137-164 , bes. S. 143-147; zuvor veranschaulicht dies Obeyesekere am Beispiel zweier Stammeskulturen: der Trobriand auf Papua-Neuguinea und der Igbo aus Südostnigeria.
105 Bezüglich der Gangesregion entwickelt **Obeyesekere** eine eigenwillige Hypothese: Er nimmt an, daß dort nicht nur die Wiege vorarischer Kulturen liegt, sondern daß dort die eigentlichen Wurzeln der von ihm »*sāmanic* religions« genannten Kulturen sind: die antibrahmanischen asketischen Religionen Jainismus, Buddhismus und die Ājīvikas. Die Sāmanas, nach denen Obeyesekere diese Religionen benennt, waren seiner Meinung nach große Weise, welche die vorarischen Urtraditionen überliefert, mit anderen arischen und außerarischen Traditionen vermittelt und schließlich im 6. vorchristlichen Jahrhundert unter den uns bekannten Namen zum Durchbruch gebracht haben – stets in Opposition zum arisch-vedischen Brahmanismus. W. Doniger O'Flaherty dagegen bezweifelt, daß Indus- und Gangestraditionen so streng voneinander geschieden werden können: man wisse bis heute praktisch nichts von jenen ominösen Weisen und anstatt sie als »nicht-vedisch« zu etikettieren, könne man genausogut sagen »wir wissen nicht, wer sie waren!« (aaO. S. XIII).
106 Vgl. **G. Obeyesekere**, Rebirth Eschatology, S. 138.
107 Vgl. dazu oben die Kap. B I,3 und B I,4.
108 Vgl. dazu oben Kap. B I,3: Elemente ṛgvedischer Religion: Initiations- und Sterberiten.
109 Vgl. **W. Doniger O'Flaherty**, Karma and Rebirth in the Vedas and Purāṇas, in: dies. (Hrsg.), Karma and Rebirth, S. 3-37. Der gebotenen Kürze wegen kann hier auf O'Flahertys differenzierte Beschreibung, Analyse und Interpretation dieser Riten nicht eingegangen werden.
110 AaO S. 3.
111 Vgl. **T. Oberlies**, Die Religion des Ṛgveda, Bd. I, S. 478-483.
112 AaO S. 480.
113 Ebd.; Zitat RV VI,16,35.
114 Vgl. ŚB 10,1,5,4.
115 Vgl. ŚB 12,9,3,12: »Damit bringt er seine Väter, welche sterblich sind, zur Unsterblichkeitsstätte, sie, die sterblich sind, läßt er von der Unsterblichkeitsstätte wiedererstehen; wahrlich, der wehrt von seinen Vätern den Wiedertod ab, der solches weiß.« ŚB 10,4,3,10: »Die nun solches wissen oder dieses Werk tun, die entstehen nach dem Tode wieder, und indem sie wieder entstehen, so entstehen sie zur Unsterblichkeit; die aber solches nicht wissen oder dieses Werk nicht tun, die entstehen nach dem Tode wieder und werden immer wieder und wieder seine Speise.«
116 Vgl. TaittBr. 3,10,11,2.
117 So die spätvedische »Lehre« vom »Kreislauf des Wassers«; vgl. dazu **E. Frauwallner**, Geschichte der indischen Philosophie, Bd. I, Salzburg 1953, S. 49-55. Auf die Problematik der Frauwallnerschen Einteilung der spätvedischen »Lehren« (Lehre vom Kreislauf des Wassers, Atemlehre, Feuerlehre) wird im folgenden Kapitel über die Upaniṣads noch näher eingegangen.
118 Schon seit jeher brachte man den Mond mit dem Wechselspiel von Tod und Leben in Verbindung. So nahm man etwa in den frühvedischen Texten an, daß der **Mond**

eine **Schale** sei, die mit dem unsterblich machenden berauschenden Göttertrunk **Soma** gefüllt sei.

119 Vgl. ŚB XI,1: Hier ist vom Voll- und Neumondopfer die Rede und vom Mond, der zugleich Tor und Riegel zur Himmelswelt ist.

120 So die Vorstellung, die der späteren »**Zweiwegelehre**« zugrunde liegt (Vgl. JB I,17-18. 49-50; KauṣU I,1-2); auf die »**Zweiwegelehre**« wird im folgenden Kapitel im Kontext der upaniṣadischen Eschatologie (Kap. B III,7: Tod und Erlösung in den Upaniṣads) noch ausführlich eingegangen.

121 **H. v. Stietencron**, Art. Religionen S. 198.

122 Vgl. dazu **A. L. Basham**, Cultural History, S. 28. Es ist bezeichnend für die neue geistige Atmosphäre der Upaniṣads, daß viele ihrer Texte **nicht mehr nur im Brahmanenmilieu** spielen, sondern **an Fürstenhöfen zwischen Fürsten und Gelehrten**, wobei nicht selten die (geistlichen) Gelehrten von den (weltlichen) Fürsten belehrt werden.

123 **E. Frauwallner**, Geschichte der indischen Philosophie, Bd. I, S. 43.

124 **P. Deussen**, Allgemeine Geschichte der Philosophie, Bd. I,2, S. 7.

B III. Das »Ende des Veda«: die Upaniṣads

1 **H. Kulke – D. Rothermund**, Geschichte Indiens, Stuttgart 1982, S. 49f.

2 Ausgrabungen an Orten, die für das Epos von zentraler Bedeutung sind, förderten übereinstimmend die sogenannte »bemalte graue Töpferware« (*painted grey ware*, PGW) zutage, die – möglicherweise nichtarischen Ursprungs – in der Zeit zwischen 800 und 400 v. Chr. entstanden sein muß und deren Fundorte mit dem frühen Verbreitungsgebiet der Arier übereinstimmen. Vgl. aaO S. 50f.

3 So soll der 5. König der Pāṇḍavas seine Hauptstadt von Hastināpura weiter östlich nach Kauśāmbī verlegt haben, nachdem diese von einer Flutkatastrophe am Gaṅgā zerstört wurde. Wann dies genau war, läßt sich nach dem heutigen Stand der Forschung nicht eindeutig sagen, doch weist Kauśāmbī – zusammen mit Allahabad und Vārāṇasī/Benares – älteste Spuren städtischer Besiedlung auf, die in die frühen Jahrhunderte des 1. Jahrtausends zurückreichen. Vgl. aaO S. 51f.

4 Vgl. aaO S. 54f.

5 So die zeitgenössische Quelle ŚB 1,4,1: Hier wird die Begründung des Videha-Reiches im Nordosten von Patna durch den Fürsten Videgha-Mathava beschrieben, der brandrodend mit Hilfe des Feuergottes »Agni Vaiśvanara« bis an den Fluß Sadanira zog. Agni weigerte sich jedoch, den Fluß zu überschreiten, bevor nicht das vor ihnen liegende »unreine« Gebiet von den Brahmanen durch Opfer »gereinigt« wurde. Vgl. aaO S. 55; **A. L. Basham**, The Wonder that was India. A Survey of the History and Culture of the Indian Sub-Continent before the Coming of the Muslims, Calcutta 1954, [8]1989, S. 41.

6 »Wenn auch nicht in allen Texten immer übereinstimmend genau dieselben Mahājanapadas genannt werden, so sind die wichtigsten unter ihnen heute auch durch archäologische Funde sicher nachgewiesen. Zu ihnen gehören Kamboja und Gandhara im Norden des heutigen Pakistans; Kuru, Surasena (mit der Hauptstadt Mathura) und Pancala im westlichen und Vatsa (mit der Hauptstadt Kausambi) im östlichen Zweistromland; ferner Kasi mit der Hauptstadt Benares am mittleren Ganges; nördlich davon (zwischen Benares und Himalaja gelegen) Kosala; dann weiter im Osten Magadha (im Süden des heutigen Patna) und wiederum nördlich des Ganges die beiden Stammesstaaten der Mallas und Vrijis und im – damals noch

– ›fernen Osten‹ das Großstammestum Anga an der heutigen Grenze zwischen Bihar und Bengalen. Im westlichen Zweistromland lagen Avanti (das spätere Malva) mit seiner berühmten Hauptstadt Ujjain und weiter im Osten (im heutigen Madhya-Pradesh) Cetiya.« (**H. Kulke – D. Rothermund**, Geschichte Indiens, S. 56.)

7 AaO S. 57.

8 Wie die oben erwähnte frühe »bemalte graue Keramik« (PGW) das »Leitfossil« spätvedischer Kultur war, so gilt nun die »nördliche schwarz-polierte Keramik« (NBPW) »als ›Leitfossil‹ der neuen städtischen Gangeskultur und als ein sicherer Indikator für ihre Ausbreitung auch außerhalb des Gangestales« (aaO S. 58.).

9 Von manchen Autoren wird der Begriff »Upaniṣad« auch synonym mit *rahasya* (»Geheimnis«) verwendet, da in den Upaniṣads selbst immer wieder der **geheime Charakter** ihrer Lehren betont wird. **Hermann Oldenberg** vertrat die These, daß »Upaniṣad« ursprünglich so viel wie »Verehrung« (*upāsana*, von *upa-ās*) bedeute, wogegen vor allem einst **Paul Deussen** Einwände erhoben hatte: Die Verben *upa-ās* und *upa-sad* hätten in der Regel – auch wenn in älteren Texten ihr Sprachgebrauch noch nicht streng festgelegt sei – voneinander sehr verschiedene Bedeutungen, nämlich »verehren und »um Belehrung angehen«; es sei in den Upaniṣads zwar häufig von der »Verehrung« Ātmans oder Brahmans die Rede, doch seien diese streng genommen hier nicht (wie etwa die Götter) Gegenstand der Verehrung, sondern ausschließlich Gegenstand der **Erkenntnis** (vgl. **P. Deussen**, Allgemeine Geschichte der Philosophie, Bd. I,2: Die Philosophie der Upanishad's, S. 11-16).
Gewissermaßen eine Vermittlung dieser Positionen bietet **Paul Thieme** (im Nachwort zu seiner Übersetzung: Upanischaden, Stuttgart 1966, S. 83-93), der von der obengenannten wörtlichen Übersetzung ausgeht, die aber im Kontext der Upaniṣads soviel wie »sich verehrungsvoll nahen«/»verehren« bedeute. Thieme betont, daß die »Verehrung«, um die es in den so bezeichneten Texten geht, nicht irgendeinem höheren, überirdischen Wesen gelte, sondern daß sie in einem **Akt der Erkenntnis** bestehe: »Man ›verehrt‹ eine Sache, indem man ihr wahres Wesen, das alltäglicher Betrachtung verborgen bleiben muß, aufdeckt« (S. 83), nämlich, das wahre Wesen (Selbst) von Mensch, Welt und Universum.

10 **Abraham Hyacinthe Anquetil-Duperron** (1731-1805) gilt wegen seiner französischen Übersetzungen persischer Handschriften und seiner neupersischen Übersetzungen aus dem Avesta als der **Begründer der Iranistik in Europa**. Der Zugang zu indischem Gedankengut gelang ihm erst auf Umwegen: Nachdem indische Gelehrte sich weigerten, dem Nichtinder Anquetil-Duperron Unterricht in Sanskrit und damit Einblick in die heiligen Texte der Inder zu gewähren, gelang es ihm schließlich, Zugang zu jener neupersischen Bearbeitung von 50 Upaniṣads zu erlangen und diese dann ins Lateinische zu übersetzen.

11 Die Zahl 250 ist allerdings nicht allzu aussagekräftig, da wir heute nicht wissen, ob sich diese Texte selbst schon seit jeher als »Upaniṣad« bezeichneten oder ob sie erst nachträglich von Redaktoren unter diesem Namen zusammengefaßt wurden.

12 »**Vedānta**« heißt wörtlich »**Ende**« oder »**Vollendung des Veda**« und bezeichnet nach indischem Verständnis zunächst die **frühen Upaniṣads**, weil sie die einzelnen vedischen Schulen »abschließen«, oft als letzte entstanden sind und in den Textsammlungen der Schulen immer am Ende angeführt werden. Auch die **Bhagavadgītā** wird zum Vedānta gerechnet.
Im Anschluß daran bezeichnet man später als **Vedānta** – und dies wird in der Regel mit dem Begriff verbunden – eine Reihe **mittelalterlicher philosophischer Schulen**, die in dieser Tradition stehen und die Autorität der BrahmaSūtras (bzw. VedāntaSūtras) des Bādarāyaṇa anerkennen. Dabei lassen sich **drei Hauptrichtun-**

gen unterscheiden: der **Advaita-Vedānta** mit seiner nichtdualistischen Sicht der Wirklichkeit (Hauptvertreter: **Śaṅkara**, 788-820 n. Chr.); der **Viśiṣṭādvaita-Vedānta** mit seinem einen »eigenschaftsbehafteten« Nicht-Dualismus (Hauptvertreter: **Rāmānuja**, ca. 1055-1137); der **Dvaita-Vedānta** mit seiner dualistischen Weltsicht (Hauptvertreter: **Madhva**, 1283-1317).
Westlichen Gelehrten wie etwa **Paul Deussen** wurde zu Recht der Vorwurf gemacht, daß er – beeinflußt von Arthur Schopenhauer – aufgrund dieser »Identifikation« von Upaniṣads und mittelalterlichem Vedānta erstere von letzteren her interpretierte und »die Urtexte nicht für sich allein untersucht, sondern nur unter dem Gesichtswinkel betrachtet, unter dem 1 1/2 Jahrtausende nach ihrem Entstehen einer ihrer Kommentatoren Śaṅkara, die Upaniṣaden, und zwar auch diese nicht für sich allein, sondern gemeinsam mit den späteren Brahma-Sūtras interpretierte« (**B. Heimann**, Studien zur Eigenart indischen Denkens, Tübingen 1930, S. 120, Anm. 1).

13 **E. Frauwallner**, Geschichte der indischen Philosophie, Bd. I, Salzburg 1953, S. 96.

14 **Walter Ruben** (Die Philosophen der Upaniṣaden, Bern 1947), dessen Untersuchungen zur Datierung der Upaniṣads viel Beachtung gefunden haben, zählt insgesamt **109** (zum Teil mythische) **Autoren** bzw. **anonyme Fragmente**, die er auf **fünf Generationen** von Denkern und Sehern aufteilt. Um nur die bedeutendsten von ihnen zu nennen, die auch in unserem Kontext immer wieder erwähnt werden: Aruṇa und Śāṇḍilya (ca. 670-640 v. Chr.), Uddālaka Āruṇī und Yājñavalkya (ca. 640-610 v. Chr.), Śvetaketu (610-580, also wenige Jahrzehnte vor der Geburt Buddhas).

15 Vgl. dazu auch **E. Hanefeld**, Philosophische Haupttexte der älteren Upaniṣaden, Wiesbaden 1976, bes. S. 1-20.

16 Vgl. **A. Schopenhauer**: »Denn wie atmet doch der Oupnek'hat [die persisch-lateinische Übersetzung der Upanishad's] durchweg den heiligen Geist der Veden! ... Wie ist doch jede Zeile so voll fester, bestimmter und durchgängig zusammenstimmender Bedeutung! Und aus jeder Seite treten uns tiefe, ursprüngliche, erhabene Gedanken entgegen, während ein hoher und heiliger Ernst über dem Ganzen schwebt. ... Und o, wie wird hier der Geist rein gewaschen von allem ihm früh eingeimpften jüdischen Aberglauben und aller diesem fröhnenden Philosophie! Es ist die belohnendeste und erhebendste Lektüre, die (den Urtext ausgenommen) auf der Welt möglich ist; sie ist der Trost meines Lebens gewesen und wird der meines Sterbens sein.« (Parerga II, § 185 (Werke VI,427), zit. als Leitmotto bei **P. Deussen**, Sechzig Upanishad's des Veda, Leipzig 1905, ^{3}1921.)

17 **O. Böhtlingk**, Bemerkungen zu einigen Upanishaden, in: Berichte über die Verhandlung der Königlich Sächsischen Gesellschaft der Wissenschaften zu Leipzig. Philosophisch-historische Klasse 49 (1897), S. 78-100, Zit. S. 78.

18 **P. Deussen**, Allgemeine Geschichte der Philosophie, mit besonderer Berücksichtigung der Religionen, Bd. I,2: Die Philosophie der Upanishad's, Leipzig 1899, S. VI.

19 So umschreibt **Betty Heimann** zwei seinerzeit gängige Gegenpositionen zu Deussens Charakterisierung und Einschätzung der Upaniṣads (Studien zur Eigenart indischen Denkens, S. 120.)

20 **H. Oldenberg**, Die Lehre der Upanishaden und die Anfänge des Buddhismus, Göttingen 1915, S. 44.

21 AaO S. 174.

22 AaO S. 81.

23 AaO S. 148.

24 AaO S. 81.
25 **P. Thieme**, Upanischaden, S. 87. **Erhard Hanefeld** vermutet, daß diese Texte von späteren **vedāntischen Redaktoren** kompiliert wurden, die – »neben opferpriesterlichen, ritualistischen Passagen – auch eine Vielzahl verschiedener ›philosophischer‹ Texte und Lehren mit auf(nahmen), von denen die Ātman-Lehre nur eine ist«. Diese Texte und Lehren wurden oft, wenn auch nicht immer, »in Zusammenhang mit der vom Redaktor vertretenen [aber späteren, eben vedāntischen] Ātman-Brahman-Lehre gebracht; das geschah meist recht oberflächlich ... So kommt es, daß die älteren Lehren oft einfach stehenblieben oder nur leicht verändert eingepaßt wurden.« (Philosophische Haupttexte der älteren Upaniṣaden, Wiesbaden 1976, S. 190.)
26 Vgl. **P. Deussen**, Allgemeine Geschichte der Philosophie, Bd. I,2, S. 36-47: Hier behandelt Deussen in einem großen Abschnitt den »Grundgedanke(n) der Upanishad's und seine Bedeutung«. Seine zentrale These: »Alle Gedanken der Upaniṣads bewegen sich um zwei Grundbegriffe; sie sind: 1) das *Brahman* und 2) der *Ātman*«; ... und es »läßt sich der Grundgedanke der ganzen Upanishadphilosophie ausdrücken durch die einfache Gleichung: Brahman = Ātman.« (S. 36f.)
27 Vgl. **M. Winternitz**, Geschichte der indischen Litteratur, Bd. I, Leipzig 1908, Nachdruck Stuttgart 1968, S. 210-228; auch Winternitz spricht von einer »Grundlehre, die sich durch alle echten Upaniṣads hindurchzieht, und welche sich in dem Satze zusammenfassen läßt: ›*Das Weltall ist das Brahman, das Brahman aber ist der Ātman*‹, was in unserer philosophischen Ausdrucksweise so viel heißen würde wie: ›*Die Welt ist Gott, und Gott ist meine Seele.*‹« (S. 210.)
28 Vgl. **H. v. Glasenapp**, Die Philosophie der Inder. Eine Einführung in ihre Geschichte und ihre Lehren, Stuttgart [2]1958; für Glasenapp ist »das Hauptanliegen der bedeutendsten Texte, die in einer Upanishad gesammelt sind, ... die Darstellung einer All-Einheitslehre, für welche das Brahman oder der Ātman die letzte Essenz des Weltalls und jedes Einzelwesens ist«. (S. 38.)
29 **Walter Ruben** (Die Philosophen der Upaniṣaden, Bern 1947) zählt insgesamt **109** (zum Teil mythische) **Autoren** bzw. anonyme Fragmente, die er auf **fünf Generationen** von Denkern und Sehern aufteilt. Jeder Generation ordnet er bestimmte Anschauungen, Lehren oder Lehrsysteme zu: von Verehrern des Atems und der Naturkräfte über Idealisten, Realisten und Materialisten bis hin zu Lehrern der Seelenwanderung. Bei aller Kritik an Rubens Ansatz und Methode, ist es doch sein Verdienst, »daß ein wichtiger Gesichtspunkt bei ihm wohl zuerst in dieser Schärfe formuliert worden ist: der Gedanke einer stufenweisen Entwicklung der Lehren bzw. eines Nebeneinanderstehens verschiedener Schulen in den Texten der Upaniṣaden.« (**E. Hanefeld**, Philosophische Haupttexte, S. 12.)
30 Vgl. **E. Frauwallner**, Geschichte der indischen Philosophie, Bd. I-II, Salzburg 1953/56; die Darlegungen zu den Upaniṣads finden sich in Bd. I, Kap. A 3: Die Philosophie des Veda (S. 39-96). Vieles davon findet sich bereits in seiner früheren Arbeit »Untersuchungen zu den älteren Upaniṣaden« aus dem Jahr 1926, die für manche Texte genauere Einzelanalysen bietet als seine Philosophiegeschichte; allerdings hatte Frauwallner in seiner früheren Arbeit diese Lehren noch nicht in derselben Schärfe herausgearbeitet wie später.
31 AaO Bd. I, S. 49.
32 **E. Hanefeld**, Philosophische Haupttexte, S. 16f.
33 **U. Schneider**, Einführung in den Hinduismus, Darmstadt 1989, S. 29.
34 **S. Radhakrishnan**, Indian Philosophy, Bd. I, Oxford 1923, TB-Ausgabe Delhi 1996, S. 140. Sarvepalli Radhakrishnan (1888-1975) ist eine Ausnahmepersönlichkeit des indischen Geisteslebens: Nach rund 30jähriger wissenschaftlicher Tätigkeit

in Kalkutta, Vārāṇasī und Oxford begann er 1949 seine politische Karriere – erst als Botschafter Indiens in der UdSSR, dann als indischer Vizepräsident und 1962-67 schließlich als Staatspräsident. 1961 erhielt Radhakrishnan für sein kulturverbindendes Engagement den Friedenspreis des Deutschen Buchhandels.

35 **S. Dasgupta**, A History of Indian Philosophy, Bd. I, Cambridge 1922, Reprint Delhi 1975, S. 42.

36 **P. Thieme**, Upanischaden, S. 84. Die Formulierung Thiemes, das »in allen Texten in gleicher Weise zu Wort kommende« Gemeinsame »leuchte klar hervor«, ist sicher sehr optimistisch, doch ist die Umschreibung dieser Gemeinsamkeiten – wie groß sie im einzelnen auch sein mögen – zum Gesamtverständnis sehr hilfreich.

37 **Zum Weltbild der Upaniṣads** vgl. **P. Deussen**, Allgemeine Geschichte der Philosophie, Bd. I,2, S. 193-198.

38 Vgl. etwa ChU 1,3,7. 2,21,1. 3,15,5; BĀU 1,2,3. 1,5,4.

39 Vgl. ChU 3,19, wo die **Entstehung der Welt** aus dem **kosmischen Ei** beschrieben wird: Das Nichtseiende verwandelte sich in ein Ei, nach einem Jahr teilte sich dieses in eine silberne und eine goldene Hälfte, aus der silbernen entstand die Erde, aus der goldenen der Himmel, aus der äußeren Membran die Berge, aus der inneren Membran die Wolken, aus den Adern die Flüsse, die Eiflüssigkeit war der Ozean.

40 Vgl. BĀU 3,3,2. Anders dagegen BĀU 3,6, wo Yājñavalkya von zehn Schichten berichtet, von denen die Welt umgeben ist: Windwelt, Luftraumwelt, Gandharven-Welt, Sonnenwelt, Mondwelt, Sternenwelt, Götterwelt, Indra-Welt, Prajāpati-Welt, Brahman-Welt.

41 Vgl. ChU 5,10,4.

42 Vgl. KauṣU 1,2; beide Vorstellungen (die vom Soma-Becher der Götter und die vom Ort der Verstorbenen) werden in BĀU 6,2,16 verbunden; nach BĀU 1,5,14 wird der Mond mit Prajāpati identifiziert, dessen 15 Teile abwechselnd schwinden und sich wiederherstellen.

43 Auf diese wohl schon ältere Vorstellung wird in der berühmten »Belehrung des Śvetaketu« (ChU 6, bes. Kap. 4,1ff) zurückgegriffen – hier allerdings im Kontext der Frage nach dem letzten Prinzip alles Seienden: Wenn man nämlich weiß, daß alles Seiende aus diesen drei »Substanzen« besteht, dann ist damit im Prinzip alles Seiende erkannt und nichts mehr unbekannt. Das heißt aber auch: »Nichts von dem, was wir wahrnehmen, ist das, was es uns scheint, alles muß zurückgeführt werden auf drei Substanzen, die nicht unmittelbar zu sehen sind, sondern nur mittelbar erschlossen werden können.« (**E. Hanefeld**, Philosophische Haupttexte, S. 151.) Anders die Theorie am Anfang von ChU 6, derzufolge alle Gegenstände auf ihre wahrnehmbare Substanz zurückgeführt und durch sie erkannt werden: alles aus Ton Bestehende durch einen Tonklumpen, alles aus Kupfer bestehende durch das Kupfer eines Kupferschmucks und alles aus Eisen Bestehende durch das Eisen einer Nagelschere. Beide Theorien erscheinen im Text unverbunden nebeneinander, wobei der Redaktor offensichtlich die abstraktere Dreielementenlehre favorisiert und im Verlauf des Textes immer wieder auf sie zurückgreift. Vgl. dazu aaO S. 143-153.

44 ChU 6,2,3f. Dieser Vorstellung liegt wohl die einfache Beobachtung zugrunde, daß die Hitze den Regen verursacht (wie der Mensch auch schwitzt, wenn er sich anstrengt) und daß daraus am Ende Nahrung entsteht.

45 Vgl. ChU 6,5,1-6,6,4. **Paul Hacker** führt dieses 6. Kapitel der ChāndogyaUpaniṣad als Beispiel erster naturphilosophischer Spekulationen in den frühen Upaniṣads an und zeigt daran **drei Denkschemata** auf, die für die wichtigsten Systeme des indischen Mittelalters – Sāṃkhya, Yoga und bestimmte Ausprägungen des Vedāntismus

– grundlegend werden sollten:
– Die Theorie, **materiale Kausalität als Identität der Materialursache mit ihren Produkten** zu erklären (*satkāryavāda*): Sie zeigt sich in den beiden oben erwähnten unterschiedlichen Versuchen, eine Antwort auf das Prinzip alles Seienden zu geben (die Reduktion der Gegenstände auf ihre jeweilige Substanz und die Lehre von den drei Grundelementen, die aus dem Seienden hervorgehen).
– Das Schema von **Manifestation und Latenz**: Die Latenz (in unserem Fall die Materialursache) ist das Eigentliche, die Manifestation ist das, was daraus wird, was aber den Ursprung zugleich wieder verhüllt.
– Die **Opposition der Begriffe »subtil« und »grob«**: Zumindest in der Kosmogonie (teilweise auch in der Anthropologie) herrscht die Vorstellung, daß die Materialursache in einem subtileren, feineren Zustand ist als ihr Produkt oder ihre Emanationen (die Glut ist gröber als das reine Sein, aber subtiler als das Wasser, dieses ist wiederum subtiler als die Nahrung); vgl. **P. Hacker**, Grundlagen indischer Dichtung und indischen Denkens, hrsg. v. K. Rüping, Wien 1985, S. 67-69.

46 Für das folgende sei – neben der oben angeführten Spezialliteratur zu den Upaniṣads – besonders verwiesen auf die in diesem Zusammenhang sehr erhellende Darstellung von **P. Hacker**, Grundlagen indischer Dichtung, S. 71-78.

47 Vgl. BĀU 1,5,3/Maitri 6,30: »Man sagt, ich war anderswo mit meinem *manas*, darum sah ich nicht; ich war anderswo mit meinem *manas*, darum hörte ich nicht; denn mit dem *manas* sieht man und mit dem *manas* hört man. Verlangen, Entscheidung, Zweifel, Glaube, Unglaube, Festigkeit, Unfestigkeit, Scham, Erkenntnis, Furcht, alles dies ist *manas*.«

48 Vgl. BĀU 1,5,3. 3,9,26. In seinem Grundlagenwerk über den Yoga hat **J. W. - Hauer** Hinweise auf Atemtechniken und ausgesprochene Atemschulungen bereits bestimmten, »Vrātya« genannten Gruppierungen der Atharvaveda-Tradition zugeschrieben; daraus soll sich der Prāṇayama, die **Atemübungen des klassischen Yoga**, entwickelt haben (**ders.**, Der Yoga. Ein indischer Weg zum Selbst. Kritisch-positive Darstellung nach den indischen Quellen mit einer Übersetzung der maßgeblichen Texte, Stuttgart [2]1958, Kap. 1; zu den Atemtechniken und den verschiedenen Atemarten vgl. bes. S. 67, Anm. 10). **Paul Hacker** bestreitet dagegen so frühe Verbindungen zum Yoga: »Das Wort *Yoga* taucht zum ersten Male in einem Text der TaittirīyaUpaniṣad (2,4) auf, und es ist nicht einmal klar, was es in dem Zusammenhang, wo es dort auftritt, bedeutet. Es scheint ein plausibler Gedanke, daß die Spekulation über die Arten von Atem eine Verbindung mit dem Aufkommen der Praxis der Atemübung im Yoga hatten, aber eine Erklärung im einzelnen zu versuchen, ist wohl nicht möglich. ... Ich glaube, es ist wahrscheinlicher, daß die Praxis der Atemübung entwickelt wurde, weil der Atem als ein sehr wesentlicher Bestandteil des Menschen angesehen wurde. Mit anderen Worten: Es scheint mir, daß die Praktiken die Spekulation voraussetzen und nicht umgekehrt. ... In den Upaniṣad-Texten finden wir Spekulationen über den Atem schon ziemlich früh, aber Atempraktiken, Atemübungen sind erst in Texten bezeugt, welche erheblich später sind« (**ders.**, Grundlagen indischer Dichtung, S. 72).

49 Vgl. ChU 5,1,6-5,2,3; BĀU 6,1,7-14; PraśnaU 2; Vorläufer finden sich bereits in den Brāhmaṇas.

50 In einer anderen Variante (KauṣU 2,14) wird der Streit gerade umgekehrt ausgetragen: Hier versuchen die Lebenskräfte einen toten Körper zu beleben, und erst als der Atem in den Körper Einzug hält, vermag dieser, sich zu erheben. In KauṣU 1 sind es denn auch die Atemkräfte der Toten, die das tragende Prinzip der Wiederverkörperung ausmachen, die diese Welt verlassen und die den Mond anschwellen

lassen.

51 Vgl. BĀU 1,5,21-23.

52 Vgl. ChU 4,1-3.

53 ChU 4,3,3.

54 Vgl. etwa das lateinische *spiritus*, das griechische *pneuma*, oder das hebräische *ruach*: Allesamt Begriffe, die ursprünglich nur soviel wie »Atem« bedeuteten, die aber schließlich zur Bezeichnung des Geistes oder der menschlichen Seele verwendet wurden.

55 **E. Frauwallner**, Geschichte der indischen Philosophie, Bd. I, S. 60.

56 **Paul Hacker** sieht in dieser Parallelisierung von inner- und außermenschlichen Vorgängen und Gegebenheiten – er nennt dies einen anthropologisch-kosmologischen Parallelismus – ein weiteres für das indische Denken grundlegendes und typisches Denkschema (**ders.**, Grundlagen indischer Dichtung, S. 75. 107f).

57 AaO S. 75

58 BĀU 2,3,1-6, zit. Nach: **P. Deussen**, Sechzig Upanishad's des Veda. Aus dem Sanskrit übersetzt und mit Einleitungen und Anmerkungen versehen, Leipzig 31921 (Hervorhebungen von mir).

59 Allein in der BṛhadĀraṇyakaUpaniṣad gibt es vier Stellen, an denen, wie wir noch näher sehen werden, der transzendente Ātman mit denselben Worten charakterisiert wird: BĀU 3,9,26. 4,2,4. 4,4,22. 4,5,15.

60 **P. Hacker**, Grundlagen indischer Dichtung, S. 77 (Hervorhebungen von mir).

61 Vgl. ŚB 10,5,2,11: »Diese beiden [Indra im rechten und Indrāṇī im linken Auge] sind in den Raum des Herzens hinabgestiegen. Wenn die beiden [dort] den Beischlaf Vollziehenden zum Ende des Beischlafs kommen, dann wahrlich schläft dieser Mensch. Denn so wie nun dieser, nachdem er zum Ende des menschlichen Beischlafs gekommen ist, gleichsam bewußtlos wird, ebenso wird er auch hier gleichsam bewußtlos; denn dies ist ein göttlicher Beischlaf. Er ist sicherlich die höchste Wonne.« Vgl. zu diesem Themenkomplex auch besonders **R. Stuhrmann**, Der Traum in der altindischen Literatur im Vergleich mit altiranischen, hethitischen und griechischen Vorstellungen, Tübingen 1982 (das Zitat des ŚB findet sich hier auf S. 207). Besonders hinzuweisen ist dabei auf das Wonnegfühl (*ānanda*), das hier mit dem Beischlaf Indras und Indrāṇis erklärt wird und das später, zur Beschreibung des Zustandes der Erkenntnis und als Attribut Brahmans, eine wichtige Rolle spielen wird; in MāṇḍU 5 heißt es dazu: »Wenn einer, der eingeschlafen ist, keine Begierde mehr empfindet, keinen Traum mehr sieht, dann ist das der Tiefschlaf. Im Zustand des Tiefschlafes ist [die Seele] eine geworden, reine Erkenntnis, aus Wonne (*ānanda*) bestehend, die Wonne genießend.«

62 Von den neueren Untersuchungen vertritt etwa **Erhard Hanefeld** bei seiner Analyse von BĀU 4,3-4 (Philosophische Haupttexte, S. 20-70), also jenem Text, in dem von allen drei Zuständen die Rede ist, die Meinung, daß in der Passage über die Bewußtseinszustände des Menschen (BĀU 4,3,7-34) »dem Wachzustand und Traumschlaf der Tiefschlaf erst nachträglich hinzugefügt wurde«, und zwar »eindeutig als dritter einer älteren Zweizustandslehre (Wachzustand/Traumschlaf)« (S. 49. 64), während **Rainer Stuhrmann** in seiner umfassenden Analyse derselben Passage (Der Traum in der altindischen Literatur, S. 193-274) genau umgekehrt von der »jüngeren Traumlehre« und der »älteren Tiefschlaflehre« spricht (S. 251; vgl. auch S. 204f). **Beide Autoren** sind sich allerdings darin einig, daß die »**Dreizustandslehre**« als solche relativ **jung** ist: Hanefeld sieht sie als jüngste von sieben im vorliegenden Text von ihm herausgearbeiteten Lehren (vgl. S. 64-66), und auch Stuhrmann kommt zu dem Ergebnis, daß sich in BĀU 4,3 »alle Elemente

aus Traum- und Tiefschlafpassagen in den älteren Upaniṣaden wiederfinden. Diese werden dort in verkürzend-abstrahierender Weise aufgenommen und auf dem Hintergrund der BAU 4,3 vorkommenden Aussagen teils zurückgewiesen, teils weiterentwickelt und integriert. Das heißt, daß BAU 4,3 nicht der Ausgangstext für alle anderen ist ... sondern der, in welchen alle Linien münden, also der jüngste« (S. 221).

63 ChU 8,1,3-5, Übersetzung von **P. Thieme**, Upanischaden, S. 41; vgl. dazu auch **E. Frauwallner**, Geschichte der indischen Philosophie, Bd. I, S. 68.

64 ChU 8,6,1-5; vgl. dazu auch **E. Frauwallner**, Untersuchungen zu den älteren Upaniṣaden, in: Zeitschrift für Indologie und Iranistik, Bd. 4, Leipzig 1926, S. 1-45, bes. S. 6-8.

65 BĀU 2,1,16-20; Übersetzung nach **R. Stuhrmann**, Der Traum in der altindischen Literatur, S. A11f. Um deutlich zu machen, daß hier begrifflich auf das oben beschriebene Bild vom »Seelenmännchen« Puruṣa zurückgegriffen wird, gebe ich das Wort *puruṣa* (wie auch Hanefeld) mit »[Seelen]mann« wieder; Stuhrmann übersetzt mit »[Teil vom] Mensch[en]«; auf S. 194 erklärt er, was er damit genau meint: »Ein geistiges Prinzip, das im leiblichen Menschen verkörpert gedacht ist«, also die »Seele«, »wobei jedoch die Bestimmungen im Auge zu behalten sind, daß sie als zentrales Wahrnehmungs- und Erkenntnisprinzip fungiert und daß ihre individuelle Identität unabhängig vom Körper gewahrt bleibt.«

66 Vgl. BĀU 4,3-4. Bei der im folgenden erläuterten Übersetzung von BĀU 4,3,7-33 (Vers 34 ist nur eine überflüssige Wiederholung von Vers 16 zum Abschluß des Abschnittes) handelt es sich um die Übersetzung der Kāṇva-Rezension von **E. Hanefeld** (mit ausgiebigen Anmerkungen: Philosophische Haupttexte, S. 21-33). Bei seiner Analyse kommt Hanefeld zu dem Schluß, »daß dieser Text aus fünf verschiedenen Abschnitten besteht, die inhaltlich deutlich getrennt sind« und deren Inhalten »in auffälliger Weise ein recht verschiedener Gebrauch der beiden wichtigsten Termini, *puruṣa* und *ātman*«, entspricht. Seiner Meinung nach ist der Text »keineswegs ein in sich geschlossenes Ganzes, die Darstellung der Ātman-Brahman-Lehre«, sondern es handelt sich hier »um das Werk eines Redaktors ..., der – auf dem Boden der Ātman-Brahman-Theorie stehend – ganz verschiedene Texte und Lehren oberflächlich miteinander verbunden und aufeinander abgestimmt hat« (S. 62f.). **Rainer Stuhrmann** dagegen hält eine solche inhaltliche »Zerstückelung« des Textes für unnötig. Er findet im Text die Handschrift zweier Autoren und meint, »die Nahtstellen zweier ineinandergearbeiteter Textschichten« unterscheiden zu können, wobei »beide Gedankenkreise in einem umfassenden Ganzen« konjugieren (Der Traum, S. 259).

67 AaO S. 221.

68 BĀU 4,3,7-9, zit. nach **E. Hanefeld**, Philosophische Haupttexte, S. 23.

69 **Erhard Hanefeld** (aaO S. 49-51) vermutet, daß urprünglich im Text überhaupt nur von zwei Standplätzen und analog von zwei Zuständen des Menschen die Rede ist, zwischen denen der Mensch ständig hin und her wechselt (Wachen und Traumschlaf: wie im »Fisch-Gleichnis« in Vers 18); der Tiefschlaf (*samprasāda*) als dritter Zustand wurde seiner Meinung nach erst sekundär hinzugefügt und entsprechend der Traumschlaf als dritter, verbindender Standplatz interpretiert. Ihm scheint, »daß hier eine ganz andere Weiterführung der Lehre von einer diesseitigen und einer jenseitigen Welt zugrunde liegt, wo der Schlaf als ›Bruder des Todes‹, als Zwischenstadium zwischen Leben und Leben nach dem Tode gedeutet wird, von dem aus man einen Einblick in beide Welten hat.« So wäre es denkbar, »daß die Einfügung eines dritten Zustandes in 4,3,9a nur deshalb erfolgte, um die unmittelbar voraus-

gehende Aussage von zwei Standplätzen des Puruṣa mit der späteren Theorie von drei Zuständen wenigstens formal in Übereinstimmung zu bringen« (S. 51).

70 BĀU 4,3,9-20, zit. nach aaO S. 25-29.

71 BĀU 4,3,19-33, zit. nach **E. Hanefeld**, Philosophische Haupttexte, S. 27-33.

72 **P. Thieme**, Upanischaden, S. 84.

73 Zur Etymologie des Begriffs »Ātman« vgl. **M. Mayrhofer**, Etymologisches Wörterbuch des Altindoarischen, Bd. 1, Heidelberg 1992, S. 164f.; ursprünglich geht der Begriff wohl auf *av* (»wehen«) zurück, von daher auch neben der Grundbedeutung »Hauch« die Bedeutung von »Atem«, »Odem«, »Lebenshauch«, »Lebensgeist« oder »Lebensprinzip« (so **H. Graßmann**, Wörterbuch zum Rig-Veda, 6. überarbeitete und ergänzte Auflage Wiesbaden 1996, S. 175). Die beliebte Ableitung von *an* (»atmen«) scheint nicht mehr akzeptiert (vgl. **M. Mayrhofer**, aaO S. 165).

74 Vgl. RV VII,87,2: »Dein Atem [o Varuṇa] brüllt heftig als Wind im Zwischenraum.«

75 **T. Oberlies**, Art. Atman, in: Lexikon für Theologie und Kirche, 3., völlig neu bearbeitete Auflage, hrsg. v. W. Kasper u. a., Bd. 1, Freiburg 1993, Sp. 1162. Auch **Paul Hacker** weist darauf hin, daß es schon in der vorupaniṣadischen Literatur Stellen gibt, wo *ātman* »den Körper des Menschen bezeichnet«, wie es später in den Upaniṣads manchmal auch der Fall ist (**ders.**, Grundlagen indischer Dichtung, S. 79).

76 ŚB 10,6,3,2, zit. nach **P. Hacker**, Grundlagen indischer Dichtung, S. 80. In seiner Textauslegung vermutet Paul Hacker, daß dieser Text, »wie mehr oder weniger alle Upaniṣad-Texte, eine realisierende Betrachtung (ist). Das heißt, die Betrachtung schaut nicht einfach eine Wirklichkeit an, sondern man erwartet, daß sie die Wirklichkeit, an die gedacht wird, erst wirklich macht.« Dieses Denkschema habe »sich durch alle Zeiten im Hinduismus gehalten« und werde später *bhāvana* genannt (aaO S. 82).

77 Vgl. BĀU 3,7; Zit. 3,7,1.

78 BĀU 3,7,23.

79 Vgl. BĀU 3,5. Vgl. auch BĀU 3,8,11, das Gespräch zwischen Gārgī (eine der wenigen Frauen, die in den Upaniṣads zu Wort kommen) und Yājñavalkya, wo Gārgī Yājñavalkya nach dem »Unvergänglichen« fragt und er antwortet: »Wahrlich, o Gārgī, dieses Unvergängliche ist sehend, nicht gesehen, hörend, nicht gehört, verstehend, nicht verstanden, erkennend, nicht erkannt. Nicht gibt es außer ihm ein Sehendes … Hörendes … Verstehendes … Erkennendes.«

80 BĀU 4,3,7f.

81 BĀU 4,4,16; vgl. MuU 2,2,9.

82 Vgl. ChU 3,13,7.

83 Vgl. BĀU 2,3,6. 3,9,26. 4,2,4. 4,4,22. 4,5,15.

84 BĀU 3,8,8.

85 BĀU 1,4,17.

86 Vgl. BĀU 5,5,1.

87 Vgl. ChU 1,9,1.

88 Vgl. etwa ChU 3,19,1f, wo das Nichtsein das kosmische Ei hervorbringt und aus diesem schließlich die Erde und der Himmel entstehen, oder Taitt 2,7, wo am Anfang das Nichtsein steht, das dann das Sein produziert (vgl. auch RV X,72,2-3).

89 Vgl. ChU 6,2,1-4; gerade diese Stelle, die vom Sein spricht, das die drei Urelemente Hitze, Wasser und Nahrung hervorbringt, polemisiert gegen diejenigen, die behaupten am Anfang hätte das Nichtsein gestanden.

90 Vgl. TaittU 2,1.

91 Vgl. ChU 5,11-18.
92 ChU 7,24-26.
93 Vgl. auch BĀU 4,4,13: »Wer das Selbst, das in die Tiefe des körperlichen Gefüges eingegangen ist ... gefunden hat, der ... ist Schöpfer des Alls; ihm gehört die Welt; ja, er ist die Welt.«
94 Vgl. oben Kap. B I,4: »Brahman – die kreative Macht des Wortes«.
95 **M. Mayrhofer** nennt als älteste Bedeutung für *brahman* (Neutrum) »Formung, Gestaltung, Formulierung (der Wahrheit)« und in seiner maskulinen Form »Former, Dichter Opferpriester« (Etymologisches Wörterbuch des Altindoarischen, S. 236f). **A. Michaels** definiert *brahman* als »formulierten Spruch, Hymnus, Wort, später auch die der Wahrheit des Spruches innewohnende, selbst die Götter bestimmende sakrale Kraft« und, als Maskulinum, als »den Träger dieser Kraft, z. B. den Priester (Brahmane)« (Art. Brahman, in: Religion in Geschichte und Gegenwart, Handwörterbuch für Theologie und Religionswissenschaft, hrsg. v. H. D. Betz u. a., 4., völlig neu bearbeitete Auflage, Bd. 1, Tübingen 1998, Sp. 1723).
P. Hacker übersetzt *brahman* in seiner ältesten Bedeutung mit »Vedawort« und der diesem Wort innewohnenden Kraft, womöglich der Wahrheit: »Man glaubte, daß vedische Worte andere Eigenschaften haben als gewöhnliche Worte. Nach diesem Glauben bringen sie, wenn sie richtig rezitiert werden, eine Wirklichkeit zustande. In diesen Worten ist eine magische Kraft enthalten. Diese Kraft ist gemeint, wenn das Vedawort *brahman* heißt. Die Brahmanen, d. h. die Angehörigen der obersten Kaste, sind mit der Verwaltung dieser Kraft beauftragt. Ein anderer kann mit dieser Kraft gar nicht umgehen ... Darum heißen die Angehörigen der obersten Kaste Brahmanen. Der Glaube an die magische Kraft des Vedawortes hängt zumindest wahrscheinlich, wenn nicht sicher, zusammen mit der eigenartigen Auffassung der Wahrheit, die im alten Indien herrschte. Man glaubte, daß die Wahrheit eine leuchtende Substanz sei, die im höchsten Himmel lokalisiert wurde. Und diese Substanz, so glaubte man, war auch in jeder wahren Aussage gegenwärtig. Die Wahrheit, sozusagen substanzialisiert gesehen, war die mächtigste aller magischen Kräfte.« (Grundlagen indischer Dichtung, S. 98.).
J. Gondas Ableitung von *bṛh*, »kräftigen« (im Anschluß an seine frühe Arbeit »Notes on Brahman« noch in »Die Religionen Indiens«, S. 72f.), wird von M. Mayrhofer im Anschluß an Oldenberg und Thieme in Frage gestellt (vgl. auch: **ders.**, Kurzgefaßtes etymologisches Wörterbuch des Altindoarischen, Bd. 2, Heidelberg 1963, S. 454).
96 Vgl. Ait.B 1,19,1. 1,30,6; Taitt.Sam. 3,1,1,4; ŚB 3,9,1,11. 12. 14. 13,5,4,25.
97 Vgl. ŚB 2,3,2,9-13.
98 Vgl. Ait.B 8,28.
99 Vgl. ŚB 7,4,1,14.
100 Vgl. ŚB 4,1,4,10.
101 Vgl. – in Anlehnung an den Schöpfungshymnus RV X,129 und das Viśvakarman-Lied X,81 – Taitt.B. 2,8,9,3-7: »Was ist das Holz ... aus dem sie Erd' und Himmel ausgehauen ... worauf er sich gestützt hat, wenn er trägt das Weltenall? Das Brahman ist das Holz ... aus dem sie Erd' und Himmel ausgehauen ... auf Brahman stützt er sich und trägt das Weltenall!«
102 Vgl. ŚB 13,7,1,1: »Brahman, das durch sich selbst Seiende (*svayaṃbhū*), übte Tapas. Da erwog es: ›Fürwahr, in dem Tapas ist die Unendlichkeit nicht! Wohlan, so will ich in den Wesen mein Selbst opfern und die Wesen in meinem Selbst‹. Da opferte es in allen den Wesen sein Selbst und die Wesen in seinem Selbst. Dadurch erwarb es den Vorrang, die Alleinherrschaft, die Oberherrlichkeit über alle

Wesen.« Der Gedanke, daß die Wesen **nach dem Tod in Brahman eingehen**, ist hier indirekt ausgedrückt in der Formulierung »da opferte es … die Wesen in seinem Selbst«. Vgl. dazu auch ŚB 11,3,3,1 (»das Brahman überlieferte die Geschöpfe dem Tode«), ŚB 11,4,4, wo von sechs Pforten des Brahman die Rede ist, durch die man, bei richtigen Opfern, eingeht und »Lebensgemeinschaft … mit dem Brahman erwirbt«, oder ŚB 11,5,6,9, wo dem, der richtig den Veda studiert, verheißen wird, daß er »von dem Wiedersterben erlöst werden und mit Brahman in Wesensgemeinschaft eingehen« soll.

103 Vgl. BĀU 1,4,10; MU 6,7

104 Vgl. BĀU 5,1.

105 Vgl. Taitt 2,6.

106 ŚvU 3,2. 6.3f.

107 Vgl. KenaU 14-34.

108 Vgl. BĀU 4,1.

109 Vgl. BĀU 2,1.

110 BĀU 2,1,20 (zit. nach **P. Deussen**, Sechzig Upanishad's); vgl auch Maitri 6,32.

111 **U. Schneider**, Einführung in den Hinduismus, Darmstadt 1989, S. 28.

112 Manche Autoren sehen in diesen beiden Begriffen die **Repräsentanten zweier verschiedener Traditionen** – eine mehr **priesterliche** mit dem Begriff **Brahman,** eine mehr **philosophische** mit **Ātman** –, die in den frühen Upaniṣads zusammengeführt werden. **Ulrich Schneider** spricht in diesem Zusammenhang sogar von »**Verballhornung**« des Begriffs Ātman »im Sinne opferpriesterlicher Mittelmäßigkeit«: Während **Brahman** »nur noch ›oberstes Prinzip‹, mit gelegentlicher Tendenz zur causa efficiens, d. h. zu Kosmogonie (ist), wie auch dasselbe Brahman, aber zum Maskulinum und zur Person geworden, später als Schöpfergott und Priestergott fungiert«, trete **Ātman,** »bei den Philosophen noch ein Begriff, der rein durch Abstraktion gewonnen wurde, hier mehr oder weniger personifiziert (also fast handgreiflich) auf; dabei nicht nur (was immerhin der philosophischen Lehre noch einigermaßen nahe käme) als Erlöser, sondern auch als ein (den Philosophen völlig fernliegendes) Gegenstück, nämlich als Schöpfer. Wobei übrigens die Schöpferfunktion in der Upaniṣad insofern Übergewicht hat, als aus ihr die Erlöserfunktion, aitiologisch, ›bewiesen‹ wird. Das war mehr, als die Philosophen zu bieten hatten. Man konnte hoffen, ihnen mit solchem Konzept den Wind aus den Segeln zu nehmen – wenigstens insoweit, als damit Attraktion in breiteren (intellektuell anspruchsloseren) Kreisen zu gewinnen war. Und wie die Quellenlage beweist, hat solche Hoffnung nicht getrogen.« Warum? Weil sich die Lehren der Philosophen, so die Vermutung Schneiders, »in reiner (›unverfälschter‹) Form ohnehin nicht nach unten hätten mitteilen lassen«; damit wäre es jedenfalls verständlich, daß »man ihnen ein aus der Umgebung der Ritualexperten stammendes – also (im indischen Sinne) religiöses Gewand umhängte: d. h. die Lehren kommentierend, ausdeutend, veranschaulichend (dabei freilich auch zurechtbiegend) sozusagen einer zum Religiösen tendierenden Metamorphose unterzog. (Wie das am Beispiel des zum Schöpfergott gewordenen Ātman besonders deutlich wird.)« (aaO S. 32f).

113 BĀU 3,4,1.

114 ChU 5,11,1.

115 BĀU 4,4,25; vgl. AitU 5,3.

116 ŚvU 1,16.

117 Vgl. MuU 1,1,4.

118 Der Begriff »Vedāṅga« wird sowohl als Oberbegriff verwendet für die sechs vedischen Hilfswissenschaften wie als Sammelbegriff für die verschiedenen Lehrtexte

(*sūtra*) dieser Wissenschaften.
119 Vgl. MuU 1,1,5.
120 MuU 1,2,1.
121 Vgl. MuU 1,2,5-10.
122 MuU 3,2,9.
123 Vgl. ChU 7,1,1-3.
124 ChU 8,11,6.
125 ChU 6,12,1-3, Teil der berühmten »Belehrung des Śvetaketu« ChU 6,1-16.
126 Vgl. dazu – neben der in Kap. B II,6 erwähnten Literatur – den äußerst aufschlußreichen Artikel von **Lambert Schmithausen**: Mensch, Tier und Pflanze und der Tod in den älteren Upaniṣaden, in: G. Oberhammer (Hrsg.), Im Tod gewinnt der Mensch sein Selbst. Das Phänomen des Todes in asiatischer und abendländischer Religionstradition. Arbeitsdokumente eines Symposions, Wien 1995, S. 43-72. Zu diesem Thema besonders aufschlußreich auch das Kapitel »Zur Frühgeschichte der indischen Karmalehre« von **Wilhelm Halbfass** (Karma und Wiedergeburt im indischen Denken, Kreuzlingen 2000, S. 37-63).
127 **L. Schmithausen**, Mensch, Tier und Pflanze, S. 46.
128 AaO S. 59 (Hervorhebungen von mir).
129 Dieser Text wird nominell zwar noch zu den Brāhmaṇas gerechnet, er enthält aber bereits Upaniṣad-Passagen.
130 BĀU 4,3,36ff. Die Übersetzung der hier wiedergegebenen Passage stammt von **E. Hanefeld**, Philosophische Haupttexte, S. 33-39.
131 Übrigens wird in BĀU 4,3,8 (ohne jegliche Begründung) gesagt, daß sich **der Mensch bei der Geburt mit dem Bösen verbindet** und daß er dies **beim Verlassen des Körpers zurückläßt**; von einem **Anhaften** des Bösen, womöglich in einer **Wiederverkörperung**, ist hier also **nicht** die Rede.
132 Wie allerdings die Begriffsreihe *karman – kratu – kāma* letztlich zu interpretieren ist, ist in der Forschung umstritten: Während für **E. Frauwallner** in seiner Interpretation dieses Textes »die Seelenwanderung nicht nach dem Werke, sondern nach dem Willen« erfolgt und dabei *kratu*, der »Wille«, auf den man in der Todesstunde seinen Sinn richtet, für ihn der eigentlich wichtige Begriff ist (Untersuchungen zu den älteren Upaniṣaden, in: Zeitschrift für Indologie und Iranistik, S. 1-45, Zit. S. 40), wird dies von **E. Hanefeld** heftig kritisiert: Frauwallner »habe den eigentlichen Ansatz der hier vorliegenden Lehre nicht erkannt«, denn tatsächlich sei »für die Wiedergeburt weder *karman* der wichtigste Begriff ... noch *kratu* ..., vielmehr ist es *kāma*, die Begierde, als letzte und eigentliche Ursache der Wiedergeburt« (warum Hanefeld hier so selbstverständlich von »Wiedergeburt« spricht, begründet er allerdings nicht). Dort, bei der Begierde, müsse man dann »auch ansetzen, wenn man den Kreislauf der Geburten beenden will«. Ja, das Entscheidende an diesem Text sei gerade, daß es nicht nur allgemein um *karman, kratu* oder *kāma* gehe, sondern daß »diese drei Begriffe ... hier in einem funktionellen Zusammenhang« stehen, bei dem es sich um eine »Spezifizierung bzw. Weiterentwicklung der Karman-Lehre« handle (Philosophische Haupttexte, S. 58f, Anm. 67).
133 Ein Indiz dafür sehen manche Forscher auch in der Tatsache, daß beide Teile von Vers 5 mit derselben auffallenden Formel (»Nun (aber) sagt man«) eingeleitet werden.
134 BĀU 3,2,13f.; der zitierte Text ist eine Übersetzung von **P. Thieme** (Upanischaden, S. 62f.), übersetzt nach der Mādhyandina-Rezension.
135 **L. Schmithausen**, Mensch, Tier und Pflanze, S. 59.
136 Vgl. JUB 1,17-18. 49f. Für **Thomas Oberlies**, der mir zu diesem Thema ein frühes

unveröffentliches Vorlesungsmanuskript zur Verfügung stellte, zeigt diese Textversion: Es handelt sich bei dieser Lehre nicht, wie etwa Paul Deussen (der diese Version nicht kannte) noch annahm, im Grunde um zwei verschiedene Lehren – um die »Fünffeuerlehre (im engeren Sinn)« und um die »Zweiwegelehre« –, die in den Upaniṣads schließlich »zusammengeschweißt« wurden (**P. Deussen**, Geschichte der Philosophie, Bd. I,2, S. 295); sondern beide Traktate bilden seit jeher eine textliche Einheit. Vgl. dazu auch **W. Halbfass**, Karma und Wiedergeburt, S. 37-63.

137 Eine **frühe Version** bietet **KauṣU 1,1-6**, und geht noch wie JUB von einem Weg aller Toten aus, der sich im Mond gabelt; eine **spätere Version** bietet **BĀU 6,2**, die **standardisierte Version** findet sich in **ChU 5,3-10**; beide sprechen von zwei Wegen – dem **Weg der Götter** (*devayāna*) und dem **Weg der Väter** (*pitṛyāna*) –, denen jeweils der Mond als Durchgangsstation dient (wohl eine Reminiszenz an die alte Vorstellung vom gemeinsamen Weg). Inwiefern diese Texte voneinander abhängen, ja ob sie überhaupt in dieser Reihenfolge verfaßt wurden, ist in der Forschung umstritten. Im folgenden wird nur auf die frühe Kauṣītaki-Version und auf die standardisierte Chāndogya-Version eingegangen; dieser enstpricht die BĀU-Version weitgehend, ihre Ausführungen sind nur knapper, und sie setzt geringfüg andere Akzente.

138 Vgl. etwa die einleitenden Fragen Pravāhaṇa Jaivalis an Śvetaketu (BĀU 6,2,2; ChU 5,3,2f): »Weißt du, wie die Verstorbenen in diese Welt zurückkehren ... weißt du, warum jene Welt nicht voll wird von denen, die dauernd dorthin gehen?«

139 So heißt es in ChU: »5.4.1. ›Wahrlich, Gautama, ein Feuer ist jene Welt. Ihr Brennholz ist die Sonne; ihr Rauch deren Strahlen; ihre Flamme der Tag, ihre Kohlen der Mond; ihre Funken die Gestirne. In dieses Feuer gießen die Himmlischen die Gläubigkeit als Opfergabe. Aus dieser Gußspende entsteht der König Soma [der als göttliche Person vorgestellte heilige Preßtrank].
5.5. Wahrlich, Gautama, ein Feuer ist der Gewitterregen. Sein Brennholz ist der Wind; sein Rauch das Gewölk; seine Flamme der [Flächen-]Blitz; seine Kohlen der [fallende] Blitz; seine Funken der Hagel. In dieses Feuer gießen die Himmlischen den König Soma als Opfergabe. Aus dieser Gußspende entsteht der Monsunregen.
5.6. Wahrlich, Gautama, ein Feuer ist die Erde (die irdische Welt). Ihr Brennholz ist das Jahr; ihr Rauch der Raum [zwischen Himmel und Erde]; ihre Flamme die Nacht; ihre Kohlen die Himmelsrichtungen; ihre Funken die Zwischenhimmelsrichtungen. In dieses Feuer gießen die Himmlischen den Monsunregen als Opfergabe. Aus dieser Gußspende entsteht die Nahrung.
5 7. Wahrlich, Gautama, ein Feuer ist der Mann. Sein Brennholz ist die Sprache, sein Rauch der Atem, seine Flamme die Zunge, seine Kohlen das Auge, seine Funken das Gehör. In dieses Feuer gießen die Himmlischen die Nahrung als Opfergabe. Aus dieser Gußspende entsteht der Same.
5.8. Wahrlich, Gautama, ein Feuer ist die Frau. Ihr Brennholz ist der Schoß; ihr Rauch,was sie einladend spricht; ihre Flamme die Vulva; ihre Kohlen, was er [der Mann beim Beischlaf] hineintut; ihre Funken die Lustgefühle. In dieses Feuer gießen die Himmlischen den Samen als Opfergabe. Aus dieser Gußspende entsteht der Embryo‹.« (Übersetzung von P. Thieme, Upanischaden, S. 54f.)
In der Version der KauṣU wird die Entstehung der Welt nicht so ausführlich geschildert, sondern sie klingt lediglich in der Antwort des Verstorbenen auf die Frage des Mondes nach seiner Herkunft an.

140 Nach alter vedischer Vorstellung geht mit der Leichenverbrennung der gesamte Körper des Verstorbenen ins Jenseits über – der Feuergott Agni möge ihn unversehrt dahin geleiten! Später gibt man diese Vorstellung zwar auf (man spricht von

den Atemkräften des Verstorbenen, welche die Welt verlassen, mitunter auch vom Ātman im Sinne von »Körper«), von einer »Seele« aber im eigentlichen Sinn, der alle übrigen lebenstragenden Potenzen untergeordnet sind, hören wir in den hier zu behandelnden Texten noch nichts!

141 **W. Halbfass**, Karma und Wiedergeburt, S. 50. Nach dem JUB sind es die **personifizierten Jahreszeiten**, die Repräsentanten zyklischer Wiederkehr, die dem Toten diese Frage stellen, nach ŚB 11,1,1 sind es die **Mondphasen**, die das Tor entsprechend verriegeln (vgl. **E. Frauwallner**, Geschichte der indischen Philosophie, Bd. I, S. 51); diese Vorstellung wird von den Upaniṣads übernommen.

142 KauṣU 1,2. Sowohl JB wie KauṣU bringen diese Antwort (»*vicakṣaṇād ṛtavo*«) mit der der Verstorbene sein Wissen um seine göttliche Herkunft unter Beweis stellt; ChU und BĀU haben die Grundaussage dieses Verses in ihre Prosa eingearbeitet. Nach **Paul Thieme** ist in Anspielung auf RV X,121 mit »Wer« jener unbekannte Schöpfergott Prajāpati gemeint, »der auch der ›Zeit‹ und ihrem Symbol, dem zu- und abnehmenden Mond, gleichgesetzt wird«. Mit diesem Wortspiel enthülle sich die »mystische Überzeugung vom ›Einssein‹ des Selbstes« (Upanischaden, S. 58f.).

143 KauṣU 1,2; Übersetzung nach **P. Thieme**, Upanischaden, S. 58.

144 In KauṣU 2,8 wird der Mond gebeten, er möge nicht durch den eigenen Lebenshauch, nicht durch die Lebenshauche der eigenen Nachkommen und nicht durch die von deren Nutztieren anschwellen (d. h.: die Verstorbenen mögen nicht auf dem Mond verweilen, sondern sie mögen – mit ihren Nutztieren! – direkt die ewige Unsterblichkeit erlangen); vielmehr möge der Mond durch die Lebenshauche der Feinde und deren Nachkommen und Nutztiere anschwellen.
Dies ist eine der wenigen Upaniṣadstellen, an denen **Tieren dasselbe postmortale Schicksal** zugedacht wird, **wie** den **Menschen**. Ansonsten werden Tiere und Pflanzen, wie wir noch sehen werden, nur als eventuelles Durchgangsstadium unerlöster Menschen betrachtet, Erlösung oder Wiedergeburt kommt für sie nicht in Frage.

145 KauṣU bietet eine plastische Schilderung vom Weg eines Erlösten auf dem »Weg der Götter« (1,3-1,7): er wird von Nymphen mit wunderbaren Gaben empfangen, gelangt dann zum See der Unsterblichkeit, wo er all seine Taten hinter sich läßt, um schließlich in paradiesischen Gefilden zum Höchsten zu gelangen; der Text gehört zu den schönsten Passagen der Upaniṣads.

146 Auch in ŚB 10,4,3,9 kommt die Formulierung »Handeln und Wissen« vor und sie bezieht sich dort eindeutig auf **rituelles Handeln und Ritualwissen**. Denn beides bestimmt traditionell sowohl den Erfolg in dieser Welt wie auch das postmortale Schicksal in der jenseitigen Welt. Nach der vorliegenden Passage der KauṣU gelangt jeder Mensch zunächst **automatisch** zum **Mond** – egal, wie er gelebt hat, und es ist denkbar, daß man hier die alte Vorstellung von der Wirksamkeit des Ritualwissens beibehalten und mit der Reinkarnationsvorstellung verbunden hat: Rituelles Handeln und Ritualwissen entscheiden über die Art der Wiedergeburt. Allerdings ist auch nicht auszuschließen, daß »Handeln und Wissen« sich nicht auf den rituellen Kontext beziehen, sondern daß hier bereits, ganz im späteren Sinne (wie wahrscheinlich auch in der oben zitierten Passage BĀU 3,2,14), an eine Art »moralisches Karma« gedacht ist.

147 Der Mond wird aufgefaßt als eine mit Soma, dem heiligen, beim Opfer dargebrachten Preßtrank, gefüllte Schale, welche die Götter während der Zeit des abnehmenden Mondes leer trinken.

148 ChU 5,10,1-6, zit. nach der Übersetzung von **P. Thieme**, Upanischaden, S. 56f.

149 Schon in RV X,154,2 diente *tapas* als Mittel zur Erlangung der Himmelswelt.

150 Die Vertreter der drei obersten Varṇas (*brāhmaṇa, kṣatriya, vaiśya*) allein sind ange-

sehen. Nur sie sind rein, dürfen die heilige Schnur tragen und den Veda studieren.

151 Die Cāṇḍālas gehören einer besonders verachteten Kaste an: Sie gelten als so unrein wie Hunde und Schweine.

152 ChU 5,10,7, zit. nach der Übersetzung von **P. Thieme**, Upanischaden, S. 57.

153 **L. Schmithausen**, Mensch, Tier und Pflanze und der Tod, S. 61. Die Vorstellung solcher dreier Wege findet sich auch in PrU 5,3-5 (bzw. ethisiert in 3,7), in MU 6,30 und im MbH 3,2,67ff. bzw. 12,19,13ff.

154 Vgl. ChU 5,10,8; ähnlich BĀU 6,2,19. **L. Schmithausen** weist darauf hin, daß dies an die Vorstellung einiger Stammesreligionen in und außerhalb Indiens erinnert, derzufolge die Verstorbenen die Gestalt von Schmetterlingen, Raupen oder Insekten annehmen, die sich dann in Erde, Moos oder auch wieder in einen Menschen verwandeln; möglicherweise liegt hier aber auch nur die alltägliche Beobachtung zugrunde, daß sich solche Tiere in der Leiche bilden oder in ihrer Nähe aufhalten (vgl. Mensch, Tier und Pflanze, S. 64).

155 Vgl. BĀU 1,4,11-15.

156 BĀU 1,4,6.

157 Vgl. KeU 14-34.

158 Zwar finden sich auch in der Kaṭha- und in der MuṇḍakaUpaniṣad vereinzelt theistische Aussagen – in je verschiedenen Kontexten, mitunter recht unvermittelt, ist hier von einem höchsten »Herrn« die Rede, den es als Urgrund alles Seins zu erkennen gilt (vgl. KU 4,13f; MuU 3,1,2f) –, doch sind nur in den drei genannten Upaniṣads die theistischen Züge in einer Weise entfaltet, die es meiner Meinung nach rechtfertigt, hier von theistischen »Trends« oder gar von »theistischen Upaniṣads« zu reden.

159 Vgl. zum folgenden – neben den Erläuterungen und Kommentaren zu den einzelnen Upaniṣads – besonders die aufschlußreiche Analyse bei **J. L. Brockington**, The Sacred Thread. Hinduism in its Continuity and Diversity, Edinburgh 1981, Kap. 3: Theistic Trends.

160 Vgl. ŚvU 1,3. 8f. 10f. 14; 2,15; 3,3; 4,1. 11. 16; 5,13f; 6,1-23.

161 Vgl. ŚvU 1,8f; 3,7. 20; 4,7. 11; 5,3; 6,7; in ŚvU 6,7 heißt es sogar »[Erkenne] ihn, den allerhöchsten Herrn (*maheśvara*) der Herren, die höchste Gottheit der Gottheiten, den höchsten Herrscher der Herrscher jenseits ... den Herrn der Welt.«

162 ŚvU 1,3.

163 Um nur ein Beispiel zu geben: Allein bei der Beschreibung dieses Gottes in Kap. 1,4 finden sich in einem einzigen Satz fünf Anspielungen auf verschiedene philosophisch-theologische Konzeptionen: von der Sāṃkhya-Lehre der drei Qualitäten, über die Vorstellung von den fünf Elementen, den fünf Zuständen und den zehn Sinnen bis hin zur Lehre von den acht schöpferischen Ursachen.

164 Vgl. dazu neben den Beschreibungen in ŚvU 1 vor allem die großartigen sehr ausführlichen Schilderungen in ŚvU 4-6.

165 Vgl. ŚvU 3,5f; 4,12ff. 21f. Rudra – wörtlich übersetzt »der Heulende/ Schreckliche« – ist in den Veden eine sehr ambivalente Erscheinung: Als Herr der Stürme und des Feuers kann er über die Menschen viel Unheil bringen, zugleich aber erscheint er als eine durchaus segensreiche Gottheit, die hilft und heilt.

166 Vgl. ŚvU 3,5f. 11; 4,14. 16. 18; 5,14; dies wird gemeinhin als wichtiges Indiz für die Abhängikeit des späteren Śiva vom vedischen Rudra gewertet; vgl. dazu auch die Kapitel zu **Śiva** in CII,7: Die klassischen Hindugötter.

167 Vgl. ŚvU 3,2: »Er, der Beschützer, nimmt, nachdem er alle Wesen erschaffen hat, diese am Ende der Zeit wieder in sich zurück.«

168 Vgl. ŚvU 6,1-20.

169 Offensichtlich muß es zur Zeit der Entstehung dieser Upaniṣad bereits richtiggehende physisch-mentale Yogatechniken (Konzentration, Körperhaltung, Atemkontrolle etc.) gegeben haben. Jedenfalls werden in ŚvU 2 solche Techniken zur Schau und Erkenntnis Brahmans (bzw. des hier vorgestellten Gottes) ganz selbstverständlich eingeführt: zwar sehr detailliert, aber eben nicht detailliert genug, um als präzise Anleitung zu fungieren – diese muß es wohl andernorts gegeben haben.
170 Vgl. ŚvU 1,8; 2,15.
171 Vgl. ŚvU 3,7-10; 4,11-20.
172 Vgl. zum folgenden neben der Darstellung von **J. L. Brockington** (The Sacred Thread, S. 53f) vor allem die Kommentare zu dieser Upaniṣad in der kommentierten Ausgabe von **Svāmī Vimalānanda**, The Mahānārāyaṇopaniṣad. Introduction, Translation, Interpretation in Sanskrit, and Critical Explanatory Notes, Madras 1979, und bei **P. Deussen**, Sechzig Upaniṣad's des Veda, S. 241-260.
173 So die Āndhra-Rezension, deren Zählung hier bei Zitationen verwendet wird; Deussen verwendete eine dravidische Rezension, welche die Upaniṣad in 64 Abschnitten zusammenfaßt.
174 Vgl. MnU 78: Die **zwölf Ziele menschlichen Strebens** sind **Wahrheit** (*satya*), **Askese** (*tapas*), **Selbstbeherrschung** (*dama*), **Ruhe** (*śama*), **Mildtätigkeit** (*dāna*), das **Erfüllen der Pflichten**, **Fortpflanzung** (*prajana*), die (**Pflege des**) **Opferfeuers** (*agnaya*),die **Durchführung des Feueropfers** (*agnihotra*), das **Opfer** (*yajña*) im allgemeinen, die **spirituelle Praxis** (*mānasa*) und, als deren höchstes Ziel, die **Vereinigung** (*nyāsa*) **mit dem Absoluten**. In MnU 79 ist von denselben Zielen die Rede, hier allerdings in einem fiktiven Dialog.
175 Vgl. MnU 80. In Vers 4 mündet diese Beschreibung in eine Variante des altbekannten Bildes von den zwei Wegen der Verstorbenen.
176 **Prajāpati**: vgl. MnU 1; **Puruṣa**: vgl. MnU 1,24-27. 71; **Bṛhaspati**: vgl. MnU 48; **Ātman**: vgl. MnU 12 (hier heißt es sogar in einem ganz ungewohnt personalen Verständnis von Ātman, er sei »Herr und Schöpfer« und er befreie uns durch seine »Gnade« von Sorgen); **Brahman**: vgl. MnU 9; 23; 38; 40; 79; 80.
177 **Indra**: vgl. MnU 1,41-43; 8; 44; 55; **Agni**: vgl. MnU 2; 3; 7; 44; 48; 59; 67; 76; **Rudra**: vgl. MnU 12,12; 24; 25; 52; 53; 74; 75; **Śiva**: vgl. MnU 16; 22; 56; **Viṣṇu**: vgl. MnU 1,29.
178 »Über die Figur des **Nārāyaṇa** gibt es gewisse Unsicherheiten. Traditionell gilt er als der Autor des Hymnus vom kosmischen Urmenschen, Puruṣa (RV 10,90), aber in der Zeit des ŚatapathaBrāhmaṇa wird er mit dieser Figur identifiziert und wird so selbst zum Uropfer, das die Götter und alle Schöpfung hervorgebracht hat. Die MahānārāyaṇaUpaniṣad bietet eine Reihe von Identifikationen von Prajāpati über Brahmā zu Nārāyaṇa, die immer wieder deutlich an dieses Thema des kosmischen Uropfers anknüpfen und vermutlich der Grund für seine Identifikation mit Viṣṇu sind.« (**J. L. Brockington**, The Sacred Thread, S. 53f.)
179 **J. Gonda**, Die Religionen Indiens, Bd. I, S. 266.
180 **P. Deussen**, Allgemeine Geschichte der Philosophie, Bd. I.2, S. 363.
181 **J. Gonda**, Die Religionen Indiens, Bd. I, S. 203.
182 Ebd.
183 AaO S. 205 (Hervorhebung von mir).
184 Vgl. dazu auch aaO S. 206-210.
185 **W. Halbfass**, Karma und Wiedergeburt, S. 51.
186 AaO S. 58.
187 AaO S. 62f.
188 **M. Eliade**, Le Yoga, Paris 1954; dt. Yoga. Unsterblichkeit und Freiheit, Frankfurt

1977, S. 12.

189 **Patañjali**, Yogasūtra I,2-3, zit. nach B. Bäumer (Hrsg.), Patañjali. Die Wurzeln des Yoga. Die klassischen Lehrsprüche des Patañjali mit einem Kommentar von P. Y. Deshpande, Bern 1976, [10]2003, S. 21.

190 **M. Eliade**, Yoga, S. 12. Zum Yoga in vedischer Zeit wie zur gesamten späteren Yogatradition vgl. auch **G. Feuerstein**, The Yoga Tradition. Its History, Literature, Philosophy and Practice, New Delhi 2002.

191 **M. Eliade**, Yoga, S. 123.

192 Ebd.

193 ChU 3,14,3.

194 BĀU 2,3,6.

195 **E. Frauwallner**, Geschichte der indischen Philosophie, Bd. I, S. 135.

196 **J. W. Hauer**, Der Yoga, S. 91.

197 Vgl. aaO S. 161.

198 Vgl. bes. AV XV.

199 **J. W. Hauer**, Der Yoga, Kap. 1: Die Anfänge des Yoga in der vedischen Zeit (S. 19-95).

200 AaO S. 162; vgl. dazu das gesamte Kap. 2: Der Yoga in den Upaniṣaden (S. 95-165).

201 Vgl. etwa **S. Radhakrishnan**, der in seiner »Indian Philosophy« ein ganzes Kapitel über »Elemente des Sāṁkhya und des Yoga in den Upaniṣads« bietet (Bd. I, S. 259-263).

202 Vgl. ŚvU 2,8-13; in seiner englischen Übersetzung überschreibt **R. E. Hume** (The Thirteen Principal Upanishads translated from the Sanskrit. With an Outline of the Philosophy of the Upanishads and an Annotated Bibliography, Oxford 1921, Delhi [8]1992, S. 398) diese Verse entsprechend mit dem Titel »Regeln und Ergebnisse des Yoga«.

203 Vgl. MU 6,20-29.

204 Zu den **Yogasūtras**, zur Person Patañjalis und zur Datierung der Sūtras vgl. unten in Kap. CII,9 die Ausführungen zum klassischen Yoga.

205 Vgl. **Patañjali**, Yogasūtra II,29.

206 Vgl. MU 6,20,

207 Vgl. MU 6,21.

208 Vgl. MU 6,3-5. 21-26.

209 MU 6,25, zit. nach der Übersetzung von **M. Eliade**, Yoga, S. 134.

210 Dies sind die Brahma-, Saṃnyāsa-, Āruṇeya-, Kaṇṭhaśruti-, Jābāla- und die ParamahaṃsaUpaniṣad. Gegenüber der MaitrīUpaniṣad bieten sie aber zum Thema Yoga nichts Neues.

211 **M. Eliade**, Yoga, S. 135.

212 Dies sind die Brahmabindu-, Kṣurikā-, Tejobindu-, Brahmavidyā-, Amṛtabindu-, Yogaśikhā-, Yogatattva-, Nādabindu-, DhyānabinduUpaniṣad. Nur die letzten drei genannten Upaniṣads bieten wirklich neue Aspekte (vgl. aaO S. 136-142).

213 Vgl. YU 3.

214 Vgl. YU 19ff.

215 Vgl. YU 29. 36ff.; in YU 126 wird die Meditationsstellung des Kopfstandes mit ihren therapeutischen Wirkungen beschrieben.

216 YU 73ff. (zit. nach der Übersetzung von **M. Eliade**, Yoga, S. 138).

217 Vgl. YU 85ff.

218 Vgl. NU 44ff.; vgl. dazu unten Kap. C II,8: Erlösung durch spirituelle Selbsterfahrung: Tantrismus.

219 Vgl. NU 84f.
220 Vgl. NU 1-5. 19ff.
221 Vgl. NU 6f.
222 Vgl. NU 31ff.
223 Vgl. NU 53f. Solche **»kataleptischen« Zustände** (*turīya*-Zustand) sind in der Literatur häufig bezeugt. Sie können so weit gehen, daß Herzschlag und Atmung eines Yogins nur aufgrund der eigenen Willenskraft so stark reduziert sind, daß sich dieser für eine bestimmte Zeit ohne Schaden lebendig begraben lassen kann (vgl. dazu auch den Erfahrungsbericht von **M. Eliade**, Yoga, S. 65).
224 AaO S. 143.
225 Ebd.
226 In ChU 3,16f. etwa wird das Leben allegorisch als ein großes Soma-Opfer beschrieben, bei dem der Opfernde vor allem die genannten sozialen Tugenden einschließlich der Askese als Opfergabe zu erbringen habe; PrU 1,2 und BĀU 4,4,23 etwa betonen besonders die individuellen Aspekte der Selbstvervollkommnung; in TaittU 1,9 werden die 12 wichtigsten Tugenden nacheinander aufgeführt, denen jeweils das Schriftstudium als höchste Tugend gegenübergestellt wird. Vgl. dazu **P. Deussen**, Allgemeine Geschichte der Philosophie, Bd. I,2, S. 328. **K. N. Tiwari**, Classical Indian Ethical Thought. A Philosophical Study of Hindu, Jaina and Bauddha Morals, Delhi 1998, S. 32. 49f. 87.
227 Vgl. BĀU 5,2.
228 **A. Michaels**, Der Hinduismus, S. 169. Nach **G.-D. Sontheimer** spielte sogar in späteren Zeiten des Dharmaśāstra das **Gewohnheitsrecht**, das sich nicht aus den Gesetzestexten ableitete, sondern »auf ein hohes Alter oder auf Konventionen (*samaya*) beruhte«, »in einem Gerichtsverfahren und bei der Gesetzgebung des Königs« noch seine Rolle »und wurde selbst von brahmanischen Richtern auf der praktisch-weltlichen Ebene anerkannt«. (Die Ethik im Hinduismus, in: C. H. Ratschow (Hrsg.), Ethik der Religionen. Ein Handbuch. Primitive, Hinduismus, Buddhismus, Islam, Stuttgart 1980, S. 409.)
229 **A. Michaels**, Der Hinduismus, S. 170.
230 AaO S. 171.
231 Vgl. **W. Halbfass**, Indien und Europa. Perspektiven ihrer geistigen Begegnung, Basel 1981, bes. Kap. XVII: Dharma im Selbstverständnis des traditionellen und des modernen Hinduismus (hier zur Problematik bes. S. 364-366).
232 AaO S. 365.
233 AaO S. 364.
234 AaO S. 365.
235 **G.-D. Sontheimer**, Die Ethik im Hinduismus, S. 405.
236 BĀU 2,5,11.
237 MnU 22,1.
238 **P. Horsch**, Vom Schöpfungsmythos zum Weltgesetz, zit. nach G.-D. Sontheimer, Die Ethik im Hinduismus, S. 405.
239 **G.-D. Sontheimer**, Die Ethik im Hinduismus, S. 406 (Hervorhebungen von mir).
240 **J. Gonda**, Die Religionen Indiens, Bd. I, S. 289.
241 **W. Halbfass**, Indien und Europa, S. 366.
242 **B. Mukerji**, Die advaitische Erfahrung und kosmische Verantwortung, in: R. Panikkar – W. Strolz (Hrsg.), Die Verantwortung des Menschen für eine bewohnbare Welt im Christentum, Hinduismus und Buddhismus, Freiburg 1985, S. 134-146, Zit. S. 138.
243 Übersetzung nach **J. Gonda**, Die Religionen Indiens, Bd. 1, S. 287.

244 Vgl. dazu die sehr plastische Beschreibung des Lebens des **Saṃnyāsin** bei **P. Deussen**, Allgemeine Geschichte der Philosophie, Bd. I,2, S. 335-343. Die Unterscheidung zwischen dem dritten und dem vierten Stadium wurde wohl lange Zeit nicht streng duchgeführt, sie hat sich erst in späterer Zeit durchgesetzt.
245 Hinweise darauf, daß ein Schüler sich in den Stand des **Brahmacarya** begibt oder sich darin befindet, bieten etwa ChU 4,4,5. 4,10,1. 6,1,1. 8,5,1; der **Gṛhasta** wird in ChU 8,15 beschrieben (und ihm – immerhin als Schlußsequenz der gesamten Upaniṣad – das Erlangen der Brahmawelt und ein Leben ohne Wiederverkörperung in Aussicht gestellt), seine Pflichten werden in ChU 2,23,1 erwähnt; auf den **Vānaprastha** wird in BĀU 2,4,1 und 3,5,1 angespielt, und er wird in ChU 2,23,1 erwähnt, wo von insgesamt drei »Zweigen von Pflichten« die Rede ist; ähnlich lehrt MU 4,3, daß jeder Āśrama seine eigenen Pflichten und seine besondere Regel (*svadharma*) hat. BĀU 4,4,22 nennt die vier oben genannten Pflichten.
246 Evtl. schon MuU 2,1,7, die von »Glaube, Wahrheit, Kasteiung und Vorschrift« spricht.
247 JU 4, zit. nach **P. Deussen**, Allgemeine Geschichte der Philosophie, Bd. I,2, S. 331.
248 **J. Gonda**, Die Religionen Indiens, Bd. I, S. 210.

C. Der Weg zur klassischen Zeit

C I. Politischer Wandel und asketischer Reformismus

1 Die wichtigsten Argumente der Kritiker sind zusammengefaßt bei **A. Michaels**, Der Hinduismus. Geschichte und Gegenwart, München 1998, S. 50.
2 Vgl. dazu oben Kap. B III,1: Die »dritte« arische Expansionswelle.
3 Vgl. dazu **H. Küng**, Spurensuche. Die Weltreligionen auf dem Weg, München 1999, Kap. Buddhismus (S. 152-189), bes. S. 161f. Zu **Buddha** und zum **Buddhismus** aus philosophiegeschichtlicher Sicht vgl. besonders **S. Radhakrishnan**, Indian Philosophy, Bd. I, Oxford 1923, Delhi 1940, S. 341-476. **E. Frauwallner**, Geschichte der indischen Philosophie, Bd. I, Salzburg 1953, S. 147-246.
4 **H. Küng**, Spurensuche, S. 156.
5 Auszug aus der kanonischen Pāli-Überlieferung der vier edlen Wahrheiten, in: **K. Mylius** (Hrsg.), Die vier edlen Wahrheiten. Texte des ursprünglichen Buddhismus, Leipzig 1983, TB Stuttgart 1998, S. 140-145 (Hervorhebungen von mir). Im Anschluß an die vier edlen Wahrheiten findet sich in der Predigt von Benares noch eine ausführliche Schilderung, wie Buddha diese Wahrheiten erkannt hat und wie er zum Bewußtsein kam, daß er damit die Erlösung erlangt hat.
6 Vgl. **É. Lamotte**, Der Buddha, Seine Lehre und Seine Gemeinde, in: H. Bechert – R. Gombrich (Hrsg.), The World of Buddhism, London 1984; dt.: Die Welt des Buddhismus, München 1984, S 41-58, bes. S. 54f.
7 **E. Frauwallner**, Geschichte der indischen Philosophie, Bd. I, S. 157f.
8 Majjhimanikāya 63, zit. nach aaO S. 219f.
9 Vgl. dazu aaO S. 193ff. Nach der großen philosophischen Enzyklopädie des Hīnayāna-Buddhismus, dem Abhidharma-mahāvibhāṣā-śāstra, besteht ein 24-Stunden-Tag aus 6 400 099 980 Momenten (*kṣaṇa*), in denen sich die fünf Skandhas und damit die individuelle Existenz jedesmal neu zusammensetzt; das heißt pro Sekunde geschieht dies rund 74 075mal! Vgl. dazu **S. Yamakami**, Systems of Buddhistic Thought, Calcutta 1912, Reprint San Francisco 1976, S. 11.
10 Die hier angeführte ist die einfachste und häufigste Form, in der diese Ursachen-

kette aufgezählt wird; zu deren Interpretation vgl. **E. Frauwallner**, Geschichte der indischen Philosophie, Bd. I, S. 197ff.

11 Die hier gebotene Ursachenkette mag auf den ersten Blick etwas schwer verständlich sein, da sie faktisch die Entstehung **dreier Verkörperungen** schildert. Frauwallner führt dies darauf zurück, daß hier Gedankengänge aus zwei unterschiedlichen Entstehungsschichten zusammengefügt wurden: Im hinteren Teil, wohl ursprünglich, die allgemeine Aussage, daß der **Durst** zum Werden und zu einer neuen Geburt führt; dann differenzierter hinzugefügt im vorderen Teil die detaillierte Erklärung, wie das neue Dasein als Folge des **Nichtwissens** und der **Willensregungen** in seinen wesentlichen Stufen zustande kommt; vgl. dazu aaO S. 211f.

12 Majjhimanikāya 72, zit. nach aaO S. 232.

13 Buddhist wird man nicht durch einen formalen, womöglich priesterlichen Ritus, sondern dadurch, daß man bekenntnishaft die »**dreifache Zuflucht**« (*śaraṇa*) nimmt: »Ich nehme **Zuflucht beim Buddha**, ich nehme **Zuflucht beim Dharma**, ich nehme **Zuflucht beim Saṃgha**« (*buddham śaraṇaṃ gacchāmi dharmam śaraṇaṃ gacchāmi saṃgham śaraṇaṃ gacchāmi*).

14 Schon die fünf **Grundgebote** für Laien sind von Mönchen **in verschärfter Form** zu halten: So sollen Mönche nicht nur Lebewesen nicht verletzen, sondern auch keinen Stock und keine Waffe mit sich führen und mitleidsvoll auf das Wohl aller Lebewesen bedacht sein; nicht nur Nichtgegebenes sollen sie nicht nehmen, sondern nur Gegebenes begehren, ohne diebische Gedanken, ehrlichen Herzens; nicht nur nicht lügen sollen sie, sondern sich als vertrauenswürdig erweisen, und anderes mehr. Zudem hat ein Mönch höflich zu sein, stets die Eintracht zu fordern und, wenn überhaupt, nur Nutzbringendes zu reden oder, am besten, nur von der Lehre und der Ordensregel zu sprechen. Aus all dem resultiert schließlich eine Reihe weiterführender Vorschriften und Beschränkungen, die dem Mönch allesamt zur strikten Einhaltung auferlegt sind (vgl. **E. Frauwallner**, Geschichte der indischen Philosophie, Bd. I, S. 163-165).

15 **S. Radhakrishnan**, Indian Philosophy, Bd. I, S. 357f.

16 AaO S. 352.

17 Auf die Lehre der fünf Skandhas und die Ursachenkette, die zur Verstrickung in den Kreislauf der Geburten führt, wurde oben ausführlich eingegangen. Dem traditionellen (an eine Seele gebundenen) **Karmanbegriff** entspricht im Buddhismus faktisch der »**Charakter**« bzw. der »**Durst**«, der zu neuer Wiederverkörperung führt und diese prädeterminiert; er baut eine neue Individualität auf, »die sich automatisch zu jenem Zustand des Lebens hingezogen fühlt, zu dem sie passt« (aaO S. 444). So wird etwa der letzte Gedanke eines sterbenden Menschen als »die Essenz seines moralischen und intellektuellen Lebens« (ebd.) gesehen und als jenes Verlangen und jene Kraft (*upādāna*), die letztlich dafür verantwortlich ist, daß aus den Skandhas neues Leben entsteht. Vgl. dazu aaO S. 440-446.

18 **M. Müller**, in: SBE, Bd. XV, Reprint Delhi 1989, in seiner Einführung S. LII.

19 **S. Radhakrishnan**, Indian Philosophy, Bd. I, S. 471.

20 **E. Frauwallner**, Geschichte der indischen Philosophie, Bd. I, Salzburg 1953, S. 160.

21 Vgl. u. a. Dīghanikāya 2,3; dieser Text bietet die Grundlage für Frauwallners Analysen.

22 **E. Frauwallner**, aaO S. 172.

23 **H. Bechert**, Die Erneuerung des asiatischen und die Entstehung des abendländischen Buddhismus, in: H. Bechert – R. Gombrich (Hrsg.), Die Welt des Buddhismus, S. 275-286, Zit. S. 275.

24 **H. v. Stietencron**, Art. Religionen, in: **H. G. Franz**, Das alte Indien. Geschichte und Kultur des indischen Subkontinents, München 1990, S. 177-244, Zit. S. 218.
25 **H. v. Glasenapp**, Die Religionen Indiens, Stuttgart 1943, S. 185.
26 **E. Frauwallner**, Geschichte der indischen Philosophie, Bd. I, S. 251.
27 AaO S. 251f. Als Mitbegründer dieser Ordenstradition gelten zwei seiner Schüler: Indrabhūti Gautama und Sudharman.
28 Vgl. **G. R. Strohl**, Art. Jainism, History, in: The New Encyclopædia Britannica, Bd. 22, Chicago [15]1994, S. 247-249.
29 Dies sind einige Argumente des Jaina-Lehrers Jinasena (9. Jhd. n. Chr.), gesammelt im Mahāpurāṇa, zit. nach: **B. C. Sproul**, Primal Myths. Creation Myths around the World, San Francisco 1991; dt.: Schöpfungsmythen der östlichen Welt, München 1993, S. 229f.
30 Die Jainas unterscheiden **unbewegliche Seelen**, die nur den Gefühlssinn besitzen und in kleinsten Partikeln von Erde, Wasser, Feuer und Luft und in den Pflanzen wohnen, und **bewegliche Seelen** mit zwei bis fünf Sinnesorganen, die in menschlichen und tierischen Körpern wohnen.
31 Zur komplexen Problematik der **altindischen Seelenvorstellung** vgl. oben Kap. B II,6: Was geschieht nach dem Tod?; B III,5: Ātman: Urgrund und Mitte von Mensch und Welt.
32 Eine ähnliche Vorstellung findet sich auch im berühmten »Gespräch zwischen Bhṛgu und Bharadvāja« (Mbh XII, 183-187), auf das im Kontext des **Epos** noch einzugehen sein wird.
33 **E. Frauwallner**, Geschichte der indischen Philosophie, Bd. I, S. 253 (Hervorhebungen von mir).
34 AaO S. 254.
35 Neben einem allgemeinen Tötungsverbot und absolutem Vegetarismus geht die **Gewaltlosigkeit der Jainas** so weit, daß viele ein kleines Tuch vor dem Mund tragen, um nicht unbeabsichtigt Kleinstlebewesen einzuatmen, oder daß sie mit einem kleinen Besen den Weg vor sich reinigen, damit sie nicht unbeabsichtigt Lebewesen zertreten.
36 Vgl. dazu die ausführliche Beschreibung bei **E. Frauwallner**, Geschichte der indischen Philosophie, Bd. I, S. 254-261.
37 Für **Laien** nennt man sie die **»fünf kleinen Gelübde«**, für **Mönche** gelten sie in einer **verschärften** Form und heißen deshalb **»fünf große Gelübde«**.
38 AaO S. 259f. (Hervorhebungen von mir).
39 Diese Spaltung muß wohl auf eine Teilung der Gemeinschaft bereits im 3. vorchristlichen Jahrhundert zurückgehen; sie wurde der Śvetāmbara-Tradition zufolge in der zweiten Hälfte des 1. Jahrhunderts n. Chr. von einem Mönch namens Śivabhūti vollzogen und im Konzil von Valabhī (453 oder 456 n. Chr.) mit der Festschreibung des Śvetāmbara-Kanons unumkehrbar gemacht.
40 **E. Frauwallner**, Geschichte der indischen Philosophie, Bd. I, S. 248.
41 **H. Kulke – D. Rothermund**, Geschichte Indiens, Stuttgart 1982, S. 60.
42 AaO S. 63.
43 Ebd.
44 **A. Michaels**, Der Hinduismus, S. 53.
45 »Seit der Entdeckung und Veröffentlichung im Jahre 1909 hat man sich immer wieder bemüht, dieses wichtigste Staatslehrbuch des alten Indiens in einen direkten Zusammenhang mit Candraguptas Herrschaft zu bringen und in ihm ein Spiegelbild der Politik des Maurya-Reiches zu sehen. Wenn heute zwar auch nicht an der ursprünglichen Autorenschaft Kautilyas um 300 v. Chr. gezweifelt wird, so ergaben

neuere Forschungen doch eindeutig, daß Teile des Textes ... bis ins dritte Jahrhundert n. Chr. mehrfach erweitert wurden.« Wie auch immer der historische Wert des Arthaśāstra einzuschätzen ist, »um so größer ist dagegen sein Aussagewert für die politische Maxime der so bedeutenden Phase der Staatsbildung im Übergang vom Königreich zum Großstaat. Die Gültigkeit dieses Lehrbuches bis weit ins Mittelalter hinein beruhte vermutlich darauf, daß diese politische Situation im Verlaufe der indischen Geschichte häufig wiederkehrte.« (**H. Kulke – D. Rothermund**, Geschichte Indiens, S. 67).

46 AaO S. 68.

47 Vgl. dazu auch **A. L. Basham**, The Wonder that was India. A Survey of the History and Culture of the Indian Sub-Continent before the Coming of the Muslims, Calcutta 1954, [8]1989, S. 53.

48 **H. Kulke – D. Rothermund**, Geschichte Indiens, S. 69.

49 Zitat aus dem 13. Felsenedikt Aśokas, nach ebd.

50 **F. Wilhelm**, Art. Geschichte, in: H. G. Franz, Das alte Indien. Geschichte und Kultur des indischen Subkontinents, München 1990, S. 83-144, Zit. S. 106.

51 **H. Kulke – D. Rothermund**, Geschichte Indiens, S. 71.

52 Offenbar nahm Puṣyamitra nie einen Königstitel an; in den altindischen Quellen wird er jedenfalls nur unter dem Titel »General« (*senāpati*) geführt (vgl. **A. L. Basham**, The Wonder that was India, S. 59).

53 **H. Kulke – D. Rothermund**, Geschichte Indiens, S. 77.

54 AaO S. 60; vgl. auch **F. Wilhelm – A. T. Embree**, Indien. Geschichte des Subkontinents von der Induskultur bis zum Beginn der englischen Herrschaft, Frankfurt/Main 1967, S. 52f.; **A. L. Basham**, The Wonder that was India, S. 48f.

55 **F. Wilhelm – A. T. Embree**, Indien, S. 53.

56 **H. Kulke – D. Rothermund**, Geschichte Indiens, S. 60.

57 **F. Wilhelm – A. T. Embree**, Indien, S. 61.

58 **H. Kulke – D. Rothermund**, Geschichte Indiens, S. 65.

59 Ebd.

60 AaO S. 78.

61 **F. Wilhelm – A. T. Embree**, Indien, S. 109.

62 Vgl. dazu auch **H. Küng**, Spurensuche, S. 155.

63 **F. Wilhelm – A. T. Embree**, Indien, S. 109.

64 **H. Kulke – D. Rothermund**, Geschichte Indiens, S. 81.

65 Zu den **Thomaschristen** vgl. ausführlicher Kap. D II,1: »Rückblick: Indiens erste Christen«.

66 Vgl. dazu **H. Kulke – D. Rothermund**, Geschichte Indiens, S. 83; ferner den Art. »Godophernes«, in: The New Encyclopædia Britannica. Micropædia, Chicago [15]1994, Bd. 5, S. 358.

67 **H. Kulke – D. Rothermund**, Geschichte Indiens, S. 85.

68 Vgl. **F. Wilhelm**, Art. Geschichte, S. 108.

69 Vgl. **H. Kulke – D. Rothermund**, Geschichte Indiens, S. 87: Auf drei internationalen Kuṣān-Konferenzen 1913-68 wurden diese Daten vorgeschlagen. Seit 1968 scheint man sich auf das jüngste Datum zu konzentrieren, was zudem von numismatischen Untersuchungen – nach R. Göbl: auffallende Parallelen zwischen den Münzen der Kuṣān-Könige und den zeitgleichen römischen Kaisern – bestätigt wird: Demnach müßte Kaniṣka ein Zeitgenosse Kaiser Hadrians (117-138) gewesen sein.

70 **F. Wilhelm – A. T. Embree**, Indien, S. 107.

71 **A. Michaels**, Der Hinduismus, S. 56.

72 **J. Gonda**, Die Religionen Indiens. 1. Veda und älterer Hinduismus, Stuttgart 1960, [2]1978, S. 214.

C II: Der klassische Hinduismus

1 So **A. Michaels**, Der Hinduismus. Geschichte und Gegenwart, München 1998. **H. v. Glasenapp** (Die Religionen Indiens, Stuttgart 1943) spricht für diese Epoche vom »**Brahmanismus**«, den er von der »**Religion des Veda**« abgrenzt; ähnlich spricht **T. J. Hopkins** (The Hindu Relgious Tradition, Belmont/Ca. 1971) von einer »**neuen brahmanischen Synthese**«, der er »**die Religion der Epen und Puranas**« folgen läßt; **A. L. Basham** (The wonder that was India. A survey of the history and culture of the Indian sub-continent before the coming of the Muslims, Calcutta 1954) verwendet erst für diese Periode den Begriff »**Hinduismus**«, den er, wie v. Glasenapp, von der »**Religion der Veden**« absetzt; ähnlich **G. v. Simson** (in: H. Bechert – G. v. Simson (Hrsg.), Einführung in die Indologie. Stand, Methoden, Aufgaben, Darmstadt 1979, 2. durchgesehene, ergänzte und erweiterte Auflage 1993), der die »**Vedische Religion**« vom späteren »**Hinduismus**« unterscheidet. Umgekehrt **B. K. Smith** (Reflections on Resemblance, Ritual and Religion, New York 1989), der den Veda und dessen Autorität gar als Prüfstein für Hindusein sieht, was in der Diskussion allerdings kaum Befürworter findet – veda- und brahmanenkritische Hindus wären ihm zufolge keine Hindus mehr.

2 **A. Michaels**, Der Hinduismus, S. 74.

3 **H. v. Glasenapp**, Die Religionen Indiens, S. 138.

4 So **A. Michaels**, Der Hinduismus, S. 56. Als hinduistische Vorstellungen und Praktiken, die der **Veda noch nicht oder nur ansatzweise kennt**, führt Michaels hier an: Kastensystem, Witwenverbrennung, Verbot der Wiederverheiratung, Götterbilder und Tempel, Pūjā-Götterdienst, Yoga, Wallfahrten, Vegetarismus, Heiligkeit des Rindes und die Lehre der Lebensstufen (*āśrama*).

5 **J. Gonda**, Die Religionen Indiens. Bd. I: Veda und älterer Hinduismus, Stuttgart 1960, [2]1978, S. 215.

6 Anders als im christlichen Sprachgebrauch bezeichnet das Wort **Sekte** im indischen Kontext »nicht eine abgespaltene oder ausgeschlossene Gemeinschaft, sondern eine organisierte, meist von einem Stifter begründete Tradition mit asketischer Praxis.« Das heißt, bei indischen Sekten steht »keine Häresie im Vordergrund – sie wäre mangels eines Zentrums oder einer verbindlichen Autorität auch nicht möglich –, sondern Gefolgschaft«. Insofern leitet sich nach indischem Verständnis der Begriff Sekte nicht vom Lateinischen *secare* (abschneiden, trennen) ab, sondern von *sequi* (begleiten, folgen, nachgehen); vgl. **A. Michaels**, Hinduismus, S. 349. Die im Westen geläufige negative Erklärung des Begriffs Sekte als »abgespaltene religiöse Gemeinschaft« findet sich übrigens auch als einzige in der aktuellen Ausgabe des Duden-Fremdwörterbuches (Mannheim [6]1997).

7 So die **Definition des Begriffs »Paradigma«** nach **Thomas S. Kuhn**, wie ihn **Hans Küng** seit den achtziger Jahren in seinen theologisch-religionswissenschaftlichen Arbeiten verwendet, und wie er auch hier – bei allem Wissen um die Grenzen – verwendet wird.

8 Zitat aus einem indischen Schulbuch nach **F. Wilhelm**, Art. Geschichte, in: H. G. Franz, Das alte Indien. Geschichte und Kultur des indischen Subkontinents, München 1990, S. 83-144, Zit. S. 112.

9 Vgl. **H. Kulke – D. Rothermund**, Geschichte Indiens, Stuttgart 1982, S. 92. **F. Wil-**

helm – A. T. Embree (Indien. Geschichte des Subkontinents von der Induskultur bis zum Beginn der englischen Herrschaft, Frankfurt/Main 1967) übersetzen diesen Titel freier mit »Sohn einer Tochter der Licchavis« (S. 125).

10 **F. Wilhelm**, Art. Geschichte, S. 112.

11 Vgl. **J. Gonda**, Die Religionen Indiens, Bd. I, S. 168-172.

12 Zit. nach **H. Kulke – D. Rothermund**, Geschichte Indiens, S. 93.

13 AaO S. 95.

14 So soll sich Candragupta II. an seinem Hof einen Kreis berühmter Dichter gehalten haben, überliefert als die »neun Juwelen« – unter ihnen auch Kālidāsa, den berühmtesten Dramatiker und Epiker seiner Zeit.

15 **H. Kulke – D. Rothermund**, Geschichte Indiens, S. 101.

16 Allgemein wird die Regierungszeit Harṣas mit Recht noch zur klassischen Zeit gezählt. Allerdings zählt **A. Michaels** ihn noch zur **Blütezeit des klassischen Hinduismus**, für **F. Wilhelm** und **H. Kulke – D. Rothermund** hingegen gehört Harṣa schon zur **klassischen Spätzeit**, dem Übergang zum Mittelalter, der gekennzeichnet ist durch eine aufkommende Regionalisierung.

17 Dem **chinesischen Pilger Hsüan-Tsang** zufolge soll das Heer Harṣas am Ende der Feldzüge auf 60 000 Elefanten und 100 000 Reiter angewachsen sein, was allerdings unglaubhaft hoch erscheint; es wird wohl – immerhin – 5 000 Elefanten, 20 000 Reiter und 50 000 Fußsoldaten umfaßt haben. **Hsüan-Tsang** hatte sich 629 n. Chr. über das kaiserliche Verbot, in den Westen zu reisen, hinweggesetzt, um das heilige Land des Buddhismus zu besuchen. Seinen Reiseberichten (»Der Bericht über das westliche Land«) und seiner Biographie (»Das Leben des Hsüan-Tsang«) verdanken wir detaillierte Informationen über die Zeit Harṣas; vgl. **F. Wilhelm – A. T. Embree**, Indien, S. 142-147.

18 **H. Kulke – D. Rothermund**, Geschichte Indiens, S. 121.

19 Dies berichtet jedenfalls der chinesische Pilger **Hsüan-Tsang**.

20 So **F. Wilhelm – A. T. Embree**, Indien, S. 145.

21 **F. Wilhelm**, Art. Geschichte, S. 115.

22 **A. Michaels**, Der Hinduismus, S. 59.

23 Ebd.

24 **H. Kulke – D. Rothermund**, Geschichte Indiens, S. 120.

25 AaO S. 109.

26 AaO S. 134. Zur **Baukunst der Pallavas** vgl. auch **W. Slaje**, Art. Kunst, in: H. G. Franz, Das alte Indien. Geschichte und Kultur des indischen Subkontinents, München 1990, S. 327-422, bes. S. 381-385.

27 **H. Kulke – D. Rothermund**, Geschichte Indiens, S. 137.

28 Vgl. **F. Wilhelm**, Art. Geschichte, S. 125; **F. Wilhelm – A. T. Embree**, Indien, S. 149.

29 **J. Gonda**, Die Religionen Indiens, Bd. I, S. 214f.

30 Beispiele dafür bietet **J. Gonda**, aaO S. 217.

31 Paraphrase des VāyuPurāṇa (58,38. 50) von **J. Gonda**, aaO S. 216.

32 Zur **Smṛti** wird in aller Regel folgende Literatur gerechnet: die (noch in der spätvedischen Zeit entstandenen) Texte der **Vedāṅgas**, die **Dharmaśāstras**, die **Epen**, die **Purāṇas** und die **Nītiśāstras**. Manchen gilt die Smṛti sogar als Überlieferung eines »fünften Veda«, der einst für weite Teile der Bevölkerung geschaffen worden sein soll und (im Gegensatz zur Śruti) vor allem auch den Frauen und dem vierten Stand zugänglich ist. »In Wirklichkeit finden sich jedoch nicht nur in vielen Einzelheiten, sondern auch in Stoff und Zielsetzung erhebliche Verschiedenheiten« zwischen Śruti und Smṛti und auch »die – zu verschiedenen Zeiten entstandenen

– Werke der Smṛti« weichen untereinander »ihrem Inhalt und ihrer Bestimmung nach beträchtlich voneinander ab« (aaO S. 218).

33 Die ursprünglichen grammatischen Werke des **Vedāṅga** gelten als verschollen. Üblicherweise wird die **Grammatik des großen und genialen Grammatikers Pāṇini** (etwa 5. Jhd. v. Chr.) dazu gezählt; sie ist allerdings ein eigenständiges Werk und gehört keiner der traditionellen vedischen Schulen an. »Pāṇini bietet in rund 4000 nach genau fixierten Regeln (*paribhāṣā*) zu interpretierenden Sūtras eine Akzent-, Wortbildungs-, Nominalkompositums- und Flexionslehre, d. h. er zeigt in einer höchst scharfsinnig ausgedachten, durch allerlei Kunstgriffe nach äußerster Präzision und Kürze strebenden Formelsprache, wie aus Wurzeln, Präfixen, Infixen, Suffixen, Endungen und etwaigen Substituten für diese Elemente korrekte Wortformen zu bilden seien; syntaktische Fragen behandelt er nur selten.« (**W. Halbfass**, in: H. Bechert – G. v. Simson (Hrsg.), Einführung in die Indologie, S. 159.)

34 Als einziges etymologisches Werk ist das **Nirukta** des Yāska erhalten (etwa 500 v. Chr.), das, aufbauend auf Vorläufern, kommentierende Verzeichnisse von schwierigen oder synonymen Wörtern, Namen und anderen Begriffen enthält.

35 Nach **K. Mylius** (Geschichte der altindischen Literatur, S. 85) gehören:
– zum **Ṛgveda**: zu den Schulen Āśvalāyana und Śāṅkhāyana je ein Śrauta- und ein Gṛhyasūtra, ferner ein VāsiṣṭhaDharmasūtra;
– zum **Sāmaveda**: zu den Schulen Lāṭyāyana und Drāhyāyaṇa je ein Śrautasūtra, zur Jaiminīya-Schule ein Śrauta- und ein Gṛhyasūtra, ferner ein GobhilaGṛhyasūtra, ein KhādiraGṛhyasūtra, ein Maśakasūtra und ein GautamaDharmasūtra;
– zum **Schwarzen Yajurveda**: zu den Schulen Āpastamba, Hiraṇyakeśin und Baudhāyana je ein Śrauta-, Gṛhya- und ein Dharmasūtra, zur Bharadvāja-Schule ein Śrauta- und ein Gṛhyasūtra, zur Mānava-Schule ein Śrauta- und ein Gṛhyasūtra, zu den Schulen Vaikhānasa, Hārīta und Vaiṣṇava je ein Dharmasūtra, ferner ein Vādhūla-Śrautasūtra und ein KāṭhakaGṛhyasūtra;
– zum **Weißen Yajurveda**: zur Kātyāyana-Schule je ein Śrauta- und ein Śulvasūtra, ferner ein PāraskaraGṛhyasūtra;
– zum **Atharvaveda**: ein KauśikaGṛhyasūtra und ein VaitānaŚrautasūtra.

36 Eine zweibändige englische Übersetzung der wichtigsten Gṛhyasūtras bietet **Hermann Oldenberg** in der von Max Müller hrsg. Reihe SBE (Bd. 29/30, Oxford 1886/92, Nachdruck Delhi 1989). Bd. 30 bietet auf S. 299-307 eine hervorragende Übersicht über die umfassenden Inhalte der Gṛhyasūtras.

37 Zum **Dharma-Begriff** vgl. oben Kap. B III,8: Ethos und Moral in den Upaniṣads und Kap. D III,2: Hinduethos zwischen Tradition und Moderne.

38 Zum indischen **Kastenwesen** vgl. oben Kap. B II,1: Gesellschaftliche Ausdifferenzierung: die vier Varṇas.

39 Zu den klassischen **Lebensstadien** eines Hindus vgl. oben Kap. B III,8: »Ein Leben in Lebensstadien (*āśrama*)«.

40 **E. Frauwallner**, Geschichte der indischen Philosophie, Bd. I, S. 275.

41 ĀśvalāyanaŚrautasūtra II,4 (zit. nach **K. Mylius**, Geschichte der altindischen Literatur, S. 82).

42 AaO S. 238.

43 Zur Geschichte der Dharmaśāstras vgl. das umfassende Grundlagenwerk von **P. V. Kane**, History of Dharmaśāstra (Ancient and mediæval religious and civil law in India), Bd. I-V, Poona 1941-75. Zur Bedeutung der Dharmaśāstras für das Ethos vgl. unten Kap. C II, 10: Ethos und Moral im klassischen Hinduismus.

44 Ursprünglich soll es aus 100 000 Versen bestanden haben, die von Nārada, einem der sieben großen alten Weisen, dem auch Teile des Ṛgveda zugeschrieben werden,

auf 12 000 gekürzt worden seien; Sumati soll diese dann auf 4 000 gekürzt haben (vgl. **K. Friedrichs** in seinen diesbezüglichen Artikeln im Lexikon der östlichen Weisheitslehren. Buddhismus, Hinduismus, Taoismus, Zen, hsrg. v. M. S. Diener u. a., Bern 1986).

45 **Manu** X,63, nach der englischen Übersetzung von **G. Bühler** (SBE, Bd. XXV, S. 416).

46 Das 1013 Verse umfassende **YājñavalkyaSmṛti** wird dem legendären Upaniṣad-Lehrer Yājñavalkya zugeschrieben, aus dessen Schule, den Vājasaneyins (so sein Familienname), das ŚatapathaBrāhmaṇa und die BṛhadāraṇyakaUpaniṣad hervorgegangen sein sollen.

47 Vgl. dazu den knappen Überblick zum Verhältnis von Dharmaśāstras und indischem Rechtssystem bei **L. Rocher**, in: H. Bechert – G. v. Simson (Hrsg.), Einführung in die Indologie, S. 174-179.

48 »So wie es wirklich war« ist in etwa die Übersetzung des Sanskritbegriffs *itihāsa*.

49 Vgl. dazu neben der oben angeführten allgemeinen Literatur besonders **K. Mylius**, Geschichte der altindischen Literatur, S. 91f. 130f.

50 Zur Identifizierung von **Laṅkā** schreibt **K. Mylius** (aaO S. 133, Anm. 2): »Über die Lage von Laṅkā ist viel gerätselt worden. Lange Zeit herrschte die Meinung vor, daß Laṅkā mit der Insel Ceylon zu identifizieren sei. Daraus erklärt sich die neue Bezeichnung des Inselstaates mit Śrī Laṅkā. Die von den Affen erbaute Brücke wurde als Anspielung auf die Adamsbrücke verstanden. Neuerdings hat man diese Deutungen wieder sehr in Frage gestellt und ist geneigt, in Laṅkā eine Insel in unbestimmter Ferne ohne geographischen Bezug zu sehen.«

51 Nach dem VI. Buch könnte jedenfalls das ursprüngliche Epos (glücklich) zu Ende gewesen sein. Denn nach einer Reihe von Mythen und Legenden, die mit der Haupthandlung eigentlich nichts mehr zu tun haben, wird im letzten Drittel des VII. Buches die Geschichte unseres Paares unvermittelt wieder aufgegriffen und zu einem reichlich mysteriösen Ende gebracht: Es scheinen nämlich wieder Zweifel an der Keuschheit Sītās laut geworden zu sein, worauf sie, mittlerweile schwanger, vom ahnungslosen Rāma verstoßen wird und beim Einsiedler Vālmīki Zwillinge zur Welt bringt. Als Erwachsene geben diese sich bei einem Roßopfer ihrem Vater zu erkennen (sie tragen das von Vālmīki verfaßte Rāmāyaṇa vor!). Dieser läßt Sītā herbeiholen, traut ihr aber offensichtlich immer noch nicht, und so gehen beide am Ende schließlich getrennte Wege: Sītā wird von der Erdgöttin heimgeholt und Rāma kehrt zurück in den Himmel.

52 Eine teilweise englische Übersetzung des Mbh (Buch I-V) liegt bisher vor von **J. A. B. van Buitenen** (Hrsg), The Mahābhārata, Bd. I-III, Chicago 1973-78.

53 Vgl. dazu auch **T. Oberlies**, Die Religion des Ṛgveda, Bd. I, S. 418f. Die immer wieder zu lesende Version, Yudhiṣṭhira wäre schon von Dhṛtarāṣṭra zum *yuvarāja* geweiht worden, ist wohl »eine Hinzufügung einzelner Handschriften« (aaO, Anm. 111); ursprünglich scheint das Mahābhārata die Frage der Königsnachfolge offengelassen zu haben, da »eine der älteren Versionen« des Epos »die Erzählung des Rituals der Königsweihe gar *nicht* gekannt zu haben« scheint (aaO S. 419).

54 »Vyāsa« heißt übersetzt eigentlich nichts anderes als »Sammler« oder »Ordner«, und diesen Namen tragen eine Reihe von legendären Verfassern alter Sanskritwerke: ein Veda-Vyāsa, der einst die Veden zusammengetragen haben soll, aber auch der Begründer der Vedānta-Philosophie oder der Sammler der Purāṇas (vgl. **K. Friedrichs**, Artikel Vyāsa, in: Lexikon der östlichen Weisheitslehren, Bern 1986, S. 439). In seiner heutigen Form ist das Mahābhārata dem Sänger Ugraśravas in den Mund gelegt, der es im Naimiṣa-Wald den zu einem Opfer versammelten heiligen Sehern

vorträgt. Dabei wiederholt er aber nur den Vortrag Vaiśampāyanas, eines Schülers ebendieses sagenhaften Vyāsa, beim Schlangenopfer des Königs Janamejaya. Literaturgeschichtlich gibt es Theorien, das Mbh ursprünglich rein weltlicher Heldendichtung zuzuordnen oder es gar auf vedische Göttermythen zurückzuführen.

55 Ob und inwieweit die im Epos geschilderten Ereignisse wirklich stattgefunden haben, ist in der Forschung umstritten. **G. v. Simson** etwa meint mit früheren Historikern, daß es »für die Historizität des Hauptereignisses, der großen Schlacht auf dem Kurukṣetra, ... außerhalb des Epos keine Anhaltspunkte« gebe (**H. Bechert – G. v. Simson** (Hrsg.), Einführung in die Indologie, S. 56). Andere Historiker dagegen betonen, daß Ausgrabungen an Orten, die für das Epos von zentraler Bedeutung sind, Funde der »bemalten grauen Töpferware« aufweisen, dem Leitfossil der spätvedischen Arier; zudem grub man dort »genau jene Form von Würfelsteinen aus, die im Mahabharata bei dem verhängnisvollen Würfelspiel ... beschrieben wurden«, weshalb »man heute nicht mehr an dem historischen Kern des Mahabharata-Kampfes (zweifle) – auch wenn die meisten Einzelheiten des Textes späterer, dichterischer Schöpfung zugeschrieben werden müssen«; womöglich könnte »dieser Sieg der Pandavas bereits eine Stärkung nichtarischer Stämme gegenüber den arischen Eroberern« darstellen. (**H. Kulke – D. Rothermund**, Geschichte Indiens, S. 50f.).

56 Mbh VI,26,4-8 (DS).

57 So zusammengefaßt von **Leopold von Schroeder** in seiner kommentierten Übersetzung in: Bhagavadgita/Aschtavakragita. Indiens heilige Gesänge. Aus dem Sanskrit übertragen und kommentiert von Leopold von Schroeder und Heinrich Zimmer, München 1978, [8]1994, S. 10.

58 Die beiden ersten Wege – »Hingebung an das Werk« (dazu gehören auch die vedischen Opfer) und »Hingebung an die Erkenntnis« – werden in Mbh VI,27ff. ausführlich beschrieben.

59 Mbh VI,35,52-55 (DS).

60 Detaillierte Ausführungen zum **Ethos der Bhagavadgītā** vgl. unten in Kap. C II,10: Ethos und Moral im klassischen Hinduismus.

61 **M. K. Gandhi**, The Story of my Experiments with Truth (engl.), Washington 1948; dt. Die Geschichte meiner Experimente mit der Wahrheit. München 1960, S. 76; Gāndhīs Zitat bezieht sich offenbar auf Mbh VI,26,63.

62 **K. Mylius**, Geschichte der altindischen Literatur, S. 118.

63 Vgl. RV I,116 und VIII,74 wo ein **Weiser** namens Kṛṣṇa Erwähnung findet; ferner RV VIII,85, wo ein gleichnamiger **Dämon** erwähnt wird.

64 Vgl. ChU III,17,6: Max Müller weist in der entsprechenden Anmerkung in seiner Übersetzung der ChU (SBE, Bd. I, S. 52) auf die genealogische Übereinstimmung zwischen diesem und dem späteren Kṛṣṇa als »Sohn der Devakī« hin und betont, das wir über diesen früheren Kṛṣṇa nichts wissen, außer daß er Schüler des Ghora Āṅgirasa war; interessanterweise wurde, so Müller, auch nie ein Versuch gemacht, einen Zusammenhang zwischen dem Schüler und der späteren Inkarnation Viṣṇus herzustellen. Erwähnungen Kṛṣṇas in anderen Upaniṣads sind allesamt neueren Datums.

65 Vgl. zum folgenden bes. **S. Radhakrishnan**, Indian Philosophy, Bd. I, Oxford 1923, TB Delhi 1996, S. 489-501. **H. v. Stietencron**, Der Hinduismus, München 2001, S. 53-58.

66 Nach **Jan Gonda** ist es unsicher, ob der Name »Kṛṣṇa Vāsudeva« bedeutet, daß Kṛṣṇa der Sohn des Vāsudeva« war oder daß man ihm mit dem damals »verehrten Gotte Vāsudeva, zu dessen Kult er sich bekannte«, identifizierte. (**ders.**, Die Reli-

gionen Indiens, Bd. I, S. 237).

67 Der **Nārāyaṇa-Kult** ist die **viṣṇuitische Verehrung** »eines ekstatischen Heiligen und Sohnes Dharmas«, der nach Mbh III,145,37 am Gaṅgā lebte und der als Seher des ṛgvedischen Hymnus vom Urwesen Puruṣa gilt. Nārāyaṇa gilt als »Höchster Geist«, mit Brahman identisch, und tritt im Mbh »mehrere Male zusammen mit *Nara* auf, einem Sohne Indras, der mit Arjuna identifiziert wird«. In dem nach ihm benannten Nārāyaṇīya-Abschnitt des Mbh (XII,321-39) wird die Verehrung eines **höchsten Gottes** gelehrt, verbunden mit der Tendenz, »sich dem ›Kṛṣṇaismus‹, d. h. dem Vāsudevakult anzunähern«; nach Mbh XII,321 wurde Nārāyaṇa »im ersten Weltalter als Nara, Nārāyaṇa, Hari und Kṛṣṇa geboren«. Die hier vertretene hingebende Gottesliebe (*bhakti*) »ist wesentlich identisch mit der Bhakti der Gītā, obwohl der Text Riten, Opfern, Tapas (Anm.: Askese) und Yoga besonderen Wert beilegt«; allerdings sind Erkenntnis, Vedastudium, Askese und andere Bemühungen ohne diese Bhakti nutzlos. (**J. Gonda**, Die Religionen Indiens, Bd. I, S. 246.)

68 Vgl. aaO S. 247.

69 **H. v. Stietencron**, Der Hinduismus, S. 42f.

70 **Ursprung und Sinn des Wortes »Pāñcarātra«** sind umstritten: **H. v. Stietencron** führt die Bezeichnung naheliegend auf jene »fünf Nächte« (*pañca rātra*) zurück, in der die Pāñcarātras das Puruṣa-Opfer des Nārāyaṇa symbolisch nachvollziehen (aaO S. 43, vgl. ŚB 13,6,1,1); **J. Gonda** hält es hingegen für unwahrscheinlich – ohne Gründe dafür anzugeben –, daß es mit einer asketischen fünfnächtigen Praxis oder diesem Opfer zusammenhängt (vgl. **ders.**, Die Religionen Indiens, Bd. I, S. 383, Anm. 368); ganz anders vermutet **S. Radhakrishnan**, daß die Bezeichnung für diese Glaubensrichtung damit zusammenhängt, daß dieses System fünf verschiedene Lehren kombiniere (**ders.**, Indian Philosophy, Bd. I, S. 496).

71 Die **Vyūha-Lehre** nimmt **fünf Existenzformen Gottes** an: »1) Die höchste (*para*), nämlich Vāsudeva = Vishnu = Nārāyana, der alles beherrschende, alle Gaben schenkende, alle Wirkungen verursachende, stets gnädige und mitleidige Gott, dessen Leib aus allem Existierenden besteht, der aber von den Unvollkommenheiten der Welt nicht berührt wird und der im Paradies Vaikuntha wohnt; 2) dessen weltschöpferische ›Entfaltungen‹ (*vyūha*) Samkarshana, Pradyumna und Aniruddha, die in Interaktion mit der Urnatur des Sāmkhya (*pradhāna*, *prakriti*) treten und deren Evolution zur materiellen Welt mit allen Wesen bewirken; 3) die als Avatāras in die Geschichte eingreifenden Inkarnationen; 4) der innere Lenker (*antaryāmin*), eine Kontrollinstanz, die in jedem Individuum als Urteilskraft und Gewissen wirksam ist; und 5) die Verehrungs-Manifestationen (*arcāvatāra*), in denen sich die Gottheit den Gläubigen im belebten Götterbild zeigt.« (**H. v. Stietencron**, Der Hinduismus, S. 47).

72 Die unter den **Bhāgavatas** gebräuchliche **Gottesbezeichnung** für Vāsudeva Kṛṣṇa war **Bhagavān**, der »Anteile Besitzende« bzw. der »Gabenreiche«. Die Bhāgavatas sollten in der Folgezeit die bedeutende Lehre der »Avatāras«, der irdischen »Herabkünfte« oder Inkarnationen Gottes entwickeln.

73 **H. v. Stietencron**, Der Hinduismus, S. 54.

74 AaO S. 58.

75 Vgl. etwa AV XI,7,24: »Die Ṛks (= Ṛgveda) und die Sāmans (= Sāmaveda), die Metren, die alten Legenden (*purāṇa*) zusammen mit den Yajus (= Yajurveda), alle Götter in den Himmeln ... wurden aus dem heiligen Rest (des Opfers: *ucchiṣṭa*) geboren.« (Nach der engl. Übersetzung von M. Bloomfield, in SBE, Bd. XLII, S. 229); oder ChU VII,1,2: hier ist von »altem Wissen« (*itihāsa purāṇa*) die Rede.

76 **K. Mylius**, Geschichte der altindischen Literatur, S. 134.

77 So schon **W. Kirfel** in seiner wegweisenden Arbeit: Das Purāṇa Pañcalakṣaṇa. Versuch einer Textgeschichte, Bonn 1927. Allerdings nimmt man nicht an, daß es ein ursprüngliches, womöglich geschlossenes Werk gegeben hat, sondern einen textlichen Kern, um den herum sich der gesamte spätere Literaturkomplex nach und nach entwickelt hat.

78 **K. Mylius**, Geschichte der altindischen Literatur, S. 135.

79 Vgl. dazu die ausführlichen Inhaltsbeschreibungen aaO S. 137-145.

80 **M. Winternitz**, Geschichte der indischen Litteratur, Bd. I, Leipzig 1908, Nachdruck Stuttgart 1968, S. 449.

81 So etwa die Einschätzung von **K. K. Klostermaier** (A Survey of Hinduism, Albany 1989, S. 67), die sich mit der anderer Autoren deckt.

82 **P. Deussen**, Allgemeine Geschichte der Philosophie, Bd. I,3: Die nachvedische Philosophie der Inder nebst einem Anhang über die Philosophie der Chinesen und Japaner, Leipzig 1908, [4]1922, S. 1.

83 Diese Polemik bzw. Relativierung zeigt sich etwa in Mbh XII,268,8, wo Kapila beim Anblick einer zu opfernden Kuh ausruft »O diese Veden!«, oder wenn in Mbh XII,212,30 gesagt wird, daß »das Vedahafte zur Erlangung des Ātman ein schlechter Weg ist«, und von Tieropfern als »unreinem Gesetz« die Rede ist, oder wenn Mbh XII,318,106 sagt, »durch kein Vedastudium, keine Askese oder Opfer ... kann man die Stätte des Unentfalteten (hier = Puruṣa) erreichen; nur wer ihn erkennt, gelangt zur Herrlichkeit«; deutlich ist die Relativierung besonders dort, wo zur Erlangung Brahmans nicht mehr das Vedawissen (auch die Upaniṣads!), sondern mystische Yogapraktiken gefordert werden (vgl. Mbh VI,30,44; XII,237,8; XII,241,32); Belege bei **P. Deussen**, Allgemeine Geschichte der Philosophie, Bd. I,3, S. 13-15.

84 Die früheste deutsche Übersetzung dieser vier philosophischen Textsammlungen stammt von **P. Deussen** und **O. Strauss**: Vier philosophische Texte des Mahābhāratam: Sanatsujāta-Parvan – Bhagavadgītā – Mokṣadharma – Anugītā, Leipzig 1906. Zur **Philosophie der Epen** vgl. neben den frühen Ausführungen von **P. Deussen**, Allgemeine Geschichte der Philosophie, Bd. I,3, S. 8-114, besonders **E. Frauwallner**, Geschichte der indischen Philosophie, Bd. I, Kap. 4: Die Philosophie des Epos. Der Yoga.

85 **E. Frauwallner**, Geschichte der indischen Philosophie, Bd. I, S. 100f.

86 Das Herausarbeiten und die Analyse dieser drei Traktate geht zurück auf **E. Frauwallner**, aaO S. 100-146. Besonders wertvoll an Frauwallners Analyse ist, daß er diese Texte verständlich macht als wichtige denkerische Vorstufen späteren philosophischen Denkens, vor allem des Sāṃkhya und des Yoga. Bei den Beschreibungen dieser Traktate stütze ich mich sowohl auf die Ausführungen Frauwallners wie auf die drei Texte selber nach der deutschen Übersetzung von **Deussen-Strauss** (aaO), nach der auch hier zitiert wird.

87 Auf das Verhältnis von »göttlichen« und »menschlichen« Jahren wird unten im Kapitel über die verschiedenen Weltalter eingegangen.

88 Mbh XII,183,10.

89 Nach Mbh XII,184,28 sind die **neun Gerüche**: 1. angenehm, 2. unangenehm, 3. süß, 4. stechend, 5. muffig, 6. stickig, 7. ölig, 8. kratzend, 9. rein.

90 Nach Mbh XII,184,31 sind die **sechs Geschmacksrichtungen**: 1. süß, 2. salzig, 3. bitter, 4. herb, 5. sauer, 6. stechend.

91 Nach Mbh XII,184,33f. sind die **16 Erscheinungsweisen** der Gestalten: 1. kurz, 2. lang, 3. dick, 4. viereckig, 5. rund, 6. weiß, 7. schwarz, 8. rot, 9. gelb, 10. dunkelrot, 11. fest, 12. glatt, 13. geschmeidig, 14. schlüpfrig, 15. weich, 16. hart.

92 Nach Mbh XII,184,36f. sind die **zwölf Arten des Anfühlens**: 1. warm, 2. kalt, 3.

angenehm, 4. unangenehm, 5. feucht, 6. rein, 7. hart, 8. weich, 9. rauh, 10. leicht, 11. schwer, 12. durchdringend.

93 Nach Mbh XII,184,39f. heißen die **sieben Töne**, aus denen sich alle hörbaren Töne zusammensetzen: Ṣaḍja, Ṛṣabha, Gāndhāra, Madhyama, Dhaivata, Pañcama, Niṣādavat.

94 Vgl. etwa BĀU 1,5,3. 3,9,26.

95 Vgl. Mbh XII,185.

96 Vgl. Mbh XII,184,10-17.

97 Mbh XII,187,19-21. Etwas unvermittelt wird in Vers 22 der Ātman mit dem Weltschöpfer Gott Brahmā gleichgesetzt. In Vers 23 und 25 werden ihm die drei **Eigenschaften** (*guṇa*) Güte (*sattva*), Leidenschaft (*rajas*) und Finsternis (*tamas*) zugesprochen – ganz in dem Sinn wie im späteren Sāṃkhya-System von diesen **drei Zuständen** (*bhāva*) bzw. **Eigenschaften** (*guṇa*) **des Erkennens** die Rede ist, die man auch als die **drei Faktoren der Urmaterie** (*prakṛti*) bezeichnet.

98 Vgl. Mbh XII,201,4. 7.

99 Mbh XII,201,12.

100 Mbh XII,201,26f.

101 Vgl. Mbh XII,202,15. 18.

102 Hier geht der Mbh-Text an Detailliertheit weit über entsprechende Ausführungen der Upaniṣads hinaus – etwa die Darlegungen über die Lebenskräfte, die aus dem Atem hervorgehen, bzw. über die Vorgänge im Schlaf, Tiefschlaf und Tod (vgl. oben Kap. B III,4).

103 In den älteren Upaniṣads galt, wie wir sahen, das Denken noch als eine Lebenskraft unter vielen, jetzt wurde es nicht nur in den Rang eines Sinnesorganes erhoben, sondern wegen seines umfassenden Charakters ihnen sogar übergeordnet.

104 Vgl. Mbh XII,202,20: »Das Ohr übernimmt sie [seine Qualität] aus dem Äther, der Geruchssinn aus der Erde, feuerartig ist sodann die Sichtbarkeit wie auch die Verdauung; die auf Wasser sich stützende Energie wird sodann Geschmack genannt, und windartig ist die Qualität, die sich zum Gefühl gestaltet.«

105 Mbh XII,204,6. Im Yājñavalkya-Dialog werden als Ursache für die Verstrickung in den Wesenskreislauf Bindung und Begierde genannt, die es zu überwinden gilt. Auch im frühen **Buddhismus** – zeitlich sehr nahe an unserem Mahābhārata-Text – »erscheint neben dem Nichtwissen (*avidyā*) die als Durst (*tṛṣṇā*) bezeichnete Begierde als Ursache der Verstrickung in den Wesenskreislauf, und dieser Durst entsteht durch die Berührung (*sparśa*) der Sinnesorgane mit den Sinnesobjekten und durch die daraus entspringende Empfindung (*vedanā*). Und beim Erlösungsweg ist ebenfalls die wichtigste Vorbedingung für ein erfolgreiches Bemühen um die erlösende Erkenntnis das Zurückziehen der Sinnesorgane von ihren Objekten.« (**E. Frauwallner**, Geschichte der indischen Philosophie, Bd. I, S. 111f).

106 Mbh XII,204,8.

107 Mbh XII,204,15.

108 Mbh XII,204,16-18. 205,11-13. 206,1. 26. 32.

109 Wörtlich heißt **Yuga** (pl. *yugāni*) soviel wie »**Joch**«, das mehreres, nämlich eine gewisse Zeit, überspannt; im übertragenen Sinn ist es auch die Bezeichnung für die **vier Würfe beim Würfelspiel**.

110 Vgl. Manu I,64ff.

111 Zu den **außerindischen Parallelen** vgl. (mit umfassenden Literaturangaben) den sehr aufschlußreichen Artikel von **Carsten Colpe**: Die Zeit in drei asiatischen Hochkulturen (Babylon – Iran – Indien), in: Die Zeit. Dauer und Augenblick (Veröffentlichung der Carl Friedrich von Siemens Stiftung), München 1989, S. 225-256.

112 Zur **Charakteristik der vier Weltalter** vgl. Mbh XII,231,23-28. 232,32-38; Manu I,81-86.

113 Um einem weitverbreiteten **Irrtum** vorzubeugen: Das Wort **Kaliyuga** für das dunkelste Zeitalter hat nichts zu tun mit der Göttin **Kālī**, der »Schwarzen«, der weiblichen Gottheit in ihrer schrecklichen Form, sondern es kommt von skr. *kali*, »**Kampf, Streit**« und bezeichnet ursprünglich den vierten, schlechtesten Wurf beim Würfelspiel.

114 **E. Frauwallner**, Geschichte der indischen Philosophie, Bd. I, S. 117.

115 Mbh XII,231,20-21. 29-30.

116 **E. Frauwallner**, Geschichte der indischen Philosophie, Bd. I, S. 118.

117 So die Version des Textes nach dem späteren ViṣṇuPurāṇa (VI,24) nach einer Darstellung von **H. Zimmer**, Myths and Symbols in Indian Art and Civilization, New York 1981; dt. Indische Mythen und Symbole. Vishnu, Shiva und das Rad der Wiedergeburten, Kreuzlingen 1981, [7]2000, S. 22.

118 Mbh XII,232,2.

119 Vgl. Mbh XII,231,32. 232,2.

120 Mbh XII,232,3.

121 Mbh XII,232,8.

122 Mbh XII,232,15.

123 Mbh XII,232,24.

124 Vgl. Mbh XII,233,2-17.

125 **H. v. Stietencron**, in: H. Küng – H. v. Stietencron, Christentum und Weltreligionen. Hinduismus, München 1995, S. 90.

126 **A. Michaels**, Der Hinduismus, S. 332f. Die Ausführungen in diesem Abschnitt beruhen im wesentlichen auf den entsprechenden Kapiteln dieses Werks (»Zyklische und lineare Zeit: Der Kalender«, »Einheit von Raum und Zeit: Feste«, »Religiöser und wissenschaftlicher Zeitbegriff«).

127 »Schon für das altindische Naturverständnis hing die Unterscheidung ›belebt-unbelebt‹ ganz wesentlich von der Unterscheidung ›selbstbewegt-ortsgebunden‹ (*jaṅgama-sthāvara*) oder ›beweglich-unbeweglich‹ (*sajīva/jīvat-jaḍa*, wörtl. ›lebendig-taub‹, Pāli *tasa-thāvara*) ab. Gemeint ist damit eine graduelle Unterscheidung in Wesen oder Materie mit bzw. ohne Bewußtsein. Wesen mit Bewußtsein werden wiedergeboren: Nur sie haben eine Vorstellung von Zeit, weshalb nur sie dem Kreislauf ausgesetzt sind.« (AaO S. 334.)

128 AaO S. 333. (Hervorhebungen von mir.)

129 AaO S. 336.

130 Im italienischen »Martedi« noch zu erkennen, im Deutschen vom althochdeutschen »Ziu« des germanischen Kriegsgottes »Tyr« abgeleitet.

131 Im italienischen »Mercoledi« ebenfalls zu erkennen, im Deutschen wurde von der Kirche der Name »Mittwoch« gegen das Germanische »Tag des Wodan« durchgesetzt, der dem römischen »Mars« entspricht.

132 Im Germanischen dem Gott »Donar« geweiht.

133 Im Germanischen durch die Göttin »Frija« ersetzt.

134 Im Christlichen durch »Sonnabend«, Vorabend des Sonntags, ersetzt, bzw. althochdeutsch als »Sambaztag« von »Sabbat« abgeleitet; die ursprüngliche lateinische Bezeichnung klingt nur noch in Dialekten an, etwa beim Begriff »Saterdag«.

135 Der indische Kalender ist ein **luni-solarer Kalender**: »Auf ein solares Jahr von 365 Tagen, das Mitte April beginnt, fallen zwölf Monate mit jeweils 29 1/2 Tagen. ... Der Umlauf des Mondes um die Erde wird zwölfmal in eine ab- und zunehmende Phase von je vierzehn lunaren Tagen (*tithi*) eingeteilt, an die Neu- bzw. Vollmond

... anschließen. Datumsangaben von Festen beziehen sich fast immer auf diese lichte (*śukla*) oder dunkle (*kṛṣṇa*) Hälfte vor oder nach dem Vollmond nebst dem Namen des solaren Monats.« Zum Ausgleich der auftretenden Verschiebung zwischen solarer und lunarer Rechnung wird in der Regel alle dreißig Monate ein (als unheilvoll geltender) Schaltmonat eingeschoben. Erschwerend für die Berechnung kommt hinzu, daß die luni-solar eingeteilten Jahre je nach Epoche und Region verschieden gezählt werden (vgl. **A. Michaels**, Der Hinduismus, S. 337f.).

136 AaO S. 346.

137 Mbh XII,328,39.

138 Mbh XII,195,6f.

139 Mbh XII,195,5.

140 Mbh XII,195,12; vgl. auch die bildhafte Beschreibung des Meditationsgeschehens im gesamten Buch 195.

141 Mbh XII,240,15.

142 Zur Vielfalt der Bedeutungen vgl. **M. Eliade**, Le Yoga, Paris 1954; dt. Yoga. Unsterblichkeit und Freiheit, Frankfurt 1977, S. 158-160.

143 AaO S. 158.

144 Mbh XII,250,6.

145 Vgl. Mbh XII,308,23: »Aus der Fülle der Buddhi [des Erkennens] mit der Fackel des Denkens wird er geschaut als der Weltschöpfer, wie er dasteht jenseits der großen Finsternis, von Finsternis nicht umfangen.«

146 Vgl. Mbh XII,328,40: »Wie ein von Dunkel umhülltes Kleid mit Hilfe einer Lampe gesehen wird, so kann man mit der Lampe der Buddhi den Ātman schauen.«

147 Vgl. Mbh XII,240,5.10f. In Mbh XII,302,11 werden »Leidenschaft, Verblendung, Weltanhänglichkeit, Lust und Zorn« als jene »fünf Fehler« bezeichnet, die »durch den Yoga ausgerottet« werden müssen, um »jene Frucht« der yogischen Erkenntnis zu erlangen, in 302,47f wird neben Lust, Zorn, Begierde und Schlaf auch die im buddhistischen Erlösungsweg genannte »Schlaffheit« erwähnt.

148 Mbh XII,240,5.10f.

149 Vgl. Mbh XII,302,43-46: »Wer sich des Essens von Körnern und Ölkuchen befleißigt, o Bharata, und sich des Genusses von Fettartigem enthält, – ein solcher Yogin erlangt die Kraft. Wer mit reinem Selbste sich lange Zeit hindurch nur von grobgeschroteter Gerste nährt, o Feindbezwinger, – ein solcher Yogin erlangt die Kraft. Wer Halbmonate, Monate, Jahreszeiten, Jahre hindurch und nur während des Tages Wasser mit Milch gemischt trinkt, – ein solcher Yogin erlangt die Kraft. Wer mit reinem Selbste sich unverbrüchlich allezeit des Fleisches völlig enthält, o Herr der Menschen, – ein solcher Yogin erlangt die Kraft.«

150 Dies führte bei den Schulen, die von der Weltentstehung aus einer Evolutionsreihe ausgehen, zu der später im tantrischen Yoga zentralen Vorstellung, daß der Yogin imstande sei, »den Schöpfungsprozeß gleichsam für sich rückgängig zu machen und durch Resorption der verschiedenen Wesenheiten ineinander schließlich im Brahma aufzugehen« (**E. Frauwallner**, Geschichte der indischen Philosophie, Bd. I, S. 143).

151 Vgl. etwa Mbh XII,236,22-26. Hier liegen wohl auch die Anfänge der Vorstellung vom **grobstofflichen** und vom **feinstofflichen** Körper, die der Yogin imstande ist, voneinander zu trennen, wobei die Wunderkräfte nur dem feinstofflichen zukommen und nicht dem groben.

152 Mbh XII,302,24-28.

153 So berichtet von **R. F. Gombrich** in seinem Artikel »Ancient Indian Cosmology«, in: C. Blacker – M. Loewe (Hrsg.), Ancient Cosmologies, London 1975, S. 110-

142. Zur **indischen Kosmologie und Kosmographie** vgl. ferner **W. Kirfel**, Die Kosmographie der Inder, Bonn 1920; **S. M. Ali**, The Geography of the Puranas, New Delhi 1966, [2]1973; **K. K. Klostermaier**, A Survey of Hinduism, Albany 1989, S. 113-119; **A. Michaels**, Der Hinduismus, S. 313-346; außerdem die oben behandelten Passagen über das Mokṣadharma bei **E. Frauwallner**, Geschichte der indischen Philosophie.

154 Vgl. RV I,159. 160. 185; IV,56; VI,70; VII,53.

155 Vgl. Manu II,78.

156 Vgl. dazu **A. Michaels**, Der Hinduismus, S. 314-317; Michaels stützt sich dabei auf die Arbeit von **J. Gonda**, Loka. World and Heaven in the Veda, Amsterdam 1966.

157 **A. Michaels**, Der Hinduismus, S. 314.

158 Nach einer Tabelle bei **A. Michaels**, aaO S. 316 – auf Grundlage einer Auswahl nach **B. K. Smith**, Classifying the Universe. The Ancient Indian Varṇa System and the Origins of Caste, Oxford 1994, Kap. V: Classifying Space (S. 125-170).

159 Mitunter stellte man sich auch bereits diese vier Kontinente, wie später in den Purāṇas von sieben Kontinenten angenommen, ringförmig um den Berg Meru angeordnet vor.

160 Vgl. **S. M. Ali**, The Geography of the Puranas, S. 32, Schaubild 2.

161 Vgl. TaittU 1,7; BĀU 1,4,17: hier werden Opfer, Opfertier, Mensch, Welt und alles, was existiert, parallelisiert und jeweils als fünfgeteilt bezeichnet, wobei aber nicht im einzelnen ausgeführt wird, wie man sich diese Fünfteilung vorzustellen hat.

162 Die **Umrechnung von Yojanas in Meilen bzw. Kilometer** wird in der Literatur unterschiedlich gehandhabt: **A. Michaels** (Der Hinduismus, S. 315) veranschlagt dafür nur **3,6 km**; **K. K. Klostermaier** (A Survey of Hinduism, S. 450) gibt diesen Wert mit **9 Meilen**, d. h. etwa **14,5 km** an; **A. L. Basham** (The Wonder that was India, S. 505f.) veranschlagt dafür ebenfalls **9 Meilen** bzw. **14,5 km**, weist aber darauf hin, daß im **Arthaśāstra** dafür nur der halbe Wert, also umgerechnet **4,5 Meilen**, angenommen würden. Das Sanskrit-Englisch-Wörterbuch von **Sir Monier Monier-Williams** (Neuauflage New Delhi 1986, S. 858) weist darauf hin, daß für 1 Yojana manchmal **4-5 Meilen**, genauer aber **9 Meilen**, manchmal aber auch nur **2,5 Meilen**, mitunter aber auch **18 Meilen** veranschlagt würden. Ich schließe mich hier der mehrheitlich vorgeschlagenen Umrechnung von **9 Meilen** bzw. rund **14,5 km** an. Letztlich ist die Frage der Umrechnung in unserem Fall aber zweitrangig, da die hier vorliegenden kosmischen Dimensionen eher symbolisch zu verstehen sind als physikalisch-exakt.

163 *Eugenia jambolana*: Diese Pflanze (skr. *jambu*) ist auch ein Fruchtbarkeitssymbol, später das Emblem des kindlichen Gaṇeśa, dessen Skulptur im Fruchtbarkeitskult verwendet wird.

164 Vgl. **S. M. Ali**, The Geography of the Puranas, und die schematische Darstellung bei **K. K. Klostermaier**, A Survey of Hinduism, S. 115.

165 Der Großteil der Purāṇas folgt dieser Reihenfolge; Matsya-, Varāha- und Skanda-Purāṇa haben andere Reihenfolgen.

166 Vgl. **S. M. Ali**, The Geography of the Puranas, S. 41f. Ali versucht die Identifikation der indischen Dvīpas mit heutigen Regionen Europas, Afrikas und Asiens – aufgrund von Erwähnungen in anderen Schriften, topographischen, botanischen und klimatischen Hinweisen oder anhand philologischer Ableitungen (vgl. S. 39-46).

167 Nach **S. M. Ali** dürften Ozeane aus »Milch«, »geklärter Butter« etc. nicht zu wörtlich genommen werden, ähnlich wie »Rotes Meer«, »Schwarzes Meer«, »Gelbes Meer« etc. Meere differierten nun einmal in Farbe und Erscheinung, und es sei in

allen Kulturen seit jeher üblich und notwendig, Klima, Vegetation, topographische Faktoren etc. zu visualisieren (aaO S. 38f.).

168 Der Brachvogel nistet in feuchten Wiesen und in der Tundra bzw. in Norddeutschland; **K. K. Klostermaier** übersetzt »Reiher-Land« (A Survey of Hinduism, S. 141).

169 Vgl. ViṣṇuPurāṇa II,7.

170 Vgl. ViṣṇuPurāṇa II,5.

171 **H. W. Schumann**, Die großen Götter Indiens. Grundzüge von Hinduismus und Buddhismus, München 1996, S. 52. **H. Zimmer** erklärt den Begriff »Rest« damit, daß Śeṣa jene Gestalt sei, »die den Rest versinnbildlicht, der nach der Formung der Erde, der himmlischen und höllischen Regionen und all ihrer Geschöpfe aus den kosmischen Wassern des Abgrundes zurückbleibt« (Indische Mythen und Symbole, S. 71).

172 Vgl. ViṣṇuPurāṇa II,7.

173 Zum **Hindupantheon** vgl. **A. Daniélou**, The Myths and Gods of India. The Classical Work on Hindu Polytheism from the Princeton Bollington Series, New York 1985, [2]1991 (1964 bereits erschienen unter dem Titel »Hindu Polytheism«). **H. W. Haussig** (Hrsg.), Götter und Mythen des indischen Subkontinents, Stuttgart 1984. **D. R. Kinsley**, Hindu Goddesses. Visions of the Divine Femine in the Hindu Religious Traditions, Berkeley 1986; dt.: Die indischen Göttinnen. Weibliche Gottheiten im Hinduismus, Frankfurt/Main 1990, Neuausgabe 2000. **H. D. Smith – M. N. Chary**, Handbook of Hindu Gods, Goddesses and Saints, Delhi 1991, 2. erw. Aufl. 1997. **E. Beswick**, The Hindu Gods, New Delhi 1993. **H. W. Schumann**, Die großen Götter Indiens. Grundzüge von Hinduismus und Buddhismus, München 1996.

174 **H. Küng**, Spurensuche. Die Weltreligionen auf dem Weg, München 1999, S. 76.

175 Die christliche Trinitätslehre ist im übrigen auch der Grund für den allenthalben geäußerten jüdisch-muslimischen Vorwurf, das Christentum verstoße gegen das biblisch-koranische Gebot des Eingottglaubens – auch wenn dieser Vorwurf, bei genauem Hinsehen, freilich nicht gerechtfertigt ist.

176 **A. Michaels**, Der Hinduismus, S. 236.

177 Vgl. dazu etwa mit umfangreichen Literaturangaben das aufschlußreiche Kapitel »Die Religionen der Nichtarier, besonders der Draviden, und die ›Sanskritisierung‹« bei **J. Gonda**, Die Religionen Indiens, Bd. II: Der jüngere Hinduismus, Stuttgart 1963, S. 1-26.

178 **A. Michaels**, Der Hinduismus, S. 231; die folgenden **acht Punkte** referiere ich verkürzt nach Michaels, S. 227-231.

179 Die monotheistische Verehrung eines Gottes in einem polytheistischen Umfeld.

180 Die Verehrung eines Gottes in einem bestimmten Moment.

181 **A. Michaels**, Der Hinduismus, S. 229.

182 Ebd.

183 AaO S. 231.

184 Vgl. dazu oben Kap. C II,4: »Kṛṣṇa: viṣṇuitische Verehrung des höchsten Gottes«.

185 Vgl. **H. v. Stietencron**, Der Hinduismus, S. 47f.

186 Vgl. **A. Michaels**, Der Hinduismus, S. 239f.; Michaels betont, daß es für die weitverbreitete Annahme, der śivaitische Liṅga-Kult sei »als Zeichen uralter Stein- oder Fruchtbarkeitskulte« zu werten, keine Beweise gebe, zumal das Liṅga auch textlich erst im Mahābhārata greifbar ist.

187 Vgl. **A. Michaels**, Der Hinduismus, S. 239f.; **J. Gonda**, Die Religionen Indiens, Bd. II, S. 188-190.

188 **J. Gonda**, Die Religionen Indiens, Bd. II, S. 60 (Hervorhebungen von mir).

189 Weitere Ausführung zum **indischen Tempelbau** siehe oben im historischen Kapitel über das indische Mittelalter. Um hier nur **einige bedeutende Tempelanlagen** zu nennen: Mahābalipuram in Südindien (7. Jhd.), Bhubaneśwar in Orissa (8./9. Jhd.), Elūrā bei Bombay (8./9. Jhd.), Khajurāho (10./11. Jhd.), Tanjore (11. Jhd.), Koṇārak (13. Jhd.), Vijayanagara (16. Jhd.), Madurai (17. Jhd.).
190 **A. Michaels**, Der Hinduismus, S. 58.
191 **J. Gonda**, Die Religionen Indiens, Bd. II, S. 67f.
192 Vgl. ebd.
193 Die Zusammenstellung stammt von **A. Michaels**, Der Hinduismus, S. 235.
194 Zur hinduistischen **Ikonographie** vgl. **J. N. Banerjea**, The Development of Hindu Iconography, Delhi 1956, 3. erw. Auflage 1974. **H. Zimmer**, Myths and Symbols in Indian Art and Civilization, New York 1981; dt. Indische Mythen und Symbole. Vishnu, Shiva und das Rad der Wiedergeburten, Kreuzlingen 1981, [7]2000. **A. u. P. Keilhauer**, Die Bildsprache des Hinduismus. Die indische Götterwelt und ihre Symbolik, Köln 1983. **A. Parthasarathy**, The Symbolism of Hindu Gods and Rituals, Bombay 1983. **E. Schleberger**, Die indische Götterwelt. Gestalt, Ausdruck und Sinnbild. Ein Handbuch der hinduistischen Ikonographie, München 1986, [2]1997. **E. R. Jansen**, Hindoeisme, Goden, verschijningsvormen en hun betekenis, Diever 1993; dt.: Die Bildersprache des Hinduismus. Göttinnen und Götter, Erscheinungsformen und Bedeutungen, Havelte 1999.
195 Vgl. dazu den guten Überblick bei **E. Schleberger**, Die indische Götterwelt, S. 225-247.
196 Die verschiedenen Religionen und Glaubensrichtungen Indiens nennen (auch regional) unterschiedliche Listen mit (ursprünglich acht) »glückverheißenden Zeichen« (*aṣṭamaṅgala*): in Südindien zählen Fächer, Vase, Spiegel, Stachelstock, Trommel, Lampe und Fische dazu, andernorts werden Lotus, Sockel, Hakenkreuz, Gefäß, Banner, Trompete und Muschel dazugerechnet (vgl. **E. Schleberger**, Die indische Götterwelt, S. 276).
197 AaO S. 179.
198 **J. Gonda**, Die Religionen Indiens, Bd. II, S. 53.
199 Würde man beide Begriffe, wie eigentlich üblich, mit der **Stammform** des Sanskritwortes bezeichnen, so hießen beide **Brahman**, da die Betonungszeichen im Sanskrit normalerweise nicht geschrieben werden; zur Unterscheidung bezeichnet man deshalb den (maskulinen) Gott Brahman nicht mit der Stammform, sondern mit dem Nominativ singular seiner Deklinationsgruppe, der auf »ā« endet; deshalb: **Brahmā**. Die korrekte Schreibweise wäre **Brahmán** (m) und **Bráhman** (n).
200 **J. Gonda**, Die Religionen Indiens, Bd. I, S. 387.
201 Ebd.
202 AaO S. 264.
203 Vgl. **H. W. Schumann**, Die großen Götter Indiens, S. 39f.
204 Diese Geschichte wird überliefert aaO S. 46.
205 Vgl. RV I,154. 156; VII,99-100.
206 Vgl. RV I,22. 155; V,3; VI,69; VII,99.
207 vgl. RV I,22,17: »Alles war im Staub seiner Fußstapfen versammelt.«
208 **H. W. Schumann**, Die großen Götter Indiens, S. 51.
209 Vgl. oben Kap. C II,4: »Kṛṣṇa: viṣṇuitische Verehrung des höchsten Gottes«.
210 Unter den Namen Manmatha und Pradyumna (der wiederum der Sohn von Kṛṣṇa und Rukmiṇī ist) wird der **Liebesgott Kāma** als **Aspekt von Viṣṇu** angesehen; dann sind seine Gemahlinnen Rati und Prīti.
211 Nach KūrmaPurāṇa 1,90,6-29 soll Brahmā am Ende der Weltnacht dem schlafen-

den Viṣṇu erschienen sein, der in seiner göttlichen Spiellust (*līlā*) aus seinem Nabel einen Lotus wachsen ließ. Brahmā fragte Viṣṇu, wer er denn sei, worauf dieser sich als Ursprung und Auflösung der Welt zu erkennen gibt, in dem alles, auch Brahmā, enthalten sei. Brahmā stellt sich nun seinerseits als Weltschöpfer vor, in dem alles enthalten sei, und bittet Viṣṇu, sich in seinen Bauch zu begeben und sich davon zu überzeugen – was dieser denn auch tut. Entsprechend bittet Viṣṇu Brahmā in seinen Bauch, verschließt aber alle Ausgänge, weshalb Brahmā als einzig möglichen Ausgang den im Nabel befindlichen Lotus nehmen muß, aus dem er denn auch erscheint und die Welt von neuem entstehen läßt.

212 **J. Gonda**, Die Religionen Indiens, Bd. I, S. 250.

213 Vgl. **H. v. Stietencron**, Der Hinduismus, S. 45; **J. Gonda**, Die Religionen Indiens, Bd. I, S. 250; S. 383, Anm. 370. Im Prinzip kann Viṣṇu natürlich unendlich viele »Inkarnationen« annehmen und dadurch auch alles Denkbare auf der Welt bewirken: Er kann ein **Wesen in Besitz nehmen** (*āveśāvatāra*), er kann aber auch, wie in den meisten der hier genannten zehn Inkarnationen, als **Teilinkarnation** (*aṃśāvatāra*) mit einem Teil seines Wesens als untergeordneter Gott auftreten, oder er kann, wie etwa als Kṛṣṇa, eine **Vollinkarnation** (*mukhyāvatāra*) annehmen, in der sich Viṣṇu in einem **Wesen eigener Schöpfung** verkörpert (vgl. **H. W. Schumann**, Die großen Götter Indiens, S. 56). Die folgenden Beschreibungen basieren teilweise auf Nacherzählungen des BhāgavataPurāṇa von H. W. Schumann.

214 Vgl. auch ŚB 1,8,1,1-6: Dort wird in derselben Erzählung der erste Mensch **Manu** von einem Fisch vor der Sintflut gerettet.

215 Die Schildkröte hat schon seit jeher in Indien eine große mythologische Bedeutung; so werden etwa in ŚB 7,5,1,1-2 ihre untere und obere Hälfte und der Teil dazwischen mit den drei Teilen des Universums verglichen. Die Identifikation mit Viṣṇu erfolgte erst im Rāṃ und ViP, noch nicht im Mbh.

216 Vgl. ŚB 14,1,2,11: Hier wird die Erde von Prajāpati in Gestalt des Ebers Emūṣa emporgehoben. In Mbh 3,142,28B rettet Viṣṇu als Eber die übervölkerte Welt.

217 Vgl. ŚB 1,2,5,1-8: Hier versprechen die Dämonen (Asura) im Streit mit den Göttern diesen so viel Land wie der Zwerg Viṣṇu bedeckt, worauf dieser entsprechend wächst, bis er die ganze Erde umfaßt.

218 Vgl. dazu oben Kap. C II,4: Das Rāmāyaṇa, und »Rāma: moralisches Ideal des Königtums«.

219 Vgl. dazu oben Kap. C II,4: »Kṛṣṇa: viṣṇuitische Verehrung des höchsten Gottes«.

220 Vgl. **E. Schleberger**, Die indische Götterwelt, S. 80f.

221 Zur Entstehung des Kṛṣṇa-Kultes vgl. oben Kap. C II,4: »Kṛṣṇa: viṣṇuitische Verehrung des höchsten Gottes«.

222 Vgl. **J. Gonda**, Die Religionen Indiens, Bd. II, S. 119.

223 Auf die **Bhakti-Bewegung** wird eigens noch eingegangen im Zusammenhang mit dem **Devotionalismus** der nachklassischen Zeit; vgl. dazu unten Kap. D I,5: »›Sektenhinduismus‹: Gottesliebe, Heilige und Asketen«.

224 **H. v. Stietencron**, Der Hinduismus, S. 50.

225 Siehe dazu Kap. D I,5: »›Sektenhinduismus‹: Gottesliebe, Heilige und Asketen«.

226 **H. v. Stietencron**, Der Hinduismus, S. 56.

227 **Caitanya** war ein Gelehrter und spiritueller Führer, in Bengalen geboren, und auch unter den Namen Gaurāṅga, Gaur, Gora, Nimai und Kṛṣṇa-Caitanya bekannt. Er war glühender Kṛṣṇa-Verehrer, zu dem er eine ekstatische Liebe empfand, die auch die Menschen umfaßte; die Viṣṇuiten halten ihn für einen Heiligen und für eine Teilinkarnation Kṛṣṇas, seine Anhänger nennen sich Gauḍīyas; vgl. **K. Friedrichs**, Art. Chaitanya, in: Lexikon der östlichen Weisheitslehren, S. 62.

228 **Vallabha**, auch Vallabhācārya genannt, steht mit seiner Lehre, der sog. Śuddhādvaita-Vedānta (*śuddha*, »unverfälscht«, »rein«, »ursprünglich«), zwischen **Śaṅkara** (788-820) und **Rāmānuja** (ca. 1050-1137). Vallabha hält die Beziehung zwischen Seele und Welt für wirklich, nicht nur für Schein; die Seele ist eine Form Brahmans, die in ihrem ursprünglichen (*śuddha*) Zustand mit Brahman identisch ist, und bei der nur der Seligkeitsaspekt verhüllt erscheint; vgl. **K. Friedrichs**, Art. Vallabha, in: Lexikon der östlichen Weisheitslehren, S. 424.

229 **H. v. Stietencron**, Der Hinduismus, S. 58.

230 Einen knappen Überblick über die verschiedenen Schulen bietet **A. Michaels**, Der Hinduismus, S. 278-281. Vgl. auch **M. Stutley**, Hinduism. The Eternal Law, London 1985; dt.: Was ist Hinduismus? Eine Einführung in die große Weltreligion, Bern 1994, S. 117-136.

231 Vgl. ŚvU 3,5f. 11; 4,14. 16. 18; 5,14.

232 So **A. Michaels**, für den dies »weitgehend unklar« ist (Der Hinduismus, S. 239); zurückhaltend auch – vor allem in der überarbeiteten Ausgabe seines Werkes – **J. Gonda**, der in einer früheren Arbeit noch die Abhängigkeit Śivas von Rudra herausarbeitet (Viṣṇuism and Śivaism. A Comparison, London 1970, S. 1-17), später aber betont, daß man »die ›Identität‹ dieser Gestalten nicht zu sehr betonen (dürfe), da der hindusitische Śiva manches absorbiert hat, was, soviel wir sehen können, Rudra abgeht«: vor allem Eigenschaften von Indra, Prajāpati und Agni (Der Hinduismus, Bd. I, S. 384). **H. v. Stietencron** hingegen zeigt die Entstehung des Śiva-Kultes vom vedischen Rudra herkommend auf über die als »Räuber« gefürchteten Kirāta-Stämme und die Erwähnung Rudras als »Herr der Räuber« (Der Hinduismus, S. 63; vgl. auch **ders.**, Art. Religionen, in: H. G. Franz, Das alte Indien. Geschichte und Kultur des indischen Subkontinents, München 1990, S. 177-244, bes. S. 235f.).

233 **H. v. Stietencron**, Der Hinduismus, S. 65.

234 AaO S. 64.

235 **H. v. Stietencron**, Art. Religionen, S. 230f.

236 Zu dieser grundsätzlichen Unterscheidung und Typisierung vgl. **A. Michaels**, der Hinduismus, S. 237-239. Einen Überblick über die verschiedenen Strömungen des Śivaismus mit ihren unterschiedlichen theoretischen Ansätzen bietet **J. Gonda**, Die Religionen Indiens, Bd. II, S. 188-252.

237 Warum Gaṇeśa den Zahn in der Hand hält – auch darüber gibt es verschiedene Überlieferungen: Einmal soll er sich den Zahn aus Wut abgebrochen haben, weil andere über seinen Bauch lachten; andere sagen, der Zahn fiel einem Axtangriff Paraśurāmas zum Opfer, den der treue Türwächter mit seinem Zahn abwehrte, womit er ihn leider einbüßte; wieder andere sagen, Gaṇeśa soll ihn als Griffel benutzt haben, um damit das Mahābhārata aufzuschreiben, das ihm einst der Weise Vyāsa diktierte.

238 Die hier gebotene Version beruht auf der Erzählung nach **H. W. Schumann**, Die großen Götter Indiens, S. 124f.

239 Vgl. **A. Daniélou**, The Myths and Gods of India, S. 298.

240 Zum **Göttinnenkult** vgl. neben der unten zitierten Literatur **J. S. Hawley – D. M. Wulff**, Devī. Goddesses of India, Berkeley 1996; **D. R. Kinsley**, Hindu Goddesses. Visions of the Divine Femine in the Hindu Religious Traditions, Berkeley 1986; dt.: Die indischen Göttinnen. Weibliche Gottheiten im Hinduismus, Frankfurt/ Main 1990, Neuausgabe 2000. Einen historischen Überblick bietet **N. N. Bhattacharyya**, History of the Śākta Religion, New Delhi 1974, überarb. Ausgabe 1996.

241 Einen guten Überblick über die komplexen Problem- und Spannungsfelder, in de-

nen indische Frauen heute leben und traditionell gelebt haben, bietet die Soziologin **Maria Mies**: Indische Frauen zwischen Unterdrückung und Befreiung, Meisenheim/Glan 1973, Frankfurt/Main ²1986; hier auch umfassende weiterführende Literatur zum Thema.

242 AaO S. 22.

243 **H. v. Stietencron**, Der Hinduismus, S. 103.

244 **D. R. Kinsley**, Die indischen Göttinnen, S. 272.

245 AaO S. 280.

246 **A. Michaels**, Der Hinduismus, S. 248.

247 **J. Gonda**, Die Religionen Indiens, Bd. II, S. 40.

248 Vgl. **H. v. Stietencron**, Der Hinduismus, S. 71f.; **N. N. Bhattacharyya**, History of the Śākta Religion, S. 191f.

249 Zusammenfassung einer Erzählung nach dem ŚivaPurāṇa bei **D. R. Kinsley**, Die indischen Göttinnen, S. 60f.

250 So die sehr kritische Einschätzung von **André Padoux** in seinem Beitrag »What Do We Mean by Tantrism?«, in: K. A. Harper – R. L. Brown (Hrsg.), The Roots of Tantra, Albany 2002, S. 17-24, Zit. S. 23; in diesem Band noch zahlreiche aufschlußreiche Artikel zur Geschichte, Theorie und Praxis des »Tantrismus« – ich verwende den Begriff bei aller Unschärfe, weil er in der Literatur ständig verwendet wird und es vor allem keine überzeugende Alternative dazu gibt. Vgl. ferner den sehr gründlichen und hilfreichen Artikel (mit umfassenden Literaturangaben) von **Teun Goudriaan**, Introduction, History and Philosophy, in: S. Gupta – D. J. Hoens – T. Goudriaan (Hrsg.), Hindu Tantrism, Leiden 1979, S. 1-67; **K. P. Sinha**, Thoughts on Tantra and Vaiṣṇavism, Calcutta 1993; **P. Kumar**, Introduction to Tantras and their Philosophy, New Delhi 1998; **G. Oberhammer** (Hrsg.), Studies in Hinduism II. Miscellanea to the Phenomenon of Tantras, Wien 1998.

251 Vgl. **T. Goudriaan**, Introduction, S. 5.

252 **J. Gonda**, Die Religionen Indiens, Bd. II, S. 26f.

253 AaO S. 28.

254 Vgl. **T. Goudriaan**, Introduction, S. 7-9; die einzelnen Merkmale wurden von mir zusammengefaßt, ggf. erläutert und ergänzt.

255 **A. Padoux**, What Do We Mean by Tantrism?, S. 18.

256 Vgl. aaO S. 20, mit Bezug auf die eher gemäßigten Saiddhāntika Āgamas. Padoux unterscheidet generell einen radikaleren oder strengeren »hard core tantrism«, für den etwa das Streben nach definitiver Erlösung zu Lebzeiten charakteristisch ist, von allgemeiner verbreiteten und weniger exklusiven tantrischen Praktiken.

257 Vgl. **T. Goudriaan**, Introduction, S. 35.

258 Vgl. dazu die beeindruckende Einführung von **A. Avalon** (J. G. Woodroffe), The Serpent Power being the Sat-Chakra Nirūpana and Pādukā-Pañchaka, Madras ⁶1958; dt.: Die Schlangenkraft. Die Entfaltung der schöpferischen Kräfte im Menschen. Eine kommentierte Übersetzung der Basistexte des Kuṇḍalinī-Yoga, des Sat-Chakra-Nirūpana und des Pādukā-Pañchaka, Bern 1982, ⁷2003. Zu den tantrischen Yogapraktiken vgl. auch das Kap. »Yoga und Tantrismus« bei **M. Eliade**, Yoga, S. 208-281.

259 Bei der Beschreibung der Cakras halte ich mich an die klassische Darstellung von **A. Avalon** (Die Schlangenkraft, S. 73ff., tabellarische Übersicht S. 86f.) auf Grundlage der von ihm übersetzten und kommentierten Werke. Die hier erwähnten sechs Cakras sind die wichtigsten, wir finden sie bereits in den yogischen Upaniṣads erwähnt. Es gibt auch Werke, wo 20 und mehr Cakras aufgelistet werden. Manche Autoren – etwa **M. Eliade**, Yoga, S. 250-252 – ordnen den Cakras andere Farben

und zum Teil auch andere Eigenschaften zu.

260 Den einzelnen Cakras werden zudem noch je verschiedene **Buchstabengruppen des indischen Alphabets** und verschiedene **Laute** zugeordnet. Manche Kommentare ordnen den Cakras auch geistlich-sittliche **Tugendwerte** und **Charaktereigenschaften** zu.

261 Zum angemessenen Verständnis der Cakras müßte hier noch manches gesagt werden zum tantrischen Menschenbild, dessen komplexer Physiologie, den tantrischen Vorstellungen vom menschlichen Nervensystem (mit ihren allein 700 Nervenfasern des sympathischen Rückenmarkssystems) und den dort stattfindenden komplizierten energetischen Vorgängen – in ihrer Differenziertheit und Komplexität übrigens durchaus vergleichbar mit taoistischen Vorstellungen des alten Chinas. Dies würde den Rahmen dieser Arbeit aber bei weitem überschreiten; Interessierte seien verwiesen auf die sehr dichte Darstellung bei **A. Avalon**, Die Schlangenkraft, bes. S. 66-110.

262 Vgl. dazu etwa die Schilderung solcher Erfahrungen, begleitet von Visionen und Auditionen, bei **A. Avalon**, Die Schlangenkraft, S. 19f.

263 AaO S. 89.

264 Vgl. **M. C. Joshi**, Historical and Iconographic Aspects of Śākta Tantrism, in: K. A. Harper – R. L. Brown (Hrsg.), The Roots of Tantra, S. 39-55, Zit. S. 39; ferner **A. Avalon** (J. G. Woodroffe), Shakti and Shākta, Madras [4]1951; dt.: Shakti and Shākta. Lehre und Ritual der Tantra-Shāstras, Bern 1987.

265 So etwa die »zehn Mahāvidyās« (Kālī, Tārā, Ṣoḍaśī, Bhuvaneśvarī, Bhairavī, Chinnamastā, Dhūmāvatī, Vagalā, Mātaṃgī, Kamalā), die »neun Durgās« oder die »acht Bhairavas« mit den »acht Müttern« u. a. (vgl. **T. Goudriaan**, Introduction, S. 65f.).

266 AaO S. 33f.

267 Vgl. aaO S. 34.

268 Vgl. aaO S. 10ff.; **K. Mylius**, Geschichte der altindischen Literatur, S. 147-151.

269 Vgl. **K. Mylius**, Geschichte der altindischen Literatur, S. 275-278.

270 Vgl. **A. Padoux**, Art. Tantrism, in: The Encyclopedia of Religion, hrsg. v. M. Eliade, New York 1987, Bd. 14, S. 272-280, bes. S. 275.

271 Śivaitische Traditionen mit tantrischen Elementen – etwa die Pāśupata-Schule des Lakulīśa – gab es zwar schon im 2. Jhd., doch ist umstritten, inwieweit deren Kulte wirklich »tantrisch« waren. Die früheste zweifellos tantrische śivaitische Schule sind die Kāpālikas, die im 7. Jhd. große Teile des indischen Westens beeinflußten (vgl. **T. Goudriaan**, Introduction, S. 21).

272 Vgl. aaO S. 20-25.

273 AaO S. 6.

274 **J. Gonda**, Die Religionen Indiens, Bd. II, S. 43f. Auch populärwisssenschaftliche Publikationen manch selbsternannter westlicher »Tantriker« tragen das Ihre bei zum oft einseitig sexorientierten Tantrismus-Bild gerade im Westen, vor allem dann, wenn sie Zeugnisse von tiefen tantrischen Erfahrungen und spiritueller Selbstvervollkommnung in Aussicht stellen und am Ende nur dürftige Berichte individueller Sinnsuche und sexueller Selbsterfahrungstrips zu bieten haben. Zu einer durchaus selbstkritischen Beurteilung der Makāras aus indischer Sicht mit dem Versuch, das tantrische Selbstverständnis herauszuarbeiten: **K. P. Sinha**, Thoughts on Tantra and Vaiṣṇavism, S. 50-78; **P. Kumar**, Introduction to Tantras and their Philosophy, S. 218-234.

275 **K. Mylius**, Geschichte der altindischen Literatur, S. 149.

276 An **Einführungen und Gesamtdarstellungen zur indischen Philosophie** vgl. **P. Deussen**, Allgemeine Geschichte der Philosophie, Bd. I.3: Die nachvedische Philo-

sophie der Inder. Nebst einem Anhang über die Philosophie der Chinesen und Japaner, Leipzig 1908; **S. Dasgupta**, A History of Indian Philosophy; Bd. I-V, Cambridge 1922, Reprint Delhi 1975; **S. Radhakrishnan**, Indian Philosophy, Bd. I-II, Oxford 1923, TB Delhi 1989; **O. Strauss**, Indische Philosophie, München 1925; **H. v. Glasenapp**, Die Philosophie der Inder. Eine Einführung in ihre Geschichte und ihre Lehren, Stuttgart 1948, [4]1985; **E. Frauwallner**, Geschichte der indischen Philosophie, Bd. I-II, Salzburg 1953-56. Für einen ersten Überblick sehr hilfreich **W. Halbfass**, Art. Philosophie, in: H. Bechert – G. v. Simson (Hrsg.), Einführung in die Indologie, S. 138-158; **W. Slaje**, Art. Die brahmanisch-orthodoxe Scholastik, in: H. G. Franz, Das alte Indien. Geschichte und Kultur des indischen Subkontinents, München 1990, S. 264-275.

277 **W. Halbfass**, Art. Philosophie, S. 138f.

278 Vgl. oben die Kap. C II,5: »Von den Elementen, dem Körper und der Natur der Seele«, »Von Ursprung und Wahrnehmung der Welt und von der Erlösung«, »Von der Weltentstehung, den Weltaltern und der Weltvernichtung«.

279 Vgl. **Mbh XII,194 = 247-249 = 287**, die nach **E. Frauwallner** »die epischen Grundtexte des Sāṃkhya« darstellen. Eine **zweite Entwicklungsstufe** der Lehre stellt Frauwallner zufolge die einem nicht näher bekannten **Pañcaśikha** zugeschriebene Einführung der **Evolutionslehre** dar, die **dritte Stufe** vor der klassischen Ausbildung des Systems ist das **Ṣaṣṭitantra** (»System der 60 Lehrbegriffe«) eines gewissen **Vṛṣagaṇa** (vgl. Geschichte der indischen Philosophie, Bd. I, S. 472-475; meine Ausführungen hierzu beruhen im wesentlichen auf Frauwallners minutiösen Analysen S. 275-408).

280 In der Bhagavadgītā wird, wie wir sehen werden, die Guṇa-Lehre ebenfalls aufgegriffen und auf die Entstehung der verschiedenen Tugenden und Untugenden (vgl. Mbh VI,38) und auf die verschiedenen Arten der Menschen, der Nahrung, des Opfers, der Askese und der Gabe angewandt (vgl. Mbh VI,41).

281 **E. Frauwallner**, Geschichte der indischen Philosophie, Bd. I, S. 291f.

282 AaO S. 295.

283 AaO S. 291.

284 Vgl. oben das Kap. C II,5: »Von der Weltentstehung, den Weltaltern und der Weltvernichtung«.

285 Vgl. **E. Frauwallner**, Geschichte der indischen Philosophie, Bd. I, S. 303.

286 Ergänzend zu den fünf klassischen Sinnesorganen, jetzt auch »Erkenntnisorgane« (*buddhīndriya*) genannt, nimmt man nun noch **fünf Tatorgane** (*karmendriya*) an: die **Rede** (Sprechen), die **Hände** (Handeln), die **Füße** (Gehen), den **After** (Entleeren), das **Zeugungsglied** (Zeugen) (vgl. Mbh XII, 219. 276).

287 Die Frage des **Zusammenwirkens von ungeistiger Materie und untätiger Seele** vor allem bei der **Erlösung** wurde mit verschiedenen Bildern zu erklären versucht: Sie seien wie ein Blinder und ein Lahmer, die ohne einander nichts zu bewirken imstande sind, oder wie Mann und Frau; entsprechend ersetzte man den Begriff Ātman durch den eindeutig **männlichen** Begriff **Puruṣa** – im Gegensatz zur **weiblichen** Urmaterie **Prakṛti**.

288 Māṭharavṛtti S. 38,2, zit. nach **E. Frauwallner**, Geschichte der indischen Philosophie, Bd. I, S. 314.

289 Dies sind **11 Zerstörungen der Sinnesorgane** (bei denen je ein Sinnes- oder Tatorgan oder das Denken gestört ist) und die **17 Zerstörungen der Erkenntnisorgane**, welche die Gegensätze sind zu den **9 Arten der Befriedigung** und den **8 Vollkommenheiten**.

290 **E. Frauwallner**, Geschichte der indischen Philosophie, Bd. I, S. 337.

291 Eine **kommentierte Übersetzung von Īśvarakṛṣṇas Sāṃkhyakārikā** bietet **P. Deussen**, Allgemeine Geschichte der Philosophie, Bd. I.3, S. 408-466; dem schließt sich Deussens Darstellung des Werkes an (S. 467-506); vgl. auch die entsprechende Analyse von **E. Frauwallner**, Geschichte der indischen Philosophie, S. 348-400.

292 Damit ist eine **achtfache Wunderkraft** gemeint: die Fähigkeit beliebig klein oder groß, leicht oder schwer zu sein, Fernes zu erreichen, seine Wünsche zu erfüllen, über die Natur zu gebieten und sich Ort und Lebensweise nach Belieben zu wählen.

293 **E. Frauwallner**, Geschichte der indischen Philosophie, Bd. I, S. 374.

294 AaO S. 375.

295 AaO S. 379f.

296 Vgl. **M. Eliade**, Yoga. Zum **Yoga** vgl. ferner neben den genannten **Werken zur indischen Philosophie** bes. **S. Dasgupta**, Yoga as Philosophy and Religion, London 1924; **J. W. Hauer**, Der Yoga. Ein indischer Weg zum Selbst. Kritisch-positive Darstellung nach den indischen Quellen mit einer Übersetzung der maßgeblichen Texte, Stuttgart 1958 (hier auch eine Übersetzung der Yogasūtras auf S. 239-258).

297 **M. Eliade**, Yoga, S. 43.

298 **Patañjali**, Yogasūtra I,2, zit. nach B. Bäumer (Hrsg.), Patañjali. Die Wurzeln des Yoga. Die klassischen Lehrsprüche des Patañjali mit einem Kommentar von P. Y. Deshpande, Bern 1976, [10]2003, S. 21.

299 Mbh VI,29,4f. (DS); vgl. auch Mbh XII,316,2-4 (DS): »Kein Wissen kommt dem Sāṃkhya gleich, keine Kraft kommt dem Yoga gleich: beide verfolgen dasselbe Ziel, beide führen über die Vergänglichkeit hinaus. Für verschieden halten beide nur Menschen, die am Unverstand sich freuen, wir aber, o König, erkennen sie unzweifelhaft als Einheit. Denn was die Yoga's schauen, das wird auch von den Sāṃkhya's erkannt; wer Sāṃkhya und Yoga als Einheit erkennt, der weiß die Wahrheit.«

300 Vgl. dazu oben die entsprechenden Kapitel.

301 Die traditionellen kontroversen Positionen zur **Datierung Patañjalis und der Yogasūtras** bietet **M. Eliade**, Yoga, S. 377-379; die nachchristliche Datierung des Sūtras vertritt **A. Michaels**, Der Hinduismus, S. 294; als offen wird die Frage erachtet von **W. Halbfass**, Art. Philosophie, S. 143.

302 **M. Eliade**, Yoga, S. 15.

303 **E. Frauwallner**, Geschichte der indischen Philosophie, Bd. I, S. 412.

304 Vgl. **Patañjali**, Yogasūtra II,15: »Aufgrund der Leiden, die durch die Veränderung, die Bedrückung und die unterbewußten Eindrücke entstehen, und weil die Bewegungen der Kräfte der Natur sich gegenseitig stören, erkennen die unterscheidenden Weisen, daß alles Leid ist.«

305 **Patañjali**, Yogasūtra III,18.

306 **E. Frauwallner**, Geschichte der indischen Philosophie, Bd. I, S. 421f.

307 **Patañjali**, Yogasūtra II,5.

308 AaO II,6.

309 AaO II,7.

310 AaO II,8.

311 AaO II,9.

312 AaO II,2.

313 AaO I,24.

314 AaO II,44f.

315 Zur Position Vyāsas und späterer Kommentatoren in der Gottesfrage vgl. **M. Eliade**, Yoga, S. 83-86.

316 **Patañjali**, Yogasūtra II,30f.

317 Vgl. aaO II,37-39.

318 AaO II,32.

319 Vgl. aaO II,40-45. Der hier unvermittelt auftauchende Gedanke von der Erlangung der Versenkung mit Gottes Hilfe erscheint in der Beschreibung der letzten drei Stufen des Yogaweges nicht. Dort erlangt der Yogin – offenbar ohne Gottes Hilfe – mehr oder weniger automatisch Stufe um Stufe die allmähliche Versenkung.

320 AaO II,46f.

321 AaO II,49f.

322 AaO II,51f.

323 AaO II,54f.

324 Vgl. **E. Frauwallner**, Geschichte der indischen Philosophie, Bd. I, S. 432.

325 **Patañjali**, Yogasūtra III,1.

326 AaO III,2.

327 **E. Frauwallner**, Geschichte der indischen Philosophie, Bd. I, S. 433.

328 **Patañjali**, Yogasūtra III,3.

329 AaO III,4.f

330 Vgl. die auffallend lange Aufzählung magischer Kräfte und Fähigkeiten bei **Patañjali**, aaO III,19-55.

331 AaO III,50. 55.

332 **E. Frauwallner** identifiziert in seiner Analyse der Yogasūtras verschiedene Textschichten und Traditionsstränge. Dabei unterscheidet er unter Berufung auf Patañjalis Definition des Yoga zu Beginn (»Unterdrückung der Tätigkeit des Geistes«) neben dem achtstufigen Yoga noch einen »Unterdrückungsyoga«. Sein Ziel sei nicht, wie im achtstufigen Yoga, die erlösende Erkenntnis und die Beseitigung des Unwissens, sondern »man sucht die Befreiung unmittelbar zu erreichen, indem man die Tätigkeit des Geistes hemmt und so die Verbindung zwischen Geist und Seele löst« (Geschichte der indischen Philsophie, Bd. I, S. 438; vgl. S. 438-443). Ob diese Trennung wirklich so strikt zu ziehen ist oder ob es sich bei beiden »Traditionen« nicht doch um zwei komplementäre Aspekte ein und desselben Yoga handelt, sei dahingestellt.

333 Eine gründliche Darstellung des Vaiśeṣika und seiner Entwicklung bietet **E. Frauwallner**, Geschichte der indischen Philosophie, Bd. II, S. 15-250.

334 AaO S. 28.

335 Praśastapāda nennt sein klassisches Werk Padārthadharmasaṃgraha, »Zusammenfassung der Eigenschaften der Kategorien«. Darin übernimmt er eine Reihe von wichtigen Neuerungen seines Vorgängers Candramati, hat aber »von der alten Überlieferung der Schule alles, was der Erhaltung wert schien und sich in den Rahmen der Kategorienlehre einführen ließ, in sein Werk aufgenommen« (aaO S. 188).

336 Ich folge hier der klassischen Darstellung Praśastapādas, wie sie von **E. Frauwallner** zusammengefaßt wurde (aaO S. 186-250).

337 AaO S. 243.

338 AaO S. 237.

339 AaO S. 18.

340 Zu nennen wären das Nyāyavārttikam des Uddyotakara Bhāradvāja (um 650 n. Chr.), das wiederum von Vācaspati Miśra (um 800 ?) kommentiert wurde. Der letzte große Nyāya-Vertreter der älteren Zeit ist Udayana (10. Jhd.), der u. a. das Werk des Vācaspati Miśra kommentierte.

341 **W. Halbfass**, Art. Philosophie, S. 144f.

342 Vgl. Nyāyasūtra I,1f.: »Durch die Erkenntnis der Wesenheit von ... [es folgen die 16 dialektischen Kategorien] ... erfolgt Erwerbung des höchsten Gutes. Indem von Schmerz, Geburt, Handlung, Fehler und Irrtum beim Schwinden des jedes-

mal Folgenden das ihm Vorhergehende schwindet, erfolgt die Erlösung.« (Zit. nach **P. Deussen**, Allgemeine Geschichte der Philosophie, Bd. 1.3, S. 365; eine Darstellung der 16 Kategorien findet sich hier auf S. 361-388.)

343 Vgl. **W. Slaje**, Art. Philosophie, S. 274.

344 Üblicherweise unterscheidet man **zwei Mīmāṃsā-Systeme** oder -Schulen: die hier behandelte ältere Karma-Mīmāṃsā (»Werkforschung«) oder **Pūrva-Mīmāṃsā** (»früheres Mīmāṃsā«) des Jaimini und die Brahma-Mīmāṃsā (»Brahmanforschung«) oder **Uttara-Mīmāṃsā** (»späteres Mīmāṃsā«) des Bādarāyaṇa, die zum Vedānta gehört.

345 **W. Slaje**, Art. Philosophie, S. 274.

346 **P. Deussen**, Allgemeine Geschichte der Philosophie, Bd. I.3, S. 393f.

347 **W. Slaje**, Art. Philosophie, S. 275.

348 Sein genauer, vielsagender Titel ist »Śārīraka-mīmāṃsa-sūtra«, »Sūtra der Eröterung des Verkörperten [ātman]«.

349 Manche Gelehrte nennen auch den mythischen Weisen Vyāsa als Autor des Sūtras, andere sind der Meinung, Vyāsa und Bādarāyaṇa seien identisch.

350 Einen kompakten Überblick über Leben und Lehren Śaṅkaras (wie auch Rāmānujas, Madhvas und anderer indischer Denker) bietet **K. Lorenz**, Indische Denker, München 1998; hier auch umfassende Literaturhinweise; zu Śaṅkara vgl. auch **J. Gonda**, Die Religionen Indiens, Bd. II, S. 82-89. Lorenz zufolge beruhen die häufig angegebenen Lebensdaten 788-820 auf Überlieferungen aus dem 16. Jahrhundert, die nicht verläßlich sind. Verweise auf Zeitgenossen in Śaṅkaras Werken vertragen sich nicht mit diesen Daten. Neuere Forschungen datieren Śaṅkara entweder zwischen 700 und 750 oder, womöglich wahrscheinlicher, zwischen 640 und 740 (Indische Denker, S. 172f.).

351 So schreibt **Paul Deussen**: »Wie im Abendlande ein Luther auftrat, mit eisernem Besen all jene Entartungen des apostolischen Christentums ausfegte und bestrebt war, den christlichen Glauben nur auf die reine Lehre des Evangeliums zu gründen, so erstand in Indien schon siebenhundert Jahre vor Luther der große Reformator Śaṃkara.« (Allgemeine Geschichte der Philosophie, Bd. I.3, S. 581.)

352 **J. Gonda**, Die Religionen Indiens, Bd. II, S. 83.

353 **H. Kulke – D. Rothermund** vermuten in der Geschichte von der **Wanderung Śaṅkaras durch ganz Indien** eine spätere Schöpfung bzw. Ausgestaltung aus dem südindischen Vijayanagara-Reich des 14. Jahrhunderts. Dort wirkte der einflußreiche Mönch **Vidyāraṇya**, der sich gemeinsam mit seinem Bruder **Sāyaṇa**, dem berühmten Ṛgveda-Kommentator, gegen die drohende muslimische Dominanz der Wiederbelebung der vedisch-brahmanischen Tradition verschrieben hatte. »Um die bedrohte Existenz des Hinduismus im 14. Jahrhundert in allen Teilen Indiens zu stärken«, soll Vidyāraṇya damals diese Geschichte »geschaffen oder zumindest stark ausgebaut« haben. Das gleiche gelte vermutlich auch »für die ›Erhebung‹ seines eigenen Klosters Sringeri zum Gründungskloster Shankaras und die Einführung der angeblich auf Shankara zurückgehenden Institution der Shankaracharyas in den vier größten Klöstern Indiens«. (Geschichte Indiens, S. 212, vgl. auch S. 155; zur indischen Geschichte des 14. Jhd. vgl. unten Kap. D I: Der Islam in Indien.)

354 **J. Gonda**, Die Religionen Indiens, Bd. II, S. 86.

355 **K. Lorenz**, Indische Denker, S. 200.

356 Der Vorwurf des Atheismus traf den Vedānta Śaṅkaras besonders hart, da sich die anderen orthodoxen Philosophien mit der Zeit einen theistischen Überbau gegeben hatten: Sāṃkhya und Yoga waren faktisch viṣṇuitisch, Vaiśeṣika und Nyāya waren śivaitisch geworden.

357 **K. Lorenz**, Indische Denker, S. 207.
358 Yāmunas Lehrer Nāthamuni (um 900-950?) war Schüler des letzten der zwölf legendären tamilischen »Weisen« (*āḷvār*).
359 Rāmānuja stellt diese Wahl der individuellen Überzeugung des Adepten anheim; vgl. **J. Gonda**, Die Religionen Indiens, Bd. II, S. 134.
360 Vgl. aaO S. 135f.
361 **K. Lorenz**, Indische Denker, S. 215 (Hervorhebungen von mir).
362 AaO S. 220.
363 Bezüglich der **Rolle der göttlichen Gnade bei der Erlösung** sollte es unter den **Nachfolgern Rāmānujas**, den Rāmānujīyas, zur **Spaltung** kommen: Der **nördliche Zweig** unter **Veṅkaṭanātha** oder **Vedāntadeśika** (1269-1369?) macht die Wirksamkeit der Gnade von der menschlichen Beteiligung abhängig – später als **Affenweg** bezeichnet, da der Gläubige mit einem Affenjungen verglichen wird, das von seiner Mutter, hier das Bild für Gott, aus einer Gefahr gerettet wird, dabei aber selber aktiv ist, da es sich am Hals der Mutter festhält. Der **südliche Zweig** unter **Piḷḷai Lokācārya** (um 1300) vertritt eine »protestantische« Position, derzufolge Erlösung allein von der göttlichen Gnade abhängt – später als **Katzenweg** bezeichnet, da, im selben Bild, die Katzenmutter das passive Junge aus der Gefahr fortträgt (vgl. **J. Gonda**, Die Religionen Indiens, Bd. II, S. 138-142).
364 Vgl. **K. Lorenz**, Indische Denker, S. 234.
365 **Madhva**, Viṣṇutattvavinirṇaya, § 325, zit. nach **K. Lorenz**, Indische Denker, S. 225.
366 **J. Gonda**, Die Religionen Indiens, Bd. II, S. 144.
367 **Madhva**, Anuvyākhyāna, zit. nach **K. Lorenz**, Indische Denker, S. 230.
368 **J. Gonda**, Die Religionen Indiens, Bd. II, S. 149.
369 Es sei nochmals darauf hingewiesen, daß das Wort »Sekte« im indischen Kontext, anders als etwa im christlichen Sprachgebrauch, nichts zu tun hat mit einer abgespaltenen oder ausgeschlossenen Gemeinschaft, sondern eine in der Regel von einem Lehrer begründete, organisierte Tradition bezeichnet.
370 Vgl. oben Kap. B II,6: Was geschieht nach dem Tod?.
371 Vgl. oben Kap. B III,7: Tod und Erlösung in den Upaniṣads.
372 **W. Halbfass**, Karma und Wiedergeburt im indischen Denken, Kreuzlingen 2000, S. 58.
373 AaO S. 62f. (Hervorhebungen von mir).
374 AaO S. 308.
375 Vgl. Mbh III,181,25.
376 Vgl. Mbh XIV,18,22.
377 Vgl. Mbh XIII,6,6.
378 Vgl. Mbh XIV,18,1; XIII,7,5.
379 **W. Halbfass**, Karma und Wiedergeburt, S. 132f. Die mythische Form dieser Neudeutung des Zeitverständnisses finden wir in Buch XII (Śāntiparvan) des Mahābhārata.
380 Vgl. BĀU 3,2,14, jene Stelle, die als früher Beleg einer ethisierten Karmanlehre gewertet wird: »›Nimm meine Hand, Ārtabhāga, mein Lieber!‹ so sagte er [Yājñavalkya]. ›Wir beide allein werden dies in Erfahrung bringen. Nicht finde unser Gespräch in der Öffentlichkeit statt!‹ Sie gingen hinaus und berieten sich. Wovon sie sprachen, das war vom Handeln (*karman*); was sie hervorhoben [priesen], das war das Handeln: ›Als ein Reiner kommt er durch reines Handeln zur Entstehung, als ein Schlechter durch schlechtes.‹«
381 Wie die ethisierte Karmanlehre in die Kategorien und Axiomatik der verschiedenen philosophischen Schulen integriert wurde, zeigt **W. Halbfass**, Karma und Wieder-

geburt, S. 131-175.

382 AaO S. 210.

383 Vgl. **G.-D. Sontheimer**, Die Ethik im Hinduismus, in: C. H. Ratschow (Hrsg.), Ethik der Religionen. Ein Handbuch. Primitive, Hinduismus, Buddhismus, Islam, Stuttgart 1980, S. 349-436, bes. S. 364.

384 Vgl. aaO S. 365-369.

385 Zum **vedischen Dharma-Begriff** vgl. oben Kap. B III, 8: Ethos und Moral in den Upaniṣads.

386 **J. Gonda**, Die Religionen Indiens, Bd. I, S. 289.

387 Zu den **Dharmasūtras und Dharmaśāstras** vgl. oben Kap. C II, 3: Von der »Offenbarung« zur »Tradition«: Sūtras und Śāstras.

388 **W. Halbfass**, Indien und Europa, S. 366.

389 AaO S. 367. Für Halbfass ist diese Abgrenzung von Ariertum und Nichtariertum durch den Dharma typisch für die traditionelle hinduistische Xenologie: »Der Begriff des Dharma ist in weiten und wesentlichen Bereichen seiner geschichtlichen Funktion nur dann zu verstehen, wenn man ihn in engem Zusammenhang mit der komplexen Xenologie und dem in sich gekehrten Traditionalismus des Hinduismus sieht.« (Ebd.)

390 Manu II,224, nach der englischen Übersetzung von **G. Bühler** (SBE, Bd. XXV, S. 70f.).

391 **G.-D. Sontheimer**, Die Ethik im Hinduismus, S. 406.

392 AaO S. 407.

393 **Manu** X,63, nach der englischen Übersetzung von **G. Bühler** (SBE, Bd. XXV, S. 416).

394 **K. N. Tiwari**, Classical Indian Ethical Thought. A Philosophical Study of Hindu, Jaina and Bauddha Morals, Delhi 1998, S. 52.

395 Vgl. aaO S. 88-90.

396 Manu VI,92, nach der englischen Übersetzung von **G. Bühler** (SBE, Bd. XXV, S. 215). Ähnliche Kataloge finden sich auch im ViṣṇuDharmasūtra (II,16-17) und in der YājñavalkyaSmṛti (I,122. III,66).

397 In diesem Sinne resümiert auch **K. N. Tiwari**, daß die meisten Pflichten »von der Natur individueller Selbst-Kontrolle, Selbst-Disziplin und Selbst-Reinigung« seien und nur wenige auch soziale Implikationen hätten (Classical Indian Ethical Thought, S. 90). Daß aber ersteres die Voraussetzung für ein gutes gesellschaftliches Zusammenleben ist, was offenbar schon den alten Indern geläufig war, scheint für Tiwari nicht selbstverständlich. Anders **G.-D. Sontheimer**, für den die Sādhāraṇa »Grundlage für die spezifischen *dharmas* der einzelnen *varṇas* und *āśramas*« sind; sie sind »Pflichten, die ein hochgestecktes ethisches Verhalten anstreben, das soziales Leben ermöglichen soll, die aber nicht die individuelle Initiative auslöschen, oder die persönliche Neigung« (Die Ethik im Hinduismus, S. 417).

398 Zu Entstehung und Inhalt dieser Werke vgl. oben Kap. C II,4: Die epische Zeit: Rāmāyaṇa, Mahābhārata und Purāṇas.

399 **G.-D. Sontheimer**, Die Ethik im Hinduismus, S. 428.

400 **K. N. Tiwari**, Classical Indian Ethical Thought, S. 54.

401 Vgl. Mbh VI,26,11-30.

402 Mbh VI,26,37 (DS).

403 Vgl. Mbh VI,38,5.

404 Mbh VI,38,6 (DS).

405 Mbh VI,38,7 (DS).

406 Mbh VI,38,8 (DS).

407 Vgl. Mbh VI,41.
408 Mbh VI,40,1-5 (DS).
409 Mbh VI,38,19 (DS).
410 Mbh VI,42,53 (DS).
411 Mbh VI,42,55f. (DS).
412 Zur **Entstehung und Lehre von Yoga und Sāṃkhya** vgl. oben Kap. C II,9: Die brahmanisch-orthodoxe philosophische Scholastik.
413 Mbh VI,29,4 (DS).
414 Vgl. **Patañjali**, Yogasūtra II,30f.
415 Vgl. aaO II,32.
416 Beispiele verschiedener ethischer Begründungen und Ansätze bietet **N. Klaes**, Grundwerte menschlichen Verhaltens im Hinduismus, in: H. Bürkle (Hrsg.), Grundwerte menschlichen Verhaltens in den Religionen, Frankfurt/Main 1993, S. 53-68.
417 Einen Überblick über die wichtigsten **Auflistungen gemeinsamer Werte und Tugenden** der Dharmaśāstras, Epen und Purāṇas samt Quellenzitaten bietet **G.-D. Sontheimer**, Die Ethik im Hinduismus, S. 418-420: Vasiṣṭha IV,4; Manu VI,92. X.63. XI,222; ViṣṇuDharmasūtra II,16f.; YājñavalkyaSmṛti I,122. III,66; Mbh III,246,27f. V,33,57. VI,16,2-4. XII,11f. XII,285,23f. XII,60,7f.; VāmanaPurāṇa 14,1f.; BrahmaPurāṇa 114,16-18; BhāgavataPurāṇa 11,17,21.
418 Vgl. Mbh XII,220,109. 316,12. XIII,5,23. 59,6.
419 Mbh V,1517b (zit. nach **N. Klaes**, Grundwerte menschlichen Verhaltens, S. 59); vgl. Mbh V,1518a. XIII,5571.

D. Fremde Herrscher – fremde Kulturen

D I. Der Islam in Indien

1 Einen guten Überblick über Wesen und Geschichte des Islam bietet das bereits erwähnte Multimedia-Projekt: **H. Küng**, Spurensuche. Die Weltreligionen auf dem Weg, München 1999; eine grundlegende Analyse islamischer Geschichte und Theologie von den Ursprüngen des Islam bis in unsere Zeit bietet **H. Küng**, Der Islam. Geschichte, Gegenwart, Zukunft, München 2004.
2 Zur Periode der Fremdherrschaft über Indien – von den Moguln bis zum Ende der britischen Kolonialherrschaft – vgl. auch das 21bändige Werk »Encyclopaedic History of Indian Freedom Movement« (hrsg. v. O. Prakash, Delhi 2001-2003).
3 Muḥammad sah sich offenbar selber ganz in der Tradition der Propheten Israels und damit auch des Christentums – aber eben, wie bis heute von muslimischer Theologie affirmiert, als **Siegel** und damit definitiver **Abschluß** der Propheten. Juden und Christen werden denn im Koran auch nicht als »Ungläubige« betrachtet, sondern als »Leute des Buches«, die ebenfalls Offenbarungsschriften besitzen. Das Verhältnis zu den **Christen** war wegen des offenkundigen Dissenses in Trinitätslehre und Christologie von Anfang an schwierig und verschlechterte sich mit der Expansion des Islam nach Syrien zusehends. Daß Muḥammads Botschaft und Anspruch aber auch von der Mehrzahl der **Juden** abgelehnt wurde, enttäuschte ihn sehr, worauf er später drei jüdische Stämme Medinas dem Massaker auslieferte bzw. enteignete und zur Emigration zwang. So kommt es schließlich mit der Zeit, bei allem anfänglichen Respekt, zur ausgesprochenen Kampfansage an Juden und Christen.
4 Die **Kaʿba** ist ein kubusförmiges rechteckiges Gebäude (10x12 m) mit dem be-

rühmten Schwarzen Stein, Basalt oder Lava, möglicherweise meteoritischen Ursprungs.

5 Die **Einteilung** des Korans in 114 Suren ist zunächst nur rein technischer Natur. Bis heute steht die historische Koranforschung bei der chronologischen Zuordnung der Suren vor einer Reihe ungelöster Fragen. Weitgehend durchgesetzt hat sich die von **Theodor Nöldeke** und **Friedrich Schwally** Anfang des letzten Jahrhunderts vorgelegte entwicklungsgeschichtliche Einteilung der Suren in **vier Phasen**, in denen diese zunehmend länger werden: die **früh-**, **mittel-** und **spätmekkanische** und die **medinische** Phase.

6 **H. Küng**, Spurensuche, S. 293.

7 Grundlage der folgenden historischen Kapitel bildet – neben den bereits genannten deutschsprachigen Standardwerken zur indischen Geschichte: **H. Kulke – D. Rothermund**, Geschichte Indiens, Stuttgart 1982; **F. Wilhelm – A. T. Embree**, Indien. Geschichte des Subkontinents von der Induskultur bis zum Beginn der englischen Herrschaft, Frankfurt/Main 1967 – das Grundlagenwerk von **Annemarie Schimmel**, Islam in the Indian Subcontinent, Leiden 1980; dt. gekürzte Version: Der Islam im indischen Subkontinent, Darmstadt 1983. Besonders für die Mogulperiode sehr aufschlußreich ist die Arbeit von **A. Hottinger**, Akbar der Grosse (1542-1605). Herrscher über Indien durch Versöhnung der Religionen, Zürich 1998. Zu Indien unter der Mogulherrschaft vgl. neben der genannten Literatur **P. Hardy**, The Muslims of British India, London 1972. **I. M. Lapidus**, A History of Islamic Societies, Cambridge 1988, Kap. 18: The Indian Subcontinent: the Delhi Sultanates and the Mughal Empire, S. 437-466. **M. D. Ahmed**, Indien, in: W. Ende – U. Steinbach (Hrsg.), Der Islam in der Gegenwart, 4. erw. Aufl., München 1996, S. 313-330.

8 So überliefert von **al-Balāḏurī** (gest. 892), einem der frühen klassischen arabischen Geschichtsschreiber der frühen Abbasidenzeit; zit. nach **A. Schimmel**, Der Islam im indischen Subkontinent, S. 5.

9 **A. Schimmel**, Islam in the Indian Subcontinent, S. 4.

10 **F. Wilhelm – A. T. Embree**, Indien, S. 180.

11 **al-Balāḏurī**, zit. nach **A. Schimmel**, Islam in the Indian Subcontinent, S. 4.

12 **A. Schimmel**, Der Islam im indischen Subkontinent, S. 7.

13 Ebd.

14 **Jamāluddīn Hānswī**, zit. nach aaO S. 13.

15 Zu den **Sufis** und deren theologischer Bedeutung im Islam vgl. **H. Küng**, Der Islam. Geschichte, Gegenwart, Zukunft, München 2004, Kap. C IV,3: Die Sufis: Mystiker formieren sich zu Bruderschaften, und Kap. C IV,4: Der Sufismus als Massenbewegung. Grundlegend dazu das Werk von **A. Schimmel**, Mystical Dimensions of Islam, Chapel Hill 1975; dt.: Mystische Dimensionen des Islam, Aalen 1979.

16 **H. Küng**, Der Islam, S. 400.

17 Zu **al-Ḥusain ibn Manṣūr al-Ḥallāǧ** vgl. aaO S. 408-411.

18 Vgl. **A. Schimmel**, Der Islam im indischen Subkontinent, S. 8; **dies.**, Islam in the Indian Subcontinent, S. 6.

19 **Dies.**, Der Islam im indischen Subkontinent, S. 8.

20 **Dies.**, Mystische Dimensionen, S. 386.

21 AaO S. 387.

22 »Mahmuds Kriegszüge nach Indien begannen stets zu Jahresende in der Trockenzeit und endeten meist vor Beginn des nächsten Monsuns, um beim Rückmarsch mit Heer und reicher Kriegsbeute die zahlreichen Flüsse im Panjab sicher überqueren zu können.« (**H. Kulke – D. Rothermund**, Geschichte Indiens, S. 183.)

23 AaO S. 185. Auch **gesellschaftlich** schienen die muslimischen Invasoren den Hindus weit überlegen gewesen zu sein. Hindukönigen und -prinzen, durch traditionelle Erbfolge an die Macht gekommen, standen hochmotivierte Generäle gegenüber – mitunter sogar soziale Aufsteiger aus dem Sklavenmilieu –, die ihre Macht vor allem ihren politischen und militärischen Fähigkeiten verdankten: »Der immobilen hinduistischen Kastengesellschaft standen damit Eroberer gegenüber, deren militärische und politische Führungseliten einem ständigen Erneuerungsprozeß unterworfen waren« (aaO S. 186). Anders **F. Wilhelm – A. T. Embree**, welche die sozialen Unterschiede, besonders das Kastenwesen, kaum für die militärischen Erfolge der Muslime verantwortlich machen, sondern diese vor allem »in der Führung, in den Waffen, in der militärischen Organisation und in der Taktik« begründet sehen (Indien, S. 190).

24 **F. Wilhelm – A. T. Embree**, Indien, S. 185.

25 Vgl. dazu oben Kap. C II,2: Die klassische Spätzeit: Indiens frühes Mittelalter.

26 **H. Kulke – D. Rothermund**, Geschichte Indiens, S. 187.

27 AaO S. 188 (Hervorhebung von mir).

28 **A. Hottinger**, Akbar, S. 24.

29 **A. Schimmel**, Mystische Dimensionen, S. 387.

30 Nach seiner Heimkehr von einem erfolgreichen Feldzug nach Bengalen wird der erste Sultan **Tughluq Shāh** von seinem jüngsten Sohn vor Delhi zur Feier des Sieges in einem eigens errichteten hölzernen Pavillon empfangen. Nach dem Essen läßt der stolze Sultan seine erbeuteten Elefanten am Pavillon vorbeiziehen, der, den starken Erschütterungen nicht gewachsen, in sich zusammenbricht und den Sultan und seinen jüngsten Sohn unter sich begräbt. **Ulugh Khan**, älterer Sohn des Sultans und Thronfolger, entkommt der Katastrophe, weshalb ihm der Tod des Vaters als schließlich raffiniert geplanter Vatermord ausgelegt wird.

31 **F. Wilhelm**, Art. Geschichte, in: H. G. Franz, Das alte Indien. Geschichte und Kultur des indischen Subkontinents, München 1990, S. 83-144, Zit. S. 129. Offenbar wurde dieser Spruch in Indiens Geschichte mehrfach zitiert: **D. Rothermund** zitiert ihn zur Illustration der geschwundenen Macht des Großmoguls – viel später – um 1785 (vgl. **H. Kulke – D. Rothermund**, Geschichte Indiens, S. 258).

32 Zit. nach **A. Schimmel**, Der Islam auf dem indischen Subkontinent, S. 28.

33 **F. Wilhelm – A. T. Embree**, Indien, S. 202.

34 Zur Entwicklung dieser Regionen, auf die in unserem Kontext im einzelnen nicht eingegangen werden kann, vgl. **A. Schimmel**, Der Islam auf dem indischen Subkontinent, S. 31-58; **dies.**, Islam in the Indian Subcontinent, S. 36-74. Vgl. dazu auch Anm. 37.

35 **H. Kulke – D. Rothermund**, Geschichte Indiens, S. 203 (Hervorhebungen von mir).

36 Entsprechendes berichtet jedenfalls der russische Reisende **Nikitin**, der um 1470 nach Südindien kam: »Das Land ist überbevölkert, aber die Menschen auf dem Lande leben sehr elend, während die Vornehmen überaus wohlhabend sind und sich am Luxus erfreuen.« (Zit. nach **F. Wilhelm – A. T. Embree**, Indien, S. 206.)

37 **H. Kulke – D. Rothermund**, Geschichte Indiens, S. 205. Als weitere **politisch-kulturell bedeutende Sultanate** dieser Zeit, zumeist auf ehemaligem Territorium des Delhi-Sultanats, sind zudem zu nennen: das nordöstliche **Bengalen** (1338-1576), das im mittleren Norden gelegene **Jaunpur** (1394-1476), das nördlich des Bahmanī-Sultanats gelegene **Khāndesh** (1399-1599), das nördlich davon gelegene **Mālwa** (1401-1531), das westlich davon an der Küste gelegene **Gujarāt** (1403-1572/73), das nordwestliche **Mūltān** (1444-1524) und das weit nördlich gelegene,

seit 1315 unabhängige **Kaśmīr** (-1568). »Diese Königreiche kopierten nicht nur das Verwaltungssystem des Delhi-Sultanats, sondern auch sein kulturelles Leben. Ihre Hauptstädte förderten Gelehrte, Musiker, Künstler und Geistliche in dem Maße, wie es in einem zentralistischen Großreich kaum der Fall gewesen sein dürfte. Und ohne Ausnahme waren die Herrscher ... große Bauherren, deren Moscheen und Paläste sich mit denen in Delhi messen konnten.« Doch obwohl nominell islamische Sultanate, war in diesen Staaten »der Islam im wesentlichen auf die Hauptstadt und einige andere Städte beschränkt«; auf dem Land konnte er sich gegen den omnipräsenten undogmatischen Hinduismus kaum durchsetzen. (**F. Wilhelm – A. T. Embree**, Indien, S. 207f.)

38 **H. Kulke – D. Rothermund**, Geschichte Indiens, S. 208.

39 Bis heute berühmt ist das **Wagenfest** vieler Städte Bengalens und Orissas, das am zweiten Tag der zunehmenden Hälfte des Monats Āṣāḍha (Juni-Juli) stattfindet. Jagannātha, sein Bruder Balarāma und seine Schwester Subhadrā werden auf bis zu 15 m hohe Turmwagen gehoben. In Purī werden die Götterbilder, gezogen von über 4000 Helfern, »in feierlicher Prozession nach dem ›Sommerhause‹ übergeführt, wo Jagannātha von seiner Gattin Lakṣmī willkommen geheißen wird, deren Bild aus ihrem Tempel dorthin verbracht worden ist«. (**J. Gonda**, Die Religionen Indiens, Bd. II, Stuttgart 1963, S. 276f.). Berichte von fanatischen Selbstmördern, die sich in religiösem Eifer unter die Wagen werfen, sind wohl eher übertrieben; wer allerdings die notorisch überbevölkerten Städte Indiens kennt, zumal bei solch hohen religiösen Festen, weiß, welch gefährliches Gedränge dort herrscht. Aktuelle Informationen über diesen Kult bietet heute die Internetseite des Jagannātha-Tempels (Swagatam Jagannath Dham) in Purī: http://ori.nic.in/jagannath/.

40 Inwieweit der heutige Tempel Purīs mit dem 1135 errichteten identisch ist, ist umstritten. Zwar berichtet die zeitgenössische Chronik des Delhi-Sultans Firoz Shāh, er habe 1361 mit Gottes (des Gottes der Muslime) Hilfe den damaligen Tempel und seine »Götzen« zerstört, doch berichten merkwürdigerweise keine anderen Quellen von dieser angeblichen Zerstörung. 1568 haben die einfallenden Truppen des afghanischen Sultans von Bengalen den Tempel entweiht und die versteckten Götterstatuen zerstört. Wenige Jahrzehnte später, kurz vor dem Untergang des Reiches, ist der Jagannātha-Kult in Purī erneuert worden.

41 **H. Kulke – D. Rothermund**, Geschichte Indiens, S. 209.

42 Zum Streit südindischer Gelehrter über die – mehr oder weniger dramatische – Geschichte der Brüder vgl. aaO S. 211f.

43 AaO S. 213.

44 Neben dem Hauptkloster **Śṛṅgeri** im Südwesten Indiens sind dies **Purī** im Osten, **Dvārakā** im Westen und **Badarīnātha** im Norden des Subkontinents.

45 So vermuten jedenfalls **H. Kulke – D. Rothermund**, Geschichte Indiens, S. 155, 212.

46 Virūpākṣa ist einer der vielen Namen Śivas, die bestimmte Attribute Śivas bezeichnen, und heißt, frei übersetzt, soviel wie »der ohne falsch unterrichtete Augen (*virūpa-akṣa*) ist«; vgl. **A. Daniélou**, The Myths and Gods of India, New York 1964, S. 191.

47 **F. Wilhelm – A. T. Embree**, Indien, S. 214.

48 Um Bāburs Tod rankt sich folgende Legende: Bāburs Sohn Humāyūn war so schwer erkrankt, daß der Kaiser inbrünstig zu Gott betete, er möge ihn statt des todgeweihten Humāyūns zu sich nehmen; daraufhin gesundete der Sohn und erhob sich von seinem Krankenlager, den Vater hingegen ergriff ein schweres Fieber, und er starb – erfüllt von der großen Freude, Gott habe ihn erhört.

49 In seinen Memoiren lobt Bābur zwar die Größe Indiens, sein Klima, seinen Reichtum, die vielen Arbeitskräfte und das Kastenwesen mit klar geregelter Arbeitsteilung als eindeutige Vorzüge des Landes, mit den Menschen und ihrer Kultur scheint er sich aber nie angefreundet zu haben: Sie seien häßlich und schmutzig, nicht gesellig, unbegabt, hätten keine Baukultur, keine guten Pferde oder Hunde, schlechtes Essen, kein fließendes, gar gekühltes Wasser und seien halbnackt und merkwürdig gekleidet; vgl. **A. Hottinger**, Akbar, S. 40-42.

50 So **E. Serauky**, Geschichte des Islam. Entstehung, Entwicklung und Wirkung von den Anfängen bis zur Mitte des XX. Jahrhunderts, Berlin 1991, S. 309: Humāyūn erhielt »als Gegenleistung für sein Bekenntnis zur persischen Schia ... eine Kavallerie-Abteilung von ca. 10 000 zugeteilt, die unter einem persischen Feldherrn bei der Wiedereroberung Indiens direkte Unterstützung leisten sollte«. Zurückhaltend in dieser Frage **A. Schimmel**, Der Islam auf dem indischen Subkontinent, S 60.

51 Von seinem Chronisten **Abu'l-Fazl** überliefert, zit. aaO S. 65.

52 **H. Kulke – D. Rothermund**, Geschichte Indiens, S. 223.

53 **F. Wilhelm – A. T. Embree**, Indien, S. 234.

54 **A. Hottinger**, Akbar, S. 89. Zu den folgenden Ausführungen über **Akbars Verwaltungsreformen** vgl. ebd. S. 89-95; ferner **H. Kulke – D. Rothermund**, Geschichte Indiens, S. 224f.

55 Im Abendland waren Lehen erblich, und die Lehensträger erwarben ein »Recht« darauf, was mit der Zeit zu relativer Unabhängigkeit, ja Macht gegenüber ihren Oberherren führte. Im Orient kannte man ein solches »Recht« nicht, und man war bemüht, keine allzu große Unabhängigkeit der Lehensträger aufkommen zu lassen und sicherzustellen, daß die Lehensträger regelmäßig die Leistungen erbrachten, die mit der Verleihung der Lehen verbunden waren. Vgl. **A. Hottinger**, Akbar, S. 90.

56 Bei dieser Reform sollte jedes Gebiet den Ertrag von einem »Kror« erbringen, das 10 Millionen »Tankas« entspricht, die den Wert von 250 000 Silberrupien hatten; von jeder Silberrupie konnte man normalerweise 88 Kilo Weizen kaufen, d. h., jedes Gebiet warf einen Ertrag ab, der in normalen Zeiten 22 000 Tonnen Weizen entsprach; vgl. **A. Hottinger**, Akbar, S. 92. Über den Erfolg bzw. Mißerfolg dieser »Reform« sind zwar die Chronisten verschiedener Meinung; die Tatsache aber, daß sie bald aufgegeben wurde, spricht wohl gegen sie.

57 **H. Kulke – D. Rothermund**, Geschichte Indiens, S. 224.

58 AaO S. 225.

59 Diese Worte sind überliefert vom katalanischen Jesuitenmissionar **Antonio Monserrate**. Sie sind Teil einer Begrüßungsrede Akbars bei der Ankunft der christlichen Missionare (zit. nach **A. Hottinger**, Akbar, S. 134). Es war die dritte Mission von Jesuiten an den Hof, alle drei auf Ersuchen des Kaisers zustande gekommen, wobei es hier, beim dritten Besuch, zur ersten intensiven theologischen Auseinandersetzung kam.

60 AaO S. 61 (Hervorhebungen von mir).

61 Im Koran werden die **Tora** der Juden und das **Evangelium** der Christen wie der **Koran** als **von Gott »herabgesandte«, also geoffenbarte Bücher** bezeichnet (vgl. Sure 3,3f.). Entsprechend werden **Juden** und **Christen** nicht als »Ungläubige«, sondern, wie Muslime, als »**Schriftbesitzer**« (*ahl al-kitāb*), d. h. Besitzer eines göttlichen Offenbarungsbuches, betrachtet (vgl. Sure 2,105.145f., 5,15.19). Sure 5,44-48 beschreibt das Verhältnis der drei Offenbarungsbücher zueinander: Sie sind als inhaltliche Einheit zu sehen und bestätigen sich gegenseitig, da sie alle von einem Urbuch bei Gott, hier als »Buch« bezeichnet, abstammen. Da der Islam die im Koran überlieferte Offenbarung als abschließende und letztverbindliche Offenbarung

sieht, wird auch entsprechend von der Tora und dem Evangelium als Schriften gesprochen, die Gottes »Rechtleitung und Licht« enthalten (vgl. Sure 5,44.46), vom Koran aber als »Buch mit der Wahrheit«, das »bestätige, was vom Buch vor ihm vorhanden war, und alles, was darin steht, fest in der Hand habe« (Sure 5,48).

62 **A. Hottinger**, Akbar, S. 10.

63 **A. Schimmel**, Der Islam im indischen Subkontinent, S. 62; vgl. dazu auch **dies.**, Islam in the Indian Subcontinent, S. 80.

64 **A. Hottinger**, Akbar, S. 111; vgl. S. 113

65 Vgl. aaO S. 115f.

66 Vgl. dazu aaO, Kap. 6: »Der Islam und die anderen Religionen« (S. 123-139).

67 AaO S. 128.

68 AaO S. 130.

69 **al-Badāʿūnī**, ʿAbdul Qādir, Ausgewählte Chroniken, zit. nach aaO S. 118.

70 AaO S. 122.

71 Zur Übersetzung des Begriffs vgl. aaO S. 154f.

72 **H. Kulke – D. Rothermund**, Geschichte Indiens, S. 226.

73 **A. Schimmel**, Der Islam im indischen Subkontinent, S. 64.

74 AaO S. 68.

75 Zum **Naqshbandi-Orden** vgl. **A. Schimmel**, Mystische Dimensionen des Islam, S. 406-416; zur reformerischen Rolle dieses Ordens vgl. auch **dies.**, Der Islam im indischen Subkontinent, S. 88-95.

76 **H. Kulke – D. Rothermund**, Geschichte Indiens, S. 227. Zur **Mogul-Architektur** vgl. auch **F. Wilhelm – A. T. Embree**, Indien, S. 246-251.

77 **A. Schimmel**, Der Islam im indischen Subkontinent, S. 72.

78 AaO S. 73 (Hervorhebungen von mir).

79 Vgl. Koran, Sure 56,78. Die Deutung dieser Sure ist umstrittten. Manche sehen in dieser Formulierung den Hinweis auf die verborgene göttliche Urschrift des Korans, andere sehen darin lediglich den Hinweis auf die herausragende Qualität des Korans. Zu Dārās Einschätzung vgl. **A. Schimmel**, Islam in the Indian Subcontinent, S. 99f.

80 Vgl. **E. Serauky**, Geschichte des Islam, S. 330.

81 Während die einen in Aurangzebs Religionspolitik vor allem einen fatalen Verrat an der seit Aśoka und Akbar berühmten indischen Toleranz gegenüber Andersgläubigen sehen, betonen andere, vornehmlich muslimische Historiker, daß Aurangzebs Stärkung des traditionellen Islam für das Überleben des Islam in Indien geradezu notwendig gewesen sei, da dieser sonst vom Hinduismus womöglich aufgesogen worden wäre; vgl. dazu **F. Wilhelm – A. T. Embree**, Indien, S. 257-262.

82 **J. Sarkar**, History of Aurangzib, zit. nach **E. Serauky**, Geschichte des Islam, S. 332.

83 Aus einem Schreiben **Aurangzebs** an einen seiner Söhne, zit. nach **F. Wilhelm – A. T. Embree**, Indien, S. 267.

84 **E. Serauky**, Geschichte des Islam, S. 333.

85 Vgl. dazu unten das Kap. D II: Indien unter europäischer Kolonialherrschaft.

86 Sehr zurückhaltend hier das Urteil von **F. Wilhelm – A. T. Embree**, Indien, S. 218.

87 Vgl. **A. Hottinger**, Akbar, S. 36.

88 **F. Wilhelm – A. T. Embree**, Indien, S. 218.

89 **A. Schimmel**, Der Islam im indischen Subkontinent, S. 21.

90 **A. Hottinger**, Akbar, S. 33.

91 Vgl. **F. Wilhelm – A. T. Embree**, Indien, S. 219f. Einen guten Überblick über die Etappen muslimischer Architektur in Indien und ihre wichtigsten Bauwerke bietet **M. S. Briggs**, Muslim Architecture in India, in: A. L. Basham (Hrsg.), A Cultural

History of India, Oxford 1975, S. 310-325.

92 Vgl. **A. Schimmel**, Der Islam im indischen Subkontinent, S. 22.

93 AaO S. 13; vgl. auch **dies.**, Mystische Dimensionen, S. 390.

94 **Dies.**, Mystische Dimensionen, S. 390.

95 AaO S. 400.

96 **Dies.**, Der Islam im indischen Subkontinent, S. 20. Vgl. dazu **dies.**, Mystische Dimensionen, S. 401. Zur **Bhakti-Bewegung** vgl. oben Kap. C II,7: »Kṛṣṇa-Viṣṇu-Kult und Viṣṇuismus«.

97 **Dies.**, Der Islam im indischen Subkontinent S. 18.

98 AaO S. 21.

99 **A. Hottinger**, Akbar, S. 32.

100 **A. Schimmel**, Der Islam im indischen Subkontinent S. 1.

101 Es sei hier nochmals darauf hingewiesen, daß das Wort **Sekte** im indischen Kontext – anders als etwa im deutschen allgemeinen Sprachgebrauch – nichts zu tun hat mit »Abspaltung« oder »Häresie«. Sekte heißt im indischen Kontext **Gefolgschaft** und leitet sich nach indischem Verständnis nicht vom Lateinischen *secare* (abschneiden, trennen) ab, sondern von *sequi* (begleiten, folgen, nachgehen). So unterschiedlich Namen und Organisationsformen dieser Gruppen sind – sie heißen *patha* (»Weg«), *sampradāya* (»Überlieferung«), *saṃgha* (»Gemeinschaft«) oder *samāja* (»Gesellschaft«) –, so unterschiedlich ist deren Lebensform: in Einsiedeleien (*maṭha, āśrama*), in Klöstern (*vihāra*) oder organisiert in sogenannten »Gymnasien« oder »Regimentern« (Hindī, *ākhāṛā*); vgl. **A. Michaels**, Der Hinduismus, S. 349.

102 **A. Michaels**, Der Hinduismus, S. 62. Ein Beispiel, wie eine solche Schule zwar nicht unter unmittelbarem Einfluß des Islam entstand, aber in jener Zeit zu großer religionspolitischer Bedeutung gelangte, bietet der einflußreiche Mönch Vidyāraṇya im Vijayanagara des 7. Jahrhundert: Er hatte womöglich selber die Geschichte von Śaṅkaras Wanderung durch ganz Indien, die »Erhebung« seines Klosters Śṛṅgeri zum Gründungskloster Śaṅkaras und die auf Śaṅkara zurückgeführte Einrichtung der Śaṃkarācāryas in den vier größten und fortan normativen Klöstern Indiens wenn nicht geschaffen, so zumindest stark ausgebaut; vgl. oben Kap. D I,3: »Vijayanagara: Hindugroßmacht über Indiens Süden«; dazu **H. Kulke – D. Rothermund**, Geschichte Indiens, S. 155. 212.

103 Zur **Bhakti-Bewegung** und zum **Devotionalismus** vgl. besonders **A. Michaels**, Der Hinduismus, S. 60-62. 78-80. 278-285. 350-354. **J. Gonda**, Die Religionen Indiens, Bd. II, Kap. II,1 und II,2.

104 **A. Michaels**, Der Hinduismus, S. 285.

105 AaO S. 278.

106 AaO S. 280.

107 Ebd.

108 **J. Gonda**, Die Religionen Indiens, Bd. II, S. 130f.

109 **A. Michaels**, Der Hinduismus, S. 61.

110 AaO S. 62.

111 AaO S. 61.

112 AaO S. 62.

113 AaO S. 352.

114 Die Tabelle ist, leicht modifiziert, übernommen von **A. Michaels**, Der Hinduismus, S. 79.

115 **Vārkarī Panth** (»Pilgerpfad«) ist eine **kṛṣṇaitische** Kultgemeinschaft aus dem 13. Jahrhundert (in Süd-Mahārashtra), deren Mitglieder ihren Gott Viṭhobā oder Viṭṭhala als Form Kṛṣṇas verehren.

116 Die **Nirguṇī Sants** (»Heilige«) betonen die **Eigenschaftslosigkeit** (*nirguṇa*) **Gottes.**

117 Die **Aghorīs**, nach eigenem Selbstverständnis die Nachfolger der radikalen **Kāpālikās**, wollen durch besonders extremes Verhalten – etwa den Konsum von Leichenteilen oder Exkrementen und der Benutzung von Totenschädeln als Bettelschale – ihre Weltüberwindung ausdrücken.

118 Die von **Sahajānand Svāmi** alias **Svāminārāyaṇa** in Gujarāt ins Leben gerufene Bewegung ist eine aufklärerische soziale und politische Reformbewegung. Sahajānand lehrte seine Anhänger vor allem die Verehrung Nārāyaṇas bzw. Kṛṣṇas, legte ihnen aber auch die Verehrung der übrigen großen Hindugötter ans Herz. Die Bewegung ist auch insofern bemerkenswert, als sie in Londons Stadtteil **Neasden** den größten (und prächtigsten) je außerhalb Indiens errichteten Hindutempel bauen ließ und **1995** in Betrieb nahm. Zur Theologie und Geschichte der Bewegung vgl. **R. B. Williams**, An Introduction to Swaminarayan Hinduism, Cambridge 2001.

119 Zum **Sikhismus** vgl. **W. H. Mc Leod**, The Evolution of the Sikh Community. Five Essays, London 1976. **H. Singh**, Berkeley Lectures in Sikhism, New Delhi 1983. **M. Thiel-Horstmann**, Leben aus der Wahrheit. Texte aus der Heiligen Schrift der Sikhs, Zürich 1988 (bes. die Einleitung). **H. S. Singha**, Mini Enzyclopaedia of Sikhism, New Delhi 1989. **C. P. Baumann**, Art. Sikhismus, in: M. Tworuschka – U. Tworuschka (Hrsg.), Bertelsmann Handbuch Religionen der Welt. Grundlagen, Entwicklung und Bedeutung in der Gegenwart, Gütersloh 1992, S. 283-288. **K. Singh**, Art. Sikhism, in: The New Encyclopædia Britannica. Macropædia, Chicago ^{15}1994, Bd. 27, S. 284-287. **M. Stukenberg**, Die Sikhs. Religion, Geschichte, Politik, München 1995.

120 Vom **Ādi Granth** gibt es **drei Rezensionen**, von denen jene von der Mehrzahl der Sikhs als authentisch betrachtet wird, die 1704 von **Gobind Singh** revidiert wurde. Die genannte Anzahl der Hymnen bezieht sich auf diese Ausgabe.

121 974 Hymnen stammen von Nānak, 62 von Aṅgad, 907 von Amar Dās, 679 von Rām Dās Soḍhī und 2218 von Arjun Mal selber.

122 Daß Gobind Singh der letzte lebende Sikhmeister war, wird von der überwiegenden Mehrheit der Sikhs geglaubt. Nur drei kleinere abgespaltene Gemeinschaften – die Namdharis, Radhasoami Satsang und Ruhani Satsang – sind der Überzeugung, daß ein lebender Meister notwendig ist, und haben solche aus ihren Reihen rekrutiert.

123 Die beiden Zitate aus dem Morgengebet stammen aus **C. P. Baumann**, Art. Sikhismus, S. 284.

124 Offenbar geht der **strenge Vegetarismus** nicht auf die zehn Gurūs zurück, sondern er muß erst von militanten Sikhs im Januar 1991 propagiert und erzwungen worden sein. Sie waren der Meinung, daß der Verkauf von Fleisch – wie auch der von Alkohol und Nikotin – der Heiligkeit der Orte Amritsar, Anandpur Sahib und Damdama Sahib widersprach, die sie für »heilig« erklärten. Lokale Fleischhändler baten öffentlich um Lockerung des Verbots, allerdings ohne Erfolg; vgl. **M. Stukenberg**, Die Sikhs, S. 130f.

125 In der Praxis ist das Familienleben und damit auch das Geschlechterverhältnis der Sikhs freilich stark von ihrem unmittelbaren kulturellen Kontext geprägt: »Der Frau ist es zwar erlaubt, eine beliebige Funktion in der Sikhgemeinde zu übernehmen, aber in der Realität sind es doch meistens Männer, die *granthi* (Anm.: Vorbeter), *ragi* (Anm.: Vorsänger) oder Präsident sind. Und doch genießen die Sikhfrauen eine viel höhere Stellung als in anderen indischen Religionen.« (**C. P. Baumann**, Art. Sikhismus, S. 286).

126 **M. Stukenberg**, Die Sikhs, S. 34.

127 AaO S. 36.

128 Vgl. dazu oben Kap. D II,2: »Indien wird britische Kronkolonie«.
129 Zu den einzelnen Maßnahmen vgl. **M. Stukenberg**, Die Sikhs, Kap. II,3: Die Erfolgsgeschichte der Sikhs unter den Briten (S. 36-41).
130 Die gesamte **politische Entwicklung um die Sikhs und den Panjāb**, die hier nur knapp und in wenigen Sätzen skizziert werden kann, ist ausführlich dargestellt und analysiert aaO Kap. III-IV.
131 **M. Stukenberg**, Die Sikhs, S. 77f.

D II. Indien unter europäischer Kolonialherrschaft

1 **Cristoforo Colombo**, dt. Christoph Kolumbus, ging nach seiner Ablehnung durch die Portugiesen 1485 nach Spanien und vereinbarte 1492 vertraglich mit den spanischen Herrschern Isabella und Ferdinand II., daß ihm 10 Prozent der zu erwartenden Gewinne dieser Entdeckungsfahrt zukommen. Auf seiner ersten Fahrt landete Colombo am 12. 10. 1492 in Guanahani, am 27. 10. in Kuba, am 6. 12. in Haiti. Auf einer zweiten Fahrt (1493-96) »entdeckte« er für die Portugiesen die Kleinen Antillen, Jamaika und Puerto Rico; auf einer dritten Seereise (1498-1500) erreichte er die Küste im Norden Südamerikas.
2 Zur **Indienfahrt Vasco da Gamas** vgl. besonders **D. Rothermund**, Der Seeweg nach Indien, in: Periplus 1998. Jahrbuch für außereuropäische Geschichte, 8. Jg., S. 1-7. Zunächst verlief diese vertragliche Grenze, nachdem Kolumbus Amerika entdeckt hatte, scharf an Brasilien vorbei. Nachdem die Portugiesen aber vermuteten, daß sie auf der Fahrt um Afrika herum durch den Südatlantik womöglich so weit nach Westen mußten, daß sie dabei Brasilien erreichten, verschob man auf Drängen der Portugiesen die Grenze im Vertrag von Tordesillas im Jahr darauf um ca. 1000 km nach Westen, so daß sie dann ungefähr dem 46. Längengrad entsprach und in der Nähe von São Paolo verlief. Damit wollte man »sicherstellen … daß mögliche Stützpunkte im Südatlantik nicht den Spaniern zugesprochen wurden«. (aaO S. 2.)
3 AaO S. 1. Das Kap war bereits 1488 von Bartolomeo Dias umrundet worden; der nannte es noch das »windgepeitschte Kap«, der spanische König machte daraus das »Kap der Guten Hoffnung« (aaO S. 2).
4 Vgl. dazu oben Kap. C I,4: Perser und Griechen greifen nach Indien.
5 Ausgehend von den »Reiseberichten« eines russischen Abenteurers aus dem 19. Jahrhundert, von Interpretationen apokrypher Schriften und von Berichten über ein angebliches Jesusgrab in Śrīnagar hatte der Journalist **Siegfried Obermeier** in den 1980er Jahren mit der Hypothese von sich reden gemacht: Starb Jesus in Kaschmir? Das Geheimnis seines Lebens und Wirkens in Indien, Düsseldorf 1983.
6 Dem Johannesevangelium zufolge (vgl. Jo 20,24-29) hatte Thomas erst an Jesu Auferstehung geglaubt, nachdem er die Wundmale des Auferstandenen gesehen und seine Finger in dessen Seite gelegt hatte.
7 Vgl. dazu **A. M. Mundadan**, Sixteenth Century Traditions of St. Thomas Christians, Bangalore 1970. Ferner, mit weiterführender Spezialliteratur, **R. E. Frykenberg**, Christians in India: An Historical Overview of Their Complex Origins, in: ders. (Hrsg.), Christians and Missionaries in India. Cross-Cultural Communication since 1500. With Special Reference to Caste, Conversion, and Colonialism, Grand Rapids/Michigan 2003, S. 33-61; **P. Carson**, Christianity, Colonialism, and Hinduism in Kerala: Integration, Adaptation, or Confrontation?, in: R. E. Frykenberg (Hrsg.), Christians and Missionaries in India, S. 127-154, bes. S. 129-134; **P. Placid**, Art. Thomaschristen, in: Lexikon für Theologie und Kirche, Bd. 10, Freiburg

1986, Sp. 152-154.

8 Vgl. **R. E. Frykenberg**, Christians in India, S. 35.

9 AaO S. 36f.

10 Vgl. **P. Carson**, Christianity, S. 131f. 139.

11 Allein der **Pfefferpreis** stieg zwischen 1498 und 1500 von 50 Dukaten auf 130 Dukaten für 400 Pfund an (vgl. **D. Rothermund**, Der Seeweg nach Indien, S. 5). Entsprechend kommt es zu einem Strukturwandel im portugiesischen Staatshaushalt: Vergleicht man die beiden Jahre 1506 und 1518, so brachte der Handel mit afrikanischem **Gold** in beiden Jahren denselben Gewinn von je 120 000 Cruzados, während die Einnahmen aus dem **Gewürzhandel** von 135 000 auf 300 000 Cruzados anstiegen. So konnten die Portugiesen in der ersten Hälfte des 16. Jahrhunderts jährlich durchschnittlich 50 000 Cruzados in diesen Handel investieren, zumal sie im Mittelmeerhandel ungefähr das Zehnfache aufwenden mußten, um etwa dieselbe Menge an Gewürzen zu erhalten. (Vgl. **H. Kulke – D. Rothermund**, Geschichte Indiens, S. 234.)

12 Die **Zamorin** (= Samudri Rāja = Meeresherrscher) von Calicut waren eine Hindudynastie des 15. Jahrhunderts, die »in einer eigentümlichen Symbiose mit einer islamischen Bevölkerungsgruppe« lebten, den Mappilas, Nachkommen arabischer Seefahrer, die »enge Handelsbeziehungen zu den Häfen am Persischen Golf und Roten Meer« unterhielten, von wo die Venezianer über die Mameluken jenen Pfeffer erhielten, »der im Hinterland von Calicut produziert wurde« (**D. Rothermund**, Der Seeweg nach Indien, S. 5). Bei seiner ersten Reise hielt Vasco da Gama diese Hindus zunächst für Christen, da sie keine Muslime waren, und hoffte, mit deren Hilfe etwas gegen die muslimischen Händler unternehmen zu können. Dabei verkannte er aber völlig, daß der Zamorin ja auf die Muslime angewiesen war und nicht daran dachte, mit den Portugiesen gemeinsame Sache zu machen.

13 Vgl. aaO S. 6.

14 Vgl. aaO S. 7.

15 **H. Kulke – D. Rothermund**, Geschichte Indiens, S. 235.

16 Eine Ausnahme ist die portugiesische Enklave **Hooghly** (Hugli) im westlichen Bengalen, nördlich von Calcutta, aus der die Portugiesen schließlich doch von Akbar dem Großen vertrieben wurden, nachdem dieser zuvor im Jahr 1574 Gujarāt ohne portugiesischen Widerstand rückerobert und dem Mogulreich einverleibt hatte. Überhaupt wurde das **Interventionspotential der europäischen Seemächte** als **relativ gering** erachtet, solange sie für ihre Fahrten auf den jährlichen Monsun angewiesen waren und vor Ort noch keine einheimischen Söldner zur permanenten Wahrnehmung und Durchsetzung ihrer Interessen angeworben hatten.

17 Eines der folgenreichsten »Kulturgüter«, welche die Portugiesen nach Indien brachten, war übrigens die **Tabakpflanze**. Sie revolutionierte die gesellschaftlichen Gewohnheiten der indischen Bevölkerung. Nach ihrer Einfuhr im frühen 17. Jahrhundert sollte sich ihr Genuß bald so großer Beliebtheit erfreuen, daß Akbars Enkel, der Mogul **Shājahān**, ein Edikt erließ, das den schon damals offenkundig gesundheitsschädigenden Tabakgenuß unterbinden sollte – allerdings ohne Erfolg; vgl. **L. S. S. O'Malley** (Hrsg.), Modern India and the West. A Study of the Interaction of their Civilizations, London 1941, S. 47f.

18 Vgl. **D. J. Bosch**, Transforming Mission. Paradigm Shifts in Theology of Mission, New York 1991.

19 Die »berühmteste« **Großfälschung** sind die **pseudoisidorischen Dekretalen**, eine Sammlung von 115 (wohl in der Diözese Reims) gefälschten und 125 authentischen, aber teils manipulierten Dokumenten, einem sonst unbekannten Isidorus

Mercator zugeschrieben: päpstliche Dekretalen, Synodalbeschlüsse, fränkische Reichsgesetze einschließlich der angeblichen »Konstantinischen Schenkung« beginnend mit einem gefälschten Brief des Clemens von Rom an den Herrenbruder Jakobus. Mit dem Ziel, die Macht der Bischöfe und des Papstes gegenüber den fränkischen Königen zu stärken, behaupten die »pseudoisidorischen Dekretalen« im Kern, daß schon die alte Kirche bis in alle Einzelheiten vom Papst als *caput totius orbis* (»Oberhaupt des ganzen Erdkreises«!) regiert wurde: »Das bisher von den fränkischen Königen ausgeübte Recht, Synoden abzuhalten und zu bestätigen, wird allein dem Papst zugesprochen; angeklagte Bischöfe können an den Papst appellieren; überhaupt sind alle ›schwererwiegenden Angelegenheiten‹ (›causae maiores‹) dem Papst zur endgültigen Entscheidung vorbehalten. Ja, Staatsgesetze, die mit den Kanones und Dekreten des Papstes in Widerspruch stehen, gelten als nichtig«; vgl. **H. Küng**, Das Christentum, S. 426-433, Zit. S. 427.

20 Vgl. aaO Kap. C III: Das römisch-katholische Paradigma des Mittelalters (S. 336-601).

21 **Ders.**, Spurensuche, S. 255f.; zum Gesamtkontext vgl. S. 253-257.

22 Bereits 1452 übertrug Calixts Vorgänger Papst Nikolaus V. dem portugiesischen König Alfonso I. das Recht, »Krieg zu führen gegen Sarazenen, Ungläubige und alle anderen Feinde Christi, wer auch immer und wo auch immer sie sein mögen«, und das Recht »in ihre Königreiche einzudringen, sie zu besetzen und zu unterwerfen«. (**P. Carson**, Christianity, S. 135.)

23 Ganz auf der Linie der damaligen Politik teilte Papst Alexander VI. in seiner Bulle *Inter Caetera Divinae* die gesamte außereuropäische Welt unter den Königen Portugals und Spaniens auf.

24 Äußerst kritisch bezüglich Xaver ist die Publikation des **Indian Bibliographic Centre** (Research Wing): »Christianity and Conversion in India« (Varanasi 1999). Für sie ist Xaver (wie auch Alexis de Menezes) der Prototyp jenes Missionars, der bei der erbarmungslosen Verfolgung von Nichtchristen Hand in Hand mit den portugiesischen Autoritäten arbeitete (vgl. S. 62-64).

25 Vgl. dazu **D. J. Bosch**, Transforming Mission, S. 228-230.

26 **W. Halbfass**, Indien und Europa. Perspektiven ihrer geistigen Begegnung, Basel 1981, S. 54.

27 So soll an de Nobilis Haus ein Palmblatt-Manifest angeschlagen gewesen sein mit den Worten: »Ich bin kein *parangi* [Anm.: Begriff f. »freier« europäischer Christ, für de Nobili Synonym für »Portugiese«], ich wurde weder im Land der *parangis* geboren, noch war ich je mit einem ihrer Geschlechter verbunden ... Ich komme aus Rom, wo meine Familie einen ebenso respektablen Rang innehat, wie jeder *raja* in diesem Land.« (Zit. nach **R. E. Frykenberg**, Christians in India, S. 45.)

28 **W. Halbfass**, Indien und Europa, S. 54f.

29 AaO S. 58.

30 De Nobili soll während seines 50jährigen Wirkens insgesamt nur 4016 Menschen, meist Kastenlose, zum Christentum bekehrt haben, was ihn 1656 als frustrierten Menschen sterben ließ (vgl. **Indian Bibliographic Centre** (Research Wing), Christianity and Conversion, S. 65). Vergleichbar mit de Nobili in Methode und Vorgehensweise war der Jesuit Constanzo Guiseppe **Beschi** (1680-1747).

31 Der Begriff **Ritenstreit** steht neben der genannten Auseinandersetzung in Indien vor allem für den Konflikt der **jesuitischen Chinamissionare** (Matteo Ricci und dessen Nachfolger) mit dem Papst über die Erlaubtheit des Vollzugs traditioneller chinesischer Zeremonien und Handlungen (etwa Ahnen- und Konfuziusverehrung) für Christen. 1704 verbietet Papst Clemens XI. unter Androhung der Exkommuni-

kation diese Riten – und damit chinesischen Christen ihre traditionelle chinesische Existenz. 1717 führt dies zum chinesischen Verbot christlicher Mission und des Christentums überhaupt in China. Erst 1939 werden diese Riten seitens der Kirche angesichts der veränderten Lage in China (Aufstieg der Kommunistischen Partei mit Kampf gegen die Christen) wieder unter Vorbehalt gestattet.

32 Diese Maßnahme war der Beginn des **Goanesischen Schismas**, an dessen Höhepunkt Rom am 24. 4. 1838 im Breve »Multa praeclare« alle portugiesischen Patronatsdiözesen Indiens außer Goa aufhob und deren Gebiete dem Apostolischen Vikariat zuteilte. Lissabon und der Patronatsklerus verweigerten sich diesem Breve, das 1857 nach heftigen Turbulenzen schließlich zurückgezogen wurde.

33 Vgl. **P. Carson**, Christianity, S. 134f. mit Berufung auf **A. M. Mundadan**, History of Christianity in India, Bd. I, Bangalore 1984.

34 Vgl. **R. E. Frykenberg**, Christians in India, S. 40f. Nach damaligen Schätzungen der Portugiesen muß die Zahl der Thomaschristen zwischen 70 000 und 200 000 gewesen sein.

35 Vgl. aaO S. 42. Zu den Konflikten zwischen potugiesischen und indischen Christen vgl. **A. M. Mundadan**, History of Christianity, S. 283-347.

36 Nach einem Bericht von **Joao de Barros**, zit. nach **Indian Bibliographic Centre** (Research Wing), Christianity and Conversion in India, Varanasi 1999, S. 62 (Hervorhebungen von mir).

37 Aus einem Schreiben Afonso de Albuquerques an den portugiesischen König, zit. nach aaO S. 62.

38 **L. S. S. O'Malley**, Modern India, S. 45.

39 Im Jahr 1774 wurde die Inquisition in Indien eingestellt, vier Jahre später aber wieder eingeführt und 1812 endgültig abgeschafft; vgl. aaO S. 45, Anm. 4.

40 AaO S. 46.

41 **H. Kulke – D. Rothermund**, Geschichte Indiens, S. 237 (Hervorhebungen von mir).

42 AaO S. 238.

43 AaO S. 239.

44 AaO S. 240.

45 AaO S. 245.

46 Vgl. aaO S. 246.

47 AaO S. 251.

48 Die Karriere des jungen **Robert Baron Clive of Plassey** begann als junger Schreiber, der 1751 mit einer kleinen britischen Truppe Arcot eine Zeitlang erfolgreich gegen die Franzosen verteidigte. Darauf verließ der 29jährige Clive Indien, um sich mit Hilfe seines dort erworbenen Ruhmes und Vermögens in England um einen Parlamentssitz zu bewerben, den er aber wegen einer Wahlanfechtung bald wieder verlor. Um sein Vermögen gebracht, besorgte sich Clive ein königliches Offizierspatent und reiste »als Oberstleutnant ohne Truppe« erneut nach Madras, wo er seine schillernde Karriere fortsetzte (vgl. aaO S. 249f.).

49 AaO S. 253.

50 AaO S. 251 (Hervorhebungen von mir).

51 AaO S. 255.

52 AaO S. 254.

53 AaO S. 259 (Hervorhebungen von mir).

54 Vgl. oben in Kap. D I die Ausführungen über den Sikhstaat.

55 **H. Kulke – D. Rothermund**, Geschichte Indiens. S. 265.

56 Beunruhigt waren diese vor allem von politischen Maßnahmen zur Stärkung der

Rechte der Frau (Erlaubnis von Wiederverheiratung) und zur gesellschaftlichen Gleichberechtigung christlicher Konvertiten; zudem machten einflußreiche Brahmanen, mancher Privilegien enthoben, Stimmung gegen die Briten, und man fürchtete allgemein sogar die Auflösung des Kastenwesens.

57 Vgl. dazu oben in Kap. D I,6: »Von der pazifistischen Minderheit zur militanten Kampfgemeinschaft«.

58 **H. Kulke – D. Rothermund**, Geschichte Indiens. S. 277.

59 AaO S. 279f. Eine gute Analyse zum **britisch-indischen Rechtssystem** bietet **B. Lindsay**, Kap. »Law«, in: **L. S. S. O'Malley** (Hrsg.), Modern India and the West, S. 107-137.

60 Vgl. dazu die Analyse von **V. Anstey**, Kap. »Economic Development«, in: **L. S. S. O'Malley** (Hrsg.), Modern India and the West, S. 258-304. Insgesamt gelangt Vera Anstey – unter Berufung auch auf indische Stimmen – zu einer tendenziell positiven Würdigung des britischen Engagements.

61 Um 1900: ca. 46 Mio t. Fracht, 200 Mio. Passagiere, 315 Mio. Rupien Einnahmen; 1914 bei fast unverändertem Streckennetz von ca. 40 000 km: 87 Mio. t. Fracht, 458 Mio. Passagiere und 542 Mio. Rupien Einnahmen (vgl. **H. Kulke – D. Rothermund**, Geschichte Indiens, S. 284f.). Heute soll das indische Eisenbahnnetz 43 000 Meilen unfassen (damit das größte Eisenbahnnetz der Welt, allerdings zu großen Teilen in erbärmlichem Zustand), 600 Mio. Menschen und 90 Mio. t Fracht jährlich transportieren; zum britisch-indischen Kommunikations-,Verkehrs- und Transportwesen vgl. auch **L. S. S. O'Malley**, Art. »Mechanism and Transport«, in: ders. (Hrsg.), Modern India and the West, S. 221-257.

62 Vgl. zu dieser komplexen Problematik, auf die in unserem Kontext nicht näher eingegangen werden kann, das sehr aufschlußreiche Kapitel »Entwicklung und Unterentwicklung«: **H. Kulke – D. Rothermund**, Geschichte Indiens, S. 289-302.

63 AaO S. 300.

64 AaO S. 265f.

65 Vgl. dazu die Analyse britischer Erziehungspolitik von **R. P. Sharma**, The Politics of English Education in India , in: Dialogue (A quarterly journal of Astha Bharati), Volume 2, No. 2 (October-December 2000), online veröffentlicht: http://www.asthabharati.org.

66 Zur frühen Entwicklung des indischen Bildungssystems vgl. die vom **Indian Institute of Education** hrsg. Studie »A Status and Evaluation Study of the Upper Primary Section of the Elementary Education System, Pune 2002, bes. S. 12ff.

67 Entgegen landläufigen Vorurteilen gab es in Indien vor den Briten durchaus eine Art »Schulsystem«: indigener Unterricht, meist im Freien auf Dorfplätzen oder in der Wohnung des Lehrers abgehalten, zwar ohne festen »Lehrplan« (die Lehrinhalte hingen vor allem von den Möglichkeiten des Lehrers ab), aber praktisch ausgerichtet und an den lokalen Bedürfnissen orientiert, allerdings mit der entscheidenden Schwäche, daß davon in der Regel Mädchen, niedere Kasten und die abgelegen lebende Bevölkerung ausgeschlossen waren; vgl. dazu die og. Studie »A Status and Evaluation Study«, S. 11.

68 Unmittelbar nach seiner Ernennung schreibt **Macaulay** an seine Schwester Margret: »Wir erachten jetzt den Sieg als erreicht. Lord William hat mich zum Präsidenten des Erziehungskomitees gemacht und möchte, sehr schnell, eine Entscheidung zu unseren Gunsten fällen.« (Zit. nach **J. Clive**, Macaulay. The Shaping of the Historian, London 1973, S. 365.)

69 Zit. nach **J. Clive**, aaO S. 372.

70 **R. P. Sharma**, The Politics of English Education in India (ohne Seitenangabe, da

ein Online-Dokument).

71 Zur Evaluation des kolonialen Bildungswesens vgl. **J. R. Cunningham**, Art. »Education«, in: **L. S. S. O'Malley** (Hrsg.), Modern India and the West, S. 138-187.

72 Vgl. aaO S. 179.

73 Zur Verdeutlichung einige Zahlen: Von 1922-1927 und von 1927-1936 nahm die Zahl der Grundschüler erst um 34,1%, dann um 21,9% zu, die Zahl der Sekundarschüler um 32,9% und um 67,7% und die Zahl der Collegestudenten um 42,6% und um 34% (vgl. aaO S. 172, 178).

74 Vgl. **J. R. Cunningham**: »Ein Jahrhundert zuvor war die erste Pflicht die Ausbildung der Klassen. Jetzt, wenn es überhaupt noch eine Rangordnung unter den Forderungen geben kann, die wechselseitig voneinander abhängig sind und von denen keine vernachlässigt werden darf, ist die erste Pflicht die Ausbildung der Massen. Vor einem Jahrhundert war die Ausbildung von Frauen noch nicht in den Blick gekommen. Nun ist sie in der vordersten Reihe der Aufmerksamkeit ...« (Art. »Education«, S. 187).

75 Unübersehbare **Anzeichen dieser Krise** waren: die **Zerstörung des universalen Kaisertums** und **Schwächung des Papsttums**, damit die Förderung des Aufstiegs der Nationalstaaten, vor allem Frankreichs; das **Exil der Päpste in Avignon** im 14. Jahrhundert mit zwei, dann sogar drei Päpsten gleichzeitig; das **erfolglose Reformkonzil von Konstanz** Anfang des 15. Jahrhunderts, dessen Beschlüsse aber von den **Renaissancepäpsten** unterlaufen wurden; und schließlich, daraus resultierend, eine beispiellose **Dekadenz** von Kirche, Klerus und Theologie; vgl. **H. Küng**, Das Christentum, Kap. C III,11: Die Krise des römisch-katholischen Paradigmas (S. 528-549).

76 **Ders.**, Spurensuche, S. 257.

77 Vgl **ders.**, Das Christentum, Kap. C IV,3: Die Rückkehr zum Evangelium (S. 614-624).

78 Vgl. die Analyse von **D. J. Bosch**, Transforming Mission, Kap. 8: The Missionary Paradigm of the Protestant Reformation (S. 239-261). Äußerst informativ und mit einer Überfülle von Literaturangaben ist **A. F. Walls**, Art. »Mission VI«, in: Theologische Realenzyklopädie, hrsg. v. G. Müller, Bd. XXIII, Berlin 1994, S. 40-59.

79 **A. F. Walls**, Art. »Mission VI«, S. 46.

80 Vgl. Mt 28,19f.: »Darum geht zu allen Völkern, und macht alle Menschen zu meinen Jüngern; tauft sie im Namen des Vaters und des Sohnes und des Heiligen Geistes, und lehrt sie, alles zu befolgen, was ich euch geboten habe.«

81 So argumentierten etwa **Philipp Nicolai** (1556-1608) und, in Frontstellung gegen die katholische Kirche, **Johann Gerhard** (1582-1637). Anders der Holländer **Adrian Saravia** (1531-1613), Zeitgenosse Calvins, der den Missionsbefehl zwar an die Kirche gebunden versteht, ihn aber über die Grenzen des Christentums hinaus ausdehnt und dafür von einzelnen Reformatoren heftig kritisiert wird.

82 So etwa Z. Ursinus gegen **Justinian von Welz** (1621-68?), der als missionarischer Einzelkämpfer nach Surinam ging, wo er – ohne nennenswerte Missionserfolge – verstarb. Ursinus betont, daß es keine Anzeichen gebe, daß die Bekehrung der Heiden Gottes Wille sei. Vgl. **D. J. Bosch**, Transforming Mission, S. 252; **A. F. Walls**, Art. »Mission VI«, S. 46.

83 Vgl. **D. J. Bosch**, Transforming Mission, S. 245-248.

84 **Erweckung** meint eine plötzliche und intensive Bekehrung eines »Sünders« zum lebendigen christlichen Glauben. Die **Erweckungsbewegung** verstand sich als **religiöse Erneuerungsbewegung** gegenüber Säkularismus und Rationalismus der Aufklärung. In England setzte sie Mitte des 17. Jahrhunderts mit dem **Quäkertum** und

den »religious societies« ein und wurde mit den **Methodisten** (begründet von den Brüdern Ch. und J. Wesley) vorangetrieben, die sich mit anderen **Freikirchen** nach Schottland und besonders in die entstehenden USA ausbreiteten. In **Mitteleuropa** war die Erweckungsbewegung besonders in der **Schweiz**, den **Niederlanden** und, mit mehreren Strömungen, ab dem 19. Jahrhundert vor allem in **Deutschland** sehr verbreitet.

85 **Pietist** war eine ab dem späten 17. Jahrhundert aufkommende Spottbezeichnung für »Frömmler«, »Heuchler«. Von der Sache her meint **Pietismus**, ähnlich wie die Erweckungsbewegung, eine **religiöse Erneuerungsbewegung durch Vertiefung der Frömmigkeit** und durch **aktive Betätigung im Glauben**. Bedeutende Vertreter sind u. a. **August Hermann Francke** (1663-1727), **Philipp Jakob Spener** (1635-1705) und, von beiden schon als 15jähriger in Halle erzogen, **Nikolaus von Zinzendorf** (1700-1760).

86 Um nur **einige wichtige dieser Missionsgesellschaften** zu nennen: London Missionary Society (LMS), American Board of Commissioners for Foreign Missions (ABCFM), British and Foreign Bible Society, Basler Missionsgesellschaft, Church Missionary Society (CMS), Société Evangélique des Missions de Paris (PEMS).

87 Zum Leben und Werk von **Bartholomäus Ziegenbalg** vgl. **E. Beyreuther**, Bartholomäus Ziegenbalg. Bahnbrecher der Weltmission, Stuttgart 1955.

88 Zur **protestantischen Indienmission in hallescher Tradition** vgl. die grundlegende Studie von **D. Jeyaraj**, Inkulturation in Tranquebar. Der Beitrag der frühen dänisch-halleschen Mission zum Werden einer indisch-einheimischen Kirche (1706-1730), Erlangen 1996. Ferner **R. E. Frykenberg**, Christians in India, S. 47-54. Der in Halle/Saale wirkende evangelische Theologe, Pädagoge und Pietist **August Hermann Francke**, Begründer dieser Tradition, war der Überzeugung, daß ein richtiger Glaube nur durch ein richtiges Verständnis der Bibel möglich sei, welche wiederum allgemeine Bildung zur Voraussetzung habe, die ihrerseits ohne praktische Erziehung bzw. Pädagogik nicht möglich sei. So sollte jeder Mensch zumindest in seiner Muttersprache lesen und schreiben können und über eine nützliche Handfertigkeit verfügen. Vor allem die vorschulische Erziehung im Kindergarten und das erfahrungsorientierte, experimentelle Lernen (berühmt Franckes »Kunst- und Naturalienkammer«, in der an Objekten aus Natur, Kunst, Wissenschaft und Kultur gelernt wurde) spielten für Francke und die Seinen eine wichtige Rolle. 1695 gründete Francke in Halle eine Armenschule, woraus im Laufe der Jahre durch die Errichtung von Waisenhaus, weiteren Schulen, Lehrerseminar, Buchdruckerei u. a. die Franckeschen Stiftungen wurden.

89 Die Halle-Pädagogik kam so gut an, daß sich sogar der König von Tanjūr selber eine »Kunstkammer« nach dem Halle-Vorbild schuf. Zur **positiven Rezeption der Halle-Pädagogik** in Südindien vgl. **I. Viswanathan Peterson**, Tanjore, Tranquebar, and Halle: European Science and German Missionary Education in the Lives of Two Indian Intellectuals in the Early Nineteenth Century, in: R. E. Frykenberg (Hrsg.) Christians and Missionaries in India, S. 93-126.

90 Eine Kopie des tamilischen Neuen Testaments hatte Ziegenbalg säuberlich auf Palmblätter geschrieben und umgehend dem dänischen König zukommen lassen; sie ist noch heute in Kopenhagen in der königlichen Bibliothek zu sehen. Neben dem Neuen Testament übersetzte Ziegenbalg auch teilweise das Alte Testament (bis zum Buch Richter; vervollständigt von B. Schultze, 4 Bd. 1723-28), ferner Luthers Kleinen Katechismus (1715) und ein Gesangbuch (1715). Zudem verfaßte er noch eine Tamilgrammatik (lat. 1716) und schuf die Grundlagen für ein Tamilwörterbuch und Lexika.

91 Vgl. **D. Jeyaraj**, Inkulturation in Tranquebar, S. 68.
92 Zur Diskussion um Intention und Qualität des »Malabarischen Heidenthums« vgl. aaO S. 110-113. In seiner Widmung für den dänischen König schreibt Ziegenbalg am 12. 9. 1713: »Damit aber Ew. Königl. Majestät wissen mögen, in was für greulichen Irrthümern diese Heiden allhier wandeln, und wie nötig es sei, daß ihnen das Evangelium von Jesu Christo zu deren Bekehrung verkündiget werde ...«; und an Francke schreibt er, daß er einen Traktat geschrieben habe, »der seinen Nachfolgern so helfen solle, daß sie ohne europäische Vorurteile die Tamilen kennenlernen und sie verstehen könnten« – freilich mit dem Ziel, daß die Tamilen dadurch Vertrauen zu den Christen aufbauen und sich dann leichter bekehren lassen (aaO S. 112f.).
93 Nach **W. German**, im Vorwort zu seiner Ausgabe der Genealogie (Madras 1867), zit. nach **W. Halbfass**, Indien und Europa, S. 63.
94 Vgl. **D. Jeyaraj**, Inkulturation in Tranquebar, S. 116-122.
95 Zu C. F. Schwartz und den Auswirkungen seiner Arbeit vgl. **R. E. Frykenberg**, Christians in India, S. 50-54.
96 AaO S. 54.
97 Vgl. **L. S. S. O'Malley**, General Survey, in: ders. (Hrsg.), Modern India and the West, S. 567-811, bes. S. 569.
98 Um nur einige **bedeutende Collegegründungen** jener Zeit zu nennen: Madras Christian College (1837), Noble College in Musulipatam (1841), Hislop College in Nagpur (1844), St. Joseph's College in Nagapatnam (1846) und St. John's College in Agra (1852).
99 Einen guten Überblick über Leben und Werk dieser Ausnahmepersönlichkeit bietet der zu seinem 100. Todestag von **Albrecht Frenz** hrsg. Sammelband: Hermann Gundert. Brücke zwischen Indien und Europa. Begleitbuch zur Hermann-Gundert-Ausstellung im GENO-Haus Stuttgart vom 19. April bis 11. Juni 1993 in Verbindung mit der Dr. Hermann-Gundert-Konferenz Stuttgart 19. bis 23. Mai 1993, Ulm 1993.
100 Zu **Gunderts** richtungsweisenden **Malayālam-Arbeiten** vgl. **A. Frenz**, Von der Fibel zur Grammatik, in: ders., Hermann Gundert, S. 281-288; **A. P. Andrewskutty**, Malayalam, die größte Liebe Hermann Gunderts, aaO S. 289-290; **K. M. Prabhakara Variar**, Gunderts Malayalam-Grammatik, aaO S. 291-294; **P. T. Abraham**, Aspekte von Gunderts Grammatik, aaO S. 295-298; **P. Somasekharan Nair**, Hermann Gunderts Bedeutung für die Malayalam-Lexikographie, aaO S. 299-302; **C. Kunianthodath**, Hermann Gunderts Beiträge zur Malayalam-Sprache und -Literatur, aaO S. 307-308.
101 Vgl. **S. Ebenezer**, Hermann Gunderts Übersetzung von Kirchenliedern, aaO S. 313-314.
102 Vgl. **S. Zacharia**, Die Bibel und Malayalam, aaO S. 309-311.
103 Vgl. den Abdruck des Briefkonzepts aaO S. 314.
104 Vgl. die beeindruckende Liste der von Gundert hrsg. Malayālam-Werke, aaO S. 473-476.
105 Vgl. dazu **R. E. Frykenberg**, Christians in India, S. 59f.
106 AaO S. 60.
107 Ebd.
108 **H. v. Stietencron**, Der Hinduismus, München 2001, S. 10.
109 **W. Halbfass**, Indien und Europa, S. 69.
110 Der Begriff »**Neo-Hinduismus**« bzw. »**Neu-Hinduismus**« gilt allgemein als von **Paul Hacker** in die wissenschaftliche Diskussion eingeführt. In seinem Vortrag »Aspects of Neo-Hinduism as Contrasted with Surviving Traditional Hinduism«

aus dem Jahr 1970 (in: **ders.**, Kleine Schriften, hrsg. v. L. Schmithausen, Wiesbaden 1978, S. 580-608) schreibt Hacker, daß er diesen Begriff in einem Artikel von Robert Antoine fand, der den bengalischen Schriftsteller Bankimcandra Chatterjee als »Pionier des **Neo-Hinduismus**« beschrieb. Hacker fand den Begriff besser geeignet als »Reform« oder »Renaissance« des Hinduismus und übernahm ihn deshalb (aaO S. 581).

111 **J. Gonda**, Die Religionen Indiens, Bd. II, Stuttgart 1963, S. 301.

112 **H.-J. Klimkeit**, Der politische Hinduismus. Indische Denker zwischen religiöser Reform und politischem Erwachen, Wiesbaden 1981, S. 97.

113 Für Paul Hacker ist Roy noch kein Neohindu im vollen Sinn, da zu dessen Zeit der aus Europa stammende Nationalismus, der maßgeblich für den Modernisierungswillen des Neohinduismus war, in Indien erst in Ansätzen entwickelt war (vgl. aaO S. 581f.).

114 Zu **Rāmmohan Roy** vgl. **V. S. Naravane**, Modern Indian Thought. A Philosophical survey, Bombay 1964, S. 22-58; hier auch Porträts zu Rāmakṛṣṇa, (S. 59-80), Vivekānanda (S. 81-110) und Gāndhī (S. 168-202). **H. H. Das – S. Mohapatra**, The Indian Renaissance and Raja Rammohan Roy, Jaipur 1996. **S. Basu** (Hrsg.), Rammohun Roy. Prophet of modern India, Kolkata 2003. Ferner den Bd. 18 der »Encyclopaedic history of Indian freedom movement« (hrsg. v. O. Prakash, Delhi 2003).

115 **J. Gonda**, Die Religionen Indiens, Bd. II, S. 303.

116 Entsprechend formuliert **Rāmmohan Roy** – unter dem Pseudonym »Shivuprusad Surma«, unter dem er regelmäßig publizierte, in einem Artikel vom 15. 11. 1823 seinen **Glauben**: »In Übereinstimmung mit den Vorschriften unserer alten Religion, enthalten im heiligen **Vedanta** ... schauen wir zu dem **Einen Wesen** auf als **belebendes** und **ordnendes Prinzip** des gesamten Universums und als dem **Ursprung aller individuellen Seelen**, die in ähnlicher Weise ihre jeweiligen Körper beleben und lenken. Wir **lehnen Götzenanbetung ab** in jeder Form und unter welchem Schleier von Sophismus sie auch praktiziert werde, sowohl in Anbetung eines künstlichen, natürlichen oder imaginären Objekts. Unsere göttliche Verehrung besteht lediglich in der Praktizierung von *Daya* oder **gegenseitigem Wohlwollen** und nicht in einem **wirklichkeitsfremden Glauben** oder in bestimmten **Bewegungen** der Füße, Beine, Arme, des Kopfes, der Zunge oder anderer Körperteile, auf der Kanzel oder vor einem Tempel.« Und mit Blick auf die Briten fügt er hinzu: »... und regelmäßig bringen wir unseren demütigen Dank vor Gott für die Segnungen der britischen Herrschaft in Indien und beten, daß sie ... noch Jahrhunderte andauert« – womit sich Roy freilich gründlich täuschen sollte; Zit. nach **A. Sharma**, Modern Hindu Thought. The Essential Texts, New Delhi 2002, S. 54f. (Hervorhebungen von mir). Im Anschluß an diesen Text folgt eine ausführliche **Begründung in 10 Punkten**, warum Rāmmohan Roy keine traditionellen christlichen Kirchen besucht, sondern die Gebetsstätten der **Unitarier**.

117 Zur Geschichte des Brāhma Samāj vgl. **D. Kopf**, The Brahmo Samaj and the Shaping of the Modern Indian Mind, Princeton/NJ 1979.

118 Debendranāths Vater Dvārkānāth Tagore war ein enger Freund Rāmmohan Roys. Debendranāth Tagore ist der Vater des später berühmten Schriftstellers Rabīndranāth Tagore.

119 »Gott ist eine Person mit hohen moralischen Eigenschaften; er inkarniert sich nicht; er hört und erhört unsere Gebete; er darf nur im Geiste verehrt werden (Asketentum, Bilderdienst usw. sind nicht erforderlich; alle Kasten und Rassen können ihn durch Verehrung erreichen); Reue und Ablassen von der Sünde sind die einzigen

Mittel, die zur Vergebung und Erlösung führen; Gott offenbart sich unmittelbar in der Natur; kein Religionsbuch ist bindend.« (**J. Gonda**, Die Religionen Indiens, Bd. II. S. 305.)

120 Vgl. den Auszug aus Tagores Autobiographie bei **A. Sharma**, Modern Hindu Thought, S. 75f. und den Hinweis auf S. 79, Anm. 22.

121 **W. Halbfass**, Indien und Europa, S. 250.

122 Ebd.

123 Beeinflußt ist Debendranāth Tagore dabei auch von westlichen Konzeptionen der Inspiration und Intuition – u. a. vom englischen Aufklärer A. A. C. Graf Shaftesbury und der schottischen Schule des »Common Sense« (vgl. aaO S. 251).

124 AaO S. 252.

125 **H.-J. Klimkeit**, Der politische Hinduismus, S. 98.

126 **J. Gonda**, Die Religionen Indiens, Bd. II. S. 306.

127 AaO S. 307.

128 Zu **Bankimcandra Chatterjee** vgl. neben den Ausführungen von **H.-J. Klimkeit**, Der politische Hinduismus, S. 102-117, bes. **S. K. Bose**, Bankim Chandra Chatterji, New Delhi 1974; **U. K. Majumdar** (Hrsg.), Bankim Chandra Chattopadhyay. His contribution to Indian life and culture. Proceedings of a seminar, Calcutta, 2000.

129 **H.-J. Klimkeit**, Der politische Hinduismus, S. 102.

130 AaO S. 105f.

131 AaO S. 105.

132 Die Erstfassung erschien 1884 in der Zeitschrift »Prachāra«, in Buchform 1886; eine engl. Übersetzung erschien 1991 in Calcutta: **B. C. Chatterjee**, Krishna-Charitra. Translated from Bengali and with an introduction by Pradip Bhattacharya.

133 **P. Bhattacharya**, in seiner Einführung zu »Krishna-Charita«, S. 12 (Hervorhebungen von mir).

134 **H.-J. Klimkeit**, Der politische Hinduismus, S. 106.

135 Die Literatur zu **Aurobindo Ghose** ist uferlos. Um nur einige wichtige Publikationen vor allem zum **politischen Denken** des Reformers zu nennen: **A. B. Purani**, The Life of Sri Aurobindo (1872-1926), Pondicherry [2]1960; **H. Mukherjee – U. Mukherjee**, Sri Aurobindo and the New Thought in Indian Politics. Being a study in the Ideas of Indian Nationalism, based on the rare writings of Sri Aurobindo in the daily Banda Mataram during the years 1906-1908, Calcutta 1964; **K. Singh**, Prophet of Indian Nationalism. A Study of the Political Thought of Sri Aurobindo Ghosh 1893-1910, Bombay 1967, [3]1991; **D. L. Johnson**, The Religious Roots of Indian Nationalism. Aurobindo's Early Political Thought, Calcutta 1974; **V. P. Varma**, The Political Philosophy of Sri Aurobindo, Delhi 1960, [2]1976. Neben dem Kapitel bei **H.-J. Klimkeit**, Der politische Hinduismus (S. 117-142), sehr aufschlußreich auch die deutschsprachige Kurzbiographie von **O. Wolff**, Sri Aurobindo in Selbstzeugnissen und Bilddokumenten dargestellt, Reinbek 1967.

136 Eher zurückhaltend schätzt **O. Wolff** die Wirkung dieses Erlebnisses auf Aurobindo ein (Sri Aurobindo, S. 44).

137 Von einem »spirituellen Determinismus« spricht zu Recht **V. P. Varma**, The Political Philosophy of Sri Aurobindo, Kap. 3); vgl. auch **H.-J. Klimkeit**, Der politische Hinduismus, S. 122 (hier die Zitate).

138 **H.-J. Klimkeit**, Der politische Hinduismus, S. 124. Wie schon Bankimcandra Chatterjee so hat auch Aurobindo Ghose vor allem das »hinduistische« Indien im Blick und weniger die muslimische Bevölkerung, die denn auch an solchen Vorstellungen Anstoß nehmen mußte.

139 Vgl. aaO S. 132-137.
140 **O. Wolff**, Sri Aurobindo, S. 53.
141 Aurobindos wichtigste Werke: Essays on the Gita (1928), The Life Divine (1940), Collected Poems and Plays (1942), The Synthesis of Yoga (1948), The Human Cycle (1949), The Ideal of Human Unity (1949), Savriti: A Legend and a Symbol (1950), On the Veda (1956).
142 **H.-J. Klimkeit**, Der politische Hinduismus, S. 131 (mit Bezug auf **M. Eliade**)
143 **Sri Aurobindo**, Zyklus der menschlichen Entwicklung (dt. Übersetzung von »Human Cycle«), München 1955, S. 391.
144 **O. Wolff**, Sri Aurobindo, S. 139.
145 **W. Halbfass**, Indien und Europa, S. 283.
146 Zu **Dayānand Sarasvatī** vgl. neben dem hervorragenden Porträt bei **H.-J. Klimkeit**, Der politische Hinduismus, S. 171-191, bes. **J. T. F. Jordens**, Dayānanda Sarasvatī. His Life and His Ideas, London 1978. **S. Malhotra**, Political Thought of Swami Dayanand, New Delhi 1980; **D. Pandey**, Swami Dayanand Saraswati, New Delhi 1985; **O. P. Babbar**, Maharishi Dayanand Saraswati. Revolutionary vedic scientist of modern era, New Delhi 1998; **J. M. Sharma**, Svami Dayanand. A Biography, New Delhi 1998.
147 So der Titel des Beitrags zu **Dayānand Sarasvatī** bei **H.-J. Klimkeit**, Der politische Hinduismus, S. 171-191. Das Attribut »nativistisch« hat Klimkeit von **W. E. Mühlmann** übernommen, der »Nativismus« versteht als »kollektiven Aktionsablauf, der von dem Drang getragen ist, ein durch überlegene Fremdkultur erschüttertes Gruppen-Selbstgefühl wiederherzustellen durch massives Demonstrieren eines ›eigenen Beitrags‹«. Dabei liege »das ›Eigene‹ ... in dem Wunsch und Willen, sich abzusetzen gegen den Eindruck übermächtiger Fremdkultur, ... in der Manifestierung des Gefühls: ›Wir sind auch etwas!‹«. Und »wo sich Nativismus mit einer ausdrücklichen Ablehnung fremder Kulturelemente verbindet, werden diese nicht um ihrer selbst willen abgelehnt, sondern als Symbole fremder Bevormundung«. (**W. E. Mühlmann**, Chiliasmus und Nativismus, Berlin 1961, S. 11f; zit. nach **H.-J. Klimkeit** aaO S. 189.)
148 **W. Halbfass**, Indien und Europa, S. 277.
149 **H.-J. Klimkeit**, Der politische Hinduismus, S. 177.
150 Während **J. T. F. Jordens** in seiner Dayānanda-Biographie Dayānandas Bemühen um einen autoritativen Schriftkanon nur auf protestantischen Einfluß zurückführt (vgl. aaO S. 279), betont **H.-J. Klimkeit** auch den Einfluß der beiden anderen Buchreligionen (vgl. aaO S. 178. 223, Anm. 18).
151 Die erste, sprachlich noch unbeholfene Ausgabe dieses Hindiwerkes erschien 1884 in nur wenigen Ausgaben; 1885 erschien in Allāhābād die wesentlich überarbeitete zweite Auflage. Seine wichtigsten Glaubenssätze hatte Dayānand bereits 1875 in Vārāṇasī systematisch in Form einer »**Confessio**« in **51 Punkten** zusammengefaßt; abgedruckt bei **A. Sharma**, Modern Hindu Thought, S. 127-134
152 Die **Grundsätze des Ārya Samāj** wurden bei seiner Gründung 1875 in Bombay in **28 Thesen** als »Bombay Rules« festgehalten (vgl. **J. T. F. Jordens**, aaO S. 337-340), in Lahore wurden sie 1877 bei der Gründung des dortigen Ārya Samāj zu **Zehn Prinzipien** zusammengefaßt, deren wesentliche Punkte hier inhaltlich wiedergegeben sind. Diese Prinzipien sind u. a. wiedergegeben bei **J. T. F. Jordens** (aaO S. 340); **H.-J. Klimkeit**, aaO S. 192f. (hier weitere Quellenhinweise); **A. Sharma**, Modern Hindu Thought, S. 126.
153 Vgl. **J. Gonda**, Die Religionen Indiens, Bd. II, S. 310.
154 Vgl. **W. Halbfass**, Indien und Europa, S. 278f. Dazu **H.-J. Klimkeit**: »Mit seiner

Deutung hat (Dayānanda) … die fremden und überwältigenden Gegebenheiten in der Weise erklärlich gemacht, daß ihre Gründe im Rahmen des angestammten Weltbildes aufgewiesen werden. Das durch die neuen Strukturen in Frage gestellte, angestammte religiöse und kosmologische Weltbild wird von ihm als dem Propheten einer nativistischen Bewegung als weiterhin gültig bestätigt. Er vermag das alte Weltbild so auszuweiten, daß es den neuen Gegebenheiten Rechnung trägt, daß diese nicht aus dem vorgegebenen Horizont herausfallen.« (Der politische Hinduismus, S. 189.)

155 **H.-J. Klimkeit**, Der politische Hinduismus, S. 184 (Hervorhebungen von mir).

156 Zahlen nach **J. Gonda**, Die Religionen Indiens, Bd. II, S. 311.

157 Zit. nach **H. Thorwesten**, Ramakrishna. Ein Leben in Ekstase, Zürich 1997, S. 54.

158 **Fünf klassische Bhāvas** – Rollen oder Haltungen – hat der **Viṣṇuismus** entwickelt: »In **Sānta-Bhāva** der Haltung des Friedens, versucht der Bhakta, sich Gott durch Meditation und Versenkung zu nähern; entsprechend stellt er sich Gott friedvoll, kontemplativ, weltentrückt vor. … In **Dāsya-Bhāva** nimmt der Bhakta die Rolle des Dieners an, entsprechend ist Gott der Herr und Meister. Das übliche Vorbild für einen Diener Gottes ist Hanumān, der Held in Affengestalt, der sich im Volksepos ›Rāmāyana‹ als treuer Diener von Gott Rāma erwies. Rāmakrishna hat diese Dienerrolle seinen Schülern immer wieder empfohlen; sie sei besonders gut dafür geeignet, vollkommene Bhakti zu erreichen. Im **Sakhya-Bhāva** wird der Bhakta ein Freund Gottes … wie etwa Arjuna gegenüber Gott Krishna in der Bhagavad-Gītā. In **Vātsyala-Bhāva** wird der Bhakta zur Mutter, entsprechend Gott zu seinem Kind … Gerade diese Hilfsbedürftigkeit, in die sich Gott aus Liebe und Gnade zum Bhakta begibt, soll Bhakti erregen.« In der **Mātṛī-Bhāva** empfindet sich der Bhakta »als Kind, während Gott die Mutter verkörpert … Diese Haltung ist von Rāmakrishna während seines ganzen Lebens geübt und ausgefüllt worden. … In **Madhura-Bhāva** wird der Bhakta eine Ehefrau und Gott ihr Ehemann, oder Bhakta und Gott werden Liebhaberin und Liebhaber. Die berühmte mythologische Vorlage ist das göttliche Liebespaar Rādhā und Krishna. Der Bhakta ›wird‹ Rādhā und lebt in der Phantasie die mythologischen Szenen der Liebe Rādhās zu Krishna nach, aktualisiert sie auch durch theatralische Nachahmung, etwa in Liedern, im Ritus, beim Betrachten von Bildern, bei Tanzprozessionen, in ekstatischen Gruppengesängen oder beim Zuschauen und Mitspielen in mythologischen Dramen.« (**M. Kämpchen** (Hrsg.), Srī Rāmakrishna. Ein Werkzeug Gottes sein. Gespräche mit seinen Schülern. Aus dem Bengalischen übersetzt, ausgewählt und eingeleitet von Martin Kämpchen, Zürich 1988, S. 128f.; Hervorhebungen von mir).

159 AaO S. 30.

160 AaO S. 21.

161 **J. Gonda**, Die Religionen Indiens, Bd. II, S. 313 (Hervorhebungen von mir).

162 **W. Halbfass**, Indien und Europa, S. 255.

163 Dazu **Paul Hacker**: »Das Entscheidende, was Rāmakrishna in ihm geistig geweckt hat, war … die mystische Versenkung überhaupt. Durch die Versenkung, durch das mystische Erleben, lernte Narendra, daß es religiöse Erfahrung, direkte Erfahrung vom religiösen Gegenstand als einer Wirklichkeit tatsächlich gibt. Das war für ihn die endgültige Überwindung der positivistischen Skepsis. Das dogmatische System, an das er sich dabei band, war das des Advaita-Vedānta, des Geistmonismus. Im mystischen Erleben hatte er die Gewißheit einer Identität von Gott und Seele.« (**P. Hacker**, Der religiöse Nationalismus Vivekānandas, in: Evangelische Missionszeitschrift 28 (1971), S. 1-15 (Nachdruck in: **ders.**, Kleine Schriften, S. 565-

579), Zit. S. 2.)

164 Auf der **Weltausstellung 1893** – vier Jahre nach der legendären Paris-Ausstellung mit dem Eiffelturm – feierten die USA 400 Jahre »Entdeckung« Amerikas durch Kolumbus. Bei der Vorbereitung eines umfassenden Begleitprogramms mit kulturellen, künstlerischen, sozialen und wissenschaftlichen Themen hatte das Komitee »Religion« unter der Leitung des Presbyterianerpfarrers John Henry Barrows die Idee, vom 11.-18. September einen Kongreß mit insgesamt 45 Vertretern von Religionen, Denominationen und religiösen Organisationen durchzuführen: Das erste »**Parlament der Weltreligionen**«, gewissermaßen der Beginn der interreligiösen Bewegung. 100 Jahre später fand zum Gedenken an dieses epochale Ereignis ebenfalls in Chicago ein **zweites »Parlament der Weltreligionen«** statt, wo die von **Hans Küng** initiierte und maßgeblich formulierte **»Erklärung zum Weltethos«** verabschiedet wurde. Vgl. **C. Hasselmann**, Die Religionen entdecken ihr gemeinsames Ethos. Der Weg zur Weltethos-Erklärung, Mainz 2002. **K.-J. Kuschel**, Das Parlament der Weltreligionen 1893/1993, in: H. Küng (Hrsg.), Dokumentation zum Weltethos, München 2002, S. 69-96. Eine Dokumentation des ersten Parlaments der Weltreligionen bietet mit einer Einführung **R. H. Seager** (Hrsg.), The Dawn of Religious Pluralism. Voices from the World's Parliament of Religions, 1893, LaSalle/Ill. 1993.

165 Beispiele von Reaktionen bei **R. H. Seager** (Hrsg.), The Dawn of Religious Pluralism, S.337f.

166 Sämtliche **Statements und Reden Vivekānandas in Chicago** sind im Internet nachzulesen: http://www.hindunet.org/vivekananda.

167 Das Ende von Vivekānandas Rede bei der Schlußsitzung des Parlaments der Weltreligionen, zit. nach **R. H. Seager** (Hrsg.), The Dawn of Religious Pluralism, S. 337.

168 **J. Gonda**, Die Religionen Indiens, Bd. II, S. 314.

169 So **Wilhelm Halbfass** in seiner kritischen Würdigung Vivekānandas (Indien und Europa, S. 256-274, Zit. S. 256f.).

170 **W. Halbfass**, Indien und Europa, S. 263.

171 Vgl. ChU 6,12,2-3: »Dieses Feine, mein Lieber, das Du nicht erblickst, aus diesem Feinen ist so der große Nyagrodha-Baum entstanden. Glaube es, mein Lieber. Und was jenes Feine ist, **das ist das Wesen von allem** hier [der ganzen Welt], das ist die Wahrheit, **das ist das Selbst** (*ātman*), **das bist Du**, Śvetaketu.«

172 Vgl. **P. Hacker**, Schopenhauer und die Ethik des Hinduismus, in: Saeculum 4 (1961), S. 365-399 (Nachdruck in: **ders.**, Kleine Schriften, S. 531-564).

173 Seiner Autobiographie zufolge muß Deussen an jenem »Swami«, den man »als Probe eines indischen Heiligen zur Ausstellung nach Chikago (habe) kommen lassen«, nichts Bedeutendes gefunden haben, im Gegenteil: Despektierlich läßt er sich darüber aus, daß jener »braune Bruder aus dem Osten«, mit dem er sich für eine Nacht ein Zimmer teilen mußte, vor dem Schlafen im Bett Pfeife geraucht habe, und daß dieser, als Heiliger offenbar über alle Gebote erhaben, sich dem Wein- und Fleischgenuß hingegeben habe und in teuren Restaurants auf Kosten anderer immer maßlos zwei Portionen gegessen habe; zudem habe er für Damen ein »etwas beunruhigendes Interesse« bekundet. Umgekehrt muß Vivekānanda den deutschen Gelehrten bewundert haben: Er nennt ihn einen »kämpferischen Advaitisten« und »größten lebenden deutschen Philosophen« (vgl. **P. Hacker**, Schopenhauer, S. 386 u. S. 386f., Anm. 73).

174 **H. v. Stietencron**, Der Beitrag der indischen Religionen zu einem Weltethos, in: Zeitschrift für Kulturaustausch 1993/1, S. 107-115, Zit. S. 114, Anm. 6.

175 **W. Halbfass**, Indien und Europa, S. 271.

176 **P. Hacker**, Der religiöse Nationalismus Vivekānandas, S. 13.
177 **W. Halbfass**, Indien und Europa, S. 271.
178 AaO S. 272.
179 Vgl. aaO S. 268f.
180 Vgl. **H.-J. Klimkeit**, Der politische Hinduismus, S. 278.
181 **P. Hacker**, Der religiöse Nationalismus Vivekānandas, S. 14.
182 Die Literatur zu **Gāndhī** ist uferlos und würde wohl eine kleine Seminarbibliothek füllen. Es seien deshalb hier nur einige wichtige Schriften genannt, die Gandhis Leben und Werk beleuchten. Erste Quelle für Informationen über ihn ist Gandhis aufschlußreiche **Autobiographie**: An Autobiography. The Story of my Experiments with Truth, Bd. I-II, Ahmedabad 1927; dt.: Eine Autobiographie oder die Geschichte meiner Experimente mit der Wahrheit, Freiburg 1960. Eine Gandhi-Gesamtausgabe ist hrsg. v. **B. Kumarappa**: Collected Works of Mahatma Gandhi, 90 Bde. (2 Suppl. und Index), Delhi 1958-1984. Über Gāndhī vgl. bes. **W. E. Mühlmann**, Mahatma Gandhi. Der Mann, sein Werk und seine Wirkung. Eine Untersuchung zur Religionssoziologie und politischen Ethik, Tübingen 1950; **H. Rau**, Mahatma Gandhi in Selbstzeugnissen und Bilddokumenten, Reinbek 1970; **R. N. Iyer**, The Moral and Political Thought of Mahatma Gandhi, New York 1973; **G. Woodcock**, Der gewaltlose Revolutionär. Leben und Wirken Mahatma Gandhis, Kassel 1983; **D. Rothermund**: Mahatma Gandhi. Eine politische Biographie, München ^{2}1997.
183 Vgl. **H. Rau**, Mahatma Gandhi, S. 11.
184 Nach **G. Woodcock** war ein Studium in London für den mäßig Begabten der einzige Weg, einen Hochschulabschluß zu erlangen, denn »es war allgemein bekannt, daß die Examen dort so leicht waren, daß selbst der dümmste Student durchkam«. (Der gewaltlose Revolutionär, S. 22.)
185 **M. K. Gandhi**, Die Geschichte meiner Experimente mit der Wahrheit, München 1960, S. 76.
186 **W. E. Mühlmann**, Mahatma Gandhi, S. 144.
187 **H.-J. Klimkeit**, Der politische Hinduismus, S. 289.
188 **G. Woodcock**, Der gewaltlose Revolutionär, S. 27.
189 Welches Werk Thoreaus Gandhi beeinflußt hat, ist unklar; vermutlich lag ihm eine Auswahl seiner Schriften vor.
190 Von Missionaren erhält Gāndhī Tolstojs Buch »The Kingdom of God is within you« (2 Bd. 1984), das ihn tief beeindruckt hat. Später beschäftigt sich Gandhi noch mit anderen Werken Tolstojs, etwa seinem Evangelien-Buch »Gospels in Brief« (1986).
191 Der Begriff »**Satyāgraha**«, »**Festhalten an der Wahrheit**«, ist gewissermaßen Gandhis **politisches Lebensmotto** geworden; nicht von Ungefähr trägt seine Autobiographie den Titel »Meine Experimente mit der Wahrheit«. Persönlich ging es ihm selber immer darum, im Sinne von »Wahrhaftigkeit« an der Wahrheit festzuhalten. Daraus wurde ein politisches Programm: »**Satyagraha** bedeutete stets das entschiedene Handeln einzelner Menschen, die sich durch ein Gelübde verpflichten und sich jeder Gewaltanwendung enthielten. Aus vielen solchen einzelnen kann eine Massenbewegung werden.« (**D. Rothermund**, Delhi, 15. August 1947. Das Ende kolonialer Herrschaft, München 1998, S. 24.) Eine umfassende Analyse und kritische Würdigung der Gandhischen Befreiungsphilosophie bietet **M. Blume**, Satyagraha. Wahrheit und Gewaltfreiheit. Yoga und Widerstand bei M. K. Gandhi, Gladenbach 1987.
192 Vgl. **G. Woodcock**, Der gewaltlose Revolutionär, S. 27-28. Den Begriff »**Sarvodaya**« hatte Gandhi 1908 geprägt, als er für seine Landsleute in Südafrika eine Textauswahl aus John Ruskins »Unto this Last« (über die Grundprinzipien der politi-

schen Ökonomie) veröffentlichte: Jeder Mensch solle stets für die »Wohlfahrt aller« arbeiten, was zugleich Bestandteil der Selbstverwirklichung jedes einzelnen sei.

193 In den Jahren 1901/2 reiste Gāndhī mit seiner Familie nach Indien, wo er u. a. in Bombay eine Anwaltskanzlei gründete und an Sitzungen des Nationalkongresses teilnahm.

194 Zum Verhältnis von Gāndhī und Tagore vgl. **V. S. Naravane**, The Saint and the Singer. Reflections on Gandhi and Tagore, Allahabad 1995. **P. Saha**, Tagore and Gandhi. Confluence of Minds, Kolkata 2001. **A. P. Ganguly**, Netaji Subhas Confronted the Indian Ethos (1900-1921). Yogi Sri Aurobindo's 'Terrorism', Poet Tagore's 'Universalism', and Mahatma Gandhi's 'Experimental Non-violence', Uttaranchal 2003. Ihre Korrespondenz und einschlägige Dokumente sind dokumentiert bei **S. Bhattacharya** (Hrsg.), The Mahatma and the Poet. Letters and Debates between Gandhi and Tagore 1915-1941. Compiled and Edited with an Introduction by Sabyasachi Bhattacharya, Delhi 1997.

195 Wann genau Tagore Gāndhī zum erstenmal »**Mahātmā**« nannte, läßt sich nicht eindeutig verifizieren: Gāndhī-Biographen zufolge soll es 1915 gewesen sein – wohl in einer Rede Tagores zu Ehren Gandhis, eventuell bei dessen zweitem Besuch in Santiniketan (Text der Rede, allerdings ohne Datumsangabe, bei **V. S. Naravane**, The Saint and the Singer, S. 30f). Womöglich wurde Tagore dazu von seinem Freund C. F. Andrews inspiriert, der Gandhi in Briefen schon 1914 so bezeichnete (vgl. **S. Bhattacharya**, aaO S. 4). Die Anrede »Mahātmā« oder »Mahātmājī« ist in Briefen Tagores seit 1919 bezeugt. Am 17. Februar 1940, als Gāndhī Tagore zum letztenmal in Santiniketan traf (bei Gāndhīs letztem Besuch war Tagore schon tot), soll dieser ihn mit dem Ausruf »große Seele im Gewand eines Bettlers« begrüßt haben (vgl. **P. Saha**, Tagore and Gandhi, S. V). Diese Formulierung ist jedoch in Bhattaracharyas Dokumentensammlung (aaO S. 208-210) nicht bezeugt, in der Literatur wird sie (fälschlicherweise) oft als Erstbeleg für den Mahātmā-Titel genannt.

196 **D. Rothermund**, Delhi, S. 22.

197 Zu **Tilaks Leben und Wirken** vgl. **H.-J. Klimkeit**, Der politische Hinduismus, S. 226-243.

198 AaO S. 290.

199 Im Distrikt Champaran, Bihār, war der Indigoanbau mit einem besonderen Pachtvertragssystem von britischen Pflanzern betrieben worden. Nach der Zurückdrängung des Indigoanbaus durch die Erfindung synthetischer Farbstoffe wollten die Pflanzer mit Hilfe höherer Pachtgelder und illegaler Abgaben, die sie von den Pächtern forderten, den Indigoanbau senken. 1916 beklagten sich die Pächter beim Kongreß über diese »Erpressung«, und Gāndhī nahm sich der Angelegenheit an. Bald erregte die Sache so großes Aufsehen, daß zur Klärung der Frage eine offizielle Untersuchungskommission eingesetzt wurde. Das Resultat der Bemühungen war ein Gesetz, das den Erpressungen ein Ende bereitete. (Vgl. **D. Rothermund**, Die politische Willensbildung in Indien 1900-1960, Wiesbaden 1965, S. 83.)

200 Bei diesen **Montagu-Chelmsford-Reformen** (benannt nach dem Vizekönig Lord Chelmsford und dem Staatssekretär für Indien, Edwin Montagu) wurde ein Verfassungsplan erarbeitet, der eine »Dyarchie« in den Provinzen vorsah: Ressorts wie Finanzen und die Polizei blieben in den Händen unabsetzbarer britischer Beamter, während die lokale Selbstverwaltung in den Händen absetzbarer indischer Minister lag, die in den aus verschiedenen Gruppen zusammengestückelten Landtagen Mühe hatten, eine tragfähige Mehrheit zu finden. Der Nationalkongreß beschloß, die Verfassungsreform und die vorgesehenen Wahlen zu boykottieren, und forderte

parlamentarische Demokratie und Bildung rein indischer Ministerien.

201 »**Hartal**« ist ein Wort aus dem Gujarātī: *har* bedeutet »alles« oder »immer«, *tal* oder *tala* heißt »verschließen«. Das Wort bezeichnet einen **Tag der Trauer oder des Protests**, an dem alle Läden geschlossen bleiben, die Menschen nicht arbeiten und nicht einkaufen.

202 **H.-J. Klimkeit**, Der politische Hinduismus, S. 290.

203 Gāndhī schreibt selber zu dieser Maßnahme: »Es gibt Kunst, die tötet, und Kunst, die Leben spendet. Das feine Tuch, das wir vom Westen oder vom Fernen Osten importieren, hat buchstäblich Millionen unserer Brüder und Schwestern getötet und Tausende unserer lieben Schwestern einem Leben in Schande ausgeliefert. Wahre Kunst muß Ausdruck sein von Glück, Zufriedenheit und Reinheit ihrer Urheber. Und wenn ihr solche Kunst unter euch belebt haben wollt, dann ist zum jetzigen Zeitpunkt der Gebrauch von Khadi sicher mit das Beste.« (**M. K. Gandhi**, in: Young India, 11. 8. 1920.)

204 Vgl. **H. Kulke – D. Rothermund**, Geschichte Indiens, S. 316.

205 AaO S. 317.

206 Noch heute ist der 26. Janaur 1930 deshalb für viele das **symbolische Datum für Indiens Unabhängigkeit**.

207 So der Friedenspädagoge **Günther Gugel**; vgl. dazu: **ders.**, Wir werden nicht weichen. Erfahrungen mit Gewaltfreiheit. Eine praxisorientierte Einführung, Verein für Friedenspädagogik e.V., Tübingen 1996, 51ff. (hier auch die beeindruckende Schilderung der Ereignisse von Dhrasana nach den Berichten des englischen Journalisten Webb Miller).

208 **H. Kulke – D. Rothermund**, Geschichte Indiens, S. 319: Der **Gāndhī-Irwin-Pakt** sah vor, daß die Widerstandskampagne suspendiert wurde. Im Gegenzug entließ Irwin (Edward Frederick Lindley Wood, Earl of Halifax) »die meisten Gefangenen und gestattete das Salzsieden für den Hausgebrauch, darüber hinaus machte er keine wesentlichen Zugeständnisse. Insbesondere das Land von Bauern, das bei Steuerverweigerung konfisziert und versteigert worden war, blieb verloren.«

209 Im Jahr 1919 übernahm Gāndhī die Herausgeberschaft der englischsprachigen Wochenzeitung »**Young India**«, die fortan zum Publikationsorgan für seine politischen Ideen wurde. Zur Unterstützung seines Kampfes gegen die **Unberührbarkeit** erschien **ab 1933** statt »Young India« die Wochenzeitschrift »**Harijan**« als **Sprachrohr für die Kastenlosen** und ihre politischen Interessen.

210 Zur Frage der **Unberührbarkeit bei Gāndhī** vgl. neben den zahllosen Arbeiten zu Person und Werk besonders von ihm selber **M. K. Gandhi**, The Removal of Untouchability (hrsg. v. B. Kumarappa), Ahmedabad 1954. Ferner **H. N. Mukerjee**, Gandhi, Ambedkar and the Extirpation of Untouchability, New Delhi 1982.

211 Zu **Bimrao Ramji Ambedkar**, seinem politischen Einsatz gegen die Unberührbarkeit und seiner Konversion zum Buddhismus vgl. **B. R. Ambedkar**, Anihilation of Caste, Bombay 1937; **ders.**, What Congress and Gandhi have done to the Untouchables, Bombay 1945; **ders.**, Who where the Shudras? How they came to be the fourth varna in the Indo Aryan Society, Bombay 1946; **ders.**, Buddha and his Dhamma, Bombay 1957. Ferner **D. C. Ahir**, Dr. Ambedkar on Buddhism, New Delhi 1968; **T. S. Wilkinson – M. M. Thomas**, Ambedkar and the Neo-Buddhist Movement, Madras 1972; **C. Bharill**, Social and Political Ideas of B. R. Ambedkar, Jaipur 1977; **H. N. Mukerjee**, aaO; **V. T. Rajshekar**, Ambedkar and his Conversion, Bangalore [2]1983.

212 Vom 22.2-4.3.1940 tagte die **Muslimliga** in **Lahore** und forderte schließlich in der **Labore**- oder **Pakistan-Resolution** unabhängige Staaten für Moslems im Nordwes-

ten und Osten Indiens. **Ambedkar** wurde zum Vorsitzenden einer Kommission ernannt, welche die dazu erforderlichen Voraussetzungen zu prüfen hatte. Das Ergebnis wurde 1946 veröffentlicht. Vgl. dazu **B. R. Ambedkar**, Pakistan or Partition of India, Bombay 1946.

213 **H. Kulke – D. Rothermund**, Geschichte Indiens, S. 329 (Hervorhebungen von mir).

214 AaO S. 330.

215 Die anstehenden Fragen – **Regierungsbildung** und **Aufteilung** Indiens – mußten rasch gelöst werden, da zu befürchten war, daß die **Demobilisierung der britisch-indischen Armee** bei Kriegsende zu großen Unruhen führen könnte.

216 Zit. nach **G. Ganni Raju**, The Life of Dr. B. R. Ambedkar, S. 179.

217 Das damalige **Pakistan** bestand aus **West-Pakistan**, dem heutigen Staat Pakistan, und dem davon getrennten **Ost-Pakistan** (Bengalen), dem heutigen **Bangladesh**. 1972 wurde Bangladesh nach einem Volksaufstand und mit militärischer Unterstützung Indiens von Pakistan unabhängig.

218 Aus der **Rede Nehrus zur Unabhängigkeit Indiens**, zit. nach **D. Rothermund**, Delhi, 15. August 1947: Das Ende kolonialer Herrschaft, München 1998, S. 9.

219 Vgl. **D. Rothermund**, Delhi, S. 10.

220 Da der Grenzverlauf so lange geheim war, kam es auch zu tragischen **Mißverständnissen**: »So hißten die Stammesangehörigen in den Bergen bei Chittagong im äußersten Osten am Unabhängigkeitstag die indische Fahne und mußten danach empört zur Kenntnis nehmen, daß ihr Gebiet Pakistan zugesprochen war, obwohl sie keine Muslims waren. Dieses Problem ist bis heute nicht gelöst.« (**D. Rothermund**, Delhi, S. 14.)

221 **D. Rothermund**, Delhi, S. 14.

222 In diesem Fall war ein britischer Resident am Fürstenhof, der dem Regenten jeweils sagte, was er zu tun und zu lassen habe. Die Briten ihrerseits entlohnten die Mahārājas dafür mit allerlei Privilegien – unter anderem mit einer jeweils festgelegten Anzahl von **Böllerschüssen**, die beim offiziellen Salut abgefeuert werden durften. (Vgl. **D. Rothermund**, Delhi, S. 1f.)

223 AaO S. 15.

224 AaO S. 14f.

225 Minutiöse Protokolle einzelner Lebensstationen Gāndhīs, unter anderm auch seines letzten Tages, finden sich im Internet auf der Gāndhī-Homepage des Bombay Sarvodaya Mandal: http://www.mkgandhi.org.

226 Vgl. dazu die kritische Würdigung von **M. Blume**, Satyagraha.

227 **G.-D. Sontheimer**, Die Ethik im Hinduismus, in: C. H. Ratschow (Hrsg.), Ethik der Religionen. Ein Handbuch. Primitive, Hinduismus, Buddhismus, Islam, Stuttgart 1980, S. 349-436, Zit. S. 403f.

228 **M. K. Gandhi**, in: Young India, 22. 10. 1925. Im Original lauten diese »**Seven Social Sins**«: »Politics without Principle, Wealth without Work, Pleasure without Conscience, Knowledge without Character, Commerce without Morality, Science without Humanity, Worship without Sacrifice.«

229 **A. Michaels**, Der Hinduismus, S. 64.

230 **H. Kazim**, Indien beschwört sein Karma, in: SPIEGEL ONLINE, 20. April 2006.

D III. Der Hinduismus als ethisch-religiöse Herausforderung

1 **A. Michaels**, Der Hinduismus, S. 27. In seinen einleitenden Kapiteln bietet Michaels einen kompakten Überblick über die Problematik des Hinduismusbegriffs mit umfassenden Literaturhinweisen. Hier sollen nur einige zentrale Aspekte unter Rückgriff auch auf andere Autoren zur Klärung knapp zusammengefaßt werden.

2 **H. v. Stietencron**, Der Hinduismus, München 2001, S. 7f.

3 Vgl. **H. v. Stietencron**, in: H. Küng – H. v. Stietencron, Christentum und Weltreligionen. Hinduismus, München 1984, TB 1995, S. 27: Unter Bezugnahme auf B. B. Lawrence weist v. Stietencron darauf hin, daß persische Gelehrte wie Abū-l Qāsim, al-Masʿūdī, al-Bīrūnī, al-Idrīsī und Šahrastānī bereits detaillierte Kenntnisse über die verschiedenen Hindureligionen hatten, ihre Anhänger aber alle unter dem Oberbegriff »Hindus« subsumierten (aaO S. 49, Anm. 4).

4 **H. v. Stietencron**, Hinduism: On the Proper Use of a Deceptive Term, in: G.-D. Sontheimer – H. Kulke (Hrsg.), Hinduism Reconsidered, Delhi 1989, S. 32-53, Zit. S. 35.

5 **H. v. Stietencron**, Hinduism, S. 35.

6 Census of India 1881, zit. nach **A. Michaels**, Der Hinduismus, S. 28. Siehe dazu auch das Kap. »The Development of the modern census« bei **B. S. Cohn**, An Anthropologist among the Historians and Other Essays, Delhi 1987, S. 238-247.

7 **H.-J. Klimkeit**, Der politische Hinduismus. Indische Denker zwischen religiöser Reform und politischem Erwachen, Wiesbaden 1981, S. 243; zu Leben und Werk Sāvarkars vgl. S. 243-256.

8 Vgl. dazu **H. v. Stietencron**, Hinduism, S. 35f.

9 AaO S. 36.

10 **A. Michaels**, Der Hinduismus, S. 33. Ähnlich auch **H. v. Stietencron**, Hinduism, S. 46. 48.

11 **A. Michaels**, Der Hinduismus, S. 35.

12 Vgl. **H. v. Stietencron**, Hinduism, S. 48.

13 **A. Michaels**, Der Hinduismus, S. 37.

14 Vgl. **A. Michaels**, Der Hinduismus, S. 33: »Es fehlen etwa *veda* (›heiliges Wissen‹), *bhakti* (›Devotion‹), *pūjā* (›Götterdienst‹), *yajña* (›Opfer‹) oder *avatāra* (›Inkarnation‹).«

15 Vgl. **G.-D. Sontheimer**, Hinduism: The Five Components and their Interaction, in: G.-D. Sontheimer – H. Kulke (Hrsg.), Hinduism Reconsidered, S. 305-324.

16 Der »**identifikatorische Habitus**« ist die zentrale Kategorie in Michaels' Hinduismusanalyse. Mit dem Habitus-Begriff erklärt Michaels die Entstehung eines sozialen bzw. kulturellen Sinns, der wesentlich zur kulturellen Identitätsbildung beiträgt; er ist »die kohäsive Kraft, die die Hindu-Religionen zusammenhält und sie gegen fremde Einflüsse widerstandsfähig macht«. Der Begriff »Habitus« geht auf Max Weber zurück und ist vom französischen Soziologen und Ethnologen Pierre Bourdieu aufgegriffen worden. Er bezeichnet »kulturell erworbene Lebenshaltungen und -einstellungen, Gewohnheiten und Veranlagungen ebenso wie bewußte, zielgerichtete Handlungen oder mythologische, theologische bzw. philosophische Arte- und Mentefakte«. Durch weitgehend festgelegte Handlungsmuster einer Gesellschaft ergibt sich ein »Habitus« sozialen Handelns, der »die aktive Präsenz früherer Erfahrungen (gewährleistet), die sich in jedem Organismus in Gestalt von Wahrnehmungs-, Denk- und Handlungsschemata niederschlagen«. Der Habitus-Begriff ist in besonderer Weise an die Deszendenz, die Abstammung des einzelnen gebunden, die in Indien entscheidenden Heilsbezug hat. (Zit. Der Hinduismus, S. 19. 22.)

17 AaO S. 36.
18 AaO S. 37.
19 AaO S. 38. Nach Michaels gehört etwa jeder neunte Inder von Geburt an mindestens einer der ersten beiden Religionen an, meist aber beiden, auch wenn er sich nicht religiös betätigt (vgl. aaO S. 37). Beide Religionen werden auch mitunter als »großer« (brahmanischer) und »kleiner« (lokaler) Hinduismus bezeichnet.
20 AaO S. 38.
21 AaO S. 38. Auch Buddhismus, Jainismus und Sikhismus waren ursprünglich solche hinduistische Stifterreligionen, haben sich aber frühzeitig vom Hinduismus abgesetzt und ihre eigene Identität gebildet.
22 Vgl. aaO S. 40.
23 **P. Schreiner**, Das richtige Verhalten des Menschen im Hinduismus, in: Ethik in nichtchristlichen Kulturen. Mit Beiträgen von Peter Antes u. a., Stuttgart 1984, S. 82-113, Zit. S. 85.
24 Zur **Entstehung dieser Vorstellung** vgl. oben die Kap. zum **altindischen Jenseitsglauben** (B II,6: Was geschieht nach dem Tod?) und zu den **upaniṣadischen Erlösungsvorstellungen** (B III,7: Tod und Erlösung in den Upaniṣads).
25 Vgl. dazu oben Kap. C II,10: Ethos und Moral im klassischen Hinduismus. Vgl. auch **H. v. Stietencron**, Moral im zyklischen Denken: Die Auswirkungen der Wiedergeburtslehre auf soziale Werte und Normen, in: **B. Gladigow** (Hrsg.), Religion und Moral, Düsseldorf 1976, S. 118-135.
26 **W. Halbfass**, Karma und Wiedergeburt, S. 310f.
27 **G.-D. Sontheimer**, Die Ethik im Hinduismus, in: C. H. Ratschow (Hrsg.), Ethik der Religionen. Ein Handbuch. Primitive, Hinduismus, Buddhismus, Islam, Stuttgart 1980, S. 349-436, Zit. S. 356 (Hervorhebungen von mir).
28 Vgl. dazu **W. Halbfass**: »In der indischen Tradition wird in der Regel vorausgesetzt, daß vor allem der Mensch als handelndes, sittlich verantwortliches, moralischen Normen unterworfenes Wesen anzusehen ist, mögen andere Wesen ihm auch in metaphysischer Hinsicht prinzipiell gleichrangig sein. Für die Praxis gilt, daß die Lebewesen in einer hierarchischen Stufenordnung angeordnet und für die sittliche Orientierung mehr oder weniger relevant sind.« (Karma und Wiedergeburt, S. 212.)
29 Zu verschiedenen Interpretationen und Modifizierungen der Karmanlehre vgl. **G.-D. Sontheimer**, Die Ethik im Hinduismus, S. 362-372; **W. Halbfass**, Karma und Wiedergeburt, S. 210-248.
30 **P. Schreiner**, Das richtige Verhalten des Menschen, S. 93.
31 Zu Einzelheiten und zahlreichen Beispielen vgl. die obigen Kapitel zu Ethos und Moral in den einzelnen Paradigmen.
32 Auf die Unterschiede in den verschiedenen Schulen und Traditionen wurde in den entsprechenden Kapiteln eingegangen.
33 **H. v. Stietencron**, Moral im zyklischen Denken, S. 135.
34 Vgl. oben in Kap. B III,8: »Ein Leben in Lebensstadien (*āśrama*)«; und in Kap. C II,10: »Moral und Recht: Dharmaśāstras«.
35 Dazu **Peter Schreiner**: »Der *karmamārga* wäre die Religion, welche den Körper und den Tätigkeitsdrang des Menschen berücksichtigt, *jñānamārga* die Religion des Intellekts, *bhaktimārga* die Religion des Gefühls. Hinduismus erscheint dann als die Universalreligion, die es allen recht zu machen verstanden hat. Solche Interpretationen und Zuordnungen können durchaus etwas von der Eigenart des Hinduismus und seiner postulierten Universalität einfangen. Die Beziehung der drei Wege zueinander ist jedoch keineswegs eindeutig. Im Hinduismus selbst ist vor allem die

Priorität von *Bhakti* und *Jñāna* strittig und ganz von der Schulzugehörigkeit des jeweiligen Autors oder Textes abhängig.« (Das richtige Verhalten des Menschen, S. 101.)

36 **W. Halbfass**, Karma und Wiedergeburt, S. 281f. (Hervorhebungen von mir.)

37 AaO S. 281f.

38 Vgl. oben in Kap. D II,3: »Indienmission zwischen Evangelisierung und Inkulturation«.

39 Vgl. die oben bereits zitierte Widmung Ziegenbalgs an den dänischen König, in: **D. Jeyaraj**, Inkulturation in Tranquebar, S. 112f.

40 **W. Halbfass**, Karma und Wiedergeburt, S. 282. Vgl. dazu oben in Kap. D II,3: »Kultur und Bildung: indisch oder britisch?«.

41 Bekanntermaßen waren etwa Kant, der kritische Lessing, aber auch Lavater, Herder, Goethe und vor allem Schopenhauer zumindest zeitweise Anhänger der Reinkarnationslehre.

42 Vgl. dazu **R. W. Neufeldt**, In Search of Utopia: Karma and Rebirth in the Theosophical Movement, in: ders. (Hrsg.), Karma and Rebirth: Post Classical Developments, Albany 1986, S. 233-255.

43 **W. Halbfass**, Karma und Wiedergeburt, S. 289.

44 **Svāmī Vivekānanda**, zit. nach **G. M. Williams**, Swami Vivekananda's Conception of Karma and Rebirth, in: R. W. Neufeldt (Hrsg.), Karma and Rebirth, S. 41-60, Zit. S. 55.

45 **H.-P. Müller**, »Karma« und »Wiedergeburt« im Denken moderner Hindus und Buddhisten, in: P. Schmidt-Leukel (Hrsg.), Die Idee der Reinkarnation in Ost und West, München 1996, S. 57-73, Zit. S. 62.

46 **W. Halbfass**, Karma und Wiedergeburt, S. 290 (Hervorhebung von mir).

47 **H.-P. Müller**, »Karma«, S. 69.

48 **W. Halbfass**, Karma und Wiedergeburt, S. 292 (Hervorhebungen von mir).

49 AaO S. 294.

50 Vgl. aaO S. 294f.

51 Wegbereiter dieser Bewegung ist der amerikanische **Reinkarnationsforscher** und Psychiatrieprofessor **Ian Stevenson** mit seinem Grundlagenwerk »Twenty Cases Suggestive of Reincarnation« (Charlottesville 1966, 2. erw. Aufl. 1988). Anders als von Stevenson intendiert, trägt die deutsche Übersetzung dieses Buches »Reinkarnation. Der Mensch im Wandel von Tod und Wiedergeburt« (Freiburg 1976) den irreführenden Untertitel »20 überzeugende und wissenschaftlich bewiesene Fälle«. Die Ergebnisse seiner umfangreichen interkulturell angelegten weiteren Arbeiten (Indien, Sri Lanka, Libanon, Türkei, Thailand, Birma) hat Stevenson in vier Bänden publiziert: Cases of Reincarnation Type, Charlottesville 1975-83. Auf indischer Seite vgl. **S. Pasricha**, Claims of Reincarnation. An Empirical Study of Cases in India, New Delhi 1990.

52 So bemerkt **Eberhard Bauer** eher ernüchternd in seinem Artikel zu Stevensons Reinkarnationsforschung: »Es liegt in der Natur dieser Spontanberichte, daß man von keinem einzigen Fall mit absoluter Sicherheit sagen kann, er ›beweise‹ die Reinkarnationshypothese oder – allgemeiner – einen besonderen paranormalen Aspekt. ... Es wäre wichtig, eine quantitative Abschätzung über den Grad der Spezifität zu erhalten, mit dem die von der Verbindungsperson gemachten Aussagen auf die frühere Persönlichkeit zutreffend sind, um den Spielraum der Zufallshypothese einzuengen. Schließlich müßte die Frage des Einflusses sozio-kultureller Faktoren auf den behaupteten Reinkarnationsprozeß genauer untersucht werden.« (Läßt sich Reinkarnation wissenschaftlich beweisen? Methodologie und Ergebnisse der empi-

rischen Reinkarnationsforschung, in: P. Schmidt-Leukel (Hrsg.), Die Idee der Reinkarnation, S. 152-176.)

53 **W. Halbfass**, Indien und Europa, S. 366.

54 Zu den **Dharmasūtras und Dharmaśāstras** vgl. oben Kap. C II,3: Von der »Offenbarung« zur »Tradition«: Sūtras und Śāstras; zu ihrem **Ethos** vgl. in Kap. C II,10: Moral und Recht: Dharmaśāstras.

55 **G.-D. Sontheimer**, Die Ethik im Hinduismus, S. 406.

56 **P. Hacker**, Dharma im Hinduismus, in: Zeitschrift für Missions- und Religionswissenschaft, Bd. 49 (1965), S. 93-106 (Nachdruck in: **ders.**, Kleine Schriften, hrsg. v. L. Schmithausen, Wiesbaden 1978, S. 496-509).

57 **H. v. Stietencron**, Der Beitrag der indischen Religionen zu einem Weltethos, in: Zeitschrift für Kulturaustausch 1993/1, S. 107-115, Zit. S. 108 (Hervorhebungen von mir).

58 AaO S. 109.

59 AaO S. 109.

60 Āpastambadharmasūtra 1,7,20,6-8, zit. nach **P. Hacker**, Dharma im Hinduismus, S. 98.

61 **P. Hacker**, Dharma im Hinduismus, S. 100.

62 Der Begriff **Saṃskāra** bezeichnet auch jene zahllosen Riten und kultischen Handlungen, die das Leben eines gläubigen Hindus durchziehen. Sie werden oft mit »Sakrament« übersetzt, was aber irreführend ist. Denn ein »Sakrament« im klassischen christlichen Sinn wird als *Opus operatum* gedacht, das von Gott her aufgrund seiner Gnade wirksam ist. Und genau dies ist beim traditionellen hinduistischen Substanzbegriff nicht gegeben: Er wirkt weder von Gott noch durch göttliche Gnade. Später, in den theistischen Traditionen, mögen solche Begründungen gegeben sein, ursprünglich aber nicht. Vgl. **P. Hacker**, Dharma im Hinduismus, S. 101.

63 **Kumārila**, Tantravārttika, zit. nach **P. Hacker**, Dharma im Hinduismus, S. 101.

64 **P. Hacker**, Dharma im Hinduismus, S. 103.

65 Zum Begriff **»sanātanadharma«** als **neohinduistischen Selbstbehauptungsbegriff** gegenüber den anderen Religionen vgl. **W. Halbfass**, Indien und Europa, S. 397-400.

66 **P. Hacker**, Der Dharma-Begriff des Neuhinduismus, in: Zeitschrift für Missions- und Religionswissenschaft, Bd. 42 (1958), S. 1-15 (Nachdruck in: **ders.**, Kleine Schriften, hrsg. v. L. Schmithausen, Wiesbaden 1978, S. 510-524), Zit. S. 2f.

67 Eine umfassende Analyse der verschiedenen ethischen Begründungsmodelle in der Hindutradition bietet der bereits mehrfach zitierte **K. N. Tiwari**, Classical Indian Ethical Thought. A Philosophical Study of Hindu, Jaina and Bauddha Morals, Delhi 1998. Einzelne ethische Kategorien hat auch herausgearbeitet: **N. Klaes**, Grundwerte menschlichen Verhaltens im Hinduismus, in: H. Bürkle (Hrsg.), Grundwerte menschlichen Verhaltens in den Religionen, Frankfurt/Main 1993, S. 53-68.

68 **P. Hacker**, Dharma im Hinduismus, S. 105.

69 Wie dies im einzelnen wirkt, darüber gibt es verschiedene Modelle: Die populäre **Sāṃkhya**-Schule etwa lehrt, daß letztlich alles Seiende aus **drei Prinzipien** oder Qualitäten (*guṇa*) aufgebaut ist – dem lichthaften *sattva*, dem finsteren *tamas* und dem leidenschaftlichen *rajas* – und entsprechend der Kombination dieser drei die karmische Wirkung einer Tat ausfällt; vgl. dazu oben in Kap. C II,9 die Ausführungen zur Sāṃkhya-Lehre.

70 **H. v. Stietencron**, Moral im zyklischen Denken, S. 125.

71 AaO S. 125.

72 BĀU 4,4,22, zit. nach ebd.

73 AaO S. 109.
74 AaO S. 111.
75 Vgl. Manu VIII,304f; Viṣṇu III,28. Belege bei **H. v. Stietencron**, Moral im zyklischen Denken, S. 128, Anm. 11.
76 Vgl. **G.-D. Sontheimer**, Die Ethik im Hinduismus, S. 422f.
77 **A. Michaels**, Der Hinduismus. Geschichte und Gegenwart, München 1998, S. 136. Die Undurchschaubarkeit der Beziehungen liegt vor allem daran, daß in klassischer Zeit **zwei Verwandtschaftssysteme** aufeinander abgestimmt werden mußten: das genealogisch-fiktive, streng patrilineare **Gotra-System** und das blutsverwandschaftliche, variablere **Sāpiṇḍya-System. Gotras** waren ursprünglich Clans oder Sippen (Opfergemeinschaften), die sich auf einen gemeinsamen Urahn von sieben bis acht mythischen Sehern (*ṛṣi*) berufen und dessen Namen tragen: Jamadagni, Gautama, Bharadvāja, Atri, Viśvāmitra, Kaśyapa, Vasiṣṭha und Agastya (vgl. etwa ŚB 14,5,2,6). Innerhalb dieser väterlichen Linien, die sich nach unten mehrfach u. a nach den vedischen Schulen ausdifferenzieren, darf nicht geheiratet werden. Die **Sāpiṇḍya-Regel** – benannt nach »Piṇḍa«, den Reisbällen beim Ahnenopfer – schließt Heiratsverbindungen in direkt auf- und absteigender Linie bis zum 7. Glied väterlicherseits und zum 5. Glied mütterlicherseits aus (in der Praxis meist nur bis jeweils ins 3. Glied). Die Verbindung beider Systeme führt oft zu großen Unsicherheiten, bei denen mitunter »die Alten im Dorf, Genealogen und oft auch Barbiere« um Rat gefragt werden müsssen. Vgl. dazu aaO S. 136-140, Zit. S. 139.
78 Vgl. die Beschreibung aaO S. 130-136.
79 Zur **traditionellen** und zur **heutigen Situation indischer Frauen** vgl. besonders die hervorragende Arbeit der Sozialwissenschaftlerin **Maria Mies**: Indische Frauen zwischen Unterdrückung und Befreiung, Frankfurt 1986 (überarbeitete Neuauflage der Erstausgabe von 1973). Ferner **A. Michaels**, Der Hinduismus, S. 140-148;
80 Vgl. **A. Michaels**, Der Hinduismus, S. 130.
81 Eine Ausnahme ist **Nisha Sharma** aus Noida: Während ihrer großzügig arrangierten Hochzeitsfeier mit 2000 Gästen stellten ihre Schwiegereltern unvermittelt die illegale Dowry-Forderung von US-$ 25 000; 2 TV-Geräte, 2 Heimkino-Anlagen, 2 Kühlschränke, 2 Klimaanlagen, 1 Auto war ihnen zu wenig. Da griff Nisha kurzerhand zum Mobiltelefon und rief die Polizei. Die Hochzeit wurde abgebrochen, und Nisha Sharma wurde wegen ihrer couragierten Aktion binnen weniger Tage in Indien zu einem Medienstar. Vgl.: International Herald Tribune, 19. Mai 2003, S. 2.
82 Zahlen nach einer Regierungsstatistik, in: International Herald Tribune, 19. Mai 2003, S. 2.
83 **M. Mies**, Indische Frauen, S. 24f.
84 Vgl. Manu V,154f. Zu den »historischen, kulturellen und sozialen Determinanten weiblicher Rollen« vgl. **M. Mies**, Indische Frauen, S. 19-89.
85 Vgl. die Erzählung von den Pflichten der Schwiegertochter bei **G.-D. Sontheimer**, Die Ethik im Hinduismus, S. 425, Anm. 181.
86 **M. Devi**, It does not die, Chicago 1976, S. 104f., zit, nach: **P. Schreiner**, Im Mondschein öffnet sich der Lotus. Der Hinduismus, Patmos 1996, S. 42f.
87 **M. Mies**, Indische Frauen, S. 12.
88 Vgl. dazu die schonungslose Analyse von **M. Mies**, aaO S. 82-85.
89 In der Rechtsliteratur wird die **Witwenverbrennung** meist *sahamaruṇa* (»Mitsterben«) oder *anumaraṇa* (»Nachsterben«) genannt – je nachdem, ob sich eine Witwe mit ihrem Mann oder später verbrennen ließ. Später wurden diese Frauen **Satī**, »Wahre« genannt (engl. *sutee*) – wohl in Anlehnung an Śivas Frau Satī, die sich sel-

ber auf dem Opferfeuer verbrannte. Erste schriftliche Zeugnisse für diesen religiös motivierten »heroischen Feuertod« (»gewöhnlicher« Selbstmord wird im Hinduismus verurteilt) bieten Inschriften in Nepal (464 n. Chr.) und Indien (510 n. Chr.); in den Rechtstexten ist die Witwenverbrennung erst ab dem 15. Jahrhundert belegt, allerdings umstritten und auch kritisiert. Bis zum 19. Jahrhundert muß die Witwenverbrennung stärker verbreitet gewesen sein – allerdings nicht einheitlich in ganz Indien. 1829 wurde die Witwenverbrennung in Indien von den Engländern verboten, fast hundert Jahre später in Nepal. Heute kommen Witwenverbrennungen nur noch in Einzelfällen vor. Dennoch werden »Satīs« bis heute hoch geachtet: 1987 demonstrierten bei einer Witwenverbrennung Frauen zu Tausenden für ihr »Recht« auf diese Art Freitod (vgl. **A. Michaels**, Der Hinduismus, S. 165-169).

90 AaO S. 147.

91 **M. Mies**, Indische Frauen, S. 257.

92 AaO S. 260.

93 AaO S. 261.

94 **P. Hacker**, Dharma im Hinduismus, S. 106.

95 Vgl. dazu die Analyse von **P. Hacker**, Der Dharma-Begriff des Neuhinduismus. Ferner **W. Halbfass**, Indien und Europa, S. 384-392.

96 **P. Hacker**, Der Dharma-Begriff des Neuhinduismus, S. 7.

97 Ebd.

98 AaO S. 12.

99 AaO S. 15.

100 Vgl. dazu die Stellungnahmen – konträr zum klassischen Dharma-Verständnis – einiger moderner indischer Autoren bei **A. B. Creel**, Dharma in Hindu Ethics, Calcutta 1977, S. 45-48.

101 Eine Zusammenstellung bietet **G.-D. Sontheimer**, Die Ethik im Hinduismus, S. 418-420; vgl. **K. N. Tiwari**, Classical Indian Ethical Thought, S. 88-90.

102 Mbh XIII,59,6, zit. nach **G.-D. Sontheimer**, Die Ethik im Hinduismus, S. 420; vgl. auch Mbh XII,316,12. XII,220,109. XIII,5,23.

103 Manu X,63, zit. nach **G.-D. Sontheimer**, Die Ethik im Hinduismus, S. 418; vgl. auch ManuVI,92; ViṣṇuDharmasūtra II,16-17; YājñavalkyaSmṛti I,122. III,66; Bhagavadgītā XVI,2-4; VāmanaPurāṇa XIV,1-2; BrahmaPurāṇa CXIV,16-18; BhāgavataPurāṇa XI,17,21.

104 Auf die große Bandbreite der ethischen Fachdiskussionen in den verschiedenen Disziplinen kann hier nicht eingegangen werden. Einen ersten Einblick in die vielschichtige Diskussion um universale Werte bietet der von **H. Küng** und **K.-J. Kuschel** hrsg. Band »Wissenschaft und Weltethos« (München 1998) und der Sammelband von **K.-J. Kuschel – A. Pinzani – M. Zillinger** (Hrsg.), Ein Ethos für eine Welt? Globalisierung als ethische Herausforderung, Frankfurt/Main 1999. Zur politischen und politikwissenschaftlichen Diskussion vgl. besonders **D. Johnston – C. Sampson** (Hrsg.), Religion. The Missing Dimension of Statecraft, Oxford 1994; **H. Küng**, Weltethos für Weltpolitik und Weltwirtschaft, München 1997; **ders.** (Hrsg.) Globale Unternehmen und Globales Ethos. Der Globale Markt erfordert neue Standards und eine globale Rahmenordnung, Frankfurt 2001; **H. Küng – D. Senghaas** (Hrsg.), Friedenspolitik. Ethische Grundlagen internationaler Beziehungen, München 2003; **T. Fues – J. Hippler** (Hrsg.), Globale Politik. Entwicklung und Frieden in der Weltgesellschaft. Festschrift für F. Nuscheler, Bonn 2003. Die Vision einer ethisch fundierten Weltpolitik bietet das von UN-Generalsekretär Kofi Annan in Auftrag gegebene Manifest »**Crossing the Divide**«; dt.: Brücken in die Zukunft. Ein Manifest für den Dialog der Kulturen. Eine Initiative von Kofi

Annan (hrsg. v. R. v. Weizsäcker, H. Küng u. a., Frankfurt 2001).

105 **H. Küng**, Projekt Weltethos, München 1990, S. 14.

106 Zu Entstehungsgeschichte und Methode der **Weltethos-Erklärung** von Chicago vgl. **ders.**, Geschichte, Sinn und Methode der Erklärung zum Weltethos, in: ders. (Hrsg.), Dokumentation zum Weltethos, München 2002, S. 37-67. Den Text der Erklärung findet man aaO S. 15-35 und im Internet auf der Homepage der **Stiftung Weltethos** (http://www.weltethos.org). Zur Geschichte des Parlaments der Weltreligionen vgl. **C. Hasselmann**, Die Religionen entdecken ihr gemeinsames Ethos. Der Weg zur Weltethos-Erklärung, Mainz 2002; **K.-J. Kuschel**, Das Parlament der Weltreligionen 1893/1993, in: H. Küng (Hrsg.), Dokumentation zum Weltethos, S. 69-96.

107 Die **Goldene Regel** ist in Variationen in **allen großen Weltkulturen** bezeugt:
in der **chinesischen Religion**: »Was du selbst nicht wünschst, das tue auch nicht anderen Menschen an« (Konfuzius, Gespräche, 15,23);
im **Judentum**: »Tue nicht anderen, was du nicht willst, das sie dir tun« (Rabbi Hillel, Sabbat 31a);
im **Hinduismus**: »Man sollte sich gegenüber anderen nicht in einer Weise benehmen, die für einen selbst unangenehm ist; das ist das Wesen der Moral« (Mbh XII,114,8);
im **Jainismus**: »Gleichgültig gegenüber weltlichen Dingen sollte der Mensch wandeln und alle Geschöpfe in der Welt behandeln, wie er selbst behandelt sein möchte« (Sutrakritanga I.11.33);
im **Buddhismus**: »Ein Zustand, der nicht angenehm oder erfreulich für mich ist, soll es auch nicht für ihn sein; und ein Zustand, der nicht angenehm oder erfreulich für mich ist, wie kann ich ihn einem anderen zumuten?« (Samyutta Nikaya V, 353.35-354.2);
im **Christentum**: »Alles, was ihr wollt, das euch die Menschen tun, das tut auch ihr ihnen ebenso« (Mt 7,12; Lk 6,31);
im **Islam**: »Keiner von euch ist ein Gläubiger, solange er nicht seinem Bruder wünscht, was er sich selber wünscht« (40 Hadithe von an-Nawawi 13).
Immanuel Kants kategorischer Imperativ könnte als eine Modernisierung, Rationalisierung und Säkularisierung dieser goldenen Regel verstanden werden: »Handle so, daß die Maxime deines Willens jederzeit zugleich als Prinzip einer allgemeinen Gesetzgebung gelten könnte« (Kritik der praktischen Vernunft A 54, in: Werke, Bd. IV, S. 140), oder: »Handle so, daß du die Menschheit, sowohl in deiner Person, als in der Person eines jeden anderen ... jederzeit zugleich als Zweck, niemals bloß als Mittel brauchst« (Grundlegung zur Metaphysik der Sitten BA 66f., in: Werke, Bd. IV, S. 67). Vgl. dazu **H. Küng**, Projekt Weltethos, S. 84.

108 Weitere **Publikationen** zum Thema: **H. Küng**, Das Judentum, München 1991; **ders.**, Das Christentum. Wesen und Geschichte, München 1994; **ders.** (Hrsg.), Ja zum Weltethos. Perspektiven für die Suche nach Orientierung, München 1995; **ders.**, Weltethos für Weltpolitik und Weltwirtschaft, München 1997; **H. Küng**, Spurensuche. Die Weltreligionen auf dem Weg, München 1999 (Multimediaprojekt mit Buch, 7 Videos und CD-ROM); **H. Küng**, Der Islam. Geschichte, Gegenwart, Zukunft, München 2004. Zur weiteren **Wirkungsgeschichte** – die Menschenpflichten-Erklärung des InterAction Councils 1997, einem weiteren Parlament der Religionen in Kapstadt 1999 und dem Engagement von Hans Küng bei den Vereinten Nationen – vgl. **H. Küng**, Dokumentation zum Weltethos. Vgl. auch den informativen Überblick von **H. J. Münk**, Weltethos im Dialog der Religionen, in: Stimmen der Zeit, Heft 1/2004, S. 33-41.

109 Eine umfassende Bibliographie zur Diskussion um das Projekt Weltethos findet sich in **H. Küng – K.-J. Kuschel** (Hrsg), Wissenschaft und Weltethos (ständig aktualisiert auf der Internetseite der Stiftung-Weltethos: http://www.weltethos.org).

110 Einen guten Überblick über die wichtigsten kritischen Einwände der Fachwelt gegen das Projekt Weltethos und eine fundierte und ausgewogene Entgegnung bietet **H. J. Münk**, Das Projekt Weltethos in der Diskussion, in: Stimmen der Zeit, Heft 2/2004, S. 101-113.

111 Die Schlußerklärungen beider chinesischer Konferenzen sind zu finden auf der Internet-Homepage der Stiftung Weltethos (http://www.weltethos.org); die »Erste Konferenz über Weltethos und traditionelle chinesische Ethik« (10.-12.9.1997) ist dokumentiert bei **H. Schmidt** (Hrsg.), Allgemeine Erklärung der Menschenpflichten. Ein Vorschlag, München 1998, S. 101-106.

112 **Allgemeine Erklärung der Menschenpflichten**, in: **H. Küng**, Dokumentation zum Weltethos, S. 97-105, Zit. S. 100f. Dieser Band bietet auch Kommentare zur Erklärung und dokumentiert die Diskussion um diesen Vorschlag des InterAction Councils.

113 **H. Küng**, Menschen-Rechte und Menschen-Verantwortlichkeiten, in: ders., Dokumentation zum Weltethos, S. 139-149, Zit. S. 146.

114 Dokumentation der indischen Konferenz in: **H. Schmidt** (Hrsg.), Allgemeine Erklärung der Menschenpflichten, S. 107-111, Zit. S. 107.

115 AaO S. 109f. (Hervorhebung von mir.)

116 Vgl. **H. v. Stietencron**, Der Beitrag der indischen Religionen zu einem Weltethos, in: Zeitschrift für Kulturaustausch 1993/1, S. 107-115.

117 AaO S. 112. Vgl. auch **R. Balasubramanian**: »Die hinduistische Ethik betont das System der Pflichten eher als das der Rechte des Menschen. Der Grund dafür ist nicht schwer zu finden. Die Ethik hat letztendlich mit sozialer Harmonie zu tun. Die Bedürfnisse und Ansprüche einer Person müssen denen der anderen Mitglieder einer Gesellschaft angepaßt und mit diesen zu vereinbaren sein. ... Eine Pflicht ist etwas, was die Gesellschaft erhält, unterstützt und am Leben hält, wenn man sie richtig erfüllt. Aus diesem Grund heißt sie im Hinduismus *dharma*.« (Die Stellung des Menschen in der Welt aus der Sicht des Hinduismus, in: R. Panikkar – W. Strolz (Hrsg.), Die Verantwortung des Menschen für eine bewohnbare Welt im Christentum, Hinduismus und Buddhismus, Freiburg 1985, S. 76-99, Zit. S. 93f.)

118 **H. v. Stietencron**, Der Beitrag der indischen Religionen, S. 112 (Hervorhebungen von mir).

119 Vgl. dazu auch das kritische Resümee zur Hinduethik von **S. S. Barlingay**: »In der Praxis jedoch diente die soziale oder ethische Theorie der Etablierung der Ordnung des herrschenden Clans; Gleichheit war niemals als Wert akzeptiert, obwohl Mut, Mitleid etc. als Werte betrachtet wurden. Wie in jedem anderen Teil der Welt wurde Ungleichheit gefördert, und ein erheblicher Teil der Gesellschaft, der außerhalb des herrschenden Clans stand, wurde versklavt, und die größer werdende Gesellschaft, die allmählich entstand, ließ Unterschiede und Ungleichheiten zu. Und zwar weil die sogenannten moralischen Prinzipien nicht als moralische Prinzipien praktiziert wurden. Sie wurden gebraucht als soziale Annehmlichkeiten.« (A Modern Introduction to Indian Ethics (My Impressions of Indian Moral Problems and Concepts), Delhi 1998, S. 140.)

120 **H. v. Stietencron**, Der Beitrag der indischen Religionen, S. 112.

121 AaO S. 113.

122 **M. K. Gandhi**, in: Young India, 22. 10. 1925.

123 **H. v. Stietencron**, Der Beitrag der indischen Religionen, S. 113.

Abkürzungsverzeichnis

AV	Atharvaveda
BhP	BhāgavataPurāṇa
BĀU	BṛhadāraṇyakaUpaniṣad
ChU	ChāndogyaUpaniṣad
IU	ĪśaUpaniṣad
JB	JaiminīyaBrāhmaṇa
JU	JābālaUpaniṣad
JUB	JaiminīyaUpaniṣadBrāhmaṇa
Kap.	Kapitel
KauṣU	KauṣītakiUpaniṣad
KeU	KenaUpaniṣad
KU	KaṭhaUpaniṣad
Manu	Manusmṛti (oder: MānavaDharmaśāstra)
Mbh	Mahābhārata
Mbh … (DS)	Mahābhārata …, in der Übersetzung von P. Deussen – O. Strauss, Vier philosophische Texte des Mahābhāratam: Sanatsujāta-Parvan – Bhagavadgītā – Mokṣadharma – Anugītā, Leipzig 1906
MnU	MahānārāyaṇaUpaniṣad
MU	MaitrīUpaniṣad (oder: MaitrāyaṇīyaUpaniṣad)
MuU	MuṇḍakaUpaniṣad
NU	NādabinduUpaniṣad
pl.	Plural
PrU	PraśnaUpaniṣad
Rām	Rāmāyaṇa
RV	Ṛgveda
ŚB	ŚatapathaBrāhmaṇa
SBE	Sacred Books of the East (hrsg. v. M. Müller, 50 Bde., Oxford 1900ff., Reprint Delhi 1960ff.)
skr.	Sanskrit
ŚvU	ŚvetāśvataraUpaniṣad
TaittU	TaittirīyaUpaniṣad
ved.	Vedisch
ViP	ViṣṇuPurāṇa
YU	YogatattvaUpaniṣad

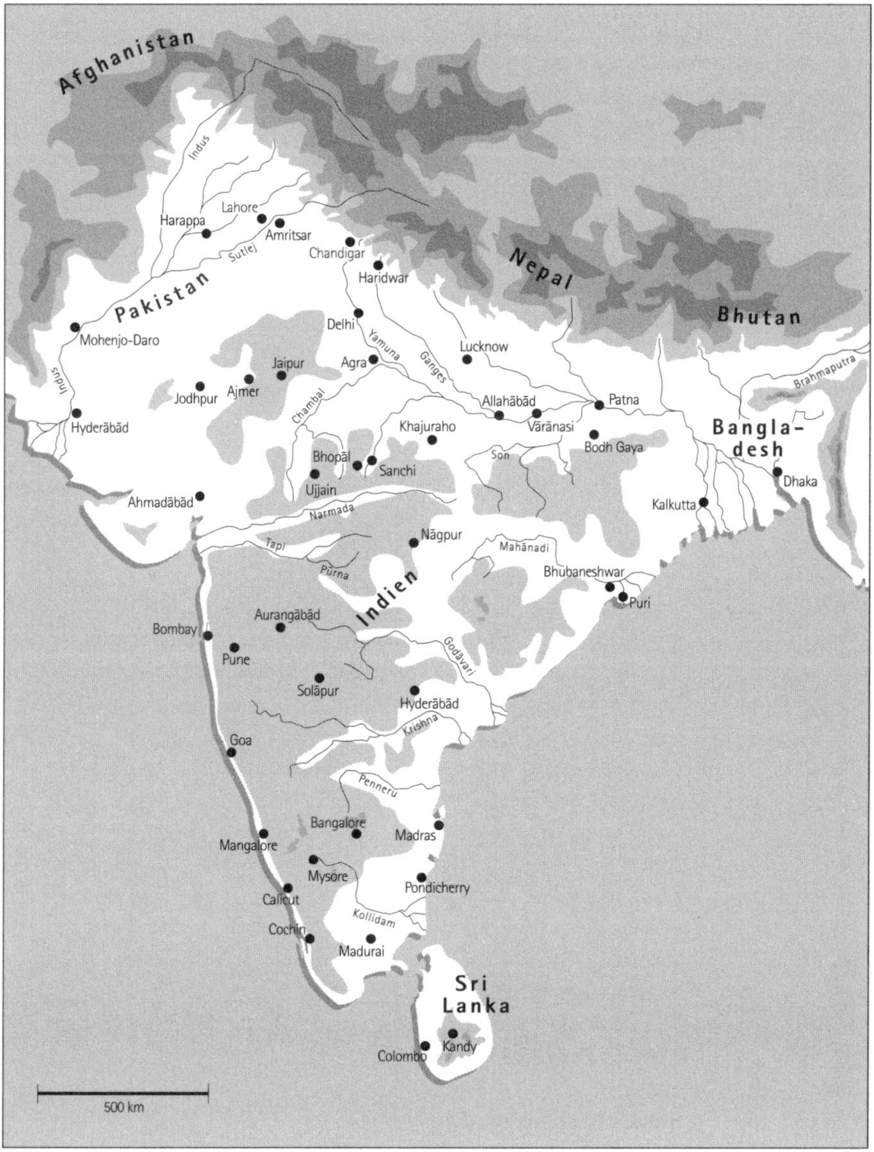

Der indische Subkontinent heute

Register

A

B

C

H

I

J

K

L

M

N

O

S

U

V

W

X

Y

Z

Ein Wort des Dankes

Am Ende eines so umfassenden Werkes gibt es keine angenehmere Pflicht für einen Autor als die des Dankes.

Zunächst möchte ich einem Menschen danken, der zwar nicht direkt in die Entstehung dieses Buches involviert war, dem ich aber viel zum Verständnis indischer Religion und indischen Denkens zu verdanken habe: Prof. Dr. **Heinrich v. Stietencron**, früherer Ordinarius für Indologie und vergleichende Religionswissenschaft an der Universität Tübingen. Sein Kenntnisreichtum und seine einfühlsame Art, indisches Denken und Hindu-Religiosität zu vermitteln, haben mir früh den Zugang zu dieser komplexen Kultur geebnet. Er und sein damaliger Assistent Dr. **Thomas Oberlies**, jetzt Professor und Direktor des Seminars für Indologie und Tibetologie an der Universität Göttingen, waren viele Jahre meine wichtigsten indologischen Lehrer in Tübingen.

Von Herzen danken möchte ich aber auch dem jetzigen Tübinger Indologen Prof. Dr. **Klaus Butzenberger**: Ohne seine ermutigende und konstruktive inhaltliche Begleitung und ohne seine hilfreiche Kritik wäre dieses Buch in der vorliegenden Weise nicht möglich gewesen.

Viel zu verdanken habe ich auch dem Tübinger Ethiker Prof. Dr. **Gerfried Hunold**: Mit seinen vielfältigen Anregungen und seiner konstruktiven Kritik vor allem aus der Sicht interkultureller Ethik war er mir eine wichtige und sehr wertvolle Hilfe. Danken möchte ich schließlich meinem Freund Prof. Dr. **Karl-Josef Kuschel** (Theologie der Kultur und des interreligiösen Dialogs, Tübingen) für seine wertvollen kritischen Hinweise aus seiner Sicht als systematischer Theologe und erfahrener Praktiker des interreligiösen Dialogs.

Mein ganz besonderer Dank gilt meinem Lehrer, dem Tübinger Theologen und Präsidenten der Stiftung Weltethos Prof. Dr. **Hans Küng**, dessen Arbeit ich seit über zwei Jahrzehnten als wissenschaftlicher Mitarbeiter begleite: erst am Trilogie-Projekt zu den drei abrahamischen Religionen Judentum, Christentum und Islam, dann (und teilweise parallel dazu) mehrere Jahre beim Multimedia-Projekt »Spurensuche. Die Weltreligionen auf dem Weg« und schließlich jetzt als Generalsekretär der Tübinger Stiftung Weltethos. In diesen Jahren habe ich von Hans Küng unermeßlich viel gelernt, was zum Entstehen dieses Buches beigetragen hat. Hans Küngs weiter theologischer Horizont, seine intellektuelle Neugierde und Schaffenskraft und sein Engagement für interreligiöse Verständigung und Dialog waren mir stets Vorbild und Ansporn zugleich.

Danken möchte ich besonders auch dem **Piper Verlag**, der dieses Buch als Fortsetzung von Hans Küngs Trilogie »Zur religiösen Situation der Zeit« veröffentlicht. Die Zusammenarbeit mit **Ulrich Wank** (Lektorat) und **Hanns Polanetz** (Herstellung) war zu allen Zeiten überaus angenehm und effizient.

Die Endfassung des Manuskripts wurde schließlich mehrfach überprüft. Seitens des Piper-Verlags von **Renate Reifferscheid**, der ich für ihre sorgfältige und professionelle Arbeit sehr dankbar bin. Mit großem Engagement hat Dr. **Mechthild Kellermann** (Fachreferentin für Orientalistik der Universitätsbibliothek Tübingen) im Islam-Kapitel die arabischen Worte und deren Transkription vereinheitlicht und zudem das gesamte Manuskript korrigiert: Auch ihr danke ich sehr. Danke möchte ich ebenfalls **Julia Willke**, M.A., der die Endkontrolle all dieser Korrekturen oblag und die noch für weitere redaktionelle Arbeiten verantwortlich war.

Eine immense Leistung erbrachte schließlich die Tübinger Indologin **Tatjana Winkler**, M.A.: Unterstützt von ihrem Kollegen **Anton Kollmann**, M.A., hat sie nicht nur das gesamte Manuskript korrigiert, sondern sämtliche Sanskrit-Begriffe abschließend nochmals überprüft und, soweit möglich, deren Schreibweise korrigiert und vereinheitlicht: Beiden bin ich von Herzen dankbar für ihre hervorragende Arbeit.

Dankbar bin ich auch der Tübinger **Stiftung Weltethos**, die mich vor allem in der Endphase bei der Arbeit an meinem Manuskript entlastete, was mir eine sehr große Hilfe war. Von Herzen danken möchte ich schließlich der großzügigen Stifterin der Schweizer Stiftung Weltethos **Martita Jöhr-Rohr** für ihre vielfältige Anteilnahme und für ihre freundschaftliche Unterstützung.

Es gibt noch viele weitere Menschen – aus meinem Freundes- und Kollegenkreis und besonders aus meiner Familie –, die mich bei der Arbeit an diesem Projekt begleitet und moralisch unterstützt haben, deren Namen hier aber nicht alle aufgezählt werden können: Ihnen allen sei dafür herzlich gedankt!

Ohne aber die solidarische Begleitung meiner Frau, Dipl. theol. **Jutta Flatters**, auch in schwierigen Zeiten, wäre die jahrelange Arbeit an diesem Projekt – neben engagiertem Berufs- und Familienleben – kaum zu bewerkstelligen gewesen. Als theologisch kundige und kritische Gesprächspartnerin sowie als moralische Unterstützerin war sie mir dabei eine große Hilfe. Ihr soll abschließend mein ganz besonderer Dank gelten.

Tübingen, im Juli 2006

Stephan Schlensog

PIPER

Hans Küng

Das Judentum

Die religiöse Situation der Zeit. 908 Seiten. Serie Piper

Wie in einem Brennglas spiegeln sich im Judentum alle religiösen Probleme unserer Zeit an der Schwelle zum dritten Jahrtausend. Deshalb beginnt Hans Küng seine große Analyse der religiösen Situation der Gegenwart mit diesem Buch über das Judentum. Ein heikles Unterfangen für einen christlichen Theologen – hat doch das Christentum zweitausend Jahre lang alles getan, um dem Judentum jede Zukunft zu nehmen, hat immer wieder und bis in unsere Tage die jüdische Religion als »aufgehoben«, als vom Christentum überholt deklariert. Dem setzt Küng seine Sicht des Judentums als einer eigenständigen Größe von bewundernswerter Kontinuität, Vitalität und Dynamik entgegen. Dieses grundlegende Werk über die jüdische Religion in seiner einzigartigen Verbindung von Darstellung und Deutung eröffnet Christen und Juden in gleicher Weise neue Zugänge zur Religion.

01/1397/01/L

PIPER

Hans Küng

Der Islam

Geschichte, Gegenwart, Zukunft. 896 Seiten. Gebunden

Seit über zwei Jahrzehnten sind die Weltreligionen zentrales Thema von Hans Küng. Mit seinen weltweit einflußreichen Büchern hat er Pionierarbeit für einen Dialog der Kulturen geleistet. In seinem neuen großen Werk bietet der Autor eine profunde Gesamtdarstellung des Islam: Er beschreibt die Paradigmenwechsel im Lauf seiner 1400jährigen Geschichte, zeichnet die unterschiedlichen Strömungen nach und sichtet die Positionen des Islam zu den drängenden Fragen der Gegenwart. Eine umfassende Analyse der politischen, kulturellen und religiösen Bedeutung der zahlenmäßig größten Weltreligion neben dem Christentum, wie sie unter den Theologen unserer Zeit nur Hans Küng schreiben kann. Dieses Buch zeigt: Ohne einen Dialog mit dem Islam wird es weder einen dauerhaften Weltfrieden noch ein konfliktfreies Miteinander mit den Muslimen in Europa geben. Wer die heutige Welt verstehen will, sollte Grundkenntnisse über den Islam besitzen.

01/1419/01/L